Témoignage et littérature d'après Auschwitz

Faux Titre

ÉTUDES DE LANGUE ET LITTÉRATURE FRANÇAISES

Sous la direction de / Series Editors

Keith Busby
Sjef Houppermans
Paul Pelckmans
Emma Cayley
Alexander Roose

VOLUME 440

The titles published in this series are listed at *brill.com/faux*

Témoignage et littérature d'après Auschwitz

par

Fransiska Louwagie

BRILL

RODOPI

LEIDEN | BOSTON

Illustration de couverture : © Monique Decroos, *En face*, peinture acrylique et techniques mixtes sur toile, 2016. Image reproduite avec la permission de l'artiste, www.moniquedecroos.be.

Library of Congress Cataloging-in-Publication Data

Names: Louwagie, Fransiska, author.
Title: Témoignage et littérature d'après Auschwitz / par Fransiska
   Louwagie.
Description: Leiden ; Boston : Brill-Rodopi, 2020. | Series: Faux titre,
   0167-9392 ; volume 440 | Includes bibliographical references and index.
Identifiers: LCCN 2020012972 (print) | LCCN 2020012973 (ebook) | ISBN
   9789004426092 (hardback) | ISBN 9789004430686 (ebook)
Subjects: LCSH: French literature—20th century—History and criticism. |
   Holocaust, Jewish (1939–1945), in literature. | Auschwitz (Concentration
   camp)—In literature.
Classification: LCC PQ307.H59 L68 2020 (print) | LCC PQ307.H59 (ebook) |
   DDC 840.9/3529924—dc23
LC record available at https://lccn.loc.gov/2020012972
LC ebook record available at https://lccn.loc.gov/2020012973

Typeface for the Latin, Greek, and Cyrillic scripts: "Brill". See and download: brill.com/brill-typeface.

ISSN 0167-9392
ISBN 978-90-04-42609-2 (hardback)
ISBN 978-90-04-43068-6 (e-book)

Copyright 2020 by Koninklijke Brill NV, Leiden, The Netherlands.
Koninklijke Brill NV incorporates the imprints Brill, Brill Hes & De Graaf, Brill Nijhoff, Brill Rodopi, Brill Sense, Hotei Publishing, mentis Verlag, Verlag Ferdinand Schöningh and Wilhelm Fink Verlag.
All rights reserved. No part of this publication may be reproduced, translated, stored in a retrieval system, or transmitted in any form or by any means, electronic, mechanical, photocopying, recording or otherwise, without prior written permission from the publisher.
Authorization to photocopy items for internal or personal use is granted by Koninklijke Brill NV provided that the appropriate fees are paid directly to The Copyright Clearance Center, 222 Rosewood Drive, Suite 910, Danvers, MA 01923, USA. Fees are subject to change.

This book is printed on acid-free paper and produced in a sustainable manner.

Table des matières

Remerciements IX

1 Introduction : témoignage et littérature d'après Auschwitz 1
   1 Enjeux du corpus 2
   2 Œuvres-témoignages 4
      2.1 *Repères et 'modèles'* 6
      2.2 *L'acte testimonial* 12
      2.3 *Pacte testimonial et engagement du lecteur* 19
      2.4 *De la littérature à la critique* 23
   3 La littérature des générations d'après 34
      3.1 *Métastases mémorielles* 35
      3.2 *En quête d'une place* 38
      3.3 *Surconscience postmémorielle* 42
   4 Plan du livre 44

PARTIE 1
Œuvres-témoignages

2 *L'Espèce humaine* et le scandale du monde 51
   1 Une connaissance infinie 52
   2 La conscience irréductible 54
   3 Une vérité simple 63
   4 L'humanisme en question 69
   5 Témoignage et écriture 75

3 André Schwarz-Bart, l'inconsolé 78
   1 Retour sur une légende 81
   2 La fin de Dieu : chronique d'une mort annoncée 85
      2.1 *Temps et histoire(s)* 86
      2.2 *Candide et la consolation* 88
      2.3 *Les eaux communes* 96
   3 Le manuscrit trouvé à Yad Vashem 102
      3.1 *Auschwitz et la science-fiction* 102
      3.2 *Le peuple imaginaire* 105
      3.3 *Fin et commencement* 108

4   Piotr Rawicz : l'éclaboussure de la survie   111
    1   « Un chef-d'œuvre confidentiel »   113
    2   L'histoire de la queue   115
    3   La grandeur cosmique du peuple juif   117
    4   Le tiers espace   123
    5   Sauver les débris   130

5   Jorge Semprun : réécrire Buchenwald   135
    1   Tous ces fils et tous ces ils   138
    2   Conversations sur l'Ettersberg   141
    3   Œdipe et Narcisse face à la mort   148
    4   Un regard fraternel   158

6   Imre Kertész et le chant du cygne   161
    1   L'absence de destin   163
    2   Jeu de rôle et devoir éthique   169
    3   La dictature du père et le scandale d'Auschwitz   173
    4   L'apocalypse et la littérature   180
    5   Le Vilain Petit Canard et le prix Nobel   184

PARTIE 2
Littérature des générations d'après

7   **Une fois pour toutes :** *W ou le souvenir d'enfance* **de Georges Perec**   193
    1   Une histoire d'enfance   194
    2   Doubles et faussaires   198
    3   Le divin enfant   200
    4   La guerre, les camps   209
    5   De W à X   217
    6   La malignité de l'homme   223

8   **Raymond Federman : surfictions de l'Impardonnable Énormité**   225
    1   Règles du jeu   227
    2   Un traître à la cause   235
    3   Une double critique culturelle   238
    4   Ni misère, ni merveille   243

9   Henri Raczymow : par-delà les murailles   247
- 1 Un passé imaginé 248
  - 1.1 *Contes d'exil et d'oubli* 248
  - 1.2 *Rivières d'exil* 251
  - 1.3 *Un cri sans voix* 254
- 2 Les murs de Jéricho 258
  - 2.1 *Contes d'exil et d'oubli* et *Rivières d'exil* 258
  - 2.2 *Un cri sans voix* 260
- 3 Œdipe nécrophore 264
- 4 Le Petit Poucet 271
  - 4.1 *Quartier libre* 271
  - 4.2 *Dix jours « polonais »* 275

10   L'écriture « extime » de Gérard Wajcman   282
- 1 *L'Interdit* 283
  - 1.1 Réception et question générique 283
  - 1.2 *Notes sur fond blanc* : vers une lecture linéaire et circulaire 285
  - 1.3 *Infans* 287
  - 1.4 « Qui parle ? » 291
- 2 L'absence et l'extime 304
- 3 L'irreprésentable 308

11   Michel Kichka : *Deuxième génération*   313
- 1 Le rôle catalyseur de *Maus* 314
- 2 Silences et souffrances d'une famille exemplaire 316
- 3 Un témoin monumental 320
- 4 Autobiographie d'une génération 322
- 5 Le dialogue des zèbres 328

PARTIE 3
Conclusion

12   Écrire après l'apocalypse   335
- 1 Sur les traces de l'apocalypse 335
- 2 Défis mémoriels 338
- 3 Au bout de l'écriture 339

Bibliographie 345
1. Œuvres 345
2. Entretiens d'auteur et interventions critiques 349
3. Études 354

Index 378

Remerciements

Je suis très reconnaissante d'avoir pu bénéficier de plusieurs contrats et périodes de recherche qui m'ont, à différents titres, permis de développer les travaux qui ont conduit à ce livre : une bourse doctorale du Fonds national de la Recherche – Flandre (de 2003 à 2007), deux bourses postdoctorales de l'Université de Leuven (de 2007 à 2009), une bourse postdoctorale de Lessius University College (de 2009 à 2011), une bourse Fulbright pour un séjour à l'Université de Harvard en 2010, et enfin deux semestres de congé sabbatique à l'Université de Leicester, en 2015 et en 2018. Parmi ceux qui m'ont accompagnée, je remercie tout particulièrement Lieven D'hulst, pour sa générosité infaillible, ainsi que, pour les collaborations et les échanges que nous avons eus à différents moments, Rabah Aissaoui, Manu Bragança, Anny Dayan Rosenman, Béatrice Fleury, Koenraad Geldof, Michel Kichka, Alexander Korb, Kirsten Malmkjær, Philippe Mesnard, Henri Raczymow, Michael Rinn, Annelies Schulte Nordholt, Susan Suleiman, Fabian Van Samang, Régine Waintrater, Jacques Walter, ainsi que mes collègues et étudiants à différentes institutions.

J'offre tous mes remerciements aux éditeurs de la collection *Faux Titre*, et tout particulièrement à Sjef Houppermans. Un très grand merci à Christa Stevens et à Ester Lels de leur contribution à la réalisation de ce livre. Je tiens aussi à exprimer ma gratitude envers les évaluateurs anonymes du manuscrit, pour leurs commentaires précieux. De même, je suis profondément reconnaissante envers Simon Lambert, pour sa relecture de certains chapitres. Merci aux Éditions Dargaud, pour la permission de reproduire ici les images de l'œuvre de Michel Kichka, et à ma mère, pour le tableau en couverture.

Merci à ma famille et à ma belle-famille, tout particulièrement à mes parents, ainsi qu'à Barbara et Servaas, pour tout ce qu'ils m'ont apporté.

Merci, François, Arthur et Judith, pour être toujours à mes côtés, et pour le bonheur et la joie que cela signifie.

CHAPITRE 1

Introduction : témoignage et littérature d'après Auschwitz

« La composition sur une décomposition » ? se demande Piotr Rawicz dans *Le Sang du ciel*, roman consacré à la destruction du peuple juif[1]. Tout témoin des camps de concentration et du génocide nazis s'est trouvé confronté au problème éthique et esthétique de la mise en langage d'une expérience qui défie la représentation et la compréhension. Relevant ce défi, certains choisirent de composer *avec* l'expérience en faisant œuvre littéraire, de manière à trouver une « forme de pensée »[2] pour leur vécu et dans l'espoir d'en proposer une prise de conscience au lecteur. Au travers de l'écriture, ils ont partagé leurs deuil, désespoir, analyses critiques et perspectives d'avenir. Les « œuvres-témoignages »[3] que nous analyserons ici nous confrontent de ce fait à un questionnement du passé et du présent, de l'espèce humaine et de la mémoire, du langage et de l'écriture. En ce sens, l'ensemble de la littérature et de la culture se trouve mis à l'épreuve.

De ce fait, l'étude des œuvres-témoignages soulève en même temps la question d'une littérature *d'après* Auschwitz au sens large. Nous considérerons celle-ci à partir de l'écriture de la génération suivante, qui revêt dans ce contexte une place particulière : occupant une position intermédiaire entre l'expérience irréductible des témoins et la mémoire dite collective du passé, elle aborde à sa façon des interrogations essentielles sur l'impact de l'événement, sur nos rapports au passé et à nous-mêmes, et sur le rôle et les limites de la langue et de la littérature aujourd'hui. En portant notre attention sur les œuvres issues de la génération liminale, c'est-à-dire les enfants-survivants, et celles des écrivains juifs de la deuxième génération, nés dans l'après-guerre, nous verrons comment ces textes, à la fois proches et distincts du témoignage,

---

[1] Piotr Rawicz, *Le Sang du ciel*, Paris, Gallimard, 1961, p. 16. Voir Judith Kauffmann, « *Le sang du ciel* de Piotr Rawicz ou la littérature comme "composition sur une décomposition" », Catherine Coquio (éd.), *Penser les camps, parler des génocides*, Paris, Albin Michel, 1999, pp. 407-418.

[2] Catherine Coquio, « Préface », Philippe Bouchereau, *La Grande Coupure. Essai de philosophie testimoniale*, Paris, Garnier, 2017, p. 21.

[3] Le terme est emprunté à Claude Mouchard, *Qui si je criais ? Œuvres-témoignages dans les tourments du XXᵉ siècle*, Paris, Éd. Laurence Teper, 2007 ; voir également Catherine Coquio, *La Littérature en suspens. Écritures de la Shoah : le témoignage et les œuvres*, Paris, L'Arachnéen, 2015, p. 25.

articulent leurs propres perspectives éthiques et esthétiques sur la « coupure »[4] d'Auschwitz, tout en interrogeant scrupuleusement les limites et la légitimité de leurs démarches.

De fait, à partir de leurs positions respectives, et en adoptant des formes et des cadres interprétatifs pluriels, tant les œuvres-témoignages que la littérature de la génération suivante « théorisent »[5] leur rapport à l'événement et à la littérature par le biais même de l'écriture. Ce livre sera l'occasion d'étudier ce double corpus dans ses différences et ses « points de suture »[6] afin de penser l'œuvre d'une littérature d'*après*, avec ses inquiétudes, scrupules et défis éthiques. L'étude comparée des témoins et des écrivains « héritiers » visera ainsi à faire ressortir la *conscience* littéraire qui s'est forgée depuis et après Auschwitz.

1 Enjeux du corpus

Face à un ensemble de textes vaste et hétérogène, il importe de faire quelques précisions sur la portée et l'approche du livre. D'abord, si nous nous référons, dans le sillage de certains témoins, à « Auschwitz » comme pied de touche d'une rupture culturelle[7], le choix du corpus ne s'en trouve pas pour autant restreint. Au niveau des œuvres-témoignages, nous adopterons en effet une approche à la fois large et sélective en incluant aussi bien certains textes littéraires de survivants de la déportation politique que des témoignages issus de la persécution juive et de la Shoah. Dans le domaine francophone ou européen, ces corpus sont effectivement loin d'être dissociés et servent tous deux, à différents titres, de référence aux auteurs de la génération d'après. Pour ce qui est de ces derniers, nous nous focaliserons à la fois sur les enfants-survivants et la deuxième génération, même si ces catégories ne sont pas toujours clairement définies ou délimitées. Les différents corpus ne se suivent ni se distinguent d'ailleurs de manière linéaire, puisque le témoignage de la Shoah a connu plusieurs « vagues », tandis que l'écriture de la génération d'après s'étale aussi déjà sur plusieurs décennies.

Il convient de noter que le corpus analysé est majoritairement de langue française, mais qu'il intègre certains témoins et textes issus d'autres espaces

---

4 Voir la notion de « Grande Coupure » dans Bouchereau, *op. cit.*
5 *Ibid.*, p. 347.
6 Nous empruntons le terme aux études perecquiennes (cf. chapitre 7).
7 Nous suivons l'usage de la référence métonymique à « Auschwitz » comme symbole culturel de la répression et de la persécution nazies. Le concept de « Shoah » sera utilisé pour renvoyer au génocide nazi. Le corpus des œuvres-témoignages analysé ici comprend en outre des témoignages issus de la déportation politique, pour les raisons expliquées dans ce paragraphe.

linguistiques. De fait, les témoins étudiés sont d'origines diverses et s'inscrivent parfois dans des univers multilingues. En ce sens, le corpus défie d'emblée les critères d'appartenance culturelle et linguistique, d'autant plus que la rupture ou « coupure » radicale provoquée par la Shoah prend une signification presque ontologique et nous portera donc à cadrer les discussions dans un contexte culturel plus large. Étant donné la centralité symbolique du corpus, les débats critiques sur le témoignage et l'écriture de la Shoah dépassent et transcendent en effet sans cesse les frontières.

Or, à propos de la réception critique, l'on sait que le poids des enjeux éthiques et symboliques de cette littérature est tel que les partis pris théoriques qui l'entourent sont souvent véhéments : comme nous le verrons encore ci-dessous, certains discours ont dès lors tendance à prendre un caractère normatif, visant à délimiter les critères de légitimité éthique et esthétique des représentations testimoniales et culturelles de la Shoah, voire même à propager certains interdits. Les cadres critiques et « l'usine » de mythes[8] qui entourent cette littérature ont dès lors souvent eu pour effet d'empêcher un engagement réel avec les textes. C'est dans ce contexte qu'on a pu noter certains appels récents à revenir enfin à la parole des témoins premiers[9], au risque cependant de couper celle-ci de tout autre traitement littéraire de la Shoah ou de la persécution nazie, soupçonné de barrer l'accès au témoignage même. Comme nous le verrons, l'accueil de la parole des témoins et la réception des écrivains venus après se joue donc entre plusieurs interdits et proscriptions. Dans ce champ gouverné par tant de normes et d'interdits, le travail de réception des œuvres-témoignages et de la littérature d'après reste dès lors un chantier ouvert, où il importe autant de revenir à la singularité de chaque œuvre, en respectant les « seuils »[10] entre diverses positions testimoniales et mémorielles, qu'à essayer de comprendre les questions éthiques et esthétiques qui relient les différents types d'écriture.

La suite de ce chapitre établira le cadre de l'analyse en offrant un aperçu critique de la configuration actuelle des débats qui entourent les littératures testimoniale et mémorielle et leurs réceptions respectives. La première partie sera consacrée aux « œuvres-témoignages » et abordera brièvement les problèmes terminologiques qui entourent celles-ci avant d'offrir une présentation contextualisée de certains points de repère et « modèles » au sein du corpus. Ce parcours nous permettra d'analyser les différentes modalités discursives du témoignage ainsi que la place des témoins dans les débats plus larges à propos de la Shoah et de sa représentation littéraire. Nous poserons ensuite la question de l'unité (partielle) au sein de cette hétérogénéité, en examinant « l'acte »

---

8   Coquio, *op. cit.*, p. 37.
9   Cf. *infra*.
10 Coquio, *op. cit.*, p. 122.

qui sous-tend la prise de parole testimoniale[11]. À partir de là, nous considérerons aussi de manière plus large les rapports du témoignage à la littérature et à la critique littéraire. Ces discussions ne viseront pas à offrir une présentation exhaustive des débats théoriques qui se sont érigés autour du témoignage au fil du temps[12], mais à une analyse des dynamiques et des logiques qui interviennent dans la réception du corpus et dans sa conception théorique et culturelle contemporaine. Nous viserons par là à développer une conscience critique des enjeux de la lecture, afin de soulever et d'explorer les défis et écueils que pose la réception du corpus, y compris dans le domaine des études littéraires.

Dans un deuxième temps, nous considérerons les perspectives propres aux écrivains venus « après », en particulier la génération des enfants-survivants et la deuxième génération. Nous examinerons comment ces écrivains qui restent dépourvus d'un accès direct à un passé qui leur est néanmoins proche, se rapportent à une situation marquée par l'exclusion et le manque, et quels sont les liens qu'ils nouent avec la littérature de témoignage et avec la mémoire de la Shoah. L'analyse nous permettra de revenir sur les débats spécifiques qui entourent cette littérature d'après Auschwitz et sur la question de sa « légitimité » éthique, en examinant enfin les stratégies d'écriture développées dans le cadre d'une « surconscience postmémorielle ». Nous terminerons ce chapitre par un plan du livre, éclairant le choix des auteurs et des textes : les analyses viseront à apporter de nouvelles interprétations critiques de certaines œuvres « majeures » et canonisées tout en attirant aussi l'attention sur des textes parfois moins connus et « confidentiels », tant pour ce qui est des œuvres-témoignages que pour la littérature d'après.

2   Œuvres-témoignages

Les œuvres-témoignages sur les camps nazis et la Shoah sont loin de constituer un corpus homogène puisque les écrivains-témoins viennent d'horizons différents, ont été sujets à des expériences variées, se réfèrent à divers cadres interprétatifs et s'expriment à travers un large éventail de formes littéraires et de langues. Les étiquettes utilisées pour caractériser certains (sous-)ensembles de textes renvoient dès lors à différents principes d'unité et de diversité qui se conjuguent et se croisent au sein de ce corpus

---

11   Voir entre autres *ibid.*, p. 181.
12   Voir notamment deux ouvrages de Catherine Coquio pour un aperçu diachronique et comparatiste de débats clés théoriques (Catherine Coquio, *Le Mal de vérité ou l'utopie de la mémoire*, Paris, Armand Colin, 2015 ; Coquio, *La Littérature en suspens. op. cit.*).

complexe : littérature « concentrationnaire », littérature des camps, littérature de la Shoah, littérature de l'extrême, récits de survie, témoignages (littéraires), « œuvres-témoignages », ... Certaines étiquettes peuvent s'étendre à des corpus de témoignage liés à d'autres époques ou événements, tandis que les désignations centrées sur la persécution nazie montrent une variation interne selon l'identité des auteurs – déportés juifs et/ou résistants – et les réalités historiques décrites ou prises en compte, même si, au cas par cas, ces découpages sont parfois loin d'être nets. Il en va de même pour les différences de posture, comme celle entre « survivant » et « témoin », et pour la teneur ou portée littéraire des textes, revendiquée ou circonscrite de plusieurs manières. Qui plus est, la notion de « témoignage » constitue en elle-même un « monstre terminologique »[13], notamment en raison de ses affiliations multiples et complexes à différents paradigmes judiciaire, religieux, historique et/ou littéraire ainsi qu'à des contextes commémoratifs et éducatifs. Or, selon les circonstances, la parole testimoniale s'articule donc de manières divergentes et répond à des besoins variables, qui peuvent se chevaucher, se recouper ou se contredire.

Une complexité supplémentaire du corpus tient en outre aux différentes temporalités du témoignage et aux modalités selon lesquelles les textes ont été reçus. Les contextes de publication et de réception fluctuent en effet dans le temps et dans l'espace, de sorte que la parole testimoniale est doublement « située », du côté du témoin et du celui du lecteur. De ce fait, les analyses prendront en compte aussi bien le contexte auctorial que l'état et l'évolution des régimes mémoriels, des attentes lectoriales et des normes critiques qui ont pu déterminer ou influencer les interprétations données. En vue d'une telle étude, nous évoquerons ci-dessous quelques repères temporels et modèles clés organisant le champ testimonial. Cet aperçu retracera certains moments fondamentaux de la production et de la réception du témoignage mais il ne vise pas pour autant à suggérer une évolution de part en part linéaire, qui serait inévitablement schématique et réductrice. S'il est vrai que la production testimoniale a été décrite en termes de « vagues » localisées dans le temps[14], tout comme on a parlé de différents stades et évolutions au sein de la mémoire collective[15], il importe en effet de noter que ces dynamiques ou changements de paradigmes n'empêchent pas la présence d'importantes continuités, chevauchements ou retournements. Ainsi, au sein de la production testimoniale, l'on observe la coprésence durable de plusieurs « régimes » esthétiques, qui s'associent, de manière plus ou moins étroite, à autant de façons contrastées d'approcher ou

---

13   Aurélia Kalisky, cité dans Coquio, *Le Mal de vérité ou l'utopie de la mémoire, op. cit.*, p. 174.
14   Voir entre autres Michael Pollak, « Témoignages et mémoires », *Bulletin trimestriel de la Fondation Auschwitz*, n° 15 (1987), p. 16.
15   Henry Rousso, *Le Syndrome de Vichy de 1944 à nos jours*, Paris, Seuil, 1990.

de penser le réel[16]. Ensuite, au niveau de la mémoire collective, l'on sait que les phases mémorielles ne sont pas nécessairement distinctes ou exclusives, mais reposent plutôt sur la coexistence variable et les tensions entre diverses modalités de « mémoire forte » et de « mémoire faible »[17]. Enfin, les attentes lectoriales et paradigmes théoriques à propos du témoignage ou de la représentation de la Shoah ne suivent pas non plus une évolution linéaire, mais peuvent manifester certaines constantes ou résurgences, comme le montrent notamment les débats récurrents autour du caractère « irreprésentable » de l'expérience[18] ou sur sa banalisation populaire, sur lesquels nous reviendrons plus loin. Prenant en compte à la fois textes et contextes, la présentation qui suit visera dès lors à éclairer certaines continuités ou résurgences au sein du corpus aussi bien que l'inscription temporelle des publications et de leur réception. Nous examinerons aussi dans quelle mesure certaines œuvres se sont imposées comme « modèles » de la parole testimoniale et leur impact sur les configurations actuelles de la mémoire et de la littérature de la Shoah.

2.1   Repères et 'modèles'

Pour la période de l'après-guerre, d'abord, les appréciations du nombre de témoignages produits varient[19] mais une distinction s'installe d'emblée entre la masse des témoignages et les « grands » témoignages littéraires. Initialement, ces derniers sont produits par des auteurs ayant accès déjà à un réseau littéraire ou culturel établi[20], en particulier des déportés politiques tels que David Rousset, Robert Antelme, Jean Cayrol, ou encore Charlotte Delbo, même si les œuvres de cette dernière, rédigées dans l'après-guerre, ne furent effectivement publiées qu'à partir de la moitié des années 60. Les témoignages « littéraires » d'auteurs juifs, lesquels étaient profondément déracinés à l'issue de la guerre

---

16   Voir Philippe Mesnard, *Témoignage en résistance*, Paris, Stock, 2007, pour une analyse des régimes esthétiques dans l'écriture testimoniale.

17   Thomas Fontaine, « Qu'est-ce qu'un déporté ? Les figures mémorielles des déportés de France », Jacqueline Sainclivier, Jean-Marie Guillon, Pierre Laborie (éds.), *Images des comportements sous l'Occupation. Mémoires, transmission, idées reçues*, Rennes, Presses universitaires de Rennes, 2016, pp. 79-89 ; Denis Peschanski, « On Chance and Necessity », Manuel Bragança, Fransiska Louwagie (éds.), *Ego-histories of France and the Second World War: Writing Vichy*, Londres, Palgrave Macmillan, 2018, pp. 67-88.

18   Pour une analyse sur l'Allemagne, les États-Unis et la France, voir Coquio, *La Littérature en suspens*, *op. cit.*, pp. 41-73.

19   Cf. Régine Waintrater, *Sortir du génocide. Témoignage et survivance*, Paris, Éditions Payot et Rivages, 2011 (2003), p. 41 ; Nathalie Heinich, *Sortir des camps, sortir du silence. De l'indicible à l'imprescriptible*, Bruxelles, Les Impressions nouvelles, 2011, p. 35.

20   Cf. Coquio, *op. cit.*, p. 77.

et souvent plus « autodidactes »[21] ou de langue étrangère, ne suivirent que plus tard : *La Nuit* d'Elie Wiesel et *Le Dernier des Justes* d'André Schwarz-Bart parurent à la fin des années 50, quoique Wiesel eût déjà publié une version de son témoignage en yiddish en 1956, sous le titre d'*Un di velt hot geshvign*[22]. Les œuvres d'Anna Langfus et de Piotr Rawicz sortirent au début des années 60 ; à la même époque parut la traduction initiale de *Se questo è un uomo* de Primo Levi en français[23] – réfutée par l'auteur – suivie de près par les premières publications de Jorge Semprun, en 1963, et de Charlotte Delbo, en 1965, tous les deux déportés politiques.

Alors que le mythe du « grand silence » sur le génocide juif dans l'après-guerre a désormais été nuancé[24], Henry Rousso situe la véritable prise de conscience collective du génocide juif en France à partir des années 70[25], c'est-à-dire dans le sillage du procès Eichmann et d'autres procès judiciaires, et dans le contexte d'une reconsidération radicale des responsabilités de Vichy[26]. S'ouvrit en même temps ce qu'Annette Wieviorka a appelé « l'ère du témoin »[27], une véritable consécration de la parole testimoniale, qui ne fit que se confirmer par la suite. Les années 80 conférèrent en effet une nouvelle centralité à la figure du témoin, et virent aussi le renforcement d'un discours normatif sur la représentation artistique de l'expérience nazie, notamment sous l'influence de *Shoah* de Claude Lanzmann. La canonisation de l'œuvre de Robert Antelme à cette époque[28] fut liée à certaines nouvelles publications, dont une analyse de Sarah Kofman, d'inspiration blanchotienne, et la parution de *La Douleur*

---

21   Waintrater, *op. cit.*, p. 50 ; voir aussi Heinich, *op. cit.*, p. 102.
22   Elie Wiesel, *Un di velt hot geshvign*, Buenos Aires, Unión Central Israelita Polaca, 1956 ; Elie Wiesel, *La Nuit*, Paris, Minuit, 1958 ; André Schwarz-Bart, *Le Dernier des Justes*, Paris, Seuil, 1959.
23   Primo Levi, *Se questo è un uomo*, Turin, Einaudi, 1947.
24   François Azouvi, *Le Mythe du grand silence. Auschwitz, les Français, la mémoire*, Paris, Fayard, 2012 ; David Cesarani, Eric J. Sundquist (éds.), *After the Holocaust: Challenging the Myth of Silence*, Londres, Routledge, 2012.
25   Henry Rousso, *La Dernière Catastrophe. L'Histoire, le présent, le contemporain*, Paris, Gallimard, 2012, p. 191.
26   Sur le plan littéraire et culturel, cette réévaluation est associée au « mode rétro », représenté entres autres par Patrick Modiano, qui se fascine pour le passé de Vichy et s'attache à relever les ambivalences de l'époque, à l'encontre d'une vision glorifiante de l'esprit de Résistance nationale. En historiographie, la réévaluation des responsabilités de Vichy est désignée comme le « tournant paxtonien » (voir entre autres Manuel Bragança, « Vichy, un passé qui ne passe pas ? », *French Cultural Studies*, 25:3/4 (2014), p. 315 ; Manuel Bragança, Fransiska Louwagie, « Introduction: Ego-histories, France and the Second World War », Bragança, Louwagie (éds.), *op. cit.*, pp. 3-17).
27   Annette Wieviorka, *L'Ère du témoin*, Paris, Plon, 1998.
28   Voir Coquio, *op. cit.*, p. 78.

de Marguerite Duras[29]. Dans le cas de Primo Levi, une nouvelle traduction de *Si c'est un homme*, parue en 1987, suivie de peu par le suicide présumé de l'auteur, contribua à un regain d'intérêt durable pour son œuvre[30].

Passée la menace du négationnisme sur le plan historiographique[31], la conscience publique de l'événement ne se démentit plus. Les années 80 et 90 virent plusieurs programmes de recueil de témoignages oraux tandis que la fin du siècle amena une institutionnalisation progressive du « devoir de mémoire »[32], inaugurant « l'ère de la commémoration »[33] en même temps qu'une prise en charge ou appropriation du sujet par la culture populaire. À partir des années 80 et 90, la consécration de certains grands témoins se confirma par des publications telles que les mémoires d'Elie Wiesel et quelques essais de référence sur le témoignage et la mémoire, dont le recueil *Les Naufragés et les rescapés* de Primo Levi et, plus romanesque, *L'Écriture ou la vie* de Jorge Semprun[34]. Une dimension réflexive sur les questions testimoniales et mémorielles apparaît aussi dans les écrits de Ruth Klüger, qui autotraduisit son témoignage *weiter leben. Eine Jugend* en anglais[35], de même que chez l'écrivain hongrois Imre Kertész, dont l'œuvre fut traduite en allemand et ensuite en français après la chute du communisme, pour être couronnée du prix Nobel de littérature en 2002. Cette écriture réflexive tardive donna lieu à un « nouveau canon d'Auschwitz »[36], accompagné d'une plus grande attention pour l'histoire et la mémoire de l'Europe de l'Est[37].

Les années 2000 inaugurèrent une nouvelle phase dans la diffusion publique de la mémoire et de la figure du témoin[38], ce dernier étant désormais

---

29 Voir aussi Chapitre 2.

30 Primo Levi, *Si c'est un homme* [1947], Trad. M. Schruoffeneger, Paris, Julliard, 1987. Voir Daniela Amsallem, « Primo Levi et la France », Philippe Mesnard, Yannis Thanassekos (éds.), *Primo Levi à l'œuvre. La réception de l'œuvre de Primo Levi dans le monde*, Paris, Kimé, 2008, pp. 215-217.

31 Aleida Assman, « History, Memory, and the Genre of Testimony », *Poetics Today*, 27:2 (2006), p. 262.

32 Sophie Ernst (éd.), *Quand les mémoires déstabilisent l'école. Mémoire de la Shoah et enseignement*, Lyon, INRP, 2008, p. 81.

33 Annette Wieviorka, « 1992. Réflexions sur une commémoration », *Annales. Économies, Sociétés, Civilisations*, 48:3 (1993), p. 703.

34 Elie Wiesel, *Tous les fleuves vont à la mer. Mémoires*, Paris, Seuil, 1994 ; Primo Levi, *Les Naufragés et les rescapés. Quarante ans après Auschwitz* [1986], Trad. A. Maugé, Paris, Gallimard, 2000 (1989) ; Jorge Semprun, *L'Écriture ou la vie*, Paris, Gallimard, 2004 (1994).

35 Ruth Klüger, *weiter leben. Eine Jugend*, Göttingen, Wallstein, 1992 ; Ruth Klüger, *Still Alive: A Holocaust Childhood Remembered* [1992], New York, The Feminist Press, 2001, publié au Royaume-Uni comme Ruth Klüger, *Landscapes of Memory* [1992], Londres, Bloomsbury Publishing, 2003.

36 Coquio, *op. cit.*, p. 49.

37 *Ibid.*, p. 88.

38 Pour une présentation de ces évolutions, voir Ernst (éd.), *op. cit.*, p. 92ss.

largement présent dans les contextes éducatifs et les médias, aussi à titre d'expert[39]. Simultanément, la disparition progressive ou imminente des survivants suscita la question d'un éventuel « relais » de mémoire, notamment par des moyens didactiques et virtuels et par une prise en charge culturelle et artistique dite postmémorielle. Le paradigme du « témoin du témoin » connut un succès critique variable, qui, comme nous le verrons plus loin, affecta la perception et la réception des œuvres littéraires de la génération d'après. Enfin, les études du témoignage se développèrent de manière importante, avec la publication de plusieurs études « transversales » et de nombreuses analyses d'auteur, qui assurèrent une présence durable et abondante du corpus dans le champ universitaire[40]. Dans le domaine anglophone plus spécifiquement, on assista à partir des années 90 au développement des études du traumatisme et ensuite à des croisements avec les études postcoloniales[41].

La consécration d'œuvres individuelles se fit souvent en plusieurs temps, avec des hauts et des bas : certains témoins furent reçus avec un retard notable, d'autres connurent un accueil initial qui se démentit ou s'abattit plus ou moins rapidement, pour éventuellement reprendre plus tard, et dans une partie des cas, le succès resta restreint à un cercle critique plus ou moins limité. La réception divergea aussi selon les contextes culturels : rappelons que du côté français, les textes de déportés politiques parus dans l'après-guerre tendent à faire partie intégrante de la littérature testimoniale, d'autant plus que certains d'entre eux ont joué un rôle fondateur dans le développement du témoignage et d'une littérature *d'après* Auschwitz[42] ; une partie des études américaines identifient au contraire les premiers textes juifs de la fin des années 50 – en particulier ceux d'Elie Wiesel et d'André Schwarz-Bart – comme les « modèles » et le début de la « tradition » testimoniale[43], même si ce genre

---

39 Pour une analyse de la figure du témoin (consacré) en termes de sociologie de l'expertise, voir Béatrice Fleury, Jacques Walter, « Carrière testimoniale : un opérateur de la dynamique mémorielle et communicationnelle », *ESSACHESS, Journal for Communication Studies*, 5:2 (2012), pp. 153-163.

40 Citons à titre d'exemple Anny Dayan Rosenman, *Les Alphabets de la Shoah. Survivre, témoigner, écrire*, Paris, CNRS Éditions, 2007 ; Mesnard, *op. cit.* ; Mouchard, *op. cit.* ; Coquio, *op. cit.* Sur le passage à des lectures transversales du corpus, voir *ibid.*, p. 86.

41 Cf. Cathy Caruth, « Introduction », *American Imago*, 48:4 (1991), pp. 417-424 ; Shoshana Felman, Dori Laub, *Testimony. Crises of Witnessing in Literature, Psychoanalysis and History*, New York – Londres, Routledge, 1992 ; Michael Rothberg, *Multidirectional Memory: Remembering the Holocaust in the Age of Decolonisation*, Stanford (CA), Stanford University Press, 2009 ; Max Silverman, *Palimpsestic Memory: The Holocaust and Colonialism in French and Francophone Fiction and Film*, New York – Oxford, Berghahn, 2013.

42 Coquio, *op. cit.*, p. 74.

43 Jeffrey Mehlman, « French Literature and the Holocaust », Alan Rosen (éd.), *Literature of the Holocaust*, Cambridge, Cambridge University Press, 2013, p. 177.

de cloisonnement n'est pas absolu[44]. Le texte de Wiesel gagna d'ailleurs un statut de référence incontournable aux États-Unis, tandis qu'en Europe, l'œuvre plus séculaire de Primo Levi servit de modèle clé de la transmission testimoniale ou encore de « canon pédagogique »[45], avec les écrits de Kertész s'imposant graduellement comme une autre référence fondamentale, surtout au sein du discours critique.

Les « modèles » sont donc multiples et dans la mesure où les témoignages respectifs véhiculent des paradigmes esthétiques et mémoriels spécifiques, ils contribuent également à nourrir et à établir différentes conceptions de l'événement et de sa représentation. L'approche de Wiesel, placée sous le signe de l'irreprésentable, tend ainsi à être associée à un processus de « sacralisation » mémorielle de la Shoah et de la victime, tandis que la démarche plus rationnelle et séculaire de Primo Levi pousse au contraire à considérer les comportements humains et leurs ambiguïtés, cernées à travers la notion de « zone grise »[46] ; pour sa part, Kertész effectue à la fois une critique culturelle et une analyse de la condition humaine contemporaine, en proposant aussi de nouveaux principes de base pour une littérature d'après Auschwitz[47]. Or, ces différences d'approche et de perspective se reflètent dans les prises de position que prennent les témoins au sein des débats éthiques, esthétiques et mémoriels entourant le témoignage et la Shoah, et dont nous présenterons brièvement les dynamiques.

D'abord, plusieurs témoins nouent des dialogues internes portant sur les modalités mêmes du témoignage, en identifiant des rapports d'affinité ou de contraste avec certaines œuvres. C'est le cas dès l'après-guerre, par exemple chez Jean Cayrol, qui exprime son admiration pour les textes d'Antelme et de Rousset[48] mais rejette toute tendance à un romanesque réaliste jugé pathétique[49]. Des divergences et oppositions (partielles) quant à la façon de penser et d'écrire l'expérience s'observent ensuite non seulement entre Wiesel et Levi mais aussi entre Anna Langfus et Piotr Rawicz, Levi et Celan, Levi et Rawicz, Kertész et Semprun ou encore Kertész et Levi, tandis que Semprun

---

44   Voir Coquio, *op. cit.*, pp. 61-62.
45   *Ibid.*, p. 11, p. 207. Anne Frank est incluse dans le même canon.
46   Sur la dichotomie Wiesel-Levi, voir Bryan Cheyette, « Appropriating Primo Levi », Robert Gordon (éd.), *The Cambridge Companion to Primo Levi*, Cambridge, Cambridge University Press, 2007, pp. 67-86 ; Michael Rothberg, Jonathan Druker, « A Secular Alternative: Primo Levi's Place in American Holocaust Discourse », *Shofar: An Interdisciplinary Journal of Jewish Studies*, 28:1 (2009), pp. 104-126.
47   Sur Kertész, voir chapitre 6.
48   David Rousset, *L'Univers concentrationnaire*, Paris, Hachette, 1998 (1946) ; Robert Antelme, *L'Espèce humaine*, Paris, Gallimard, 1993 (1947).
49   Jean Cayrol, « D'un romanesque concentrationnaire », *Esprit*, n° 159 (1949), p. 342 ; Jean Cayrol, « Témoignage et littérature », *Esprit*, n° 201 (1953), pp. 575-577.

établit de son côté un rapport de « compagnonnage »[50] avec ce dernier. Pour sa part, Langfus s'en prit notamment à la représentation ambiguë des victimes chez Rawicz, qui mena à une « longue mise à l'index » de l'auteur[51] ; de même, Wiesel exprima ses réticences sur le concept de « zone grise » de Primo Levi, ressentie comme une accusation potentielle des victimes ; par ailleurs, il réfuta les approches romanesques de la Shoah, susceptibles de désacraliser la mémoire[52]. De son côté, Levi exprima entre autres des réserves à l'égard de formes de témoignage jugées obscures, tels les poèmes de Paul Celan, ou dépourvues de pudeur, comme l'œuvre de Piotr Rawicz[53]. Portant à son tour un regard évaluatif sur la pratique testimoniale, Kertész se distancia quant à lui de l'humanisme de Levi, démenti par Auschwitz[54]. Observant quelques-uns de ces dialogues, Elrud Ibsch note en particulier le rôle central de Primo Levi au sein des débats, dans la mesure où celui-ci s'exprime sur l'écriture d'autres survivants, et que ceux-ci tendent à se positionner par rapport à lui[55]. Ainsi qu'on le verra plus loin, Imre Kertész finit à son tour par occuper une position centrale dans ce type d'échanges, quoique plus tardivement. Hors du champ testimonial, les discussions et les prises de position des témoins s'étendent en deuxième lieu aux représentations littéraires ou artistiques de la Shoah au sens large. C'est ce qu'illustrent entre autres le rejet de certaines formes romanesques chez Cayrol, puis chez Wiesel, mais aussi l'engagement de David Rousset dans l'Affaire Treblinka dans les années 60, et de façon nettement plus récente, la critique de Kertész à l'égard du réalisme kitsch de Spielberg et son appréciation de *La vita è bella*, pour ne citer que quelques cas[56]. Les interventions critiques des témoins se rapportent enfin aux discours théoriques, philosophiques et sociaux sur l'événement et sa représentation. Ainsi, bon nombre de témoins ont très vite remis en question la mise au ban de la poésie après Auschwitz par Adorno et, de manière plus récente, certains ont participé aux

---

50 Dayan Rosenman, *op. cit.*, p. 59.
51 Anny Dayan Rosenman, Fransiska Louwagie, « Préface », Anny Dayan Rosenman, Fransiska Louwagie (éds.), *Un ciel de sang et de cendres. Piotr Rawicz et la solitude du témoin*, Paris, Kimé, 2013, p. 9. Sur les problèmes de réception de Rawicz, voir aussi chapitre 4.
52 Comme l'ont signalé notamment Delphine Auffret et Catherine Coquio, Wiesel n'était pas sans transgresser cet interdit dans ses propres œuvres (Delphine Auffret, *Elie Wiesel. Un témoin face à l'écriture*, Paris, Le Bord de L'eau, 2009, pp. 28-43 ; Coquio, *op. cit.*, p. 61).
53 Anthony Rudolf, « Porter le fardeau de l'Histoire et de la souffrance », Trad. A. Dayan Rosenman, Dayan Rosenman, Louwagie (éds.), *op. cit.*, p. 212.
54 Sur Kertész, voir chapitre 6.
55 Elrud Ibsch, *Overleven in verhalen: van ooggetuigen naar 'jonge wilden'*, Antwerpen – Apeldoorn, Garant, 2013, p. 227.
56 Steven Spielberg, *Schindler's List*, 1993 ; Roberto Benigni, *La vita è bella*, 1997. Sur Kertész, voir chapitre 6.

débats sur la culture mémorielle contemporaine et ses dérives potentielles. La parole des témoins est donc de diverses manières au centre de débats essentiels liés à l'événement, à sa mémoire et à sa mise en forme littéraire[57]. Nous développerons ces questions fondamentales dans la section suivante, à partir d'un examen de « l'acte testimonial » qui sous-tend les œuvres et la position des témoins.

2.2   L'acte testimonial

L'hétérogénéité des « modèles » testimoniaux et le passage à de nouvelles formes de représentation portent à s'interroger sur ce qui sépare ou distingue le témoignage d'autres types de prises en charge culturelles de la mémoire, notamment dans le contexte de la « disparition » des témoins. Afin d'analyser « l'acte testimonial » qui sous-tend et relie, à des degrés divers, les différentes œuvres d'un corpus multiforme, nous reviendrons d'abord sur l'ancrage autobiographique du témoignage, pour nous pencher ensuite sur sa dimension « référentielle » ou « phénoménale »[58]. À partir de là, nous analyserons différentes conceptions de la « fidélité » du témoignage, et les difficultés qui s'y relient.

Premièrement, il s'entend qu'à travers les différentes disciplines concernées par l'étude du témoignage, la spécificité de celui-ci est essentiellement associée à des affirmations d'ordre autobiographique telles que « j'y étais », ou encore « je-me-souviens » et « je le jure ». L'ancrage existentiel établit ainsi un « pacte »[59] testimonial dont les modalités peuvent cependant fluctuer. En ce sens, nous pouvons concevoir l'ancrage existentiel comme le « point de départ » de l'acte testimonial : il lui est essentiel mais ne détermine pas pour autant la forme ou la pensée du témoignage[60].

La formule « je-me-souviens », telle que l'utilise l'historien Henry Rousso, souligne en particulier la dimension informative ou référentielle du témoignage[61], tandis que « je le jure » allie le témoignage au serment[62] et le soumet

---

57   Voir Coquio, *op. cit.*, p. 74 et *infra*.
58   Sur le pacte référentiel dans l'écriture autobiographique, voir Philippe Lejeune, *Le Pacte autobiographique*, Paris, Seuil, 1996 (1975), p. 36 ; sur la notion de « phénomène », voir Bouchereau, *op. cit.*, pp. 221-225 et *infra*.
59   Voir Régine Waintrater, « Le pacte testimonial », *L'Arche*, n° 480 (1998), pp. 77-79. La notion est également élaborée dans Fransiska Louwagie, « 'Une poche interne plus grande que le tout' : pour une approche générique du témoignage des camps », *Questions de communication*, n° 4 (2003), pp. 365-379.
60   La notion de « point de départ » est empruntée à Georges Perec (voir chapitre 7).
61   Rousso, *op. cit.*, p. 248.
62   Catherine Coquio relie ce serment à la sacralité et à l'idée de « Loi » (*op. cit.*, pp. 183-185).

à un acte de jugement. L'assertion « j'y étais »[63] souligne enfin le caractère différent de la réalité qu'a vécue le témoin[64] : la marque de présence signale en l'occurrence « l'altérité » du discours et l'existence d'un savoir étranger ou nouveau. Point de départ *sine qua non* de la prise de parole testimoniale, les différentes attestations certifient en somme une position d'« autorité »[65], qui est généralement présumée « vivante » et « authentique »[66], mais n'est pas pour autant infaillible.

Pour plusieurs raisons, en effet, la légitimité du témoignage se trouve sujette à caution sur le plan historique aussi bien qu'éthique. Nous reviendrons plus loin sur les rapports entre témoins et historiens, dans une comparaison avec d'autres disciplines, mais d'un point de vue éthique, la figure même du témoin-survivant s'expose à plusieurs réserves, d'ordre général ou spécifique. D'abord, en tant que « revenant », le témoin constitue en principe une exception, voire une anomalie »[67], et le risque est dès lors que sa présence ne fasse que masquer l'absence des victimes réelles[68] ; en ce sens, le statut du témoin en tant que porte-parole pour les disparus n'est pas nécessairement acquis et les survivants autant que les critiques ont pu défendre ce rôle ou au contraire le réfuter. Une question supplémentaire se pose parfois en fonction du vécu individuel des témoins respectifs, l'hypothèse étant que la position « privilégiée » ou moins menacée de certains détenus – politiques entre autres, ou affectés à des services spécifiques – serait susceptible d'affecter leur perception de l'événement, du moins dans une certaine mesure. La question qui sous-tend de telles discussions ou comparaisons est celle de savoir à quel point les témoins individuels ont pu sonder la profondeur et la signification de la persécution nazie jusque dans ses « conséquences extrêmes »[69]. Ensuite, la figure du témoin est aussi évaluée par rapport à son comportement au moment des faits :

---

63 Renaud Dulong, *Le Témoin oculaire. Les Conditions sociales de l'attestation personnelle*, Paris, Éditions de l'École des hautes études en sciences sociales, 1998, p. 15, p. 56.
64 Anthony Pagden, *European Encounters with the New World. From Renaissance to Romanticism*, New Haven – Londres, Yale University Press, 1993, pp. 51-52.
65 Ruth Amossy, « Du témoignage au récit symbolique. Le récit de guerre et son dispositif énonciatif », Catherine Milkovitch-Rioux (éd.), *Écrire la guerre*, Clermont-Ferrand, Presses universitaires Blaise Pascal, 2000, p. 96.
66 Cf. Boucherereau, *op. cit.*, p. 231 et *infra*.
67 *Ibid.*, p. 329.
68 Ce point de vue, exprimé entre autres dans *Les Naufragés et les rescapés* de Primo Levi, est également présent chez Marc Nichanian (« The Death of the Witness, or The Persistence of the Differend », Claudio Fogu, Wulf Kansteiner, Todd Pressner (éds.), *Probing the Ethics of Holocaust Culture. The Roots of Militarism, 1866-1945*, Cambridge (MA), Harvard University Press, 2016, pp. 141-166).
69 Sur le cas d'Antelme, voir Dayan Rosenman, *op. cit.*, p. 37. Voir également le chapitre 11 sur l'œuvre de Michel Kichka pour d'autres comparaisons.

c'est ainsi que le bourreau est généralement disqualifié en tant que témoin, malgré une fascination contemporaine pour cette figure du mal[70]. La question se pose cependant aussi pour d'autres témoins, puisqu'on a vu, avec le concept de zone grise, que la victime n'est pas toujours à l'abri d'une certaine ambiguïté morale, liée à sa participation (in)volontaire au mal. Dans la mesure où cette participation relève le plus souvent de la lutte pour la survie, elle tient de l'ordre de la violence plutôt que de celui de la cruauté, selon la distinction proposée par Philippe Bouchereau[71]. Une partie des témoins n'en notent pas moins une proximité entre victime et bourreau : c'est notamment le cas dans *Le Sang du ciel* de Piotr Rawicz, dont l'ambiguïté morale n'a pas manqué de susciter des réserves à l'égard de l'œuvre. La complicité des victimes constitue également un élément central et controversé de la pensée d'Imre Kertész[72]. Ce dernier refuse d'ailleurs de renier rétrospectivement sa responsabilité, ou de poser en « victime ». Or, la volonté d'assumer sa propre trajectoire, y compris sa propre déchéance, morale et/ou physique, est une constante chez plusieurs témoins, y compris Robert Antelme. Cela étant, Ruth Amossy avance que par l'affirmation « j'y étais », le témoin « déclare en même temps : "voilà ce que j'ai été" »[73].

Par-delà les questions de légitimité, les différentes façons d'articuler l'ancrage existentiel du témoignage reflètent des conceptions et attentes divergentes de l'acte testimonial selon que celui-ci s'inscrit ou est reçu dans un cadre historiographique, juridique ou littéraire, soit encore, par extension, au sein d'un projet thérapeutique ou éducatif. De fait, le rapport « référentiel » à la réalité inconnue ou nouvelle qu'évoque le témoignage peut prendre différentes formes, d'abord en fonction du caractère littéraire ou non du texte, mais aussi selon le contexte culturel et ses temporalités. Ainsi, « le récit de déportation »[74], typique de l'après-guerre, et le témoignage dit « brut »[75] ou « descriptif » adoptent généralement une narration chronologique qui se limite à la période de l'internement, exception faite éventuellement de la

---

70 C'est l'argument de l'ouvrage de Charlotte Lacoste, *Séductions du bourreau*, Paris, Presses universitaires de France, 2010, sur lequel nous reviendrons plus loin. Voir aussi à propos des *Bienveillantes* de Jonathan Littell, François Rastier, « 'L'odeur de la chair brûlée'. Témoignage et mentir-vrai », *Europe*, n° 1041-1042 (2016), pp. 126-127.

71 Bouchereau, *op. cit.*, p. 295.

72 Sur Rawicz, voir chapitre 4 ; sur Kertész, voir chapitre 6.

73 Ruth Amossy, « *L'espèce humaine* de Robert Antelme ou les modalités argumentatives du discours testimonial », *Semen*, n° 17 (2004), pp. 131-132.

74 Coquio, *op. cit.*, p. 401.

75 Voir entre autres Joseph Bialot, *C'est en hiver que les jours se rallongent. Récit*, Paris, Seuil, 2002, p. 14.

période avant la déportation et de l'épisode du retour[76]. La visée informative y est prédominante, même si ces récits tendent aussi à offrir un « credo » ou mythe personnel pour interpréter l'expérience, d'après ce qu'observe Régine Waintrater à propos des témoignages oraux[77]. En revanche, on l'a dit, les témoignages littéraires œuvrent avant tout à créer une « forme de pensée » pour la coupure vécue. Le but est alors de réfléchir la réalité en tant que « phénomène »[78], notamment dans sa qualité de « scandale »[79] et d'« apocalypse »[80], le cas échéant de manière antiréaliste ou sur le mode fictionnel. Comme l'indique, pour la génération liminale, Georges Perec, la conscience prévaut en ce sens sur la mémoire[81]. Selon les cas de figure, les modalités référentielles sont donc foncièrement distinctes, sans pour autant être dissociées. De fait, toute forme de représentation implique une démarche de construction narrative et de médiation mémorielle, y compris le témoignage soi-disant « brut »[82], tandis que l'ancrage existentiel reste également au cœur du témoignage littéraire, même lorsque celui-ci s'écarte du factuel.

De fait, en se penchant plus spécifiquement sur la construction discursive et mémorielle du témoignage de type descriptif, le sociologue Michael Pollak signale d'abord que la liberté narrative du récit concentrationnaire traditionnel dépasse celle du témoignage juridique, notamment parce que le témoignage narratif répond davantage aux besoins psychologiques du témoin que l'attestation judiciaire, soumise à des restrictions et à des contraintes protocolaires. Par ailleurs, contrairement aux exigences du témoignage juridique, où le témoin est supposé s'en tenir à sa version des faits, dans le cas du témoignage historique, les influences sont tolérées et la narration peut prendre une dimension potentiellement collective[83]. Michael Pollak et Nathalie Heinich relèvent en effet la concordance progressive des narrations, au point de faire état de

---

76   Cf. Louwagie, *op. cit.*, p. 373 ; Alain Goldschläger, « La littérature de témoignage de la Shoah : dire l'indicible – lire l'incompréhensible », *Texte : revue de critique et de théorie littéraire*, n° 19-20 (1996), p. 264.

77   Waintrater, *Sortir du génocide. Témoignage et survivance, op. cit.*, pp. 118-126, p. 203.

78   Bouchereau, *op. cit.*, pp. 221-225. Bouchereau parle notamment du phénomène de la disparition.

79   Sur ce terme, voir les chapitres 2, 6 et 7 sur Antelme, Kertész et Perec ; Kertész définit le scandale comme « pierre d'achoppement ».

80   Voir notamment le chapitre 6 sur Kertész.

81   Sur Georges Perec, voir chapitre 7.

82   Cf. James E. Young, *Writing and Rewriting the Holocaust: Narrative and the Consequences of Interpretation*, Bloomington, Indiana University Press, 1988.

83   Renaud Dulong, « L'émergence du témoignage historique lors de la Première Guerre Mondiale », François-Charles Gaudard, Modesta Suárez (éds.), *Formes discursives du témoignage*, Toulouse, Éditions universitaires du Sud, 2004, p. 14.

la création d'une mémoire commune[84]. D'une perspective thérapeutique telle que la présente Régine Waintrater, il est en outre considéré que le témoin, en acceptant de raconter son histoire, « prend le risque de modifier celle-ci », effectuant un « travail de transformation et d'appropriation »[85]. Les analyses des processus mémoriels font d'ailleurs état d'un système en « arcades » pour expliquer comment la temporalité du témoin se situe par rapport au moment de sa dernière narration plutôt que par rapport à la mémoire de l'expérience même[86]. Dans la même lignée, Kertész confirme que le processus d'écriture en tant que tel a pu modifier sa mémoire[87]. À l'opposé de cette « transmission vivante »[88] peut néanmoins subsister une présomption, du côté des témoins comme des lecteurs, selon laquelle la première version du témoignage serait la plus authentique ou la plus fidèle, dans une réminiscence, ou résurgence, des attentes juridiques et de leur emphase sur « l'immédiateté » de la mémoire[89].

Comme indiqué, cela n'empêche pas les témoins littéraires de s'éloigner du factuel sans annuler l'ancrage existentiel ou la qualité testimoniale de leurs œuvres[90]. Le côté référentiel du témoignage incorpore effectivement un deuxième niveau de vérité où le texte est amené à « qualifier » l'expérience[91], en sa dimension phénoménale : le témoin s'oriente en l'occurrence vers une prise de conscience de la signification de l'événement. Cet autre rapport de « fidélité » au réel[92] est d'autant plus important que l'acte testimonial est lié à une réalité *autre* ou nouvelle et inclut une promesse et une responsabilité envers les disparus[93]. Or, dans les œuvres-témoignages, cette fonction qualificative est inséparable d'une exigence de « justesse esthétique », c'est-à-dire une esthétique « articulée à sa fonction éthique »[94]. Se crée ainsi une littérature *d'après* Auschwitz, qui conjugue les articulations éthiques et esthétiques de l'expérience. Comme le montreront encore les chapitres analytiques, la quête d'une *forme* pour

---

84   Michael Pollak, Nathalie Heinich, « Le témoignage », *Actes de la recherche en sciences sociales*, n° 62-63 (1986), p. 13.
85   Waintrater, *op. cit.*, p. 217.
86   Peschanski, *op. cit.*, p. 84.
87   Sur Kertész, voir chapitre 6.
88   Waintrater, *op. cit.*, p. 216.
89   Certains témoins ou préfaciers notent ainsi que leurs témoignages d'origine n'ont pas été modifiés, en gage d'authenticité (cf. Fransiska Louwagie, « Le témoignage des camps et sa médiation préfacielle », *Questions de communication*, n° 10 (2006), pp. 349-367).
90   Cf. Louwagie, ''Une poche interne plus grande que le tout' : pour une approche générique du témoignage des camps », *op. cit.*, p. 375 ; Coquio, *op. cit.*, p. 194.
91   Voir Jacques Rancière, « Témoignage et écriture », Antoine Compagnon, *Séminaire 2009 : Témoigner* (Littérature française moderne et contemporaine : Histoire, critique, théorie, Collège de France), 2009, https://www.college-de-france.fr/site/antoine-compagnon/seminar-2009-03-10-17h30.htm.
92   Cf. Lejeune, *op. cit.*, p. 37.
93   Waintrater, *op. cit.*, p. 101.
94   Dulong, *Le Témoin oculaire, op. cit.*, p. 199.

imaginer la signification et l'impact de l'événement implique un travail fondamental sur la langue, radicalement remise en cause, mais elle suscite en même temps un « jeu »[95] littéraire *sui generis*. L'expérience est alors imaginée à travers plusieurs formes et genres qui créent, le cas échéant, un « espace testimonial », analogue à « l'espace autobiographique » défini par Philippe Lejeune[96], et où se croisent potentiellement plusieurs contrats de lecture, dont certains peuvent être ouvertement fictionnels. Il s'ensuit qu'au-delà des questions de reconstruction narrative et mémorielle, les auteurs d'œuvres-témoignages sont à même de disposer de leur vécu comme une « matière », ainsi que le confirme Kertész[97], c'est-à-dire comme un point d'« ancrage » qui donne lieu, comme nous le verrons chez Perec, à un processus d'« encrage ». Pour les survivants, ce peut être à plus forte raison le cas du moment que les faits de la Shoah sont largement « connus »[98] ou « établis »[99], sur le plan individuel et/ou collectif, de sorte que le témoignage n'est plus forcément tenu à une logique de la preuve[100]. Sa fidélité consiste alors à imaginer les événements « selon le réel »[101], en clarifiant ou négociant un pacte de lecture, parfois hybride, avec le lecteur, comme nous le verrons dans les chapitres analytiques.

Or, le défi formel que pose la volonté de fidélité testimoniale à une réalité *autre* ou nouvelle est aussi lié à l'écart avec le lecteur et le contexte de réception où se situe l'acte testimonial. De fait, face à un lecteur ou auditeur externe, la mission du témoin consiste, tel que l'indiquent entre autres Antelme et Kertész, à ne pas se laisser déposséder de son vécu par des perspectives extérieures qui risqueraient de déformer l'expérience. Cela implique que, malgré sa liberté narrative, le témoin se sent dans une certaine mesure tenu à une perception ou prise de conscience initiales de l'événement, jugées authentiques : Antelme indique en effet que sa thèse de l'unité fondamentale de l'espèce humaine remonte directement au ressenti des déportés, tandis que Kertész fixe la réalisation de son « destin » à son retour des camps[102]. Ayant travaillé tout un temps dans un contexte de censure politique, ce dernier rédigea d'ailleurs son premier témoignage dans un isolement total, qui lui conféra une liberté paradoxale. De même, selon Betrand Leclair, c'est parce que Piotr Rawicz s'est situé à un moment où le monde « n'avait pas encore

---

95 Coquio, *op. cit.*, p. 38.
96 Louwagie, *op. cit.*, p. 376 ; Lejeune, *op. cit.*, p. 72.
97 Sur Kertész, voir chapitre 6.
98 François Rastier dans Philippe Mesnard, François Rastier, « Sur la poéticité du témoignage et les techniques de la littérature de l'extermination. Deux dialogues entre Philippe Mesnard et François Rastier », *Texto ! Textes et cultures*, 2007, http://www.revue-texto.net/Dialogues/FR_Mesnard.pdf.
99 Henry Rousso, « From a Foreign Country », Bragança, Louwagie (éds.), *op. cit.*, p. 102.
100 Young, *op. cit.*, p. 37 ; Coquio, *op. cit.*, p. 194.
101 Bouchereau, *op. cit.*, p. 329.
102 Sur Antelme et Kertész, voir les chapitres 2 et 6, respectivement.

conscience d'avoir perdu conscience »[103], que l'auteur a pu écrire *Le Sang du ciel* dans toute son ambivalence. En revanche, ainsi que nous le constaterons notamment dans le chapitre sur Antelme, la vérité du témoin est parfois difficile à défendre face à une société qui n'est pas forcément prête à prendre la mesure de l'événement. Ceci s'applique même dans un contexte mémoriel plus établi et c'est ainsi que des témoins comme Kertész ont continué à s'engager dans les débats culturels et critiques autour de la Shoah, comme nous l'avons vu plus haut. La position du témoin peut alors présenter un « contre-discours »[104] apte à corriger et à remettre en question les perceptions collectives, philosophiques ou encore historiographiques de l'événement, dans un esprit de fidélité délibérément radicale à l'expérience.

Cela dit, certains parcours testimoniaux montrent que, malgré l'exigence de fidélité à une perception initiale, la qualification de l'expérience n'est pas toujours à l'abri de modifications ou de réévaluations du vécu et de sa mémoire. En d'autres mots, le témoin peut non seulement s'écarter de sa première version des faits, comme nous l'avons indiqué, mais aussi de leur mise en sens. Or, dans certains cas, de tels réexamens interprétatifs ont été compris comme un signe de trahison ou de manque de « fidélité » testimoniale : ce fut entre autres le cas pour Elie Wiesel, qui fit face à certains reproches pour avoir renoncé à la conception « juive » de son expérience en vue de la publication française de *La Nuit*[105], où il réinterpréta la « coupure » d'Auschwitz en des termes métaphysiques et universels, à un moment où la conscience juive de la Shoah n'avait pas encore pris toute son ampleur. Si Wiesel chercha plus tard à réconcilier les différentes versions de son témoignage, en soulignant ses dimensions à la fois juive et universelle[106], nous trouvons chez Jorge Semprun une volonté plus explicite de revoir son témoignage initial des camps, notamment afin de corriger rétrospectivement sa « bonne conscience » marxiste[107]. L'objectif déclaré est d'élaborer une perception autrement fidèle au réel, apte à rendre compte de l'existence simultanée du Goulag. Les perspectives de lecture à l'égard de tels

---

103   Bertrand Leclair, « On peut donc chuter dans le ciel ? », Betrand Leclair, *Dans les rouleaux du temps. Ce que nous fait la littérature*, Paris, Flammarion, 2011, p. 354.

104   Amossy, « Du témoignage au récit symbolique. Le récit de guerre et son dispositif énonciatif », *op. cit.*, p. 98. Voir aussi la notion de « contre-épopée » dans Jean-Louis Jeannelle, « Pour une histoire du genre testimonial », *Littérature*, n° 135 (2004), p. 109.

105   Naomi Seidman, « Elie Wiesel and the Scandal of Jewish Rage », *Jewish Social Studies*, 3:1 (1996), p. 5.

106   Elie Wiesel, « Preface to the New Translation », Elie Wiesel, *Night* [1958], Trad. M. Wiesel, New York, Hill and Wang, 2006, pp. vii-xv. Pour une analyse, voir Fransiska Louwagie, « 'Et puis tu nous entraînes plus loin'. Le témoignage des camps vu à travers le regard des préfaciers », Michael Rinn (éd.), *Témoignages sous influence. La vérité du sensible*, Québec, Presses de l'Université Laval, 2015, pp. 90-91.

107   Sur Semprun, voir chapitre 5.

changements interprétatifs oscillent entre sympathie ou scepticisme[108], selon que l'on adopte une conception plus « exceptionnaliste » du témoignage, où la prise de parole est supposée être définie essentiellement à partir de l'expérience, en vue d'une authenticité et d'une fidélité maximales, ou au contraire une analyse plus « constructiviste »[109], qui considère les déplacements interprétatifs non comme une trahison mais en fonction d'évolutions personnelles et/ou contextuelles. Comme nous le verrons dans les chapitres analytiques, entre ces deux paradigmes, le témoignage se présente en somme comme un nœud dialogique, qui interagit, selon diverses forces et tensions, avec les discours et mythes environnants, tantôt en quête d'une authenticité et d'une fidélité *malgré tout*, tantôt en pleine conscience de leur échec.

2.3   *Pacte testimonial et engagement du lecteur*

Du fait que le témoin se tient dans un double rapport à l'événement et au contexte de réception, le « pacte » testimonial suscite aussi la question du contrat de lecture et de l'accueil du témoignage. De fait, en raison de son altérité radicale, la réception de la parole testimoniale est par définition critique, c'est-à-dire à la fois essentielle et problématique. L'on sait en effet que l'appréhension de ne pas être entendu occupe une place clé au sein des récits, entre autres chez Primo Levi[110]. Prenant donc en compte à la fois l'altérité fondamentale du témoignage et les attentes et cadres discursifs qui l'entourent, nous examinerons ci-dessous la quête d'une communauté lectoriale et les difficultés qui s'y associent, avant de voir l'évolution des modèles et contre-modèles relatifs à la réception testimoniale.

Notons d'abord que d'un point de vue thérapeutique, le rapport entre le témoin et son destinataire ou « témoignaire » a été défini comme un engagement supposé mutuel, où les deux interlocuteurs sont, du moins en principe, délégués par une communauté et se situent dès lors à l'entrecroisement entre l'individuel et le collectif[111]. Dans le cadre des entretiens oraux décrits par Régine Waintrater, le « témoignaire » est alors supposé accueillir la parole du témoin, en rétablissant par là le pacte social détruit par l'expérience : il adopte

---

108   Eva Raynal, « Un regard clinique sur la production de Jorge Semprún », *Acta Fabula*, 19:2 (2018), http://www.fabula.org/acta/document10747.php ; voir également chapitre 5.

109   Alan Mintz, « Two Models in the Study of Holocaust Representation », *Popular Culture and the Shaping of Holocaust Memory in America*, Seattle – Londres, University of Washington Press, 2001, pp. 36-84. Mintz analyse en ces termes les différences d'approche entre les travaux fondateurs de David Roskies et de Lawrence Langer, tout en spécifiant que cette opposition binaire est un outil heuristique plutôt que descriptif.

110   Cf. Judith M. Hughes, *Witnessing the Holocaust. Six Literary Testimonies*, Londres, Bloomsbury Academic, 2018.

111   Waintrater, *op. cit.*, p. 188.

une position de protection à l'égard du témoin, a priori de manière temporaire, mais potentiellement, dans le cadre de l'entretien, sur un laps de temps plus étendu, même si dans une ambition thérapeutique le rapport n'est pas nécessairement durable, le témoin pouvant aussi s'en libérer[112]. Or, l'idéal de réception empathique est réitéré dans certains témoignages littéraires, entre autres chez Semprun, qui exprime le besoin d'un regard fraternel, tandis que Levi appelle de ses vœux une communauté de jugement. Le témoignage sollicite donc une réponse éthique mais son accueil au sein d'une communauté n'en reste pas moins incertain, notamment dans la mesure où le pacte social est définitivement affecté par l'expérience vécue. Le témoignage est alors contraint à « se construire précisément à partir des ruines » de concepts tels que mutualité et empathie[113] ou de catégories comme le bien et le mal[114]. Les témoins oscillent par conséquent entre un humanisme hypothétique, à l'instar d'Antelme, le deuil de la communauté perdue, que nous retrouverons notamment chez Schwarz-Bart et Rawicz[115], et le (quasi-)renoncement à une communauté morale[116], comme Kertész. Malgré tout, les témoins ne cessent de faire appel à la conscience du lecteur et à ses capacités éhiques ou (auto)critiques, transmettant leurs témoignages comme on lance « une bouteille à la mer », selon la formule souvent citée qu'utilise Celan :

> Le poème peut, puisqu'il est un mode d'apparition du langage et, comme tel, dialogique par essence, être une bouteille à la mer, mise à l'eau dans la croyance – pas toujours forte d'espérance, certes – qu'elle pourrait être en quelque lieu et quelque temps entraînée vers une terre, Terre-Cœur peut-être. Les poèmes sont aussi de cette façon en chemin : ils mettent un cap[117].

Constatant d'emblée la précarité de la réception testimoniale, Antelme élabore explicitement son propre témoignage en fonction de la capacité d'écoute de

---

112 *Ibid.*, p. 186, pp. 211-213.
113 *Ibid.*, p. 192.
114 Bouchereau, *op. cit.*, p. 236.
115 Pour Philippe Bouchereau, la notion de « désépérance » signifie la perte de la confiance dans l'humanité et dans le monde en général (*ibid.*, p. 156) ; chez Schwarz-Bart et Rawicz, nous observerons dans ce contexte un désespoir radical à l'égard de la disparition du peuple juif.
116 Aurélia Kalisky, « D'une catastrophe épistémologique ou la castrastrophe génocidaire comme négation de la mémoire », Thomas Klinkert, Günter Oesterle (éds.), *Katastrophe und Gedächtnis*, Berlin, De Gruyter, 2013, pp. 58-59.
117 Paul Celan, « Allocation prononcée lors de la réception du prix de littérature de la Ville libre hanséatique de Brême », Paul Celan, *Le Méridien & autres proses*, Trad. J. Launay, Paris, Seuil, 2002, p. 57.

ceux qui l'entourent : en vue du fait que certains de ses codétenus conforment le récit de leur vécu aux attentes des soldats libérateurs tandis que d'autres manifestent en revanche un état de « mépris » à l'égard de ces innocents incapables à jamais de saisir la réalité concentrationnaire, il entreprend pour sa part une transmission par le biais de la sélection et de l'imagination dans l'espoir d'atteindre la conscience de ses lecteurs et de sensibiliser ces derniers au scandale de l'univers SS et du monde en général[118]. Souhaitant engendrer chez ses lecteurs une réflexion sur leurs propres choix de vie, Charlotte Delbo exprime à son tour l'espoir d'une réception au moins partielle[119], tout en doutant ouvertement des facultés de compréhension de son audience[120]. Des témoins comme Imre Kertész et, dans la génération des enfants-survivants, Raymond Federman, continuent à travailler à une prise de conscience (auto)critique de la part du lecteur et s'engagent en outre dans une méta-discussion concernant la réception de leurs œuvres, non seulement auprès du public, mais aussi de la part des éditeurs : après un rejet initial de leur écriture, ils se sentent en effet appelés à définir et à défendre la « justesse esthétique » de celle-ci, de manière à contrer et rectifier les attentes erronées ou malentendus sur l'état de la réalité, de la langue et de la littérature après Auschwitz[121].

Face aux difficultés de transmission se profilent en définitive plusieurs modèles et contre-modèles de réception, qui ont évolué au fil du temps et avec l'avènement d'une conscience collective de la Shoah. Comme on l'a vu, le « bon » récepteur a d'abord été défini en termes de réceptivité et d'empathie ou de jugement, entre autres dans un contexte thérapeutique : Régine Waintrater évoque en particulier la nécessité d'un témoignaire informé mais qui ne ferait pas valoir ses connaissances contre la parole du témoin[122]. Ce témoignaire est avant tout à l'écoute, remédiant aux craintes des témoins de ne pas trouver d'audience. Cependant, avec la constitution d'une mémoire collective des événements, le problème de la non-réception initiale ne se pose plus dans les mêmes termes. Ainsi, Wiesel renvoie à la présence désormais affirmée de la Shoah pour justifier sa décision de maintenir la version française de *La Nuit* plutôt que de revenir à son témoignage initial en yiddish, où il avait précisément dénoncé le silence et l'indifférence du monde à l'égard

---

118 Sur Antelme, voir chapitre 2.
119 Charlotte Delbo, « 'Je me sers de la littérature comme une arme'. Entretien avec Charlotte Delbo (Propos recueillis par François Bott) » [1975], David Caron, Sharon Marquart (éds.), *Les Revenantes. Charlotte Delbo. La voix d'une communauté à jamais déportée*, Toulouse, Presses universitaires du Mirail, 2011, p. 26).
120 Anne Martine Parent, « Transmettre malgré tout. Ratages et faillites de la transmission chez Charlotte Delbo », *Protée*, 37:2 (2009), p. 76.
121 Sur Kertész et Federman, voir chapitres 6 et 8.
122 Waintrater, *op. cit.*, p. 195.

du génocide juif[123]. Si le manque d'attention est désormais largement dépassé, la massification de la mémoire engendre d'autres problèmes : de fait, plusieurs attentes sociales se sont forgées à l'égard du témoignage qui en affectent tant la production que la réception et risquent d'entraver son potentiel critique. Du côté du témoignage oral s'est produit un impératif de « tout dire » et de « tout entendre »[124] tandis que le processus de transmission s'est aussi placé graduellement sous le signe de l'émotion et d'un « pacte compassionnel » : l'échange avec le témoin, en classe ou sur les lieux de mémoire, se base alors sur la primauté de la présence corporelle et de l'intimité intersubjective[125]. Selon Wieviorka, l'objectif éducatif d'une telle « mise en situation » est la création de « témoins des témoins », « porteur[s] d'un savoir acquis sur la destruction des Juifs, non sur les bancs de l'école par exemple, ou dans les livres, mais par une expérience vécue, dans un modèle qui semble bien remonter aux Évangiles » : les jeunes témoignaires ciblés par cette approche « seraient les apôtres qui, une fois les témoins disparus, porteraient plus loin leur parole »[126]. Outre la base compassionnelle d'une telle interaction, qui l'emporte sur les connaissances historiques des jeunes, Wieviorka dénonce le caractère stéréotypé des finalités politiques qui « instrumentalisent » ce type de témoignage, dont la lutte contre la remontée du fascisme ou contre les génocides dans le monde[127]. En plus, comme l'ont soulevé en particulier Wieviorka et Kertész, le témoin tend, dans ce genre de contexte, à être placé dans le rôle de messager « prophétique »[128] : d'après Wieviorka, il est dès lors attitré d'une expertise qui dépasse son expérience et qui entre en compétition avec celle d'autres spécialistes tels que les historiens ou les enseignants ; pour Kertész, le problème est plutôt que le discours du témoin se trouve ici récupéré dans des cadres externes à l'expérience, qui vont à l'encontre de l'exigence de fidélité radicale. Autrement dit, le risque est non seulement de codifier et de normaliser certaines pratiques mais aussi de déposséder encore le témoin de son expérience et de créer un « consensus » social, qui peut dénaturer ou prendre le pas sur le projet et la parole du témoin et empêcher un travail de conscience critique. Or, si pour certains survivants, la posture institutionnalisée ou formatée du témoignage devient une seconde nature, voire une nouvelle identité – comme le montre Michel Kichka pour le cas de son père dans *Deuxième génération*[129] – d'autres,

---

123 Cf. Louwagie, *op. cit.*
124 Waintrater, *op. cit.*, p. 203.
125 Wieviorka, *L'Ère du témoin, op. cit.*, p. 179.
126 *Ibid.*, p. 171.
127 *Ibid.*, p. 173 et pp. 179-180.
128 *Ibid.*, p. 171.
129 Voir chapitre 11.

confrontés aux excès d'un tel consensus, ont penché à refuser le rôle ou la place assignés au « témoin ». Ainsi, Levi s'est montré inconfortable dans son statut de témoin professionnel ou « mercenaire », et devant les conceptions externes, jugées simplistes et manichéennes, de son expérience[130]. De son côté, Kertész s'en prend au « réflexe Holocauste » de son audience, conditionnée par les codes établis de la mémoire[131]. En définitive, la sacralisation du témoin empêche à son tour une véritable réception des textes : le mauvais récepteur n'est alors plus celui qui n'écoute pas mais celui qui s'approprie l'expérience ou la simplifie en des termes préétablis. Dans ce contexte, le témoignage peut continuer à faire office de contre-discours critique, s'opposant désormais aux usurpations ou à la monumentalisation de la mémoire, plutôt qu'à l'absence ou à la négation de cette dernière. En l'occurrence, la réception testimoniale ne se pose pas uniquement en termes d'empathie mais sollicite également une capacité réflexive, définie comme une prise de conscience (auto)critique qui remet en question nos conceptions établies et la façon de penser l'homme, le langage et la mémoire après Auschwitz.

2.4 *De la littérature à la critique*

Le travail d'écriture qu'implique la quête d'une « justesse esthétique » au sein des œuvres-témoignages demande également un examen critique du rapport entre témoignage et littérature. Ce lien est crucial du fait que la littérature permet précisément une « médiation »[132] de l'expérience, c'est-à-dire une sortie de l'immédiat, du traumatisme et du témoignage supposé brut par la création d'un « atelier de pensée »[133] d'ordre à la fois éthique et esthétique. Si l'art contribue ainsi à qualifier l'événement, l'appartenance testimoniale à la littérature n'en reste pas moins foncièrement problématique, notamment dans la mesure où cette dernière représente un système de valeurs remis en question par Auschwitz[134], qui risque de normaliser ou de fausser l'acte testimonial[135]. Par méfiance, certains témoins ont dès lors minimisé le caractère

---

130 Philippe Mesnard, « Entre témoignage et mémoire, quelle place pour Primo Levi ? », *Témoigner. Entre histoire et mémoire*, n° 119 (2014), p. 89.
131 Imre Kertész, « À qui appartient Auschwitz ? » [1998], Imre Kertész, *L'Holocauste comme culture. Discours et Essais*, Trad. N. Zaremba-Huzsvai et Ch. Zaremba, Arles, Actes Sud, 2009, p. 153.
132 Georges Perec, « Robert Antelme ou la vérité de la littérature » [1963], Robert Antelme, *Textes inédits sur* L'espèce humaine. *Essais et témoignages*, Paris, Gallimard, 1996, p. 180.
133 Coquio, « Préface », *op. cit.*, p. 22.
134 Voir Imre Kertész, « Eurêka » [2002], Kertész, *L'Holocauste comme culture. Discours et Essais*,*op. cit.*, pp. 253-265 et chapitre 6. Cf. Coquio, *La Littérature en suspens, op. cit.*, p. 178.
135 Coquio, *op. cit.*, p. 181. Sur le caractère à la fois « requis » et « disqualifié » de la littérature, voir également *ibid.*, p. 178.

littéraire ou fictionnel de leurs œuvres en entourant leur témoignage d'un mythe de simplicité et de transparence, comme Primo Levi, ou de sacralité, tel Elie Wiesel[136]. En revanche, d'autres ont cherché à redéfinir les liens à la littérature, tout comme la critique a entrepris de concevoir la spécificité et la littérarité du témoignage après Auschwitz. Afin d'examiner les différentes approches de ces questions, nous partirons de deux débats clés, à savoir la discussion sur les théories de l'indicible et celle liée aux conceptions du témoignage en tant que genre littéraire. La comparaison des positions variables et de leurs enjeux stratégiques et symboliques conduira enfin à une réflexion sur les rapports entre témoignage et critique. C'est à partir de là que nous définirons l'approche analytique du présent ouvrage, qui visera à faire droit à la complexité du champ et à la particularité des oeuvres testimoniales.

Les droits de la création poétique « après » Auschwitz furent remis en question dès le début des années 50 par Adorno, dans une tentative d'éviter un effacement culturel du crime[137]. La proscription initiale se mua graduellement en l'interdiction de faire de la littérature « sur » Auschwitz[138], résultant en un dogme de l'irreprésentable qui se justifie par un besoin de résistance à la banalisation de l'événement, à la menace d'une prétendue maîtrise absolue de celui-ci et à la mise à distance historisante des faits. D'où l'impératif de renoncer d'emblée à toute tentative d'imagination ou de représentation. Une telle logique de « tout ou rien »[139] fut au centre de plusieurs débats polémiques, dont Claude Lanzmann fut l'un des acteurs principaux en France. Avec son film *Shoah*, ce dernier proposa effectivement une esthétique basée sur la notion de l'irreprésentable, qui fut ensuite théorisée et transposée sur le plan littéraire entre autres par Gérard Wajcman[140]. L'esthétique du sublime, développée par Lyotard, se joignit indirectement à ce discours en octroyant à l'art la mission de témoigner du différend entre irreprésentable et représentation sans dépasser leur incommensurabilité. Dans le contexte d'Auschwitz, Lyotard s'opposa de ce fait à son tour à la représentation tout court, considérant celle-ci comme une façon d'oublier l'événement : *Shoah* de Lanzmann fut ici encore érigé en modèle du fait que le film rend présent l'imprésentable sans le représenter, en

---

136 Sur Levi, voir Cheyette, *op. cit.*, p. 70 ; Amsallem, *op. cit.*, p. 234. Comme le montre Françoise Carasso, Levi finit par regretter les contradictions de ce mythe (Françoise Carasso, « Primo Levi, le malentendu » [1999], Ernst (éd.), *op. cit.*, p. 199). Sur Wiesel, cf. *supra*.

137 Pour une « historisation » approfondie du dictum, voir Coquio, *op. cit.*, p. 41ss.

138 *Ibid.*, p. 42.

139 Georges Didi-Huberman, *Images malgré tout*, Paris, Minuit, 2003.

140 Sur Wajcman, voir chapitre 10. Le film de Lanzmann fut aussi théorisé, aux États-Unis, par Soshana Felman, dans le cadre des théories du traumatisme (Felman, Laub, *op. cit.*, pp. 204-283). Cf. Coquio, *op. cit.*, p. 65, p. 67.

s'appuyant notamment sur le pathos des témoins[141]. Malgré l'interdit de représentation, l'art se trouve ainsi transformé en témoin[142].

Les interdits et logiques du sublime eurent un impact durable sur les débats représentationnels, tout en se heurtant de front aux pratiques littéraires testimoniales existantes[143] ainsi qu'aux affirmations de témoins comme Robert Antelme – ou, après lui, dans un registre plus romanesque, Jorge Semprun – du nécessaire recours à « l'artifice » pour faire passer une « parcelle » de vérité au lecteur[144]. Le dictum d'Adorno rencontra par conséquent un rejet formel de la part de témoins comme Charlotte Delbo[145], Jorge Semprun ou Piotr Rawicz. Ce dernier le qualifia d'« absurde », soulignant les rapports intrinsèques entre souffrance et littérature[146] : selon Anny Dayan Rosenman, Rawicz prit donc conscience de la nécessité d'une médiation littéraire bien avant Primo Levi ou Elie Wiesel[147]. Se joignant à son tour aux critiques de la « bêtise » d'Adorno, Kertész dénonça en particulier la teneur moralisatrice des discours de l'irreprésentable : d'après lui, contrairement à ce qu'ils prétendent, les interdits transforment l'événement en un passé distant, à l'instar précisément des approches réalistes ou historisantes qu'ils rejettent[148]. Les théories de l'irreprésentable comme leurs critiques s'accordent dès lors dans leur refus d'une distanciation et d'une représentation historisante, qui réduiraient, selon les perspectives, le traumatisme et l'unicité de l'événement, ou son actualité et sa « pérennité » culturelles[149]. L'art et la littérature semblent ici encore seuls aptes à fournir une réponse « adéquate » à l'événement. Cela étant, le paradigme de l'« art comme témoin »[150] se retrouve aussi bien chez les tenants de l'indicible que chez leurs opposants, véhiculant au fond des approches divergentes et même

---

141 Jean-François Lyotard, *Leçons sur l'analytique du sublime*, Paris, Galilée, 1991 ; Jean-François Lyotard, *L'Inhumain. Causeries sur le temps*, Paris, Galilée, 1988 ; Jean-François Lyotard, *Heidegger et « les juifs »*, Paris, Galilée, 1988. Cf. Fransiska Louwage, « The Ethical Stance of Testimony: Memory Politics and Representational Choices », *Interdisciplinary Literary Studies*, 12:1 (2010), pp. 1-17.

142 Coquio, *op. cit.*, p. 72.

143 Cf. Coquio, *Le Mal de vérité ou l'utopie de la mémoire, op. cit.*, p. 246.

144 Sur Antelme, voir chapitre 2.

145 Charlotte Delbo, Madeleine Chapsal, « Rien que des femmes » [Entretien, 1966], Caron, Marquart (éds), *op. cit.*, p. 23.

146 Piotr Rawicz, « Préface », Danilo Kis, *Sablier*, Paris, Gallimard, 1982, p. i. La différence de point de vue remonte aussi au fait qu'Auschwitz constitue pour Rawicz un événement « archétypal » (*ibid.*, p. iv), comme nous le verrons dans le chapitre 4.

147 Anny Dayan Rosenman, « Piotr Rawicz : témoigner dans la blessure du texte », Dayan Rosenman, Louwagie (éds.), *op. cit.*, p. 190.

148 Sur Kertész, voir chapitre 6.

149 Imre Kertész, « La pérennité des camps » [1990], Kertész, *L'Holocauste comme culture. Discours et Essais, op. cit.*, pp. 41-52.

150 Sur ce paradigme en France, cf. Coquio, *La Littérature en suspens, op. cit.*, p. 67, p. 72, p. 78.

contradictoires, qui sont liées à différentes visions sur l'événement, le témoignage, et les conjugaisons entre éthique et esthétique.

Par opposition aux esthétiques de l'irreprésentable et du sublime, qui transforment au final un événement radicalement autre en une altérité transcendante, une partie des discours critiques ont cherché à dépasser la dichotomie représentationnelle du « tout ou rien ». Une première tentative, qui va dans le sens de la « parcelle de vérité » proposée par Antelme, défend l'idée d'une représentation « malgré tout » : face à Gérard Wajcman, Didi-Huberman a notamment proposé une approche à la fois partielle et multiple du passé, qui serait consciente de ses limites et de son caractère toujours inachevé afin d'éviter une illusion de maîtrise de l'événement[151]. De son côté, Philippe Bouchereau évite la dichotomie en avançant que, dans le témoignage littéraire, la partie « vaut un tout », si l'on considère en effet le geste testimonial comme un acte qualifiant la coupure d'Auschwitz en tant que « phénomène »[152]. D'autres façons de penser l'altérité d'Auschwitz au sein même de la littérature plutôt qu'en dehors se sont focalisées sur la notion de silence, et plus exactement sur l'incorporation du non-dit au creux même de la langue[153] ; ces approches sont parfois associées à une logique du fragmentaire et au renouvellement d'une esthétique moderniste[154], où la justesse esthétique tient à la rupture de l'illusion référentielle[155]. Comme le signale cependant Robert Eaglestone, le témoignage ne se limite pas nécessairement à un tel registre esthétique et d'autres formes textuelles expriment à leur façon le « doute radical » des survivants[156]. De manière plus fondamentale, le rapport du témoignage à la

---

151 Georges Didi-Huberman, « Images malgré tout », Clément Chéroux (éd.), *Mémoire des camps : photographies des camps de concentration et d'extermination (1939-1999)*, Paris, Éd. Marval, 2001, pp. 219-241. Ces débats ont fait l'objet d'analyses critiques répétées. Pour notre part, voir Louwagie, *op. cit.* Sur le débat entre Wajcman et Didi-Huberman, voir aussi chapitre 10.

152 Bouchereau, *op. cit.*, p. 330. Ici encore la référentialité du témoignage littéraire se distingue donc de conceptions véridictionnelles propres au témoignage descriptif et à sa réception dans des disciplines comme l'historiographie, qui permettent difficilement de généraliser à partir d'expériences individuelles (cf. Rousso, *La Dernière Catastrophe, op. cit.*, p. 254).

153 Mesnard, *Témoignage en résistance, op. cit.*, pp. 385-387. Le « non-dit » s'oppose ici également au tout dire, cf. Mesnard, Rastier, *op. cit.* Par ailleurs, Jessica Lang transforme la nécessité d'un « silence textuel » en norme éthique pour l'écriture des générations d'après (Jessica Lang, *Textual Silence. Unreadability and the Holocaust*, New Brunswick – New Jersey – Londres, Rutgers University Press, 2017, pp. 22-23 ; cf. *infra*).

154 Mesnard, Rastier, *op. cit.* ; Mesnard, *op. cit.*, p. 221ss.

155 Sur le refus du mimétisme et de l'illusion référentielle, voir aussi Gabrielle Napoli, *Écritures de la responsabilité, Histoire et écrivains en fiction : Kertész et Tabucchi*, Garnier, Paris, 2013, p. 133.

156 Robert Eaglestone, « "Not Read and Consumed in the Same Way as Other Books": The Experience of Reading Holocaust Testimony », *Critical Quarterly*, 45:3 (2003), p. 38.

littérature est également conçu selon une double dynamique d'« appartenance » et de « désappartenance »[157] : ce statut paratopique du témoignage signifie que l'œuvre se nourrit précisément « du caractère foncièrement problématique de sa propre appartenance au champ littéraire et à la société »[158]. Catherine Coquio définit un tel rapport en termes de « schisme » littéraire, affirmant, dans le sillage d'Imre Kertész, que la littérature a été mise en suspens par Auschwitz. D'ordre anthropologique, le schisme signe une critique de la culture et de la littérature[159]. C'est ainsi que Kertész opte de son côté pour une écriture « atonale », marquant la faillite de la littérature et de son système de valeurs traditionnelles. Par contre, dans la mesure où le corpus testimonial ne constitue pas une entité homogène et s'articule autour de repoussoirs internes et de liens dichotomiques, les « œuvres-témoignages » sont loin de se rapporter de manière univoque à ce genre de schisme (anti-)littéraire. Comme le montrera précisément notre analyse de Kertész, la mise en suspens de la littérature n'est pas une césure strictement temporelle mais distingue plutôt plusieurs types d'écriture, avant comme après Auschwitz. Elle se présente en somme sous la forme d'un geste critique radicalisé dans certains témoignages mais engageant également d'autres littératures de « l'étrangéisation » ou de « l'intranquille », pour reprendre les termes de Philippe Bouchereau sur lesquels nous reviendrons plus loin[160]. Le geste critique au sein des approches testimoniales et (anti-)littéraires d'après Auschwitz relève en ce sens d'un continuum autant que d'un schisme. Nous verrons d'ailleurs au sein des analyses que le témoignage continue à « mobiliser »[161] les intertextes littéraires, philosophiques et autres à titre d'instrument heuristique : ici encore, les cadres de référence classiques sont mis à l'épreuve et parfois réappropriés ou écartés, alors que certains rapports de compagnonnage s'établissent tout de même avec d'autres corpus ou modèles littéraires.

Au-delà du mythe de l'indicible et des diverses réfutations d'une logique du « tout ou rien », un deuxième débat à propos des rapports du corpus testimonial à la littérature, qui a été partiellement lié à la question du « schisme », tient à la définition du témoignage en tant que « genre ». Il s'agit en l'occurrence de définir le témoignage comme une catégorie textuelle, à partir de critères

---

157   La notion, reprise par Catherine Coquio, remonte à Philippe Bouchereau (voir entre autres Bouchereau, *op. cit.*, p. 127ss).
158   Dominique Maingueneau, *Le Discours littéraire. Paratopie et scène d'énonciation*, Paris, Armand Colin, 2004 ; Dominique Maingueneau, *Le Contexte de l'œuvre littéraire. Énonciation, écrivain, société*, Paris, Dunod, 1993, p. 27.
159   Coquio, *op. cit.*, p. 185 ; Coquio, *Le Mal de vérité ou l'utopie de la mémoire*, *op. cit.*, pp. 204-205. Sur la coupure anthropologique, voir aussi Bouchereau, *op. cit.*, p. 304.
160   Voir en particulier *ibid.*, pp. 303-365.
161   Cf. Mesnard, *op. cit.*, pp. 7-8.

formels ou autres. Cette conception relativement récente du témoignage a suscité des discussions intenses, soulevant des questions aussi bien sur la spécificité du témoignage que sur la notion d'entité générique en elle-même. Nous nous pencherons ici sur quelques positions clés au sein de cette polémique, afin d'analyser les perceptions sous-jacentes du témoignage et de son statut (anti-)littéraire.

Une approche en termes de « genre » au sens strict apparaît entre autres chez Charlotte Lacoste, qui définit la catégorie testimoniale à partir de certaines caractéristiques – ou normes – véridictionnelles, morales et esthétiques. Celles-ci se trouvent notamment dérivées des ouvrages de Jean Norton Cru à propos du témoignage de la Première Guerre mondiale, où l'auteur visait à départager les témoins véridiques des « faussaires », dans le but de promouvoir le témoignage au rang de source référentielle fiable[162]. Transposée vers le contexte de la répression et de la persécution nazies, cette démarche se réfère principalement à l'œuvre de Primo Levi en guise de modèle. Le « genre littéraire » du témoignage se définit alors comme un « document comportant le récit véridique, en prose et à la première personne, des souffrances physiques et morales endurées par un survivant qui endosse le rôle de témoin et décrit, clairement et sobrement, ce qu'il a vu, entendu, senti ou pensé au contact de la mort et sous les tortures qui furent infligées par l'homme, afin que les générations à venir, mieux instruites, en soient épargnées »[163]. Fortement réductrice d'un point de vue à la fois éthique et esthétique, cette approche restreint le discours testimonial à un sous-ensemble de textes[164] en fonction d'un rapport de « fidélité » relativement rigide à la réalité factuelle et à la morale. À l'instar des travaux de Norton Cru, cette approche identifie en outre des repoussoirs jugés illégitimes, dont l'œuvre romanesque de Jorge Semprun[165]. Or, en opposant Levi à des contre-modèles tels que l'écriture semprunienne, en particulier, ou de type romanesque, en général, la délimitation générique discrédite tout un pan de la littérature testimoniale et, a fortiori, non-testimoniale[166]. Elle privilégie en effet la narration autobiographique au détriment d'autres stratégies d'écriture aptes à « qualifier » et à penser le « phénomène » d'Auschwitz, pour

---

162   Frédéric Rousseau, *Le Procès des témoins de la Grande Guerre. L'Affaire Norton Cru*, Paris, Seuil, 2003.

163   Charlotte Lacoste, « L'invention d'un genre littéraire : *Témoins* de Jean Norton Cru », *Texto ! Textes et cultures*, 2007, http://www.revue-texto.net/index.php?id=635.

164   Coquio, *La Littérature en suspens*, *op. cit.*, p. 181.

165   Voir notamment Rastier, « 'L'odeur de la chair brûlée'. Témoignage et mentir-vrai », *op. cit.*, pp. 115-135 ; Lacoste, *Séductions du bourreau*, *op. cit.*

166   L'œuvre de Rawicz se trouve également parmi les cibles (cf. Frédérik Detue, « 'Fiction vs témoignage' ? », *Acta fabula*, 14:5 (2013), http://www.fabula.org/revue/document7984.php).

esquiver une dérive présumée sans retour dans la fiction[167]. Ainsi que nous le verrons encore dans les chapitres analytiques, de telles discussions traversent effectivement la réception d'auteurs comme Schwarz-Bart, Rawicz et Semprun.

Cette conception générique a rencontré une résistance assez vive, d'une part parce que la tentative de départager les œuvres légitimes et illégitimes a été ressentie comme un mépris de la littérature et du lecteur[168] tandis que, de l'autre, selon Catherine Coquio, le recours à la notion de « genre littéraire » impliquerait précisément un assujettissement du témoignage à la littérature, enfreignant le principe de désappartenance[169]. C'est ainsi que la notion d'*acte testimonial* est préférée à celle de *genre*, qui risquerait de réduire le témoignage à des catégories littéraires traditionnelles et ne respecterait pas le schisme « anti-littéraire et autocritique »[170]. Toujours est-il cependant que le camp adverse se réclame à son tour d'une conception schismatique[171], en l'occurrence pour assurer une appellation générique contrôlée et éviter une dissolution de la parole testimoniale dans une écriture illégitime ou dans d'autres pratiques littéraires et culturelles[172]. Dans cette optique, comprendre le témoignage en termes de genre contribuerait à « ériger une digue » contre sa « consommation facile »[173]. Or, en définitive, les approches analysées proposent toutes deux de penser – voire de protéger – la spécificité du témoignage[174], mais elles se rapportent encore à des visions testimoniales foncièrement divergentes, en se référant à des modèles et exemples distincts, à savoir Kertész dans un cas, et Levi dans l'autre. L'œuvre du premier est invoquée pour préciser les fonctions anthropologiques du témoignage anti-littéraire, tandis que le travail de Levi sert de modèle générique et est manié à des fins normatives ou évaluatives[175].

---

167   À ce sujet, François Rastier fait notamment état d'une « doxa contemporaine » affirmant la supériorité du roman par rapport au témoignage (Rastier, *op. cit.*, p. 116).
168   Luc Rasson, « De la critique littéraire considérée comme un exercice de mépris », *Acta fabula*, 14:5 (2013) http://www.fabula.org/revue/document6275.php.
169   Coquio, *op. cit.*, p. 181.
170   Coquio, *Le Mal de vérité ou l'utopie de la mémoire, op. cit.*, p. 205.
171   Cf. Coquio, *La Littérature en suspens, op. cit.*, p. 23.
172   Cf. Rastier, *op. cit.*, pp. 115-135.
173   C'est le point de vue exprimé par Robert Eaglestone, qui se range cependant, comme nous le verrons ci-dessous, dans une interprétation différente de la généricité du témoignage, conçue à partir de l'interaction de celui-ci avec le lecteur (Eaglestone, *op. cit.*, p. 39 ; Robert Eaglestone, *The Holocaust and the Postmodern*, Oxford, Oxford University Press, 2004, p. 41 ; notre traduction).
174   Selon Peter Davies, l'approche générique offre ainsi un équivalent littéraire aux théories de l'unicité de la Shoah (Peter Davies, *Witness Between Languages. The Translation of Holocaust Testimonies in Context*, Rochester – New York, Camden House, 2018, pp. 7-8, p. 12).
175   Selon François Rastier, en effet, « [l]es règles artistiques que Levi édicte pour son usage prennent la forme d'un "Décalogue", qui, pour être "privé", n'en conserve pas moins la

Alors que l'acceptation générique s'associe ici à une orthodoxie formelle du témoignage, le concept de « genre » ne se définit pas nécessairement en tant que tel. Pour rendre compte du fait qu'un texte ne tombe pas toujours dans une catégorie clairement définie ou délimitée, les études littéraires ont d'ailleurs eu tendance à privilégier la notion plus flexible de « généricité »[176], remplaçant aussi l'idée d'« appartenance » à une catégorie textuelle par celle de « participation »[177]. Si elle n'évalue pas la question de la « désappartenance » testimoniale, une conception en termes de généricité permet au moins de penser comment l'acte testimonial met à contribution plusieurs formes et pactes littéraires, quitte à les étrangéiser. Abordée sur le plan pragmatique, elle soulève d'ailleurs la question du « pacte de lecture » associé à l'acte testimonial, dans ses croisements avec différents contrats littéraires, y compris de type fictionnel. L'acte testimonial pose en effet certaines demandes au lecteur, comme celle d'une prise de conscience radicale et (auto)critique, à travers une multitude de formes littéraires. Cela dit, dans la mesure où une généricité de type pragmatique se définit souvent par rapport aux attentes et au « savoir des genres » des lecteurs[178], une conception générique en ces termes risquerait – comme nous l'avons vu par rapport aux modèles et contre-modèles de réception évoqués plus haut – de standardiser le témoignage et de le subjuguer, du moins en partie, à des impératifs et à des attentes externes qui passent outre aux difficultés de réception[179]. La question de la réception et du contrat de lecture n'en est pas moins essentielle[180] et certaines approches génériques du témoignage définissent même sa spécificité en fonction de l'interaction précaire avec le lecteur. Robert Eaglestone renvoie notamment au témoignage comme un nouveau genre qui oblige le lecteur à renoncer à ses réflexes identificatoires et à lire *autrement*, en considérant les doutes et ruptures au sein des textes, quel que soit

---

forme et la teneur de commandements moraux » (François Rastier, « Témoignages inadmissibles », *Littérature*, n° 159 (2013), p. 125).

176   Robert Dion, Frances Fortier, Élisabeth Haghebaert, « Introduction, la dynamique des genres », Robert Dion, Frances Fortier, Élisabeth Haghebaert (éds.), *Enjeux des genres dans les écritures contemporaines*, Québec, Éd. Nota Bene, 2001, p. 14, p. 17.

177   Jacques Derrida, « La loi du genre », Jacques Derrida, *Parages*, Paris, Galilée, 1986, p. 256. Cf. Louwagie, « 'Une poche interne plus grande que le tout' : pour une approche générique du témoignage des camps », *op. cit.*

178   Cf. Raphaël Baroni, Marielle Macé (éds.), *Le Savoir des genres*, Rennes, Presses universitaires de Rennes, 2007.

179   Cf. François Rastier dans Mesnard, Rastier, *op. cit.*

180   Voir encore Régine Waintrater, qui avance que « davantage que les procédés littéraires, c'est le contrat de lecture proposé au lecteur qui distingue ces écrits » (Waintrater, *op. cit.*, p. 56).

leur régime esthétique[181]. Du reste, chez Philippe Bouchereau et Frosa Pejoska, la littérature de témoignage, de l'exil et de l'émigration se trouve précisément identifiée en tant que nouveau genre littéraire en raison d'un principe partagé d'étrangéisation, déjà brièvement évoqué[182]. Le témoignage est ici considéré en fonction de ses affinités, certes partielles, avec d'autres corpus de l'intranquille, c'est-à-dire sans l'isoler tout à fait, ni abandonner sa spécificité. En ce sens, le témoignage se définit donc par un écart à la fois fondamental et relatif, qui sollicite, on l'a dit, un engagement réceptif et critique du lecteur.

En somme, les débats sur l'indicible et la question du genre ou de la généricité du témoignage illustrent différentes façons de penser le statut distinct de l'acte testimonial et de la littérature *après* ou *sur* Auschwitz. En renonçant à définir la question de la représentation en termes de « tout ou rien », la critique a entrepris de penser le rapport paradoxal entre témoignage et littérature, en préservant les « seuils », l'étrangéité et la critique radicale qui l'en séparent. À ses propres dires, elle vise ainsi à dénoncer « l'usine » de mythes qui s'est créée autour de la Shoah et du témoignage, en restant au plus près de la pensée testimoniale, afin d'éviter une nouvelle subjugation externe. Dans le sillage de la « philosophie testimoniale », la critique littéraire se dit en d'autres mots « au service » du témoignage en proposant de « suivre la logique » des témoins[183]. Dans cette optique, les œuvres-témoignages sont identifiées comme l'endroit premier d'une réflexion sur l'impact d'Auschwitz et sur la littérature d'après[184], que les études du corpus cherchent ensuite à « méditer »[185]. En se distanciant du « mauvais » récepteur, la critique se propose donc d'adopter un rapport de fidélité à la parole testimoniale, par opposition à d'autres discours de type théorique, à certaines représentations littéraires jugées illégitimes, ou encore au consensus mémoriel dominant. De par un glissement du pacte testimonial, l'idéal de fidélité de la part du récepteur s'associe alors, dans la critique littéraire, à une nouvelle fonction protectrice à l'égard du témoin, qui vise désormais moins à incorporer celui-ci dans un nouveau pacte social – qui aurait graduellement tourné au pacte compassionnel – qu'à le protéger contre une récupération conformiste et contre une nouvelle dépossession de l'expérience, en l'occurrence par un excès de mémoire[186]. De ce fait, la cible critique s'est déplacée des dangers de la représentation en général vers ceux de la

---

181   Eaglestone, « "Not Read and Consumed in the Same Way as Other Books": The Experience of Reading Holocaust Testimony », *op. cit.*, p. 38.
182   Bouchereau, *op. cit.*, p. 303.
183   Sur la philosophie testimoniale, voir *ibid.*, p. 237, p. 298.
184   Sur la réflexion littéraire, cf. Coquio, *op. cit.*, pp. 16-17, p. 42, p. 55.
185   Bouchereau, *op. cit.*, p. 351.
186   Sur ces excès, voir Coquio, *Le Mal de vérité ou l'utopie de la mémoire*, *op. cit.*

représentation non-testimoniale au sens large et de la culture populaire en particulier[187], supposément pas à la hauteur de l'idéal de fidélité radicale. À l'instar des survivants[188], les critiques littéraires se posent ainsi en « gardiens » de la mémoire ou de la parole testimoniale, à rebours d'une vulgate perçue ou construite comme une menace. Comme on l'a vu, ce rôle est susceptible de prendre diverses formes et peut notamment consister à clarifier les « seuils »[189] pour assurer une séparation entre le témoignage et d'autres formes de prise en charge mémorielle, ou à dénoncer les « fausses » représentations qui risquent de dénaturer notre compréhension du passé. Selon les cas, il s'agit aussi bien de protéger le public d'éventuelles falsifications littéraires, en supposant que celui-ci ne serait pas à même d'établir les distinctions entre réel et fiction[190], que de préserver le témoignage des risques d'appropriations et d'usurpations externes : la critique vient ainsi à son tour à participer à un contre-discours critique à l'égard de la mémoire actuelle. En levant certains dogmes et interdits concernant l'acte testimonial, elle risque cependant d'en imposer d'autres, au sein même de cet esprit de fidélité radicale, comme nous le préciserons ci-dessous.

Notons au préalable que si les études littéraires du témoignage s'évertuent à appuyer leurs analyses sur les notions et perspectives développées au sein même des œuvres-témoignages, tout comme la philosophie testimoniale en tire la « preuve vivante authentique » de son propre discours[191], ceci n'implique pas de poser en tant que « témoin du témoin » ou comme « témoin secondaire », une aspiration critique qui semble s'être formulée plutôt aux États-Unis[192]. Reste néanmoins la question des rapports au témoin en comparaison à d'autres disciplines, en particulier l'historiographie, où la question de la proximité ou de la distance avec le témoin revêt aussi une importance centrale. Or, en tant qu'historien du temps présent et de la mémoire, Henry Rousso oppose deux approches distinctes de la parole testimoniale au sein de sa discipline : d'une part, une idéologie du témoignage, qui magnifie le témoin et la victime dans un esprit de fausse humilité, et de l'autre, une approche plus

---

187   Sophia Marshman, « From the Margins to the Mainstream? Representations of the Holocaust in Popular Culture ». *eSharp*, 6:2 (2005), https://www.gla.ac.uk/media/media_41177_en.pdf.
188   Voir Hilene Flanzbaum, « 'But wasn't it terrific?' A defence of Liking *Life is Beautiful* », *The Yale Journal of Criticism*, 14:1 (2001), pp. 273-286.
189   Coquio, *La Littérature en suspens*, *op. cit.*, p. 122, p. 146, p. 155.
190   Rasson, *op. cit.* (cf. *supra*).
191   Bouchereau, *op. cit.*, p. 231.
192   Sur cette « éthique de la réception critique » dans le domaine américain, voir Coquio, *op. cit.*, pp. 62-63 ; Coquio, *Le Mal de vérité ou l'utopie de la mémoire*, *op. cit.*, p. 139.

distante où l'historien s'octroie un rapport de primauté (respectueux) sur son « objet »[193], au risque parfois de laisser au témoin le sentiment d'être dépossédé de son vécu[194]. Si ce dernier rapport est préconisé en histoire, en vue d'un processus de vérification référentielle, en littérature l'approche est différente dans la mesure où les œuvres-témoignages incorporent un autre niveau de véridiction, axé sur la fidélité à « l'événement » en tant que phénomène : l'impératif critique du « bon récepteur » se résume alors précisément à *ne pas* déposséder le témoin. De manière plus générale, Dominique Maingueneau souligne d'ailleurs que la primauté de l'objet est essentielle aux études littéraires[195] ; c'est a fortiori le cas dans le contexte du témoignage, en raison de l'altérité de l'expérience et du discours même du témoin, d'une part, et en réaction à l'usine de théories et de dogmes dont le témoignage littéraire s'est vu entourer, de l'autre.

Quelques réserves s'imposent toutefois. De fait, malgré cette préséance accordée aux témoins, il importe de noter encore que ceux-ci ne considèrent pas forcément leur propre « authenticité » comme acquise mais approchent celle-ci au contraire comme une quête incertaine, potentiellement vouée à l'échec, au point de se sentir pris, ainsi que l'indique Kertész, dans un « jeu de miroirs » sans issue. En ce sens, la démarche anti-littéraire joue et déjoue ses propres pièges au fil de l'écriture, comme nous le verrons dans les chapitres analytiques. Ensuite, il convient aussi de rappeler que les positions des témoins ne s'accordent pas toujours entre elles et que leurs relations se définissent selon des rapports de compagnonnage et de dichotomie (partiels). De ce fait, l'impératif de fidélité critique à la parole testimoniale tend à s'appliquer de manière sélective : les lectures analytiques risquent d'une part de généraliser ou d'homogénéiser les positions testimoniales pour mieux les aligner, de manière à compromettre le « service » aux œuvres individuelles[196] ; d'autre part, elles peuvent être amenées à relayer, voire à renforcer, les tensions dichotomiques au sein du champ, en privilégiant certains modèles plutôt que d'autres. Plusieurs témoins se voient ainsi accorder une place singulièrement importante dans les débats critiques : c'est le cas de Levi et Kertész, comme

---

193 Rousso, *La Dernière Catastrophe*, op. cit., p. 153, p. 34. Cela n'empêche pas que certains historiens accordent aussi une valeur de contre-discours possible au témoin, celui-ci pouvant offrir une correction des hypothèses ou du discours historiographiques (Laurent Douzou, « Resisting Fragments », Bragança, Louwagie (éds.), op. cit., pp. 59-60). Cf. Manuel Bragança, Fransiska Louwagie, « Conclusion: cross-perspectives on ego-history », *ibid.*, pp. 305-306.

194 Waintrater, *op. cit.*, p. 209.

195 Dominique Maingueneau, *Contre Saint Proust ou la fin de la Littérature*, Paris, Belin, 2006, p. 139.

196 À ce sujet, voir par exemple les discussions sur les lectures humanistes ou antihumanistes de l'œuvre de Robert Antelme (chapitre 2).

nous l'avons indiqué, mais ce principe s'applique également, selon le contexte, à Antelme, Cayrol, Semprun ou Wiesel – auteurs qui ont à leur tour joué un rôle important dans la définition ou la redéfinition des enjeux et dynamiques du témoignage et de la littérature d'après Auschwitz[197] – voire à Rawicz, dont l'œuvre est invoquée pour penser des concepts tels que celui d'étrangéisation[198]. Or, comme l'illustrent précisément les débats évoqués, la lecture sélective fait que la parole du témoin peut en définitive servir à *légitimer* et à *justifier* différentes approches critiques. En dépit des difficultés à intégrer ou admettre une perspective lectoriale dans le champ du témoignage, et malgré le rejet d'une position de « témoin de témoin », il s'ensuit que le rôle de service ou de relais qu'assument certaines disciplines incorpore une intervention participative dans la construction de la vérité, en *médiant* autant que *méditant* le témoignage. Une réception éthique ou critique risque ainsi dans certains cas de virer au dogmatisme et semble alors donner raison à Henry Rousso dans son idée que les partisans d'une idéologie du témoignage ont tendance à parler – « fort » – à la place des témoins[199], même si la philosophie testimoniale s'interdit à priori d'agir en « porte-parole »[200]. D'où l'importance, dans l'analyse textuelle, de rendre compte des actes testimoniaux dans toute leur diversité, ainsi que du caractère toujours situé et sélectif de la parole critique et de la lecture, en étendant l'exigence d'une prise de conscience réflexive aux études littéraires.

3 La littérature des générations d'après

Au-delà des œuvres-témoignages, les débats évoqués posent une double question concernant l'impact d'Auschwitz sur la littérature, en général, et quant aux rapports du témoignage à d'autres représentations littéraires ou culturelles de la Shoah et de la répression nazie, en particulier. En dehors du corpus testimonial, les discussions de l'écriture *après* et *sur* Auschwitz se trouvent donc à nouveau partiellement imbriquées. En rapport à l'événement s'est de fait développée une littérature (post)mémorielle « en tout genre », qui s'organise en échelons successifs, allant des écrits littéraires des descendants des déportés, aux communautés extra-européennes et aux auteurs non-

---

[197] Pour une application de ce principe systémique au champ littéraire, voir Dominique Maingueneau, *Trouver sa place dans le champ littéraire. Paratopie et création*, Louvain-la-Neuve, Academia-L'Harmattan, 2016, pp. 164-165.

[198] Cf. Bouchereau, *op. cit.*, p. 306 (voir aussi la citation du *Sang du ciel* placée en exergue de son volume).

[199] Rousso, *op. cit.*, p. 154.

[200] Bouchereau, *op. cit.*, p. 232.

juifs[201]. L'élargissement organique de cette littérature est envisagé comme un processus de « métastases »[202], dont la portée est virtuellement illimitée, et de ce fait incontrôlable. Après une discussion de la notion de postmémoire et de son rapport à la littérature d'après, nous nous focaliserons sur les écrits des enfants-survivants et de la deuxième génération, qui constituent le second volet de notre corpus en raison du fait qu'ils « théorisent »[203] à leur façon le rapport à l'événement, à la mémoire et à l'écriture. Nous pourrons ainsi examiner à la fois ce qui les distingue du témoignage et les questions que continue à poser cette littérature d'après.

3.1   Métastases mémorielles

La notion de « postmémoire », proposée par Marianne Hirsch, renvoie au rapport qui peut se créer à un événement ou traumatisme non vécu à travers un investissement imaginatif[204]. Une telle proximité indirecte est associée en premier lieu aux descendants des victimes ou survivants mais s'étend potentiellement aussi aux générations d'après, dans la mesure où celles-ci se sentent à leur tour appelées à « adopter » l'expérience pour en « témoigner » rétrospectivement. Hirsch distingue en effet entre la catégorie de « postmémoire familiale » et celle de « postmémoire par affiliation », qui prend une dimension intergénérationnelle au sens large, dans le contexte de la Shoah comme dans d'autres situations de traumatisme culturel ou collectif[205]. D'après Ann Rigney, une telle perspective mémorielle « par adoption »[206] dote la littérature contemporaine d'une nouvelle « fonction » éthique, en ouvrant la voie à une approche multidirectionnelle mettant en rapport différents traumatismes et mémoires[207].

---

201   Henri Raczymow, « Mémoire, oubli, littérature : l'effacement et sa représentation », Charlotte Wardi, Pérel Wilgowicz (éds.), *Vivre et écrire la mémoire de la Shoah. Littérature et psychanalyse*, Paris, Alliance israélite universelle, 2002, p. 47.
202   *Id.*
203   Bouchereau examine cette théorisation notamment par rapport aux enfants-témoins, en se référant en particulier à l'œuvre de Danilo Kiš et son rapport à Piotr Rawicz (Bouchereau, *op. cit.*, p. 347).
204   Marianne Hirsch, « Postmémoire », Trad. Ph. Mesnard, *Témoigner. Entre histoire et mémoire*, n° 118 (2014), pp. 205-206.
205   Marianne Hirsch, « Surviving Images: Holocaust Photographs and the Work of Postmemory », *The Yale Journal of Criticism*, 14:1 (2001), pp. 10-11.
206   Geoffrey Hartman, *The Longest Shadow. In the Aftermath of the Holocaust*, Bloomington – Indianapolis, Indiana University Press, 1996, p. 8.
207   Ann Rigney, « Scales of postmemory. Six of Six Million », *Probing the Ethics of Holocaust Culture*, Fogu, Kansteiner, Pressner (éds.), *op. cit.*, p. 114, p. 128. Elle s'appuie aussi sur le concept de mémoire multidirectionnelle telle que définie dans Rothberg, *Multidirectional Memory, op. cit.* ; cf. Fransiska Louwagie, Pieter Vermeulen, « L'Holocauste et l'imagination

La veine mémorielle au sein de la littérature contemporaine se heurte néanmoins à des suspicions fondamentales. Les « fictions intégrales »[208] ne feraient ainsi qu'obnubiler la parole autrement importante des témoins véritables[209] en réclamant une fausse légitimité. Or, cet argument, dont nous examinerons plusieurs aspects, se formule notamment à l'encontre de l'idée d'un « relais » testimonial en littérature, qui cadre avec le rejet du modèle pédagogique du « témoin du témoin » : ce paradigme, mentionné plus haut, postule la création d'une chaîne testimoniale en tant que finalité même du témoignage, en partant du principe que ce dernier est censé opérer une « conversion » magique et quasi-religieuse du récepteur[210]. Si ce schéma de pensée n'a pas été sans succès au sein des études littéraires[211], il ne s'en trouve pas moins considéré comme une forme de *wishful thinking*[212]. D'ailleurs, l'on sait que le témoignage risque dans ce contexte de se faire récupérer à des fins éducatives externes, qui ne sont pas forcément compatibles avec sa volonté de fidélité radicale ni avec son potentiel critique.

En outre, les intentions d'une littérature qui s'identifie aux victimes et cherche à tirer un « bénéfice symbolique » des traumatismes d'autrui paraissent potentiellement malsaines[213]. Le faux témoignage de Benjamin Wilkomirski sert alors souvent de justificatif à une méfiance généralisée à l'égard de la littérature mémorielle[214], remettant en cause la possibilité et la légitimité de tout traitement littéraire du sujet en dehors de l'espace du témoignage direct. À force de définir la littérature postmémorielle à partir de ses

---

comparative : Entretien avec Michael Rothberg », *Témoigner. Entre histoire et mémoire*, n° 106 (2010), pp. 151-167.

208   Coquio, *La Littérature en suspens, op. cit.*, p. 194.
209   Ainsi que l'indique le point de vue de François Rastier, déjà mentionné, selon lequel il existerait une « doxa contemporaine » affirmant la supériorité du roman par rapport au témoignage (Rastier, « 'L'odeur de la chair brûlée'. Témoignage et mentir-vrai », *op. cit.*, p. 116). Pour une critique de cette dénonciation de l'écriture romanesque, voir Rasson, *op. cit.*
210   Coquio, *Le Mal de vérité ou l'utopie de la mémoire, op. cit.*, p. 149.
211   Voir notamment Marie Bornand. *Témoignage et fiction : les récits de rescapés dans la littérature de langue française (1945-2000)*, Genève, Droz, 2004 ; à ce propos, voir aussi Coquio, *op. cit.*, p. 153.
212   Fransiska Louwagie, « CR de Marie Bornand, *Témoignage et fiction : les récits de rescapés dans la littérature de langue française (1945-2000)* », *L'Esprit créateur*, 45:3 (2005), pp. 113-114. Voir également Ernst van Alphen, « Second-Generation Testimony, Transmission of Trauma, and Postmemory », *Poetics Today*, 27:2 (2006 ; n° thématique : Geoffrey Hartman (éd.), « The Humanities of Testimony »), pp. 473-488.
213   Coquio, *op. cit.*, p. 154.
214   Binjamin Wilkomirski, *Fragments. Une enfance 1939-1948* [1995], Trad. L. Marcou, Paris, Calmann-Lévy, 1997 ; le cas est cité dans Coquio, *op. cit.*, p. 141.

excès, et en amalgamant le cas échéant falsification et fiction[215], un soupçon d'« illégitimité » et d'« incapacité » se porte sur la prise en charge externe de la mémoire de la Shoah, aboutissant en dernier lieu à un nouvel interdit et à un « taisez-vous » blanchotien[216]. Cette méfiance envers la littérature mémorielle, qui risque de résulter en une nouvelle usine de normes et d'interdits, montre une certaine persistance de l'influence de l'École de Francfort[217], dans la mesure où la critique se pose en rempart contre les dérives populaires de la culture, oscillant, on l'a vu, entre un service fidèle aux témoins et le dogmatisme d'un « exercice de mépris »[218], que chercha pourtant à esquiver Antelme. Seules quelques œuvres plus « lucides » dans ce corpus bénéficient d'une grâce relative[219]. Or, de telles distinctions ne sont pas sans rappeler les bipartitions liées au traitement littéraire du syndrome de Vichy, où une séparation s'opère entre les œuvres qui ont pu jouer un rôle pionnier dans la reconsidération d'un passé obscur[220] et celles qui ont, avec un certain retard, diffusé les « nouvelles » acceptions de l'histoire[221], dans une logique de « pseudo-dévoilement »[222]. Cette dernière catégorie n'a en général pas été considérée digne d'intérêt critique, même si son analyse serait susceptible d'avoir une valeur socioculturelle[223]. Dans le contexte de la Shoah, de telles distinctions et questions de légitimité se trouvent radicalisées en raison de l'altérité irréductible de l'événement : l'ancrage existentiel et, partant, l'accès

---

215   Dominique Viart, « La gamme de mémoires » [Entretien], *Mémoires en jeu*, n° 3, (2017), p. 102.
216   Dominique Viart, « Le scrupule du roman », *Vacarme*, n° 54 (2011), p. 26.
217   Cf. Coquio, *La Littérature en suspens, op. cit.*, p. 52.
218   Rasson, *op. cit.*
219   « Parmi leurs propos, celui de Mendelsohn, auteur des *Disparus*, émerge avec éclat : enchaîné à la mémoire de ses aïeux exterminés, le descendant est de loin le plus créatif, libre et lucide à la fois. Est-ce là le hasard des talents inégaux ? Ou bien faudrait-il renoncer, sinon à faire de la « génération » une « forme symbolique », à vouloir à tout prix *devenir le témoin* d'une histoire qu'on n'a pas vécue ? » (Coquio, *Le Mal de vérité ou l'utopie de la mémoire, op. cit.*, p. 146 ; l'auteur souligne).
220   Douzou, *op. cit.*, p. 61.
221   Dominique Viart, « Mémoire et enquête : la Seconde Guerre mondiale », Dominique Viart, Bruno Vercier, *La Littérature française au présent. Héritage, modernité, mutations*, Paris, Bordas, 2005, p. 166.
222   Éric Conan, Henry Rousso, *Vichy. Un passé qui ne passe pas*, Paris, Gallimard, 1996 (1994), p. 35. Sur ce point, voir Fransiska Louwagie, « Imaginaire de l'espace, espace imaginaire », Jacques Walter, Béatrice Fleury (éds.), *Qualifier, disqualifier et requalifier des lieux de détention, de concentration et d'extermination (4). Dispositifs de médiation mémorielle*, Nancy, Presses universitaires de Nancy, 2011, pp. 330-331.
223   Comme l'indique Marc Dambre, les auteurs mineurs constituent toujours la majorité et leur intérêt pour le lecteur mériterait d'être rapporté à l'histoire culturelle et sociale (Marc Dambre, « Currents and Counter-Currents », Bragança, Louwagie (éds.), *op. cit.*, p. 41). Sur les différentes approches, voir aussi Coquio, *op. cit.*, p. 151.

à la réalité sont inévitablement réservés aux témoins tandis que les écrivains venus après restent étrangers au « phénomène »[224]. S'ils ne peuvent donc « relayer » la parole testimoniale, il reste possible aux descendants d'être interpellés par celle-ci, voire d'affronter « un résidu amer de la désespérance »[225] dans leurs œuvres et de réfléchir, à distance, la signification de l'événement. En ce sens, ils sont susceptibles d'offrir une véritable littérature d'après Auschwitz, qu'il importe également d'étudier dans sa spécificité, en dehors de certains cadres restrictifs ou prescriptifs.

Le rapport à la coupure irrémédiable d'Auschwitz a notamment été « médité » ou « théorisé » dans la littérature de la génération d'après, par les enfants-survivants et, par extension, à « l'échelon » de la deuxième génération. Comme nous l'avons indiqué, ce corpus occupe une position particulière au sein de la littérature mémorielle : proches des événements, les écrivains sont à la fois profondément affectés par l'expérience de la Shoah, et étrangement coupés de celle-ci. Après une brève discussion conceptuelle du corpus en question et une analyse de la position respective des enfants-survivants et de la deuxième génération, nous verrons comment ces œuvres abordent les défis d'un engagement mémoriel littéraire et comment ils se rapportent à l'écriture testimoniale et mémorielle au sens large : en quête d'une place qui leur est propre, les auteurs se confrontent à l'impact personnel et culturel de la Shoah et, face aux risques d'appropriation, tendent à faire acte dans leurs œuvres de ce que nous proposerons d'appeler une « surconscience postmémorielle ».

3.2 *En quête d'une place*

La catégorie des enfants-survivants – désignée par le concept de « génération 1,5 » ou encore génération « liminale »[226] – se distingue d'après Susan Suleiman des témoins directs et de la deuxième génération en fonction d'un critère d'âge : s'y trouvent inclus les survivants âgés de moins de quatorze ans au moment des faits, qui étaient en principe trop jeunes pour avoir fait des choix personnels, avoir agi ou avoir gardé des souvenirs des événements. Dans la mesure où ils étaient là au moment des faits, leur ancrage biographique diffère cependant de celui de la « deuxième génération », qui, elle, n'y était pas. Cela dit, les critères d'âge sont certes relatifs et la catégorisation générationnelle peut donc diverger selon les expériences vécues ou sur le plan de la réception. Ainsi Elie

---

224   Bouchereau, *op. cit.*, p. 201, p. 207, p. 224.
225   *Ibid.*, p. 365.
226   Les termes sont de Susan Rubin Suleiman, *Crises of Memory and the Second World War*, Cambridge (MA) – Londres, Harvard University Press, 2006, pp. 170-182 et de Steven Jaron, « Autobiography and the Holocaust: An Examination of the Liminal Generation in France », *French Studies*, LVI:2 (2002), pp. 207-219. Voir également Steven Jaron, « Distances traversées », Wardi, Wilgowicz (éds.), *op. cit.*, p. 184.

Wiesel a vécu la déportation en tant qu'adolescent[227] et partagé l'expérience de la première génération ; *La Nuit* se trouve dès lors incluse dans la littérature testimoniale. Du même âge que Wiesel, André Schwarz-Bart échappa à la déportation et s'identifia plutôt à la génération de « transition »[228] ; cependant, étant donné son engagement dans la Résistance, il se rattache du moins dans une certaine mesure à la génération de ceux qui étaient en capacité d'« agir ». Comme son œuvre fit partie d'une première vague d'écriture testimoniale, elle a été reçue dans le contexte des œuvres-témoignages, en dépit de son caractère romanesque. En revanche, Raymond Federman, qui est né également en 1928, c'est-à-dire la même année que Wiesel et Schwarz-Bart, et qui échappa seul à la déportation de sa famille, est associé plus résolument à la génération d'après[229] : c'est là que nous l'inclurons aussi au niveau de l'analyse, de même que Perec, qui fut séparé de sa famille à un âge plus jeune. Il importe cependant de noter le caractère en partie arbitraire de ces catégorisations générationnelles : s'il y a différents « échelons » dans l'expérience et l'écriture de la Shoah, les « seuils » qui séparent ceux-ci s'avèrent de fait à la fois bien réels et partiellement fallacieux.

Le concept de « deuxième génération », ensuite, se réfère en principe à des écrivains nés dans l'après-guerre, dont la situation est à la fois différente de, et partiellement semblable à, celle de la génération liminale : n'ayant pas été menacés directement, les descendants se trouvent confrontés à un traumatisme familial dont ils restent largement exclus. Leurs œuvres théorisent en particulier ce sentiment d'exil et de manque, qu'ils tiennent en partage. Cela dit, certains écrivains nés après développèrent un sens « générationnel » plus fort que d'autres : Michel Kichka se sert du concept de « deuxième génération » pour le titre de sa bande dessinée, tandis que pour Perec, la survivance tenait beaucoup plus de l'expérience individuelle, de même que pour Art Spiegelman, qui tout en étant un pionnier de la deuxième génération en matière de bande dessinée, ne se percevait pas comme un « représentant » de celle-ci[230].

Au niveau de l'écriture, les écrivains de la génération liminale et de la deuxième génération réfléchissent un rapport complexe à la coupure d'Auschwitz et à la mémoire. En effet, alors qu'une définition de cette littérature en termes de « postmémoire » met l'emphase sur l'affiliation au passé et à la première génération[231], les écrivains ne se considèrent pas nécessairement comme

---

227 Suleiman, *op. cit.*, p. 184.
228 Sur Schwarz-Bart, voir chapitre 3.
229 Voir par exemple Robert Eaglestone, « 'Working through' and 'awkward poetics' in Second Generation Poetry: Lily Brett, Anne Michaels, Raymond Federman », *Critical Survey*, 20:2 (2008), p. 19.
230 Voir chapitre 11.
231 Marianne Hirsch, « Past Lives: Postmemories in Exile », *Poetics Today*, 17:4 (1996), p. 664.

« héritiers »[232] de l'expérience en tous les sens du terme. Quoique profond, leur rapport à l'événement se vit en réalité sous forme de rupture plutôt que de continuité : étant donné le gouffre expérimental avec la première génération, l'attestation « j'y étais » des témoins directs est en ce sens contrebalancée par l'affirmation « je n'y étais pas (et je n'y serai jamais) »[233]. Par conséquent, la génération des héritiers cherche principalement à penser l'impact d'Auschwitz *après coup*, en sondant son caractère irrémédiable, sur le plan personnel et/ou collectif.

Les difficultés d'accès au passé et le défaut de mémoire se présentent sous des modalités différentes selon les auteurs. Dans certains cas, l'expérience de séparation familiale va jusqu'à couper le descendant de tout « héritage » juif : c'est ce que montre l'œuvre de Perec mais aussi l'écriture d'Henri Raczymow, où le rapport à l'identité juive est considéré lacunaire ou construit rétrospectivement[234]. Les auteurs soulignent également l'absence d'information et de compréhension qui a marqué leur enfance : même dans le cas où les parents étaient présents, les rapports familiaux ont souvent été placés sous le signe du « non-dit », comme chez Kichka, voire, tel que l'avance Gérard Wajcman, de « l'interdit ». Raczymow fait dès lors état d'une « mémoire trouée »[235]. La difficulté issue de l'expérience « ratée » et de cette « béance définitive »[236] consiste alors à définir sa place, qui ne va jamais de soi. Comme le montreront les analyses, cette place est souvent pensée au sein de la littérature plutôt qu'au cœur d'un passé impossible à intégrer : l'écriture offre de fait un refuge qui peut aussi servir d'espace de jeu, permettant de construire et de déconstruire un héritage mémoriel.

La double quête du passé et d'une position littéraire et existentielle se reflète dans les formes génériques et stratégies d'écriture mises à l'œuvre.

---

232 Coquio, *La Littérature en suspens*, op. cit., p. 51, p. 87 ; cf. Luba Jurgenson, Alexandre Prstojevic (éds.), *Des témoins aux héritiers. Une histoire de l'écriture de la Shoah*, Paris, Éditions PETRA, 2012.

233 Voir entre autres le paragraphe intitulé « I was not there » dans Efraim Sicher, « The Burden of Memory. The Writing of the Post-Holocaust Generation », Efraim Sicher (éd.), *Breaking Crystal. Writing and Memory after Auschwitz*, Urbana – Chicago, University of Illinois Press, 1998, pp. 33-39. À ce sujet, voir également Fransiska Louwagie, « 'Métastases' d'Auschwitz. Modalités et limites d'une tradition testimoniale », Annelies Schulte Nordholt (éd.), *Écrire la mémoire de la Shoah : la génération d'après*, Amsterdam – New York, Rodopi, 2008, pp. 172-185.

234 Sur le renouement avec une identité juive dans la génération d'après, voir Thomas Nolden, *In Lieu of Memory: Contemporary Jewish Writing in France*, Syracuse (NY), Syracuse University Press, 2006.

235 Henri Raczymow, « La mémoire trouée », *Pardès*, n° 3 (1986), pp. 177-182.

236 Henri Raczymow, [Enquête sur la littérature mémorielle contemporaine], *Mémoires en jeu*, n° 3 (2017), p. 80.

D'abord, dans le sillage de Perec, plusieurs auteurs ont recours au récit d'enfance, qui permet d'explorer les problématiques d'appartenance, d'exclusion et de déracinement[237]. Régine Waintrater note en effet que tout génocide représente une « catastrophe de la filiation », qui coupe le sujet de l'origine et de la mort[238]. La création d'une place littéraire peut dès lors aussi aller de pair avec la construction de filiations intertextuelles, le développement d'une identité fantasmée, autofictionnelle ou générationnelle, ainsi que le recours à des dédoublements fictifs, donnant lieu à de nouvelles catégories littéraires telles que la biofiction (Régine Robin) ou la surfiction (Raymond Federman)[239]. Les fantasmes et brouillages identitaires confirment l'idée d'un « jeu » littéraire, où l'état d'exil et de déracinement personnel sert de « point de départ » à une dynamique de construction et de déconstruction. Le réseau intertextuel mis à l'œuvre, souvent très dense, contribue alors à penser ou à problématiser les rapports à la mémoire et à l'écriture. D'un point de vue générique, les écrivains d'après ont en outre recours à des formes comme l'enquête, familiale ou « archéologique »[240], et le récit de voyage, pour explorer les reliques et les lieux du passé. Dominique Viart parle ici d'une mémoire « conquise », où il s'agit de suivre des traces dans le temps et dans l'espace. Dans la mesure où les traces sont lacunaires, cette mémoire est en même temps qualifiée de « déficitaire »[241]. Comme l'affirme Annelies Schulte Nordholt, l'écrivain de la génération d'après s'emploie par conséquent à rester « fidèle à la 'mémoire trouée' »[242]. L'impératif de fidélité se pose dès lors en d'autres termes, par rapport à l'absence même. Du fait que les démarches n'aboutissent pas à un

---

[237] Cf. Anne Chevalier, « La vogue du récit d'enfance dans la seconde moitié du XXe siècle », Anne Chevalier, Carole Dornier (éds.), *Le Récit d'enfance et ses modèles*, Caen, Presses universitaires de Caen, 2003, pp. 193-199.

[238] Waintrater, *op. cit.*, p. 19.

[239] Régine Robin, *L'Immense Fatigue des pierres : biofictions*, Montréal, XYZ Éd., 1999 ; Raymond Federman, *Critifiction. Postmodern Essays*, Albany, State University of New York Press, 1993. Cf. Birgit Schlachter, *Schreibweisen der Abwesenheit, Jüdisch-französische Literatur nach der Shoah*, Köln, Böhlau Verlag, 2006, pp. 55-65. Schlachter analyse ces « genres » à l'aide du concept d'« identité narrative » de Paul Ricœur, se concentrant sur la construction identitaire des narrateurs-écrivains. À ce sujet, voir également Fransiska Louwagie, « Le témoignage face à l'histoire littéraire. Transformations esthétiques et critiques », Jurgenson, Prstojevic (éds.), *op. cit.*, pp. 241-259.

[240] Cf. Mesnard, *Témoignage en résistance, op. cit.*, pp. 334-336 ; Annelies Schulte Nordholt, *Perec, Modiano, Raczymow. La Génération d'après et la mémoire de la Shoah*, Amsterdam – New York, Rodopi, 2008, p. 202 ; Coquio, *op. cit.*, p. 87. Le modèle de l'enquête est aussi adopté dans la littérature mémorielle au sens large (cf. Viart, « La gamme de mémoires », *op. cit.*, p. 101).

[241] *Ibid.*, p. 103.

[242] Annelies Schulte Nordholt, « *Heinz* d'Henri Raczymow. Une écriture du silence », *Monografías de Çédille*, n° 5 (2015), p. 230.

« temps retrouvé »[243], c'est d'ailleurs la quête même qui compte, plutôt que son résultat : au dire de Raczymow, l'écrivain de la deuxième génération est un Moïse qui n'atteint pas Canaan. Sa réalisation principale est dès lors l'inscription de son trajet[244], c'est-à-dire, selon l'expression de Perec, « l'histoire de [son] cheminement »[245].

3.3 *Surconscience postmémorielle*

Comme le montrent ces descriptions, « l'atelier de pensée » que constitue, à sa façon, ce corpus, passe encore fondamentalement par un travail d'écriture. Se pose dès lors à nouveau la question de la condition littéraire après Auschwitz, et des rapports entre éthique et esthétique. Ces débats se rapportent ici aussi à la problématique de l'indicible, d'une part, et au risque de banalisation, de l'autre. Or, pour ce qui est du cas des héritiers, différentes visions critiques s'affrontent dans ce domaine, parfois en s'opposant diamétralement. D'une part, du côté américain, R. Clifton Spargo avance que la génération d'après s'est enfin libérée du dictum d'Adorno[246] : le corpus est ici présenté sous l'optique d'une appartenance décomplexée au champ littéraire. La littérature d'après signerait par conséquent la fin d'une « mise en suspens » de la littérature, rompant avec la désappartenance propre au témoignage. Cependant, sur le plan éthico-moral une telle évolution implique, selon Jessica Lang, un risque de déproblématisation et de domestication du rapport à l'événement : d'après ses analyses, les générations d'après s'orienteraient graduellement vers le présent et vers le « moi » de l'écrivain. En d'autres mots, le rapport à l'événement serait désormais appréhendé de manière égocentrique, effaçant les blancs et le silence supposés inhérents à la confrontation au passé[247].

Dans le domaine français, Dominique Viart avance cependant que les écrivains d'après font souvent preuve de « scrupules » dans leur approche du passé et, à l'encontre de Spargo, fait même état d'une « ère du scrupule »[248], qui suc-

---

243 Raczymow, *op. cit.*, p. 80.
244 Raczymow, « La mémoire trouée », *op. cit.*, p. 181 ; Raczymow, « Mémoire, oubli, littérature », *op. cit.*, p. 57 ; cf., Louwagie, « 'Métastases' d'Auschwitz. Modalités et limites d'une tradition testimoniale », *op. cit.*, p. 178.
245 Georges Perec, *W ou le souvenir d'enfance*, Paris, Denoël, 1975, p. 14 ; voir chapitre 7.
246 R. Clifton Spargo, « Introduction: On the cultural continuities of literary representation », R. Clifton Spargo, Robert M. Ehrenreich (éds.), *After Representation? The Holocaust, Literature, and Culture*, Washington, Library of Congress/USHMM, 2009, p. 7.
247 Lang, *op. cit.*, p. 22, pp. 177-178.
248 Viart, *op. cit.*, p. 102 ; Viart, « Le scrupule du roman », *op. cit.*, pp. 26-28 ; Dominique Viart, « Les Littératures du terrain », *Revue critique de fixxion française contemporaine*, n° 18 (2019), http://www.revue-critique-de-fixxion-francaise-contemporaine.org/rcffc/article/view/fx18.20/1338.

céderait d'après lui à l'« ère du soupçon »[249]. Cela revient à dire que les textes venus après sont aptes à intégrer, à travers l'écriture, une théorisation de leurs propres modalités éthiques et esthétiques, de manière à contourner encore le dilemme du « tout ou rien ». Dans la littérature d'après Auschwitz dite « lucide », « critique » ou « scrupuleuse » se présente alors une « surconscience postmémorielle », proche du concept de « surconscience linguistique » formulé par Lise Gauvin dans le contexte des littératures francophones. Le concept de surconscience linguistique, d'abord, renvoie notamment à la pensée et à l'imaginaire littéraires chez les auteurs francophones postcoloniaux ou « péricoloniaux », pour qui la langue ne va pas de soi[250]. Gauvin définit ces pratiques d'écriture comme une littérature de « l'intranquillité » – empruntant cette dernière notion à la traduction française de Pessoa[251], dont s'inspire également le concept d'intranquille proposé par Philippe Bouchereau et Frosa Pejoska[252], que nous avons déjà évoqué par rapport à la littérature de témoignage. Chez Gauvin, l'intranquillité est associée non seulement à une fragilité, mais aussi à la force d'une « conscience aiguë » qu'ont les écrivains « de leurs limites et d'une précarité qu'ils s'appliquent à déjouer avec patience »[253]. Or, une telle surconscience linguistique, que l'on peut associer aussi à la mise à l'épreuve du langage dans la littérature testimoniale, n'est pas sans marquer également la littérature d'après, comme le montreront les jeux sur les signifiants chez Perec, la critique du langage chez Federman, l'interdit chez Wajcman et l'étrangeté de la langue autre chez Raczymow et Kichka. Elle s'y double en outre d'une surconscience postmémorielle, où l'intranquillité se rapporte plus spécifiquement au sentiment de distance et d'étrangeté ressenti par rapport au passé et à soi-même. Rédigé en fonction d'une situation d'extériorité et d'exclusion, le corpus se relie dès lors à la condition intranquille de l'exil et assume les dissonances du langage et de l'écriture au sein même de la littérature. D'ailleurs, une telle prise en charge externe de l'impact (anti-)littéraire d'Auschwitz fut envisagée déjà par les témoins premiers, puisque Kertész se demande dans

---

249   Dominique Viart, « Le scrupule esthétique : que devient la réflexivité dans les fictions contemporaines ? », *Studi Francesi*, n° 177 (2015), p. 499.

250   Lise Gauvin, *Langagement. L'Écrivain et la langue au Québec*, Montréal, Boréal, 2000, p. 8 ; Lise Gauvin, « La notion de surconscience linguistique et ses prolongements », Lieven D'hulst, Jean-Marc Moura (éds.), *Les Études littéraires francophones. État des lieux*, Lille, Éditions du conseil scientifique de l'Université Lille-III, 2003, pp. 99-112.

251   Cf. Marie-Andrée Lamontagne, « Lise Gauvin : lettres des autres, lettres de soi » [Entretien], *Lettres québécoises*, n° 153 (2014), p. 9.

252   Cf. Bouchereau, *op. cit.*, p. 11.

253   Lise Gauvin, « La littérature québécoise – Une littérature de l'intranquillité », *Le Devoir*, 2006, https://www.ledevoir.com/non-classe/107558/la-litterature-quebecoise-une-litterature-de-l-intranquillite.

son discours du prix Nobel « quel écrivain aujourd'hui n'est pas un écrivain de l'Holocauste ? »[254].

Au niveau de l'écriture, la surconscience postmémorielle de la génération d'après engendre donc une pensée et un imaginaire de la mémoire, par le jeu littéraire : à l'instar de la surconscience linguistique, elle tend à s'inscrire dans l'ordre de la feintise ludique, désabusée et lucide, plutôt que de dans un registre réaliste, d'une certaine façon inaccessible[255]. D'ailleurs, tout comme les manifestations de la surconscience linguistique au niveau de la langue vont du baroque à l'hypercorrection, celles de la surconscience postmémorielle s'articulent aussi de manière différente selon le projet d'écriture de chaque auteur, puisque Gérard Wajcman s'inscrit fortement dans le sillage de Lanzmann, là où Henri Raczymow affirme que les dictats de ce dernier l'insupportent[256]. Pour sa part, Raymond Federman rompt de manière radicale avec les formes et conventions du langage et de la littérature afin d'exercer une critique culturelle et littéraire, tandis que Georges Perec combine à sa façon un engagement social avec un imaginaire du langage. En rendant compte des différents aspects de la surconscience postmémorielle au travers du jeu de l'écriture, la littérature d'après Auschwitz se présente au final comme un « acte de langage » qui engage la nature et le fonctionnement du mémoriel autant que ceux de l'écriture[257]. Les chapitres analytiques examineront cette conscience littéraire qui se rapporte en définitive aux « poétiques individuelles »[258] aussi bien qu'à la littérature d'après Auschwitz en tant que telle.

4   Plan du livre

La double réflexion sur le témoignage et la littérature de la génération d'après que nous avons menée dans ce chapitre sera prolongée au fil des chapitres à travers la lecture de plusieurs œuvres. Comme nous l'avons indiqué, le rapprochement des deux corpus mettra à jour certains rapports liés à leurs articulations respectives entre éthique et esthétique et leur prise de conscience critique du phénomène ou de l'impact d'Auschwitz. L'analyse d'ensemble n'entend ni absolutiser les catégories, ni suggérer un processus linéaire ou un passage de témoin ; elle visera au contraire à examiner les œuvres dans leur spécificité afin

---

254 Kertész, « Eurêka », *op. cit.*, p. 261.
255 Cf. Gauvin, « La notion de surconscience linguistique et ses prolongements », *op. cit.*, p. 100, p. 110. Sur le concept de feintise ludique, voir Jean-Marie Schaeffer, *Pourquoi la fiction ?*, Paris, Seuil, 1999.
256 Raczymow, [Enquête sur la littérature mémorielle contemporaine], *op. cit.*, p. 81.
257 Voir Gauvin, *op. cit.*, p. 100.
258 *Ibid.*

de permettre une meilleure compréhension des liens qui se nouent au niveau de l'écriture même et des déplacements qui s'opèrent.

Pour la première génération, nous analyserons les œuvres-témoignages de Robert Antelme, André Schwarz-Bart, Piotr Rawicz, Jorge Semprun et Imre Kertész. La sélection inclut les œuvres de deux déportés politiques, des témoignages d'auteurs juifs de langue française et enfin l'œuvre de Kertész, en tant que représentant du canon « tardif ». Les textes analysés représentent différents moments de la production testimoniale et traversent plusieurs genres ou pactes narratifs. L'œuvre « unique » d'Antelme sur *L'Espèce humaine* soulève des questions essentielles sur la destinée de l'humanisme après l'expérience des camps : nous offrirons une analyse critique des différentes lectures qui ont été proposées à ce sujet, en les replaçant dans leur contexte et en les confrontant à l'œuvre. Pour Schwarz-Bart, nous analyserons son chef-d'œuvre *Le Dernier des Justes*, aujourd'hui quelque peu oublié, en revenant à la fois sur le texte et sur les débats de réception et leurs enjeux. Nous établirons aussi une comparaison avec *L'Étoile du matin*, roman inachevé publié de manière posthume cinquante ans après *Le Dernier des Justes* : œuvre moins aboutie et peu lue, ce roman nous permettra de jeter une nouvelle lumière sur quelques interrogations importantes au sein de l'écriture schwarzbartienne. Piotr Rawicz, ensuite, a « le triste privilège de compter parmi les auteurs les moins connus de la littérature de la Shoah de langue française »[259]. Avec *Le Sang du ciel*, il a pourtant signé un roman exceptionnel sur la persécution juive en Europe de l'Est : nous considérerons les difficultés de réception liées à son œuvre par rapport aux perspectives ontologiques développées dans le texte et à travers une discussion des défis moraux et littéraires que pose l'auteur. Jorge Semprun, auteur d'origine espagnole écrivant en français, est un témoin dont l'œuvre est à la fois consacrée et désavouée, pour les raisons que nous avons évoquées. Ancien communiste, l'auteur est avant tout connu pour son premier roman *Le Grand Voyage* et son essai-roman tardif *L'Écriture ou la vie*, mais nous nous concentrerons sur deux textes parus au début des années 80, à savoir *Quel beau dimanche*, qui compte parmi les œuvres-témoignages de l'auteur à propos de Buchenwald, et *L'Algarabie*, un roman qui ne porte pas directement sur l'expérience concentrationnaire de l'auteur mais qui enclenche un processus dialogique avec *Quel beau dimanche* et l'imaginaire politique de l'auteur. Ces deux textes représentent un tournant dans l'œuvre de Semprun, en ce qu'ils revisitent l'expérience des camps et l'engagement politique de l'auteur à la lumière de sa rupture avec le communisme. La première partie

---

[259] Steven Jaron, « At the Edge of Humanity: The Dismissal of Historical Truth in Piotr Rawicz's Novel *Le Sang du ciel* », Elrud Ibsch *et al.* (éds.), *The Conscience of Humankind. Literature and Traumatic Experiences*, Amsterdam – Atlanta, Rodopi, 2000, p. 37 ; notre traduction.

du livre se termine par une analyse de l'œuvre d'Imre Kertész, auteur qui a eu un impact tardif mais majeur sur la réflexion critique autour du témoignage. Kertész est également le mieux connu pour son premier roman *Être sans destin* mais nous étendrons ici l'analyse à d'autres romans et écrits de l'auteur, afin de mieux éclairer les positions mémorielles d'un écrivain parfois difficile d'accès et qui s'est trouvé rattrapé par son image publique après l'attribution du prix Nobel en 2002.

Cette sélection d'auteurs n'a bien entendu rien d'exhaustive et ne permet pas d'approfondir l'œuvre d'autres témoins importants – comme David Rousset, Charlotte Delbo, Jean Améry, Primo Levi, Elie Wiesel ou Tadeusz Borowski, pour ne citer qu'une partie du « canon » littéraire de la Shoah. Elle offrira néanmoins plusieurs perspectives transversales sur l'écriture et la culture après Auschwitz, parfois à partir d'œuvres moins connues. Les fils rouges de l'analyse auront trait à l'exigence de fidélité à l'expérience et à son impact, à la condition humaine après Auschwitz et aux défis et (en)jeux de l'écriture. Nous retracerons les articulations entre éthique et esthétique chez chaque auteur en examinant les pactes de lecture proposés, les stratégies d'écriture mises en œuvre et l'imaginaire littéraire élaboré, entre autres au niveau des rapports intertextuels. Nous verrons que, de différentes manières, les auteurs remettent en question le système de valeurs des lecteurs et leurs perceptions mémorielles ou culturelles au sens large, exigeant une prise de conscience et, le cas échéant, un engagement éthique ou collectif. En abordant la réception des auteurs, nous pourrons enfin éclairer certains codes et (re)configurations du champ testimonial.

Pour la génération liminale, nous étudierons les œuvres de Georges Perec et de Raymond Federman, et pour la deuxième génération, celles d'Henri Raczymow, Gérard Wajcman et Michel Kichka. L'œuvre de Perec est considérée comme emblématique de la génération d'après, même si lui-même ne concevait pas sa position en ces termes. En nous attachant à son œuvre *W ou le souvenir d'enfance*, nous apporterons un nouvel éclairage sur les rapports perecquiens avec l'écriture de Robert Antelme, ainsi que sur l'imaginaire individuel et social du texte. La réception de Raymond Federman en France est nettement plus limitée que celle de Perec : auteur bilingue émigré aux États-Unis, Federman a produit une œuvre expérimentale qui se distancie délibérément des codes de la littérature. Nous effectuerons une lecture comparative et bilingue d'un roman autotraduit de l'auteur, *La Fourrure de ma Tante Rachel/Aunt Rachel's Fur*, afin de développer et de promouvoir une meilleure compréhension de ses principes d'écriture et de son rapport critique à la culture et au langage. Dans le cas d'Henri Raczymow, la focalisation portera sur plusieurs œuvres, à savoir un ensemble de trois textes datant du début de sa carrière et deux textes plus récents comprenant un récit d'enfance et un récit de voyage. À travers cette combinaison de textes, nous pourrons analyser à la fois les rapports de l'auteur à un passé inaccessible et sa conception d'une écriture d'après. Le cas de Gérard Wajcman nous ramènera ensuite vers la question de l'irreprésentable en littérature, étant donné que dans son roman *L'Interdit*, la narration s'effectue presque uniquement au travers de notes, placées en bas de pages laissées blanches. À partir des théories lacaniennes de l'auteur et du réseau intertextuel très dense mais dissimulé dans les notes, nous pourrons analyser la façon dont l'auteur se rapporte à l'expérience de la Shoah et comment son œuvre cadre avec ou diverge de celles des autres écrivains de la génération d'après. Avec Michel Kichka, enfin, nous nous tournons vers la bande dessinée sur la Shoah, medium qui a pris une importance considérable dans la littérature postmémorielle depuis *Maus* d'Art Spiegelman. L'intérêt de l'œuvre de Kichka réside entre autres dans la construction d'une position narrative pour la deuxième génération et aussi dans sa façon de porter un regard à la fois critique et empathique sur la « culture d'Auschwitz » telle qu'incarnée par le père de l'auteur, témoin infatigable de la Shoah. La sélection de textes présentera donc diverses modalités d'interaction avec l'expérience de la première génération, ainsi qu'avec l'absence, la représentation et la mémoire du passé. Nous nous attacherons ici encore à une analyse de la forme, des pactes de lecture, de l'imaginaire et des dimensions intertextuelles qui sous-tendent l'écriture, ainsi qu'à la réception critique des œuvres.

Des versions antérieures de certaines analyses ont été publiées sous forme d'articles ou de chapitres et ont été revues dans le contexte de ce volume[260],

---

[260] Les chapitres sur Piotr Rawicz, Jorge Semprun, Henri Raczymow, Gérard Wajcman ont pris leur origine dans la thèse de doctorat *Le témoignage francophone sur les camps de concentration nazis (1945-2004) : une étude générique et discursive*, soutenue à l'Université de Leuven en 2007 (non publiée) et des versions antérieures de ces analyses ont aussi fait l'objet de plusieurs publications : Fransiska Louwagie, « La force du plus faible : l'ethos testimonial dans *Le sang du ciel* de Piotr Rawicz », *Les Lettres romanes*, 60:3-4 (2006), pp. 297-310 ; Fransiska Louwagie, « Between the General and the Particular. Reminiscences of Plato's *Timaeus* in Piotr Rawicz's *Le Sang du ciel* », *Romance Quarterly*, 54:4 (2007), pp. 326-339 ; Fransiska Louwagie, « L'imaginaire de Jorge Semprun : Narcisse entre miroir et fleur », *Orbis Litterarum*, 63:2 (2008), pp. 152-171 ; Fransiska Louwagie, « Œdipe à Jéricho. L'œuvre testimoniale d'Henri Raczymow », *Neophilologus*, 92:2 (2008), pp. 217-234 ; Fransiska Louwagie, « L'écriture 'extime' de Gérard Wajcman : blancs, notes et intertextes dans *L'interdit* », *Études françaises*, 45:2 (2009), pp. 131-150 ; Fransiska Louwagie, « Un roman au creux de l'expérience : *Le Sang du ciel* ou l'art d'un échec annoncé », Dayan Rosenman, Louwagie (éds.), *op. cit.*, pp. 159-179 ; Fransiska Louwagie, « Piotr Rawicz, un témoin venu de l'Est », Jacques Walter, Béatrice Fleury (éds.), *Carrières testimoniales* (2), Nancy, Presses universitaires de Nancy, 2014, pp. 357-373. Pour André Schwarz-Bart, une analyse initiale figure dans la thèse et dans Fransiska Louwagie, « Die Suche nach

en s'accompagnant de plusieurs nouvelles lectures. D'autres auteurs que ceux analysés ici ont informé les perspectives développées, et notamment pour les écrivaines féminines qui se sont intégrées à notre parcours au fil du temps, nous tenons à renvoyer à certaines publications parues ailleurs[261]. Les analyses comprises ici seront présentées par écrivain, afin de pouvoir respecter pleinement la singularité et l'originalité de leurs projets d'écriture, sans les incorporer dans les contraintes ou limites d'un cadre prédéfini, de manière à faire droit à la complexité du corpus. Ce souci du texte n'empêche pas que toute interprétation des témoignages et des œuvres reste inévitablement locale et située et demande, comme le souligne Claude Mouchard[262], une mise en commun avec d'autres perspectives. L'attention pour la réception des textes nous permettra précisément de faire entrer en dialogue plusieurs points de vue, en confrontant leurs présupposés ou implications. Le rapprochement des différentes analyses au sein du livre contribuera enfin à créer un réseau de signification par-delà les interprétations d'auteurs et les cadres générationnels, sur lequel nous reviendrons en conclusion du volume.

Einheit in Zeugnissen der Shoah : Elie Wiesels *La Nuit* (1958) und André Schwarz-Barts *Le Dernier des Justes* (1959) », Peter Kuon, Monika Neuhofer, Silke Segler-Messner (éds.), *Vom Zeugnis zur Fiktion. Repräsentation von Lagerwirklichkeit und Shoah in der französischen Literatur nach 1945*, Bern, Peter Lang, 2006, pp. 261-273. Cette analyse est revue et augmentée ici, et complétée d'une étude du roman posthume de l'auteur, paru en 2009. Pour Federman, une première analyse, ciblée plutôt sur sa pratique autotraductive, est parue dans Fransiska Louwagie, « Raymond Federman : l'autotraduction comme projet esthétique et critique », Christian Lagarde, Helena Tanquiero (éds.), *L'autotraduction aux frontières de la langue et de la culture*, Limoges, Éditions Lambert Lucas, 2013, pp. 123-131. Le chapitre consacré à l'œuvre de Michel Kichka se base sur Fransiska Louwagie, « Après *Maus* : Témoignage et bande dessinée dans l'œuvre de Michel Kichka », Jacques Walter, Béatrice Fleury (éds.), *Carrières de témoins de conflits contemporains (3) Les témoins réflexifs, les témoins pollinisateurs*, Nancy, Presses universitaires de Nancy, 2015, pp. 107-119.

261   Parmi nos travaux sur leurs œuvres, voir notamment, à propos de Régine Robin, Fransiska Louwagie, « Régine Robin en 'L'écriture flâneuse' : identiteit en taal tussen modernisme en postmodernisme », Jan Baetens, Sjef Houppermans, Arthur Langeveld, Peter Liebregts (éds.), *De erfenis van het modernisme. Modernisme(n) in de Europese letterkunde – Deel 4*, Amsterdam, Rozenberg, 2010, pp. 165-183, et sur Régine Robin et Henri Raczymow, Fransiska Louwagie, « Lieux de non retour », Jacques Walter, Béatrice Fleury (éds.), *Qualifier des lieux de détention et de massacre (2)*, Nancy, Presses universitaires de Nancy, 2009, pp. 299-311. Sur Cécile Wajsbrot, voir Louwagie, « Imaginaire de l'espace, espace imaginaire », *op. cit.*, pp. 319-334. Concernant la première génération de témoins, la place de l'œuvre de Charlotte Delbo dans ce corpus est abordée brièvement dans Fransiska Louwagie, « Littérature de témoignage : œuvres et réception critique », Silke Segler-Meßner, Isabella Von Treskow (éds.), *Traumatisme et mémoire culturelle. France et mondes francophones*, Berlin, De Gruyter, à paraître.

262   Mouchard, *op. cit.*, pp. 32-33.

PARTIE 1

Œuvres-témoignages

∴

CHAPITRE 2

L'Espèce humaine et le scandale du monde

Arrêté comme résistant en juin 1944, Robert Antelme fut déporté à Buchenwald et ensuite transféré au *kommando* de Gandersheim. Il fut libéré de Dachau et évacué clandestinement avec l'aide de François Mitterrand[1]. Son unique témoignage *L'Espèce humaine* fut publié en 1947 aux Éditions de la Cité universelle et réédité en 1949 par Robert Marin[2]. Le texte se compose de trois parties, de longueurs inégales, évoquant respectivement la période à Gandersheim, la « route » ou marche de la mort, et la « fin », avec le voyage en train vers Dachau suivi de la libération du camp. Comme l'indique déjà le titre, Antelme examine dans son œuvre l'impact des camps nazis sur l'espèce humaine. Dès l'après-guerre il pose aussi la question de savoir comment transmettre l'expérience des témoins au lecteur, et ses leçons.

Le texte eut initialement un écho limité, même si, comme indiqué dans le chapitre précédent, il fut d'emblée reconnu comme un témoignage majeur, entre autres par Jean Cayrol[3]. Rééditée chez Gallimard en 1957[4], l'œuvre connut son véritable succès critique dans les années 60 et dans les années 80[5] : cette réception ultérieure fut notamment tributaire des lectures de Maurice Blanchot, de Georges Perec et de Sarah Kofman, et aussi du lien littéraire tardif avec l'œuvre de Marguerite Duras, première épouse d'Antelme, qui évoqua l'attente et le retour de son mari dans son roman *La Douleur*, publié en 1985[6]. En 1994, la revue *Lignes* édita un numéro spécial dédié à l'auteur, dont les contributions sont à la base d'un livre-hommage paru chez Gallimard en 1996[7] ; une série d'autres études suivirent au début des années 2000[8]. Si cette attention

---

1   Martin Crowley, *Robert Antelme. Humanity, Community, Testimony*, Oxford, Legenda, 2003, p. 5.
2   *Ibid.*, p. 6.
3   Jean Cayrol, « Témoignage et littérature », *Esprit*, n° 201 (1953), pp. 575-577.
4   Nous nous référerons ici à l'édition Gallimard de 1993, désignée par le sigle *EH* (Robert Antelme, *L'Espèce humaine*, Paris, Gallimard, 1993 (1947)).
5   Crowley, *op. cit.*, p. 28 ; Yannick Malgouzou, *Les Camps nazis : réflexions sur la réception littéraire française*, Paris, Classiques Garnier, 2012, p. 330 ; Catherine Coquio, *La Littérature en suspens. Écritures de la Shoah : le témoignage et les œuvres*, Paris, L'Arachnéen, 2015, p. 78.
6   Marguerite Duras, *La Douleur*, Paris, P.O.L., 1985.
7   Robert Antelme, *Textes inédits Sur* L'espèce humaine. *Essais et témoignages*, Paris, Gallimard, 1996.
8   Voir entre autres les travaux de Martin Crowley, Colin Davis et Claude Mouchard référencés ici.

critique confirme la fortune intellectuelle du texte, elle révèle en même temps certains clivages interprétatifs à propos des enjeux clés de l'œuvre et du témoignage en général[9], ainsi que nous le verrons ci-dessous pour ce qui est de la conception de « l'espèce humaine » et du rapport entre témoignage et littérature. D'abord, nous examinerons l'approche testimoniale adoptée par Antelme et ensuite sa vision du monde et de l'espèce, que l'auteur contraste avec plusieurs conceptions politiques et religieuses de l'homme, jugées erronées. À partir de la « conscience irréductible » qu'il a tirée de son expérience, l'auteur cherche ainsi à mobiliser le savoir des détenus contre le scandale du monde.

1   Une connaissance infinie

Comme l'affirme Antelme dans son avant-propos, l'horreur vécue à Gandersheim n'était pas « gigantesque » en comparaison à d'autres camps, mais résidait au contraire dans un « anéantissement lent » (*EH*, 11), c'est-à-dire dans une oppression inéluctable qui réduisait les possibilités de résistance pour les détenus à la lutte la plus basique, et souvent solitaire, pour la survie. Or, les différents éléments de ce système d'oppression émergent au fur et à mesure du récit : le travail, le froid, le temps, la faim, les rapports de force entre prisonniers de droit commun et prisonniers politiques,...[10] La réalité est donc décomposée pour la présenter au lecteur de manière graduelle : de fait, ayant eu l'impression au retour des camps de « suffoquer » dans sa tentative initiale de communiquer l'expérience « telle qu'elle » [*sic*], l'auteur souligne la nécessité d'opérer certains « choix » pour « essayer d'en dire quelque chose ». La « disproportion » entre l'expérience vécue et « le récit qu'il était possible d'en faire » (*EH*, 9) est d'ailleurs rappelée à la fin du récit, lorsque les détenus tentent de raconter leurs expériences aux soldats libérateurs : ces derniers se lassent vite d'écouter, se contentant de classer l'événement comme étant « effroyable » (*EH*, 301)[11]. De leur côté, les détenus se rendent alors également compte du caractère massif de leur vécu, qui tout à coup se présente à eux de manière « détachée », tel un « bloc » impossible à communiquer :

---

9   Colin Davis, « Antelme, Renoir, Levinas and the shock of the Other », *French Cultural Studies*, 14:1 (2003), p. 42.

10 Georges Perec, « Robert Antelme ou la vérité de la littérature » [1963], Antelme, *Textes inédits sur* L'espèce humaine, *op. cit.*, pp. 178-189 ; Judith Klein, « Erfahrung der Vernichtungslager und Literatur. Robert Antelmes 'L'espèce humaine' », *Romanistische Zeitschrift für Literaturgeschichte*, 14:1-2 (1990), p. 170.

11 Cf. Martin Crowley, « *Frightful, yes frightful!* », *French Studies*, LIX:1 (2005), pp. 17-24. Sur ce passage, voir aussi chapitre 1.

> Le soldat, d'abord écoute, puis les types ne s'arrêtent plus : ils racontent, ils racontent, et bientôt le soldat n'écoute plus.
>
> Certains hochent la tête et sourient à peine en regardant le soldat, de sorte que le soldat pourrait croire qu'ils le méprisent un peu. C'est que l'ignorance du soldat apparaît, immense. Et au détenu sa propre expérience se révèle pour la première fois, comme détachée de lui, en bloc. Devant le soldat, il sent déjà surgir en lui sous cette réserve, le sentiment qu'il est en proie désormais à une sorte de connaissance infinie, intransmissible.
>
> D'autres encore disent avec le soldat et sur le même ton que lui : « Oui, c'est effroyable ! » Ceux-ci sont bien plus humbles que ceux qui ne parlent pas. En reprenant l'expression du soldat, ils lui laissent penser qu'il n'y a pas place pour un autre jugement que celui qu'il porte ; ils lui laissent croire que lui, soldat qui vient d'arriver, qui est propre et fort, a bien saisi toute cette réalité, puisque eux-mêmes, détenus, disent en même temps que lui, la même chose, sur le même ton ; qu'ils l'approuvent en quelque sorte.
>
> Enfin, certains semblent avoir tout oublié. Ils regardent le soldat sans le voir. (*EH*, 301-302)

Antelme cherche de son côté à dépasser cet échec testimonial initial en « divisant » (*EH*, 302) son expérience pour la rendre transmissible. Or, une telle approche lui permet en même temps de soumettre son vécu à un travail interprétatif[12], dépassant une démarche purement descriptive. En effet, la présentation des différentes composantes sert aussi à « méditer » (*EH*, 11) sur la signification de l'expérience et notamment, dans le sens donné par le titre du livre, sur les limites et l'unité de l'espèce humaine. Par conséquent, le texte repose, au dire de Georges Perec, sur une double logique « expérimentale » et « exemplaire », associant, tel que l'a noté aussi Ruth Amossy, une approche présentée comme objective à une perspective subjective. Ceci dit, dans sa préface, Antelme veille précisément à rapprocher et à interconnecter ces deux niveaux de vérité en indiquant que les méditations développées dans le texte prolongent les impressions ressenties au moment de l'expérience : « Dire que l'on se sentait alors contesté comme homme, comme membre de l'espèce, peut apparaître comme un sentiment rétrospectif, une explication après coup. C'est cela cependant qui fut le plus immédiatement et constamment sensible et

---

12   Perec, *op. cit.*, pp. 178-179 ; voir aussi Martin Crowley, *Robert Antelme, L'humanité irréductible*, Paris, Léo Scheer, 2004, p. 166.

vécu, et c'est cela d'ailleurs, exactement cela, qui fut voulu par les autres » (*EH*, 11). Le rapprochement entre vécu et interprétation se montre également au niveau de la narration, où l'usage de déictiques et l'emploi des temps verbaux, dont l'indicatif présent, rattachent la dimension exemplaire au niveau expérimental[13]. Or, si ces stratégies narratives font que le texte contient peu de métaréflexions théorisant l'acte testimonial[14] et reste apparemment rivé à l'expérience, les difficultés de transmission évoquées dans l'avant-propos et dans l'extrait cité ci-dessus n'en soulignent pas moins la nécessité d'un témoignage minutieusement construit : au dire d'Antelme, il faut en effet « beaucoup d'artifice » pour faire passer « une parcelle de vérité » (*EH*, 302) et éviter que le survivant même ou son audience ne renoncent à prendre la mesure de l'expérience concentrationnaire.

2   La conscience irréductible

Les « méditations » d'Antelme à propos de l'espèce humaine s'établissent tout d'abord à partir d'une interrogation systématique des dynamiques de puissance et d'impuissance au sein du camp[15], destinée à déceler les limites du projet de déshumanisation et du pouvoir SS. D'une part, l'auteur inventorie avec une sorte de « manie enfantine » (*EH*, 29) diverses manifestations de faiblesse de la part des SS, que ce soit devant les éléments immuables de la nature, devant un train au départ, devant l'incorruptibilité de certains détenus, devant la nécessité du sommeil et celle des passages aux latrines, ou encore devant la frontière infranchissable de la mort. D'autre part, Antelme met en lumière les moindres signes d'indépendance ou restes d'identité chez les détenus et traque pareillement toute marque de résistance, aussi fugitive soit-elle, de la part des civils allemands qu'il lui arrive de croiser. Il s'agit d'autant de façons de se rassurer qu'en dépit des distinctions apparentes instaurées dans les camps, le projet SS ne peut être que voué à l'échec, l'appartenance humaine des détenus restant incontestable et leur triomphe final assuré. Or, comme cette vérité reste obligatoirement clandestine jusqu'à la libération, elle se manifeste en l'occurrence sous la forme d'une « conscience irréductible » :

---

13   Cf. Ruth Amossy, « *L'espèce humaine* de Robert Antelme ou les modalités argumentatives du discours testimonial », *Semen*, n° 17 (2004), p. 145.
14   *Ibid.*, p. 143.
15   Perec, *op. cit.*, pp. 184-185 ; Claude Mouchard, *Qui si je criais ? Œuvres-témoignages dans les tourmentes du XXe siècle*, Paris, Éd. Laurence Teper, 2007, pp. 86-88.

On n'attend pas plus la libération du corps qu'on ne compte sur leur résurrection pour avoir raison. C'est maintenant, vivants et comme déchets que nos raisons triomphent. Il est vrai que ça ne se voit pas. Mais nous avons d'autant plus raison que c'est moins visible, d'autant plus raison que vous avez moins de chances d'en apercevoir quoi que ce soit. Non seulement la raison est avec nous, mais nous sommes la raison vouée par vous à l'existence clandestine. Et ainsi nous pouvons moins que jamais nous incliner devant les apparents triomphes. Comprenez bien ceci : vous avez fait en sorte que la raison se transforme en conscience. Vous avez refait l'unité de l'homme. Vous avez fabriqué la conscience irréductible. Vous ne pouvez plus espérer jamais arriver à faire que nous soyons à la fois à votre place et dans notre peau, nous condamnant. Jamais personne ici ne deviendra à soi-même son propre SS. (*EH*, 94-95)

Certes, une telle conscience n'est pas toujours immédiate – l'homme qui mange des épluchures pour survivre peut ne pas se rendre compte de sa propre grandeur ou victoire (*EH*, 101), mais pour Antelme la condition dégradée des détenus constitue la preuve même de leur résilience humaine : en effet, en refusant de collaborer avec leurs bourreaux pour améliorer leurs propres conditions de vie, les détenus font preuve d'une force morale qui ne peut que démentir l'entreprise de déshumanisation. Dans le contexte concentrationnaire, la lutte biologique pour la survie[16] se transforme dès lors en une « revendication [...] des valeurs les plus hautes » (*EH*, 101). Une telle lutte est à la fois solitaire et solidaire. Solitaire, parce que les conditions de la détention et l'épuisement progressif des détenus empêchent la création d'un véritable réseau de résistance (*EH*, 10) ; Antelme ne se fait d'ailleurs guère d'illusions sur la capacité des détenus à établir des rapports véritables au-delà de leurs groupuscules restreints puisque souvent ils ne se côtoient qu'un moment, sans même se reconnaître plus tard. Solidaire, cependant, dans la mesure où les détenus partagent en principe le même sort et sont dès lors fondamentalement « remplaçables » (*EH*, 242). En ce sens, le recours très fréquent aux pronoms « on » et « nous » dans le récit ne signale pas uniquement un processus de désindividualisation mais contribue aussi à souligner l'unité des détenus dans la menace ou la

---

16 Cette réduction biologique est d'ailleurs soutenue par certains choix de vocabulaire dans le témoignage, avec notamment un recours délibéré à des vocables crus (Claude Roy, dans « Autour de Robert Antelme », Antelme, *Textes inédits sur* L'espèce humaine, *op. cit.*, p. 269), de même que par une attention soutenue à l'excrémentiel (voir notamment Bruno Chaouat, « Ce que chier veut dire (Les ultima excreta de Robert Antelme) », *Revue des Sciences Humaines*, n° 261 (2001), pp. 147-162).

déchéance[17]. De fait, un « soupçon » (*EH*, 294) pèse sur les exceptions parmi les prisonniers qui restent musclés ou bien en chair, puisque leur physique révèle les avantages obtenus au détriment des autres détenus : par suite, au dire d'Antelme, « la déchéance doit être de tous et pour tous » (*EH*, 102). L'apparence « humaine » des détenus privilégiés se convertit alors en masque trompeur : « la *forme humaine* – jamais elle n'aura été aussi insolente, aussi ignoble qu'ici, jamais elle n'aura recelé un aussi gigantesque mensonge » (*EH*, 71 ; Antelme souligne). De fait, différentes conceptions de l'humain viennent à s'opposer de manière antagoniste, avec leurs régimes respectifs de vérités et de valeurs :

> Le mensonge de l'honorabilité de cet homme, le mensonge de sa face pateline et de sa civile maison étaient horribles. La révélation de la fureur des SS qui se déployait en toute tranquillité ne soulevait peut-être pas autant de haine que le mensonge de cette bourgeoisie nazie qui entretenait la fureur, la calfeutrait, la nourrissait de son sang, de ses « valeurs ». (*EH*, 198)

> La force était la seule valeur qui risquait de les convaincre de l'humanité d'un détenu. Encore fallait-il que ce fut une force peu commune. Elle pouvait devenir alors vaguement synonyme de vérité, de bien. Et l'homme fort avait alors d'autres droits que les autres et d'autres besoins ; il avait lui, un homme à sauver en lui, un homme de bien, il avait le droit de bouffer, etc. (*EH*, 207)

Au niveau de la langue, le vocable « homme » reflète par conséquent des réalités foncièrement distinctes, voire incompatibles, selon qu'il s'inscrit dans l'idiome des SS, celui des détenus politiques, ou encore celui des droit commun. À l'aide de tournures méta-énonciatives ou de marquages typographiques comme des italiques ou des guillemets, Antelme signale ces acceptions divergentes, récusant certaines visions du monde et les systèmes axiologiques sous-jacents en indiquant une non-coïncidence du dire entre les mots et les choses[18].

---

17   Comme le note Ruth Amossy, il s'ensuit également qu'Antelme est en position de s'auto-mandater comme porte-parole de cette collectivité (Amossy, *op. cit.*, p. 137).

18   Pour une analyse de certaines non-coïncidences du dire dans *L'Espèce humaine*, voir Stéphane Bikialo, « Langage et identité. Les non-coïncidences du dire dans la littérature du XXe siècle. Les cas de Robert Antelme et de Claude Simon », *La Licorne*, n° 51 (1999), p. 137. Nous analysons ici les non-coïncidences dans le témoignage d'Antelme en fonction de sa grille interprétative et sa conception de l'espèce humaine. Le concept de « non-coïncidence du dire » est développé dans les travaux de Jacqueline Authier-Revuz (Jacqueline Authier-Revuz, *Ces mots qui ne vont pas de soi : boucles réflexives et non-coïncidences du dire*, 2 t., Paris, Larousse, 1995) et sera aussi présent dans l'analyse de quelques autres auteurs.

Les vocables marqués surgissent alors « à la fois en usage et en mention »[19], c'est-à-dire en écho critique à leur application initiale :

> Ce qui ne pouvait en aucun cas s'obtenir auprès des kapos ou du lagerältester par la revendication pouvait s'obtenir par le trafic, le léchage, le marchandage et par une sorte de solidarité entre *hommes*, qui pouvait d'ailleurs immédiatement se muer en haine féroce, puis de nouveau en complicité. C'était le domaine des droit commun. (*EH*, 135 ; Antelme souligne)

> C'est dégueulasse d'être avec des types comme ça. [...]
> – Monsieur veut dire que c'est déshonorant pour un type de la Résistance d'être avec des *hommes* ? [...]
> – Je dis que c'est dégueulasse d'être avec des types qui volent, a répondu André.
> – Et moi je te dis que tu n'es pas un *homme*, parce que, si tu étais un *homme*, tu lui serais rentré dedans. [...]
> – Monsieur est de la Résistance, mais il ne veut pas se mouiller. Alors, il râle, parce qu'il y en a, des hommes, qui se défendent. La Résistance, ils ont tous peur des coups sur le cul. (*EH*, 138-139 ; Antelme souligne)

Les antithèses discursives et idéologiques sont accentuées par les non-coïncidences d'autres vocables, en particulier celles de termes hiérarchisants évoquant des modèles ou parangons d'humanité. C'est notamment le cas du mot « héros » – d'ailleurs redéfini dès l'avant-propos pour faire contraster « l'héroïsme » des détenus avec les images de grandeur humaine auxquelles nous ont habitués la littérature et l'histoire[20] – ainsi que d'autres termes tels que « saint » ou « surhomme » :

> Ils étaient quelques-uns qui cognaient, c'étaient les *héros*. (*EH*, 147 ; Antelme souligne)

> Parfois, le directeur de l'usine réunissait les meister et leur tenait un discours. Quand ils sortaient en groupe de la réunion, quelques-uns avaient un air sombre et emprunté. D'autres, au contraire, semblaient confiants : c'étaient les *héros* ; ils étaient justifiés, regonflés, allègres. Ils s'amenaient

---

19 *Ibid.*, p. 134 ; Dan Sperber, Deirdre Wilson, « Irony and the Use-Mention Distinction », Steven Davis (éd.), *Pragmatics: A Reader*, Oxford, Oxford University Press, 1991, pp. 556-559. Cf. Fransiska Louwagie, « Comment dire l'expérience des camps : fonctions transmissives et réparatrices du récit testimonial », *Études littéraires*, 38:1 (2006), p. 60.

20 Voir aussi chapitre 1 et *infra*. Pour une analyse de certains exemples ci-dessous, voir également Louwagie, *op. cit.*, p. 63.

à leur atelier : *Los, los, arbeit !* La parole leur chauffait encore le ventre. Ils avaient des fourmis dans les doigts et dans les pieds, ils piaffaient et dès que l'occasion se présentait, ils cognaient. (*EH*, 148 ; Antelme souligne)

> Jacques, qui est arrêté depuis 1940 et dont le corps se pourrit de furoncles, et qui n'a jamais dit et ne dira jamais « j'en ai marre », et qui sait que s'il ne se démerde pas pour manger un peu plus, il va mourir avant la fin et qui marche déjà comme un fantôme d'os et qui effraie même les copains (parce qu'ils voient l'image de ce qu'on sera bientôt) et qui n'a jamais voulu et ne voudra jamais faire le moindre trafic avec un kapo pour bouffer, et que les kapos et les toubibs haïront de plus en plus parce qu'il est de plus en plus maigre et que son sang pourrit, Jacques est ce que dans la religion on appelle un saint. Personne n'avait jamais pensé, chez lui, qu'il pouvait être un saint. Ce n'est pas un saint qu'on attend, c'est Jacques, le fils et le fiancé. Ils sont innocents. S'il revient, ils auront du respect pour lui, pour-ce-qu'il-a-souffert, pour ce que tous ont souffert. Ils vont essayer de le récupérer, d'en faire un mari.
>
> Il y a des types qui seront peut-être respectés là-bas et qui nous sont devenus aussi horribles, plus horribles que nos pires ennemis de là-bas. Il y a aussi ceux dont on n'attendait rien, dont l'existence était là-bas celle de l'homme sans histoire, et qui ici se sont montrés des héros. (*EH*, 93)

À l'autre bout de l'échelle axiologique, les non-coïncidences du dire s'appliquent aussi à des termes éthologiques comme « scandale », ou à des termes connexes tels que « choquer » ou « provoquer », qui désignent les déviances par rapport à la norme SS, d'une part, ou par rapport à la « conscience » des détenus, de l'autre :

> La nuit, on ne peut rien nous demander ; rien ne peut faire que nous travaillions dehors dans la nuit parce qu'on ne pourrait pas nous surveiller. Alors, on attend que le jour vienne nettement. Ce sera le jour quand le SS pourra voir que nous ne faisons rien, quand nos petits groupes deviendront scandaleux. On attend que la lumière fasse le scandale. […]
> – *Arbeit ! Los !* crie le kapo.
> Ça y est. Ce n'est pas seulement un signal, c'est une injonction scandalisée, mûrie dans la nuit. Il n'y aura jamais un autre signal. Nous serons toujours en retard. Pour les SS et pour les kapos, il y aura chaque matin un manque à crier de la nuit, qu'ils devront rattraper. Il n'y a pas de commencement au travail. Il n'y a que des interruptions ; celle de la nuit, reconnue pourtant, est scandaleuse. (*EH*, 46-47 ; Antelme souligne)

> Souvent, devant nous, les SS, eux, mettent leurs mains dans les poches ; c'est le signe de la puissance. De notre part, c'est un scandale. (*EH*, 47)
>
> Niée, deux fois niée, ou alors aussi risible et aussi provocante qu'un masque – c'était proprement provoquer le scandale en effet, que de porter sur nos épaules quelque chose de notre visage ancien, le masque de l'homme –, la figure avait fini pour nous-mêmes par s'absenter de notre vie. (*EH*, 57)
>
> On peut brûler les enfants sans que la nuit remue. Elle est immobile autour de nous, qui sommes enfermés dans l'église. Les étoiles sont calmes aussi, au-dessous de nous. Mais ce calme, cette immobilité ne sont ni l'essence ni le symbole d'une vérité préférable. Ils sont le scandale de l'indifférence dernière. (*EH*, 116)
>
> Savoir en même temps qu'eux une chose qui les accablait était un scandale. (*EH*, 156)

Comme l'ont montré déjà certaines citations, les acceptions contrastées des différents vocables et leurs systèmes de valeurs se rattachent en définitive à une opposition entre vérité et mensonge. En effet, puisqu'Antelme interprète l'expérience des camps comme une « mise à l'épreuve » de la conscience, les notions reçues y ont été testées, pour être « réaffirmées comme des certitudes, ou au contraire balayées comme des mensonges »[21]. En d'autres mots, la conscience irréductible acquise par le détenu lui permet désormais de démasquer certaines mystifications et d'appréhender la signification véritable des choses. Ce « savoir » l'oppose encore aux SS, ignorants et abusés : « il ne sait rien, il y croit » (*EH*, 151) ; « Ils ne savent pas qui nous sommes. [...] S'ils savaient, ils trembleraient. Ils ne savent pas non plus ce qui va leur tomber sur la tête. Ils vont être écrasés, comprends-tu, écrasés » (*EH*, 146). Or, si dans les camps, les différentes visions du monde sont incompatibles – aucune « équivalence » n'étant considérée possible, même par une nuit de Noël (*EH*, 116) – cela n'empêche que la possibilité de partager un même savoir n'est pas a priori ou définitivement exclue. Comme le note déjà J.-H. Roy dans son compte rendu du livre pour *Les Temps Modernes* en 1949, les oppositions idéologiques dans *L'Espèce humaine* ne sont en effet pas établies selon des critères figés ou essentialistes : « le plus chauvin ne peut y trouver une machine de guerre contre

---

21   Robert Antelme, « Témoignage du camp et poésie » [1948], Antelme, *Textes inédits sur L'espèce humaine, op. cit.*, p. 48.

l'Allemagne, ni même contre les SS, et cela est significatif »[22]. Au sein du récit, en effet, les actes de résistance et de conscience de la part de certains Allemands montrent qu'une communauté de pensée reste envisageable : « Et on guettera, on flairera l'Allemand clandestin, celui qui pense que nous sommes des hommes » (*EH*, 66). Une ouverture similaire est également suggérée à la fin du récit, qui se conclut par un bref dialogue en allemand :

> A voix basse :
> – *Wir sind frei.* (Nous sommes libres).
> Il se relève. Il essaye de me voir. Il me serre la main.
> – *Ja.* (*EH*, 306)

Par ailleurs, les oppositions entre droit commun et politiques, cruciales dans le camp, ne sont à leur tour ni attribuées à l'origine des détenus, ni immuables, puisque la question de la complicité ou de la résistance se pose pour tous. Ici encore, certaines ébauches de dialogue indiquent dès lors un rapprochement possible et une déconstruction au moins partielle des oppositions :

> Felix était un gangster. [...] Un *homme*, comme il disait ; c'est-à-dire un type qui se foutait de la loi des autres. [...] Je lui ai souvent parlé. Il était certain que s'il rentrait il redeviendrait exactement ce qu'il était, un gangster. Mais il n'était pas vain que de temps en temps un cave parle avec un *homme*. On parlait de la guerre. L'homme, comme le cave, attendait la Libération. Alors le cave expliquait à l'homme comment les choses pourraient se passer : avions, chars, parachutistes, etc. ... L'homme se faisait souvent répéter la même chose : « Combien d'Arnheim à ici ? Combien de Cologne à ici ? » Il réfléchissait comme un enfant devant un problème difficile et il s'égarait. Vraiment, c'était difficile. Ici, il perdait ses moyens et il râlait.
>
> [...] quand il avait bouffé, Felix méditait là-dessus. Il restait le type qui avait été *fait*, mais il sentait quand même qu'il y avait quelque chose de nouveau, que c'était plus que ça. Il était dans une aventure dont la fin était imprévisible, avec des gens qui n'étaient pas comme lui. Il en était intimidé au fond, mais éprouvait aussi une certaine fierté d'être victime de cette guerre comme les autres. Il partageait la condition des *cinglés*, de ceux qui s'occupent de ce qui se passe dans le monde. (*EH*, 141-142 ; Antelme souligne).

---

22 J.-H. Roy, « 'L'espèce humaine', par Robert Antelme », *Les Temps Modernes*, n° 42 (1949), pp. 754-756.

Par-delà et en dépit de la réalité des camps, l'approche élaborée est donc fondamentalement universelle, soutenant ainsi le postulat de l'unité de l'espèce exprimé dans le titre et dans le texte : « il n'y a pas des espèces humaines, il y a une espèce humaine » (*EH*, 229). Les distinctions qui se marquent dans les camps tiennent alors aux « actions » des détenus[23], c'est-à-dire aux « choix » qu'ils effectuent et à travers lesquels ils se différencient d'une manière que ni les SS ni les libérateurs – ou, par extension, le monde externe – ne sont à même de percevoir :

> Les SS qui nous confondent ne peuvent pas nous amener à nous confondre. Ils ne peuvent pas nous empêcher de choisir. Ici au contraire la nécessité de choisir est démesurément accrue et constante. Plus on se transforme, plus on s'éloigne de là-bas, plus le SS nous croit réduits à une indistinction et à une irresponsabilité dont nous présentons l'apparence incontestable, et plus notre communauté contient en fait de distinctions, et plus ces distinctions sont strictes. L'homme des camps n'est pas l'abolition de ces différences. Il est au contraire leur réalisation effective. (*EH*, 93)

> Le libérateur ne comprendrait rien. Il ne verrait que les têtes rasées, la tête du salaud, ravie, honnête dans la libération et celle de Jacques épuisée et toutes les autres, semblables[24].

En ce sens, les distinctions se ramènent encore à la notion de « conscience », concept qu'Antelme cherche d'ailleurs également à spécifier et à distinguer d'acceptions erronées, par de nouvelles non-coïncidences du dire. Il l'oppose non seulement à la « bonne conscience » des détenus privilégiés (*EH*, 68)[25], mais le positionne aussi par rapport à la « conscience » attribuée aux détenus religieux allemands, porteurs du triangle mauve :

---

23   Martin Crowley, « 'Il n'y a qu'une espèce humaine' : between Duras and Antelme », Andrew Leak, George Paizis (éds.), *The Holocaust and the Text. Speaking the Unspeakable*, Londres, Macmillan, 2000, p. 188. Pour Crowley, le texte conduit donc à une complexification plutôt qu'à un abandon du jugement éthique (*ibid.*, p. 189).

24   Cette citation est tirée d'un passage de l'édition originale de *L'Espèce humaine*, supprimé dans l'édition Gallimard à la demande de l'auteur – de peur qu'un codétenu n'y soit reconnu – mais republié dans le volume collectif paru chez le même éditeur en 1994 (Robert Antelme, « On m'a volé mon pain » [1947], Antelme, *Textes inédits sur* L'espèce humaine, *op. cit.*, p. 65).

25   Pour un autre exemple, voir aussi le passage supprimé dans l'édition Gallimard évoqué dans la note précédente : « Les kapos rigolaient avec leur bonne conscience ; ils riaient pour toutes les bonnes consciences » (*ibid.*, p. 60).

> [...] le triangle mauve signifiait *objecteur de conscience*. L'objecteur était celui qui avait opposé Dieu à Hitler. A celui-là on reconnaissait une *conscience*. Ils étaient des ennemis par cette conscience opposée, dont ils ne pouvaient se défaire. Les politiques, triangle rouge, n'étaient pas considérés comme des ennemis par la conscience. La question de la conscience ne se posait pas pour eux. (*EH*, 74 ; Antelme souligne)

Une telle discrimination entre la présence et l'absence supposées d'une conscience chez les détenus est identifiée comme fausse, en vue de l'application plus générale de ce concept dans la grille interprétative d'Antelme. L'opposition entre les triangles mauves et rouges se trouve dès lors à son tour dépassée par « l'exemple » d'un rapprochement possible, en l'occurrence avec un évangéliste allemand avec qui Antelme fait équipe pour le travail à l'usine :

> Parmi ces objecteurs, à Buchenwald, certains étaient sensibles à cette distinction opérée par les nazis. Ils se sentaient une conscience, presque une bonne conscience ; celle des politiques représentant souvent pour eux un élément impur, de désordre. Même là-bas, certains entretenaient naturellement cette hiérarchie des consciences, la leur se considérant comme la conscience n° 1.
> L'évangéliste qui était là, ne se sentait pas, lui, une conscience d'une autre nature que la nôtre. (*EH*, 74)

Or, lorsque ce même évangéliste est tué sur « la route » après l'évacuation de Gandersheim, Antelme pousse plus loin ce rapprochement en rassemblant différents types de détenus sous la catégorie d'« objecteur », de manière à souligner l'unité de la conscience irréductible. Au-delà de son cadre d'expérience directe, l'auteur associe d'ailleurs l'ensemble des déportés politiques français et des victimes juives à cette conscience partagée, adoptant ici encore une approche délibérément universalisante[26]. Sans ignorer la spécificité de la persécution raciale[27], Antelme adopte ainsi une grille interprétative caracté-

---

26 Dans une telle perspective collective, le caractère « privé » de l'objection se trouve dépassé et celle-ci prend dès lors une dimension historique, à l'instar de ce qu'affirme Sarah Kofman par rapport aux signes de résistance clandestine au sein de la société allemande (voir Sarah Kofman, *Paroles suffoquées*, Paris, Galilée, 1987, p. 63 ; Sarah Kofman, « Les mains d'Antelme. Post-scriptum à *Paroles suffoquées* », Antelme, *Textes inédits sur* L'espèce humaine, *op. cit.*, p. 148).

27 L'extrait suivant de *L'Espèce humaine* est également illustratif à cet égard : « On devient très moches à regarder. C'est notre faute. C'est parce que nous sommes une peste humaine. Les SS d'ici n'ont pas de Juifs sous la main. Nous leur en tenons lieu. Ils ont trop l'habitude d'avoir affaire à des coupables de naissance. Si nous n'étions pas la peste, nous ne serions pas violets et gris [...] » (*EH*, 81). La démarche universalisante implique donc aussi une forme d'identification avec la persécution juive et Dionys Mascolo fait

ristique de l'après-guerre[28], où la communauté de l'expérience prime sur les différences :

> L'évangéliste avait été désigné comme objecteur de conscience. [...] Les quatre cents objecteurs marchent, ils veulent tenir le coup. L'objecteur, personnage privé ; les sept millions de juifs, objecteurs ; les 250.000 politiques français, objecteurs ; l'objecteur L., cinquante ans, qui marche devant moi, pâle, qui a des hémorroïdes et que deux copains soutiennent. [...]
> Tous les dos courbés savent. L'objection continue. (*EH*, 233-234)

3   Une vérité simple

L'approche universaliste d'Antelme à l'égard de l'espèce humaine apparaît également dans un article intitulé « Vengeance », rédigé en novembre 1945, où il réfute les mauvais traitements à l'égard des prisonniers de guerre allemands, étant donné que tout esprit de vengeance irait à l'encontre des leçons morales de l'expérience concentrationnaire. De ce fait, il importe de « crever »[29] les oppositions apparentes qui risquent à nouveau de se créer dans l'esprit collectif et de diviser l'espèce, en restant au contraire « fidèle » à l'événement et à la « conscience » des détenus :

> Si je pensais m'être écarté insensiblement de ce que je crois être la conscience profonde de nos camarades, aucun de ces mots ne vaudrait. Cependant, je crois que si ce texte tombait sous les yeux de la mère, que je connais, d'une amie morte à Ravensbrück, cette femme serait

---

par ailleurs état d'une « judaïsation » de l'entourage d'Antelme après la déportation (voir Dionys Mascolo, *Autour d'un effort de mémoire. Sur une lettre de Robert Antelme*, Paris, Éditions Maurice Nadeau, 1987, p. 23 et, pour une critique de cette approche, Daniel Dobbels, Claude-Nicolas Grimbert, « Autour d'un effort de mémoire de Dionys Mascolo », *Lignes*, n° 2 (1988), pp. 109-110).

28   À titre d'exemple, citons aussi la position de David Rousset, notamment lors de l'Affaire Treblinka : entre autres points de vue, Rousset privilégie la perspective d'une lutte universelle au-delà de la question plus spécifique d'une résistance juive telle que l'aborde Steiner (Samuel Moyn, *A Holocaust Controversy: The Treblinka Affair in Postwar France*, Lebanon (NH), UPNE, 2005, p. 59). Ceci nous ramène aussi à l'hypothèse de la coprésence de mémoires fortes et faibles dans l'après-guerre, évoquée dans le chapitre précédent (Thomas Fontaine, « Qu'est-ce qu'un déporté ? Les figures mémorielles des déportés de France », Jacqueline Sainclivier, Jean-Marie Guillon et Pierre Laborie (éds.), *Images des comportements sous l'Occupation. Mémoires, transmission, idées reçues*, Rennes, Presses universitaires de Rennes, 2016, p. 88).

29   Robert Antelme, « Vengeance » [1945], Antelme, *Textes inédits sur* L'espèce humaine, *op. cit.*, p. 19.

> épouvantée ; peut-être même serait-elle tentée de m'insulter ... Elle y verrait un blasphème, une trahison. Cependant, je sais que c'est à notre amie que je suis fidèle[30].

Ce contraste entre la mère et l'amie disparue indique la nécessité de déconstruire non seulement la vérité de l'univers SS mais aussi celle du monde ordinaire. Il existe en effet des ressemblances entre les deux univers, en particulier la division de l'espèce selon des critères de race ou de classe (*EH*, 229) et l'exploitation et le mépris entre hommes (*EH*, 56, 93, 176-177), phénomènes qui se sont radicalisés dans les camps et dont le détenu possède donc une conscience particulière. Par le biais de nouvelles non-coïncidences du dire, Antelme souligne dès lors encore la dichotomie entre vérité et mensonge, démasquant aussi l'ordre de l'ancien monde :

> [...] [le comportement des SS] et notre situation ne sont que le grossissement, la caricature extrême – où personne ne veut, ni ne peut sans doute se reconnaître – de comportements, de situations qui sont dans le monde et qui sont même cet ancien « monde véritable » auquel nous rêvons. (*EH*, 229).

Ce n'est en effet plus l'ancien monde qui est véritable : comme c'est dans le contexte concentrationnaire que la vérité et la conscience irréductibles se sont révélées, les détenus sont désormais « les plus vrais hommes de notre moment » (*EH*, 200). Revenant ainsi à ses distinctions entre les acceptions correctes ou erronées de l'espèce humaine, Antelme avance que son moi concentrationnaire lui semble plus authentique que le « petit dieu » (*EH*, 199) falsifié qu'il a pu être autrefois, un être choyé qui ne réalisait pas la signification réelle des mots et des choses. Le rôle du témoin consiste alors à impartir son « savoir » au monde libre, où l'ignorance continue à régner :

> Ces parades, ce décor n'existeront plus maintenant. Mais nous sommes formés. Chacun de nous, où qu'il soit, transforme désormais l'ordinaire. Sans crématoire, sans musique, sans phares, nous y suffirons. (*EH*, 35)

De fait, l'expérience concentrationnaire ayant montré « un « genre possible de l'humanité »[31], elle constitue un avertissement et devrait aboutir à la création d'un monde social et d'une vie intérieure différents, basés sur la reconnaissance

---

30 *Ibid.*, p. 23.
31 *Ibid.*, p. 19.

universelle de l'homme comme valeur[32]. D'une part, ce besoin de renouveau se prête à une lecture marxiste, alignant la conscience des détenus avec une conscience de classe. Dans son article « Pauvre – prolétaire – déporté », paru dans une revue chrétienne progressiste en 1948[33], Antelme explique notamment que le prolétaire se distingue du pauvre de par sa conscience éveillée, qu'il partage avec le déporté[34] : d'ailleurs, face au risque qu'on puisse redevenir « pauvre » si la « conscience défaille ou s'obscurcisse », l'intégration dans un mouvement collectif de classe permettrait de protéger cette conscience en la rendant moins solitaire[35]. D'autre part, Antelme appelle, y compris dans ses autres articles, à une victoire plus générale de « notions simples de justice, de liberté, de respect de l'homme »[36], et en contrepartie, à une conscience qui se scandaliserait devant toute infraction à ces principes universels[37]. S'il avance en 1945 qu'il est « peut-être [...] permis d'espérer qu'il n'est pas déjà trop tard pour croire à cette victoire »[38], force lui est de constater en 1958 que la conscience ne s'éveille pas davantage devant le scandale de la colonisation et de la guerre d'Algérie[39] que devant le scandale du monde ordinaire, une désillusion qui se rapporte en particulier au mouvement communiste. Le désenchantement et « l'horreur »[40] de cet échec ne mettent pas pour autant fin à tout espoir d'une prise de conscience de la part des « travailleurs de nos pays » afin que la « leçon » de la guerre d'Algérie ne soit pas perdue[41].

Dans son article « Pauvre – prolétaire – déporté » comme dans son témoignage, l'appel à une conscience éveillée s'accompagne d'un sentiment antireligieux, puisqu'Antelme réfute l'idéalisation de la pauvreté au sein de la religion catholique et, de manière plus générale, la sujétion de l'homme à Dieu. Ici encore les camps servent de modèle puisque c'est le lieu où les croyants étaient en mesure d'abdiquer leur glorification de la mort et de Dieu et d'identifier la vie et l'homme comme valeurs suprêmes :

> [...] le chrétien substitue ici la créature à Dieu jusqu'au moment où, libre, avec de la chair sur les os, il pourra retrouver sa sujétion. C'est donc rasé,

---

32   *Id.* ; Robert Antelme, « Pauvre – prolétaire – déporté » [1948], Antelme, *Textes inédits sur* L'espèce humaine, *op. cit.*, p. 31.
33   *Ibid.*, p. 25.
34   *Ibid.*, p. 31.
35   *Ibid.*, pp. 28-29.
36   Antelme, « Vengeance », *op. cit.*, pp. 21-22.
37   Robert Antelme, « Les principes à l'épreuve » [1958], Antelme, *Textes inédits sur* L'espèce humaine, *op. cit.*, p. 35.
38   Antelme, « Vengeance », *op. cit.*, p. 22.
39   Antelme, « Les principes à l'épreuve », *op. cit.*, p. 35.
40   *Ibid.*, p. 37.
41   *Ibid.*, p. 38.

lisse, nié comme homme par le SS que l'homme dans le chrétien aura trouvé à prendre en importance la place de Dieu.

Mais, plus tard, lorsque son sang lui refabriquera sa culpabilité, il ne reconnaîtra pas la révélation de la créature régnante qui s'impose à lui chaque jour ici. Il sera prêt à subordonner toujours – il acceptera, par exemple, qu'on lui dise que la faim est basse – pour se faire pardonner, y compris rétrospectivement, le temps où il avait pris la place de Dieu. (*EH*, 46)

Le rejet du discours religieux est également présent dans un passage au sujet du Vendredi saint. Si dans un texte antérieur, Antelme note simplement que le récit de la Passion ne « proposait rien de plus » que ce qui se vivait dans les camps – étant donné qu'on y vit le Christ « assumant sa responsabilité et défendant ses valeurs au prix de sa vie »[42], à l'instar des déportés – dans *L'Espèce humaine*, il réfute explicitement la Passion comme modèle de souffrance, étant donné que celle-ci n'est qu'une « belle histoire », le récit d'un seul « homme »[43], insignifiant à côté du sort des déportés nazis, et dès lors « faible », « fluet » et « dérisoire » (*EH*, 195). La figure christique sert ainsi de contre-exemple direct aux victimes des SS, à qui on n'a précisément pas permis d'avoir une histoire, qui ont été réduites au silence et qui sont mortes loin de leurs proches. Antelme cite notamment l'exemple de sa sœur, à qui le livre est dédié, et celui de K., un copain qu'il n'avait pas reconnu lors d'une visite au Revier. Il renvoie en outre aux victimes juives et tziganes, dépassant ici encore le cadre limité de sa propre expérience pour se référer à la « grande » horreur d'Auschwitz et de l'univers nazis, où la crucifixion est supplantée par la transformation des corps en cendres, savon ou abat-jour. La souffrance du Christ ne fait donc plus référence et la libération de l'homme ne passe désormais plus par celui-ci mais par l'expérience des détenus :

> On n'attend pas plus la libération des corps qu'on ne compte sur leur résurrection pour avoir raison. (*EH*, 94)

> Les perspectives de la libération de l'humanité dans son ensemble passent par ici, par cette « déchéance ». (*EH*, 101)

---

42   Antelme, « Vengeance », *op. cit.*, p. 22.
43   Pour Martin Crowley, la description affirme ainsi le statut exclusivement humain du Christ chez Antelme (Crowley, *Robert Antelme. Humanity, Community, Testimony, op. cit.*, p. 85).

Ce sont donc les cendres d'Auschwitz qui pourraient assurer l'avenir, à condition de se faire « fécondes » (*EH*, 79). Ici encore, comme dans le cas du pauvre-prolétaire, Antelme opère cependant une mise en garde contre le risque que la conscience puisse se renier après coup. Si celle-ci s'estompe, les cendres pourraient simplement se disperser[44] : l'éveil doit donc être pour tous et pour toujours. La perspective libératrice qu'Antelme esquisse à partir de l'expérience des camps se présente dès lors non comme une promesse de salut mais au contraire comme une exigence radicale :

> L'histoire traque plus étroitement que Dieu ; elle a des exigences autrement terribles. En aucun cas, elle ne sert à faire la paix dans la conscience. Elle fabrique ses saints du jour et de la nuit, revendicatifs ou silencieux. Elle n'est jamais la chance d'un salut, mais l'exigence, l'exigence de ceci et l'exigence du contraire [...]. (*EH*, 116)

Le danger que pose le retour des camps pour les détenus, c'est notamment celui de sentir leur conscience s'engluer dès lors qu'ils ont de nouveau de la chair sur les os et celui de voir une vérité, qui là-bas était « simple », se diluer[45]. Comme son moi concentrationnaire était le plus authentique, Antelme admet, dans une lettre écrite après son retour à son ami Dionys Mascolo, qu'il lui est « arrivé l'aventure extraordinaire de pouvoir [se] préférer autre » : revenu auprès de ses amis, il se sent dissocié du personnage qu'il était avant les camps et auquel on veut le faire ressembler, vivant ainsi à l'envers l'histoire du « portrait de Dorian Gray »[46]. Cette lettre trouve un écho dans le passage sur Jacques dans *L'Espèce humaine*, puisque celui-ci s'est montré un « saint » dans les camps, alors qu'on essaiera d'en faire un « mari » à son retour. L'entourage des détenus étant incapable de percevoir les « distinctions » ou vérités qui se sont révélées dans le contexte concentrationnaire, son réflexe est de chercher à convaincre les revenants de voir leur vécu comme une expérience irréelle et même « fausse », qu'il faudrait mettre entre parenthèses et oublier. La dichotomie entre mensonge et vérité n'est donc pas près de se résoudre, isolant celui « qui est resté le déporté »[47] des autres :

> La véritable hémorragie d'expression que chacun a connue, écrivain ou non, exprime une vérité qui contient toutes celles-là : que chacun veut

---

44 Crowley, *Robert Antelme, L'humanité irréductible, op. cit.*, p. 173.
45 Antelme, « Vengeance », *op. cit.*, p. 22.
46 Antelme dans Mascolo, *op. cit.*, p. 17.
47 Antelme, « Pauvre – prolétaire – déporté », *op. cit.*, p. 30.

mettre toute sa persévérance à se reconnaître dans ce temps passé et que chacun veut que l'on sache que c'est bien le même homme, celui qui parle et celui qui était là-bas.

Ainsi décrit cet effort pourrait paraître superflu ; il est bien clair que c'est le même homme, celui qui parle et celui qui était là-bas. On le sait, dira-t-on, et c'est bien pour cela que l'on parle des « déportés ».

C'est cela le pharisaïsme de l'oubli et du silence. Car on veut bien reconnaître que c'est le même homme, mais on ne veut pas reconnaître que cet homme puisse parler comme un déporté. On ne discute pas sur l'aller et retour, on discute sur le bagage qui accompagne le retour. Et on supplie : « Ce n'était pas la vraie vie – Oubliez ! La vision que vous avez maintenant des choses est fausse – C'était un faux temps – Oubliez, oubliez non seulement l'horreur, le mal, chassez non seulement les souvenirs, chassez ce que vous croyez être des vérités – C'était un temps entre parenthèses. »[48]

Puisque c'était, au dire de Mascolo, en enfer qu'Antelme « était chez les hommes » – « les plus vrais », d'après le texte – il se défend, toujours selon le commentaire de Mascolo, d'un « retour à l'ancien humanisme, à 'l'humanité' naïve »[49]. Plutôt que de se leurrer, comme on le lui suggère, sur le caractère (ir)réel de son expérience, Antelme persiste donc à reconnaître et à marteler une seule vérité, qui est celle de sa vie dans les camps :

> [...] on pourrait quelquefois se croire hors vie, dans des espèces de vacances horribles. Mais c'est une vie, notre vraie vie, nous n'en avons aucune autre à vivre. [...] Déjà, quand nous pensons, maintenant, c'est à cette vie que nous empruntons tous nos matériaux, non à l'ancienne, la « vraie ». (*EH*, 92-93)

> Eux aussi disent « Weihnachten » et on est toujours en zébré. Cette nuit, il y aura peut-être trêve des fours à Auschwitz ? Cette nuit de l'année serait la nuit de leur conscience ? [...] Honteuse attente. Merde vraie, chiottes vraies, fours vrais, cendres vraies, vraie vie d'ici. On ne veut pas pour ce jour être *plus* hommes que la veille et le lendemain. (*EH*, 109 ; Antelme souligne)

---

48 Antelme, « Témoignage du camp et poésie », *op. cit.*, pp. 44-45.
49 Mascolo, *op. cit.*, p. 37.

Comme indiqué dans le chapitre précédent, face à la désaffection du monde, il s'agit pour le témoin de ne pas mettre son expérience et « l'homme de ce temps-là » entre parenthèses « pour les autres »[50], de ne pas se laisser récupérer dans le rôle de fils ou de fiancé, de ne pas adopter l'ancien « portrait » qu'on lui tend à son retour, de ne pas se laisser déposséder de son expérience. Contrairement à la réaction des détenus qui approuvent la réplique les soldats libérateurs, donnant à ces derniers l'impression qu'ils ont compris la réalité des choses, la mission du témoin consiste dès lors à « résister », c'est-à-dire à ne pas se conformer à un discours creux, ni souscrire à une catégorisation expéditive de l'expérience, afin d'éviter que la conscience des autres puisse reprendre comme avant. D'où l'exigence de rester invariablement « fidèle » à la « vérité » telle qu'elle s'est révélée aux déportés et pour laquelle nombreux d'entre eux sont morts. Présentant cet engagement sous forme de serment dans *L'Espèce humaine* – « Ma vie maintenant, si elle dure, contiendra ça toujours. Je me le jure pendant qu'on marche » (*EH*, 234) – Antelme se débat par contre avec le risque observé à son retour que « l'horreur » puisse « s'aplanir » avec le temps : « Alors peut-être j'accepterai la ressemblance avec moi-même parce que je saurai qu'elle n'est pas ; j'accepterai le portrait : il n'y aura plus de portrait »[51].

4   L'humanisme en question

Du point de vue de la réception critique, la représentation de l'espèce humaine chez Antelme explique le succès aussi bien que les divergences de lecture de son texte. D'un côté, l'auteur tend à être associé à un humanisme dit traditionnel, en raison de sa défense de l'espèce humaine contre le projet SS[52]. Antelme est en effet représentatif de son époque en ce sens qu'il a moins de difficultés que les écrivains ou philosophes ultérieurs à concevoir l'homme comme un locus de valeur[53], au point d'ailleurs que s'est posée la question de savoir dans quelle mesure son expérience de déporté (politique) lui aurait permis de

---

50   Antelme, « Témoignage du camp et poésie », *op. cit.*, p. 46.
51   Antelme dans Mascolo, *op. cit.*, p. 17.
52   À ce sujet, voir notamment les analyses de Margaret Atack sur les valeurs positives de la Résistance et la confiance de celle-ci en la puissance de l'esprit humain (Margaret Atack, « Review: *Robert Antelme: Humanity, Community, Testimony* », *French Studies*, 58:4 (2004), p. 574 ; Margaret Atack, *Literature and the French Resistance: Cultural Politics and Narrative Forms, 1940-1950*, Manchester, Manchester University Press, 1989, pp. 13-14).
53   Crowley, *Robert Antelme. Humanity, Community, Testimony*, *op. cit.*, p. 6 ; voir notamment Antelme, « Pauvre – prolétaire – déporté », *op. cit.*, p. 31.

sonder l'horreur nazie dans toute son étendue[54]. Prise sous cette optique, l'insistance sur l'unité de l'espèce risque par contre d'occulter les critiques d'Antelme à propos de « l'ancien humanisme » et sa volonté de voir les camps nazis et Auschwitz comme un point de rupture culturel, lequel implique certes pour lui une radicalisation des valeurs humanistes plutôt que leur faillite. D'un autre côté, il est considéré que le témoignage d'Antelme « dépasse » précisément le cadre de son époque et c'est pourquoi celui-ci a pu résonner avec les tendances « antihumanistes » ou sceptiques de la deuxième moitié du vingtième siècle[55]. À partir de certaines brèches décelées dans l'optimisme du texte, l'humanisme d'Antelme se voit alors aussi qualifié comme « défacé » ou « résiduel »[56], notamment dans le sillage d'une lecture blanchotienne qui a joué un rôle clé dans la réception du texte, tout en étant contestée aujourd'hui.

D'après l'interprétation de Blanchot, l'homme se définit chez Antelme comme « l'indestructible qui peut être détruit », ce qui implique qu'il n'y a pas de limite à la destruction de l'homme[57]. Suggérant que l'on peut s'approcher de « cette limite où, privés du pouvoir de dire "Je", privés aussi du monde, nous ne serions plus que cet Autre que nous ne sommes pas »[58], Blanchot ajoute que chez le détenu qui ne peut plus dire « je », le « besoin » immédiat de vivre suffit pour maintenir le rapport humain. En effet, au camp, le besoin se constitue en désir, du fait qu'il est radical, sans satisfaction et « l'exigence impersonnelle qui porte à elle seule l'avenir, et le sens, de toutes les valeurs »[59] : à l'instar d'Antelme, Blanchot relie ainsi la lutte pour la survie à une lutte plus haute. Cependant, il note également que la préservation de l'humain à travers le besoin radical ne signifie pas encore la « victoire » du détenu. D'une part, le concentrationnaire peut passer en dessous du besoin, notamment lorsqu'il frôle la frontière entre la vie et la mort. Comme le constate Antelme devant son ami K. qu'il ne reconnaît plus au Revier, l'homme peut en effet se transformer

---

54 Anny Dayan Rosenman, *Les Alphabets de la Shoah. Survivre, témoigner, écrire*, Paris, CNRS Éditions, 2007, p. 37 ; voir également chapitre 1.
55 Crowley, *op. cit.*, pp. 6-7. Comme exemple d'une lecture à tendance antihumaniste, voir aussi Philippe Bouchereau, *La Grande Coupure. Essai de philosophie testimoniale*, Paris, Garnier, 2017, p. 156.
56 Sur ces termes, voir ci-dessous.
57 Maurice Blanchot, « L'espèce humaine » [1962], Antelme, *Textes inédits sur* L'espèce humaine, *op. cit.*, p. 87. Originellement publié comme Maurice Blanchot, « L'indestructible », *La Nouvelle Revue française*, n° 112 (1962), pp. 671-680.
58 Blanchot, « L'espèce humaine », *op. cit.*, p. 77.
59 *Ibid.*, p. 83. Cf. Louwagie, *op. cit.*, p. 62.

en un « néant », un « trou », un vide. C'est ce qui amène Bruno Chaouat à faire état d'un humanisme « défacé »[60] :

> Celui que sa femme avait vu partir était devenu l'un de nous, un inconnu pour elle. Mais à ce moment-là il y avait encore possibilité pour un autre double de K., que nous-mêmes nous ne connaissions pas, ne reconnaîtrions pas. Cependant, quelques-uns le reconnaissaient encore. Cela n'était donc pas arrivé sans témoin. Ceux qui étaient couchés à côté de lui le reconnaissaient encore. Aucune chance de jamais vraiment devenir personne pour tous. Quand j'avais demandé à son voisin : "Où est K. ?", il me l'avait désigné aussitôt ; K. était bien encore celui-là pour lui.
>
> Maintenant ce nom restait, K. Il flottait sur celui que je revoyais à l'usine. Mais en le regardant au Revier, je n'avais pas pu dire : "C'est K. ...". La mort ne recèle pas tant de mystère.
>
> [...] Cela était arrivé pendant la vie de K. [...] Et c'était pour m'assurer que j'étais bien encore moi que j'avais regardé les autres, comme pour reprendre respiration.
>
> Comme les figures stables des autres m'avaient rassuré, la mort, le mort K. allait rassurer, refaire l'unité de cet homme ; cependant ceci resterait, qu'entre celui que j'avais connu et le mort K. que nous connaîtrions tous, il y avait eu ce néant. (*EH*, 179-180)

D'autre part, pour réaliser la véritable victoire de l'homme, Blanchot pose la nécessité de mettre en place une nouvelle structure collective qui réaffirme « l'autre » comme Sujet : celle-ci permettrait notamment à ce dernier de reconquérir le pouvoir de dire « Je » et de rentrer dans « l'entente humaine ». Si cette approche rappelle le pacte social associé à l'acte de témoignage[61], pour Blanchot la « signification » du livre d'Antelme tient davantage à la récupération même de la parole qu'à son caractère testimonial :

> Ce n'est pas, je l'ai dit, ce n'est pas seulement un témoignage sur la réalité d'un camp, ni une relation historique, ni un récit autobiographique. Il est clair que, pour Robert Antelme, et sans doute pour beaucoup d'autres, se raconter, témoigner, ce n'est pas de cela qu'il s'est agi, mais essentiellement *parler* : en donnant expression à quelle parole ? Précisément cette parole juste où « Autrui », empêché de se révéler pendant tout le séjour

---

60   Bruno Chaouat, « 'La mort ne recèle pas tant de mystère'. Robert Antelme's Defaced Humanism », *L'Esprit créateur*, 40:1 (2000), p. 92.
61   À ce sujet, voir le chapitre précédent.

des camps, pouvait seul à la fin être accueilli et entrer dans l'entente humaine. [...] c'est cette parole vraiment infinie que, revenu dans le monde, chacun de ceux qui avaient été livrés à cette expérience impossible d'être « autrui » pour soi-même, s'est senti appelé à nous représenter en parlant, pour la première fois, sans fin, sans arrêt[62].

Par-delà la parole, la nouvelle structure collective offrirait selon Blanchot aussi la possibilité de réintégrer une position de puissance, en particulier dans le contexte de la lutte des classes[63]. En somme, les pistes interprétatives avancées par Blanchot s'appuient d'une part sur la peur de perte identitaire exprimée dans *L'Espèce humaine* et d'autre part sur la dimension marxiste du texte. Pour ce qui est du premier point, il est vrai que – même si Antelme suggère que l'homme s'est véritablement révélé dans les camps, y compris dans sa forme la plus accomplie – la déchéance décrite dans le texte fait aussi surgir le spectre d'une non-coïncidence définitive et irrémédiable avec soi-même. Dans son témoignage, Antelme ne cesse effectivement de mesurer ce qu'il a encore en commun avec lui-même, tout en reconnaissant ce qu'il risque de devenir : chaque marque d'individualité sert alors aussi de recours contre l'appréhension ultime de n'être plus qu'un « tuyau à soupe » (*EH*, 101), sans que cette menace ne puisse pour autant être écartée. N'étant déjà plus celui qu'il était et que connaissaient les siens, le « je » peut devenir moins encore, pour lui-même et potentiellement pour les autres. D'où l'avertissement dans le passage à propos de K., qu'il est essentiel de ne pas devenir personne pour tout le monde et l'affirmation dans un texte ultérieur, centré sur la notion d'amitié, que l'homme a besoin d'être reconnu sans limites[64]. En ce sens, on comprend que ce fut le compagnonnage amical de la lecture blanchotienne qui fut salué par l'auteur[65]. Colin Davis accuse cependant Blanchot de « transformer » *L'Espèce humaine* en une réflexion lévinassienne sur l'altérité, de façon à distordre la position éthique du texte et son humanisme traditionnel : d'après Davis, en effet, la notion d'autrui n'y possède pas la position centrale que lui accorde la lecture de Blanchot et, à ses yeux, Antelme ne perd pas le pouvoir de dire « je », triomphant au contraire de l'aliénation ambitionnée par les SS, notamment dans et par son témoignage[66]. Dans la même lignée, Mickaël Pellerin souligne

---

62   Blanchot, « L'espèce humaine », *op. cit.*, pp. 84-86 ; Blanchot souligne.
63   *Ibid.*, pp. 83-84.
64   Antelme, « Les principes à l'épreuve », *op. cit.*, p. 34.
65   Robert Antelme, « Sur *L'écriture du désastre* de Maurice Blanchot » [1981], Antelme, *Textes inédits sur* L'espèce humaine, *op. cit.*, pp. 67-68.
66   Colin Davis, « Duras, Antelme and the ethics of writing », *Comparative Literature Studies*, 34:2 (1997), p. 174.

que l'importance accordée par Blanchot à l'acte de « parler » – au détriment de celui de « témoigner » – se distingue de la visée du texte[67], tandis que Yannick Malgouzou note que l'analyse proposée approche et récupère le témoignage d'Antelme au travers de concepts préexistants, telle la notion blanchotienne de « rumeur »[68] : d'après lui, une certaine orthodoxie s'est ainsi instaurée autour de l'œuvre[69], appréhendant le texte comme « l'indicible rumeur d'une condition collective d'extrême passivité »[70]. Nous reviendrons sur cette question du témoignage dans la section suivante.

En ce qui concerne, deuxièmement, l'approche marxiste de l'œuvre, l'intégration dans une communauté de classe rappelle de près les perspectives d'avenir proposées par Antelme ; cependant, l'interprétation blanchotienne diffère encore de la vision du texte en privilégiant la passivité du « je » par rapport à cette structure collective, aux dépens des efforts de résistance du témoin et de la puissance de sa conscience irréductible. Antelme souligne cependant ce travail intérieur dans sa propre analyse des poèmes de Maurice Honel : « il y a bien l'envoûtement presque total de l'homme par la faim, mais il y a aussi la protestation contre elle, il y a la conscience qui ne se dissout pas sous l'oppression »[71]. C'est d'ailleurs par son attention pour la résistance du témoin dans *L'Espèce humaine* que la lecture de Sarah Kofman dépasse, d'après Martin Crowley, celle de Blanchot[72].

L'analyse de ces divergences de lecture montre que celles-ci tiennent aussi bien à l'identité du « je » qu'à sa prise de parole testimoniale et se rapportent largement aux tensions entre puissance et impuissance exposées dans le texte, identifiées entre autres en terme de passivité et de résistance. Or, dans une tentative de dépasser une telle partition dichotomique, Martin Crowley a proposé la notion d'« humanisme résiduel » pour qualifier l'approche d'Antelme : s'inspirant partiellement de Blanchot, il définit ce qui reste d'humain dans les

---

67   Mickaël Pellerin, « Écrire et philosopher après Auschwitz : Blanchot lecteur de Antelme », 2014, http://www.academia.edu/6332846/Ecrire_et_philosopher_après_Auschwitz_Blanchot_lecteur_de_Antelme.
68   Malgouzou, *op. cit.*, p. 329.
69   *Ibid.*, p. 332.
70   Yannick Malgouzou, « Comment s'approprier l'indicible concentrationnaire ? Maurice Blanchot et Georges Perec face à *L'Espèce humaine* de Robert Antelme », *Interférences littéraires*, n° 4 (2010), p. 55. Si certaines études se focalisent sur l'appropriation ou la récupération de l'œuvre à travers les lectures respectives, Martin Crowley adopte aussi une perspective inverse en interrogeant l'influence intellectuelle d'Antelme sur plusieurs philosophes (voir Crowley, *Robert Antelme. Humanity, Community, Testimony*, op. cit., p. 2, p. 53, p. 60).
71   Antelme, « Témoignage du camp et poésie », *op. cit.*, p. 47.
72   Crowley, *op. cit.*, p. 35.

camps comme la négation même de la destruction. Au niveau des perspectives d'avenir, Crowley signale que la possibilité d'une solidarité renouvelée reste tout de même précaire, notamment dans la mesure où la valorisation positive de l'homme chez Antelme se combine d'après lui avec la reconnaissance des tendances dominatrices et violentes propres à l'espèce[73]. Dans la même lignée, Gili Kliger analyse les rapports humains entrouverts dans le texte comme les signes d'une communauté « possible » plutôt qu'affirmée[74] : un passage important à cet égard est de nouveau la scène finale du livre où le « Ja » clôturant le dialogue entre le « je » et un codétenu russe semble présager la possibilité d'une communauté humaine future alors que le « je » arrive à peine à distinguer son interlocuteur – ou son semblable – dans le noir. Si, pour sortir des dichotomies, ces lectures tendent à attribuer une visée dialectique au texte, c'est donc en restreignant la portée de celle-ci, faisant état d'un mouvement à résultat minimal et non transcendant[75].

En définitive, tout horizon dialectique chez Antelme tient du pari, notamment parce que les perspectives de libération de l'humanité se présentent à titre d'exigence radicale et permanente, et non comme un salut assuré. De fait, si l'auteur œuvre à montrer que les rapprochements sont possibles, ni le néant, dans le cas de K., ni l'expérience d'avoir été « autre », dans le cas d'Antelme, ne peuvent pour autant s'effacer : toute mise entre parenthèses du vécu concentrationnaire ne permettrait au fond qu'un retour en arrière et au temps d'avant. L'unité qui se fait au niveau de la conscience, irréductible, s'ancre donc inextricablement dans l'expérience et ne peut résulter en un dépassement ou une transcendance, mais seulement en un appel éthique et politique universel : en restant au plus près de la réalité et de la vérité des camps, Antelme lance l'exigence à la fois soutenue et précaire d'une humanité résistant au scandale du monde et à tout ce qui menace l'espèce et chacun de ses individus.

---

73   Le passage dans *L'Espèce humaine* où Antelme rêve d'une vengeance des détenus sur leurs oppresseurs (*EH*, 84) tranche avec la moralité de sa position générale, telle qu'elle s'exprime également dans son article « Vengeance » (*op. cit.*), suggérant donc d'après Martin Crowley une tendance partagée à la violence et une tension irrésolue dans l'œuvre (Crowley, « 'Il n'y a qu'une espèce humaine': between Duras and Antelme », *op. cit.*, pp. 184-185).

74   Gili Kliger, « The infinite task: being-in-common in Robert Antelme's *L'Espèce humaine* », *Forum for Modern Language Studies*, 51:1 (2015), pp. 27-39.

75   Crowley, *Robert Antelme. Humanity, Community, Testimony, op. cit.*, p. 11, p. 81 ; Crowley, *Robert Antelme, L'humanité irréductible, op. cit.*, p. 165 ; Kliger, *op. cit.*, pp. 32-33, p. 38.

5 Témoignage et écriture

Comme l'ont déjà suggéré les renvois à la possibilité ou l'impossibilité de dire « je », de parler ou de porter témoignage, les divergences de lectures ont également trait à la dimension textuelle de l'œuvre et, par extension, à son caractère littéraire. Ici encore, les interprétations se rapportent au fond à une dynamique entre impuissance et puissance, décrivant le texte tantôt comme une « indicible rumeur », tantôt comme un « triomphe ». Dans un premier temps, il convient de noter que les visions respectives du texte se réfèrent, du moins en partie, à différentes étapes ou temps du témoignage. Ainsi, le renvoi de Blanchot à l'acte de parler « pour la première fois sans fin, sans arrêt », reflète notamment la première étape du témoignage, décrite dans la préface d'Antelme, où l'auteur affirme son désir initial insatiable de parler et d'être entendu enfin, le moment des « paroles suffoquées » que privilégie aussi Sarah Kofman dans certaines parties de sa lecture et qu'Antelme décrit dans la lettre à Dionys Mascolo, rédigée peu de temps après son retour et publiée dans les années 80[76]. Or, comme le soulignent Claude Mouchard et Régine Waintrater, *L'Espèce humaine* constitue au contraire le second temps de la parole[77] : c'est le moment où Antelme a déjà réappris à choisir, une capacité qu'il pensait, comme l'indique encore sa lettre à Mascolo, avoir perdue à jamais[78], mais qui doit lui permettre d'au moins dire « quelque chose » de son expérience. Dans sa correspondance avec Mascolo à propos de cette lettre, en 1986, Blanchot note d'ailleurs à son tour : « Dans son livre, l'urgence est exprimée, mais lorsqu'il écrit le livre, il est déjà sauvé, il est redevenu R. A. »[79].

Ceci dit, « l'orthodoxie »[80] d'impuissance initiée par Blanchot se trouve prolongée par plusieurs lectures, dont notamment celle de Sarah Kofman, qui rattache *L'Espèce humaine* au concept de « parler sans pouvoir »[81]. De son côté, Michel Surya fait état d'un refus d'« autorité »[82] de la part d'Antelme qui expliquerait pourquoi celui-ci est resté l'auteur d'un seul livre ; Surya conclut en même temps à une insuffisance de la littérature, de sorte qu'Antelme vient à

---

76 Antelme, dans Mascolo, *op. cit.*, p. 14.
77 Régine Waintrater, *Sortir du génocide. Témoignage et survivance*, Paris, Payot, 2003, p. 65 ; Mouchard, *op. cit.*, pp. 82-84.
78 Antelme, dans Mascolo, *op. cit.*, p. 14.
79 Non datée, la lettre est une réponse à la lettre de Mascolo du 28 mars 1986 (Dionys Mascolo, Maurice Blanchot, « Correspondance D. Mascolo – M. Blanchot », *Lignes*, n° 33 (1998), pp. 207-221).
80 Malgouzou, *Les Camps nazis : réflexions sur la réception littéraire française, op. cit.*, p. 332.
81 Kofman, *Paroles suffoquées, op. cit.*, p. 16.
82 Michel Surya, « Une absence d'issue », Antelme, *Textes inédits sur* L'espèce humaine, *op. cit.*, p. 116.

représenter une « littérature défigurée »[83]. Dans le même sillage, Edgar Morin définit le texte comme un « chef d'œuvre de la littérature débarrassé de toute littérature »[84] : pour Martin Crowley, c'est en particulier cette association de *L'Espèce humaine* à un « manque de style », c'est-à-dire à une neutralité blanchotienne, qui est devenu un lieu commun de la critique à propos du texte, empêchant parfois de reconnaître la diversité stylistique de celui-ci[85].

À l'autre bout du spectre, le témoignage d'Antelme est aussi considéré comme un triomphe, non seulement en raison de l'affirmation du « je » dans le texte, mais aussi, selon la lecture de Georges Perec, grâce à la capacité de l'auteur à imposer une grille interprétative à l'expérience[86]. D'après Perec, *L'Espèce humaine* montre ainsi qu'il est possible de déchiffrer et de conquérir le réel par le langage, à l'encontre des paradigmes littéraires ambiants du début des années 60, marqués entre autres par la *doxa* de l'indicible[87]. Le livre d'Antelme en vient dès lors pour Perec à représenter « la vérité de la littérature », et à autoriser une confiance dite illimitée dans le langage et l'écriture. Pour Martin Crowley, une telle vision triomphante de la littérature s'appuie sur une logique dialectique à laquelle Antelme aurait pu souscrire plus facilement que le lecteur contemporain[88].

Cela dit, la dichotomie ou dialectique entre dénuement indicible et triomphe de l'écriture passe outre à l'objectif d'Antelme de dire « quelque chose » (*EH*, 9)[89] de son expérience, objectif défini par rapport à la première phase ratée du témoignage. En effet, en « décomposant » la réalité vécue, comme on l'a dit, Antelme entreprend dans la deuxième phase de l'acte testimonial ce que Claude Mouchard décrit comme un travail d'arrachement[90], où il œuvre « phrase après phrase » à recouvrir une « puissance mesurée » et « le pouvoir-faire-œuvre le plus sobre »[91]. Évitant les pôles du tout ou rien

---

83   *Ibid.*, p. 119.
84   Edgar Morin, [« Hommage à Robert Antelme » 1990], Antelme, *Textes inédits sur* L'espèce humaine, *op. cit.*, p. 298 ; cf. Crowley, *Robert Antelme. Humanity, Community, Testimony*, *op. cit.*, p. 82.
85   *Ibid.*, p. 73.
86   Sur la dichotomie entre les deux approches, voir aussi Dan Stone, qui, comme Malgouzou, confirme l'influence dominante de la lecture blanchotienne sur la réception d'Antelme (Dan Stone, « Perec's Antelme », *French Cultural Studies*, n° 10 (1999), p. 172).
87   Malgouzou, « Comment s'approprier l'indicible concentrationnaire ? », *op. cit.*, p. 54 ; Malgouzou, *Les Camps nazis : réflexions sur la réception littéraire française*, *op. cit.*, p. 37.
88   Crowley, *op. cit.*, p. 68.
89   Voir aussi Malgouzou, « Comment s'approprier l'indicible concentrationnaire ? », *op. cit.*, p. 55, p. 59.
90   Mouchard, *op. cit.*, pp. 83-84.
91   *Ibid.*, p. 92.

évoqués dans le chapitre précédent, une telle approche permet de repenser l'équilibre délicat entre puissance et impuissance, reconnaissant le travail de « conquête » effectué par l'écriture sans arriver pour autant à une prétention de « maîtrise » telle que l'évoque Georges Perec. En récusant l'idée d'un bloc intransmissible pour éviter les écueils du mépris à l'égard du non-initié, du silence ou du consensus faussé, tels qu'ils se sont présentés dans la confrontation initiale avec les soldats libérateurs, Antelme entame un processus de négociation sur l'expérience et le langage dans un rapport dialogique au lecteur, pour démasquer les conceptions mensongères du réel et faire passer une « parcelle » de « vérité » fidèle à l'événement.

Si ce travail d'écriture nécessite « beaucoup » d'artifice et d'imagination, Antelme se différencie dès l'avant-propos de la littérature traditionnelle, dont les modèles d'héroïsme paraissent fluets à côté de ceux des camps. La question de savoir « qui a une histoire » s'est en effet redéfinie à travers l'expérience concentrationnaire et le témoignage semble dès lors également inassimilable au sein d'une écriture qui participe de l'ancien mensonge. Il s'ensuit cependant moins une faillite qu'une renégociation de la littérature, et notamment de sa vérité et de ses fonctions. Pour Antelme la littérature garde en effet un rôle essentiel, à savoir celui d'un éveil au scandale du monde, qui participe à la libération de l'homme par un effort de conscience et donc de protestation : « Le travail libérateur des écrivains se poursuivait ; travail séculaire : explication du monde, reconnaissance et contestation du monde, travail infini et qui s'achève dans chaque parole »[92]. Cette littérature de « l'exigence » est loin de la passivité de la rumeur comme de la maîtrise aboutie du réel, combinant une puissance et une impuissance toutes deux irréductibles.

---

92   Antelme, « Les principes à l'épreuve », *op. cit.*, p. 35.

CHAPITRE 3

André Schwarz-Bart, l'inconsolé

Né à Metz en 1928, André Schwarz-Bart était originaire d'une famille juive-polonaise installée en France depuis 1924. Avec trois jeunes frères, il échappa à la déportation et rejoignit la Résistance. Vivant de différents emplois à l'issue de la guerre, il développa une passion pour la lecture et passa son baccalauréat en autodidacte. Au bout d'un long processus d'écriture et de réécriture, son premier roman *Le Dernier des Justes* fut publié aux Éditions du Seuil en 1959 et couronné du Goncourt. Le texte évoque le destin de la famille Lévy sous les persécutions chrétiennes et nazies et se termine par la mort du protagoniste à Auschwitz. Avec Elie Wiesel, dont *La Nuit* sortit aux Éditions de Minuit en 1958, Schwarz-Bart fut donc l'un des premiers auteurs juifs de langue française à donner une expression littéraire à l'expérience de la Shoah[1]. Malgré son caractère romanesque[2], l'œuvre compte parmi les textes fondateurs du témoignage en France[3] et déclencha un travail de mémoire important au moment de sa parution[4].

En dépit du succès immédiat, l'auteur se vit également confronté à une série de scandales et d'accusations, amplement débattus dans la presse[5]. À la suite de ce « tapage » littéraire[6], il se retira en Guadeloupe avec son épouse Simone Schwarz-Bart et entama la rédaction d'un cycle romanesque consacré

---

1 Jeffrey Mehlman, « French literature and the Holocaust », Alan Rosen (éd.), *Literature of the Holocaust*, Cambridge, Cambridge University Press, 2013, pp. 177-179. Sur le rôle pionnier de Wiesel, voir aussi Aharon Appelfeld, « Die Erzählung von Kain und Abel », *Sinn und Form*, 55:2 (2003), p. 210. Voir aussi le chapitre 1 du présent ouvrage.
2 Comme l'indique Judith Klein, Schwarz-Bart offre l'un des premiers traitements fictionnels du génocide (Judith Klein, *Literatur und Genozid. Darstellungen der nationalsozialistischen Massenvernichtung in der französischen Literatur*, Wien, Böhlau Verlag, 1992, p. 96) ; cf. Alvin H. Rosenfeld, *A Double Dying. Reflections on Holocaust Literature*, Bloomington – Londres, Indiana University Press, 1980, p. 69.
3 Ephraim Tari, « À propos du *Dernier des Justes* », *Esprit*, nouvelle série n° 281 (1960), p. 331.
4 Francine Kaufmann, « Les enjeux de la polémique autour du premier best-seller français de la littérature de la Shoah », *Revue d'histoire de la Shoah*, n° 176 (2002), pp. 86-87 ; Yannick Malgouzou, *Les Camps nazis : réflexions sur la réception littéraire française*, Paris, Garnier, 2012, pp. 280-281.
5 Cf. Kaufmann, *op. cit.*, pp. 70-95 ; Philip Nord, « Un judaïsme christianisé ? La religion dans *La Nuit* d'Elie Wiesel et *Le Dernier des Justes* d'André Schwarz-Bart », Trad. S. Perego, *Archives juives*, n° 51 (2018), p. 107.
6 André Schwarz-Bart, « André Schwarz-Bart s'explique sur huit ans de silence. Pourquoi j'ai écrit *La Mulâtresse Solitude* », *Le Figaro littéraire*, n° 1084, 27.01.1967, p. 8.

à la « souffrance noire » issue du racisme et de l'esclavage[7]. La prise en charge de l'expérience antillaise par un écrivain « externe » fit l'objet d'un accueil réservé[8], malgré les professions de foi de l'auteur en l'unité fondamentale de l'espèce humaine, sa collaboration étroite avec Simone Schwarz-Bart et la « bénédiction » de « personnalités représentatives » comme Aimé Césaire[9]. L'accueil négatif de *La Mulâtresse Solitude* en 1972[10] arrêta tout projet de publication ultérieur et ce n'est qu'après la mort de l'auteur, en 2006, que certains manuscrits inédits furent finalisés sous la direction de sa veuve[11] : le premier d'entre eux, *L'Étoile du matin*, publié en 2009, est un roman inachevé faisant retour sur l'expérience de la Shoah, tandis que les textes suivants, cosignés par les époux, se rattachent au « cycle antillais ». En 2017, la constitution d'un fond Schwarz-Bart fut entamée pour assurer la préservation des archives[12].

Nonobstant les publications posthumes, André Schwarz-Bart demeure un écrivain « relativement négligé »[13] dans le monde francophone, son statut de « témoin » n'étant acquis ni dans le domaine de l'expérience juive de la Shoah, ni dans celui de l'esclavage noir[14]. En revanche, dans le domaine anglophone, l'œuvre a engendré un intérêt renouvelé précisément en raison de sa dimension mémorielle « multidirectionnelle », où les versants juif et noir s'éclairent

---

7   Francine Kaufmann, « L'œuvre juive et l'œuvre noire d'André Schwarz-Bart », *Pardès*, n° 44 (2008), p. 139 ; Francine Kaufmann, « André Schwarz-Bart ». Jean Leselbaum, Antoine Spire (éds.), *Dictionnaire du judaïsme français depuis 1944*, Paris, Armand Colin/Le Bord de L'eau, 2013, p. 808.

8   Kathleen Gyssels, « A Shoah Classic Resurfacing: The Strange Destiny of *The Last of the Just* (André Schwarz-Bart) in the African Diaspora », *Prooftexts*, n° 31 (2011), p. 234 ; Simone Schwarz-Bart, « Avant-propos », Simone et André Schwarz-Bart, *L'Ancêtre en solitude*, Paris, Seuil, 2015, pp. 13-14.

9   A. Schwarz-Bart, *op. cit.*, pp. 8-9.

10 André Schwarz-Bart, Simone Schwarz-Bart, *La Mulâtresse Solitude*, Paris, Seuil, 1967.

11 Ce travail s'est effectué à l'aide de Francine Kaufmann et d'Élie Duprey pour certains textes (S. Schwarz-Bart, *op. cit.*, pp. 16-17).

12 Kathleen Gyssels, « Schwarz-Bart, André, Schwarz-Bart, Simone (2017), *Adieu Bogota*. Paris, Éditions du Seuil, 265 pp. Suite – et fin ? – du cycle antillais schwarz-bartien », *Il Tolomeo*, n° 19 (2017), p. 334.

13 Cf. Arnaud Bikard, « CR de *Le disciple et le faussaire : Imitation et subversion romanesques de la mémoire juive* », *Mémoires en jeu*, n° 4 (2017), pp. 142-143, https://www.memoires-en-jeu.com/compte_rendu/le-disciple-et-le-faussaire-imitation-et-subversion-romanesques-de-la-memoire-juive/ ; Kathleen Gyssels, « *Le Dernier des Justes* – a Jewish child's apprenticeship of the 'impossibility of being a Jew' », *European Judaism*, 42:1 (2009), pp. 90-91 ; Gyssels, « A Shoah Classic Resurfacing », *op. cit.*, p. 231.

14 Élie Duprey, « Légitimité et absurdité dans l'œuvre d'André Schwarz-Bart », *Les Temps Modernes*, n° 668 (2012), pp. 203-204 ; Kathleen Gyssels, « Rethinking the Margins with Andre Schwarz-Bart: From *The Last of the Just* and *A Woman Named Solitude* to the Posthumous Narratives », *European Judaism*, 50:2 (2017), p. 122.

mutuellement[15]. Les deux types de réception soulèvent à leur façon respective des questions fondamentales sur la construction mémorielle et littéraire du passé, qui prennent une pertinence et une actualité toutes particulières à l'époque de la postmémoire de la Shoah. De fait, même si *Le Dernier des Justes* fut reçu comme un « livre-témoin » sur la condition juive à sa parution[16] et fit partie de la première vague « testimoniale », l'âge de l'auteur au moment des faits et son vécu individuel le distinguent en partie des témoins directs et le rapprochent de la génération dite « liminale »[17]. L'auteur s'identifia de fait à une « génération intermédiaire » réticente à aborder l'expérience concentrationnaire proprement dite mais chargée d'assurer le lien avec les générations futures[18]. En se situant ainsi dans une perspective de « devoir de mémoire » avant la lettre[19], Schwarz-Bart anticipe au fond sur certaines dynamiques de transmission qui se posent de manière plus générale au sein des générations d'après. Nous reviendrons ici sur les questions de représentation et de mémoire dans *Le Dernier des Justes*, d'abord, et dans *L'Étoile du matin*, ensuite, afin d'examiner les stratégies de rapprochement entre passé et avenir et leurs dimensions à la fois juive, française et universelle[20].

---

15   Voir notamment Ronnie Scharfman, « Exiled from the Shoah, André and Simone Schwarz-Bart's *Un plat de porc aux bananes vertes* », Lawrence D. Kritzman (éd.), *Auschwitz and after: Race, culture and 'the Jewish question' in France*, New York – Londres, Routledge, 1995, pp. 250-263 ; Bella Brodzki, « The Textualization of Memory in André Schwarz-Bart's *La mulâtresse Solitude* », *Can These Bones Live? Translation, Survival and Cultural Memory*, Stanford (CA), Stanford University Press, 2007, pp. 95-110 ; Michael Rothberg, « Anachronistic Aesthetics: Andre Schwarz-Bart and Caryl Phillips on the Ruins of Memory », *Multidirectional Memory: Remembering the Holocaust in the Age of Decolonisation*, Stanford (CA), Stanford University Press, 2009, pp. 135–174 ; Ronnie Scharfman, « Reciprocal Hauntings: Imagining Slavery and the Shoah in Carly Philips and André and Simone Schwarz-Bart », *Yale French Studies*, n° 118-119 (2010), pp. 91-110 ; Estelle Tarica, « Jewish Mysticism and the Ethics of Decolonization in André Schwarz-Bart », *Yale French Studies*, n° 118-119 (2010), pp. 75-90 ; Lindsey Stonebridge, « *The Last of the Just*: an untimely novel for our times », *European Judaism*, 47:1 (2014), pp. 26-40. Stonebridge souligne tout particulièrement le rôle clé des travaux de Michael Rothberg dans le regain d'intérêt pour l'œuvre de Schwarz-Bart du côté anglophone (*ibid.*, p. 39). Voir aussi chapitre 1 sur la mémoire multidirectionnelle en littérature.
16   Tari, *op. cit.*, p. 334.
17   À ce sujet, voir chapitre 1.
18   René Bourdier, « André Schwarz-Bart. 7 ans après *Le Dernier des Justes* », *Les Lettres françaises*, n° 1169 (1967), p. 9.
19   Kaufmann, « Les enjeux de la polémique … », *op. cit.*, p. 86.
20   Nous utiliserons les sigles *DJ* et *EM* en nous référant à André Schwarz-Bart, *Le Dernier des Justes*, Paris, Seuil, 1959 et à André Schwarz-Bart, *L'Étoile du matin*, Paris, Seuil, 2009.

1 Retour sur une légende

Mélange de genres et de styles, *Le Dernier des Justes* se présente comme une chronique légendaire, qui couvre plusieurs siècles et évolue d'un roman familial vers une biographie fictive, tout en incorporant quelques éléments du vécu personnel de l'auteur[21]. La trame narrative du texte se fonde sur la réinterprétation d'une légende hassidique connue dans certains courants mystiques du judaïsme, selon laquelle trente-six Justes viendraient sur terre pour appeler la miséricorde de Dieu :

> Le judaïsme croit en effet que la présence du Juste est bénéfique pour la communauté. Dieu n'a-t-il pas sauvé l'univers à cause d'un seul Juste : Noé et n'aurait-il pas gracié la société pervertie de Sodome s'il avait pu s'y trouver dix Justes[22] ?

Schwarz-Bart transforme cette histoire des Justes en une histoire de famille, les Lévy, où chaque génération compte un Juste parmi ses descendants. Débutant à York en 1185, le récit évoque une série de persécutions et de pogroms, conduisant jusqu'à la mort du « dernier » Juste, prénommé Ernie, dans les chambres à gaz. La Shoah se trouve ainsi replacée dans la longue durée de l'antisémitisme chrétien, une interprétation ancrée dans les travaux historiques de Jules Isaac et de Léon Poliakov[23]. Pour la dernière partie du livre, Schwarz-Bart reste au plus près de la parole testimoniale en s'appuyant sur les écrits rassemblés par Michel Borwicz ainsi que d'autres témoignages référencés en fin de volume[24]. Comme l'a noté Fleur Kuhn Kennedy, la médiation de l'expérience s'opère dès lors principalement à travers des sources de langue

---

21 Certaines scènes sont en effet attribuées à l'histoire personnelle de Schwarz-Bart, notamment l'épisode décrivant la déportation à Auschwitz, qui serait partiellement basé sur son voyage à Paris dans un convoi d'enfants : « Tout au long du voyage, le jeune rabbin Elie Bloch veille sur eux. Schwarz-Bart se souviendra de lui en décrivant Ernie dans le wagon plombé » (Francine Kaufmann, *Pour relire « Le Dernier des Justes »*, Paris, Méridiens – Klincksieck, 1986, p. 16 ; cf. Nord, *op. cit.*, pp. 107-108). Le comportement d'Ernie se modèle en outre sur celui du docteur Janusz Korczak (cf. *infra*).
22 Kaufmann, *op. cit.*, p. 156.
23 Pour une discussion de ces influences, voir *ibid.*, pp. 34-35 ; Kaufmann, « Les enjeux de la polémique … », *op. cit.*, pp. 88-89 ; Fleur Kuhn Kennedy, *Le disciple et le faussaire : Imitation et subversion romanesques de la mémoire juive*, Paris, Garnier, 2016, p. 96. Cruciale pour la version finale, cette dimension transtemporelle ne fit pas partie du projet d'origine (voir entre autres André Schwarz-Bart, « Le cas Schwarz-Bart : Entretien », *L'Express*, n° 437, 23.10.1959, p. 30).
24 Voir *ibid.*, p. 31 et Kaufmann, *op. cit.*, p. 89.

française : si l'œuvre reconstruit le monde du judaïsme yiddishisant traditionnel, celui-ci se trouve donc essentiellement approché de l'extérieur[25]. Par ailleurs, le roman s'adresse prioritairement à un public non yiddish, composé de Juifs et d'enfants de déportés « privés de leur histoire »[26] et à des lecteurs français à visée chrétienne et universaliste – d'où la nécessité d'inclure la longue histoire et la genèse des persécutions et des valeurs juives[27].

Or, au niveau de la réception, l'intégration directe de certaines sources au roman déclencha des allégations de plagiat qui firent grand bruit dans la presse[28]. Schwarz-Bart se défendit de celles-ci en expliquant, d'une part, son besoin de documentation et, d'autre part, sa conception du rôle du témoin, qui ne s'ancre pas nécessairement dans un vécu individuel. D'après l'auteur, l'apport essentiel de son livre tient en effet à la mise en vedette des « choses sauvées », et notamment du fait que, « pour l'essentiel, les Juifs dans des conditions inhumaines étaient restés des hommes »[29]. Si l'absence de témoin direct de cette « communion » des hommes « ne fait rien », l'auteur répond par l'affirmative à la question de savoir s'il souhaite assumer cette position :

> C'est un peu ça. Bien sûr, il faut des témoins. Mais d'une certaine façon, les témoins doivent montrer que même si eux n'étaient pas, la chose serait ; que même si eux n'avaient pas été, la chose était[30].

En s'attachant à l'humanité des persécutés, le livre vise à rendre « hommage »[31] aux victimes. Cela n'empêche qu'en dehors des questions de plagiat, le texte est également attaqué pour sa représentation de la spiritualité juive[32]. Les critiques concernent surtout les « erreurs » commises envers la tradition[33], et tout

---

25 Kuhn Kennedy, *op. cit.*, p. 96.
26 Fleur Kuhn Kennedy, « D'un Je à l'autre, les langages d'André Schwarz-Bart », *Plurielles*, n° 18 (2013), p. 31.
27 Richard Marienstras, « Sur *Le Dernier des Justes*, d'André Schwarz-Bart », *Être un peuple en diaspora*, Paris, François Maspero, 1975, pp. 135-136. Avec quelques autres textes, ce chapitre sur Schwarz-Bart a été omis dans la réédition récente du livre, à l'initiative des éditeurs, en raison d'une « moindre pertinence » actuelle (Richard Marienstras, *Être un peuple en diaspora*, Paris, Les Prairies ordinaires, 2014, p. 8).
28 Kaufmann, *op. cit.*, p. 82.
29 Schwarz-Bart, *op. cit.*, p. 31.
30 *Id.*
31 Kaufmann, *op. cit.*, p. 83.
32 Kaufmann, *Pour relire « Le Dernier des Justes »*, *op. cit.*, p. 27.
33 Malgouzou, *op. cit.*, p. 279.

particulièrement la transformation de la légende des Justes au sein de l'œuvre. L'adaptation romanesque tend dans ce contexte à être considérée comme une dénaturation culturelle[34], d'autant plus que le narrateur aborde certains aspects avec une ironie mal perçue ou reçue :

> Mais comme, jeune maquisard, il n'a pas eu une éducation juive systématique, il a donné aux éléments isolés de ses souvenirs d'enfance une interprétation totalement erronée au point de falsifier l'idée de la légende servant de leitmotiv à son roman. Ces erreurs de souvenirs pullulent dans ce livre et choquent le lecteur quelque peu familier avec la matière [...][35].

> [...] l'auteur dénature complètement la noble légende des Lamed-Vaw ; lorsque par exemple ses protagonistes parlent d'eux-mêmes en ces termes : « Moi qui suis un Juste », comme qui dirait « Moi qui suis modeste » ... Cette erreur fondamentale est à la base de scènes ridicules [...][36].

La représentation des Justes est jugée problématique dans la mesure où Schwarz-Bart semble privilégier leur rapport à la souffrance, en les vouant systématiquement à une mort violente. Selon les critiques, une telle « exaltation » du rôle de martyr relèverait moins du judaïsme traditionnel que d'une vision christique de la rédemption par la souffrance[37]. Ce reproche n'est d'ailleurs pas sans trouver un appui dans les lectures chrétiennes de l'œuvre :

> C'est dans ce contexte biblique que nous avons lu avec émotion ces pages poignantes, ruisselantes de spiritualité victimale, le regard intérieur fixé sur le Juste par excellence, Jésus, le premier des Justes, le Seul Juste[38].

---

34 Rappelons aussi l'examen critique de cette légende par Gershom Scholem, qui reconnut cependant le principe de licence poétique à l'œuvre dans *Le Dernier des Justes* (Gershom Scholem, « The Tradition of the Thirty-Six Hidden Just Men », *The Messianic Idea in Judaism and Other Essays on Jewish Spirituality*, New York, Schocken Books, 1971, pp. 251-256).

35 Cuno Lehrman, « Trois prix Goncourt : Romain Gary, Roger Ikor, André Schwarz-Bart », Joseph Frank, David Baumgardt (éds.), *Horizons of a philosopher. Essays in honor of David Baumgardt*, Leiden, Brill, 1963, p. 221.

36 *Ibid.*, p. 222.

37 Kaufmann, « Les enjeux de la polémique ... », *op. cit.*, p. 89.

38 Pierre Blanchard, cité dans *ibid.*, p. 90.

L'apologie apparente de la souffrance pose un problème supplémentaire dans la mesure où elle semble favoriser la passivité des victimes juives face au nazisme. L'attitude des Lévy ne cadre en effet point avec « l'épopée sioniste » et sa prédilection pour le souvenir de la résistance[39] :

> [...] un livre souvent pénible à lire [...] surtout à cause de son acceptation trop passive de la persécution comme d'une loi de la nature. Car le véritable dernier chapitre de l'extermination, celui où les survivants du ghetto de Varsovie commencèrent à réagir contre leur sort, fut aussi le premier chapitre de la résurrection nationale en Israël, lorsque les naufragés destinés au martyre se transformèrent résolument en combattants, en conquérants de leur pays, non pour y mourir, mais pour y vivre la vie des Justes[40].

Le Dernier des Justes constitue dès lors, au moment de sa parution, un « roman à contre-courant »[41]. L'avertissement accompagnant sa prépublication dans *L'Arche*, en décembre 1956, signale déjà ce manque de conformisme : « Ce type de héros n'est pas spectaculaire »[42]. L'ambition de l'auteur n'est pas de promouvoir une propension à l'héroïsme mais au contraire de faire valoir la dignité d'une tradition ancrée dans la non-violence[43].

Comme la culture juive évoquée dans le texte n'est en somme ni tout à fait traditionnelle, ni en phase avec le judaïsme français[44], le roman risque d'apparaître à la fois comme trop juif pour certains et insuffisamment juif pour d'autres, à l'instar de l'œuvre d'Elie Wiesel[45]. Au-delà des remous initiaux – qui furent aussi marqués par certains enjeux stratégiques, comme

---

39 *Ibid.*, p. 85.
40 Lehrman, *op. cit.*, p. 224.
41 *Ibid.*, p. 81. Voir également Stonebridge, *op. cit.*, p. 27.
42 Kaufmann, *Pour relire « Le Dernier des Justes »*, *op. cit.*, p. 20.
43 La passivité du protagoniste n'en suscita pas moins l'incompréhension des anciens résistants ayant combattu avec Schwarz-Bart, ou encore certaines critiques communistes à propos des effets maléfiques de la religion (Kaufmann, « Les enjeux de la polémique », *op. cit.*, p. 83). D'autres réactions négatives, d'origines diverses, s'en prennent aux rapports entre Juifs et chrétiens, signalant, d'une part, « l'ingratitude juive face à [la] société chrétienne » ou s'opposant, de l'autre, à une identification chrétienne trop facile avec les victimes juives (*ibid.*, p. 91).
44 Marienstras, « Sur *Le Dernier des Justes*, d'André Schwarz-Bart », *op. cit.*, p. 131.
45 Accusé d'une part d'avoir renié la perspective juive de son témoignage pour la publication française de *La Nuit* (voir chapitre 1), Wiesel semble d'autre part représenter un « excès » de judéité par rapport à une norme établie par des témoins comme Primo Levi ou Imre Kertész (cf. Delphine Auffret, *Elie Wiesel. Un témoin face à l'écriture*, Paris, Le Bord de L'eau, 2009, p. 306).

la lutte symbolique pour le droit à la parole sur la Shoah[46] ou la concurrence littéraire autour du prix Goncourt[47] – la réception ultérieure du roman fut en outre affectée par son décalage avec certaines normes liées au témoignage et à l'interprétation de la Shoah. Ainsi, le caractère fictionnel et légendaire du texte trancha avec le modèle dominant du témoignage autobiographique, renforcé par le procès Eichmann[48]. Ensuite, du point de vue de l'approche historique de la Shoah, quelques perspectives développées au sein du texte – en particulier le rôle crucial alloué à l'antisémitisme chrétien – ont graduellement perdu en portée analytique[49]. Cela n'empêche que les analyses ultérieures ont aussi pris la défense du texte, en revisitant entre autres les accusations de plagiat et la question de l'authenticité juive de l'œuvre[50]. Elles s'attachent aussi à expliquer ou nuancer les intentions de l'auteur, dites dénaturées par des lectures hâtives et polémiques[51] ou encore voilées par la tonalité ironique du texte et l'absence relative du narrateur[52]. Nous reviendrons ci-dessous sur quelques points de tension au sein du texte, non seulement pour retracer l'origine des malentendus mais aussi pour voir comment le roman œuvre, par déplacements progressifs, à une réconciliation délicate entre les « choses sauvées » et le deuil des choses perdues, dans une perspective à la fois juive et universelle.

2   La fin de Dieu : chronique d'une mort annoncée

Quand bien même le choix de la légende des Justes comme trame narrative permet à Schwarz-Bart de restituer le comportement et la dignité des victimes dans le cadre d'un enseignement traditionnel[53], le texte développe en réalité une double démarche, à première vue antinomique : d'une part, on l'a dit, il rend hommage à une culture ancestrale, en défendant la pertinence contemporaine de ses valeurs fondamentales ; de l'autre, le roman considère également la faillite de certains aspects du judaïsme, et notamment celle de

---

46   Buata Bundu Malela, « Le pastiche comme jeu littéraire en contrepoint. L'exemple d'André Schwarz-Bart et de Yambo Ouologuem », *Romanica Silesiana*, n° 4 (2009), pp. 151-155.
47   Kaufmann, *op. cit.*, pp. 72-75.
48   Stonebridge, *op. cit.*, p. 28.
49   David Mesher, « André Schwarz-Bart », S. Lilian Kremer (éd.), *Holocaust Literature: An Encyclopedia of Writers and Their Work*, t. 2, New York, Routledge, 2003, p. 1125 ; Rothberg, *op. cit.*, p. 140.
50   Kaufmann, *Pour relire « Le Dernier des Justes »*, *op. cit.*
51   *Ibid.*, p. 226.
52   Sur ce dernier point, voir Kuhn Kennedy, *Le disciple et le faussaire*, *op. cit.*, p. 155.
53   Marienstras, *op. cit.*, p. 135.

l'alliance des Juifs avec leur Dieu. Ce désenchantement religieux constitue un processus graduel qui, du côté des personnages, semble être le résultat aussi involontaire qu'inévitable d'une assimilation partielle et progressive dans la société des « gentils ». Pour le narrateur et le « dernier » des Justes, la rupture est en outre liée à l'incompatibilité foncière de la foi en Dieu avec la présence du mal dans le monde, tout particulièrement à l'époque nazie. Or, afin d'explorer le principe combiné d'hommage et de deuil dans l'œuvre, nous analyserons d'abord le traitement du temps au sein du roman, avec la désintégration progressive du temps religieux, pour examiner ensuite le rapport à un cadre de pensée voltairien et la représentation de la chrétienté.

2.1   *Temps et histoire(s)*

La communauté de Zémyock à laquelle appartient la famille Lévy vit dans le « temps de Dieu », celui des hommes s'étant supposément arrêté au Sinaï. La vie sociale se déroule dès lors dans la cyclicité des pratiques religieuses et des persécutions, où les événements sont interprétés en fonction d'archétypes connus, y compris ceux du martyre et du sacrifice. La souffrance et les larmes qui caractérisent le destin des Juifs, en général, et celui des Justes, en particulier, prennent ici leur sens en vue de la glorification de Dieu et dans l'attente du Messie. Si cette vision rédemptrice sur le long terme instaure un principe linéaire, elle crée aussi une forme de hors-temps sacré[54], en retrait du « temps des chrétiens » (*DJ*, 37). En l'occurrence, ce dernier est marqué par la linéarité du progrès et de l'industrialisation, tout en restant à son tour immuable : à travers l'antisémitisme chrétien se perpétue en effet une accusation de déicide, réactivée de manière périodique[55].

Malgré leur isolement initial, la faim et les persécutions poussent les Lévy à une assimilation graduelle dans la société des gentils et des nations. Mardochée, le grand-père d'Ernie, s'ouvre en premier à la « violence chrétienne » pour assurer sa place parmi les paysans polonais (*DJ*, 41). Cette aliénation s'accentue au moment de la Première Guerre mondiale, lorsque les Juifs d'Europe sont amenés à servir différentes nations, s'entretuant « chrétiennement » (*DJ*, 70). Ensuite, face à la montée des pogroms, le père d'Ernie, Benjamin, quitte la Pologne ancestrale pour s'installer à Stillenstadt en Allemagne, où il découvre une communauté aux prises avec son intégration

---

[54] Kaufmann, *op. cit.*, pp. 69-88 ; Jenni Adams, « The Light of Dead Stars: Magic Realist Time in André Schwarz-Bart's *The Last of the Just* », *Magic Realism in Holocaust Literature: Troping the Traumatic Real*, Basingstoke – New York, Palgrave, 2011, p. 126. Sur cette double conception du temps, voir également Sophie Nordmann, « Le peuple juif dans l'histoire ? H. Cohen et F. Rosenzweig », *Pardès*, n° 45 (2009), pp. 235-247.

[55] Kaufmann, *op. cit.*, pp. 74-75.

dans la société allemande. Le petit tailleur rêve alors à une réconciliation entre synagogue et église, basée sur une nature humaine universelle. Aspirant « gentleman de Berlin », il ne s'en retrouve pas moins renvoyé à son identité de « youpin » ; en dépit de ses propres doutes religieux et de son manque d'éducation dans ce domaine, il préfère finalement garder un pied dans l'ancien « rêve » (*DJ*, 91)[56]. Son savoir se limite cependant à quelques légendes glanées ici et là, « fruits chus du grand arbre de la connaissance juive » (*DJ*, 261). Ses enfants, ensuite, sont largement tenus à l'écart d'un enseignement traditionnel, malgré les efforts de Mardochée. Le petit Ernie, qui fréquente l'école allemande, en vient ainsi à ne plus distinguer l'histoire des Justes de la fiction des récits de chevalerie[57]. De fil en aiguille, les Lévy se transforment ainsi de « Juifs du samedi » en « Juifs du dimanche »[58] (*DJ*, 101, 119).

Au grand étonnement de Mardochée, la communauté juive de Stillenstadt se raidit malgré tout face aux persécutions nazies, retrouvant miraculeusement sa dignité ancestrale. Cependant, la tradition ne semble pas offrir de repères suffisants pour le nouveau contexte : confronté aux humiliations subies aux mains de ses camarades, Ernie ne sait en effet plus à quoi s'en tenir, constatant l'échec des anciens modèles et recommandations. Les applaudissements de son amie Ilse devant son tourment constituent la trahison ultime et résonnent comme pour l'éternité. Se sentant irrémédiablement coupé de lui-même, Ernie se livre à un massacre d'insectes et tente de se suicider. Ramené malgré lui à la vie, il se distancie dorénavant de la naïveté des autres Juifs et s'applique plutôt à la défense physique des Lévy, incapables de se protéger. La petite tribu finit par se réfugier en France, où Ernie rejoint l'armée à titre de brancardier. Après la déportation de sa famille, il se résigne à l'idée de son père selon laquelle il est « impossible d'être juif » (*DJ*, 258). Rejetant sa « peau de Lévy », il aspire à devenir chien pour mieux rompre tout attachement au passé[59]. L'élévation de l'âme (*DJ*, 224) cède ici aux « instincts les plus bas » :

> Cette période fut un trou noir. Systématiquement, il cultivait en lui les instincts les plus bas. Parfois, il se battait comme une bête. Son objectif, bien qu'informulé, était : interdire toute infiltration de lumière dans le trou. (*DJ*, 271)

---

56 Cf. Lawrence L. Langer, *The Holocaust and the Literary Imagination*, New Haven, Yale University Press, 1975, p. 254.

57 Cf. Neil R. Davison, « Inside the *Shoah*. Narrative, Documentation and Schwarz-Bart's *The Last of the Just* », *Clio*, 24:3 (1995), p. 308.

58 Kaufmann, *op. cit.*, p. 73.

59 Joe Friedemann, « *Le Dernier des Justes* d'André Schwarz-Bart : de l'humour au ricanement des abîmes », *Les Lettres romanes*, XLII:1-2 (1988), p. 110.

En définitive, force est néanmoins de reconnaître qu'il est également impossible de *ne pas* être juif. Ernie s'ouvre dès lors enfin « à la lumière d'autrefois » (*DJ*, 278) et parvient à ressusciter au fond de lui-même la source des larmes qu'il croyait tarie. Se décidant à porter l'étoile jaune, il rejoint les siens dans leur destin mortel :

> – Resterai-je seul Juif ? soupire Ernie. Mais chaque goutte de mon sang crierait après vous. Sachez que, où vous êtes, je suis. Car si on vous frappe, ne suis-je pas blessé ? Si on vous arrache les yeux, ne suis-je pas aveugle ? Et si vous prenez le petit train, ne suis-je pas du voyage ? (*DJ*, 317)

Cela dit, le retour du personnage au sein de la communauté consiste moins à renouer avec les croyances d'antan, qu'à s'inscrire dans un rapport de solidarité avec son peuple. Dans le ghetto, en effet, Ernie ne parvient pas à atteindre Dieu, dont il se sent séparé par un « mur de plaintes juives » montant jusqu'au ciel (*DJ*, 290), mais il se lie d'amour avec Golda, une jeune fille qu'il suit volontairement à Drancy et ensuite, à Auschwitz, jusque dans la chambre à gaz. Lors de leur déportation en Pologne, il redécouvre la force enchanteresse des histoires juives, susceptibles de rendre espoir aux persécutés et, comme dans l'ancien temps, de doter les événements les plus pénibles d'un sens supportable. Ainsi, les déportés croient à l'existence d'un « lointain royaume dénommé Pitchipoï, où les Juifs pourraient, sous la houlette de leurs blonds bergers, brouter laborieusement l'herbe des temps nouveaux » (*DJ*, 323). Tout en étant conscient que le voyage constitue l'entrée au « dernier cercle de l'enfer des Lévy », Ernie fait miroiter lui aussi un royaume à Golda et aux enfants dont il s'occupe pendant le voyage : ce comportement est modelé sur l'exemple du docteur Korczak[60], mais rappelle aussi certains Justes de Pologne qui s'étaient, à la réprobation générale de leur communauté, dévoués aux « simples » contes pour enfants (*DJ*, 31), petits antidotes pour chaque souffrance (*DJ*, 21)[61]. Peu importe alors si Ernie croit ou non à ses propres « histoires » : son pouvoir de « Juste » est celui de la compassion et de la solidarité envers une communauté humaine, puisé dans une tradition à la fois révolue et réactualisée.

2.2   *Candide et la consolation*

Au-delà de la légende des Justes et différents types de sources, la trame narrative du roman se lie aussi de manière étroite à un intertexte issu de la littéraire française, à savoir *Candide, ou l'optimisme* de Voltaire. À l'instar de certains de

---

60   Cf. Kaufmann, *op. cit.*, pp. 101-103 ; Mesher, *op. cit.*, p. 1125, Kuhn Kennedy, *op. cit.*, p. 227.
61   Voir aussi Kaufmann, *op. cit.*, p. 208.

ses personnages, André Schwarz-Bart rapproche ainsi plusieurs ordres de discours. Le rapport à Voltaire, qui est noté entre autres chez Francine Kaufmann et Joë Friedemann, se situe aussi bien sur le plan du contenu que sur celui du style, marqué par une forte ironie narrative. Nous regarderons en particulier comment le conte de Voltaire accompagne le développement de l'intrigue romanesque, donnant une forme et un sens supplémentaires au désenchantement religieux que nous venons d'évoquer.

Dans *Candide, ou l'optimisme*, le protagoniste est un jeune homme innocent, introduit au monde par un maître leibnizien selon lequel « tout est au mieux ». Candide se trouve ainsi prédisposé à un apprentissage positif[62] mais l'harmonie promise par la métaphysique religieuse se heurte rapidement au contact du réel et du mal. De fait, renvoyé de son jardin d'Éden, le château du baron de Thunder-ten-tronckh où vit Mlle Cunégonde, Candide est forcé d'entreprendre un voyage à travers le monde au cours duquel il subit « une série de catastrophes atroces auxquelles Dieu reste volontairement indifférent, mais auxquelles les hommes participent involontairement et dont ils souffrent énormément »[63]. Le cadre historico-social du récit comprend notamment le tremblement de terre de Lisbonne, qui, en causant la mort de tant d'innocents, signe la fin radicale de la foi en Dieu et son projet terrestre. Comme le montre l'évolution personnelle de Candide, il faut alors renoncer à toute théodicée : le personnage abandonne effectivement son optimisme naïf, traversant une phase négative avant de se détourner enfin de toute spéculation métaphysique. À la fin du texte, il s'oriente vers un projet plus terrestre et humaniste, basé sur un principe d'action « mélioriste », qui se résume à la résolution de « cultiver son jardin »[64].

L'œuvre de Schwarz-Bart contient plusieurs renvois à la philosophie leibnizienne tel que l'exprime Pangloss, le maître à penser de Candide, avec des expressions telles que « raison lointaine » (*DJ*, 251) et « démobolchoploutojudéonégromongolo … cratie » (*DJ*, 252), qui font écho aux concepts de « raison suffisante » et de « métaphysico-théologo-cosmolonigologie » utilisés chez Voltaire[65]. De même que Pangloss, les personnages de Schwarz-Bart s'évertuent de fait à construire des enchaînements recherchés de causes à effets, afin

---

62   Le concept d'« apprentissage positif » est emprunté à Susan Rubin Suleiman, « La structure d'apprentissage. Bildungsroman et roman à thèse », *Poétique*, n° 37 (1979), p. 25.
63   Jerry L. Curtis, « Candide et le principe d'action : développement d'un méliorisme chez Voltaire », *Romanische Forschungen*, 86:1-2 (1974), p. 61. Voir également William F. Bottiglia « Candide's Garden », *PMLA*, 66:5 (1951), p. 718.
64   Voltaire, *Candide*, Paris, Bordas, 2016, p. 160. Cf. Curtis, *op. cit.*, pp. 65-71 ; Bottiglia, *op. cit.*, p. 719.
65   Voltaire, *op. cit.*, pp. 32-33. Cf. Friedemann, *op. cit.*, p. 101.

de défendre et illustrer l'existence du « meilleur des mondes juifs possibles »[66], bien au-delà de leur exil du jardin de Zémyock. Face aux persécutions incessantes, les manifestations exagérées de cette logique optimiste ne manquent pas de prêter le flanc à l'ironie voltairienne du narrateur :

> Mais pense tout de même, intervint Mardochée, pense quel miracle : car si je n'avais été retenu par la fièvre, je n'aurais pas entendu le bruit de sa chute ; et si Dieu ne lui avait inspiré l'idée de se jeter par la fenêtre, il aurait perdu tout son sang. De même, si l'hôpital de Stillenstadt l'avait accepté, quoique juif, il n'aurait pu y être soigné moitié aussi bien qu'à Mayence. Et enfin, si …
>   Judith prit le mors aux dents :
> – Assez, je t'en prie, assez de miracles. On nous chasse et on nous pourchasse, les enfants sautent par les fenêtres et se fracassent l'âme et les os ; et lui crie au miracle ! Quand Dieu cessera-t-il de nous *miraculer* comme ça ? (*DJ*, 241 ; Schwarz-Bart souligne)

> Si j'avais choisi la France à Varsovie, en 1921, nous aurions sans nous en apercevoir survolé un désert de larmes et de sang. […] Si tu n'avais pas choisi l'Allemagne, tu n'aurais pas rencontré le jeune homme de Galicie, qui n'aurait pas amené ton installation à Stillenstadt, où tu n'aurais pas fait connaissance d'une certaine mademoiselle Blumenthal, laquelle ne t'aurait pas donné les plus beaux enfants du monde. Maintenant nous avons tout cela, *plus* la France. Béni soit le nom de celui qui vit dans l'éternité. Amen. (*DJ*, 252 ; Schwarz-Bart souligne)

Ingénus et naïfs au départ, les personnages du *Dernier des Justes* se désenchantent progressivement de « l'ancienne comédie » (*DJ*, 240) pour se rendre à l'évidence du mal et de l'absurde :

> […] À quoi bon, poursuivit le vieillard avec douleur, les souffrances qui ne servent pas à la glorification du Nom ? … Pourquoi des persécutions *inutiles* ?
>   Exhalant un rauque soupir, le vieux Juif se reprit soudain :
> – Mais quoi, ne sommes-nous pas le tribut de souffrances que l'homme … euh … verse à Dieu ?… Ô loué soit son nom … Ô béni …
> – Ah ! mon cher père, dit alors Benjamin navré, si tout cela était la volonté de Dieu, qui ne se réjouirait ? Mais je vois que nous sommes la proie

---

66 *Id.*

des méchants … simplement une proie. Et dis-moi, vénéré petit père, le poulet se réjouit-il de servir à la glorification du Seigneur ? Non, tu ne l'ignores pas ; le poulet se désole … *raisonnablement*, d'être né poulet, égorgé poulet, et dégusté poulet. C'est ça, mon opinion sur la question juive. (*DJ*, 248 ; Schwarz-Bart souligne)

Comme mentionné plus haut, ce processus culmine avec Ernie, qui se distancie de l'innocence des Juifs (*DJ*, 241) et de leur croyance infaillible en la perfection du monde, à l'encontre de toute évidence objective :

– « *Écoutez un peu, frères*. Un rabbinot de village enseignait en son catéchisme la perfection de toutes choses : « […] Ainsi, mes agneaux, la terre est si parfaitement ronde afin que le soleil puisse librement et à son aise tourner autour. Ainsi, voyez-vous, le soleil est-il si parfaitement rond afin que ses rayons, partant dans toutes les directions, brillent pour tout le monde, *sans exception* ; et que ne soient omis ni les ours à un bout, ni les nègres à l'autre. Et la lune ?… mais qu'importe la lune ; qu'il vous suffise de savoir que la lune, bien qu'elle ne soit pas toujours ronde, est toujours parfaite.
– « *Écoutez donc un peu, frères …* – Et les oignons ? demanda un enfant ; les oignons aussi, répondit le rabbinot. – Et les radis au beurre ? demanda un second. – Les radis au beurre tout pareillement, répondit le rabbinot. Mais surtout, ajouta-t-il en tripotant sa barbe, souvenez-vous qu'après Lui (que sanctifié soit son nom), l'homme est ce qui se rencontre de plus parfait dans la création. L'homme, mes petits chevreaux, ah ! l'homme …
– « Et moi, excellent rabbi ? se récria un minuscule bossu.
« Le rabbi médite rapidement :
– « Mais petite bête, petite âme, murmure-t-il avec une nuance aérienne de reproche ; pour un bossu, tu es on ne peut plus parfait … sais-tu ? »
Pour un bossu tu es on ne peut plus parfait, le sais-tu ?… Les délices douces-amères de cette philosophie répugnèrent soudain à Ernie. Que le monde roulât une bosse fantasque, énorme et douloureuse, ne pouvait décemment prêter à plaisanterie. Pour sa part, il connaissait que le Très-Haut – béni soit son nom au long des siècles – l'avait notamment doté d'une gangue à sa mesure, et froide, et transparente comme verre, et qui l'enfermant corps et âme reflétait avec une perfection sans égale : la salle blanche de l'hôpital ; les lueurs du pogrom ; le ciel délicatement bleu de sa banlieue parisienne ; cette aube délicatement fétide de sang et que rongeait la minutie des Junkers … (*DJ*, 262 ; Schwarz-Bart souligne)

Borgne depuis sa tentative de suicide, le jeune garçon fait en somme figure d'unique voyant au pays des aveugles. De même que Candide, il passe par une phase nihiliste, en adoptant une identité canine[67], mais il finit par retrouver un ancrage humain dans son amour pour Golda. S'il suit la fille jusque Drancy, il ne peut cependant racheter la liberté de sa fiancée comme le fait Candide et n'a d'option pour la rejoindre que de se présenter comme candidat prisonnier. Ce sacrifice représente un dénouement négatif qui s'oppose selon Francine Kaufmann au « happy end » des personnages de Candide[68]. En outre, d'après Lawrence Langer, le protagoniste de Schwarz-Bart – réduit à l'état de « créature » sous les coups des SS – resterait dépourvu de la dignité que connaît le Sisyphe de Camus dans son supplice[69]. Or, ce que de telles interprétations de la fin du texte omettent de noter, c'est que chez Voltaire comme chez Schwarz-Bart l'histoire se termine par un choix conscient de la part des personnages[70], qui redéfinit leur place dans le monde et vis-à-vis de Dieu. Le philosophe des Lumières, d'abord, se détourne d'une interrogation spéculative sur l'entité divine et d'un état de morosité pour se focaliser sur la vie en communauté et l'action terrestre. De son côté, Ernie réfute également la tentation de la « théodicée justificatrice » comme celle du nihilisme[71]. De fait, contrairement au modèle de la victime nazie, il restore le libre-arbitre du martyr[72] : en décidant de sa propre mort, il prend les devants sur la volonté des « dieux allemands », tout comme il avait essayé déjà de devancer les intentions divines par sa tentative de suicide. Son sacrifice final, détaché de toute instance ou interférence célestes, est un acte d'autant plus volontaire que Golda, devenue laide comme Cunégonde à la fin de *Candide*, ne lui rappelle pas ses promesses d'antan, estompée qu'elle est par la vie des camps. Si Ernie décide d'accompagner la fille, ce n'est donc pas par sens du devoir, comme le protagoniste de Voltaire, mais par amour et esprit de communauté. Certes, ce libre-arbitre est limité dans la mesure où il ne peut que mener à la mort[73], mais c'est néanmoins à travers son sacrifice que le personnage est capable de renouer avec la « dignité » et la grandeur modestes d'une tradition ancestrale de compassion, de solidarité et d'endurance spirituelle, illustrée tout au long du récit. Il s'avère alors que la compassion réelle ne sert pas, comme l'imaginait Ernie enfant

---

67   Stanley Brodwin, « History and Martyrological Tragedy: The Jewish Experience in Sholem Asch and André Schwarz-Bart », *Twentieth Century Literature*, 40:1 (1994), p. 81.
68   Kaufmann, *op. cit.*, p. 114.
69   Langer, *op. cit.*, p. 261.
70   Brodwin, *op. cit.*, p. 81 ; Rosenfeld, *op. cit.*, p. 69.
71   Brodwin, *op. cit.*, p. 81.
72   *Ibid.*, p. 75.
73   Rosenfeld, *op. cit.*, p. 69.

dans ses aspirations de Juste, à s'élever à la hauteur de Dieu – ambition que le protagoniste ne porte plus que dans l'espoir de pouvoir cracher ce dernier au visage (*DJ*, 264) – mais plutôt à s'unir à « l'humble cortège » (*DJ*, 289) du peuple juif. C'est de fait en se joignant aux autres victimes de la sélection, que le personnage devient « le Juste Ernie Lévy » (*DJ*, 343).

Le principe d'action proposé est donc un « être pour l'autre », qui s'écarte de plusieurs *modus vivendi* envisagés au sein du récit : celui du nihilisme du chien, déjà mentionné, mais aussi l'égoïsme d'une Golda, qui se montre d'emblée incapable d'un désir « impossible » et se met jalousement en attente de consolation[74]. Le modèle du sacrifice volontaire, inspiré d'exemples historiques, est en outre préféré à la lutte active dans le ghetto, jugée trop héroïque et luxueuse pour une « tête innocente » (*DJ*, 289) : l'importance de ne pas se singulariser du destin collectif permet de comprendre le choix d'un héros non spectaculaire. Enfin, le sacrifice d'Ernie lui évite aussi de s'en remettre aux stratagèmes et aux leurres nazis destinés à subjuguer les Juifs en faisant miroiter à ceux-ci « le trouble appât de la survie » (*DJ*, 289). Évitant ainsi de se rendre esclave de l'existence humaine, Ernie réconcilie, conformément au modèle des Lévy, l'attachement à la vie avec l'idée qu'il ne faut pas, pour celle-ci, abandonner les raisons de vivre. Son sacrifice fait somme toute primer l'amour sur la mort, conformément aux valeurs fondamentales de la culture éradiquée. Pour Schwarz-Bart, l'attitude morale du peuple juif subsiste ainsi au-delà de son inspiration religieuse[75]. Le livre propose donc au final une éthique idéaliste qui se distingue de la morale pratique de Voltaire[76] tout en maintenant la dimension communautaire et humaniste de celle-ci. De par son idéalisme, le roman se sépare aussi de pans importants de la littérature de la Shoah, tels les écrits de Borowski ou de Rawicz pour ne nommer que ces deux exemples[77].

Enfin, dans la mesure où il projette aux enfants de son transport une image de rédemption et de paradis, Ernie semble, au point le plus profond de « l'enfer », se doter d'une qualité messianique[78]. Le roman indique plus exactement qu'il berce les victimes d'une illusion qui leur serait de meilleur service que la vérité. En ce sens, le message dit messianique vise moins à rétablir la croyance en Dieu qu'à alléger la souffrance des persécutés. De fait, le refuge en dehors

---

74   Sur la tentation du nihilisme et le rapport exclusif aux désirs individuels, voir Catherine Chalier, *Traité des larmes. Fragilité de Dieu, fragilité de l'âme*, Paris, Albin Michel, 2008 (2003), p. 52, p. 69.
75   Schwarz-Bart, « Le cas Schwarz-Bart : Entretien », *op. cit.*, p. 31.
76   C.J. Betts, « On the Beginning and Ending of *Candide* », *Modern Language Review*, 80:2 (1985), p. 292.
77   Cf. Rosenfeld, *op. cit.*, p. 73.
78   Tarica, *op. cit.*, pp. 86-87.

de la réalité immédiate offre une forme de résistance à la fois active et passive au mal, ainsi que nous l'expliquerons ici à partir de la conception des larmes dans le roman :

> Alors il demeura immobile et sec. Puis il se baissa et prit une pierre, et dans la douleur qu'elle lui fit en ouvrant sa joue, enfin une larme s'échappa de ses yeux. Puis deux. Puis trois. Et cependant qu'il posait sa joue contre la terre, retrouvant au fond de lui, à courts sanglots, la source des larmes qu'il croyait tarie depuis les trois petits applaudissements d'Ilse, et cependant qu'Ernie Lévy se sentait mourir et revivre et mourir, son cœur, doucement, s'ouvrit à la lumière d'autrefois. (*DJ*, 278)

Comme le suggère ce passage où Ernie renonce à son identité de chien pour redevenir Juif, les larmes peuvent rallier l'homme à sa source interne, trace de l'alliance pré-originaire avec le « bien » et avec une altérité infinie[79]. Par le biais de cette reconnexion, l'homme peut se soustraire à la souffrance externe au lieu de s'y adonner[80] : ce retour spirituel à l'essence humaine est par conséquent fondamentalement éloigné d'une conception des victimes comme bêtes passives. Contrairement à un engagement plus combatif ou conceptuel avec le mal, les larmes permettent en somme une délivrance intérieure, sans que le mal prenne fin pour autant[81]. Le repli sur soi consiste alors moins en un déni absolu de la réalité[82] qu'en une ouverture et une fidélité à l'altérité[83]. De ce fait, les contes du Juste Ernie Lévy n'offrent ni une résignation à la souffrance ni une rédemption traditionnelle mais visent avant tout à soulager ceux qui n'ont plus que des légendes à « cultiver » et à leur rendre leur dignité interne. La tradition narrative évoquée dans le roman est dès lors intrinsèquement liée aux valeurs de pitié, de compassion et d'humanité du judaïsme traditionnel et fait partie de ce que l'auteur appelle les « choses sauvées ». D'ailleurs, le protagoniste se souvient, juste avant de mourir, de la légende du rabbin Chanina, brûlé par les Romains, d'après laquelle « les lettres s'envolent » hors du feu dévastateur :

---

79   Chalier, *op. cit.*, p. 62, p. 65. Voir aussi les remarques de l'auteur sur une telle source spirituelle, toujours positive, dans Schwarz-Bart, *op. cit.*, p. 32.
80   Chalier, *op. cit.*, p. 41.
81   *Ibid.*, p. 84.
82   À ce sujet précis, Tarica spécifie qu'il s'agit plutôt de réduire l'emprise de la souffrance sur le psyché (*op. cit.*, p. 89).
83   Chalier, *op. cit.*, p. 52, p. 127.

> [...] les élèves lui dirent : Maître, que vois-tu ? Et rabbi Chanina répondit : – Je vois le parchemin qui brûle, mais les lettres s'envolent ... *Oh oui, sûrement, les lettres s'envolent*, se répéta Ernie Lévy tandis que la flamme qui embrassait sa poitrine, d'un seul coup, envahit son cerveau. (*DJ*, 345 ; Schwarz-Bart souligne)

S'il est vrai que selon Lawrence Langer, cette légende de martyr offre une analogie inappropriée et insuffisante pour l'expérience d'Ernie, jugée inégalée[84], elle apporte, suivant l'esprit du roman, une forme de consolation conjuguant destruction et indestructible[85]. Le livre lui-même met d'ailleurs en abyme ce double processus de deuil et de sauvetage, du fait qu'il offre à son tour une « légende » au lecteur, en geste de pitié devant la mort du peuple juif et l'abandon scandaleux de son Dieu. À la fin du récit, ce mélange de deuil et de consolation, de révolte et de réconciliation, se résume dans deux paragraphes célèbres :

> Et loué. Auschwitz. Soit. Maïdanek. L'Éternel. Treblinka. Et loué. Buchenwald. Soit. Mauthausen. L'Éternel. Belzec. Et loué. Sobibor. Soit. Chelmno. L'Éternel. Ponary. Et loué. Theresienstadt. Soit. Varsovie. L'Éternel. Vilno. Et loué. Skarzysko. Soit. Bergen-Belsen. L'Éternel. Janow. Et loué. Dora. Soit. Neuengamme. L'Éternel. Pustkow. Et loué ...
>
> Parfois, il est vrai, le cœur veut crever de chagrin. Mais souvent aussi, le soir de préférence, je ne puis m'empêcher de penser qu'Ernie Lévy, mort six millions de fois, est encore vivant, quelque part, je ne sais où ... Hier comme je tremblais de désespoir au milieu de la rue, cloué au sol, une goutte de pitié tomba d'en haut sur mon visage ; mais il n'y avait nul souffle dans l'air, aucun nuage dans le ciel ... il n'y avait qu'une présence. (*DJ*, 346)

Le premier de ces deux paragraphes se lit comme un kaddish « blasphématoire » et « accusateur »[86] où les noms des camps entrecoupent la prière des morts. Schwarz-Bart réitère ainsi « l'éternelle et insoluble question de l'absence

---

84 Langer, *op. cit.*, p. 264.
85 Le double processus de deuil et de sauvetage explique aussi d'autres renvois à la tradition à la fin du texte, y compris les « points de suture » – pour reprendre un terme important des études perecquiennes – qui relient l'expérience du dernier des Justes à la souffrance de ses ancêtres. Ainsi, les « larmes de sang » (*DJ*, 340, 343) que pleure Ernie à Auschwitz font écho à des éléments antérieurs du roman (*DJ*, 24) – sur cet exemple, voir aussi Kaufmann, *op. cit.*, p. 106.
86 Gyssels, « *Le Dernier des Justes* – a Jewish child's apprenticeship of the 'impossibility of being a Jew' », *op. cit.*, p. 102 ; Duprey, *op. cit.*, p. 205.

de Dieu face à l'omniprésence du mal »[87], question centrale dans toute théodicée ou antithéodicée d'après la Shoah. Contrebalançant le cynisme de cette prière – reprise sur les murs du musée de Yad Vashem – le dernier paragraphe apporte une perspective plus consolatrice, offerte notamment à l'intention d'une lectrice âgée de la connaissance de l'auteur[88] : le narrateur y exprime sa confiance en une « présence » permanente, imbue de pitié, malgré sa « désespérance »[89]. Fortement critiqué, ce dernier paragraphe a été décrit comme une « erreur de bon goût »[90] : pour Lawrence Lange et Sidra Dekoven Ezrahi, il servirait d'attestation paradoxale ou ironique de la permanence divine[91] et évoquerait une réconciliation transcendantale étrangère à la tradition juive[92]. Comme le signalent cependant Estelle Tarica et Michael Rothberg[93], le paragraphe suggère moins une rédemption ou une transcendance qu'une « persistance », réaffirmant un lien de communauté avec ce peuple mort six millions de fois. En ce sens, la fin du roman renvoie d'ailleurs à l'ouverture du texte, où il est stipulé que « nos yeux continuent à recevoir la lumière d'étoiles mortes » (*DJ*, 11)[94]. Si le texte crée donc un nouveau rapport transtemporel, ce dernier n'offre pas de dépassement du passé puisque, selon la tradition et d'après ce que l'auteur exprimera aussi dans *L'Étoile du matin*, la seule véritable rédemption serait une réparation totale de la souffrance[95]. En l'absence de celle-ci, le narrateur et le protagoniste s'en tiennent à une posture commune de « consolateurs inconsolables »[96], mettant en pratique l'éthique du texte.

2.3 *Les eaux communes*

La représentation du christianisme et des nations dans *Le Dernier des Justes* constitue une autre source de malentendus, du fait qu'elle se déploie à son tour selon une double dynamique. Les « piques » accusatrices lancées envers les chrétiens et les « gentils » au sein du texte ont en effet mené à une perception

---

87   *Ibid.*, p. 205.
88   Kaufmann, *op. cit.*, p. 22 ; cf. Kuhn Kennedy, *op. cit.*, p. 114.
89   Philippe Bouchereau, *La Grande Coupure. Essai de philosophie testimoniale*, Paris, Garnier, 2017, p. 156 ; cf. chapitre 1.
90   Langer, *op. cit.*, p. 264.
91   *Id.*
92   Sidra DeKoven Ezrahi, *By Words Alone: The Holocaust in Literature*, Chicago, University of Chicago Press, 1980, p. 136.
93   Rothberg, *op. cit.*, p. 141 ; Tarica, *op. cit.*, p. 88.
94   Sur le début du roman, voir aussi Rothberg, *op. cit.*, p. 140.
95   Chalier, *op. cit.*, p. 196.
96   Brodwin, *op. cit.*, p. 82.

de manichéisme, mais elles n'empêchent pas que Schwarz-Bart esquisse aussi un rapprochement possible entre les peuples[97]. Par cette double perspective, il se soustrait d'une part à l'écueil d'une approche « christianisante » de la souffrance juive et d'autre part à une condamnation absolue de la chrétienté[98].

L'opposition entre Juifs et chrétiens est particulièrement présente dans la partie initiale du texte, où les deux communautés se situent dans des temporalités distinctes et vivent selon des valeurs mutuellement exclusives, à savoir la « violence » chrétienne et la douceur et l'innocence juives[99]. De fait, dans un renversement narquois des hiérarchies nazies, le roman identifie les chrétiens à des bêtes cruelles, tout en reconnaissant de manière ironique qu'il leur est possible, à titre exceptionnel, de développer des mœurs quasi-humaines (*DJ*, 16). Or, malgré cette condamnation ouverte de la violence antisémite, Schwarz-Bart conçoit la scission entre chrétiens et Juifs comme une méprise malencontreuse. Ainsi que l'explique Ernie à Golda, le Christ n'était qu'un petit Juif, doux et semblable à son père à elle (*DJ*, 298). La violence chrétienne résulte alors d'un retournement de situation : les chrétiens ont en effet transformé la croix en épée, de telle sorte que les rôles de victime et d'agresseur sont désormais réversibles. D'ailleurs, lorsqu'Ernie est accusé de déicide dans une imitation enfantine de la Passion du Christ, c'est lui qui se trouve assommé par ses camarades, tombant comme un « nouveau Jésus », « les bras en croix »[100], tandis que les autres enfants concluent qu'il ne leur « avait rien fait », voire qu'il était « gentil » (*DJ*, 130). Dans un renversement similaire des modèles traditionnels, la fille tenant le rôle du Christ au cours du jeu finit par livrer Ernie au *Pimpfe*, par le biais d'un baiser qui rappelle celui de Judas, d'autant plus qu'Ernie n'est pas sûr d'avoir pris l'initiative d'embrasser son amie :

> [...] il lui semblait en approchant, qu'Ilse partageait sa solitude et lui tendait sa joue ; et il n'aurait su dire s'il l'avait embrassée avant qu'elle ne lui tendait sa joue, ou si, au contraire, Ilse avait esquissé la première ce baiser : tout se passa comme si les deux choses n'en faisaient qu'une. (*DJ*, 214)

---

97 Pour une interprétation du texte comme une réflexion critique sur la complicité chrétienne et comme une invitation au dialogue, voir aussi Nord, *op. cit.*, p. 99, p. 114.
98 Richard Marienstras propose le terme de chrétienté pour rassembler chrétiens et nations (Marienstras, *op. cit.*, p. 138).
99 Cf. Kaufmann, *op. cit.*, p. 118.
100 Francine Kaufmann fait remarquer que ce genre de renversement est fréquent dans la littérature juive d'après la Shoah (cf. *ibid.*, p. 74).

Les contacts avec les « nations » en général produisent des nivellements identitaires similaires. Ainsi, à Stillenstadt, Ernie est « premier en allemand » et l'un des élèves préférés du professeur Kremer, un humaniste idéaliste qui se situe aux antipodes de ses compatriotes nazis. Confiné aux hauteurs sublimes de l'enseignement poétique et de sa foi en l'âme enfantine – malgré les quelques tours « imprévus » de cette dernière (*DJ*, 194) – le professeur n'est point au fait des changements de régimes politiques et insensible au déclenchement des mécanismes de la mort, partageant la naïveté et l'incrédulité de ses « invités juifs ». Après la déportation du professeur, son successeur instaure une approche radicalement discriminatoire, signe avant-coureur de la tournure dramatique des événements à venir. Cependant, les distinctions imposées de force aux élèves s'effondrent aussitôt et ne peuvent donc que susciter l'ironie du narrateur. La situation vire effectivement au risible lorsque l'un des élèves juifs, obligé à chanter, entame un air dédié à la mémoire de Horst Wessel :

> Sitôt qu'il en reçut l'ordre, il arrondit sa bouche en cœur et entama avec bonhomie la célèbre complainte : *Il n'est pas de plus belle mort au monde*, dédiée à la mémoire du héros Horst Wessel. Les yeux au ciel, et ses deux menottes reposant douillettement sur le ventre, il eut à peine susurré : *Déroulez le drapeau trempé de sang...* qu'un rire atroce envahit toute la classe, n'épargnant âme qui vive, y compris les trois âmes juives demeurées à genoux ; et ce, avec la rapidité de l'éclair.
>
> Le terrible interprète entama sereinement la seconde strophe : *Debout ! ce qui fut créé allemand par le Seigneur...* quand M. Geek se pencha soudain par-dessus le pupitre, lui criant dans l'oreille de cesser et lui adressant un coup de baguette en ce sens. En proie lui-même à des saccades nerveuses, le maître semblait éminemment choqué par une telle interprétation, qui n'était pas d'un Juif, sans qu'elle fût d'un Allemand. (*DJ*, 211 ; Schwarz-Bart souligne)

De fait, ce passage est un mélange ironique d'éléments de propagande et d'anti-propagande nazies : le drapeau bain de sang rappelle le célèbre *Blutfahne* et le texte renvoie aussi au chant militaire « Kein schön'rer Tod ist in der Welt », qui fait partie de la « liturgie »[101] nazie, avec le Horst Wessel Lied. Le vers « Kein schönrer Tod ist auf der Welt » figure également dans « Ganz rechts zu singen », un poème satirique d'Erich Kästner écrit après la victoire électorale de la NSDAP en 1930, qui évoque l'aveuglement nationaliste de ses partisans et

---

101   Carolyn Birdsall, *Nazi Soundscapes: Sound, Technology and Urban Space in Germany, 1933-1945*, Amsterdam, Amsterdam University Press, 2012, p. 42.

leur glorification de la mort[102]. Associés au nom de Horst Wessel[103], ces éléments introduisent une allusion subreptice au versant nazi de la mythologie et de la célébration du martyr, contrepartie ironique à la culture du sacrifice chez les Justes. En l'occurrence, c'est la mort violente pour la patrie qui se trouve idéalisée et associée à un mandat divin. D'ailleurs, une telle culture du sacrifice s'accompagne ici encore d'une temporalité mythique dotée de racines légendaires :

> A mi-pente, le sentier contournait la célèbre roche de Wotan, dieu germain de la guerre, de la tempête, des seigneurs et des rois. [...] monsieur Kremer assurait que les ancêtres des Gentils l'avaient transportée des montagnes, taillée sur place et s'en servaient de table pour égorger des bêtes et des hommes ; le sang coulait dans la Schlosse, qui le portait jusqu'au Taunus où les sorcières du Brocken venaient le lapper dans la nuit de Walpurgis ; c'était une *table de sacrifices* ... Certains soirs, les Pimpfe et les membres adultes du Parti y faisaient brûler des troncs d'arbres. Les gens de la Riggenstrasse ne disaient plus : la Pierre, mais la Roche de Wotan – avec beaucoup de considération. Un savant de Berlin avait découvert une croix gammée sous la mousse. Les journaux assuraient qu'elle était vieille de plusieurs milliers d'années ; et monsieur Lévy, père, finement, qu'elle avait à peine l'âge d'un enfant au berceau. (*DJ*, 220-221 ; Schwarz-Bart souligne)

En dernier lieu, les ressemblances entre Juifs et gentils incluent aussi une tendance partagée à confondre réalité et imaginaire, soit pour s'abandonner au rêve messianique, soit pour supplanter les Juifs de chair et de sang par des « rêves d'épouvante » qui les dissolvent en vermine (*DJ*, 128)[104]. Cette double mise à distance du réel revêt un danger mortel pour les Juifs, tout en offrant une ressource interne dans laquelle Ernie peut puiser à la fin du texte pour alléger l'insupportable.

---

102 Cf. Erich Kästner, *Sonderbares vom Kurfürstendamm. Berliner Beobachtungen*, éd. Sylvia List, Zürich, Atrium, 2015, pp. 155-157, p. 203 ; Andreas Drouve, *Erich Kästner, Moralist mit doppeltem Boden*, Marburg, Tectum Verlag, 1999 (1993), pp. 101-103.

103 Sur la glorification et l'immortalisation de Horst Wessel, voir Jay W. Baird, « Goebbels, Horst Wessel, and the Myth of Resurrection and Return », *Journal of Contemporary History*, 17:4 (1982), pp. 633-634 et p. 642, ainsi que Jay W. Baird, « From Berlin to Neubabelsberg: Nazi Film Propaganda and Hitler Youth Quex », *Journal of Contemporary History*, 18:3 (1983), pp. 511-512.

104 Voir également *EM*, 185.

En conclusion, les catégories et oppositions de départ sont donc peu étanches, d'autant plus qu'Ernie cède momentanément à la violence lui aussi, lorsqu'il s'adonne à un massacre de mouches et d'insectes, qui accèdent à leur tour au rang de « martyr » (*DJ*, 224)[105]. Inversement, l'exemple du professeur Kremer montre que les Allemands sont loin d'être dépeints comme des monstres. D'ailleurs, Ernie se trouve foncièrement incapable de haine à leur égard et ne peut s'empêcher de distinguer une partie d'innocence enfantine dans ses adversaires[106], ni de les prendre à leur tour en pitié (*DJ*, 242-243). Le récit aboutit ainsi à un principe d'universalité qui associe potentiellement les hommes, ou même les animaux, dans la violence comme dans l'innocence, par-delà les dichotomies initiales. De fait, la croyance en la douceur fondamentale de toute âme enfantine ne se limite pas à M. Kremer et Ernie mais s'étend aussi au narrateur, qui fait état d'une « racine mère » dont même les enfants nazis ressentent la présence enfouie (*DJ*, 214) : si une telle source interne est particulièrement essentielle aux Juifs, comme nous l'avons déjà mentionné, elle serait néanmoins à la portée de tous, du moins en principe. Alors que Benjamin suggère que les Juifs sont livrés aux « méchants » (*DJ*, 248), aux yeux d'Ernie le fascisme s'interprète finalement comme un fleuve emportant tout le monde, y compris les Allemands :

> [Ernie] formulait sur Ilse des jugements empruntés à la rhétorique de Moritz ou de Mutter Judith : « C'est une ceci, se disait-il avec une application fiévreuse, c'est une cela, elle mérite ci et ça, Dieu la déchirera comme un poisson, etc. » Mais aussitôt lui apparaissait le courant qui la portait elle-même sans qu'elle le sût, et tous les arrêts de justice laissaient place à l'horreur de voir la coque blonde de son amour flotter sur les eaux communes, dans un cri musical. [...] Ernie ne pouvait que lui adresser une pensée amère et lointaine et nuancée de commisération. Car Ilse aussi était emportée par le grand flot. (*DJ*, 240)

Des réflexions similaires s'imposent dans le cas des Français, qui se trouvent eux aussi en partie innocentés. Au départ, la France s'offre même comme une oasis aux Lévy – rappelant l'Eldorado de Voltaire – mais, par la suite, le pays ne manque pas d'être envahi par le grand flot : l'attitude envers les Juifs y évolue d'accueillante et chaleureuse à indifférente et hostile. Ici encore, cependant, le narrateur apporte des contre-exemples illustrant l'humanité et l'innocence des Français : c'est le cas de M. Dumoulin qui, en « parfait laïque », préfère

---

[105] Klein, *op. cit.*, p. 106.
[106] Voir Kuhn Kennedy, *op. cit.*, p. 226.

l'étiquette d'« Israélite » à celle de « Juif », avec la « conséquence fâcheuse » de confondre sa fille sur l'identité d'Ernie (*DJ*, 273-274) ; ensuite, le forgeron du village et sa famille incarnent une « France insoupçonnée, simple comme du bon pain » et c'est grâce à ce contact qu'Ernie-chien finit par se rapprocher de la « dangereuse source de lumière » (*DJ*, 175), à laquelle il finit par se rendre. Même au seuil de Drancy, le protagoniste note la « compassion », certes maladroite, des Français qui observent sa tentative d'entrer au camp : ceux-ci disparaissent cependant dès qu'un Allemand se présente (*DJ*, 307-308). Le récit reconnaît donc aux Français un certain degré de lâcheté et de complicité mais leur attribue également une souche partagée de valeurs fondamentales comme la lumière et la pitié[107].

Dans la mesure où tout le monde est à flot sur les mêmes eaux communes, le roman est en définitive loin de postuler un rapport figé entre victimes et bourreaux, ou bien la fatalité « inexorable » d'une répétition infinie de la persécution, comme l'ont suggéré Ezra Dekoven Ezrahi et, plus récemment, Michael Rothberg – selon ce dernier c'est un aspect où le projet de Schwarz-Bart semble « échouer »[108], une conclusion qui risque encore d'oblitérer une partie de l'intention auctoriale. De fait, alors que les versions antérieures du *Dernier des Justes* exprimaient avant tout un « ressentiment »[109], le texte définitif se montre foncièrement réconciliateur, une évolution qui n'est pas sans rappeler la transposition de *La Nuit* d'Elie Wiesel en français[110]. Selon Schwarz-Bart, la mission de l'art est en effet de dépasser et de « purifier » la polémique[111]. Plutôt que d'encourager un « manichéisme simplificateur »[112], son œuvre se destine donc à promouvoir un universalisme qui, selon les vœux de l'auteur, ne devrait pas se restreindre à une conception occidentale mais au contraire faire droit *également* aux particularismes. À travers l'écriture, Schwarz-Bart se propose dès lors de « faire aimer » un peuple, en substituant toute tendance raciste

---

107   Ce qui sépare alors les Juifs de leurs persécuteurs est que les premiers ont le cœur « pur à jamais » (*DJ*, 318) tandis que les derniers – si l'on applique à leur cas une leçon prononcée par le père d'Ernie (*DJ*, 104) – sont condamnés à vivre en pleine conscience de leur faute.
108   Ezrahi, *op. cit.*, p. 137 ; Rothberg, *op. cit.*, p. 151.
109   Richard Marienstras attribue ce ressentiment à une déception chez les Juifs survivants sur la rencontre manquée entre justice et histoire dans l'après-guerre (Marienstras, *op. cit.*, p. 134). Schwarz-Bart s'est par ailleurs exprimé sur sa propre tendance à la polémique (cf. « André Schwarz-Bart s'explique sur huit ans de silence », *op. cit.*, p. 9).
110   Sur le cas de Wiesel, voir entre autres Fransiska Louwagie, « 'Et puis tu nous entraînes plus loin'. Le témoignage des camps vu à travers le regard des préfaciers », Michael Rinn (éd.), *Témoignages sous influence. La vérité du sensible*, Québec, Presses de l'Université Laval, 2015, pp. 89-91.
111   Schwarz-Bart, *op. cit.*, p. 9.
112   Kaufmann, *op. cit.*, p. 115. Voir aussi Tari, *op. cit.*, p. 333.

« inconsciente » par la reconnaissance d'une humanité commune[113]. Au-delà du désenchantement, l'auteur renoue ici avec « l'optimisme » de Benjamin à Stillenstadt, une tendance qu'il prolonge du reste bien au-delà du *Dernier des Justes*, d'abord dans son cycle antillais, basé sur le postulat d'un « pouvoir sans limites de la sympathie humaine »[114], et ensuite dans *L'Étoile du matin*, son roman « concentrationnaire » annoncé de longue date.

3 Le manuscrit trouvé à Yad Vashem

3.1 *Auschwitz et la science-fiction*

Roman constamment réécrit et inachevé, *L'Étoile du matin* fut édité et publié par Simone Schwarz-Bart trois ans après le décès de l'auteur. La parution fut ainsi programmée pour coïncider avec les cinquante ans de la publication du *Dernier des Justes* et s'annonça comme un « événement »[115]. Par contre, après avoir suscité une enthousiaste couverture médiatique[116], le livre retomba dans un silence relatif[117]. Plusieurs raisons ont été mises en avant pour expliquer ce manque de réception, notamment la structure hétérogène du texte et l'ambivalence relative de son statut auctorial, mais aussi les points de vue exprimés au sujet de la mémoire d'Auschwitz et de l'État d'Israël[118]. En raison de son statut tardif, le texte aborde effectivement de nouveaux thèmes et interrogations, tout en prolongeant certaines perspectives clés du *Dernier des Justes*.

Par moments le protagoniste fictif du texte figure comme le double explicite de l'auteur[119], faisant entre autres allusion à la « meurtrissure » causée par les

---

113　André Schwarz-Bart, dans Bourdier, *op. cit.*, p. 8. Voir également Francine Kaufmann, « Les Sagas identitaires d'André Schwarz-Bart : Faire aimer l'étranger pour la dignité de sa différence », *Nouvelles Études Francophones*, 26:1 (2011), p. 23.
114　Schwarz-Bart, *op. cit.*, p. 9.
115　Kathleen Gyssels, « André Schwarz-Bart à Auschwitz et Jérusalem », *Image & Narrative*, 14:2 (2013), p. 16.
116　Kathleen Gyssels, « 'Les Gary de Goyave' : Co-écritures et inédits schwarz-bartiens », *Continents Manuscrits*, n° 7 (2016), http://journals.openedition.org/coma/714 ; Stonebridge, *op. cit.*, p. 26.
117　Gyssels, « André Schwarz-Bart à Auschwitz et Jérusalem », *op. cit.*, p. 17.
118　*Ibid.*, pp. 16-17 ; Gyssels, « Schwarz-Bart, André, Schwarz-Bart, Simone (2017) », *op. cit.*, pp. 334-335. Sur l'ambivalence auctoriale du cycle antillais, voir aussi Brodzki, *op. cit.*, pp. 97-98.
119　Francine Kaufmann, « Le dernier roman d'André Schwarz-Bart : Cinquante ans après 'Le dernier des Justes', une 'Étoile du matin' en forme de Kaddish », *L'Arche*, n° 618 (2009), p. 72.

« affaires parisiennes » autour de son travail (*EM*, 203). Il s'ensuit que ce texte exhumé est un testament littéraire en tous les sens du terme : il présente non seulement le 'dernier mot' par rapport à la veine juive de l'œuvre mais offre également à l'auteur l'occasion de revenir sur son propre legs littéraire et sur les questions de réception. Étant donné le caractère inachevé du texte, il ne s'agit pas pour autant d'une parole « définitive ». Le long processus de réécriture de l'œuvre ne fut pas achevé pour plusieurs raisons. D'abord, aux yeux de l'auteur, un discours ne peut de manière générale que s'interrompre par le silence, sans prendre une fin réelle (*EM*, 242) ; de plus, l'écriture d'un roman « concentrationnaire » fut entrevue depuis longtemps comme une tâche impossible, à laquelle il ne fallait toutefois pas renoncer[120]. Enfin, la finalisation du texte était d'autant plus inconcevable que le deuil du peuple juif est proprement interminable, comme le souligne l'épilogue. Au-delà d'un problème personnel – comment un individu pourrait-il accomplir le deuil d'un peuple ? (*EM*, 251) – il s'agit aussi d'un problème éthique : dans la mesure où le judaïsme aspire à une réparation totale de la souffrance, l'on ne peut cesser de pleurer le passé, ni tirer un trait sous celui-ci[121]. Sur le plan littéraire, le problème de l'œuvre inachevée est finalement résolu par le stratagème du manuscrit retrouvé, lequel se déploie à plusieurs niveaux : d'abord, l'univers fictionnel se sert d'un récit-cadre évoquant une historienne extraterrestre de l'an 3000 qui découvre un manuscrit à Yad Vashem ; ensuite, ce procédé est mis en abyme par Simone Schwarz-Bart, qui déterre le texte du roman de manière posthume – du fait qu'elle s'appelle de son deuxième prénom « Linemarie », comme l'historienne du récit-cadre, elle se sent, comme elle l'explique dans sa note introductive, mandatée pour faire paraître l'œuvre laissée par son mari (*EM*, 15).

L'idée d'avoir recours à un cadre de science-fiction et à un personnage de l'an 3000 a des antécédents lointains dans l'œuvre puisque dans un entretien donné en 1967, Schwarz-Bart explique déjà qu'il avait envisagé de telles stratégies narratives pour *La Mulâtresse solitude*, afin de donner une hauteur plus sereine – c'est-à-dire moins polémique – au texte, options qu'il écarta alors comme étant « exceptionnellement complexes, sinon saugrenues »[122]. Or, dans le contexte de *L'Étoile du matin*, la science-fiction offre une mise à distance de l'expérience génocidaire : en effet, selon le récit-cadre, la civilisation humaine sur la Planète Terre s'est éteinte suite à un désastre nucléaire ou naturel et la galaxie est désormais habitée par des clones immortels. Parmi ces

---

120   André Schwarz-Bart, dans Bourdier, *op. cit.*, p. 9.
121   Chalier applique ce point au Messie et sa non-résignation au passé (*op. cit.*, p. 196, p. 201).
122   Schwarz-Bart, « André Schwarz-Bart s'explique sur huit ans de silence », *op. cit.*, p. 9.

habitants des étoiles, l'historienne Linemarie s'intéresse à la société disparue des hommes, et notamment à un récit sur le « Grand Massacre » découvert, en treize versions, dans les archives de Yad Vashem. Le manuscrit en question décrit l'anéantissement du peuple errant, un événement génocidaire dont la mémoire s'est effacée depuis la destruction de la planète et dont il ne reste plus que quelques traces discursives, sans poids réel :

> Avec le temps, une dérive sémantique avait atteint les mots qui signifiaient le massacre, sans qu'on puisse les rattacher à leur origine véritable. Les habitants des étoiles disaient, par exemple, pour marquer l'idée d'un comble, d'une intensité particulière : un Auschwitz de douceur, une Treblinka d'allégresse. (*EM*, 19)

Le procédé du manuscrit retrouvé permet donc d'imaginer le devenir futur de la mémoire en même temps que de s'adresser aux générations à venir, dans la lignée des témoignages enfouis lors du Grand Massacre, qui constituent autant de tentatives de penser l'Homme et d'implorer Dieu jusqu'au bord du gouffre (*EM*, 21). Au niveau du livre, l'introduction par Simone Schwarz-Bart et le récit-cadre, comprenant un prologue et un bref épilogue, s'organisent autour de deux parties de longueur inégale, intitulées respectivement « Kaddish » et « Chant de vie ». La première partie, introduite par une courte notice sur la notion de « kaddish », évoque la Pologne mythique d'avant-guerre et la famille du rabbi Haïm Yaacov de Podhoretz. « Désespérément joyeux » (*EM*, 27, 31), celui-ci était à l'origine un ignorant qui ne vivait peut-être pas dans « le meilleur des mondes possibles » mais n'en gardait pas moins la conviction secrète que même les ennuis auxquels il était parfois confronté étaient « pour le bien » (*EM*, 31). Cet humble personnage se trouve privilégié par la visite du prophète Elie, une distinction qui, comme l'aura des Justes, n'est pas nécessairement facile à porter pour la famille. Le fils de l'Illustre, reb Mendel, ne manque en effet pas de faire la risée de la communauté. L'attention centrale du récit se porte alors sur l'un des petits-fils, Haïm Lebke, qui est encore un jeune garçon lorsque ses parents et son frère aîné sont assassinés au cours des fusillades de la Shoah par balles. Après avoir traversé l'expérience du ghetto avec ses frères cadets, qui meurent du typhus, le protagoniste rejoint un groupe de combattants et finit par être déporté à Auschwitz. « Chant de vie » raconte la période après cette expérience : Haïm évite initialement de se confronter aux représentations médiatiques du génocide et peine à renouer avec la vie. À son propre étonnement, il finit cependant par se retrouver dans une relation amoureuse avec une jeune femme, prénommée Sarah, qu'il accompagne en Israël. En couple, ils entreprennent un voyage à Auschwitz avant de mettre un enfant au monde.

3.2 *Le peuple imaginaire*

Comme le montre ce bref aperçu, les dimensions historiques évoquées dans *L'Étoile du matin* et son cadre temporel diffèrent de ceux du *Dernier des Justes*, mais les deux romans présentent tout de même des continuités importantes, entre autres pour ce qui est du choix des personnages, des thèmes abordés et de la tonalité[123]. L'auteur présente à nouveau des individus simples, susceptibles de « luire » mais aussi de se tromper dans leurs aspirations[124], tandis que du point de vue des résonances intertextuelles, nous retrouvons entre autres les allusions à *Candide*, illustrées ci-dessus. Au niveau des thèmes, le rapport à Dieu reste une interrogation centrale, abordée dès la notice d'ouverture, où Schwarz-Bart définit le concept de « kaddish », qui sert de titre à la première partie du livre. L'auteur y interprète la prière des morts comme une « réconciliation », non pas tant avec Dieu mais plutôt avec l'idée que le peuple juif se fait à son sujet. Ce procédé d'« invention » rappelle d'emblée l'importance du rapport narratif dans la construction du réel et de la communauté, faisant ainsi écho au *Dernier des Justes*. *L'Étoile du matin* continue aussi à questionner le rôle de Dieu dans le contexte du mal (*EM*, 198) : l'attitude des Juifs envers l'instance divine varie alors entre confiance et désespoir, selon les moments et les personnages. D'un côté, la venue du Messie est attendue avec une effervescence inébranlable, tandis que, de l'autre, les Juifs croyants se font traiter de « Juifs sans mémoire » (*EM*, 155), oublieux de l'abandon de Dieu : leurs chants s'élèvent vers un ciel invariablement vide (*EM*, 161). Plus que dans *Le Dernier des Justes*, où Dieu « s'amuse », Dieu est ici hors d'atteinte et innommable. Tout au plus est-il un regard lointain observant le monde comme on dévisage un globule de sang à travers un microscope (*EM*, 186-187), en décernant un grouillement dépourvu de sens et de dessein. L'homme est dès lors coupé de toute communication avec le Plus-Haut (*EM*, 208, 242) : le chant humain tombe dans les oreilles d'un sourd – si sourd il y a.

Ceci dit, comme l'indique déjà la notice sur le kaddish en début de volume, le concept d'une entité divine est jugé nécessaire à l'existence même du peuple juif. Dans son dernier livre, Schwarz-Bart maintient en effet la tension entre, d'une part, son aspiration universaliste et, d'autre part, le besoin de préserver la spécificité du peuple juif dans un contexte où la Déclaration des droits de l'homme a largement suppléé le livre de Moïse. D'où l'importance pour les Juifs de se « réconcilier » avec leur Dieu absent, ou du moins avec sa représentation

---

[123] Cf. Charles Scheel, « Réalisme magique et réalisme merveilleux dans l'œuvre d'André et de Simone Schwarz-Bart », *Présence francophone*, n° 79 (2012), p. 74.

[124] Voir aussi, pour son premier roman, Kaufmann, *Pour relire « Le Dernier des Justes »*, op. cit., p. 41.

humaine, chantant toujours, à toutes fins perdues. En guise de garantie supplémentaire contre une assimilation sans reste (*EM*, 227), l'auteur évoque par ailleurs l'État d'Israël mais force lui est de constater que ce pays n'est pas non plus le meilleur des mondes juifs possibles, et constitue plutôt un lieu « mille fois béni, cent mille fois maudit », une combinaison d'horreur et de merveille, de bien et de mal (*EM*, 222, 244, 248). La solution aux imperfections du réel semble alors se situer une fois de plus dans le registre de l'imaginaire, puisque, d'après le texte, c'est le Jérusalem en soi qui compte (*EM*, 87). En définitive, Dieu et Israël offrent donc, malgré leurs défauts, des points d'ancrage imaginaires, lesquels permettent d'ailleurs non seulement de préserver le peuple juif contre les menaces externes, mais aussi, et de manière tout aussi importante, contre ses divisions internes. De fait, là où on avait reproché à l'auteur de réduire le judaïsme à un seul type de Juif dans Le Dernier des Justes – un archétype jugé largement dépassé dont Ernie devait bien être le dernier en vue d'une redéfinition identitaire sioniste[125] – dans *L'Étoile du matin*, l'auteur fait une place importante à l'hétérogénéité des Juifs : c'est le cas pour ses descriptions de l'époque nazie, notamment dans son évocation du ghetto, comme pour celles de la vie d'après, y compris en rapport à Israël. La dimension intergénérationnelle du texte contribue à augmenter cette hétérogénéité, étant donné que le narrateur noue une relation avec une femme bien plus jeune que lui et envisage ensuite le mélange bizarre que sera l'éducation de son enfant : il s'agira de trouver un équilibre entre l'ancien et le nouveau, entre la prise en charge des fantômes et la conscience des vivants, en un mélange peu orthodoxe et contradictoire que le protagoniste n'hésite pas à approuver, réconciliant en définitive unité et diversité.

L'harmonie finale se reflète aussi au niveau de la structure du texte : « chant de vie » et « kaddish » se rejoignent en effet dans la conclusion du livre, où le protagoniste récite la prière des morts en se disant « enfin délivré ». Le kaddish ne se fait ici plus sur le ton de la révolte ou de la polémique, comme c'était le cas à la fin du *Dernier des Justes*, mais montre un personnage apaisé[126]. En ce sens, le passage offre aussi un contraste avec deux autres moments du texte où le protagoniste avait déjà tenté de dire le kaddish : devant la tombe de ses parents, d'abord, et de ses frères, ensuite, la prière était restée inachevée, à l'instar du deuil et du roman lui-même. Pour le kaddish final du texte, le protagoniste ne s'allonge pas dans une fosse commune comme il l'a fait précédemment, mais se trouve aux côtés de sa femme enceinte. Conjuguant ainsi la

---

125   Tari, *op. cit.*, pp. 334-335.
126   Duprey, *op. cit.*, p. 205.

mort et la vie, les générations passées et les générations futures, le personnage *arrive enfin*, ou c'est du moins ce que le récit tient à suggérer. Au sein d'un monde vidé de sens et d'une existence fondamentalement absurde, il faut s'imaginer délivré.

Cependant, le revirement optimiste à la fin du texte reste foncièrement équivoque et se trouve hypothéqué de plusieurs façons. De fait, il s'avère que les difficultés à parachever le kaddish et le livre ne tiennent pas uniquement au caractère interminable du deuil, mais aussi au fait que le protagoniste et le narrateur ne parviennent pas à adhérer à leur propre discours jusqu'au bout (*EM*, 208). Dans la mesure où il est déconnecté de son propre langage, Haïm se perçoit, à son tour, comme un animal ou un trou noir affectant d'être un homme, ou encore comme le seul animal suffisamment lucide pour ne pas se laisser aveugler par le langage humain (*EM*, 188)[127]. Or, cette crise de la langue s'étend également à l'écriture, puisque le titre de « chant de vie » ne semble, au dire du texte, ne pouvoir se justifier (*EM*, 208-209). De tels démentis internes au roman ne manquent alors pas de remettre en question le message d'espoir qui clôture le texte. Il semble en effet que, comme dans *Le Dernier des Justes*, la vérité n'a peut-être pas toute sa place dans l'œuvre, ou bien qu'elle serait à inventer, à l'instar de Dieu et de son peuple. Avec son dernier roman, Schwarz-Bart se situe donc à nouveau dans le faux en écriture, en vertu du fait que les illusions peuvent malgré tout vous réchauffer le ventre (*EM*, 166). Sans croire à son propre leurre, l'auteur continue dès lors à s'appuyer sur le pouvoir consolateur et réconciliateur du langage, dans l'espoir d'assurer un lien avec le lecteur et les générations futures, jusque dans le millénaire suivant. Souhaitant toujours poser un « défi » au « nihilisme » (*EM*, 211), il projette à nouveau un horizon utopique, tout en restant conscient du caractère illusoire de cette démarche. À la différence de certains témoins, Schwarz-Bart cherche donc à quelque peu apaiser le lecteur. Comme le souligne en effet le texte, la littérature de l'inhumain n'a d'autre choix que d'augmenter la « zone de lumière »[128] pour se rendre humaine :

---

127 Dans son entretien avec *L'Express*, l'auteur met d'ailleurs en garde contre le risque de se laisser « aveugler » par le langage (Schwarz-Bart, « Le cas Schwarz-Bart : Entretien », *op. cit.*, p. 31). Dans *Le Dernier des Justes*, l'aspect trompeur de la langue est entre autres illustré à travers les noms des lieux, dont les personnages ne savent pas forcément ce qu'ils recèlent ou présagent. Leurs interprétations parfois erronées sur le caractère doux, dangereux ou banal d'endroits comme l'Allemagne, la France, Drancy et Pitchipoï entrent dès lors en contraste avec la prescience du lecteur.

128 Cette mission de l'écrivain juif est aussi celle du Juif tout court, comme l'explique déjà Schwarz-Bart dans un entretien pour *Terre retrouvée* en 1959 (cité dans Kaufmann, « L'œuvre juive et l'œuvre noire d'André Schwarz-Bart », *op. cit.*, p. 140).

Dans la mesure où elle s'adresse à des hommes, souhaite être entendue par des hommes, la littérature de l'inhumain devait s'accorder au cœur humain, faire montre d'humanité envers le lecteur ; par conséquent laisser planer une zone d'ombre et introduire ou augmenter la part de lumière pour que la zone d'ombre qui subsiste soit supportable à l'œil normal du lecteur assis, couché, fumant ou non le cigare, dégustant ou non des cacahuètes. C'était ainsi. (*EM*, 204)

3.3   *Fin et commencement*

L'absence d'une entité divine comme fondement existentiel et « source légale » du discours et de la vie[129] ne peut cependant pas être tout à fait surmontée. De fait, d'un point de vue historique, force est de constater que sans cette caution religieuse, les choses restent inévitablement dépourvues de sens et de résolution : à défaut de juge, point de justice (*EM*, 152). Il s'ensuit que le « Grand Massacre » est un crime d'une gratuité parfaite (*EM*, 18), qui s'inscrit simplement dans une longue série de méfaits, avec pour seule unicité le temps, le lieu et le choix des victimes[130]. D'une part, ce manque d'unicité invalide toute tentative de sacraliser la Shoah et confirme encore le besoin d'une approche multidirectionnelle : d'où la mise en scène d'une nouvelle comparaison avec la souffrance noire au sein du texte (*EM*, 234-235)[131]. D'autre part, Schwarz-Bart poursuit l'idée du *Dernier des Justes* selon laquelle tout le monde est emporté par le grand flot : le mal se définit de ce fait comme une question d'habitude et de contexte, où l'antisémitisme chrétien constitue désormais un facteur parmi d'autres (*EM*, 210, 173). Au final, les notions de responsabilité et de culpabilité perdent donc toute signification, si ce n'est devant un tribunal : la faute est celle de toute une civilisation ou de personne (*EM*, 210). Le plus Grand Massacre de l'histoire, mais pas de coupable – voilà la conclusion. Reste alors l'homme comme un locus universel d'horreur et de merveille.

Comme dans *Le Dernier des Justes*, les Juifs croyants maintiennent cependant que la seule façon de clôturer le passé pour de vrai nécessiterait une

---

129   Cette problématique se pose autrement dans l'œuvre de Kafka, où l'absence de Dieu comme « garde-fou » résulte en un « rire théologique », basé également sur la dissociation entre le pillier narratif ou légendaire de la théologie juive et son pillier législatif (cf. Philippe Zard, « Le rire théologique de Franz Kafka », *Études françaises*, 47:2 (2011), p. 88, p. 99).

130   Cf. Scharfman, *op. cit.*, p. 108.

131   Sur les nœuds de mémoire dans ce texte posthume, voir Kathleen Gyssels, « From Shtetl to Settler Colony and Back: André Schwarz-Bart's *The Morning Star* », Sarah Phillips Casteel, Heidi Kaufman (éds.), *Caribbean Jewish Crossings: Literary History and Creative Practice*, Charlottesville, University of Virginia Press, 2019, p. 206.

réparation totale : en d'autres mots, l'unique miracle possible serait que ce qui a eu lieu, n'ait pas eu lieu et puisse dès lors s'effacer de la mémoire (*EM*, 175). Or, les choses ont été, comme l'affirmait déjà l'auteur lors de la parution de son premier roman, pour le meilleur et pour le pire. Même la « source interne » de l'homme n'offre aucune échappatoire à cette réalité :

> Sans doute la source n'était pas tarie, qui donnait vie à ses journées d'enfant devant l'établi de son père, devant la table de nuit de sa mère, devant l'armoire aux lions de la synagogue. Mais il savait désormais que cette source coulait en vain. Que Dieu existe ou non, qu'il y ait une rédemption ou non, rien jamais ne ferait que tel cri d'enfant, telle plainte d'une mère n'aient pas existé, ne continuent de retentir par-delà la vie et la mort des peuples, sans que rien ne vienne les adoucir, les consoler jusqu'à la fin des temps. (*EM*, 181)

Ceci dit, l'auteur dégage, comme dans *Le Dernier des Justes*, un versant positif au fait que les choses ne participent pas à l'agitation de l'homme[132]. En préservant ou en agrandissant encore la part de lumière dans le roman, il souligne en effet que la vie, l'amour, les enfants et la beauté du monde sont eux aussi ineffaçables :

> Mais l'amour est plus fort que la mort, et les choses qui ont été ont été, cela suffit. Non, aucun de ces morts n'avait été englouti par le néant. Même au-delà des siècles, après disparition de la planète, rien ne pourra faire que l'homme n'ait été ; la beauté d'un enfant, la beauté d'un sourire de jeune fille. Même Dieu ne pourra supprimer le passé. Les choses ont été. La beauté de la terre a été. La beauté fragile du monde et de certains humains, la grandeur, la dignité, la noblesse, toutes ces choses ont été : cela suffit. (*EM*, 240-241)

De même que dans *Le Dernier des Justes*, l'amour et l'innocence servent donc d'antidote au mal et se rangent parmi les choses « sauvées », tout comme la noblesse et la dignité des victimes. Par le biais de l'amour, les Juifs « isolés de la chaîne » et livrés au hasard des flots[133] sont finalement à même de trouver une nouvelle place, en s'inscrivant dans une « chaîne éternelle » traversant « tous les temps et tous les mondes » (*EM*, 178, 248). C'est d'ailleurs grâce à sa

---

132 Dans *Le Dernier des Justes*, cette consolation est évoquée par le personnage de monsieur Kremer (*DJ*, 196).
133 Schwarz-Bart, « Le cas Schwarz-Bart : Entretien », *op. cit.*, p. 30.

liaison avec Sarah que pour le protagoniste « tout fut bien » (*EM*, 221) et qu'en Candide reconverti il peut répéter « Je suis bien, je suis bien » en recouvrant, à la fin du texte, l'étoile du matin et un ciel « inaltérable, comme au premier jour de la Création » (*EM*, 249).

Comme on l'a dit, la conclusion du texte rejoint de ce fait mort et vie, kaddish et création, fin et commencement : le roman présente par conséquent une structure en boucle plutôt qu'une simple transition linéaire de la mort vers le chant de vie. De telle sorte, l'auteur évite de tirer un trait définitif sur le passé tout en apportant un souffle nouveau. Sarah confirme cette dynamique en prenant en charge les fantômes de Haïm avant d'avoir leur enfant, par le biais d'une visite à Auschwitz : cette dernière est d'abord ressentie comme impersonnelle, mais finit tout de même par permettre un retour sur le passé et une ouverture sur l'avenir. Dans le même sens, le récit de science-fiction évoque la fin du monde ainsi que le début d'une nouvelle civilisation (*EM*, 234). L'un des mythes qui console le personnage est d'ailleurs la description d'un monde sans haut ni bas, sans fin ni commencement, où les contradictions peuvent coexister dans un nouvel accord. Quand bien même une telle réconciliation relève du registre de la fable, elle n'en répond pas moins aux besoins de Haïm, si ce n'est, aux yeux de l'auteur, à ceux du lecteur. En écrivain de la génération « intermédiaire », Schwarz-Bart cherche donc à penser en même temps la rupture irrémédiable et la continuité ou le renouveau. Le défi que son œuvre pose à l'humanité diffère de celui d'Antelme, mais travaille également les questions de l'unité et de l'ambiguïté éthique de l'espèce. En adoptant un point de vue à la fois utopique et désabusé, l'auteur entreprend de « sauver » certaines valeurs, tout en faisant place aux contradictions pour mieux allier l'universel au particulier, et le passé au présent.

Finalement, le récit lui-même met à nouveau en abyme cette entreprise de réconciliation, notamment à travers le double stratagème du manuscrit trouvé. Au niveau du récit-cadre, d'abord, la figure de Linemarie symbolise la possibilité d'une prise en charge externe de la mémoire, qui rappelle celle de Sarah au sein du texte et reconfirme de manière générale la foi de l'auteur en une sympathie universelle. De son côté, Simone Schwarz-Bart ajoute dans l'introduction que son travail sur le manuscrit lui a permis de tirer son mari de la mort et de le ramener vers la vie : ce nouveau commencement permet ici encore d'annuler la fin, rétablissant la chaîne éternelle de l'amour. Comme *Le Dernier des Justes*, le roman instaure donc une perspective transtemporelle où la vie et l'amour sont finalement amenés à triompher de la mort, et la littérature de la souffrance, en un geste volontairement fabuleux de consolation infinie.

CHAPITRE 4

Piotr Rawicz : l'éclaboussure de la survie

Piotr Rawicz est né à Lvov en 1919, dans une famille juive largement assimilée. Afin d'échapper à la persécution nazie, Rawicz dissimule son identité juive et prend la fuite avec sa compagne. Pris dans une rafle en Pologne, à Zakopane, c'est en tant qu'Ukrainien qu'il sera interné d'abord à Auschwitz et ensuite à Leitmeritz, un camp d'usines souterraines situé à proximité de Flossenburg, jusqu'à la libération du camp en 1945[1]. Sa production littéraire prend ses débuts dans l'avant-guerre, mais les écrits de cette première époque n'ont pas été sauvegardés, ni ceux rédigés avant son transfert à Leitmeritz. Au moment de la libération, Rawicz produit une première déposition testimoniale, en polonais. Ce document de quelques pages est conservé aux archives de l'Institut historique juif de Varsovie[2] et offre principalement des informations factuelles sur la période d'internement à Leitmeritz.

Grâce à une bourse d'étude, Rawicz s'installe à Paris en 1947. Renouant avec l'écriture, il publie *Le Sang du ciel* chez Gallimard en 1961[3]. Cette œuvre, rédigée en 1956-1957, puise dans l'amalgame de notes, de strophes et de pensées déjà accumulées par l'auteur[4]. D'après la quatrième de couverture, elle se distingue de la littérature concentrationnaire existante par le fait qu'elle transpose l'expérience des camps sur un plan poétique. Témoignage effectivement inhabituel, le texte connaît une réception inégale : choquant certains, pour des raisons que nous approfondirons ci-dessous[5], le roman n'en est pas moins reconnu comme un chef-d'œuvre, même s'il passe à côté des prix littéraires majeurs (obtenant cependant le prix Rivarol). Au moment de sa sortie et de sa traduction en anglais, *Le Sang du ciel* est comparé favorablement au *Dernier*

---

[1] Anthony Rudolf, « Porter le fardeau de l'Histoire et de la souffrance », Trad. A. Dayan Rosenman, Anny Dayan Rosenman, Fransiska Louwagie (éds.), *Un ciel de sang et de cendres. Piotr Rawicz et la solitude du témoin*, Paris, Kimé, 2013, p. 203.

[2] Jean-Yves Potel l'a gracieusement mis à la disposition d'Anny Dayan Rosenman pour la première publication en français dans le recueil collectif consacré à Piotr Rawicz en 2013 (Piotr Rawicz, « Témoignage sur le camp de Leitmeritz » [1945], Trad. E. Veaux et A. Zuk, Dayan Rosenman, Louwagie (éds.), *op. cit.*, pp. 401-404).

[3] Piotr Rawicz, *Le Sang du ciel*, Paris, Gallimard, 1961. Les références à l'œuvre seront indiquées par le sigle *SC*.

[4] Piotr Rawicz, « Avertissement pour moi-même » [21 août 1961], Dayan Rosenman, Louwagie (éds.), *op. cit.*, pp. 431-433 ; Anna Langfus, « Vous m'avez beaucoup fatigué » [1962], Dayan Rosenman, Louwagie (éds.), *op. cit.*, p. 92.

[5] Voir également chapitre 1.

des Justes d'André Schwarz-Bart[6] et au *Grand Voyage* de Jorge Semprun[7], et on lui trouve des parallèles avec Beckett et Joyce[8].

Après la publication de son roman, Rawicz prend la responsabilité d'une rubrique « slave » dans les pages littéraires du *Monde* et s'impose comme spécialiste de la littérature de l'Europe de l'Est et de Russie. Il introduit plusieurs auteurs de l'Est en Occident, en préfaçant aussi certaines de leurs œuvres. L'auteur participe également aux réflexions au sujet du judaïsme et de l'identité juive en France, entre autres à travers ses interventions aux Colloques des intellectuels juifs de langue française, nés précisément d'une volonté de redonner vie au judaïsme français[9]. Ces interventions critiques permettent de contextualiser et de développer certaines perspectives analytiques liées à sa pensée testimoniale.

Rawicz est également l'auteur d'un second ouvrage, intitulé *Bloc-notes d'un contre-révolutionnaire*, qui rassemble des points de vue critiques sur mai 68 : ce texte lui vaudra une réputation de réactionnaire, aliénant l'auteur de la scène intellectuelle française[10]. Il écrit encore quelques courts récits et continue aussi à tenir un journal intime, auxquels nous ferons également référence ci-dessous[11]. Rawicz mit fin à ses jours en 1982, peu de temps après la disparition de son ex-femme, décédée d'un cancer.

Nous reviendrons d'abord sur les problèmes de réception du *Sang du ciel*, qui sont notamment liés à l'ambiguïté morale et à la teneur sexuelle du livre. Ensuite, nous verrons comment l'isotopie sexuelle s'inscrit dans une analyse ontologique de l'expérience, inspirée de Platon. À partir de ce cadre

---

6   Christoph Graf von Schwerin, « Piotr Rawicz » [1997], Trad. J.-Ch. Szurek, É. Veaux et F. Louwagie, Dayan Rosenman, Louwagie (éds.), *op. cit.*, p. 305 ; Stanley Kauffmann, « Season in Hell », *New York Review of Books*, 20.02.1964, pp. 5-6.
7   Cf. Sue Vice, « Fascination et malaise. La réception du *Sang du ciel* au Royaume-Uni et aux États-Unis », Trad. F. Louwagie, Dayan Rosenman, Louwagie (éds.), *op. cit.*, p. 112.
8   La traduction en polonais, tardive, donna lieu à d'autres lectures ou comparaisons intertextuelles, entre autres à *L'Oiseau bariolé* (Jerzy Kosinski, *L'Oiseau bariolé* [1965], Trad. M. Pons, Paris, Flammarion, 1966). Cf. Piotr Sadkowski, « Une mystérieuse matière hétérolinguistique. La réception du *Sang du ciel* en Pologne », Dayan Rosenman, Louwagie (éds.), *op. cit.*, pp. 103-104.
9   Cf. Sandrine Szwarc, *Les Intellectuels juifs de 1945 à nos jours*, Lormont, Éd. Le Bord de l'eau, 2013.
10 Piotr Rawicz, *Bloc-notes d'un contre-révolutionnaire ou la Gueule de bois*, Paris, Gallimard, 1969 ; cf. Guia Risari, « *Bloc-notes d'un contre-révolutionnaire* : un reportage poétique », Dayan Rosenman, Louwagie (éds.), *op. cit.*, p. 156.
11 Voir Piotr Rawicz, « Fragments du journal inédit de Piotr Rawicz », Dayan Rosenman, Louwagie (éds.), *op. cit.*, pp. 438-453.

intertextuel, Rawicz examine aussi les rapports du survivant à la communauté perdue : exclu de la mort collective de son peuple et dégoûté de sa propre survie, l'auteur part à la quête d'un tiers espace, qu'il peine à trouver, y compris dans l'écriture.

1 « Un chef-d'œuvre confidentiel »

Le Sang du ciel est largement resté un « chef-d'œuvre confidentiel »[12] et comme l'a remarqué Ruth Franklin, il est plus probable de voir apparaître le nom de Piotr Rawicz dans les répertoires listant les anciens déportés morts suicidés – à côté de ceux de Primo Levi et Jean Améry notamment – que de le voir cité comme témoin ou écrivain[13]. La première étude en langue française, de la main d'Anny Dayan Rosenman, parut seulement en 1995, dans *Les Temps Modernes*[14]. Dans le domaine anglophone, la réception de Rawicz est largement portée par le travail d'Anthony Rudolf[15], un ami personnel de Rawicz, auteur de la première monographie consacrée au *Sang du ciel*, intitulée *Engraved in Flesh*[16], et éditeur au Royaume-Uni d'une traduction revue du *Sang du ciel*[17]. Grâce à un intérêt graduellement plus soutenu pour l'œuvre, un volume collectif dédié à Rawicz vit le jour en 2013, réunissant des analyses critiques, des extraits de préfaces et certains inédits de l'auteur[18]. Dans le sillage de cette publication, *Le Sang du ciel* connut une réédition dans la collection *L'Imaginaire* de Gallimard, en 2014.

La faible réception publique de l'œuvre est généralement associée à la représentation du témoin et des victimes dans le roman, ainsi qu'aux rapports inhabituels du texte à la sexualité, d'une part, et à la réalité historique, de l'autre. Comme l'affirme Sue Vice dans son étude sur la réception du roman

---

12 Vice, *op. cit.*, p. 127.
13 Ruth Franklin, « The Antiwitness Piotr Rawicz », *A Thousand Darknesses. Lies and Truth in Holocaust Fiction*, New York, Oxford University Press, 2010, p. 90.
14 Anny Dayan Rosenman, « Piotr Rawicz, la douleur d'écrire », *Les Temps Modernes*, n° 581 (1995), pp. 145-165.
15 Vice, *op. cit.*, p. 113.
16 Anthony Rudolf, *Engraved in Flesh. Piotr Rawicz and his novel* Blood from the Sky, Londres, Menard Press, 1996. Le livre fut réédité en 2007.
17 Piotr Rawicz, *Blood from the Sky* [1961], Trad. A. Rudolf, Londres, Elliott & Thompson Limited, 2004. Dans cette édition, Rudolf restaure certains passages absents de la traduction originale de Peter Wiles ; dans la correspondance entre Rawicz et ses éditeurs américains, l'on retrouve quelques négociations à propos des coupures à effectuer pour le public anglo-saxon (voir aussi la note 20).
18 Dayan Rosenman, Louwagie (éds.)., *op. cit.*

dans le monde anglophone, Rawicz met en scène un personnage « au mieux amoral »[19] : choisissant de renier son identité juive, ce dernier se trouve en effet contraint à une proximité ambivalente et compromettante avec les persécuteurs, ne se distanciant guère de ces derniers à certains moments du texte. Or, lorsque Rawicz évoque, dans sa correspondance avec Helen et Kurt Wolff, ses éditeurs américains, la possibilité de se faire inviter pour une tournée littéraire aux États-Unis, dans l'espoir de pallier ainsi ses besoins financiers, incessants, les éditeurs lui répondent que les communautés juives américaines font preuve d'une grande résistance envers la représentation des victimes en tant que coupables ou complices[20]. La tournée littéraire n'aura pas lieu et quelques mois plus tard, Rawicz, ayant refusé plusieurs invitations pour le soir du réveillon, note dans son journal, le 31 décembre 1963 : « 'Écrivain célèbre', j'ai faim, je n'avais pas de quoi m'acheter quelque chose »[21].

Le flou moral entretenu dans le roman s'accompagne d'un autre trait insolite pour un récit sur la Shoah, à savoir l'attention explicite portée au sexe : c'est en effet à travers le motif de la « queue » circoncise que Rawicz aborde la question de l'appartenance au peuple juif et les thématiques de la religion et de la mort. *Le Sang du ciel* tranche ainsi avec les normes de pudeur et de retenue souvent associées aux témoignages de la Shoah, en vue de préserver la dignité des victimes[22]. Un autre point où le roman se heurte aux codes établis de la littérature testimoniale tient au fait que Rawicz n'assume pas le statut de témoin dans son texte : l'auteur renonce en effet à une écriture autobiographique au profit d'un récit fictionnel, qui met en scène un protagoniste dont les péripéties sont certes proches de celles vécues par l'auteur, mais transposées en effaçant les références historiques temporelles et spatiales de l'expérience. Rawicz opère en effet une mise à distance explicite de la réalité historique, affirmant dans sa postface :

> Ce livre n'est pas un document historique.
> Si la notion de hasard (comme la plupart des notions) ne paraissait pas absurde à l'auteur, il dirait volontiers que toute référence à une époque, un territoire ou une ethnie déterminés est fortuite.

---

19   Vice, *op. cit.*, p. 113.
20   La correspondance de Kurt et Helen Wolff est conservée à la Beinecke Library de l'Université de Yale. Quelques lettres ont été publiées dans Piotr Rawicz, « Correspondance avec Kurt et Helen Wolff » [1962-1963], Dayan Rosenman, Louwagie (éds.), *op. cit.*, pp. 421-425.
21   Rawicz, « Fragments du journal inédit de Piotr Rawicz », *op. cit.*, p. 446.
22   Philippe Mesnard, « Des fleurs pour le dire », Dayan Rosenman, Louwagie (éds.), *op. cit.*, p. 264.

> Les événements relatés pourraient surgir en tout lieu et en tout temps dans l'âme de n'importe quel homme, planète, minéral ... (*SC*, 280)

Le récit est ainsi rendu représentatif de l'ensemble de la persécution nazie[23], mais aussi d'autres événements historiques et même cosmiques. Or, en transposant ainsi le « phénomène » d'Auschwitz à un niveau universel et ontologique, l'auteur diminue l'unicité historique de l'événement, allant jusqu'à affirmer dans certains entretiens, que l'époque traitée n'a rien d'exceptionnel à ses yeux[24], mais révèle au contraire une vérité profonde et permanente sur la nature de l'homme et de l'univers. Comme nous le verrons, cette conception métaphysique de l'événement est à la fois proche et distincte de celle de Schwarz-Bart, mais repose à son tour sur la volonté de renouer avec la communauté perdue. Après un bref résumé de l'histoire, l'analyse qui suit examinera comment cette quête est mise en avant dans le roman, entre autres à travers un rapport intertextuel étroit avec le *Timée* de Platon[25].

2   L'histoire de la queue

Le Sang du ciel est construit selon le modèle d'un récit enchâssé : initialement, les paroles du protagoniste Boris sont recueillies par un narrataire intradiégétique, qui se mue en narrateur pour transmettre le récit au public extradiégétique. Une fois les entretiens entre Boris et son interlocuteur terminés, ce dernier poursuit la narration en citant et en résumant le carnet intime que Boris lui a confié. Or, le récit de Boris se compose de trois parties : la première évoque la « Grande Action » contre les Juifs qui se déclenche, « en 194 ... », dans la ville interdite où vit le protagoniste ; la deuxième évoque la

---

[23]   Anny Dayan Rosenman, « Redécouvrir Piotr Rawicz », *Mémoires vives, L'Émission de la Fondation pour la mémoire de la Shoah*, 26.05.2013, https://memoiresvives.net/2013/05/26/redecouvrir-piotr-rawicz/.

[24]   Langfus, *op. cit.*, pp. 91-92.

[25]   Notre analyse sur la réception du *Sang du ciel* et les perspectives ontologiques dans l'œuvre se base sur les publications suivantes : Fransiska Louwagie, « La force du plus faible : l'ethos testimonial dans *Le sang du ciel* de Piotr Rawicz », *Les Lettres romanes*, 60:3-4 (2006), pp. 297-310 ; Fransiska Louwagie, « Between the General and the Particular. Reminiscences of Plato's *Timaeus* in Piotr Rawicz's *Le Sang du ciel* », *Romance Quarterly*, 54:4 (2007), pp. 326-339 ; Fransiska Louwagie, « Un roman au creux de l'expérience : *Le Sang du ciel* ou l'art d'un échec annoncé », Dayan Rosenman, Louwagie (éds.), *op. cit.*, pp. 159-179 ; Fransiska Louwagie, « Piotr Rawicz, un témoin venu de l'Est », Jacques Walter, Béatrice Fleury (éds.), *Carrières testimoniales* (2), Nancy, Presses universitaires de Nancy, 2014, pp. 357-373.

fuite de Boris avec sa compagne, et la dernière partie relate son arrestation et son emprisonnement, où l'histoire de la « queue » circoncise revêt une importance décisive.

D'après Boris, son intention initiale avait été de rester dans la ville interdite, afin de partager le destin et la mort de son peuple. Il est d'ailleurs impatient de se faire arrêter mais se trouve relativement protégé des rafles, notamment grâce à sa chevelure blonde, sa connaissance de l'allemand et sa bonne tenue vestimentaire. Une vieille voyante lui demande de quitter le ghetto parce qu'elle estime qu'il ne s'est jamais vraiment identifié à son peuple et n'est donc pas digne de partager le sort des autres Juifs. Boris quitte le ghetto de sa ville natale avec sa jeune compagne Noëmi, muni de faux papiers au nom de Youri Goletz, valet de ferme non-juif. Avant son départ, le président de la communauté le charge de porter témoignage de l'extermination des Juifs :

> De vous qui partez, quelques-uns vont survivre peut-être. Je n'en suis nullement sûr. Mais si cela vous arrive, souvenez-vous de tout, souvenez-vous bien. Votre vie ne sera pas une vie. Étrangers, vous allez le devenir à tous et à vous-mêmes. La seule chose qui compte, qui va compter, c'est la vertu des témoins. Soyez témoins et que Dieu vous garde … (*SC*, 29)

Dans son compte rendu des événements, Boris se réfère à l'Action exterminatoire comme un « grand numéro » (*SC*, 26) et il analyse de manière à la fois détachée et indulgente les stratagèmes et leurres mis en place face à cette menace. La ville connaît ses faux messies et protecteurs, qui se créent une cour et une richesse personnelles en promettant une protection illusoire aux plus aisés de leurs concitoyens. Les « responsables », pour autant que ce mot continue à avoir une signification à leurs yeux (*SC*, 26), se livrent à des comptabilités biaisées de vies abandonnées et sauvées. Moins dupe que d'autres, Boris tient le cyanure pour la seule valeur sûre dans un contexte où tout autre système axiologique est devenu inopérant. L'Ordre du monde nazi révèle en effet que la réalité n'est qu'un théâtre du Néant, où les mots et les valeurs perdent leur substance pour devenir des étiquettes interchangeables (*SC*, 43). La perception même du temps change : tandis que la voyante démontre combien le passé, le présent et l'avenir de la ville font UN, le nouvel Ordre s'appuie en apparence sur un présent absolu.

Après le récit sur la ville interdite, que Boris présente avec l'état de conscience d'un « reporter » (*SC*, 51), suit la narration de sa fuite avec Noëmi à travers la Pologne, en quête d'un refuge qui se dérobe sans cesse. La communauté de destin se réduit désormais au couple, de plus en plus exposé. À force de côtoyer l'ennemi, le protagoniste commence d'ailleurs à se demander s'il cache simplement son identité juive, ou si celle-ci se perd pour de vrai : « Youri » semble prendre le dessus sur « Boris ». En jouant le rôle du nationaliste ukrainien, le personnage va jusqu'à prendre du plaisir à dire du mal de son peuple (*SC*, 209), renonçant au lien de fidélité qu'aurait offert le silence :

> J'ai réprimé un sursaut : le cadavre de Sulamith était là, étendu sur un tréteau étroit en bois de chêne. [...] Silencieuse comme tu l'étais, Sulamith, il faut que tu m'accompagnes dans le Voyage que je m'apprête à entreprendre. Le silence y sera la seule fidélité envers nous-mêmes, envers ce que nous étions. (*SC*, 52-53)

> [Boris] venait de penser à son oncle Zacharie mort depuis des années. Zacharie n'aurait ni menti ni prononcé un discours comme le sien. Il se serait tu. La seule vraie trahison à commettre est-elle donc celle commise envers le silence ? (*SC*, 260)

Lorsque Boris est finalement arrêté, il persiste à nier son identité juive et est transféré d'une cellule de condamnés à mort juifs, vers la compagnie de prisonniers polonais antisémites. De nouvelles communautés de destin se créent et tout en se cabrant désormais derrière un silence passif, le personnage s'éprend d'amour pour tous ses compagnons d'infortune, y compris ses ennemis. Au bout d'un dernier interrogatoire, il parvient, grâce à sa connaissance intime des cultures slaves, à se faire passer pour un Ukrainien, reniant encore son peuple et attribuant sa circoncision à une ancienne maladie vénérienne. Mieux accueilli désormais, le personnage ne professe une haine qu'envers les chemins futurs qui l'attendent, un avenir qu'il lui faudra élaguer comme un abcès (*SC*, 276).

3 La grandeur cosmique du peuple juif

Comme indiqué, Rawicz transpose la signification de cette histoire à un niveau universel. Ce processus se manifeste premièrement dans la façon dont Boris analyse le destin et la mort des siens. Situé d'emblée en dehors de la communauté par sa lucidité détachée, le personnage inventorie au début du livre les pauvres calculs de ceux qui se débattent pour vivre encore. Avec une distance à la fois cruelle et bienveillante, il note leur grouillement désespéré, qui dévoile « la nature universelle » des êtres, « la destinée commune et peu glorieuse de la matière vivante » (*SC*, 25). Cependant, il estime que la destinée collective de son peuple en voie de disparition revêt, à travers ce grouillement même, une grandeur cosmique, dont lui-même reste exclu précisément en raison de son détachement émotionnel : d'après ce que suggère le roman, l'anéantissement ramène en effet les êtres à leur origine, au germe, à la source, en les confondant en une matière commune, désignée dans le texte comme « Urpâte » (*SC*, 116, 185). Cette vision ontologique de la transformation du peuple juif en une matière organique presque divine s'inspire, à plusieurs égards, de la conception du cosmos développée par Platon dans son ouvrage intitulé *Timée*. Si le philosophe grec ne semble être nommé qu'au passage dans *Le Sang du ciel*, la récurrence systématique de certains vocables suggère en effet que la métaphysique de Platon constitue une référence intertextuelle majeure dans l'imaginaire romanesque et ontologique de Rawicz[26].

Dans le *Timée*, Platon développe une théorie sur la création de l'univers, des quatre éléments et des créatures physiques. Il part du postulat qu'il existe trois Espèces ontologiques. La première Espèce comprend « ce qui est » et demeure constant : ce sont les formes ou les idées[27], que le créateur a utilisées comme modèles[28]. La deuxième Espèce est « ce qui devient », c'est-à-dire les êtres physiques[29]. La troisième Espèce ou « Khôra » est « ce dans quoi » et se constitue notamment d'un Réceptacle appelé « mère » ou « infirmière »[30], dans lequel les quatre éléments « adviennent et périssent »[31]. Le Réceptacle contiendrait en effet une sorte de pâte, qui serait modelée d'après les « idées » de la première Espèce[32], bien qu'elle soit elle-même « dépourvue de forme »[33].

---

26 Rappelons que Philon d'Alexandrie, un Juif égyptien du début de l'ère chrétienne, a tenté de réécrire la religion juive à l'aide de concepts issus de la philosophie grecque, dans son ouvrage *De Opificio Mundi*. Pour cela, il se sert probablement des travaux de Posidonius d'Apamée, partiellement basés sur le *Timée* de Platon (Robert McL. Wilson, *The Gnostic Problem. A Study of the Relations between Hellenistic Judaism and the Gnostic Heresy*, Londres, A.R. Mowbray & Co. Limited, 1958, pp. 40-48). Si Rawicz s'est, en spécialiste de langues orientales, inspiré de ces travaux, son roman se situe dans le sillage du judaïsme hellénique. Sur d'autres cadres de référence dans le roman, voir entre autres Christa Stevens, « Le scandale de Piotr Rawicz. 'Le sang du ciel', la Kabbale et l'écriture sacrilège », *Image and Narrative*, 14:2 (2013), http://www.imageandnarrative.be/index.php/imagenarrative/article/view/309/257.

27 Dana Miller, *The Third Kind in Plato's* Timaeus, Göttingen, Vandenhoeck & Ruprecht, 2003, p. 19, p. 39.

28 Platon, *Timée*, Trad. A. Rivaud, Platon, *Œuvres complètes*, t. x, Paris, Les Belles Lettres, 1925, pp. 141-142, 29A-29D.

29 Miller, *op. cit.*, p. 15.

30 *Ibid.*, pp. 106-108, pp. 146-450.

31 *Ibid.*, p. 63. Alors que beaucoup de philosophes, y compris Derrida (Jacques Derrida, *Khôra* [1987], Paris, Galilée, 1993, p. 28, p. 34), distinguent la troisième Espèce et le « Réceptacle », Miller soutient que le Réceptacle est un membre (physique) de cette Espèce (métaphysique) (Miller, *op. cit.*, p. 61).

32 *Ibid.*, p. 102.

33 *Ibid.*, p. 101.

Selon Derrida, la troisième Espèce ou *Khôra* entretient de ce fait un double rapport de participation et d'exclusion avec les deux autres Espèces : elle s'inscrit dans une logique de « *ni* ceci *ni* cela » et d'« *à la fois* ceci et cela »[34]. D'après Platon, les corps élémentaires sont constitués dans le Réceptacle, par l'assemblage de différents triangles, le triangle étant considéré comme la forme géométrique de base. Les autres êtres physiques sont ensuite façonnés à partir de ces quatre éléments[35].

Dans *Le Sang du ciel*, Boris postule à son tour l'existence d'un pétrin contenant une « Urpâte » (*SC*, 184-185). Toutes les créatures, y compris les humains, sont faites de cette pâte « maternelle » et retournent au pétrin après leur mort : comme chez Platon, elles sont donc prises « dans le moulin de "ce-qui-est", de "ce-qui-devient" et de "ce-qui-disparaît" » (*SC*, 125). L'ultime but de l'existence humaine est de retrouver sa source authentique à travers la fusion cosmologique, qui pour Rawicz, incorpore aussi un rapport de communion avec le divin[36]. L'homme parvient ainsi à transcender les limites de l'être qu'expriment ou imposent entre autres les catégories grammaticales du langage humain, telles les catégories de personne et de nombre (*SC*, 185).

Dans ce contexte, Boris interprète l'époque des persécutions nazies comme une période de grandeur pour les persécutés juifs, ceux-ci étant « libérés » pour entrer dans un état d'union et de fusion digne de l'« Urpâte ». D'abord, ceux qui n'ont pas encore faim font l'amour « comme des possédés » pour mieux participer au souffle de l'univers (*SC*, 26), et la communauté accède ensuite à l'état de grandeur ultime à travers la mort collective. Pour caractériser le passage de son peuple vers les fosses communes, Boris adopte le terme de « transhumance », qu'il définit de manière idiosyncratique comme un retour au germe ou à la source (*SC*, 116), c'est-à-dire vers l'« Urpâte » du pétrin[37]. Le concept d'individualité s'efface alors devant une considération collective, hautement cynique, selon laquelle la communauté est « sauvée » dans son ensemble par la boue :

---

34   Derrida, *Khôra, op. cit.*, p. 16 ; l'auteur souligne.
35   Platon, *Timée, op. cit.*, pp. 156-157, 41A-43C.
36   Ceci rappelle un autre aspect de l'ontologie de Platon, qui affirmait que l'homme tente d'atteindre la connaissance du monde des idées, et des gnostiques de l'époque de Philon, qui cherchaient à créer une fusion mentale avec Dieu (Wilson, *op. cit.*, p. 72).
37   Christa Stevens rattache cette interprétation aux origines étymologiques du terme, en ce sens que la « transhumance » des Juifs les ramène à l'état de « humus » (Stevens, *op. cit.*).

> Le sang
> Qui bout
> Dans la neige
> Et qui donne
> A la boue
> Une couleur beige
> En devenant boue
> Ce sang
N'est pas une banale
Métaphore d'amour
C'est
Le sang des Juifs
fusillés
Au seizième kilomètre
de la route
> qui mène
A Zbaraje de Michnia
AAAA-
On dit « des Juifs »
Mais voilà
Comment étaient-ils, étaient-ils, étaient-il [sic] ? ! ! !
> Ils étaient :
> Un maigre
> Un très maigre dont
> la pomme d'Adam
> Tournait au moment du tri
Tourne-sol vers le soleil
Comme le globe tourne
Autour de sa peur
Ou peut-être autour
De sa réflexion
Ou peut-être autour
de rien
> Et l'autre était
> comme un vautour
> Il aimait les femmes
> Et la Kabbale
> Le scintillement de sa chair argentée ...
> Ses yeux – deux souris roses

>   Et la troisième
>   Dont le corps savait
>   Chanter des chansons
>   Chansons frêles des brasiers éteints
>   Elle était comme
>   L'étendard de l'amour
>   Ensanglanté ...
>   Lâche donc ces vieilles broderies
>   dans la boue piétinées
>   Et vive le Sauveur,
>   Le Sauveur éternel :
>   La boue (*SC*, 182-183)

De même, Boris perçoit soudain les filles de sa génération dans une perspective qui dépasse leur singularité. D'après lui, elles se fondent les unes dans les autres et accèdent du coup à une existence transcendant le temps aussi bien que les mortels, c'est-à-dire les vivants :

> Il y avait des jeunes filles proprettes dont les hanches et les seins commençaient à s'arrondir. De vertes pommes qu'on s'apprêtait à cueillir. La jalousie m'a saisi de leur fin, de la flamme qui à ma place devait lécher à mort ces seins et ces hanches. Une jalousie plus forte que celle que je portais à leurs vies ... De toutes ces filles en forger une seule, ôter un à un les voiles et les couvertures, boire le jus aigre ; le boire jusqu'à la lie ... La pensée était pour sûr plus enivrante que le « Dépucelage d'Astéroth » – poème que j'écrivais ou plutôt que je n'écrivais plus depuis des années ... C'était donc ça, la trouvaille : ces filles de ma jeunesse allaient devenir sur-le-champ aussi anciennes qu'Astéroth et aussi divines. La Grande Concavité qui allait les engloutir ne serait-elle pas aussi cachée aux mortels que la demeure de la Déesse ?... (*SC*, 16)

Cela dit, selon Boris, tous les personnages ne sont pas à la hauteur de l'événement, c'est-à-dire capables de « savourer » leur destinée et la « passivité des martyrs », comme le prouvent leurs petits agencements vains et ridicules (*SC*, 190). Or, si lui-même se trouve en mesure d'apprécier la grandeur du destin juif, son élitisme et sa lucidité empêchent une identification avec la communauté. D'ailleurs, son analyse de la ville interdite ne porte que rarement sur les communs des mortels qui se situent déjà sur « l'autre rivage de l'Océan de la Faim », que le protagoniste n'a pas encore « traversé » (*SC*, 48). Placé ainsi dans une position de *double bind*, le protagoniste est en état d'apprécier mais non pas de partager le destin du peuple juif, restant exclu de la « plénitude » communautaire, au sens platonicien. De fait, selon les théories du philosophe grec, les triangles à partir desquels les éléments et les êtres physiques sont construits se présentent comme des formes géométriques « tridimensionnelles » : étant donné que les « corps » des créatures ne sont pas creux et ne consistent pas uniquement en une surface, leurs constituants doivent, selon Platon, « logiquement » comporter plus que deux dimensions, ce qui élimine dans cette cosmologie la possibilité du « vide » ou du « néant »[38]. En revanche, dans *Le Sang du ciel*, un nouvel ordre du monde se révèle, opérant une scission entre abîme et plénitude qui oppose le protagoniste à la communauté. Alors que le peuple exterminé, profondément soudé, retrouve son germe collectif dans la mort, Boris reste dépourvu de cette troisième dimension qui lui conférerait la plénitude existentielle : se trouvant pour sa part « plat comme une punaise » (*SC*, 17) et donc réduit à l'état de triangle bidimensionnel, il ne peut que se heurter lui-même comme les autres, « blesser l'univers avec ses angles » (*SC*, 63), couper le ciel, jusqu'au sang. Lui qui n'est en communion avec personne peut tout au plus effleurer la surface des rapports humains et ne trouve des affinités qu'avec l'abîme (*SC*, 59-60) et avec le théâtre du Néant instauré par les oppresseurs, où le jeu de l'Être est une simple affaire d'étiquettes et de masques.

Étant donné que Boris reste exclu du destin des Juifs, son expérience à lui ne peut tout au plus constituer qu'une pauvre imitation caricaturale de leur expérience collective. De fait, le terme de « transhumance » qu'il utilise pour indiquer le passage de la communauté vers les fosses communes, ne renvoie dans son propre cas qu'au registre sémantique de la « fuite » et de l'« évasion » : « C'est une transhumance muette, mais où donc est le restant du troupeau ?... » (*SC*, 143). N'ayant pas été « sauvé » par la « boue », il est condamné à une survie solitaire ressentie comme une « éclaboussure » (*SC*, 18). À défaut de pouvoir se fondre dans « l'immortalité », le survivant se voit tiraillé entre la vie et la mort, deux options mutuellement exclusives dont aucune n'est satisfaisante :

> Mais que doit entreprendre celui à qui répugnent également et la vie et la mort, ces deux pôles d'un aimant éternel, enduit d'immondices tout aussi éternelles ? Quel explosif serait donc à même de faire sauter cette vieille chienne galeuse, la chienne d'éternité ?

---

38   Miller, *op. cit.*, p. 147.

> La mort – ce pâle satellite de la vie.
> La vie – ce satellite insipide de la mort.
> *Taedium vitae et taedium mortis.*
> Oh mon Dieu [...] n'avez-vous donc vraiment rien d'autre à vendre, aucune autre marchandise à m'offrir dans cette sale boutique ? (*SC*, 242)
>
> Avec ses mains enchaînées Boris reboutonne son pantalon. Il va falloir vivre. Entre la peur de cette mort et le dégoût de la vie, aucun « Tiers Espace » ne s'ouvrirait donc jamais ? (*SC*, 269)

À « l'immortalité » se substitue alors « l'immoralité » : la seule différence tient, au dire du roman, à un « t insignifiant », qui pourrait renvoyer soit à la théologie, soit au théâtre (*SC*, 48), c'est-à-dire encore à la plénitude ou au néant.

4   Le tiers espace

Au niveau de l'écriture, la « vertu du témoin » se trouve à son tour entravée par cette séparation de la communauté. Force est en effet pour Boris de constater que son ancien « moi » et sa « patrie intime » se dissipent. Comme la mémoire vivante va se perdant, les moments d'inspiration se font rares et précieux :

> Avant la destruction de la ville, Léon L. parlait de la vertu du témoin, la seule qui compte.
> A présent, la mémoire trahit. Les couleurs déteignent. La ville est morte. Une seconde fois. Son souvenir – fœtus lourd qui ne respire plus.
> Le « moi » qui avait vécu la ville interdite et le reste, s'écoule et s'égoutte. Evaporée la patrie intime, une conclusion demeure, sèche et rationnelle : quand un tourbillon survient, il faut en profiter, l'exploiter : écrire tout de suite, mentir tout de suite. Les seuls mensonges réellement vivants sont ceux conçus à chaud. (*SC*, 119-120)

En se comparant à un ancien milliardaire, le narrateur-protagoniste indique combien il est difficile de se contenter désormais de quelques pauvres sous, miettes dérisoires du passé. Coupés de leur source, ses écrits se trouvent donc eux aussi réduits à l'état de caricature :

> [...] lui-même et tout ce qui était autour de lui n'étaient, dans le meilleur des cas que caricature de tragédie, caricature d'éruption. Jamais éruption authentique. Tout comme mes notes, écrit Boris, ne seront que la caricature d'une éruption. (*SC*, 267)

Néanmoins, « il FAUT écrire » (SC, 120) et donc ruser avec sa propre inauthenticité. En effet, le défi qui se pose au personnage est d'identifier les voies possibles pour rejoindre à son tour un état proche de l'immortalité et de la plénitude, en cherchant à retrouver ou à restaurer la troisième dimension perdue :

> Un triangle qui gémit : Oh, que je la retrouve, que je la retrouve ; je sens qu'elle est là, qu'elle existe quelque part dans un monde lointain ou bien tout près … cette … troisième dimension. La patrie intime d'où mon âme fut chassée avant le début des temps. Dieu, oh Dieu, où la retrouverai-je ? Ce n'est que dans son giron que …
>
> (L'homme à la poursuite de la quatrième dimension, la pressentant sans pouvoir l'attraper.) (SC, 186)

La quête de plénitude consiste notamment à rechercher un « tiers espace », concept qui s'inspire encore de la cosmologie de Platon, puisque le mot grec « Khôra » signifie aussi bien « espèce » qu'« espace ». Le tiers espace convoité par Boris serait ainsi l'équivalent de la troisième Espèce, c'est-à-dire le Réceptacle ou pétrin. Étant donné que cette espèce tient, pour reprendre les descriptions de Derrida, de l'ordre du « *ni* ceci *ni* cela » ou du « *à la fois* ceci et cela », elle est censée permettre une nouvelle fusion, où les oppositions dichotomiques qui se présentent au survivant peuvent être dépassées.

Comme l'indique le titre du premier chapitre, « la queue et l'art de comparer », Boris et le narrateur misent sur deux stratégies en particulier pour dépasser le problème du vide sur le plan existentiel et testimonial, à savoir la queue, dans le domaine sexuel, et « l'art » de la comparaison, dans le domaine de l'écriture. L'importance de la queue, d'abord, tient à la vision de l'union sexuelle mentionnée plus haut, selon laquelle l'orgasme physique, « ce petit jeu de l'absolu »[39], constitue une ouverture sur l'Absolu métaphysique[40]. Les dimensions existentielles supplémentaires que l'homme-triangle doit conquérir sont dès lors décrites au moyen d'un réseau sémantique sexué et sexuel, en termes de filles à dépuceler :

---

39   Piotr Rawicz, « Salt and Pepper », *European Judaism*, n° 23 (1978), p. 17. Ce texte est repris en anglais dans Dayan Rosenman, Louwagie (éds.), *op. cit.*, pp. 455-460.
40   Dans *Bloc-notes d'un contre-révolutionnaire*, l'auteur rappelle que l'« orgasme est le seul vrai ambassadeur de Dieu en ce bas monde » (Rawicz, *Bloc-notes d'un contre-révolutionnaire ou la Gueule de bois, op. cit.*, p. 12).

> Mais les dimensions vierges, en surnombre, les dimensions non-occupées qui échappent et se faufilent, à quoi donc passent-elles leurs loisirs ? Où se trouve-t-il, le vert pâturage de ces brebis blanches ? Découvrirai-je jamais le dortoir de ces pensionnaires dont le pucelage me tente à l'infini ? Arriverai-je à les engrosser, ces dimensions blondes, brunes et rouquines, anémiques et innombrables ? (*SC*, 186)

En outre, la queue porte le signe de l'alliance avec la communauté des persécutés et avec Dieu. En ce sens, l'union amoureuse avec Noëmi se situe pour Boris dans le prolongement de la communauté biblique : « je me penchais souvent sur Noëmi qui était le lien, qui était la continuation » (*SC*, 173). Le corps de la fille permet de dépasser les pôles pareillement répugnants de la vie et de la mort, offrant « [i]mmortalité pour celui qui a soif de vie, mort douce pour celui qui ne souhaite que sa propre extinction » (*SC*, 173-174). Cela dit, cette union ne procure pas une plénitude durable car le sentiment de communauté s'effrite au fur et à mesure que la tendresse devient une habitude et l'intimité une restriction – d'autant plus que la circoncision de Boris-Youri risque à tout moment de trahir son identité réelle auprès d'une autre femme. Le manque de liberté physique expose leur union, que Boris aimerait « abreuvée du sang de l'âme », aux dangers de la « fonctionnarisation », détruisant tout « germe » avant que celui-ci ne puisse se développer :

> [...] cet univers où chaque germe avant de naître devenait son propre aboutissement et son propre cadavre, voilà les espaces que m'ouvrait Noëmi pour accueillir mon amour et mes trahisons. (*SC*, 170)

L'échec de la création d'un autre espace est d'ailleurs annoncé dès l'incipit, où le narrateur fait déjà allusion à l'impossibilité d'ouvrir une dimension supplémentaire :

> A propos d'horizon – un petit poème me vient à l'esprit. Rassurez-vous. Il n'est pas long, le poème. Rien que deux lignes. Il fut dédié à un Académicien, un membre de l'Académie, un membre ... quoi ...
> Un grain de mise en scène : Il se réveille, le membre, il se dresse, il regarde tout autour et prononce le poème :
> Horizon ?
> Quel affront !... (*SC*, 10)

Dans une interprétation sexuée, l'horizon évoqué dans ce poème constitue un affront pour le « membre » qui se dresse, vraisemblablement en raison de son caractère linéaire, c'est-à-dire de son manque d'extension pluridimensionnelle : aucun tiers espace ne s'y ouvre à la pénétration, d'autant plus que l'horizon est le lieu même de la séparation entre terre et ciel, c'est-à-dire entre le physique et le métaphysique. Notons d'ailleurs que le poème ne fait « rien que deux lignes ». Or, comme le signale une autre petite strophe retrouvée par le narrateur parmi les notes de Boris : « Ce qui entre "un" et "deux" il y a/Jamais tu n'y pénétreras » (*SC*, 181).

Au niveau de l'écriture, ensuite, la quête d'un tiers espace se fait primordialement à travers l'art de la comparaison. Cette figure se compose par principe de deux pôles, le comparant et le comparé, reliés sur base du « tertio comparationis », c'est-à-dire d'un tiers intermédiaire. Elle s'impose dès lors à Rawicz comme le procédé littéraire le plus apte à la création d'un tiers espace, le « tertio comparationis » s'offrant en effet comme une zone ou un « espace » où les polarités, si problématiques, sont susceptibles d'être dépassées. Le premier paragraphe du texte confirme d'ailleurs l'intention de l'auteur d'« abuser » de la comparaison : « C'est que ce conte qui se voudrait anti-philosophique, a-philosophique, je veux l'ouvrir par une comparaison. J'en userai. J'en abuserai. C'est démodé comme procédé, c'est peut-être imbécile, mais je n'y renonce pas » (*SC*, 9). Le texte foisonne donc en comparaisons, que le narrateur ne juge pas toujours fidèles. Certaines sont considérées comme banales, mais néanmoins « satisfaisantes » (*SC*, 105), et à l'occasion le narrateur les abandonne si elles ne l'amusent plus (*SC*, 10). Or, c'est précisément l'usage démesuré ou abusif de l'art de la comparaison dans l'écriture qui permet d'expliquer son échec final à engendrer un tiers espace. De par sa présence excessive, la comparaison accentue en effet l'aspect procédural de l'écriture, de manière à exposer celle-ci, à son tour, au reproche de « fonctionnarisation » : « Encore des comparaisons, encore des métaphores. C'est à vomir » (*SC*, 118). Cela étant, le rejet de la comparaison s'inscrit dans un désaveu plus général de l'écriture littéraire et de ses procédés :

> Le « procédé littéraire » est une saleté par définition. Il l'est davantage de par ses éléments constitutifs : le procédé, le procédé, cette notion est comme un parcours quotidiennement rabâché, entre son bureau et son domicile, par un fonctionnaire souffrant d'hémorroïdes.
> La littérature : l'anti-dignité érigée en système, en seule règle de conduite. L'art, parfois rétribué, de fouiller dans les vomissures. (*SC*, 120)

En raison de leur manque d'authenticité, les procédés littéraires entravent nécessairement la création d'un tiers espace : comme la sexualité, ils finissent par étouffer leur force d'origine. Le personnage-narrateur se trouve là encore dans une situation de *double bind* où les deux contraintes qu'il doit gérer s'avèrent profondément inconciliables : « Entre la terreur que m'inspire une feuille blanche et la honte que la même feuille exhale dès qu'elle se trouve couverte de quelques signes hâtifs, aucun "tiers espace" ne s'ouvrira donc jamais ? » (*SC*, 119). L'insuccès final de la comparaison est noté dans le dernier chapitre, intitulé « la queue et l'échec aux comparaisons », où la situation du personnage s'avère impossible à dépasser et où l'univers entier ne se joue plus que sur la queue :

> La queue et l'art de comparer. Mais à quoi comparer ce moment unique où l'univers entier se concentre, reflue de tous les bords, se cabre pour devenir une bague, une bague d'acier, froide et qui fait mal, cette bague qui enserre la verge de Boris. (*SC*, 217)

Au-delà de la comparaison, l'écriture explore encore d'autres moyens esthétiques susceptibles de créer un tiers espace ou une dimension supplémentaire. Le premier se rapporte aux affinités du personnage avec le surréalisme, mentionnées à plusieurs reprises au fil du texte. Celles-ci jettent une lumière particulière sur les poèmes et les songes présents dans l'œuvre de Rawicz, soulignant la volonté du personnage de se libérer de la réalité ordinaire pour explorer ou désigner une sur-réalité ou une métaphysique cachée[41]. Comme les isotopies de la queue et de la comparaison, l'insertion d'éléments poétiques dans le récit – que l'auteur a identifiés comme étant essentiels au roman[42], même si son narrateur-éditeur minimise leur importance (*SC*, 125) – s'inscrit donc dans la volonté d'aller au-delà du réel et de dégager les connivences profondes derrière la surface des choses. Si Rawicz annonce dès la quatrième de couverture qu'il souhaite dépasser la littérature concentrationnaire en transposant l'événement sur un plan poétique, c'est donc parce qu'à ses yeux, le langage littéraire, le langage de la poésie est « sans doute le plus adéquat, le *seul* adéquat qui soit » pour atteindre « la métaréalité lovée sous les plis de l'événement »[43]. La quête de cette métaréalité ramène d'ailleurs à la métaphysique platonicienne, puisque Platon souscrit lui aussi à l'idée selon laquelle il existe une réalité plus « vraie » que celle que nous percevons. Qui plus est,

---

41   Les poèmes du *Sang du ciel* ont aussi été qualifiés de « symbolistes » – voir entre autres Theodore Solotaroff, *The Red Hot Vacuum and Other Pieces on the Writing of the Sixties*, Boston, Nonpareil, 1970, p. 183. Pour ce qui est du lien de Rawicz avec le surréalisme, notons par ailleurs son souhait, exprimé dans « Salt and Pepper » de produire par l'écriture l'équivalent de la peinture de René Magritte (Rawicz, « Salt and Pepper », *op. cit.*, p. 17).

42   Voir Langfus, *op. cit.*, p. 92.

43   Piotr Rawicz, « Préface », Danilo Kiš, *Sablier*, Paris, Gallimard, 1982, p. iv, p. vii.

le refus d'accepter la « platitude » du réel revient également au niveau de la langue, où Rawicz s'emploie de plusieurs manières à la recherche d'une dimension supplémentaire. Ainsi, le narrateur décèle dans le graphisme même de Boris des tentatives de dépasser les frontières de la langue :

> Une écriture assez bien disciplinée, en somme, avec de petites excentricités de temps à autre – sans doute voulues ou du moins conscientes. Des lettres de grandeur moyenne dont seulement certaines – et pas toujours les mêmes – prenaient des proportions et des formes grotesques au gré de celui qui les traçait. Mon client cherchait-il donc un moyen d'expression supplémentaire, les mots ou la manière dont il les maniait ne suffisant pas à transmettre, à fixer le « message » qu'il considérait comme le sien ? (*SC*, 124)

Pareillement, la combinaison de différentes langues dans le roman, le fameux *volapük* (*SC*, 125), permet à l'auteur de sortir des restrictions que lui impose la langue pour atteindre des dimensions d'expression supplémentaires. En fin de compte, le langage devrait en effet être capable d'exprimer la fusion des choses, ce qui exigerait entre autres de pouvoir utiliser « la millième personne » de la grammaire (*SC*, 271). Un tel dépassement de l'individu s'exprime aussi à travers les enchâssements narratifs, qui rassemblent les voix de Boris, de David et du narrateur, parfois difficiles à distinguer. Par ailleurs, le narrateur-éditeur signale une alternance entre la première et la troisième personne dans le récit de Boris ; cependant, plutôt que de renvoyer à un état de fusion, cette structure pourrait indiquer un état d'aliénation et d'étrangéisation, dans un nouveau renversement caricatural, signalant précisément la perte d'individualité ou d'authenticité intime chez le survivant Boris-Youri[44]. Ce dernier se trouve en effet amené vers de nouvelles communautés de destin, l'éloignant des siens. En serrant la main à ses propres persécuteurs, le personnage fraîchement certifié Ukrainien remarque ainsi qu'après sa « queue », sa main cesse de lui appartenir. La nouvelle fusion écarte encore le personnage de la vertu du témoin, au lieu de l'en approcher.

Dans le cas de la sexualité comme celui de l'écriture, la quête d'une nouvelle inspiration authentique finit en somme par buter à la fois contre la réalité des choses et contre la « fonctionnarisation » ou encore l'inversion des

---

[44] Sur ces difficultés, voir aussi le témoignage de Rawicz sur Leitmeritz : « Parmi les Polonais pris après l'insurrection de Varsovie et arrivés à Leitmeritz après être passés par Auschwitz, il y en avait 3 ou 4 dont j'étais sûr que c'étaient des Juifs qui avaient dissimulé leur identité. Évidemment, dans les conditions du camp, je ne pouvais pas leur dire qui j'étais, ni les interroger » (Rawicz, « Témoignage sur le camp de Leitmeritz », *op. cit.*, p. 403).

procédés employés. Les différentes communautés de destin qui finissent par se créer – dont aussi une « fraternité des abîmes » avec un commandant ennemi (*SC*, 206-208) – ne font pas toujours bon ménage : elles mettent en évidence la difficulté à trouver un tiers espace qui serait autre chose qu'un renversement carnavalesque de l'expérience d'origine et confirment ainsi l'échec de tout système de valeurs. Du reste, les pôles dichotomiques finissent par perdre leur substance distinctive et deviennent interchangeables :

> Boris m'était-il plus proche que Youri ? Etait-il plus réel ? Mes deux moitiés semblaient se diluer dans le paysage gigantesque qui entourait mes journées.
>
> Ce que l'on considère comme l'« authenticité », comme la « vérité matérielle » serait-il encore plus mensonger que le mensonge et la fiction elle-même ? Cette supposition est peut-être exacte, car la « vérité », les « faits réels » s'affublent encore de prétentions arrogantes, inouïes, moins justifiables que le plus téméraire des mensonges et la moins consistante des fictions. (*SC*, 209)

Comme le montre cette citation, l'échec des valeurs se répercute encore dans le langage : malgré la foi exprimée en une « parole libératrice » (*SC*, 119), la langue se mue elle aussi en une caricature du réel, voire en un « camp de concentration » pour l'écrivain[45], que seuls les « simples du langage » (*SC*, 276) peuvent prendre pour argent comptant. De même que chez Schwarz-Bart, les concepts cessent de coïncider avec les choses ou avec eux-mêmes, comme le montre l'insistance sur la nécessité des guillemets, récurrente chez Rawicz. Le fait de placer certains concepts abstraits comme « authenticité » ou « vérité » entre guillemets, de même que des pronoms personnels comme « moi » et « je »[46] – pratique que l'auteur prolonge d'ailleurs dans bon nombre de passages de son journal intime – confirme en effet que ces désignations ne sont que des étiquettes et des masques du Néant, dépourvus d'une réalité intrinsèque. À l'instar d'Antelme, Rawicz se sert donc de non-coïncidences du dire pour remettre en question certaines perceptions du monde ; dans son cas, par contre, il s'agit d'un questionnement radical, qui ne conduit pas à une vérité alternative.

Notons d'ailleurs que, dans le contexte de l'abandon identitaire et des ambiguïtés morales que celui-ci entraîne, la remise en question de ce qui est « réel »

---

45   Nicole Dethoor, « Entretien avec Piotr Rawicz *sous "Le sang du ciel"* », *Combat*, 05.10.1961 ; Piotr Rawicz, « La corne entamée », *Preuves*, n° 138 (1962), p. 46.
46   Voir également Rawicz, *Bloc-notes d'un contre-révolutionnaire*, *op. cit.*, p. 61 ; Rawicz, « Salt and Pepper », *op. cit.*, p. 17.

et « authentique » invalide pour l'auteur toute tentative de jugement. Comme l'exprime en effet Rawicz dans un entretien avec André Bourin, juger serait mentir[47], en ce sens que le jugement ferait référence à une hiérarchie de valeurs à laquelle l'auteur ne croit plus. Or, si les catégories morales ne veulent plus dire grand-chose, que doit faire celui que le jeu de démêler le pur de l'impur n'amuse plus (*SC*, 210) ? Ainsi que le rappelle le roman, la Loi de la tribu interdit la souillure, mais Boris transgresse cette règle en côtoyant l'ennemi. Qui plus est, dans le contexte qui est le sien, l'opposition entre pur et impur s'avère de part en part inopérante. Ainsi, les compagnons de cellule de Boris-Youri se défendent rétrospectivement de leur antisémitisme envers lui en lui priant de comprendre que les « sources » de leur comportement étaient « pures » (*SC*, 274). Les faux bienfaiteurs de la ville interdite répètent pour leur part que leur « méthode était bonne » (*SC*, 108), malgré son échec final. Face à un tel amalgame inextricable entre le bien et le mal, les mots et les valeurs finissent par tomber comme des « écailles mortes » (*SC*, 118) ; même l'amour comme vecteur de plénitude par excellence ne permet désormais plus de rétablir l'ordre des choses, visant à la fois trop loin, en s'étendant jusqu'aux assassins, et trop haut :

> L'homme doit-il vivre sans amour ? Sans l'amour qui, seul, pourrait l'intégrer dans votre bel univers systématisé […] Ce qui plane très haut, surtout ce qui plane très haut, je n'en veux plus. La source est donc tarie. Le seul allié reste la faiblesse, mais c'est un allié félon … (*SC*, 118-119)

En renonçant aux valeurs fortes, il ne reste à Boris qu'à recréer un lien affectif plus humble avec le peuple disparu, qui serait authentique dans sa faiblesse même.

5   Sauver les débris

Comme nous le montrerons, afin d'établir un tel rapport qui assumerait sa propre fragilité et l'absence de source intime, Boris s'appuie sur la séparation même, en transformant le vide en manque, et l'amour de l'objet réel en nostalgie de l'objet perdu. Le principe de nostalgie est évoqué une première fois lorsque Boris traite du Golem, créature d'argile dépourvue d'une « âme divine » et qui se transmue en monstre précisément par nostalgie de celle-ci :

---

[47] Rawicz dans André Bourin, « Toute vie est une agonie » [1962], Dayan Rosenman, Louwagie (éds.), *op. cit.*, p. 90.

> D'un instrument docile au service du Saint, le Golem se mue en une brute déchaînée qui assassine ceux-là mêmes qu'il devait protéger. Et pourquoi ? – Eh bien, à cause d'une nostalgie sauvage de l'âme qui au départ lui avait été refusée. Cette nostalgie, cette noble douleur causée par le vide, ne vaut-elle pas d'ailleurs une âme réelle, une âme bien présente ? Au fond, le Golem devient assassin par une sorte de sentimentalité, un besoin sourd de bonté. Le Golem n'est ici donc que l'envers, que l'« autre face », que la « sitra akhra » du Messie. Il adresse des reproches, quelque peu justifiés, à son vénérable créateur, le grand rabbin de Prague, pour l'avoir sorti du néant sans le doter de ce discernement primaire entre le sombre et le moins sombre, le cruel et ce qui l'est moins, entre le bien et le mal enfin, qui – en pleine justice – ne saurait manquer même à la plus vile des créatures. J'avoue franchement que devant ce dialogue entre le Saint terrifié par les conséquences de son acte créateur et son Golem souillé de sang, c'est vers le Golem que va toute ma pitié. (*SC*, 37)

L'absence d'âme et le vide interne empêchent le Golem de distinguer entre le bien et le mal, le laissant souillé, mais doté d'une « noble douleur ». Or, un tel sentiment est aussi associé à la tribu des Juifs, qui vit dans la nostalgie de Dieu (*SC*, 149). Enfin, dans l'interrogatoire où il parvient à « prouver » son appartenance ukrainienne à ses persécuteurs, Boris suggère que la nostalgie constitue à sa façon un vecteur potentiel d'immortalité :

> Eh bien, Monsieur, je me suis rendu à Kiev et j'y suis resté. C'est la plus belle ville du monde. Un miracle, le miracle de l'humilité. Dans ses faubourgs, au printemps, l'odeur de la terre n'est plus quelque chose de fuyant, d'indéfini ; c'est la nostalgie et l'objet de cette nostalgie, la passion et son apaisement. C'est une maladie voluptueuse et son remède. Tout d'abord on ressent une nostalgie. Puis on n'en est plus capable et on ne ressent plus que la nostalgie de sa propre nostalgie, et ainsi de suite. C'est par ce sentier qu'on sort de la vie. Mais si l'on renversait la hiérarchie, si l'on chamboulait les valeurs … Si la nostalgie devenait plus précieuse que son objet, et la nostalgie de la nostalgie – plus pure, plus précieuse que le REFLET originel ? Là est peut-être l'énigme, l'immortalité de Kiev. (*SC*, 259)

Sous la fausse identité de Youri Goletz, le personnage prend ici Platon à rebours pour argumenter que le désir nostalgique n'est pas moins précieux que l'amour de l'objet réel. *Mutatis mutandis*, cette analyse s'applique aussi au rapport de

Boris au judaïsme et à la communauté disparue. Si un rapport d'identification forte n'est plus une option, la nostalgie, littéralement « mal du retour », lui permet en effet de renouer, en tout « humilité », avec la patrie intime dont il se trouve expulsé. À défaut d'un retour réel, qui n'est plus *authentiquement* possible, le mal du retour et le sentiment du manque offrent un lien plus faible mais d'autant moins factice et caricatural à l'objet disparu, dans un double rapport de participation et d'absence. En tant qu'entre-deux, la nostalgie offre dès lors un tiers espace qui permet d'échapper à une séparation absolue de la tribu, tout en renvoyant Boris à sa propre solitude, tenant ainsi du « *à la fois* ceci et cela » et du « *ni* ceci *ni* cela ». Dans le tiers espace qu'envisage Boris, la nostalgie offre donc une confirmation aussi bien qu'une transcendance des oppositions, combinant parallélisme et renversement, sans dépassement dialectique.

Or, le discours ci-dessus, tiré de la fin du roman, se tient à un moment où la possibilité de survie du personnage est enfin ramenée sur le devant de la scène, après une longue menace. Juste avant son interrogatoire, Boris a en effet aperçu le Signe de la Vie Terrestre dans sa cellule de prison. Il s'agit d'un signe qu'il avait appris à distinguer grâce à son initiation au Livre de la Création par un sage errant. La description qu'en offre le personnage permet d'identifier le signe en question à la lettre *shin* : « une ligne transversale donnant naissance à trois tiges couronnées de petites flammes » (*SC*, 244). D'après la tradition hébraïque, la lettre *shin* est l'une des trois lettres mères de la création, un principe qui se trouve ici rapproché de la théorie de la création de Platon car, au dire de Boris, le Signe de la Vie terrestre, « appelé par les simples le signe du miracle », ramène tout à son germe, vers la matrice des concepts purs, d'où les êtres peuvent « repartir en suivant d'autres courbes » (*SC*, 246). De fait, la confrontation à ce signe dans la cellule de prison remet en route les rouages de l'existence de Boris, annonçant l'issue favorable de l'interrogatoire qui va suivre, même si le personnage affirme que ce nouveau départ de son être n'en vaut peut-être pas la peine et s'inspire davantage d'un réflexe automatique que d'une volonté de vivre. Cependant, rien ne peut arrêter le processus enclenché par le Signe du miracle, sur lequel le vide même n'a pas de prise. Inévitablement, l'interrogatoire finit donc par offrir une « brèche » permettant à Boris de négocier sa survie en se revendiquant d'origine ukrainienne.

La lettre *shin* qui apparaît à Boris dans sa cellule est également mentionnée vers le début du *Sang du ciel*, lors de la destruction du cimetière juif. Après la mort des Juifs de la ville interdite, Boris assiste en effet à « la mort des pierres » (*SC*, 53). Or, la destruction des tombes, avec celle des symboles religieux qui y étaient inscrits, participe dans une grande mesure du même mouvement cosmologique que celui observé pour les êtres vivants. De fait, les lettres sur les vieilles pierres sont à leur tour piétinées dans la boue, comme si elles devaient rentrer au pétrin, pour ensuite effectuer un retour dans le monde des vivants :

> On cassait de vieilles pierres tombales. Sous les coups de maillet, sourds et aveugles, s'éparpillaient les caractères sacrés des inscriptions vieilles d'un demi-millénaire, à la louange de quelque saint ou quelque philosophe. Un *aleph* s'en allait vers la gauche, tandis qu'un *hei* sculpté sur un autre morceau de pierre retombait vers la droite. Un *guimmel* épousait la poussière et un *noun* le suivait dans sa chute ... Plusieurs *shin*, lettre qui symbolise l'aide miraculeuse de Dieu, venaient d'être écrasés et piétinés sous les marteaux et sous les pieds de ces ouvriers moribonds.
>
> L'armée dissolue des lettres une fois échappées de leurs contextes ordonnés, allait-elle envahir le monde des vivants, le monde des objets dits « profanes », en chasse de tout ce qu'il y a d'harmonisé ? Allait-elle distribuer des coups mortels et aveugles, telle une bande déchaînée de Golems ?
>
> Quelle formidable énergie étaient en train de libérer ces ouvriers improvisés et mourants ! Les éclats des tombes allaient-ils se transformer en éclats d'obus incandescents ? Les lettres sacrées, désormais solitaires, allaient-elles, une fois accomplie leur randonnée à travers les villes et les pays, se réorganiser en une nouvelle communauté, recréer un Ordre nu et cruel, à l'opposé de celui qui venait d'être détruit sous nos yeux ? La vie secrète des tombes assassinées allait-elle continuer dans ces éclats et ces grains de poussière, dispersés de par le monde, blottis dans des recoins inconnus ?
>
> [...] Les lions de Juda, les cerfs, les dragons ailés, les livres sculptés sur les tombeaux des docteurs de la Loi s'écroulaient sous le marteau.
>
> Me sauver, sauver le vieux cimetière ... Le pourrai-je jamais mettre sur mon dos tel un manteau noir ? Emmitouflé dans le vieux cimetière comme dans le ciel, entreprendre mon voyage vers de lointaines contrées et que l'on ne nous reconnaisse pas. Que ne nous reconnaisse personne. (*SC*, 53-55)

La question finale est alors celle de savoir quel sera le nouvel ordre qu'instaureront les lettres à leur retour. À l'instar de Boris, elles pourraient aplatir la hiérarchie des valeurs et se prêter, tels des Golems incontrôlables, au mal comme au bien : l'hypothèse ci-dessus concernant l'instauration d'un ordre « nu et cruel » suggère en effet que la renaissance des lettres hébraïques risquerait de libérer un système cosmique qui serait au niveau du « nouvel ordre » nazi. Cela étant, au-delà de sa nostalgie du passé et de son amour du présent, Boris porte sa seule haine aux « chemins futurs » qui se présentent à lui, à nouveau trop lucide pour se faire des illusions sur le monde à venir[48].

Face à ce scepticisme, Rawicz adopte une attitude moins messianique que Schwarz-Bart : dans son œuvre, la nostalgie prévaut sur l'amour, et les contradictions ne s'unissent que dans le vide. Contrairement à Schwarz-Bart, Rawicz se considère coupé de sa source intime ; à défaut d'une position testimoniale authentique, la vertu du témoin consiste dès lors à accueillir les débris, seule façon de sauver le vieux cimetière. Ici encore, se pose cependant la question de l'ordre à donner aux choses, notamment au niveau de l'écriture, où se présente le défi fondamental de créer une « composition sur une décomposition » (*SC*, 16)[49]. L'œuvre participe de fait à sa façon au cycle de la Création : son jeu du devenir est à la fois un processus organique d'éparpillement et de rassemblement, et un travail éditorial fonctionnarisé. Or, le nouvel « ordre » que ce dernier donne au texte reste « faible », et tire sa force de cette faiblesse même. Le processus éditorial accompli par le narrateur enchâssant est notamment double : d'une part sauver les débris d'un récit qui n'en est pas vraiment un (*SC*, 125), d'autre part, amputer tout ce qui se rapporte aux « 'états d'âme' d'un raté » (*SC*, 124). Le but de cette dernière opération, à laquelle le narrateur se dit peu préparé, est de maintenir uniquement ce qui a trait à l'histoire de la queue et de la ville interdite, afin de passer du particulier au général, c'est-à-dire à la « condition d'homme » de Boris (*SC*, 125). En adoptant un point de vue métaphysique sur l'expérience, le témoignage permet de penser à la fois la signification universelle de l'événement et la grandeur cosmique du peuple juif disparu. Comme chez Schwarz-Bart, c'est à ce niveau ontologique que le personnage renoue avec les siens et avec le vieux cimetière, en combinant toujours fidélité et infidélité, art et échec : « avec un esprit d'humilité qui n'est pas feinte » (*SC*, 125), le roman ne participe de l'un qu'à travers l'autre.

---

48   Une même attitude désabusée se manifeste d'ailleurs du côté de l'auteur, sceptique du potentiel de mouvements révolutionnaires comme mai 68.

49   Voir chapitre 1 et aussi Judith Kauffmann, « *Le sang du ciel* de Piotr Rawicz ou La littérature comme "composition sur une décomposition" », Catherine Coquio (éd.), *Penser les camps, parler des génocides*, Paris, Albin Michel, 1999, pp. 407-418.

CHAPITRE 5

Jorge Semprun : réécrire Buchenwald

Jorge Semprun naît à Madrid en 1923. Il perd sa mère en 1931 et s'exile avec sa famille au début de la guerre d'Espagne, s'installant d'abord aux Pays-Bas et ensuite à Paris. Semprun rejoint la résistance communiste en 1941 et adhère au Parti communiste espagnol à partir de 1942. Déporté à Buchenwald en janvier 1944, il est affecté à l'*Arbeitsstatistik*, grâce à ses contacts politiques au sein du camp. Retourné en France après la Libération, il s'engage dans le réseau clandestin du Parti communiste espagnol mais est exclu de celui-ci en 1964[1]. Sa carrière littéraire commence l'année d'avant, avec la publication du *Grand Voyage* : couronné du prix Formentor, ce roman raconte l'expérience de la déportation, suivant une structure d'associations mémorielles. Après la lecture d'*Une journée d'Ivan Denissovitch* d'Alexandre Soljenitsyne et sa rupture avec le Parti communiste, Semprun se distancie cependant de son premier texte et l'auteur décide de réécrire son expérience des camps nazis en tenant compte de l'existence contemporaine des camps stalinistes du Goulag. Son roman *Quel beau dimanche*, paru en 1980, reflète cette remise en question de la conscience innocente et de la coupure nette entre bons et méchants à laquelle Semprun avait cru précédemment (*QBD*, 193, 432)[2]. Ses romans successifs, écrits principalement en français, continuent cependant à évoquer l'idéal de la Résistance[3] et abordent des aspects de son expérience politique, entre autres en tant que ministre de la Culture en Espagne, fonction qu'il occupa de 1988 à 1991. Ils développent aussi des éléments autobiographiques plus personnels, avec une attention particulière pour les différentes ruptures identitaires dans la vie de l'auteur : son identité plurilingue, l'exil, le décès de sa mère, sa vie clandestine et son vécu de déporté. La réception de l'œuvre « culmine » avec l'essai romanesque *L'Écriture ou la vie*, publié en 1994, où Semprun témoigne des difficultés

---

1 Voir entre autres Monika Neuhofer, *Écrire un seul livre, sans cesse renouvelé. Jorge Sempruns literarische Auseinandersetzung mit Buchenwald*, Frankfurt am Main, Klostermann Verlag, 2006, pp. 18-20.
2 Jorge Semprun, *Quel beau dimanche*, Paris, Grasset, 2002 (1980) ; désormais *QBD*. Si Semprun attribue l'origine de ce roman à sa lecture de Soljenitsyne, selon Monika Neuhofer, le renvoi constitue surtout une stratégie littéraire, étant donné qu'il est peu probable que Semprun ait ignoré l'existence du Goulag jusqu'en 1963 (*ibid.*, pp. 137-141) ; la sortie du livre de Soljenitsyne (Alexandre Soljenitsyne, *Une journée d'Ivan Denissovitch* [1962], Trad. L. et A. Robel et M. Decaillot, Paris, Julliard, 1963) et l'exclusion de Semprun du Parti communiste se suivent en tout cas de près dans le temps et comme l'auteur l'indique lui-même dans *Quel beau dimanche* : « même si j'avais su, je n'aurais rien voulu savoir » (*QBD*, 153).
3 Neuhofer, *op. cit.*, p. 331.

de la survie et réfléchit au rôle de l'écriture. Pluridimensionnelles, les œuvres de Semprun, décédé en 2011, embrassent donc des perspectives individuelles, testimoniales et politiques et se marquent par une écriture hautement littéraire et un réseau intertextuel très dense.

Écrivain à succès, sa réception en France est tout de même mitigée pour plusieurs raisons. D'abord, la dimension idéologique dans l'œuvre et le revirement politique de l'auteur suscitent un certain nombre de réserves sur l'authenticité de sa posture testimoniale. Eva Raynal fait dès lors état de deux écoles de pensée sur l'œuvre semprunienne, l'une prônant une lecture nuancée et empathique des écrits et métamorphoses de l'auteur, l'autre sceptique quant à ses tentatives de se « refaire une virginité »[4]. Cette bipartition nous ramène ainsi à la question de la « fidélité » du témoin, et aux difficultés liées à une perception « constructiviste » du témoignage[5]. Monika Neuhofer avance notamment que la position de témoin de Semprun a émergé graduellement à travers les réécritures et les réévaluations successives de son expérience et qu'elle se trouve sur certains points entravée par ses anciens silences, surtout à propos de l'existence du Goulag et la spécificité juive de la Shoah[6].

La dimension artistique de l'écriture a jeté d'autres soupçons sur la véracité de l'œuvre : de par son approche romanesque, Semprun est même accusé d'avoir ouvert la voie à une culture de falsification de la mémoire et d'avoir renforcé une doxa selon laquelle le roman serait supérieur au témoignage[7]. D'autres interprétations soulignent en revanche l'humanité profonde de l'œuvre et l'empathie pour l'expérience juive dont Semprun fait preuve dès son premier roman[8]. Plusieurs lectures se focalisent par ailleurs sur la résilience psychologique dans l'œuvre face à un passé traumatique : dans ce contexte, le travail littéraire est vu comme une façon de sublimer le traumatisme et de le rendre gérable[9]. D'un point de vue testimonial, comme nous l'avons mentionné, la réception contemporaine tend enfin à placer l'œuvre dans un rapport dichotomique avec le travail d'Imre Kertész, en s'autorisant des critiques de ce

---

4 Eva Raynal, « Un regard clinique sur la production de Jorge Semprún », *Acta Fabula*, 19:2 (2018), http://www.fabula.org/acta/document10747.php.

5 Voir chapitre 1.

6 Neuhofer, *op. cit.*, p. 290.

7 François Rastier, « 'L'odeur de la chair brûlée'. Témoignage et mentir-vrai », *Europe*, n° 1041-1042 (2016), p. 116, p. 129.

8 Anny Dayan Rosenman, *Les Alphabets de la Shoah. Survivre, témoigner, écrire*, Paris, CNRS Éditions, 2007, p. 58.

9 Corinne Benestroff, *Jorge Semprun. Entre résistance et résilience*, Paris, CNRS Éditions, 2017, pp. 26-33.

dernier à l'égard du *Grand Voyage*[10]. Le chapitre suivant, consacré à Kertész, reviendra sur cette tension, qui remonte à l'héroïsation de Semprun en Hongrie communiste en 1964. Nous verrons que Kertész se distancie de certains aspects de la vision du monde mise en avant par Semprun dans l'après-Auschwitz, mais n'en exprime pas moins une appréciation profonde de l'écrivain espagnol en tant qu'homme[11].

Dans ce chapitre-ci, l'analyse ne partira pas des œuvres les plus connues de l'auteur, à savoir *Le Grand Voyage* et *L'Écriture ou la vie*[12], mais effectuera une lecture croisée de *Quel beau dimanche* et *L'Algarabie*, deux textes parus au début des années 80[13]. Comme nous l'avons indiqué, le premier texte se rattache à l'œuvre testimoniale de l'auteur et il constitue un tournant dans son écriture du point de vue de son désenchantement politique et de son évolution vers une écriture hautement intertextuelle. La structure du texte est calquée, comme chez Soljenitsyne, sur la trame d'une journée de camp. *L'Algarabie*, ensuite, est un roman fictionnel qui ne se centre pas sur l'expérience des camps, mais constitue pour l'auteur son œuvre la plus personnelle[14] : comme les deux textes furent rédigés en parallèle[15], ils s'éclairent l'un l'autre sur plusieurs points et permettront dès lors d'aborder les dimensions à la fois testimoniales, politiques et identitaires qui sont au centre de l'écriture semprunienne.

---

10   « Repris par la critique, l'argumentaire du survivant d'Auschwitz, Prix Nobel de littérature, fait désormais autorité, transformé en pièce à conviction dans les débats toujours vifs autour du témoignage et de sa fictionnalisation » (*ibid.*, pp. 308-309). Voir aussi chapitre 1.

11   Kertész dans Coralie Schaub, « Imre Kertész : 'Semprun était une sorte de héros officiel' » [Interview], *Libération*, 09.06.2011, http://next.liberation.fr/livres/2011/06/09/imre-kertesz-semprun-etait-une-sorte-de-heros-officiel_741495 ; Kertész dans Iris Radisch, « 'Ich war ein Holocaust-Clown' – Gespräch mit dem ungarischen Literaturnobelpreisträger Imre Kertész », *Die Zeit*, 12.09.2013, http://www.zeit.de/2013/38/imre-kertesz-bilanz.

12   Jorge Semprun, *Le Grand Voyage*, Paris, Gallimard, 2001 (1963) ; Jorge Semprun, *L'Écriture ou la vie*, Paris, Gallimard, 2004 (1994). Parmi les textes traitant de son expérience de déporté, ces deux œuvres tendent en effet à être retenues comme textes-clés de la littérature testimoniale (Dayan Rosenman, *op. cit.*, p. 58). Les textes seront désignés comme *GV* et *EV* respectivement.

13   Une version antérieure de cette analyse, revue et augmentée ici, figure dans Fransiska Louwagie, « L'imaginaire de Jorge Semprun : Narcisse entre miroir et fleur », *Orbis Litterarum*, 63:2 (2008), pp. 152-171.

14   Jorge Semprun, *L'Algarabie*, Paris, Gallimard, 1996 (1981) ; le sigle utilisé pour ce roman est *A*. Sur le statut intime de *L'Algarabie*, voir entre autres Semprun dans Gérard de Cortanze, *Jorge Semprun. L'Écriture de la vie*, Paris, Gallimard, 2004, p. 221.

15   Voir aussi Françoise Nicoladzé, *Relire Jorge Semprun sur le sentier Giraudoux pour rencontrer Judith. Essai*, Paris, L'Harmattan, 2014, p. 97.

1   Tous ces fils et tous ces ils

Même si *Quel beau dimanche* et *L'Algarabie* se rattachent à des genres différents, ils présentent un certain nombre de traits communs au niveau du pacte de lecture. Dans les deux cas, en effet, Semprun s'appuie sur des stratégies de déréalisation et de fictionnalisation pour jouer avec les dimensions autobiographiques et référentielles du texte. Dans un premier temps, nous examinerons dès lors brièvement les questions identitaires et le rapport au réel au sein de chaque œuvre.

Dans *Quel beau dimanche*, d'abord, la narration se présente comme autobiographique mais l'identité du « je » y reste profondément instable, entre autres en raison du fait que le narrateur se distancie en partie de son moi passé, et notamment de son engagement communiste. Le récit à la première personne alterne dès lors avec la désignation du protagoniste à la deuxième ou à la troisième personne[16]. En outre, comme Semprun le répète souvent, en paraphrasant ou citant Primo Levi, l'expérience des camps lui donne l'impression que sa vie ultérieure n'est qu'un rêve, et que seule l'existence là-bas était vraie (*QBD*, 111). Par moments, le narrateur avoue aussi ne plus très bien savoir qui il est (*QBD*, 123) et s'octroie des tendances « subtilement schizophréniques » (*QBD*, 295). Le statut et l'interprétation du réel sont également précaires, comme le signale l'emploi très fréquent de formules comme « quoi qu'il en soit », « ou plutôt » et « ou le contraire », qui dénotent l'impossibilité ou le refus d'aboutir à une interprétation définitive. Les faits ont en effet tendance à se renverser de manière dialectique, et il s'ensuit que toute perception de réalité est potentiellement trompeuse.

Or, ici comme dans le reste de l'œuvre, l'écriture semprunienne ne « témoigne » pas seulement des troubles du « je » et du réel, elle y « résiste » également[17] en exploitant ces fluctuations. Le narrateur pose en effet comme un maître de jeu tout-puissant qui exerce un contrôle absolu sur les différentes pistes du récit[18]. Ce contraste entre instabilité et suprématie n'est pas dépourvu d'ironie, puisque l'auteur se montre pleinement conscient de l'artifice de sa résistance et de son contrôle supposé divin[19] : « Quoi qu'il en soit, je ne vais pas me laisser faire, bien sûr, puisque je suis le rusé Dieu le Père de tous ces

---

16   Cf. Neuhofer, *op. cit.*, p. 145.
17   Colin Davis, « Understanding the Concentration Camps: Elie Wiesel's *La Nuit* and Jorge Semprun's *Quel beau dimanche !* », *Australian Journal of French Studies*, n° 28 (1991), p. 299.
18   *Ibid.*, p. 300.
19   *Id.*

fils et tous ces ils » (QBD, 110). En choisissant la « voie royale » de la fiction[20], le narrateur se donne la possibilité d'élaborer et d'inventer sa propre vérité (QBD, 402), généralement nourrie d'un réseau intertextuel très dense. Les références littéraires, qui font « étalage » d'un bagage culturel « étourdissant »[21], permettent non seulement d'élaborer certains « fantasmes révélateurs d'un individu »[22] mais aussi d'élargir l'univers narratif, en ressuscitant et en juxtaposant différents personnages réels ou fictifs, de manière à confronter plusieurs visions du monde dans une perspective critique et analytique.

Le deuxième texte, *L'Algarabie*, propose un pacte romanesque au lecteur, tout en tissant à son tour certains liens autobiographiques. Le protagoniste porte ici le nom de Rafael Artigas mais le texte stipule qu'il s'agit là d'un pseudonyme : son vrai nom n'est pas révélé, mais le personnage est identifié à un écrivain espagnol vivant à Paris, dont la biographie présente plusieurs rapprochements avec celle de l'auteur. Certains écrits autobiographiques de Semprun, à savoir *Quel beau dimanche* et *Adieu, vive clarté*, attestent d'ailleurs que Rafael Artigas a été l'un des faux noms de celui-ci[23]. En plus, Artigas expose dans le texte son projet d'écrire un roman intitulé précisément *L'Algarabie*. Comme il meurt dans un attentat avant de pouvoir réaliser cette idée, deux personnages plus jeunes, appelés Anna-Lise et Carlos Bustamente, se chargent de la rédaction et publient le roman sous le vrai nom d'Artigas[24]. Le nom sur la couverture de *L'Algarabie* étant celui de Jorge Semprun, le texte suggère donc un lien d'identité, du moins fantasmatique, entre auteur et protagoniste. Semprun joue dès lors encore sur la démultiplication du « je », et, en joignant son protagoniste à un couple de narrateurs, opte pour le principe d'une trinité dialectique telle que décrite par anticipation dans *Quel beau dimanche*, où il est stipulé que les Trois, au final, font Un, « pour la plus grande joie du lecteur sensible aux ruses narratives » (QBD, 110). De fait, dans *L'Algarabie*, le personnage d'Anna-Lise se situe dans un rapport d'analysant-analysé avec Artigas qui simule le principe de l'écriture autobiographique[25], de manière à faciliter l'évocation des souvenirs de ce dernier. Ensuite, une contiguïté s'établit entre Artigas et Carlos puisqu'il apparaît dans *Quel beau dimanche* que Bustamante est, à une lettre

---

20   Benestroff, *op. cit.*, p. 22.
21   *Ibid.*, p. 356.
22   Philippe Lejeune, *Le Pacte autobiographique*, Paris, Seuil, 1996 (1975), p. 42.
23   QBD, 122 ; Jorge Semprun, *Adieu, vive clarté* ..., Paris, Gallimard, 2000 (1998), p. 52.
24   Tantôt certains indices, tel le mot « vieux », conduisent à identifier le « je » du Narrateur à Artigas/Semprun, tantôt il est question des « Narrateurs » au pluriel (A, 246), tantôt de « la jeune Narratrice » (A, 585).
25   Serge Doubrovsky, « Autobiographie/vérité/psychanalyse », *L'Esprit créateur*, 20:3 (1980), p. 90.

près, un autre « nom de guerre » de Semprun (*QBD*, 70). En plus, le roman indique que Carlos est né le jour de l'exil d'Artigas et que son esprit « subit » les souvenirs de son « aîné » (*A*, 475)[26]. Malgré le contrat romanesque, *L'Algarabie* s'inscrit donc à son tour dans l'espace autobiographique semprunien, de manière fantasmatique. Ce brouillage des frontières facilitera une mise en rapport intertextuelle entre les deux textes.

Au niveau de la référentialité générale du roman, *L'Algarabie* se définit comme une uchronie, c'est-à-dire un genre ou stratégie littéraire de contrefaçon historique, où le narrateur part d'un fait historique mais en modifie le dénouement et imagine les implications de sa fiction, pour aboutir à une « histoire alternative potentielle »[27]. En l'occurrence, le point de départ de l'uchronie est constitué par la révolution de mai 68, qui fut perçue à l'époque comme le début d'une « Commune étudiante »[28]. Cependant, le mouvement révolutionnaire tourna court au moment du retour de Charles de Gaulle à Paris. Or, c'est ici que Semprun intervient pour changer l'histoire : dans *L'Algarabie*, le général de Gaulle meurt avant son retour, dans un accident d'hélicoptère. À la suite de cette mort, la France connaît, toujours d'après *L'Algarabie*, une guerre civile, qui aboutit à la création de plusieurs « Communes », dont seule celle de Paris subsiste encore en 1975, moment de la narration. La Commune de Paris ne couvre alors plus que la Rive Gauche et une petite parcelle de la Rive Droite. Elle est désignée comme la Z.U.P., sigle dont les interprétations divergent, en parodiant la politique française des « zones à urbaniser en priorité », et vont dans le roman de « Zone d'Utopie Populaire », « Zone où s'Unifiera le Peuple » ou « Zone Urbaine Prolétarienne », à la définition dite « officielle », « Zone Urbaine de Pénurie ». En 1975, la Z.U.P. comprend plusieurs coalitions rivales, composées respectivement d'Espagnols, de Corses et de « maos », qui règlent à main armée leurs affaires amoureuses et autres. Semprun sauvegarde donc certains éléments historiques de mai 68 – la liberté sexuelle, l'idée de la constitution d'une ou de plusieurs « Communes », la segmentation des révolutionnaires en fractions concurrentes – tout en altérant le cours des

---

26   Cette dénomination se justifie aussi en vue du fait que Carlos est le prénom du frère cadet de Semprun (Nicoladzé, *op. cit.*, p. 97).

27   Christophe Rodiek, « Raumdarstellung in neueren uchronischen Roman », Roger Bauer, Douwe Fokema (éds.), *Actes du 12e Congrès de l'Association internationale de littérature comparée, Espace et frontières*, t. 2, *Espace et frontières dans la littérature*, München, Iudicium-Verlag, 1990, pp. 491-492. Pour une autre analyse de la notion d'uchronie dans le contexte de *L'Algarabie*, voir Miriam Leuzinger, *Jorge Semprun: memoria cultural y escritura: vida virtual y texto vital*, Madrid, Verbum, 2016, pp. 111-115.

28   Edgar Morin, « La Commune étudiante » [*Le Monde*, 17-21 mai 1968], Edgar Morin, Claude Lefort, Cornelius Castoriadis (éds.), *Mai 68 : La brèche*, suivi de *Vingt ans après*, Bruxelles, Éd. Complexe, 1988, pp. 9-33.

événements. Le jeu ironique sur la réalité est cultivé par le « Narrateur », qui dément le caractère contrefactuel du récit et prétend à la véridicité : « Tout le monde se souvient encore de » et « On connaît la suite » (*A*, 133-134). Le processus de réécriture uchronique sert notamment à parodier « l'original » historique, considéré comme une utopie naïve – « sous les pavés il n'y avait pas la plage : il y avait la boue » (*A*, 15) – n'ayant engendré qu'une spirale de brutalités ou des réalisations des plus anodines, comme la transformation d'une église en piscine[29]. Au-delà de mai 68, la parodie porte finalement sur la « vraie » Commune de Paris, que Semprun refuse, comme il l'explique dans *Quel beau dimanche*, de prendre comme une « dictature du prolétariat » telle que le stipule Friedrich Engels (*QBD*, 173). De fait, la Commune de 1871 est mentionnée à deux reprises dans ce premier texte[30], en guise d'anticipation allusive sur *L'Algarabie*, un procédé intertextuel déjà relevé et que nous aurons l'occasion d'explorer plus loin. Citant encore Engels, le narrateur de *Quel beau dimanche* avance par ailleurs qu'un événement se produit toujours deux fois, une première fois comme tragédie et une seconde fois en tant que farce (*QBD*, 160). La caricature uchronique de la Commune de Paris de 1975 met ainsi en scène le revirement inévitable des projets de révolution utopiques, voués à la déchéance plutôt qu'à la renaissance : « La Commune, ou plutôt ce qu'il en subsistait encore sous les oripeaux parodiques de la farce, allait retomber bientôt comme un fruit mûr – pourrissant – dans le giron de l'État démocratique reconstitué » (*A*, 135).

2   Conversations sur l'Ettersberg

Passons maintenant à l'analyse de la trame narrative de *Quel beau dimanche* et *L'Algarabie*, pour voir le rôle narratif que prennent certains intertextes dans l'imaginaire politique et identitaire de l'auteur. Ceci fournira l'occasion d'approfondir certains points de touche à travers lesquels les œuvres de Semprun se répondent et s'éclairent mutuellement. Nous commencerons par une analyse de *Quel beau dimanche*, où, dans la scène d'ouverture, le protagoniste contemple un hêtre enneigé, contrastant la possibilité de sa propre mort avec le processus dialectique des saisons qui amènera l'arbre à fleurir :

---

[29]   En l'église Saint-Sulpice, appelée aussi « Saint-Supplice » pour l'occasion, l'architecture et les décorations du bâtiment ont été respectées, mais le maître nageur trône sur la chaire (Rodiek, *op. cit.*, p. 495).

[30]   Voir aussi *QBD*, 236 (cf. *infra*) ; Louwagie, *op. cit.*, p. 169.

> Le temps s'enfonçait dans l'hiver, sa splendeur rutilante. Mais au cœur même, glacé, de la saison sereine, un futur bourgeon vert se nourrissait déjà de sèves confuses.
>
> [...] le bourgeon niait l'hiver, et la fleur le bourgeon et le fruit la fleur. Il riait aux anges, presque béat, à l'évocation de cette dialectique élémentaire car ce bourgeon fragile, encore impalpable [...] ne serait pas seulement la négation mais aussi l'accomplissement de l'hiver. [...] Le bourgeon éclaterait, portant à son terme la vérité profonde de l'hiver. Et il serait mort. Non, même pas mort : évanoui. Il serait absent, parti en fumée, et le bourgeon éclaterait, boule pleine de sève. C'était fascinant à imaginer. Il riait au soleil, à l'arbre, au paysage, à l'idée de sa propre absence, probable et dérisoire. Les choses s'accompliraient, de toute façon. L'hiver s'accomplirait dans les foisonnements. (*QBD*, 17)

Le cadre de référence est donc hégélien au départ, mais cela change lorsque la même scène est évoquée plus loin dans le récit, à deux reprises. L'analyse dialectique cède en effet graduellement la place à un intertexte littéraire, à savoir l'œuvre de Jean Giraudoux. Le protagoniste affirme de fait que c'est Giraudoux qui lui a appris tous les aspects de la vie et de la mort et cesse de faire référence à la dialectique des saisons. Ce déplacement est significatif notamment dans la mesure où l'évocation suivante de cette scène de l'arbre suit les explications de Semprun sur sa lecture de Soljenitsyne[31] :

> C'est dans Giraudoux que j'ai appris à reconnaître la mort. D'ailleurs, à cette époque, pour mes vingt ans, j'avais presque tout appris dans Giraudoux. Tout l'essentiel, je veux dire. Comment reconnaître la mort, sans doute. Mais aussi comment reconnaître la vie, les paysages, la ligne de l'horizon, le chant du rossignol, la langueur lancinante d'une jeune femme, le sens d'un mot, la saveur fruitée d'un soir de solitude, le frémissement nocturne d'une rangée de peupliers, l'ombre vaporeuse de la mort : j'en reviens toujours là. [...] Les mots de Giraudoux m'ouvraient l'accès de [la] mémoire de paysans et de vignerons français. Je pouvais leur parler du pain, du sel et des saisons avec les mots de Giraudoux. [...] Je pensais à Giraudoux. J'imaginais Simon et Sigfried, Suzanne et Juliette me faire un sourire complice. Nous étions heureux, eux et moi. (*QBD*, 199-200)

---

[31] Neuhofer, *op. cit.*, p. 169. D'après Neuhofer, le rapport établi entre l'œuvre de Giraudoux et les contacts avec les campagnards français constitue une provocation vis-à-vis du Parti communiste, impliquant que le protagoniste n'a pas besoin de ce dernier pour se lier avec le peuple.

L'apprentissage de la mort chez Giraudoux est clarifié vers la fin du texte, avec un renvoi à *Ondine*, pièce où le protagoniste de *Quel beau dimanche* a découvert l'existence de signes prémonitoires de la mort : en effet, dans la pièce, la mort de Hans est annoncée par le fait que la domestique se met à parler en alexandrins[32]. De son côté, le narrateur semprunien indique avoir identifié la présence de la mort à certaines occasions, en particulier lors de sa rencontre avec une jeune fille appelée Daisy (QBD, 202) : cette association entre la mort et la catégorie des jeunes filles en fleur, évoquée au travers du nom de « Daisy », reste à première vue énigmatique mais s'illuminera grâce aux clés de lecture offertes dans *L'Algarabie*, où le personnage de Daisy pourra notamment être rapproché d'*Intermezzo*, une pièce de Giraudoux[33]. Dans la citation ci-dessus, la référence giralducienne se fait plutôt à *Suzanne et le Pacifique*, un intertexte qui revient à plusieurs reprises dans *Quel beau dimanche*, de sorte à suggérer un parallèle entre l'emprisonnement de Semprun à Buchenwald et l'isolement de Suzanne sur son île. Repérant des renvois répétés à la Marne dans un journal, le protagoniste de Giraudoux parvient à se consoler de cette référence, malgré le détachement de sa réalité immédiate :

> J'aurais tout compris de la guerre sans une phrase insoluble qui dans chaque article contenait le nom de la même rivière, sans qu'on pût en saisir le rapport avec le sujet. Les Allemands sont chez nous, disait le premier journaliste, mais que disent-ils de la Marne ? Peu de raisin en France cette année, disait le second, la Marne suffit aux Français. A la page littéraire, on se consolait des méfaits des cubistes avec le même contrepoison. […] Sous toutes les lignes du *Petit Éclaireur* le seul nom de Marne coulait comme un ruisseau sous les planches à jour d'un pont. Si bien que machinalement je dis tout haut, essayant sur moi ce baume. – Elle est seule dans son île, mais il y a la Marne ... et soudain, en effet, la Marne me promit mon retour […][34].

Or, Semprun applique cette même stratégie à plusieurs reprises, notamment pour décrire la réaction des détenus face à la nouvelle de la libération de Paris :

---

32 Voir l'acte troisième de Jean Giraudoux, *Ondine*, Paris, Grasset, 1939.
33 L'œuvre de Proust constitue aussi un intertexte récurrent dans les textes de Semprun, même si ce rôle est contesté par l'auteur ou fait du moins l'objet d'un jeu paradoxal d'attraction et de répulsion (Marcel Proust, *À l'ombre des jeunes filles en fleur I* [1918], Marcel Proust, *À la recherche du temps perdu*, t. 1, Bibliothèque de la Pléiade, Paris, Gallimard, 1987, pp. 421-630 ; Marcel Proust, *À l'ombre des jeunes filles en fleur II* [1918], Marcel Proust, *À la recherche du temps perdu*, t. 2, Bibliothèque de la Pléiade, Paris, Gallimard, 1987, pp. 1-306).
34 Jean Giraudoux, *Suzanne et le Pacifique*, Paris, Éditions Émile-Paul, 1925, pp. 217-219.

sans être tangible pour eux, ce développement leur offre une véritable lueur d'espoir (*QBD*, 378). Dans la mesure où Suzanne se met en quête des signes des saisons sur son île[35], l'intertexte giralducien rappelle aussi le cycle de la vie annoncé au début de *Quel beau dimanche*, du moins pour l'arbre – par contre, après l'hiver du camp, force est de constater que l'expérience de la mort plane de manière durable sur l'existence du protagoniste qui, lui, maintient qu'il n'est pas véritablement revenu à la vie. Au lieu d'avoir accompli un dépassement dialectique, en effet, le personnage continue à vivre la mort au sein de la vie, s'écartant encore de Hegel comme référence. D'ailleurs, au terme du livre, le personnage se souvient de la scène de l'arbre et choisit de finir la journée en compagnie de Giraudoux plutôt qu'avec un témoin de Jéhovah, ce qui confirme la « fonction-refuge » de l'œuvre giralducienne[36].

La scène de l'arbre remplit une fonction structurelle supplémentaire au niveau de la narration dans la mesure où elle est également à l'origine de liens intertextuels avec l'œuvre de Goethe et de Léon Blum. Le camp de Buchenwald se situe en effet sur l'Ettersberg, une colline près de Weimar, qui était un lieu de promenade de Goethe. Ce dernier y tenait des causeries privées, transcrites par Johann Peter Eckermann et publiées à partir de 1836 sous le titre de *Gespräche mit Goethe in den letzten Jahren seines Lebens*. En 1901, Léon Blum publie pour sa part un livre intitulé *Nouvelles conversations de Goethe avec Eckermann*, un pastiche où l'auteur suppose que Goethe est toujours vivant en 1900, et imagine les commentaires de celui-ci sur ses « néo-contemporains » illustres et sur « les événements de l'époque »[37]. Or, ce même Léon Blum est emprisonné sur l'Ettersberg en 1943. Enfermé dans une villa du *Falkenhof*, en dehors de l'enceinte du camp, il ignore longtemps l'existence de ce dernier. Étant donné les liens qui rattachent ces différentes personnes à la fois entre elles et à l'endroit de Buchenwald, comme un coup du destin (*QBD*, 27), le narrateur envisage à son tour d'écrire des *Conversations sur l'Ettersberg*, faisant intervenir les différents « visiteurs » de l'endroit. Il attribue d'ailleurs le même projet à Léon Blum, qui rédigerait pendant sa captivité de nouvelles « nouvelles conversations de Goethe avec Eckermann » :

> [...] Léon Blum s'était plu parfois à rêver à l'apparition de Goethe et d'Eckermann, dans cette lointaine clairière. Il renouait de cette façon avec l'une des fantaisies littéraires de sa jeunesse, il renouait en quelque sorte, nostalgiquement, avec sa jeunesse même.

---

35 *Ibid.*, p. 123.
36 Nicoladzé, *op. cit.*, p. 73.
37 Lucien Dintzer, *L'œuvre littéraire de Léon Blum ou Blum inconnu*, Lyon, Éd. de l'Avenir Socialiste, 1937, p. 17.

> Sur la route qui conduit aux casernes des *Schutztaffeln*, Goethe a brusquement fait arrêter le traîneau. (*QBD*, 316 ; Semprun souligne)

Le projet imaginaire de Blum et celui du narrateur semprunien finissent ainsi par se confondre. D'ailleurs, les deux « auteurs » décident finalement de remplacer la « conversation » goethéenne par le modèle du dialogue platonicien, ironiquement décrit comme un format dialectique basé sur l'alternance de plusieurs voix :

> *« Le sujet est si abondant que, pour indiquer seulement les développements, et aussi pour prévenir toutes sortes d'équivoques, il faudrait la souplesse sinueuse et la variété d'un dialogue platonicien. »*
> Un dialogue platonicien, voilà.
> [...] en se rappelant les apparitions imaginaires de Goethe et d'Eckermann dans la clairière, Léon Blum s'était dit qu'il suffirait peut-être de donner à ces dialogues la forme d'une suite aux *Nouvelles Conversations*... Mais, cela lui semble un peu court, réflexion faite.
> Pour aborder ce problème de la liberté, dans toute sa densité, sa complexité, il faut un véritable dialogue, c'est-à-dire un discours pluriel, multivoque, un affrontement dialectique. Or, Eckermann n'est pas l'homme de ce genre de discours. Il est, tout compte fait, trop gris, trop préoccupé aussi de ne pas perdre une miette des réflexions de son maître, afin de les transcrire fidèlement, pour provoquer un véritable dépassement de la structure du monologue alterné qui est autant celle des *Conversations* que des *Nouvelles Conversations*.
> Non, un véritable dialogue platonicien, voilà ce qui conviendrait. Ainsi, pour commencer, il faudrait augmenter le nombre des participants à ces *Conversations sur l'Ettersberg*, en élargir le cercle. (*QBD*, 327-328 ; Semprun souligne)

Mettant ainsi en abyme sa propre pratique, Semprun engage différents codétenus, de même que Goethe et Blum, dans une confrontation de points de vue politiques, par un échange direct ou par des interactions dialogiques. Une « discussion » majeure porte notamment sur la formule « *Jedem das Seine* » – à chacun son dû – inscrite au-dessus de la porte d'entrée du camp de Buchenwald. Goethe y lit une synthèse de son idéal de liberté modérée :

> Vous voyez cette inscription ? me [Eckermann] demanda-t-il [Goethe]. *Jedem das Seine*. J'ignore qui en est l'auteur, qui en a pris l'initiative. Mais je trouve très significatif et très encourageant qu'une inscription semblable orne la porte d'entrée d'un lieu de privation de liberté, de rééducation

par la contrainte du travail. Car enfin, qu'est-ce que cela signifie « à chacun son dû » ? N'est-ce pas là une excellente définition d'une société organisée pour défendre la liberté de tous, celle de l'ensemble de la société, au détriment s'il le faut d'une liberté individuelle exagérée et néfaste ? (*QBD*, 324-325 ; Semprun souligne)

Ensuite, Semprun invoque les *Notes d'Allemagne* de Léon Blum, où une réflexion sur *Les Lois* de Platon cite également la formule « À chacun son dû », reprise au philosophe grec. Cette phrase est présentée par Blum comme la vérité ultime sur le principe de l'égalité :

> [...] *J'ai toujours considéré que l'égalité était le respect exact de la variété et, par conséquent, de l'inégalité naturelle. Les formules de l'égalité sont, non pas* Tous à la toise *ou* Tous dans le même sac, *mais* Chacun à sa place *et* A chacun son dû. (*QBD*, 331 ; Semprun souligne)

Tant le point de vue de Goethe que celui de Blum, inspiré de Platon, font preuve de leur ignorance de la réalité des camps et ne sont que ce que Semprun appelle, ailleurs dans le texte, en se servant des mots de Soljenitsyne dans l'*Archipel du Goulag*, « un bavardage de pékins bien nourris » (*QBD*, 242)[38]. La réalité montre en effet la perversion potentielle ou même inévitable des discours théoriques abstraits sur la liberté ou l'égalité par la violence. Le narrateur imagine dès lors la réaction qu'aurait son camarade Fernand Barizon face aux idées de Blum :

> Croyez-vous que Fernand se préoccupe de cette inscription dérisoire et merdique, *A chacun son dû*, qui s'étale sur le portail de Buchenwald ? Il en a vu d'autres, Barizon. Il a grandi dans un pays où sur tous les frontons des édifices publics – exception faite, pourtant, des édicules, on se demande pourquoi – s'étale insolemment l'inscription *Liberté, Égalité, Fraternité*, qui n'est pas mal non plus dans le genre dérisoire, dans le genre pâté de cheval et d'alouette – toute une semaine sous le pied du cheval, un dimanche pour le chant de l'alouette – alors, Barizon, il n'en a rien à foutre du *Jedem das Seine*. (*QBD*, 340 ; Semprun souligne)

---

[38] Voir aussi Neuhofer, *op. cit.*, p. 192.

Pour le détenu, les slogans creux comme «*Jedem das Seine*» ou, dans la même veine, « Liberté, Égalité et Fraternité », ne sont d'aucun secours ou valeur dans un contexte où ils n'expriment que « la banale égalité devant la mort » (*QBD*, 340). Pour Semprun, comme nous le verrons plus loin, cette égalité devant la mort engendre au fond la possibilité d'une fraternité *sui generis*, mais le narrateur note en même temps le revirement possible de la formule « chacun son dû » en « chacun pour soi », en observant comment les anciens détenus du camp mangent tous de leur côté et sans égard aux autres (*QBD*, 278). Le slogan supposément égalitaire devient alors la « banale expression de l'égoïsme immémorial » et c'est d'ailleurs en ces termes qu'il est, par l'intermédiaire d'anciens détenus, rapporté dans l'œuvre de Chalamov :

> Ainsi, Chalamov écrit : « On dit qu'au-dessus des camps de concentration allemands figurait une citation de Nietzsche : chacun pour soi ».
> Et dans les récits sans doute comportés par des Russes qui auraient évoqué, dans un baraquement de Kolyma, leur expérience de Buchenwald, *Jedem das Seine* avait fini par devenir *Jeder für Sich* […]. Pourquoi Nietzsche ? Je me le demande encore. (*QBD*, 153 ; Semprun souligne)

Le narrateur se pose aussi la question de savoir comment il aurait lui-même participé au dialogue platonicien, s'il en avait réellement eu l'opportunité. En tant que détenu, il aurait probablement cité Marx tout en se trouvant à mille lieues de ce genre de questions théoriques : il se serait intéressé plutôt au partage d'un ragoût de chien entre camarades, qui aurait contredit, dans les faits, l'idée d'un « chacun pour soi ». Si l'opportunité d'une discussion avec Blum s'était présentée par la suite, le personnage lui aurait probablement répondu par une réflexion sur Platon et Karl Popper, basée sur l'ouvrage *The Open Society and Its Ennemies*, publié par ce dernier en 1945. Popper y dénonce non seulement la pensée politique de Platon comme une utopie violente et dangereuse mais montre aussi la continuité entre la pensée de Platon et celle de Hegel et de Marx : ces derniers ont formulé leurs théories utopiques dans le sillage du philosophe grec, ce qui place Platon à la base des totalitarismes modernes. Le rapport avec les réflexions de Blum est clair : celui-ci se réfère en effet à Platon pour développer ses idées sur l'égalité et la liberté, alors que Popper démontre précisément que le modèle étatique proposé par le philosophe grec est tout sauf orienté vers ces valeurs, étant donné que seule l'élite y accède à la connaissance des Idées et impose sa vision, de manière dictatoriale, au peuple. À travers cette référence, Semprun place donc le communisme dans la lignée des théories prophétiques dépourvues de sens du réel, une critique qu'il poursuit dans *L'Algarabie*.

En rapprochant ces différents penseurs et leurs idées, l'auteur fait encore le procès de la dialectique : en effet, les grands slogans et principes risquent toujours d'engendrer une réalité contraire à ce qu'ils projettent, et tout humanisme ou projet révolutionnaire abstrait ne révèle ainsi que la menace du mal radical. Ce virement dialectique s'illustre d'ailleurs au niveau du titre du livre : « le beau dimanche » n'étant au fond qu'un dimanche merdique, un rapprochement se crée avec les commentaires de Barizon sur la devise *Jedem das Seine*, cités plus haut. Le titre du livre, exclamation un peu étonnante pour un récit sur Buchenwald – à moins de prendre en compte la prédilection de l'auteur pour les approches inattendues ou inusuelles de l'expérience dans le but de dérouter son audience[39] – prend de fait une dimension ironique : il souligne notamment les déformations idéalisatrices du réel dans toute perception dialectique, définie par Barizon comme « l'art et la manière de toujours retomber sur ses pattes » (*QBD*, 113). En d'autres mots, le titre anticipe sur l'évolution du protagoniste-narrateur, qui se déprend des belles théories dialectiques pour se rendre à l'évidence du mal. Analysant son engagement communiste de manière rétrospective, le narrateur en vient d'ailleurs à se demander comment il a pu maintenir les illusions passées à l'encontre de toute réalité, y compris le fait que les Russes rencontrés à Buchenwald ne semblaient, à lui et à ses camarades, en rien représenter « l'homme nouveau » et « l'homme véritable » que le marxisme était censé engendrer. Le narrateur se rend compte qu'il s'est leurré d'une idée ou d'un concept : c'est le versant négatif de « l'effet » de la Marne incarné par la Suzanne de Giraudoux, puisque la promesse d'un mot est parfois fausse. Pour sa part, Semprun indique qu'il s'est accroché, pendant la Guerre froide, à une fiction basée sur sa rencontre à Buchenwald avec un Russe au nom de Piotr, qui incarnait pour lui l'image de l'homme à venir (*QBD*, 149-150). La figure de Piotr a donc fait office de rempart contre la réalité, comme l'illustre le mantra réconfortant qu'« il y avait Piotr », en écho à l'assurance qu'« il y avait la Marne » chez Giraudoux[40].

3   Œdipe et Narcisse face à la mort

L'Algarabie construit à son tour un réseau intertextuel à dimension personnelle et politique. Sur le premier plan, Semprun élabore en particulier son imaginaire sexuel de la mort. Nous examinerons notamment les liens entre

---

39   Voir, à titre d'exemple, *EV*, 99-100.
40   Cf. Nicoladzé, *op. cit.*, p. 72.

les jeunes filles en fleur et la mort, d'abord à travers le thème de la sexualité, et ensuite par le transfert œdipien vers la figure de la mère, décédée. Les intertextes à travers lesquels Semprun tisse ces liens sont le mythe de Perséphone, *Intermezzo* de Giraudoux et *Les Mystères de Paris* d'Eugène Sue. À partir de ces éléments, nous examinerons aussi le regard du narrateur sur sa propre mort et sur ses problèmes identitaires : comme Narcisse, Semprun ne parvient pas à traverser le miroir, et le seul « fruit » de ses quêtes littéraires est dès lors le livre à effeuiller. Sur le plan politique, enfin, nous rapporterons le schéma œdipien à la question du meurtre des Pères, autre dispositif dialectique dont Semprun participe tout en essayant de s'y soustraire.

Rappelons d'abord que l'imaginaire sexuel de la mort est déjà annoncé dans *Quel beau dimanche*. Au sein de ce premier texte, l'auteur laisse notamment entendre que c'est à Paris qu'il a découvert les « jeunes filles en fleur » (QBD, 119) et que celles-ci sont susceptibles de personnifier la mort :

> Curieusement, c'est souvent dans des endroits paisibles et plaisants qu'il m'est arrivé de reconnaître la mort [...] Tous mes efforts pour attirer son attention étaient vains, présomptueux. Ce n'est pas avec moi qu'elle avait affaire. La mort est une jeune femme qui ne me voyait pas : ça me vexait. [...]
>
> A Paris, à l'automne 1975, je l'avais reconnue. [...] une jeune femme est venue s'asseoir à la table voisine, accueillie par des cris de surprise et de joie. « Daisy, tu es là ! Daisy, quel bonheur ! »
>
> Bon, la mort s'appelait Daisy, cette nuit-là. [...]
>
> J'ai essayé de ne pas entendre ce que disait la mort. [...] J'ai regardé les longues jambes de Daisy, pour oublier ses mots. J'ai imaginé le prolongement de leur galbe affiné, sous la soie blanche et noire, jusqu'à l'estuaire du sexe, accessible et proche, navigable. Pauvre astuce, sans doute, pour essayer de renverser les rôles. Car c'est moi qui étais ouvert, béant, et c'est la mort qui me pénétrait. (QBD, 200-203)

La référence aux jeunes filles rappelle le rapport dialectique entre fleur et mort mais elle n'apparaît que de façon passagère dans *Quel beau dimanche*, tout comme certaines autres assertions, par exemple à propos de l'intérêt accru du « je » pour le personnage de Perséphone, restent à première vue énigmatiques (QBD, 296). Or, si ces allusions quelque peu disjointes échappent en apparence à la maîtrise du narrateur, elles prennent finalement sens à la lecture de *L'Algarabie*. La scène de ce roman se situe précisément à Paris et la problématique de la mort y est élaborée par le biais du mythe antique de la reine des ombres, Perséphone, dont le nom premier « Koré » signifie « jeune fille ». Dans ce qui suit, nous verrons d'abord quels sont les points de rencontre et les divergences entre le mythe antique et le récit d'Artigas, pour analyser ensuite la signification de l'intertexte dans l'imaginaire de Semprun.

Les parallèles entre la Perséphone de *L'Algarabie* et la Perséphone du mythe classique sont légion. D'abord, la première est également la fille d'une femme appelée Demetria. Le mari de celle-ci porte le nom d'Eleuterio, ce qui rappelle les Mystères d'Éleusis, voués, dans la Grèce antique, à la déesse Déméter. Ensuite, la Perséphone de Semprun se laisse, conformément au mythe, enlever au moment où elle cueille des fleurs[41]. Son ravisseur, Aresti, tient le rôle de Hadès et règne sur la partie littéralement souterraine de la Z.U.P. À l'instar du Hadès mythologique, Aresti désire épouser Perséphone. Il lui offre un bijou en forme de grenade, tout comme la Perséphone du mythe avait reçu une grenade du dieu des enfers. Semprun reprend également le concept du cycle saisonnier. Celui-ci est relié, dans le mythe classique, au fait que Perséphone doit, sur l'ordre de Zeus, passer une partie de l'année chez sa mère et une partie chez Hadès. Suivant la présence ou l'absence de sa fille, Déméter, déesse de la terre, de l'agriculture et de la fertilité, laisse fleurir ou mourir les fruits de la terre, d'où la naissance des saisons. Dans la version gidienne de ce mythe, Perséphone devient de ce fait le symbole du grain qui doit mourir pour porter du fruit pendant les belles saisons ; ou encore, selon l'image qu'utilise le même auteur dans ses *Feuillets*, celui de la fleur qui « se doit de faner pour son fruit »[42]. Dans *L'Algarabie*, l'idée de la cyclicité, déjà présente dans la dialectique des saisons dans *Quel beau dimanche*, est rattachée précisément à l'image gidienne de la fleur. Pour sa part, Semprun rajoute une dimension sexuelle à cette interprétation, car sa Perséphone est une jeune fille « en fleur », dont le destin à l'intérieur du cycle biologique est d'être « déflorée » ou « défleurée » :

> [...] la défloration de la jeune fille – mais ne vaudrait-il pas mieux parler de défleuraison ? [...] ne serait-elle pas plutôt un phénomène aussi naturel que la saisonnière chute des fleurs d'une plante ? Les jeunes filles en fleur ne sont-elles pas naturellement destinées à défleurir, comme les lys et les amandiers, les lilas et les roses, selon un cycle immuable et à chaque fois surprenant ? – [...] (*A*, 330)

---

41   Semprun anticipe sur ce thème dans *Quel beau dimanche*, en faisant aussi le lien avec les événements de la Commune de 1871, et notamment la prise d'otages (*QBD*, 236 ; cf. *supra*).
42   Sigrid Gätjens, *Die Umdeutung biblischer und antiker Stoffe im dramatischen Werk von André Gide, Studien zu Saül und Bethsabé, Perséphone und Œdipe*, Hamburg, Romanisches Seminar der Universität, 1993, pp. 173-174.

Ce glissement vers la sexualité provoque plusieurs altérations au mythe. Ainsi, le monde souterrain d'Aresti est un « bordel » réputé au lieu d'un royaume. En plus, Perséphone refuse d'épouser l'homme qui l'a déflorée : elle veut bien retourner chez lui de temps en temps – comme son homonyme chez Hadès – mais uniquement à condition qu'Aresti la laisse « faire la pute, si ça [l']amuse ! » (*A*, 589). Son refus vis-à-vis d'Aresti est d'autant moins conventionnel que Déméter est la déesse du mariage et s'oppose donc à la « licence sexuelle »[43]. Outre que Perséphone se montre ainsi une fille de mai 68, son rôle en tant que reine des ombres illustre, à l'instar de la figure de Daisy dans *Quel beau dimanche*, la fusion de la mort et de la sexualité chez les jeunes femmes : « La mort a le visage aigu des filles nubiles » (*A*, 555). L'association en question joue un rôle clé dans l'imaginaire de Semprun, comme nous le verrons, et se trouve corroborée par plusieurs intertextes. Signalons d'abord un nouveau renvoi intertextuel à *Intermezzo* de Giraudoux, dont Semprun ne cite en l'occurrence plus le nom de Daisy – l'une des petites filles à nom floral qui apparaît dans le texte giralducien – mais celui de la protagoniste, Isabelle :

> *Jedem das Seine*, comme dirait l'autre : à chacun son dû. Ces mots ne sont pas de moi, mais de Jean Giraudoux. Ils se trouvent dans un billet adressé à une certaine Isabelle, jeune femme dont je ne sais rien sinon qu'elle a été le dernier amour de G. (*A*, 533 ; Semprun souligne)

Qualifiée ici comme le dernier amour de Giraudoux, Isabelle est en apparence associée au décès de l'auteur. Or, dans *Intermezzo*, Isabelle rencontre un spectre qui souhaite initier la fille au secret de l'au-delà. L'un des personnages, le Contrôleur des Poids et Mesures, explique alors que la connivence avec la mort, typique des jeunes filles, est due à l'éclosion sexuelle de celles-ci :

> Connaissez-vous une aventure de spectre sans jeune fille ? C'est justement qu'il n'est pas d'autre âge qui mène naturellement à la mort. [...] Il y a des pas de vous [jeunes filles] qui mènent à la mort et que vous entremêlez dans vos danses mêmes. Il y a dans vos conversations les plus gaies des phrases du vocabulaire infernal. Un jour, en [la] présence [du spectre], le hasard vous fera dire le mot qui ouvrira pour lui la porte du souterrain, à moins que vous ne l'y ameniez par un de ces élans ou de ces abandons du genre de ceux qui conduisent les vivants à la passion ou à l'enthousiasme[44] ?

---

43 Jean-Pierre Vernant, *Mythe et société en Grèce ancienne*, Paris, Maspero, 1974, p. 158.
44 Jean Giraudoux, *Intermezzo*, Neuchatel/Paris, Ides et Calendes, 1945 (1933), p. 113.

En d'autres mots, la petite mort semble offrir un accès à une mort autrement impénétrable pour les hommes en général et les poètes en particulier[45]. À l'instar du spectre et d'Isabelle même, ces derniers souhaitent trouver la clé pour connaître l'énigme de la mort. Or, dans l'imaginaire de Semprun, ce désir se dote d'une dimension supplémentaire, du fait qu'au sein de son œuvre, les jeunes filles renvoient en définitive à la figure de la mère, défunte. À l'image d'Isabelle qui est frustrée de ne pas pouvoir pénétrer le secret de la mort, Semprun raconte dans L'*Algarabie* comment la porte de la chambre à coucher de sa mère fut scellée pendant deux ans après le décès de celle-ci, lui barrant l'accès :

> *Quand ma mère y est morte cette pièce a été condamnée pendant deux longues années Vidée de ses meubles Volets clos sur la rue La porte du couloir fermée à double tour et de surcroît obturée par des bandes de papier adhésif collées sur toutes les rainures Nul ne nous avait expliqué les raisons de cette clôture implacable destinée sans doute à nous protéger des effluves délétères d'une agonie interminable et douloureuse Mais je passais devant la porte de la chambre de ma mère sa chambre conjugale et mortuaire En tremblant je passais plusieurs fois par jour devant cette porte close sur les secrets de la mort Sur l'intolérable secret de la mort La porte close perpétuait le secret mémorable de cette mort* (A, 49-50)

Par ailleurs, il convient de noter que, dans la citation donnée plus haut, le personnage d'Isabelle est évoqué dans un post-scriptum de Carlos à son amante Fabienne, rédigé au moment où ceux-ci se trouvent à égale distance entre deux rendez-vous amoureux. Dans ce contexte, l'expression *Jedem das Seine* se rapporte à l'acte de mesurer le double intervalle, équitable en l'occurrence, qui sépare le personnage de sa rencontre avec l'amour, c'est-à-dire avec la mort. Or, un tel processus de calcul resurgit dans *L'Écriture ou la vie* pour décrire la réalisation de l'auteur qu'il cesse, à un moment donné, de s'éloigner de la mort vécue à Buchenwald et que celle-ci finira tôt ou tard par le rattraper :

> J'ai compris que la mort était de nouveau dans mon avenir, à l'horizon du futur.

---

45   Voir également le commentaire sur son souvenir de la mort dans *L'Écriture à la vie* : « Un rêve qui peut vous réveiller n'importe où : dans le calme d'une verte campagne, à table avec des amis. Pourquoi pas avec une femme aimée, ajouterai-je ? Parfois avec une femme aimée, au moment même de l'amour. N'importe où, en somme, avec n'importe qui, soudain, une angoisse diffuse et profonde, la certitude de la fin du monde, de son irréalité en tout cas » (*EV*, 304).

> Depuis que j'étais revenu de Buchenwald [...] j'avais vécu en m'éloignant de la mort. [...] La mort était une expérience vécue dont le souvenir s'estompait.
>
> Je vivais dans l'immortalité désinvolte du revenant.
>
> Ce sentiment s'est modifié plus tard, lorsque j'ai publié *Le grand voyage*. La mort était dès lors toujours dans le passé, mais celui-ci avait cessé de s'éloigner, de s'évanouir. Il redevenait présent, tout au contraire. Je commençais à remonter le cours de ma vie vers cette source, ce néant originaire.
>
> Soudain, l'annonce de la mort de Primo Levi, la nouvelle de son suicide, renversait radicalement la perspective. Je redevenais mortel. [...] Je me suis demandé si j'allais encore avoir des souvenirs de la mort. Ou bien que des pressentiments, désormais.
>
> Quoi qu'il en soit, le 11 avril 1987, la mort avait rattrapé Primo Levi. (*EV*, 319-320).

Comme le renvoi à Giraudoux, la reprise de la devise *Jedem das Seine* dans *L'Algarabie* vient renforcer l'association entre le thème de l'amour et celui de la mort, en l'inscrivant dans une perspective transtemporelle, où la mort et les femmes se dédoublent pour constituer à la fois le passé originaire, le présent et l'avenir, dans une unité dialectique impossible à dépasser.

Une autre référence intertextuelle qui permet d'étayer la connexion entre les jeunes filles en fleur et la figure maternelle dans *L'Algarabie* est le roman-fleuve *Les Mystères de Paris* d'Eugène Sue[46], dont nous présenterons les axes principaux avant d'analyser leur transposition et leur fonction au sein du roman de Semprun. L'œuvre d'Eugène Sue raconte l'histoire de Rodolphe, prince de Gerolstein, qui se laisse séduire par Sarah, une jeune comtesse écossaise avide du trône. Le père de Rodolphe s'oppose au mariage, malgré la grossesse de Sarah ; en réaction, la comtesse abandonne sa fille à la naissance, tandis que Rodolphe va jusqu'à tirer l'épée contre son père. Pour expier cette faute, il se mêle au bas peuple de Paris afin d'y sauver des âmes. Il aide entre autres une jeune prostituée au cœur pur, Fleur-de-Marie, qui s'avèrera être sa fille. Entrée au couvent, elle meurt de honte d'avoir été prostituée.

L'Algarabie réintroduit plusieurs éléments du récit de Sue, par exemple le personnage-prostituée, sous le nom de Yannick de Kerhuel, ainsi que le motif de la filiation ignorée : Artigas découvre en effet à la fin du livre que Perséphone et sa sœur Proserpine sont en réalité ses filles, et non celles d'Eleuterio Ruiz. Fidèle au contexte de mai 68 et au principe de revirement dialectique, Semprun pervertit cependant de part en part le ton moralisateur du récit

---

46   Eugène Sue, *Les Mystères de Paris*, t. 1-4, Paris, Éd. Hallier, 1977-1971 (1842-1843).

de Sue. Ainsi, le rapt de Perséphone a tout l'air d'une fugue[47] et l'état d'esprit des prostituées est radicalement différent chez l'un ou l'autre des auteurs : là où Fleur-de-Marie meurt de remords, Yannick – d'origine noble, comme le personnage de Sue – s'adonne de toute sa volonté à la jouissance sexuelle, même dans le viol, démythifiant ainsi l'image de la prostituée « immaculée ». Par ailleurs, Fleur-de-Marie adore son père Rodolphe, porteur de la morale catholique, tandis que Yannick déteste le sien et son fanatisme religieux. Ensuite, Semprun détourne aussi le motif de la filiation ignorée, en lui injectant une dimension œdipienne, par voie indirecte. Effectivement, tant qu'Artigas n'était pas au courant de sa paternité, il entretenait des relations plutôt douteuses avec les jumelles de Demetria, quoiqu'il ne « déflore » pas Perséphone, « plutôt par paresse et par perversité naturelle que pour n'importe quelle autre raison » (A, 574). Or, ces relations ouvrent la voie vers une prolifération de désirs et de rapports incestueux, impliquant non seulement les jeunes filles en fleur mais également la génération ascendante. Ainsi, Carlos, le cadet d'Artigas, entretient de véritables rapports sexuels avec sa tante Inès et la fille de celle-ci, Mercédès. Quand le mari de Mercédès observe que « la prohibition de l'inceste n'est pas pour rien à l'origine de toute société civilisée », Carlos ne se montre pas impressionné : « Et même s'il y en avait ? » (A, 139)[48]. Alors qu'Artigas, dans l'ignorance de sa paternité, n'établit pas de lien conscient entre sa mère et ses filles, chez Carlos, l'alignement des générations se fait de manière explicite, Mercédès étant « tout le portrait » de sa mère (A, 595). Indirectement, cette adjonction entre mère et fille remonte de nouveau aux *Mystères de Paris* : en effet, selon la critique littéraire de ce roman par Franz Zychlin von Zychlinski (alias « monsieur Szeliga »[49]), commentaire basé sur la spéculation hégélienne et, comme nous le verrons plus loin, combattu par Karl Marx dans son ouvrage *La Sainte Famille*, Fleur-de-Marie devrait « [p]ar analogie avec la construction de la mère de Dieu » être non la fille mais la mère de « Rodolphe, le nouveau sauveur du monde »[50]. Semprun récupère cette équivalence dans le contexte

---

47   Avril Tynan, *Spectres of Patriarchy: Reading Absence in Jorge Semprun*, Thèse de doctorat, Royal Holloway, University of London, 2016, https://pure.royalholloway.ac.uk/portal/files/26889860/Spectres_of_Patriarchy_Final_Pure.pdf, p. 143.

48   Sur le thème de l'inceste chez Semprun, voir également *id*.

49   Szeliga, « Eugen Sue, Die Geheimnisse von Paris », *Allgemeine Literatur-Zeitung*, n° 7 (1844), pp. 8-78. Szeliga est le pseudonyme de Franz Zychlin von Zychlinski (1816-1900) (cf. Auguste Cornu, *Karl Marx und Friedrich Engels. Leben und Werk*, t. 2, *1844-1845*, Berlin, Aubau-Verlag, 1962, p. 30).

50   Karl Marx, *Œuvres philosophiques*, t. 3, *La Sainte Famille, ou Critique de la critique critique (contre Bruno Bauer et consorts)*, *Suite et fin* [avec Friedrich Engels], Paris, Costes, 1947 (1845), p. 47. Nous reviendrons plus loin sur l'article de Szeliga et sur le commentaire de Marx.

de *L'Algarabie*. Or, ici il apparaît que c'est uniquement en l'absence de la mère que celle-ci se reflète en sa fille ou sa petite-fille, et par extension, en « les jeunes filles en fleur ». Autrement dit, la présence d'un double fait briller l'original par son absence (*A*, 462) : l'apparition de Fabienne implique la disparition de Mercédès, celle de Paula (ou Pola) Négri l'absence de la mère et ainsi de suite. L'élément central est en somme toujours manquant et l'élément manquant se fait invariablement central (*A*, 588), ce que confirment aussi les motifs récurrents du miroir et du masque.

La fin du récit ramène au thème de la mort car, après quelques ombres prémonitoires, le narrateur est tué et castré par le petit chef d'un groupe de « noctards ». Voici donc le moment où le personnage va enfin « savoir », comme l'Isabelle de Giraudoux : en mourant il pénètre dans la chambre conjugale et mortuaire, où il aperçoit le reflet de sa mère dans le miroir, à moins que ce ne soit Pola Négri, dont il disputait également, en véritable Œdipe, les affections à son père (*A*, 581). Au moment où la mort finit par le rattraper, il se glisse dans le grand lit, retournant au giron maternel. Cette fin montre que ce ne sont pas uniquement, comme chez Sue, les rôles de mère et de fille qui se rejoignent : aux mains du « petit chef », le narrateur est en effet autant le fils incestueux à castrer que le père démasqué à tuer. Au final, le scénario œdipien suggère ainsi l'inévitable répétition du système de domination paternelle, un thème sur lequel nous reviendrons plus loin.

Au-delà de la figure d'Œdipe, la fin du récit renoue aussi avec celle de Narcisse. Tout au long du roman, le désir du protagoniste est en effet non seulement celui de trouver la clé d'accès pour accéder à sa mère et à la connaissance de la mort mais aussi celui de se découvrir soi-même. En ce sens, le concept d'« algarabie », en tant que métonymie du livre, est aussi censé opérer comme un « mot de passe » susceptible d'ouvrir les passages secrets du moi :

> – *Algarabía, Algarabía*, dit-il [Eleuterio Ruiz] à mi-voix, comme qui dirait un mot de passe connu seulement de lui-même. Un mot de passe, en somme, qui n'ouvrirait d'autres portes que celles du Soi, les corridors mêmes de soi-même. (*A*, 225 ; Semprun souligne)

Cette quête de soi, associée à des penchants narcissiques tout au long du récit, est en apparence sans issue : comme son modèle mythologique, le narrateur ne peut s'atteindre dans le miroir et se perd dans des doubles et des masques. En fin de compte, il ne lui reste donc que la possibilité de s'éclipser à son tour, en laissant derrière lui une fleur – cette fleur est alors le livre même, dont le « feuilletage » est proche de « l'effeuillage » des fleurs féminines :

> [...] la jeune femme en question, donc, verrait Carlos interrompre ses travaux d'approche sexuelle pour se livrer aux joies, totalement narcissiques celles-ci, de la lecture. Elle le verrait feuilleter le livre, quel qu'il fût, au lieu d'immédiatement l'effeuiller, elle. (*A*, 274)

D'ailleurs, dans le chapitre sept, la prostituée Yannick de Kerhuel est obligée par son ex-amant le Mao de faire une autocritique publique, dont elle parodie le concept classique en exécutant un strip-tease, c'est-à-dire un « effeuillage » dans le vocabulaire floral de Semprun (*A*, 437). Le recours au concept d'autocritique instaure un nouveau lien avec *Quel beau dimanche*, où Semprun indique qu'il a refusé de se livrer à un tel exercice au moment de sa rupture avec le Parti. À la place, il a opté pour un examen de conscience littéraire, qu'il complète, dans *L'Algarabie*, par un strip-tease plus personnel. De ce fait, le lecteur est entraîné dans un double processus de feuilletage et d'effeuillage, suivant tous les « fils » et tous les « ils » du texte et leurs réseaux intertextuels. Tels les personnages il guette les « signes » et les indices semés comme autant de « clés » de lecture à travers les différents textes de l'auteur. Dans *Quel beau dimanche*, ce processus est d'ailleurs mis en vedette par le choix ironique d'une épigraphe d'André Breton :

> Je persiste à réclamer les noms, à ne m'intéresser qu'aux livres qu'on laisse battants comme des portes, et desquels on n'a pas à chercher la clef. Fort heureusement les jours de la littérature psychologique à affabulation romanesque sont comptés.
>
> ANDRÉ BRETON

Le désir du lecteur de « savoir » et de « pénétrer dans l'intimité » de Semprun[51] se rapproche du modèle du « strip-tease »[52] tel que défini par Roland Barthes : le voyeurisme du lecteur accompagne selon ce dernier l'exhibitionnisme de l'auteur[53] et s'appuie à son tour sur un plaisir œdipien, celui de tout « dénuder » et de « connaître à notre tour l'origine et la fin », grâce à la représentation du Père comme « absent, caché ou hypostasié »[54]. Cependant, tout comme Yannick a l'intention de s'enfuir dans le tumulte suscité par son strip-tease, l'auteur se soustrait finalement à la prise du lecteur. De même que l'enfant en route vers la chambre maternelle, le lecteur est donc voué à longer un

---

51   Cf. *A*, 380.
52   Roland Barthes, *Le Plaisir du texte*, Paris, Seuil, 1973, p. 21.
53   Nancy M. Frelick, « Hydre-miroir : *Les Romanesques* d'Alain Robbe-Grillet et le pacte fantasmatique », *The French Review*, 70:1 (1996), p. 53.
54   Barthes, *op. cit.*, p. 20.

couloir interminable menant vers une porte toujours verrouillée. Plutôt que Narcisse-Artigas, il tient le livre-fleur : l'élément central étant donc de nouveau absent (*A*, 588), le lecteur est en dernier ressort incité à rechercher non pas « l'effeuillement des vérités », comme un voyeuriste, mais plutôt « le feuilleté de la signifiance »[55].

Pour conclure notre propre parcours, ou poursuite, de tous les fils et « ils » de *L'Algarabie*, nous analyserons enfin la dimension politique du réseau intertextuel déployé par Semprun. En partant de l'échec des révolutions populaires comme la Commune et mai 68, l'auteur dresse ici encore un réquisitoire contre les idéologies politiques en général, et contre le marxisme en particulier. En l'occurrence, la réécriture parodique de la vision sociale et moralisatrice propagée par Eugène Sue, offre aussi une voie indirecte pour critiquer Marx et Engels. De fait, dans *La Sainte Famille*, ces derniers s'acharnent contre l'utopie sociale proposée dans *Les Mystères de Paris*[56], alors qu'ils sont, aux yeux de Semprun, les auteurs d'une théorie tout aussi irréelle et mortifère. Plus exactement, Marx et Engels s'en prennent dans *La Sainte Famille* à un courant particulier de la critique littéraire, qui s'est baptisé la « Critique critique » : celle-ci vise à élever la Masse à un esprit critique mais adopte une approche que Marx et Engels considèrent comme paternaliste[57]. Marx s'acharne en particulier sur le roman de Sue, ainsi que sur la lecture qui en a été présentée par « monsieur Szeliga », l'un des représentants majeurs de la Critique critique. Le récit de Sue constitue pour Marx une utopie sociale simpliste[58] et le protagoniste, Rodolphe, est dénoncé comme un levier de la Critique critique à cause de son prosélytisme religieux. L'analyse littéraire de Szeliga, ensuite, est condamnée en raison de sa nature hégélienne spéculative, susceptible d'embellir encore le monde esquissé par Sue. Marx réfute le pouvoir rédempteur de Rodolphe et de la Critique critique en avançant que le premier, au lieu de sauver sa fille, a causé la mort de celle-ci en lui apprenant le remords des péchés, tout comme la Critique critique finit par tuer la Masse qu'elle veut secourir. Dans les deux cas, les reproches de Marx visent la représentation réductrice de la société et la confusion entre idées et réalité. De son côté, Semprun incorpore ces critiques tout en les renvoyant aussi à l'expéditeur, puisque Marx est à ses yeux coupable d'avoir créé une théorie sociale non moins irréelle, moralisatrice et destructrice que celle de Sue. Nous retrouvons ainsi le principe de revirement déjà élaboré

---

55   *Ibid.*, p. 23.
56   Marx, *op. cit.*, p. 11, pp. 110-111.
57   « La critique a tellement aimé la masse qu'elle a envoyé son fils unique afin que tous ceux qui croiront en lui ne se perdent pas, mais aient la vie critique. La critique s'est faite masse et habite parmi nous et nous voyons sa splendeur, la splendeur du fils unique du père » (*ibid.*, p. 11).
58   *Ibid.*, pp. 110-111.

par rapport à *Quel beau dimanche*. La reproduction de ce schéma, et celle de ses critiques, nous ramène en outre vers un scénario œdipien. De fait, tout comme Marx et Engels s'en prennent dans *La Sainte Famille* non seulement à l'approche « paternaliste » de Sue mais aussi à Hegel en tant que « Père » de leur propre théorie dialectique, Semprun procède à son tour, en tant qu'ancien marxiste, à une mise à mort symbolique du Père. Tant dans *Quel beau dimanche* que dans *L'Algarabie*, d'ailleurs, le Parti communiste et les régimes marxiste et stalinien sont systématiquement qualifiés de « Pères » autoritaires ou de chefs « paternalistes ». Ce meurtre des pères politiques vient redoubler l'imaginaire personnel et jette une nouvelle lumière sur la pratique de réécriture de l'auteur, qui démasque ses « Pères » en les pastichant. Comme l'a argumenté Alain Robbe-Grillet, la « filiation » intertextuelle peut en effet constituer non seulement un hommage à un autre auteur, mais également une correction ou une subversion parodique et contestataire, dirigées contre un « Père à tuer »[59].

4　Un regard fraternel

L'interaction dialogique où les différents intervenants se reprochent mutuellement d'être humanistes, utopistes et/ou paternalistes, montre non seulement la permanence du mal mais aussi le risque que les mêmes pièges et scénarios se reproduisent sans cesse : en d'autres mots, le fils se transforme presque inévitablement en père, même à son insu, comme dans le cas d'Artigas. Se pose dès lors aussi la question de la position auctoriale : ayant tué tous ses pères, Semprun est-il lui aussi un père qui s'ignore, le Dieu tout-puissant de tous ses « fils », voué à incarner et à reproduire un système oppressif sans issue ? Le risque n'est pas imaginaire, puisque l'auteur s'est vu reprocher d'utiliser à son tour le type de rhétorique qu'il cherche à dénoncer[60]. En revanche, Semprun se montre conscient de cette menace qu'il ne peut, en toute connaissance de cause, « dépasser ». Sur le plan littéraire, le narrateur ironise dès lors sur son rôle de « Dieu » et sa toute-puissance. Plutôt qu'à une tragédie, le rôle du père aboutit ainsi ici à une farce, à la fois narcissique et autocritique.

Sur le plan de son expérience des camps, l'auteur se garde également de suggérer un « dépassement », soulignant, comme on l'a dit, l'impossible retour à la « vie »[61]. Dans son rôle de témoin, Semprun refuse dès lors le statut de

---

59　Alain Robbe-Grillet, « Du Nouveau Roman à la Nouvelle Autobiographie », Éric Le Calvez, Marie-Claude Canova-Green (éds.), *Texte(s) et Intertexte(s)*, Amsterdam – Atlanta, Rodopi, 1997, p. 267.
60　Harriet Hulme, *Ethics and Aesthetics of Translation. Exploring the Works of Atxaga, Kundera and Semprún*, Londres, UCL Press, 2018, p. 202.
61　Cf. *supra* et *EV*, 27, 180-183.

survivant. *Quel beau dimanche* décrit d'ailleurs une occurrence particulière où il lui est arrivé de perdre « le fil » (*QBD*, 303) de son discours en plein témoignage. Aspiré à nouveau vers le trou de l'expérience, il se remet seulement de ce passage à vide grâce au fait qu'on lui souffle ses lignes : la représentation reprend alors de plus belle, étant donné le désir du témoin d'« aider » par sa parole (*QBD*, 304). Cette perte de fil contraste encore avec le discours littéraire, où le narrateur réclame un contrôle absolu, là encore vertigineux, de tous les fils et de tous les « ils », dans une démarche ouvertement artificielle, mais qui bute aussi sur le dérobement final du moi.

Enfin, l'auteur cherche à contourner les risques de la paternité en se plaçant, tout au long de son œuvre testimoniale, sous le signe de la fraternité. Dans *Le Grand Voyage*, il souligne déjà que les morts ont besoin d'un « regard pur et fraternel » (*GV*, 89)[62]. Le thème joue en outre un rôle central dans *L'Écriture ou la vie*, où Semprun évoque tout particulièrement le rapport fraternel à Halbwachs. En définitive, c'est donc la *fraternité* devant la mort qui définit l'égalité et la liberté des détenus :

> De semaine en semaine, j'avais vu se lever, s'épanouir dans [les] yeux [de Halbwachs et Maspero] l'aurore noire de la mort. Nous partagions cela, cette certitude, comme un morceau de pain. Nous partagions cette mort qui s'avançait, obscurcissant leurs yeux, comme un morceau de pain : signe de fraternité. Comme on partage la vie qui vous reste. La mort, un morceau de pain, une sorte de fraternité. Elle nous concernait tous, était la substance de nos rapports. (*EV*, 31)[63]

> Ainsi, paradoxalement, du moins à première et à courte vue, le regard des miens, quand il leur en restait, pour fraternel qu'il fût – parce qu'il l'était, plutôt –, me renvoyait à la mort. Celle-ci était substance de notre fraternité, clé de notre destin, signe d'appartenance à la communauté des vivants. Nous vivions ensemble cette expérience de la mort, cette compassion. Notre être était défini par cela : être avec l'autre dans la mort qui s'avançait. Plutôt, qui mûrissait en nous, qui nous gagnait comme un mal lumineux, comme une lumière aiguë qui nous dévorerait. Nous tous qui allions mourir avions choisi la fraternité de cette mort par goût de la liberté. (*EV*, 39)

---

[62] Sur le plan fictionnel, dans *L'Algarabie*, on peut aussi noter le rapport fraternel entre Artigas et Carlos, qui offre une alternative à la position paternelle évoquée ailleurs dans le roman (voir aussi la note 26).

[63] Cette description rappelle aussi les remarques sur les signes prémonitoires de la mort, mentionnées plus haut. D'ailleurs, dans *L'Algarabie*, c'est par une ombre dans ses yeux que s'annonce aussi la mort d'Artigas.

En d'autres mots, la fraternité offre un antidote réel au bavardage des pères, et constitue une réponse au « chacun pour soi » et au mal radical comme autres types de liberté humaine (*EV*, 112)[64], sans prétendre à un dépassement. Or, c'est dans une même perspective que Semprun aborde son propre rapport à Primo Levi : plutôt que de présenter ce dernier comme une figure tutélaire, l'auteur décrit la connexion comme fraternelle (*EV*, 312)[65]. Tout en reconnaissant le statut autrement terrible de l'expérience de Levi, Semprun soutient ainsi un lien de parenté qui lui permet en retour d'offrir sa propre fraternité. L'essence de son témoignage consiste en effet à porter son propre regard « pur et fraternel » sur ses camarades, comme sur la persécution juive. C'est dès lors en ces termes qu'il évoque, dans *Quel beau dimanche*, le sort des Juifs de Czestochowa, dont il se souviendra à jamais : « Il ne fallait pas que je ferme les yeux. Je ne fermai pas les yeux » (*QBD*, 288). De même, il « regarde » l'arrivée des convois juifs avec son ami juif Daniel, faisant un écho intertextuel, et en l'occurrence fraternel, à l'œuvre de Schwarz-Bart :

> Pourtant, comme la lumière d'une étoile morte vous parvient encore à travers les espaces, les galaxies, les années-lumière, les migrations des camps de Pologne provoquées par l'offensive de Rokossovsky, au cours de l'été et de l'automne, propageaient encore leurs effets jusqu'à nous. Comme la lumière des étoiles mortes, des trains entiers de déportés des camps de Pologne avaient erré à travers l'Europe pendant des semaines. (*QBD*, 285).

L'imaginaire croisé de l'auteur, dans toute sa complexité, comporte donc, au-delà du jeu, de l'exhibitionnisme littéraire et de la critique idéologique, une éthique testimoniale essentiellement centrée sur l'expérience vécue de la mort et de la fraternité. Comme nous le verrons, cet idéal de fraternité ne sera pas partagé par Kertész, mais il constitue pour Semprun un dernier refuge humain contre les leurres et les pièges de la tyrannie dialectique, dans un monde qui, autrement, n'est que tragédie ou farce.

---

64 Rappelons aussi la citation de Malraux placée en épigraphe de *L'Écriture ou la vie* : « … je cherche la région cruciale de l'âme où le Mal absolu s'oppose à la fraternité » (cf. *EV*, 75, 78).

65 Dans une telle perspective fraternelle, Semprun ne se poserait donc pas en « successeur » de Levi comme le suggère François Rastier (*op. cit.*, p. 118).

CHAPITRE 6

Imre Kertész et le chant du cygne

Né à Budapest en 1929 dans une famille juive assimilée, Kertész fut déporté à Auschwitz en 1944, puis transféré à Buchenwald. Après la guerre, en Hongrie communiste, il travailla entre autres comme journaliste et dans une usine, avant de se consacrer à l'écriture. Son œuvre constitue aujourd'hui une référence incontournable dans le domaine du témoignage de la Shoah mais la réception de l'auteur fut tout sauf directe : marginalisés en Hongrie, ses livres ne sortirent en Occident qu'après la chute du Mur, d'abord en Allemagne et ensuite en France, deux pays où l'étude critique de son œuvre a depuis pris une ampleur considérable[1]. Si l'attribution du prix Nobel de littérature en 2002 paracheva la consécration de l'auteur, ses œuvres sont réputées difficiles, à la fois en raison de leur style particulièrement dense – que l'Académie suédoise a décrit comme « une haie d'aubépine, serrée et épineuse au contact du visiteur insouciant »[2] – et des positions intransigeantes et souvent « terribles »[3] de l'auteur.

Son texte le mieux connu est son premier roman, intitulé *Sorstalanság* (*Être sans destin*), composé à partir de 1960 et, après un refus initial, publié en version censurée en 1975. Le texte est fondateur de l'esthétique de Kertész et de son approche de la culture post-Auschwitz, à tel point d'ailleurs que les autres textes de l'auteur sont parfois considérés comme accessoires, exception faite de ses essais critiques, rédigés plus tardivement. Cette réception inégale n'empêche pas que les différentes œuvres, publiées en l'espace de quarante ans, sont profondément liées entre elles, voire s'éclairent mutuellement. Tout en partant du premier roman, notre analyse comportera dès lors des perspectives transversales ancrées dans un ensemble plus large de textes, comprenant notamment la supposée trilogie ou tétralogie de « l'absence du destin » (ensemble

---

1 Dans le domaine germanophone, Royer cite en outre la réception en Autriche (Clara Royer, *Imre Kertész : « L'histoire de mes morts ». Essai biographique*, Arles, Actes Sud, 2018, p. 263).
2 Académie suédoise, « Imre Kertész », *NobelPrize.org*, 2002, https://www.nobelprize.org/prizes/literature/2002/8079-imre-kertesz-2002/.
3 Son œuvre n'est guère « populaire », comme l'affirme Sára Molnár, « La découverte existentielle de soi », Trad. C. Royer, *Lignes*, n° 53 (2017), p. 93 ; voir aussi Robert Eaglestone, *The Broken Voice. Reading Post-Holocaust Literature*, Oxford, Oxford University Press, 2017, p. 72, et Anders Ohlsson, « Challenging the 'Holocaust-Reflex': Imre Kertesz's *Fatelessness: A Novel* », Michael Schoenhals, Karin Sarsenov (éds.), *Imagining Mass Dictatorships. The Individual and the Masses in Literature and Cinema*, Londres, Palgrave Macmilan, 2013, pp. 52-72.

qui inclut habituellement *Être sans destin*, *Le Refus*, *Kaddish pour l'enfant qui ne naîtra pas* et *Liquidation* ; nous associerons également *Un Autre, Chronique d'une métamorphose* à ce cycle), certains récits plus courts (*Le Drapeau anglais*, *Le Procès-Verbal*, *Le Chercheur de traces*, *Erdenbürger und Pilger*), les essais critiques publiés en français dans *L'Holocauste comme culture*, une sélection d'entretiens, dont aussi l'auto-interview publiée dans *Dossier K*, et enfin les volumes basés sur le journal intime et les notes de l'auteur, à savoir *Journal de Galère*, *L'Ultime Auberge* et, en version allemande, son livre posthume *Der Betrachter*[4]. Cette lecture croisée permettra d'analyser certaines figures symboliques et intertextes clés au sein de l'œuvre, ainsi que d'approfondir les principes fondateurs et les interrogations qui traversent l'œuvre de Kertész et qui sous-tendent ses conceptions de la culture et de la littérature d'après Auschwitz. De fait, en définissant la condition humaine actuelle comme « fonctionnelle », Kertész offre une analyse controversée de la complicité des victimes et interroge aussi le « rôle » social du bourreau. À partir de là, l'auteur formule une critique fondamentale des sociétés contemporaines et des dynamiques ayant mené à Auschwitz. À ses yeux, l'apocalypse des camps ne fait en somme que révéler la vérité du monde, dont une nouvelle littérature est censée rendre compte. Si la littérature constitue ainsi une planche de salut, une analyse poussée des écrits tardifs de l'auteur montrera cependant un malaise profond par rapport au succès de son œuvre, dont la dimension collective compromet la radicalité intime du témoin-écrivain, selon les tensions que nous avons évoquées dans le chapitre introductif.

---

4   Les œuvres traduites par Natalia Zaremba-Hurzsvai et Charles Zaremba auxquelles nous ferons référence sont : Imre Kertész, *Être sans destin* [1975], Arles, Actes Sud, 1998 (*EsD*) ; *Le Refus* [1988], Arles, Actes Sud, 2001 (*R*) ; *Kaddish pour l'enfant qui ne naîtra pas* [1990], Arles, Actes Sud, 1995 (*KE*) ; *Le Drapeau anglais* [1991], suivi de *Le Chercheur de traces* [1998] et de *Procès-Verbal* [1991], Arles, Actes Sud, 2005 (*DA*, *ChT*, *PV*) ; *Journal de Galère* [1992], Arles, Actes Sud, 2010 (*JG*) ; *Un autre. Chronique d'une métamorphose* [1997], Arles, Actes Sud, 1999 (*A*) ; *Liquidation* [2003], Arles, Actes Sud, 2004 (*L*) ; *Dossier K.* [2006], Arles, Actes Sud, 2008 (*DK*) ; *L'Holocauste comme culture. Discours et Essais*, Arles, Actes Sud, 2009 ; *L'Ultime Auberge* [2014], Arles, Actes Sud, 2015 (*UA*). Ce dernier volume intègre certaines entrées revues de *Sauvegarde, Journal 2001-2003* [2011], Arles, Actes Sud, 2012. À ces volumes s'ajoute, en allemand, *Der Betrachter. Aufzeichnungen 1991-2001* [2016], Trad. H. Flemming et L. Kornitzer, Reinbek bei Hamburg, Rowolt Taschenbuch Verlag, 2016 (*B*). Finalement, le récit « Erdenbürger und Pilger » (*EP*) parut en allemand dans Imre Kertész, *Opfer und Henker*, Trad. I. Rakusa, A. Relle et K. Schwamm, Berlin, Transit Verlag, 2007, pp. 9-21. Les sigles utilisés sont indiqués entre parenthèses.

1 L'absence de destin

Présenté comme un roman, *Être sans destin* reprend la trame classique du récit de déportation mais se démarque de celle-ci par une narration ironique fondée sur un contresens permanent : le protagoniste György Köves traverse en effet l'expérience des camps avec une naïveté tranchant avec la gravité des événements, normalisant et justifiant son environnement à la manière d'un Candide moderne (*B*, 151). À l'opposé d'Antelme, Köves ne déconstruit donc pas les apparences matérielles du camp pour revendiquer une victoire potentiellement dialectique ou morale sur les SS : au contraire, le contraste entre la beauté des SS et la déchéance des détenus dits « criminels » ne fait à ses yeux que confirmer l'ordre du monde. Le déroulement général des événements est dès lors envisagé comme « naturel » et tout au long de l'expérience le personnage tend à intégrer la réalité des camps dans ses cadres de référence habituels, en se satisfaisant des explications et des instructions qui lui sont proposées. Complaisant et désireux de plaire, il se conforme au cours des choses, selon un double mécanisme d'acceptation et d'adaptation. D'un point de vue formel, ce processus d'ajustement est mis en évidence par la présentation linéaire des faits au sein du texte, laquelle adhère à l'avancement « pas à pas » (*EsD*, 356) du personnage à travers les différentes étapes de l'expérience. La narration suit en d'autres mots un parcours prédéterminé qui permet de souligner l'absence de destin individualisé, signalée dès le titre. Cette approche permet en même temps de privilégier les questions du quotidien, de manière à éviter de fausser la position du personnage par une emphase démesurée sur les moments forts ou dramatiques de l'histoire[5] : en analogie avec l'œuvre d'Antelme, et après lui, celle de Perec, les grands événements comme la Libération se trouvent éclipsés par des préoccupations en apparence plus banales, telle la ration de soupe non reçue (*EsD*, 324). De manière générale, l'expérience des camps est d'ailleurs présentée comme une condition d'existence peu exceptionnelle, marquée par des sentiments passablement superficiels comme l'ennui. Plutôt qu'une confrontation brutale à une horreur incompréhensible, le récit évoque une réalité ordinaire qui n'est ni écartée comme une entité étrangère au monde, ni assimilée à un enfer sur terre, de telle sorte que le personnage finit par déclarer tout bonnement son envie de « vivre encore un peu dans ce beau camp de concentration » (*EsD*, 261).

Or, si la narration linéaire des différentes étapes parcourues par Köves révèle à quel point le personnage est resté dépourvu d'un destin individuel, elle n'en fournit pas moins les moyens d'une réappropriation personnelle de l'expérience. De fait, selon Kertész, c'est en se rendant compte à quel point l'on

---

[5] Imre Kertész, « Eurêka » [2002], Kertész, *L'Holocauste comme culture*, op. cit., p. 259.

s'est renié dans une situation donnée, que l'on peut ressaisir son identité et son destin. À l'instar d'Antelme, Köves refuse donc de se distancer de son vécu ou de concevoir celui-ci en fonction d'interprétations ou de demandes externes : au moment de son retour, il revendique au contraire le parcours qu'il a accepté de vivre, dans tout son avilissement. Cette conscience rétrospective des mécanismes d'auto-reniement et d'acceptation sous-tend la description d'*Être sans destin* comme un « roman de formation à l'envers »[6]. Le même principe se trouve exemplifié dans *Le Drapeau anglais*, notamment à partir du cas de l'écrivain hongrois Ernő Szép, dont la fameuse formule de présentation « J'étais Ernő Szép » illustre encore le double processus d'aliénation et de réhabilitation :

> Je soupçonnais déjà à l'époque, et je le sais pertinemment aujourd'hui, que cette façon de se présenter : « *J'étais* Ernő Szép » n'était pas une des plaisanteries-catastrophes, des traits d'esprit-catastrophe habituels de cette ville-catastrophe [...]. Non : cette présentation était une formulation radicale, une formule, je pourrais dire que c'était la formule par excellence. Par cette formule, Ernő Szép est resté, ou plutôt est devenu Ernő Szép, justement au moment où il n'était plus que celui qui *avait été* Ernő Szép, alors que tout ce qui avait permis autrefois à Ernő Szép d'être Ernő Szép avait été liquidé, nationalisé, étatisé. (*DA*, 34-35 ; Kertész souligne)

Le fait d'assumer son parcours implique inévitablement d'endosser une part de responsabilité pour l'expérience vécue, en dépit de l'absence apparente de choix dans un contexte oppressif. Autrement dit, pour Kertész, le survivant est par définition coupable (*L*, 118), puisque son instinct de survie (*KE*, 27, 39) l'a poussé à tolérer et à supporter des forces destructrices externes (*L*, 109), voire à intérioriser celles-ci (*R*, 295). L'espoir de l'homme et son attachement à la vie se transforment ainsi en instruments du mal (*KE*, 94) : à l'encontre d'Antelme, Kertész n'associe donc pas la volonté de survivre à un mécanisme de résistance mais au contraire à une coopération docile : la force de la vie étant « indestructible », c'est le « moi » qui est « destructible » chez Kertész, puisque l'auteur indique que « la fragilité de l'individu est inversement proportionnelle à la force de la vie » (*JG*, 259). L'expérience révèle plus exactement que l'être humain est capable de tout pour survivre et prêt à s'adapter à n'importe quel prix, pas

---

[6] Imre Kertész, Claire Devarrieux, « Si c'est un enfant ... Auschwitz irrationnel ? » [Interview], *Libération*, 15.01.1998, https://next.liberation.fr/livres/1998/01/15/si-c-est-un-enfant-auschwitz-irrationnel_225042. Catherine Coquio renvoie aux œuvres de Thomas Mann et de Camus comme les antécédents d'un roman d'apprentissage placé sous le signe du nihilisme ou de l'absurde (Catherine Coquio, « Imre Kertész : le 'roman d'apprentissage' d'un 'sans-destin' », Philippe Chardin (éd.), *Roman de formation, roman d'éducation dans la littérature française et dans les littératures étrangères*, Paris, Kimé, 2007, p. 243).

par pas. À l'instar de Perec, Kertész conclut que ce sont les acteurs pris dans le système qui en font tourner les rouages (*R*, 52). Du coup, la survie n'est pas reliée à un triomphe hypothétique ou dialectique de l'espèce humaine, mais confirme au contraire la dégradation du détenu, qui affecte jusqu'à son for intérieur. Plutôt que de refaire l'unité de l'homme, comme le suggère Antelme, les camps provoquent, aux yeux de Kertész, un auto-reniement et une démultiplication interne de l'individu. De fait, dès qu'un premier « pas » décisif est pris (*R*, 295, 321 ; *DK*, 127), aussi petit soit-il et quelle que soit la part individuelle dans cette « décision », l'être humain se trouve irrémédiablement poussé dans la voie de la complicité. En l'occurrence, ce constat s'applique non seulement aux bourreaux, chez qui un geste initial a ouvert le chemin aux meurtres de masse (*R*, 336), mais également aux survivants qui se sont engagés dans la voie de l'acquiescement.

L'emphase sur la culpabilité partagée résulte en une déconstruction au moins partielle de l'opposition entre victimes et bourreaux, récusant autant l'innocence des premières que la monstruosité des seconds, même si leur service à la cause du « Rien » reste bel et bien distinct (*KE*, 95). En réalité, pour Kertész, la culpabilité du survivant invalide jusqu'à la notion même de « victime », les seuls innocents étant les déportés exterminés dès l'arrivée. Son personnage refuse dès lors toute qualification victimaire rétrospective, dans la mesure où celle-ci le déposséderait de ses propres pas, effaçant sa culpabilité autant que le « destin » qui reste malgré tout le sien. Au dire de l'auteur, en effet, le personnage est complice de ce qui lui arrive et crée ses propres horreurs, « par sa simple existence, sa simple participation. C'est son honnêteté, sa vertu – et surtout sa faute » (*JG*, 71). En d'autres mots, Köves « a pris une part modeste dans le complot ourdi contre sa vie, ne serait-ce que par son innocence, ou sa naïveté »[7]. En somme, le conditionnement et la contamination intérieure s'accumulent au fil des pas : de même que chez Kafka, le « verdict » de culpabilité s'impose donc progressivement, plutôt que de tomber d'un seul coup (*KE*, 96 ; *PV*, 210 ; *DK*, 66, 174)[8]. En fin de compte, la faute consiste à être là[9].

---

[7] Imre Kertész, « Quel juif suis-je ? » [2006], Propos recueillis par Catherine David, *Le Nouvel Observateur*, 04.04.2016, https://bibliobs.nouvelobs.com/documents/20160404.OBS7766/quel-juif-suis-je-par-imre-kertesz.html.

[8] Franz Kafka, *Le Procès* [1925], Trad. G.-A. Goldsmith, Paris, Presses Pocket, 2018.

[9] Florence Bancaud, « Le verdict ne vient pas d'un coup, l'enquête se transforme petit à petit en verdict : Franz Kafka et Imre Kertész », Philippe Zard (éd.), *Sillage de Kafka*, Paris, Éditions Le Manuscrit, 2007, p. 319. De toute évidence, cette conception ambiguë de la catégorie de victime n'est pas étrangère à la réception parfois réservée de l'œuvre, entre autres parmi les « survivants » protestant contre l'idée de complicité (*JG*, 29).

La représentation du bourreau suscite des questions supplémentaires, puisqu'à partir du modèle de Caïn exécutant un commandement divin, Kertész considère que les bourreaux se conforment eux aussi à la morale et à l'ordre en vigueur, plutôt que d'en transgresser ou d'en pervertir les principes. C'est sous cet angle que l'auteur rejette la description d'Ilse Koch dans *Le Grand Voyage* de Jorge Semprun, roman dont la traduction hongroise publiée en 1964 connut une consécration nationale[10]. En effet, au-delà de critiques répétées selon lesquelles Semprun trahit l'expérience du temps et de l'absence de destin par le choix d'une perspective non-linéaire aussi bien que d'un narrateur-protagoniste non atteint intérieurement par l'expérience[11], Kertész s'en prend notamment au fait que la représentation du bourreau chez Semprun s'appuie sur un arsenal traditionnel d'images grandioses et sadiques du mal :

> Voilà, le sang, la volupté et le diable concentrés en un seul personnage, voire en une seule phrase. Pendant que je lis, il me propose des formes définitives : je peux les placer sans aucun effort dans l'arsenal tout prêt de mon imagination historique. Une Lucrèce Borgia de Buchenwald ; un grand criminel digne de la plume de Dostoïevski, qui a réglé ses comptes avec Dieu ; un spécimen féminin de la cohorte nietzschéenne des superbes garces blondes, avides de butin et de triomphe qui « *reviennent* à l'innocence de leur conscience de prédateurs ... » (*R*, 48 ; Kertész souligne)

Alors que cette critique est généralement lue comme une condamnation de la « culture » contemporaine des représentations des violences et tout particulièrement de ses figurations pathétiques du mal[12], la dichotomie entre les deux auteurs dépasse au fond l'ordre de l'esthétique : de fait, pour Kertész, la dimension kitsch de la description semprunienne tient principalement à sa psychologisation du personnage d'Ilse Koch. Du point de vue de l'écrivain hongrois, le comportement de cette dernière s'explique à partir de sa situation et de la réalité qui l'entoure plutôt qu'en fonction d'une disposition personnelle

---

10   Coralie Schaub, « Imre Kertész : 'Semprun était une sorte de héros officiel' » [Interview], *Libération*, 09.06.2011. https://next.liberation.fr/livres/2011/06/09/imre-kertesz-semprun-etait-une-sorte-de-heros-officiel_741495.

11   *Ibid.* ; voir aussi Royer, *op. cit.*, pp. 136-137 ; Sára Molnár, « Imre Kertész's Aesthetics of the Holocaust », Louise O. Vasvári, Steven Tötösy de Zepetnek (éds.), *Imre Kertész and Holocaust Literature*, West Lafayette, Purdue University Press, 2005, p. 167.

12   Philippe Mesnard, « Un passage sur lequel on revient », *Lignes*, n° 53 (2017), p. 134.

perverse[13] : au-delà de l'individu, il s'agit donc d'une question de contexte et de rôle, où les mécanismes de conformisme et d'adaptation l'emportent sur toute tendance au sadisme ou sur la séparation entre les ressorts du bien et du mal (*R*, 51-52)[14].

Cette discussion est prolongée à la fin du *Refus*, où Kertész enchâsse un bref récit intitulé « Moi, le bourreau ... », présenté comme la confession publique d'un tueur en attente de son procès[15]. Le passage en question a été interprété comme une critique « moqueuse » ou « burlesque » du « kitsch du bourreau littéraire »[16]. Positionné alors comme une forme de pastiche ironique du texte de Semprun, le kitsch volontaire dans ce passage ne serait cependant pas lié à une séparation faussée du bien et du mal, comme c'est le cas dans *Le Grand Voyage*, mais se dirigerait, bien au contraire, contre certaines tentatives d'innocenter les coupables en aplanissant les responsabilités[17]. Or, une telle lecture du récit enchâssé risque de passer à côté de l'ambiguïté morale et de l'approche situationniste des personnages dans l'œuvre de Kertész. De fait, en contrepartie au portrait psychologique d'Ilse Koch chez Semprun, la « confession » que Kertész inclut en fin de volume vise moins à « innocenter » les coupables qu'à souligner la « généralité » de la figure du bourreau (*R*, 293). Si le narrateur enchâssé s'emploie à démontrer le poids des circonstances dans ses actes et dans

---

13   À ce sujet, voir également Marie Peguy, « The Dichotomy of Perspectives in the Work of Imre Kertész and Jorge Semprún », Vasvári, Tötösy de Zepetnek (éds.), *op. cit.*, pp. 178-179 ; Royer, *op. cit.*, p. 138.

14   Cette idée d'un conformisme coupable se rapproche sur certains points des analyses de Hannah Arendt sur la banalité du mal (Mihály Szilágyi-Gál, « Arendt and Kertész on the Banality of Evil », Louise O. Vasvári, Steven Tötösy De Zepetnek (éds.), *Comparative Central European Holocaust Studies*, West Lafayette, Purdue University Press, 2009, pp. 133-144 ; Johannes Lang, « Against obedience: Hannah Arendt's overlooked challenge to social-psychological explanations of mass atrocity », *Theory & Psychology*, 24:5 (2014), pp. 649–667). Kertész affirme la proximité avec les thèses d'Arendt dans plusieurs textes et entretiens (voir entre autres Céline Garcia, « Grand Entretien avec Imre Kertész, Prix Nobel de littérature hongrois, dans le cadre du festival 'Paris en toutes lettres' », *L'opinion internationale*, 04.05.2011, https://www.opinion-internationale.com/2011/05/08/grand-entretien-avec-irme-kertesz-prix-nobel-de-litterature-hongrois-dans-le-cadre-du-festival-%C2%AB-paris-en-toutes-lettres-%C2%BB_1146.html). L'auteur apprit d'ailleurs l'existence du livre de Hannah Arendt dans la presse hongroise mais ne put se procurer le texte qu'après la chute du mur de Berlin (François Busnel, « Imre Kertész : 'On ne survit jamais aux camps ... ils sont là pour toujours' » [Interview], *L'Express*, 01.04.2005, https://www.lexpress.fr/culture/livre/entretien-avec-imre-kertesz_809986.html).

15   Sur la genèse de ce texte, voir *ibid.*, pp. 96ss.

16   Catherine Coquio, « *Apocalypsis cum figuris*. Messianisme et témoignage du camp », Vincent Ferré, Daniel Mortier (éds.), *Littérature, histoire et politique au XXe siècle*, Paris, Éditions Le Manuscrit, 2010, p. 204.

17   *Id.*

l'adaptation graduelle de son « caractère » (*R*, 292), c'est donc surtout pour illustrer un conformisme aveugle et néanmoins coupable qui, au-delà de sa personne, illumine la responsabilité collective. Ironiquement fidèle aux grands exemples du genre confessionnel, « Moi, le bourreau ... » constitue ainsi non seulement un *mea culpa* mais aussi une forme d'autojustification, qui, sans innocenter le personnage, vire à l'accusation du public. Le récit dresse ainsi précisément la critique d'une société qui se permet de condamner les bourreaux mais qui évite de considérer sa propre responsabilité et contamination interne. D'après le narrateur du texte, le monde refuse effectivement d'écouter les bourreaux en prétextant des interdits d'ordre moral – de manière similaire à certaines critiques actuelles du « kitsch » du bourreau[18] – tout en visant au fond à nourrir et à maintenir une illusion d'innocence sur son propre compte. S'opposant à un tel clivage fallacieux entre le bien et le mal, le narrateur-bourreau revendique pour sa part une appartenance intégrale à l'humanité. Par le biais de son récit il propose dès lors de « compléter » l'image d'animal sauvage (*R*, 293) que d'autres ont forgée de lui à partir de ses seuls « actes » avérés : tout en reconnaissant que ces derniers sont « immuables », il les attribue à un « rôle » qu'il a pu assumer par souci d'adaptation ou par curiosité (*R*, 292) ou encore du fait de sa « réceptivité » particulière à la « volonté du monde environnant » (*R*, 295). De telle façon, le bourreau prétend avoir agi au nom d'un accord social tacite, aucunement révoqué : la souillure du bourreau est donc celle de tous et non seulement de ceux qui étaient là, quand bien même le monde cherche rétrospectivement à se soustraire à sa responsabilité et se scandalise des actes commis. D'après le texte, en effet, les bourreaux ont simplement vécu l'expérience à notre place, tandis que nous aurions pu être à la leur. Si une telle démarche narrative œuvre en apparence à disculper le narrateur – celui-ci ne répond pas à la question de savoir s'il se sent coupable et, tout en reconnaissant la nature de ses actes, il renie une coïncidence totale avec ceux-ci –, elle met aussi en évidence un réflexe de déculpabilisation plus large, marquant toute une société qui refuse d'assumer sa propre contamination, préférant se leurrer d'idées reçues et de mensonges[19]. De même que le bourreau installé dans son état de prisonnier, la société aspire en somme à

---

18 Voir chapitre 1.
19 Notons par ailleurs que Kertész écarte la question de savoir dans quelle mesure le grand public fut ou non au courant de l'extermination : véritable « question d'historien » à ses yeux, cette demande manque à son tour de prendre en compte le contexte environnant et fait abstraction du fait que la signification d'un savoir ou d'un fait serait sujette à modification selon l'ordre du monde en vigueur (*JG*, 146).

une situation de « grâce » conférée par l'absence de destin et de responsabilité. Face au déni collectif, le bourreau rétorque comme suit :

> Pourtant, je n'en démords pas ; et tel le chef d'orchestre qui après le concert montre les musiciens d'un geste ample, signifiant que la source du succès est à chercher dans l'effort commun, je vous désigne à mon tour, mais bien sûr, vous saurez cependant que c'est moi que vous devrez applaudir, c'est-à-dire que vous devrez pendre. (*R*, 296)

2   Jeu de rôle et devoir éthique

En mettant en vedette la complicité générale[20], Kertész s'oppose finalement à tout précepte selon lequel « Auschwitz ne s'explique pas » : à la lumière du contexte social, il considère au contraire que l'événement était inévitable et que seule son absence aurait été incompréhensible (*KE*, 47-56 ; *L*, 55). D'après lui, en effet, les mécanismes d'acceptation et d'adaptation décrits définissent la condition humaine contemporaine, en créant un « homme fonctionnel » qui remplit un « rôle » défini extérieurement mais progressivement assimilé et intériorisé[21]. Cet état d'être conformiste contraste en particulier avec le modèle du héros tragique, « qui se crée lui-même et qui échoue » (*JG*, 11). Or, démuni de ce type de destin individuel, l'homme fonctionnel ne peut plus que savourer la *nostalgie* d'un échec révolu ; il est dès lors condamné à vivre un « happy end », conforme au genre de la comédie qui est désormais le sien (*R*, 318 ; *JG*, 112). Dans *Le Refus*, ce scénario est illustré à partir du personnage du vieux, dont le roman initialement rejeté finit par être accepté pour publication :

> Et après ? Il y aura un *happy end* : avant qu'il n'atteigne le fond de l'abîme, il apprendra que son livre sera quand même publié. Il sera alors pris d'une douloureuse mélancolie et il savourera insatiablement avec l'amertume de la nostalgie le doux souvenir de son échec, le temps où il vivait une vraie vie, rongé par la passion et nourri d'espoirs secrets qu'un vieil homme à venir, qui se tient devant son secrétaire et réfléchit, ne peut plus

---

20   Voir aussi *JG*, 165.
21   Voir entre autres Kertész dans Iris Radisch, « 'Ich war ein Holocaust-Clown' – Gespräch mit dem ungarischen Literaturnobelpreisträger Imre Kertész », *Die Zeit*, 12.09.2013, http://www.zeit.de/2013/38/imre-kertesz-bilanz ; Imre Kertész, « La langue exilée » [2000], Kertész, *L'Holocauste comme culture, op. cit.*, p. 215.

> partager. Son aventure, son époque héroïque ont pris fin une fois pour toutes. [...] Sa vie deviendra une vie d'écrivain qui écrit encore et toujours ses livres jusqu'à s'épuiser et à s'épurer au point de devenir un squelette se libérant de ses oripeaux superflus : de la vie. (*R*, 348-349)

C'est alors uniquement en reconnaissant et en assumant leur propre aliénation et leur responsabilité, à l'instar de Köves et aussi d'Ernő Szép, que les individus sont à même de regagner un destin authentique. Un tel dégagement de la masse demande un certain niveau de courage contestataire, qui contraste avec l'état de grâce passif et conformiste que de nombreux préfèrent. Qui plus est, les discussions à propos des victimes et des bourreaux montrent que les tenants et aboutissants des rôles ne sont pas toujours clairs, ni pour les individus impliqués ni pour les spectateurs. D'abord, les individus peuvent se leurrer à croire qu'ils remplissent un rôle de leur propre gré, en s'illusionnant sur sa portée et sa signification. Cette idée s'illustre entres autres à travers le personnage de la « prostituée »[22] des légendes dans « Le Chercheur de traces », qui confond liberté et tyrannie[23] :

> Le moment où elle traversait la foule admirative et envoûtée par sa passion autoflagellatrice devenait une légende et ce triomphe trompeur devenait son erreur. Ils avaient fait d'elle un mythe et elle était la proie de ce mythe ; elle se prenait pour un conquérant alors qu'elle n'était qu'une victime crédule ; elle se croyait le destin, alors qu'elle n'était que la curée, flirtait avec la liberté et couchait avec la tyrannie. (*ChT*, 161)

Afin de s'innocenter, les individus peuvent en outre se flatter d'échapper à leur rôle de manière ne fût-ce que partielle, par dissociation interne ou rétrospective : selon Kertész, c'est le cas du bourreau mais aussi, *mutatis mutandis*, des « victimes ». Enfin, du côté des spectateurs, l'inscription sociale du « rôle » qu'ont joué les coupables n'est pas forcément reconnue, comme nous venons de le voir. À l'autre bout du spectre, la perception externe des innocents et des « saints » (*KE*, 57) risque aussi d'être faussée. Ce dernier point est notamment abordé par Kertész dans son roman final *L'Ultime Auberge*, où il s'interroge, sous l'identité de l'écrivain Sonderberg, sur le personnage biblique

---

22 Coquio, *op. cit.*, p. 206 ; Catherine Coquio, « 'Envoyer les fantômes au musée ?' Critique du 'kitsch concentrationnaire' par deux rescapés : Ruth Klüger, Imre Kertész », *Gradhiva*, n° 5 (2007), https://journals.openedition.org/gradhiva/735.
23 Voir également *JG*, 15.

de Lot. L'intérêt pour cette figure, « le seul homme pur et juste de Sodome » (*UA*, 294), se rapporte encore à l'idée selon laquelle seul le mal peut s'expliquer raisonnablement, tandis que la présence du bien relèverait de l'énigme. Les questions posées sont à nouveau d'ordre esthétique aussi bien qu'éthique. Du premier point de vue, Kertész désavoue une fois de plus une représentation dite « dramatique » du personnage, en l'occurrence celle du peintre Camille Corot, nourrie par un « mensonge artistique », qui dans le cas de Lot n'est pas celui du sadisme, comme chez le bourreau de Semprun, mais au contraire celui de la beauté et de la grandeur, idéaux invalidés par l'expérience d'Auschwitz. Ici encore, l'approche de Kertész dépasse donc la question du kitsch du *bourreau* telle qu'elle se pose parfois dans la critique littéraire. Sur le plan éthique, ensuite, la question de Sonderberg est celle de savoir comment Lot aurait pu préserver son innocence dans le contexte qui était le sien – ce qui implique aussi de demander quel était le péché originel qui l'entourait (*UA*, 295). Or, comme dans le cas d'Ilse Koch, les motivations individuelles se dérobent à la vue et il ne reste dès lors que la possibilité d'imaginer un Lot particulier parmi tous les Lot virtuels. Comment déterminer alors si le personnage était un être conformiste ou contestataire ? S'agissait-il de ce qu'on appellerait aujourd'hui un dissident intellectuel ou au contraire d'un fanatique religieux ? Qui est ici le pécheur ou l'innocent (*UA*, 296) ? La seule conclusion que Sonderberg est en mesure de tirer est que le personnage et sa situation sont profondément ambigus : « Sous quelque angle qu'il la considère, la situation de Lot est de plus en plus confuse » (*UA*, 297).

Étant donné cette difficulté à identifier les catégories du bien et du mal, le narrateur finit par suggérer, à la fin du texte, que Lot se conforme au fond à un autre type de « rôle » préétabli, à savoir celui d'apatride ou d'étranger : au dire de Sonderberg, ce rôle a par la suite été intégré par les Juifs, qui l'ont assimilé, non sans orgueil, à « une épreuve de survie » (*UA*, 298). Au final, Kertész étend ainsi la question de l'assignation et de l'interprétation externes et/ou internes des rôles au cas de l'identité juive, crucial d'un point de vue personnel (*JG*, 50). L'auteur revient sur ce point à plusieurs reprises, rejetant pour sa part toute interprétation communautaire, religieuse ou politique liée à l'identité juive (*UA*, 138) et refusant par ailleurs de rentrer dans le « rôle » de plaignant en réaction à un contexte antisémite (*A*, 66-67 ; *B*, 113). Par analogie avec son analyse du personnage de Lot, il défend plutôt – « sur le tard » et « rétrospectivement », puisqu'il provient d'une famille largement assimilée – une conception de l'expérience juive qui tient précisément au statut d'étranger et de persécuté (*UA*, 198-199 ; *B*, 19-20, 113). Cette situation d'exclu constitue au dire de l'auteur l'un des thèmes de base de son œuvre (*B*, 161) : elle lui permet de se distancier d'une appartenance hongroise, qui lui est généralement hostile[24], avant d'assumer, en particulier à partir des années 90, une identité plus européenne ou encore « universelle » (*B*, 95). En outre, il lui semble que l'identité juive offre une « chance particulière » de se soustraire à l'assimilation et à la masse (*KE*, 154-155). Elle est ainsi associée au « devoir éthique » de rester toujours un individu (*JG*, 117-119), c'est-à-dire de contrer une existence fonctionnelle en regagnant sa liberté individuelle (*B*, 114) : c'est en se tirant par ses propres cheveux que Kertész cherche, à l'instar du baron de Münchhausen, à sortir « du marais de l'histoire et des destins de masse »[25]. L'identité juive se conçoit donc en définitive comme une voie privilégiée d'accès à la conscience critique préconisée dès *Être sans destin*.

L'écriture joue un rôle clé dans cette quête de destin et ce processus de prise de conscience (*KE*, 42-43), puisqu'elle permet à son tour un retrait de la masse et des compromis de la vie. Les personnages-écrivains de Kertész s'abstiennent en effet de participer au leurre général, en s'imposant des prisons pour mieux ressaisir leur liberté interne et artistique (*KE*, 74)[26]. Si l'écriture permet ainsi une fidélité radicale à soi-même et à ce qu'on a été, elle ne produit cependant pas un état de possession de soi permanent (*DK*, 85), mais plutôt un processus à renouveler sans cesse, tel un travail de Sisyphe. Il importe par ailleurs de noter que sa dimension « individuelle » réside dans l'approche critique adoptée et non dans une prétendue unicité ou exceptionnalité du « moi » qui, on le sait, viendrait annuler l'absence de destin et serait dès lors mensongère et kitsch (*L*, 38 ; *DK*, 131). L'auteur envisage son cas avant tout comme un problème théorique (*L*, 59) : de même que dans le cas de Lot, il se concentre en somme sur un individu virtuel au sein de la masse, dont le sort serait susceptible de toucher ou encore de blesser le lecteur[27]. C'est d'ailleurs dans une telle perspective exemplaire que l'auteur suit le pas-à-pas linéaire et prédéterminé de son personnage dans *Être sans destin*, comme nous l'avons signalé plus haut. Il assimile cette trame narrative au chemin de la croix du Christ, de manière à souligner que son personnage est un déporté parmi tous les autres, qui suit une succession obligatoire de stations, telles que consignées

---

24 Sur ce point, voir Susan Rubin Suleiman, « Nation, langue, identité : Kertész et la Hongrie », *Lignes*, n° 53 (2017), pp. 53-64.

25 Imre Kertész, Eszter Radai, « The Freedom of Bedlam » [Interview], Trad. R. Safrany, *signandsight*, 22.08.2006, http://www.signandsight.com/features/908.html.

26 Certains éléments structurels des textes reflètent d'ailleurs cet enfermement, comme la structure musicale ou le retour à la scène de début à la fin du *Refus* (*DK*, 123-124).

27 Imre Kertész, « 'Ich will meine Leser verletzen' » [Entretien avec Volker Hage et Martin Doerry], *Der Spiegel*, n° 18 (1996), p. 228.

dans les mystères du Moyen Âge (*JG*, 28)[28]. Du même point de vue, Kertész a souvent décrit son roman comme une composition musicale sérielle, où les développements et modulations se déclinent selon une structure préétablie dans laquelle les personnages n'apparaissent qu'à titre de motifs thématiques (*JG*, 27). Il s'ensuit que toute distinction entre écriture autobiographique et écriture romanesque est à la limite du non-sens chez Kertész[29]. D'après l'auteur, ce que les romans contiennent d'autobiographique est précisément l'omission de particularités individuelles dans l'intérêt d'une fidélité supérieure (*JG*, 164) à une inspiration (*R*, 26) et à une vérité personnelle, qui sont authentiques, lucides et radicales, par opposition au mensonge général. En vue d'une telle fidélité, Kertész n'hésite d'ailleurs pas à disposer de son vécu comme une matière à (re)travailler, en combinant sélection et artifice (*R*, 71). En définitive, les textes représentent alors davantage celui qui écrit que celui qui a vécu les faits (*DK*, 81), d'autant plus que le processus d'écriture, en reformulant sans cesse la vie, finit par transformer le souvenir aussi bien que le réel (*R*, 71 ; *DK*, 88), en tout cas au niveau interprétatif. Ce qui importe au final, c'est ce que l'auteur vit à travers l'écriture, en se réappropriant son existence et son destin (*JG*, 70, 147-148). Cela étant, les critères d'évaluation littéraires, et surtout la question de savoir si un livre est « bon » ou « mauvais » cessent de s'appliquer (*R*, 27, 68 ; *L*, 104, 126). La littérature se dote en effet avant tout d'un « devoir éthique », à savoir celui de comprendre la vie et de partager, le cas échéant, une telle « catharsis » avec le lecteur.

3   La dictature du père et le scandale d'Auschwitz

Comme Auschwitz sert ici de point de départ pour étudier la condition humaine, l'événement est à son tour pris dans une dimension exemplaire et universelle[30] plutôt que dans son unicité historique[31]. De fait, comme la Shoah s'inscrit dans un contexte culturel plus large, tenter de la réduire à une occurrence délimitée dans le temps et dans l'espace reviendrait à méconnaître son impact

---

28   Coralie Schaub, Chloe, « 'La littérature, c'est d'abord le courage'. Entretien avec Imre Kertész », *revue21*, 2011, http://www.revue21.fr/zoom_sur/entretien-avec-imre-kertesz-la-litterature-cest-dabord-le-courage/.

29   Sur les rapports entre témoignage et fiction dans l'œuvre, voir Robert Eaglestone, « The Aporia of Imre Kertész », Vasvári, Tötösy de Zepetnek (éds.), *Imre Kertész and Holocaust Literature*, *op. cit.*, pp. 38-50.

30   Kertész, « La langue exilée », *op. cit.*, p. 221 ; Kertész, « Eurêka », *op. cit.*, pp. 261-262.

31   Imre Kertész, « L'Holocauste comme culture » [1992], Kertész, *L'Holocauste comme culture, op. cit.*, pp. 90-91.

(*DK*, 179) : aux yeux de Kertész, c'est une erreur que commettent non seulement les historiens, mais en particulier aussi les humanistes « professionnels », selon lesquels l'homme n'aurait pas été foncièrement « sali » par l'expérience (*R*, 38), et qui, comme Primo Levi ou Jorge Semprun, s'étonnent devant la réalité d'Auschwitz sans cesser de croire à une continuité des valeurs humaines[32]. Pour contrer ce double écueil historisant et humanisant, il convient, aux yeux de l'auteur, d'envisager la dimension dite « spirituelle » de l'événement, (*KE*, 50), et notamment sa qualité de rupture radicale pour l'humanité, qui, pour lui, en fait le choc culturel et éthique le plus important depuis la Croix[33]. Sur ce dernier point, Kertész explique que le traumatisme de la Passion tenait en particulier au renversement du pacte entre Dieu et son peuple, étant donné que la grâce promise à Moïse fut évincée par la condamnation du Christ[34] :

> Les pères ont condamné l'enfant à mort. Cela, personne ne s'en est jamais remis. [...] Selon cette conception, Jésus n'est pas le fils de Dieu, mais celui du *père*. Et la nouvelle de Kafka intitulée *Le Verdict* en dit quelque chose sur cette relation ... (*A*, 131-132 ; Kertész souligne).

Dans cette interprétation, qui considère le Christ à simple titre d'homme, la Croix constitue non un signe d'amour mais au contraire un « scandale » au sens de saint Paul, c'est-à-dire un crime honteux[35]. Comme l'indique la citation, Kertész aborde ce thème de la condamnation de l'enfant par le biais d'une référence intertextuelle à la nouvelle *Das Urteil* (traduite comme *Le verdict* ou *La sentence*) de Kafka, déjà brièvement évoquée ci-dessus[36]. Dans ce texte, le personnage du père adresse des reproches virulents à son fils, pour lui ordonner ensuite de se noyer, sentence qui ne tarde pas à être exécutée. Le parallèle biblique de cette mort est souligné par le cri « Jésus » qu'émet la femme de chambre brusquée au passage. La soumission à la Loi et au père est exprimée jusque dans les dernières paroles du fils, en écho à celles du Christ :

---

32   Schaub, Chloe, *op. cit.*
33   Kertész, *op. cit.*, p. 87 ; *B*, 29, 99.
34   Il s'agit, au dire de Kertész en 1990, d'une rupture de contrat (Imre Kertész, « La pérennité des camps » [1990], Kertész, *L'Holocauste comme culture, op. cit.*, p. 46).
35   *Ibid.*, p. 41 ; cf. Molnár, « La découverte existentielle de soi », *op. cit.*, p. 91. Sur le « scandale » de la croix, voir Jean Claude Bologne, *L'Histoire du scandale*, Paris, Albin Michel, 2018, pp. 58-59.
36   L'intertexte est mentionné dans Bancaud, *op. cit.*, p. 312, mais ne figure pas spécifiquement dans l'analyse de Lucie Campos sur les rapports de Kertész à l'œuvre de Kafka (Lucie Campos, *Fictions de l'après : Coetzee, Kertész, Sebald. Temps et contretemps de la conscience historique*, Paris, Garnier, 2012, pp. 258-260).

« Et pourtant, mes parents chéris, je vous ai toujours aimés »[37]. L'élément clé retenu par Kertész est l'acceptation de la sentence par le fils, qu'il relie à l'accumulation progressive du verdict : la mort étant au final inéluctable, force est d'après lui de constater que la question d'une résistance possible de la part du « fils » ne se pose plus, chez Kafka comme dans le cas du Christ.

La même observation est ensuite mise en rapport avec Auschwitz (*A*, 119 ; *B*, 89-90), second « scandale » ou traumatisme culturel, basé en l'occurrence sur la condamnation à mort des Juifs. Cette dernière constitue à son tour l'aboutissement fatidique d'une logique sociale donnée, qui est non seulement liée à la culture antisémite européenne[38] mais aussi et surtout au totalitarisme. Pour Kertész, l'événement est en effet profondément enchevêtré dans un ordre du monde défini par la négation de soi et le mensonge (*JG*, 52, 54), où le meurtre et l'extermination se sont transformés en une forme d'existence « vivable » et « institutionnalisable » (*JG*, 236-237). Cela étant, le nazisme est, pour l'homme fonctionnel, une façon de vivre ou *Daseinsform*, plutôt qu'une idéologie (*B*, 64, 101). En l'occurrence, l'être humain se trouve non seulement conditionné à mentir « instinctivement » (*PV*, 210 ; *DK*, 62) mais sa mission existentielle même se transforme en un processus ou un « devoir » de destruction auquel, exilé de lui-même, il est tout entier employé. Toute distinction morale est de ce fait suspendue : « Après Auschwitz, il est inutile de juger la nature humaine » (*DK*, 78). Ne restent alors que l'art et la philosophie pour exprimer une réticence et une tristesse face à une telle condition de vivre (*JG*, 237), pendant les brefs répits du travail où une prise de conscience reste possible, d'après le modèle de Sisyphe tel que décrit par Camus. Chez ce dernier, le moment où Sisyphe redescend vers la plaine pour reprendre son labeur est défini comme une « respiration » où il peut nier les dieux, dans un univers sans maître : « C'est pendant ce retour, cette pause que Sisyphe m'intéresse », affirme Camus, ajoutant que ce sont ces moments de clairvoyance qui rendent le héros « tragique », et supérieur à son destin[39]. Le projet critique et littéraire de l'auteur hongrois consiste dès lors à exploiter de tels moments.

S'appuyant sur un autre parallèle biblique, Kertész rapporte également son interprétation d'Auschwitz à l'histoire de Caïn et Abel. Traduit en allemand comme *Erdenbürger und Pilger* (*Terrien et Pèlerin*), son récit sur les deux frères présente un Abel au rire enfantin qui se soumet à l'acte meurtrier de son frère comme à une chose prévue (*EP*, 14-15). Or, dans l'interprétation de Kertész,

---

37   Franz Kafka, « La sentence » [1912], *La Métamorphose, la sentence, le soutier et autres récits*, Trad. C. Billmann et J. Cellard, Arles, Actes Sud, 1997, p. 65.
38   Kertész, « La pérennité des camps », *op. cit.*, pp. 49-50.
39   Albert Camus, *Le mythe de Sisyphe. Essai sur l'absurde*, Paris, Gallimard, 1942, p. 165.

Caïn commet son crime à l'instigation de Dieu et s'en tire par conséquent à bon compte, du point de vue de sa conscience aussi bien que de sa situation matérielle ultérieure[40]. Ce récit atteste donc qu'aux yeux de l'auteur, la figure de Dieu symbolise la dictature du père, qui, pour lui, est emblématique de l'ordre du monde totalitaire et fonctionnel ayant engendré Auschwitz. Pour Kertész, le totalitarisme s'ancre de fait dans certains lieux communs de la religion chrétienne (*JG*, 227, 244) tandis que, de manière plus générale, la dictature du père est le principe fondateur de toute organisation sociale[41]. L'auteur multiplie dès lors les exemples qui ont illustré cet ordre du monde dès son plus jeune âge. Ainsi, l'internat que le narrateur décrit longuement à sa femme dans *Kaddish pour l'enfant qui ne naîtra pas* préfigure pour lui certains scénarios déployés plus tard à Auschwitz : « cet acte était, dis-je à ma femme, comme un jugement divin, [...] oui, cet acte était comme un appel à Auschwitz, pas encore pour de vrai, bien sûr, seulement pour rire, dis-je à ma femme » (*KE*, 142). Kertész identifie par ailleurs chez son moi plus jeune un besoin actif de la figure paternelle, reconnaissant la contamination interne engendrée par son rapport à la fois soumis et affectionné à un père jugé minable (*KE*, 142-146). Son cas particulier confirme ainsi que c'est pour éviter la responsabilité de son destin que l'homme fonctionnel invoque la figure du père, en se référant à la Providence (*JG*, 230) et à la Loi. Cet état typiquement enfantin, qui marque en somme Caïn autant qu'Abel[42], se reflète aussi dans le choix d'un jeune protagoniste pour *Être sans destin*, particulièrement apte à représenter la situation existentielle sous un régime totalitaire[43]. À la « pensée captive » de Czeslaw Milosz correspond donc chez Kertész la « pensée infantile »[44], ancrée dans la banalité et la « magie quotidienne » du mal (*B*, 231 ; *DK*, 109). Si un sentiment de culpabilité

---

40   Cf. *EP*, 21. Voir aussi *JG*, 23-24 et Royer, *op. cit.*, p. 151.
41   Sur la permanence de ces structures et de l'image du père comme « visage » de la dictature, voir aussi Eaglestone, « The Aporia of Imre Kertész », *op. cit.*, p. 46 ; Royer, *op. cit.*, p. 222. L'analyse de Tamás Juhász à ce sujet est quelque peu lacunaire et décontextualisée (Tamás Juhász, « Murderous parents, trustful children: the parental trap in Imre Kertész's *Fatelessness* and Martin Amis's *Time's Arrow* », *Comparative Literature Studies*, 46:4 (2009), pp. 645-666).
42   Rapprochant encore victime et bourreau, cette représentation des frères dans « Erdenbürger und Pilger » diverge de celle élaborée dans Kertész, « La pérennité des camps », *op. cit.*, pp. 44-45, où l'auteur s'attache davantage à une distinction entre le bien et le mal, approche retenue aussi par Aharon Appelfeld dans « Die Erzählung von Kain und Abel », *Sinn und Form*, 55:2 (2003), p. 207.
43   Imre Kertész, « Il doit y avoir de l'Éros, il doit y avoir de l'humour dans l'art » [Entretien avec Clara Royer, 2013], *Lignes*, n° 53 (2017), p. 27.
44   *Ibid.* Sans renvoyer explicitement à Milosz, Kertész note dans *Kaddish pour l'enfant qui ne naîtra pas*, que les circonstances monstrueuses et destructrices qui l'entouraient au début de sa carrière, « ne souffraient la pensée sous aucune forme, pas même sous une forme captive », et ne « célébraient que l'esclavage » (*KE*, 90). Dans *Dossier K*, il revient sur la

se manifeste dans un tel contexte, c'est alors non en tant que conscience d'un crime mais au contraire par rapport à l'impossibilité de satisfaire l'instance paternelle, laquelle se présente, chez Kertész comme chez Kafka, sous la forme d'une combinaison d'attentes et de reproches (*KE*, 145)[45]. Les concepts d'innocence et de culpabilité continuent ainsi à s'amalgamer, comme le confirme également Kafka : « Tu n'étais qu'un enfant innocent, assurément ; mais plus assurément encore, tu étais une créature diabolique »[46].

Face à cet ordre du monde, force est pour Kertész, comme il l'explique dans *Kaddish pour l'enfant qui ne naîtra pas*, de rejeter la position du père, puisqu'une inversion de rôles transformant le fils en père ne ferait que prolonger la dictature[47]. C'est ce que constate déjà Köves lors de la libération des camps en trouvant un Allemand en train de curer le lavabo pour lui (*KE*, 77) : une telle possibilité de renversement de rôles est explicitement ressentie comme une menace potentielle plutôt qu'un triomphe. De ce fait, et contrairement à d'autres survivants[48], Kertész n'envisage donc pas une progéniture potentielle comme une victoire sur les nazis : au contraire, la paternité obligerait l'auteur à reprendre le rôle de Dieu, c'est-à-dire du bourreau, et à imposer une identité à son enfant, en l'occurrence juive (*KE*, 116, 119). Comme Semprun, Kertész cherche donc à éviter la reproduction d'un système de domination paternaliste, mais il n'identifie pas la solution à un idéal de fraternité, se référant au contraire à la parabole de Caïn et Abel et leur soumission au père, qui les amène jusqu'au fratricide. La solution principale que propose le Prix Nobel hongrois est alors celle d'un retrait, radical, dans la littérature, d'où il peut témoigner de la vérité du monde et de la condition humaine. Cela dit, pour l'écrivain que devient Kertész, il s'avère difficile de refuser entièrement le statut de Dieu : en effet, son « travail perpétuel » de création (*UA*, 305-306) est par définition suspect, ce qui se confirme paradoxalement déjà dans *Kaddish pour l'enfant qui ne naîtra pas*. Tout en s'inscrivant en faux contre la position du père, le narrateur du texte contraint effectivement sa femme à un « rôle » terrible, non seulement en tant qu'auditrice passive mais aussi comme menace active de la liberté de l'écrivain (*KE*, 67)[49] :

---

notion en notant la condition captive de son propre esprit dans la Hongrie d'après-guerre (*DK*, 83-84).
45   Franz Kafka, *Lettre au père* [1919], Trad. M. Robert, Paris, Gallimard, 2017.
46   Kafka, « La sentence », *op. cit.*, p. 64.
47   Voir aussi l'analyse à propos de Freud dans *JG*, 140-141.
48   Sur ce point, voir le chapitre 11 sur l'œuvre de Michel Kichka.
49   D'après Sára Molnár, le discours et la vérité monolithiques de Kertész se trouvent ainsi minés de l'intérieur, un aspect qui a souvent échappé à la critique (hongroise) ; cf. Molnár, « Imre Kertész's Aesthetics of the Holocaust », *op. cit.*, pp. 163-164.

> [...] ma liberté était véritablement une liberté dirigée contre quelqu'un ou quelque chose, contre quelques-uns et quelques choses, dit ma femme, une attaque ou une fuite, ou les deux à la fois, et sans cela elle n'existait pas en fait, parce que – semble-t-il – ma liberté ne peut même pas exister, dit ma femme. Et ainsi, si ces quelques-uns et quelques choses n'étaient pas donnés, alors j'inventais, je créais ce genre de relation, dit ma femme, pour avoir quoi fuir, ou pour avoir avec quoi me confronter. Et [...] par cruauté et fourberie, je lui avais attribué depuis des années ce rôle (imitant ma façon de parler) monstrueux, pour être tout à fait sincère : ce rôle *honteux*, dit ma femme [...] je lui avais attribué ce rôle (pour que revive l'un de mes mots préférés), comme le bourreau à sa victime, dit ma femme. (*KE*, 151-152 ; Kertesz souligne)

Du rôle de Dieu à celui de bourreau, il n'y a qu'un pas, y compris en littérature. Si la liberté artistique offre en principe un moment de répit par rapport à l'ordre du monde, elle contient donc ses propres pièges et appelle à une nouvelle lucidité autocritique. Les tensions de couple dévoilent en même temps un autre aspect problématique lié à l'écriture : de fait, la soustraction de l'écrivain à la vie sociale n'est pas sans engendrer un nouveau sentiment de culpabilité, en particulier dans le rapport aux autres. En ce sens, le retrait dans l'écriture risque à son tour de se transformer en une solution de facilité et un état d'inauthenticité (*KE*, 41) puisque, tout comme une participation à la vie fonctionnelle, la prison permet d'esquiver la responsabilité réelle de son destin (*L*, 77). En sautant la phase de l'action, l'auteur et ses personnages passent simplement, comme chez Kafka, du statut d'enfant à celui de vieux, adoptant l'éternelle position d'observateur (*A*, 78)[50]. Ainsi que l'indique Kertész, ses protagonistes ne font en somme que « survivre » ou « vivoter » (*KE*, 78), tels des personnages de comédie sans destin (*L*, 24). D'une stratégie de non-assimilation, l'écriture se transforme alors en un processus d'auto-liquidation. Qui plus est, le fait même d'écrire contribue paradoxalement à l'érosion de l'authenticité et à l'auto-liquidation, puisqu'il faut bien convenir que le rocher de Sisyphe n'est pas éternel : à force de le pousser, celui-ci finit par se réduire à un caillou, que l'écrivain peut simplement empocher, quoique non sans s'y accrocher jusqu'au bout (*R*, 349). À travers son travail, l'écrivain creuse en somme sa propre tombe, signant un nouveau « verdict » qui finit à son tour par être accepté (*KE*, 43).

---

50   Cf. Bancaud, *op. cit.*, p. 303 ; Florence Bancaud, « De l'éducation corruptrice ou : Les années de déformation du jeune Kafka », *Germanica*, n° 30 (2002), http://journals.open edition.org/germanica/2152.

La dualité entre l'écriture et la vie est également explorée dans *Liquidation*, à travers le personnage de l'écrivain B. et son éditeur Keserü. Comme le premier se veut radicalement fidèle à lui-même et au poids de son histoire (*L*, 32), il se trouve incapable de participer à la vie, refusant notamment de visiter la ville de Florence en touriste et, plus globalement, de suivre sa femme vers une existence nouvelle :

> Il ne comprenait pas comment j'avais pu m'imaginer qu'il bondirait de son siège derrière son bureau pour aller en excursion à Florence avec une bande d'idiots. Il ne comprenait pas ce qu'il avait à faire à Florence. Il ne comprenait pas comment j'avais pu l'imaginer à Florence. Il ne comprenait pas comment j'avais pu m'imaginer qu'une entité nommée « Florence » pût exister pour lui, Bé. Et si cette prétendue Florence existait, alors elle n'existait pas pour lui. D'ailleurs, Florence n'existait même pas pour les Florentins, parce que les Florentins ignoraient depuis très longtemps la signification de Florence. Florence ne signifiait rien pour les Florentins au même titre qu'elle ne signifiait rien pour lui. Il ne comprenait pas ma grande et impardonnable erreur, il ne comprenait pas que je fasse semblant que le monde n'était pas un monde d'assassins et que je veuille m'y installer très confortablement. Il ne comprenait pas comment je pouvais croire que Florence n'était pas la Florence des assassins alors que tout appartenait désormais aux assassins. Et ainsi de suite. (*L*, 111-112)

> Tu as sûrement raison, Bé, le monde est un monde d'assassins, lui ai-je dit, mais je ne veux pas le considérer comme un monde d'assassins, je veux considérer le monde comme un endroit où l'on peut vivre. Il l'a admis. Il m'a laissée partir. (*L*, 114-115)

Inspiré du personnage de Jean Améry[51], B. se suicide, las de chercher de nouvelles prisons (*L*, 95) ; pour Kertész, cette mort littéraire symbolise aussi celle de son propre être créateur, de plus en plus menacé par la vie et l'aspiration au bonheur (*A*, 69 ; *JG*, 129), comme nous le verrons encore plus loin. D'où la multiplication de reproches concernant son propre manque de radicalité (*JG*, 249) ou la présence de trop de « facilités », comme la compagnie d'une épouse (*ChT*, 146). Dans *Liquidation*, l'auteur fait donc le deuil de sa radicalité : ce processus est incarné par le narrateur Keserü, qui ne peut plus que s'occuper de l'héritage littéraire de son ami suicidé et rêve par moments de sortir « de l'histoire » pour

---

51   Sur le lien du personnage avec l'écrivain Jean Améry, voir Royer, *op. cit.*, p. 259.

de bon[52]. Avec une certaine fascination, le personnage observe les clochards, qui vivent dans un « présent perpétuel » sans mémoire, à l'instar des personnages de Beckett (*L*, 13, 125-126). S'étant jadis « scandalisé » de leur sort « pour flatter sa fibre sociale », à présent il nourrit au contraire une « sympathie » à leur égard, se faisant d'eux une idée plus « désinvolte » et plus « humaine » (*L*, 125-126). Le rôle de clochard offre alors une autre issue, radicale à sa façon, pour qui ne supporte plus le poids du passé.

4   L'apocalypse et la littérature

Si Kertész abandonne le concept de « scandale » dans sa considération des clochards, c'est notamment en tant que catégorie morale, définie en fonction d'un système de valeurs donné (*JG*, 170)[53]. Se démarquant ainsi de l'éveil social par rapport au « scandale du monde » tel que prôné par Antelme, il interprète pour sa part la notion de « scandale » comme pierre d'achoppement aussi bien que comme « plaie ouverte », de manière à souligner la pérennité d'Auschwitz dans la culture[54]. À ses yeux comme ceux de B., le poids de l'événement est en effet inéluctable, étant donné que rien n'est venu annuler, réfuter ou réparer Auschwitz depuis le moment des faits (*A*, 85)[55]. L'ordre du monde n'a pas changé et, dans son discours du prix Nobel, Kertész affirme dès lors qu'en pensant à Auschwitz, il songe au présent et à l'avenir autant qu'au passé[56]. Auschwitz constitue en d'autres mots une rupture irrévocable, qui affecte toute la culture, plutôt que de se réduire à un contexte spatiotemporel circonscrit.

C'est en ce sens que, dans *Liquidation*, le personnage de Judit affirme, après un déplacement peu fructueux sur les lieux, qu'« Auschwitz n'existe pas » (*L*, 110)[57]. De même, le chercheur de traces, dans la nouvelle éponyme, a du mal à « voir » quoi que ce soit à l'endroit du camp qu'il visite – vraisemblablement le camp-musée de Buchenwald[58]. En revanche, il est gagné par une hallucina-

---

52   Jean-Yves Potel, « Imre Kertész et le 'socialisme réel' », *Lignes*, n° 53 (2017), p. 84. Le clochard apparaît aussi dans *Procès-verbal* sous une forme symbolique et montre, au dire de Kertész, que le narrateur y a perdu contact avec sa vie (*PV*, 190 ; Kertész, « Quel juif suis-je ? », *op. cit.*). Dans *Journal de Galère*, Kertész s'intéresse à un clochard qui semble sorti de Beckett, lui aussi décrit comme extérieur à l'esprit dominant (*JG*, 255).
53   Voir également l'usage du concept de scandale dans *KE*, 137.
54   Kertész, « Eurêka », *op. cit.*, p. 262.
55   *Ibid.*, pp. 261-262.
56   *Ibid.*, p. 265.
57   Sur le caractère « grotesque » de sa propre visite à Auschwitz, voir *DK*, 181-182.
58   À ce sujet, voir Coquio, « 'Envoyer les fantômes au musée ?' Critique du 'kitsch concentrationnaire' par deux rescapés : Ruth Klüger, Imre Kertész », *op. cit.*, et « *Apocalypsis cum*

tion apocalyptique, inspirée de Dürer, en observant la place voisine à l'heure de pointe : cette scène est généralement interprétée comme une critique du tourisme concentrationnaire[59], mais dans la mesure où elle se place en dehors du camp proprement dit, elle révèle aussi et surtout le caractère généralisé et contemporain de l'apocalypse culturelle[60].

Il convient ici de faire quelques précisions sur le terme d'apocalypse pour indiquer que cette dernière est rarement considérée comme un point final : le concept permet avant tout de penser un moment de rupture, ainsi qu'un *après* potentiellement dysphorique. Pour Kertész, le scandale d'Auschwitz sonne en effet le glas de l'ère chrétienne sans pour autant être étranger à celle-ci[61] : de même que les écrits apocryphes johanniques se rattachent encore à la Bible (*B*, 164), l'événement constitue au fond moins une fin qu'une révélation de la nature réelle des choses. Au-delà du choc des faits, l'imaginaire apocalyptique s'attache dès lors aux traces et à l'impact de la rupture[62]. Kertész prône par conséquent la nécessité d'une culture apocalyptique, où toute parole authentique est censée rendre compte du fait que la vie morale et éthique de l'homme a pris un « coup mortel » (*JG*, 206). En ce sens, il appelle à une véritable littérature *d'après* Auschwitz (*UA*, 287). Plutôt que d'un virement au pathos axé sur la

---

figuris. Messianisme et témoignage du camp », *op. cit.*, p. 206. Kertész supprima certaines descriptions « sarcastiques » du tourisme mémoriel (Royer, *op. cit.*, p. 197).

59 Coquio, *op. cit.*, p. 206.
60 Voir aussi la description de la ville dans *JG*, 232-233.
61 Kertész, « La pérennité des camps », *op. cit.*, p. 46.
62 Magdalena Zolkos, « Apocalyptic Writing, Trauma and Community in Imre Kertész's *Fateless* », *Angelaki: Journal of Theoretical Humanities*, 15:3 (2010), p. 88. La notion d'apocalypse prend en ce sens une fonction heuristique et interprétative : « Apocalypse, thus, finally, has an interpretative, explanatory function, which is, of course its etymological sense: as revelation, unveiling, uncovering. The apocalyptic event, in order to be properly apocalyptic, must in its destructive moment clarify and illuminate the true nature of what has been brought to an end » (James Berger, *After the End. Representations of Post Apocalypse*, Minneapolis – Londres, University of Minnesota Press, 1999, p. 6). Plutôt que de signifier une fin réelle, l'apocalypse prépare un nouveau monde, comme paradis ou désert post-apocalyptique (*ibid.*, p. 7), venant avec ou sans royaume (Günther Anders, cité dans Frédérik Detue, « Aucun de nous n'en réchappera : du témoignage à la fiction apocalyptique », Catherine Coquio, Jean-Paul Engélibert, Raphaëlle Guidée (éds.), *L'Apocalypse : une imagination politique (XIXe-XXIe siècles)*, Rennes, Presses universitaires de Rennes, 2018, p. 146). De manière générale, l'imaginaire apocalyptique est associé aussi bien à la possibilité d'une résistance révolutionnaire et libératrice qu'à celle d'une « conservation de l'ordre établi » (Jean-Paul Engélibert, Raphaëlle Guidée, « Avant-propos : l'apocalypse et après », Coquio, Engélibert, Guidée (éds.), *op. cit.*, p. 14). Sur la signification d'Auschwitz comme coupure et comme révélation, voir aussi les chapitres 1 et 12.

métaphore de l'enfer, réfutée déjà par Köves[63], il s'agit de prendre la mesure de l'événement et de faire sentir la cassure d'Auschwitz au lecteur[64].

Il s'ensuit que pour Kertész, Auschwitz a mis en suspens l'écriture traditionnelle, prétendument littéraire (*UA*, 289), avec son esthétique, ses valeurs et ses sentiments. C'est pourquoi l'auteur adopte une forme dite « atonale », apte à exprimer l'absence de valeurs et d'un consensus de base (*JG*, 67, 176-177) et à faire entendre « l'éthique pesante et ennuyeuse de l'authenticité absolue » (*UA*, 298)[65]. La littérature telle que Kertész la définit s'appuie par conséquent sur des formules testimoniales (*DA*, 36) et s'exprime de façon aussi peu romanesque que possible (*UA*, 298), refusant la langue et les idées toutes faites, pour offrir une *Weltinterpretation* (*B*, 151) qui reste radicalement extérieure au mensonge général (*JG*, 20). Invitant à repenser les mots en fonction de l'apocalypse (*JG*, 240), Kertész cherche en effet à découvrir une « troisième langue » (*DK*, 152), personnelle et authentique, qui lui permettrait de s'évader des termes convenus de la culture de la Shoah et, plus généralement, de la langue des autres (*B*, 129)[66].

La distinction entre la littérature d'avant et celle d'après Auschwitz ne se pose pas en termes strictement temporels, mais aussi selon des lignes de partage idéologiques[67]. De fait, seul un nombre limité de survivants ont, selon Kertész, affronté leur expérience de manière lucide et radicale (*UA*, 86) : à ses yeux, les écrivains humanistes comme Primo Levi se situent au contraire toujours dans l'avant-Auschwitz du fait qu'ils s'accrochent à une continuité rationnelle et morale (*UA*, 287)[68] ; ils risquent dès lors, à l'instar de Semprun, de falsifier l'expérience en prétendant que leur personnage n'est pas affecté intérieurement[69]. De même, au niveau de la culture populaire, Kertész rejette les représentations réalistes ou rédemptrices des camps à la Spielberg, qui échouent à prendre la mesure de l'événement ; il défend par contre *La vita è bella* de Roberto Benigni, qui est plus proche de sa propre « comédie » et révèle au grand jour les leurres et les « jeux » auquel on se livre pour survivre[70]. La fidélité de la représentation ne se mesure donc pas en termes réalistes et Kertész

---

63   Dans son *Journal de Galère*, Kertész cite « Apocalypsis cum figuris » comme titre pour le chapitre IV d'*Être sans destin* (*JG*, 177).
64   Kertész, « Eurêka », *op. cit.*, p. 261.
65   Kertész, « La langue exilée », *op. cit.*, p. 217.
66   *Ibid.*, pp. 215-216.
67   Cf. chapitre 1.
68   Voir également Kertész dans Busnel, « Imre Kertész : 'On ne survit jamais aux camps ... ils sont là pour toujours' » [Interview], *op. cit.*
69   Schaub, « Imre Kertész : 'Semprun était une sorte de héros officiel' » [Interview], *op. cit.*
70   Imre Kertész, « À qui appartient Auschwitz ? » [1998], Kertész, *L'Holocauste comme culture*, *op. cit.*, pp. 151-159.

se démarque volontiers des approches « puristes, casuistes » et dogmatiques du passé[71].

La quête d'une nouvelle esthétique montre que la mise en suspens de la littérature et de l'art ne signifie pas leur fin. Effectivement, pour Kertész il est essentiel de ne pas exclure Auschwitz de l'art, tel qu'il a été suggéré dans le sillage d'Adorno, puisqu'au lieu de préserver l'événement d'une banalisation, ce type d'interdit contribue paradoxalement à consigner l'événement au passé, à l'instar de ce que font les historiens (*DK*, 105-107 ; *B*, 144)[72]. Selon l'auteur, les dogmes de l'indicible ne représentent au fond qu'un discours de moraliste, dépourvu d'esprit critique ou éthique, alors qu'à ses yeux chaque génération se doit d'affronter l'événement, notamment par le biais de l'art (*B*, 151). Tout comme l'apocalypse fait encore partie de la culture chrétienne, la littérature d'après Auschwitz ne se situe pas en dehors du domaine littéraire, mais définit et poursuit une nouvelle quête d'authenticité. L'auteur la définit dès lors comme une forme de « courage et d'encouragement élémentaires » (*DK*, 149) : de ce fait, il s'inscrit pour sa part dans une lignée d'écrivains critiques et radicaux, lesquels éclairent à leur tour la condition des êtres humains écrasés par le destin (*JG*, 37). Comme Dürer (*ChT*, 164), ces auteurs l'aident à « voir » la réalité d'Auschwitz dans sa dimension culturelle et quotidienne. Ses modèles incluent des auteurs dits apocalyptiques, dont Nietzsche, Camus, Kafka et Beckett, ainsi que les auteurs d'une culture bourgeoise « raffinée » comme Mann, Goethe et Proust (*B*, 166). En outre, Kertész s'affilie aussi à une littérature juive orientale écrite « dans un allemand douteux », dont la filière va de Kafka à Celan (*UA*, 25), et à une littérature d'exil, à laquelle appartient Milosz (*UA*, 149). Par un autre vocabulaire, on peut associer ces écrivains à une littérature de « l'étrangéisation » et de « l'intranquille »[73] : ici encore, c'est le rapport critique des auteurs à la culture et à l'homme qui compte plutôt que leur inscription temporelle.

De ses modèles littéraires, Kertész déduit que le « grand style » ne se rapporte pas, comme on l'a dit, aux critères d'évaluation littéraire habituels, mais reflète la conscience que le monde ne nous appartient plus (*JG*, 76). Cela dit, Kertész note qu'il est difficile d'énoncer une vérité majeure dans un style mineur (*UA*, 85, 305). Reste en outre que la langue, même dans son état le plus dépouillé, participe toujours d'un système de pensée donné dont il est difficile de

---

71 *Ibid.*, p. 157.
72 Nous verrons que Gérard Wajcman élabore une autre approche à travers le concept d'extime (voir chapitre 10).
73 Philippe Bouchereau, *La Grande Coupure. Essai de philosophie testimoniale*, Paris, Garnier, 2017, pp. 303-365 ; cf. chapitre 1.

se dissocier conceptuellement (*JG*, 263). Si la langue est donc perçue comme un voile qu'il faudrait déchirer, tel que l'affirmait Beckett[74], ou comme un placard à percer, dans les mots de Kertész (*B*, 129), force est finalement de constater qu'elle constitue un jeu de miroirs sans issue (*UA*, 85, 305). En matière de radicalité l'écrivain est dès lors invariablement perdant, conclut Kertész à la fin de sa carrière (*UA*, 305). D'ailleurs, il avait entrevu depuis longtemps que l'écriture et sa transmission au lecteur risquent d'objectiver la vérité intime de l'auteur, en traduisant celle-ci en généralité et en la stylisant (*R*, 348). Dans *Liquidation*, il reconnaît en outre que la stylisation et l'authenticité sont floues et que le style finit par faire l'homme (*L*, 79), de façon à supplanter son moi véritable. Alors que le processus de stylisation est inévitable, voire indispensable, il transforme encore l'écriture en un piège potentiel.

5 Le Vilain Petit Canard et le prix Nobel

Tout en abordant les tensions intrinsèques à l'écriture, Kertész s'interroge aussi sur son propre « rôle » d'écrivain, qui se définit encore de manière interne et externe, en plus d'évoluer au fil du temps. De fait, au début de sa « carrière » – concept qu'il qualifie d'ailleurs de « reconstruction ultérieure » (*DK*, 132) – l'auteur travaillait dans un isolement complet, accentué encore par le manque de réception et « l'échec » initial de son premier roman[75]. Contrairement aux conceptions sartriennes de la littérature, il n'écrivait dès lors « pour personne »[76] (*UA*, 89), ce qui lui conféra d'ailleurs, comme c'était aussi le cas chez Rawicz, une liberté artistique illimitée[77]. La publication d'*Être sans destin* change la donne et amène l'auteur à s'interroger graduellement sur son aspiration éventuelle à un lectorat et sur le fait inévitable qu'il écrit pour les autres (*R*, 53, 72). Or, ce processus ne va jamais de soi, puisque, en l'absence de valeurs partagées, Kertész ne présuppose pas l'existence d'une communauté de lecteurs « normale » (*B*, 203). Tout particulièrement, l'auteur ne s'adresse point à un lectorat hongrois, malgré son monolinguisme littéraire : le recours à la langue hongroise est en effet présenté comme un choix par défaut et non comme une sollicitation de ses compatriotes (*UA*, 90-91). Contrairement à Milosz, poète qui définit son rapport à la langue polonaise en termes de fidélité et qui reste en quête de récepteurs éventuels dans son pays natal malgré son expatriation

---

74 Samuel Beckett, *Disjecta: Miscellaneous Writings and a Dramatic Fragment*, New York, Grove, 1984, p. 51.
75 Kertész, « La langue exilée », *op. cit.*, p. 219.
76 Sinon pour une instance théorique divine, cf. Royer, *op. cit.*, p. 289. Cf. Catherine Coquio, « 'Naturellement'. Déportation et acceptation », *revue L'Animal*, 2006, http://aircrigeweb .free.fr/ressources/shoah/Shoah_Coquio_Kertesz.html.
77 Kertész, « La langue exilée », *op. cit.*, p. 219 ; voir aussi chapitre 1.

et sa pratique parallèle de l'anglais[78], Kertész se perçoit comme un écrivain occidental qui pratique une langue exilée[79] et vit à travers les traductions de son œuvre[80], notamment en allemand (*UA*, 276 ; *B*, 41, 108).

Dans *Dossier K*, l'auteur suggère que son lecteur virtuel est non-juif et appartient à une génération plus jeune (*DK*, 113, 147)[81]. De manière plus générale, il réclame un lecteur qui serait courageux : il se plaint alors de la paresse du public, dépourvu de sens critique (*B*, 150), ainsi que du manque de compréhension qu'il rencontre, que ce soit chez les éditeurs, ses compagnes romanesques, ses admirateurs, ou encore les anciens élèves mis en scène dans *Le Drapeau anglais*. La mission de la littérature n'en reste pas moins celle d'une libération et d'une catharsis[82] mettant fin aux idées ou espoirs naïfs à la Candide du lectorat (*B*, 153). Le but est en effet, on l'a dit, de toucher ou de blesser les lecteurs, de manière à engendrer une prise de conscience lucide. Kertész est notamment dans l'attente perpétuelle d'une société dépassant son propre aveuglement (*JG*, 194) et prête à assumer des vérités qui ne se limiteraient pas au consensus (*JG*, 123). Ceci dit, il note en même temps dans ses textes ultérieurs qu'un consensus de base possède, malgré ses faiblesses et risques intrinsèques, une certaine utilité sociale (*UA*, 90 ; *DK*, 179 ; *B*, 189) car, d'après lui, c'est l'absence d'une conscience commune du passé en Hongrie qui a empêché le pays de transcender sa logique victimaire ou infantile (*JG*, 242 ; *B*, 59, 189-190), contrairement à ce qui s'est produit en Allemagne. L'aspiration à provoquer une catharsis du côté du lecteur[83] s'accompagne donc de réserves liées au potentiel critique des masses, méfiance remontant à l'expérience négative d'une société totalitaire, mais aussi, surtout vers la fin de sa vie, à son appréciation mitigée des systèmes politiques démocratiques (*UA*, 176-177)[84], où le ressassement permanent des mêmes idées fait à ses yeux office d'activité culturelle (*UA*, 94-99). En somme, face à une condition d'existence supposément fonctionnelle

---

78 Cf. « My Faithful Mother Tongue », dans Czeslaw Milosz, *New and collected poems 1931-2001*, Trad. C. Milosz, R. Hass *et al.*, New York, Harper Collins, 2001, pp. 245-246.

79 Kertész, « La langue exilée », *op. cit.*, p. 225.

80 Royer relève plusieurs auto-descriptions articulant cette tension – comme celles d'un « écrivain occidental résidant 'provisoirement' à Pest' », d'un « écrivain non hongrois écrivant en hongrois », d'un « écrivain juif de langue hongroise », et d'un « écrivain occidental, écrivant en hongrois et vivant en Hongrie » – notant qu'à partir de 1998 « occidental » se précise comme « allemand » (Royer, *op. cit.*, p. 281), même si Kertész adhère plutôt à l'identité de Juif de la *Galut* qu'à une identité allemande (*ibid.*, p. 285). La tension s'accentue encore dans le dernier volume *Der Betrachter*.

81 Une partie importante de son public en Allemagne appartenait effectivement à une génération plus jeune (*ibid.*, p. 256, p. 260).

82 Kertész, « L'Holocauste comme culture », *op. cit.*, p. 264 ; *UA*, 27.

83 Kertész, « À qui appartient Auschwitz ? », *op. cit.*, p. 153.

84 Sur ses tendances politiques dites « conservatrices », voir aussi Imre Kertész, « Ce malheureux XXe siècle », [1995], Kertész, *L'Holocauste comme culture*, *op. cit.*, p. 124 et *DK*, 189.

(*UA*, 10), l'auteur oscille entre un désaveu du lecteur et le désir que certains puissent tout de même comprendre son travail. Cette ambiguïté élitiste est d'ailleurs reconnue sans être levée : lorsque Köves reproche à Berg de se présenter comme le seul à être capable de se tirer du bourbier – toujours d'après le modèle du baron de Münchhausen – la remarque laisse l'autre « atterré » (*R*, 303).

Or, la réception effective de l'œuvre ne fait qu'amplifier le rapport ambivalent de Kertész au public : nostalgique de son échec initial, l'auteur regrette de voir son œuvre livrée à une critique littéraire prête à condamner ou à encenser son travail sans pour autant le comprendre (*R*, 348 ; *DK*, 153). L'une des questions qu'il se pose aussi devant son nouveau « rôle » est celle de savoir s'il est né écrivain ou s'il l'est devenu par la force des choses. Cela revient à demander à quel point son emprisonnement constitue une condition nécessaire pour son travail d'écrivain et donc si l'identité littéraire est intrinsèque ou si elle dépend de la situation (*A*, 80-81). L'écrivain saisit-il le monde ou est-il saisi par celui-ci (*A*, 95-96) ? L'effondrement du régime politique totalitaire est un premier test qui permet à Kertész d'évaluer s'il parvient à écrire en homme libre :

> L'agoraphobie de l'enfant de la dictature. Quelques questions qu'il faut quand même poser. Ne suis-je pas devenu trop désinvolte, voire léger ? Est-ce que je veux encore *écrire* ? (*A*, 61 ; Kertész souligne)[85].

L'arrivée du succès littéraire constitue ensuite une nouvelle mise à l'épreuve étant donné que « le vilain petit canard » auquel Kertész s'était identifié – intériorisant le rejet dans son pays natal – finit par se transformer, du moins en apparence, en un cygne magnifique, dont le bien-être lui semble irréel :

> Je n'ai jamais analysé le fait, grave, que le conte préféré de mon enfance était *Le Vilain Petit Canard*. Je le lisais souvent, et à chaque fois, je ne manquais pas de pleurer. J'y pensais souvent, dans la rue, au lit avant de m'endormir etc., comme à une consolation qui me vengerait de tous et de tout. Cela éclaire le moteur secret de ma vie beaucoup mieux que mes grandes lectures de jeunesse qui, croyais-je, ont déterminé les tournants décisifs de ma route – ou peut-être de ma fausse route. (*A*, 83)

> Ich wechsele den Verlag in Deutschland – lebe überhaupt ein erwachsenes Leben, was in Ungarn völlig unmöglich war, bereits von meiner Geburt an. Noch nie war die Geschichte vom häßlichen Entlein so zutreffend

---

85   Sur cette question, voir également Kertész, Radai, *op. cit.*

(prägnant) wie in meinem Fall. Es hat lange gedauert, bis ich als Schwan daraus aufsteige, siebzig Jahre. Ich wurde als ein anderer geboren, und das wußte ich lange nicht, weil es sich viele, viele Jahre hindurch immer nur in Form von schuldbewußtsein, in der Praxis aber von Hilflosigkeit bemerkbar machte ; ich kannte mich im Entenland, unter Entengesetzen nicht aus. (*B*, 223)[86]

Face à l'observation que lui-même ne s'était pourtant jamais montré exceptionnel et n'avait pas laissé « paraître de 'capacités supérieures' » (*A*, 10), il note que son intelligence à lui ne tient au fond qu'à son courage moral (*JG*, 114). Reste alors la question de savoir comment le petit canard s'est transformé en cygne. Est-ce qu'il s'est, comme dans l'interprétation du conte d'Andersen par Bettelheim, mué et distingué par la simple force du destin ? Ou bien faut-il chercher l'explication dans une action particulière, héroïque[87] ? Ou par contre dans l'emprise d'un système externe, comme la culture de l'Holocauste telle qu'elle s'est développée en Occident ?

Les soucis du cygne ne s'arrêtent pas là car, au fur et à mesure que le succès de Kertész comme écrivain de l'Holocauste s'affirme, une nouvelle identité publique s'impose, qui prend des proportions de plus en plus importantes. L'auteur et son prix Nobel en viennent à jouer une part essentielle dans le consensus mémoriel sur l'Holocauste en Allemagne et en Occident (*UA*, 202). Or, Kertész exprime des réserves sur cette nouvelle culture institutionnalisée, aussi bien que sur sa propre contribution à celle-ci. Si l'auteur

---

86 « Je change de maison d'édition en Allemagne – je vis vraiment une vie d'adulte, ce qui était tout à fait impossible en Hongrie, dès ma naissance. Jamais l'histoire du Vilain Petit Canard n'a été aussi pertinente (pressante) que dans mon cas. Il m'a fallu beaucoup de temps avant de m'élever en cygne, soixante-dix ans. Je suis né comme un autre, et pendant très longtemps je ne le savais pas, parce que pendant de nombreuses années, cela ne se manifestait que par un sentiment de culpabilité, sinon, en pratique, par un désarroi ; au pays des canards, soumis à la loi des canards, je ne me suis pas reconnu » (notre traduction).

87 D'après Bettelheim, l'histoire du Vilain Petit Canard est un conte où le destin domine, transformant le canard en cygne sans action particulière ou héroïque de sa part. Le canard « finit par prouver sa supériorité à tous ceux qui se sont moqués de lui » (Bruno Bettelheim, *La Psychanalyse des contes de fées*, Trad. Th. Carlier, Paris, Robert Laffont, 1976, p. 186). Bettelheim souligne que ce conte d'Andersen n'est « d'aucun secours » aux enfants dans la mesure où ceux-ci ne peuvent pas se transformer en une autre espèce. Alors que l'enfant devrait faire quelque chose pour prouver sa supériorité, comme améliorer ses qualités, le conte suggère au contraire que « tout est réglé par le destin », et indépendamment des actions du héros (*ibid.*, p. 187). Bettelheim note par ailleurs que, contrairement au mythe, où le héros est individualisé, le conte de fée nous raconte « l'histoire de n'importe qui » : les héros n'y portent pas forcément de nom et sont désignés en termes généraux ou descriptifs (*ibid.*, p. 75).

reconnaît qu'un processus de stylisation de l'expérience est nécessaire à une transmission collective[88], il ne s'en oppose pas moins à une « prolifération de la mémoire »[89] qui risque de virer au kitsch et à de nouvelles formes de conformisme. D'une part, la propagation d'une vision figée du passé crée un « réflexe Holocauste » au sein du public[90] et, d'autre part, elle dépossède à nouveau les témoins de leur vécu, entre autres au travers de grands projets de collecte de témoignages : ceux-ci amènent les témoins non à définir une vérité personnelle et critique mais à se conformer à une vision externe de leur expérience[91], à l'encontre de la fidélité radicale de Köves dans *Être sans destin*[92]. Tout en étant indispensable sur le plan éthique[93], la culture de l'Holocauste connaît donc des dérives qui risquent de contaminer jusqu'aux témoins.

De son côté, Kertész ne ressent pas sa participation au nouveau contexte comme étant absolument négative : en un certain sens, il apprécie la possibilité de s'exprimer après une longue période de censure et de faire entendre sa voix « au milieu de tant de stupidité » (*B*, 200), quitte à casser « le jouet préféré d'enfants euphoriques » (*UA*, 249)[94]. Cependant, le nouvel « aspect conférencier » (*UA*, 94) de son existence provoque aussi une aliénation grandissante. Déjà dans ses romans, il était conscient du risque de diffuser sa vérité intime en généralité, mais le « jeu » de l'écriture ne s'y associe pas moins à une forme de bonheur ; par contre, dans ses conférences et essais, cette dernière dimension est absente puisque l'acte testimonial s'y limite à un « genre explicatif » (*B*, 200) et à une prise de parole faite d'emblée pour les autres plutôt que pour soi-même :

> De nouveau, le rôle : que faire contre l'antisémitisme, pour une cohabitation normale ? Si je le savais. Ils attendent pourtant que je leur donne une explication, comme si le prix Nobel avait fait de moi un magicien qui porte en lui le secret de la parole salvatrice. De nouveau le sentiment

---

88 Kertész, « À qui appartient Auschwitz ? », *op. cit.*, p. 152.

89 Guillaume Métayer, « Style, mémoire, destin : Kertész et Nietzsche », *Lignes*, n° 53 (2017), pp. 157-168.

90 Kertész, *op. cit.*, p. 153. La position de Kertész est souvent comparée à celle de Ruth Klüger : Aurélia Kalisky, « Refus de témoigner, ou chronique d'une métamorphose : du témoin à l'écrivain (Imre Kertész, Ruth Klüger) », Catherine Coquio (éd.), *L'Histoire trouée : négation et témoignage*, Nantes, Éditions L'Atalante, 2004, pp. 419-448 ; Coquio, « 'Envoyer les fantômes au musée ?' Critique du 'kitsch concentrationnaire' par deux rescapés : Ruth Klüger, Imre Kertész », *op. cit.*

91 Kertész, *op. cit.*, pp. 153-155.

92 *Ibid.*, p. 153.

93 Imre Kertész, « Ombre profonde » [1991], Kertész, *L'Holocauste comme culture*, *op. cit.*, p. 60 ; Kertész, « Eurêka », *op. cit.*, p. 264.

94 Voir aussi Royer sur Kertész « acceptant » de jouer le « jeu de la célébrité » (Royer, *op. cit.*, p. 252).

d'être étranger, cet air de savoir quelque chose, c'est pénible ; pure représentation, perte de temps. (*UA*, 188)[95]

De fait, les essais poussent l'auteur à formuler des réponses à des questions qui lui sont étrangères ou nouvelles et à présenter une réflexion qui reste souvent en-dessous de sa pensée réelle, de manière à contribuer au consensus et au mensonge général (*B*, 224 ; *UA*, 164). Kertész note d'ailleurs avec amertume que ses grands exemples littéraires ou philosophiques n'ont jamais produit d'essais, même pour des motivations financières (*B*, 78), et que l'approche la plus radicale consiste à s'en tenir à une critique pure, à l'instar de Kant, sans tâcher de se rendre aussi prophète, comme l'a fait Nietzsche (*JG*, 33-34). Malgré son désir d'atteindre le lecteur, il maintient en effet aussi qu'il ne cherche à « convaincre » personne (*A*, 64 ; *R*, 53) et aspire à sauver son âme à lui plutôt que l'humanité (*JG*, 274). Alors que ses essais ont acquis un statut de référence précisément en raison de leur dimension dite critique[96], Kertész les considère donc de manière beaucoup plus ambivalente, déclarant enfin qu'il ne souhaite plus en écrire (*B*, 186). Se dissociant de son moi public (*B*, 155-156), il se plaint de son identité éclatée et inauthentique (*A*, 15 ; *UA*, 288) : « J'exerce une influence sur les autres, et cependant je ne sais même pas qui je suis » (*A*, 94). Happé par un contexte qui l'instrumentalise et le rend « utile » (*B*, 186), il ne sait effectivement plus s'il doit se prendre pour un imposteur qui prétend à tort avoir toutes les réponses, ou au contraire pour un honnête épicier qui culpabiliserait de ne pas satisfaire le client (*UA*, 191). Il constate entre autres avec horreur qu'il dit « oui » à des journalistes qu'il devrait refuser (*UA*, 178). Par erreur de politesse (*JG*, 231), il est plus proche du compromis que du radicalisme et du « non » mis en avant dans *Kaddish pour l'enfant qui ne naîtra pas* : force lui est du coup de constater qu'il ne vit plus « dans la vérité » (*B*, 112, 194). La force cathartique se perd du moment que le discours révolutionnaire accepte de se masquer et en vient à participer au mythe, comme l'indiquait déjà Roland Barthes[97]. La liberté interne de Kertész ne semble alors subsister que dans ses journaux intimes, où il cherche désespérément à préserver sa vie secrète et sa radicalité.

La boucle est ici bouclée, puisque dans son nouveau rôle, Kertész ne se sent légitime que par conformisme (*UA*, 233). Si en apparence la culture mémorielle le transforme en un cygne magnifique affirmant sa supériorité insoupçonnée aux autres, elle le mue donc également en pantin (*UA*, 278) ou « clown » de l'Holocauste (*B*, 78)[98], le dépossédant à nouveau de son destin : « Je suis l'objet d'un grand respect, je me sens comme le pape à Pâques » (*UA*, 189). On

---

95 Voir également *A*, 94.
96 Philippe Mesnard, *Témoignage en résistance*, Paris, Stock, 2007, pp. 300-304.
97 Roland Barthes, *Mythologies*, Paris, Seuil, 1957, pp. 220-221.
98 Kertész dans Radisch, *op. cit.*

pouvait s'imaginer le joueur heureux, même quand il ne jouait pour personne (*JG*, 276), mais l'incorporation dans la mémoire culturelle et collective semble sonner la fin réelle de la littérature au sens de jeu : *das Spiel ist aus* (*B*, 201)[99]. « J'étais écrivain », se rappelle alors Kertész (*UA*, 202), se retrouvant désormais dans la situation où son rocher de Sisyphe n'est plus qu'un caillou (*B*, 153). Le Kertész tardif se dit dès lors « holocaustmüde » (*UA*, 238)[100]. Or, si les analyses de l'œuvre retiennent surtout sa critique à l'égard de la culture mémorielle contemporaine et sa réticence grandissante au sujet de celle-ci[101], Kertész reconnaît pourtant sa propre responsabilité et le processus de pas-à-pas ayant engendré la nouvelle situation où il se trouve. Son erreur, c'est-à-dire sa culpabilité, consiste à se laisser entraîner dans le processus comme dans une auto-tamponneuse :

> Die große Frage : Denke ich das, was ich in meinen analysierenden Texten denke, *wirklich* ? Das Denken ist, wenn es analysiert, wie Autoscooter : Man setzt sich hinein und der Wagen fährt einen, man lenkt in die eine oder die andere Richtung, stößt mit anderen zusammen, doch mit dem Klingelton erreicht die Fahrt ihr Ende, bei der deine Schuld nur darin besteht, daß du in den Wagen eingestiegen bist. (*B*, 153 ; Kertész souligne)[102]

À moins de s'emprisonner comme le fait l'écrivain B. dans *Liquidation*, l'homme ne se situe donc pas dans un simple rapport d'opposition ou d'exclusion par rapport à la culture environnante, mais se trouve à nouveau affecté par celle-ci jusqu'au plus profond de ses instincts. En définitive, la culture mémorielle constitue dès lors elle aussi un jeu de miroirs sans issue. Contrairement au baron de Münchhausen, l'auteur ne peut se retirer entièrement du bourbier, ni se positionner, selon la formule de Martin Buber, comme une âme sauvée dans un monde damné (*A*, 87) : son impression est de se cramponner et de résister plutôt que de s'élever (*A*, 34-35). Le *happy end* du grand écrivain se vit dans le malheur et la culpabilité, comme prévu, mais c'est à travers la lucidité qui accompagne cette fin que le chant du cygne redevient tragique et que se reconquiert le destin.

---

[99] « Le jeu est terminé » (notre traduction).
[100] « Fatigué et saturé de l'Holocauste » (notre traduction).
[101] Voir par exemple Royer, *op. cit.*, pp. 310-312.
[102] « La grande question : est-ce que je pense *vraiment* ce que je pense dans mes textes analytiques ? Quand on y réfléchit, la pensée est comme une auto-tamponneuse : on s'installe et la voiture démarre, on tourne dans un sens ou un autre, on se cogne aux autres, mais quand la sonnerie met fin au trajet, ta seule culpabilité est celle d'être monté dans la voiture » (notre traduction ; Kertész souligne).

PARTIE 2

Littérature des générations d'après

CHAPITRE 7

Une fois pour toutes : *W ou le souvenir d'enfance* de Georges Perec

Né en 1936, Georges Perec s'inscrit dans ce que Susan Suleiman appelle « la génération 1,5 », qui « était là » mais qui était trop jeune pour prendre conscience ou se souvenir des événements[1]. Il perdit son père, engagé dans l'armée, dans un incident militaire au moment de l'armistice, tandis que sa mère fut déportée en février 1943. Ayant passé lui-même la guerre dans différentes pensions, il fut adopté par sa tante paternelle après la Libération.

Connu notamment pour son travail au sein de l'Oulipo, Perec a laissé plusieurs œuvres célèbres, dont *Les Choses*, *La Disparition* et *La Vie mode d'emploi*. De manière générale, les questions identitaires ou mémorielles n'apparaissent qu'en filigrane dans son écriture, et souvent de manière cryptée, mais dans *W ou le souvenir d'enfance*, l'auteur produit un récit d'enfance pour affronter un passé qui lui a largement échappé. Cette œuvre prit par la suite une valeur matricielle pour la génération d'après, même si l'auteur, décédé en 1982, ne s'associa pas à une perspective collective ou générationnelle[2]. Abordant plutôt son enfance d'un point de vue individuel, Perec tisse en particulier des liens fantasmatiques entre ses propres lacunes mémorielles et l'univers littéraire qu'il s'est forgé. L'auteur se construit ainsi de nouvelles filiations intertextuelles, suppléant l'absence de filiation réelle. Perec se prend à ce jeu littéraire sans croire que l'écriture lui permettra de retrouver le temps perdu ; tout au plus peut-elle offrir un déchiffrement du réel, œuvrant à un processus interprétatif et une prise de conscience sociale de la part du lecteur. Cela étant, après une présentation de la structure du texte, notre lecture apportera d'abord de nouvelles perspectives sur les jeux identitaires dans l'œuvre, notamment à travers une analyse des différentes figures du double. Ensuite, une étude approfondie des rapports de Perec à l'œuvre d'Antelme nous permettra de voir comment l'auteur compose et théorise, à travers l'écriture littéraire, son rapport à la mémoire et au réel : comme nous le montrerons, les rapports intertextuels et

---

[1] Susan Rubin Suleiman, *Crises of Memory and the Second World War*, Cambridge (MA) – Londres, Harvard University Press, 2006, p. 179. Cf. chapitre 1 du présent ouvrage.

[2] Philippe Mesnard, *Témoignage en résistance*, Paris, Stock, 2007, pp. 329-330. Par ailleurs, sur la reconnaissance tardive du texte, voir Manet van Montfrans, *Georges Perec. La Contrainte du réel*, Amsterdam, Rodopi, 1999, p. 245 ; Marcel Bénabou, « Perec et la judéité », *Cahiers Georges Perec*, n°1 (1985), p. 23. Voir aussi chapitre 1.

grilles interprétatives qu'il propose lui permettent en effet de revenir à la fois sur son propre parcours et sur le scandale du monde.

1   Une histoire d'enfance

W ou le souvenir d'enfance se compose de deux récits alternants, dont l'un parut initialement comme roman-feuilleton dans *La Quinzaine littéraire* sous le titre de « W », en 1969-1970. Dans le livre, publié en 1975, les chapitres issus du feuilleton, imprimés en italiques, alternent avec des chapitres autobiographiques dans lesquels Perec retrace ou interroge ses souvenirs d'enfance[3]. Si les deux récits semblent à première vue dissociés l'un de l'autre, le prière d'insérer indique qu'ils sont néanmoins « inextricablement enchevêtrés » et s'éclairent mutuellement[4].

Outre sa double structure, le livre est divisé par une césure, constituée d'une page blanche dotée uniquement de points de suspension entre parenthèses. Les points de suspension prennent la place d'un chapitre autobiographique et suivent, chronologiquement parlant, la séparation entre Perec et sa mère : l'ellipse confirme dès lors la disparition de cette dernière de la vie de l'enfant et de la suite du récit, le chiffre « onze » du chapitre précédent renvoyant à la date de sa déportation[5]. Comme la césure est dès lors à la fois précédée et suivie d'un chapitre en italiques, elle crée un effet de miroir et une structure en chiasme, avec les deux récits partant de part et d'autre. Le prière d'insérer explique d'ailleurs que cette coupure constitue « le lieu initial » du livre, auquel les fils brisés de l'enfance et « la trame de l'écriture » sont « accrochés ».

Si les chapitres autobiographiques avant la coupure font état d'une quasi-absence de souvenirs, au-delà des points de suspension commence la

---

[3] Georges Perec, *W ou le souvenir d'enfance*, Paris, Denoël, 1975 ; l'abréviation utilisée sera *Wse*.

[4] Comme l'ont montré les études de Philippe Lejeune et David Bellos, Perec avait initialement envisagé une structure ternaire pour le livre mais finit par incorporer les commentaires métamémoriels qui auraient constitué la troisième dimension au sein des chapitres autobiographiques, lesquels sont donc dotés d'un appareil de notes (Philippe Lejeune, *La Mémoire et l'oblique. Georges Perec autobiographe*. Paris, P.O.L., 1991 ; David Bellos, « Les 'erreurs historiques' dans *W ou le souvenir d'enfance* à la lumière du manuscrit de Stockholm », *Études romanes*, n° 46 (2000), p. 25). D'après Régine Robin, lors de ce transfert des commentaires, Perec gomme en particulier les éléments de psychanalyse, confirmant aussi l'observation de Manet van Montfrans selon laquelle Perec ne s'intéresse que modérément au fonctionnement de son intériorité (Régine Robin, *Le Deuil de l'origine. Une langue en trop, la langue en moins*, Saint-Denis, Presses universitaires de Vincennes, 1993, pp. 189-191 ; van Montfrans, *op. cit.*, p. 167).

[5] Pour une analyse des rapports numérologiques à l'autobiographie, voir Bernard Magné, *Georges Perec*, Paris, Nathan, 1999.

période dont le narrateur indique avoir gardé des souvenirs un peu plus précis, quoique toujours déliés et mal situés : ils se réfèrent aux différents endroits où il a passé la guerre et ensuite à la période de l'après-guerre où la chronologie des événements lui est plus évidente. La série de souvenirs se clôture par la visite d'une exposition sur les camps de concentration à Paris. Du côté du récit fictionnel, que le prière d'insérer qualifie de « roman d'aventures », la première partie présente l'histoire de Gaspard Winckler, un ancien déserteur chargé de retrouver le jeune garçon dont il a assumé l'identité et qui a disparu en mer lors d'un voyage. La césure marque ici aussi une transition narrative, en l'occurrence vers la description de l'île de W, un endroit régi par le Sport et « l'idéal olympique », dont les « athlètes » pourraient descendre d'une race ou classe privilégiée à connotation aryenne, mais aussi, selon une autre hypothèse, de condamnés ou « convicts »[6]. L'évocation de W est initialement neutre ou vaguement admirative mais finit par dévoiler que l'île constitue au fond un site d'oppression. Or, les premier et dernier chapitres du récit autobiographique offrent un cadre à ce récit fictionnel, expliquant le fondement du texte sur W dans un fantasme enfantin qui était « sinon l'histoire, du moins une histoire » de l'enfance de Perec. De fait, à la fin du texte, Perec rapproche l'univers décrit de celui des camps nazis en invoquant une citation de David Rousset, où celui-ci décrit le « sport » effectué par les détenus concentrationnaires. Comme l'ont noté Manet van Montfrans et Anny Dayan Rosenman, la citation de Rousset est légèrement tronquée, puisque Perec y supprime les noms des camps qui auraient limité son application à la situation des déportés politiques[7]. En outre, la narration en italiques se termine par une description des vestiges enfouis de W qui se réfère plus spécifiquement à la réalité des sites d'extermination :

> Celui qui pénétrera un jour dans la Forteresse n'y trouvera d'abord qu'une succession de pièces vides, longues et grises. Le bruit de ses pas résonnant sous les hautes voûtes bétonnées lui fera peur, mais il faudra qu'il poursuive longtemps son chemin avant de découvrir, enfouis dans les profondeurs du sol, les vestiges souterrains d'un monde qu'il croira avoir oublié : des tas de dents d'or, d'alliances, de lunettes, des milliers et des milliers de vêtement en tas, des fichiers poussiéreux, des stocks de savon de mauvaise qualité ... (*Wse*, 218)

---

6 Sur le rassemblement entre les notions de classe et de race dans ce passage, voir van Montfrans, *op. cit.*, p. 217.
7 *Ibid.*, p. 185 ; Anny Dayan Rosenman, « *W ou le souvenir d'enfance* de Georges Perec, une métaphore concentrationnaire et une étrange fable glacée », *Les Lettres Romanes*, n° hors-série (1995 ; « La Littérature des camps, la quête d'une parole juste entre silence et bavardage »), p. 185.

Cette fin répond aussi au paragraphe final du récit autobiographique, qui évoque la visite de l'exposition sur les camps : les deux textes, rassemblés par le connecteur « ou » dans le titre du livre[8], finissent ainsi par se rejoindre. De manière plus générale, les échos entre les deux récits sont multiples et les études critiques de l'œuvre n'ont pas manqué de relever ces « sutures »[9] qui constituent autant de points de départ interprétatifs, ouvrant un réseau de significations possibles et de méandres à suivre. La lecture croisée des deux textes est renforcée également par certains renversements génériques qui remettent en question, du moins partiellement, leur distinction apparente : non seulement le fantasme de W « résonne » progressivement avec un univers réel mais en plus, la genèse de l'œuvre montre que le récit autobiographique a été rédigé à l'aune de la fiction, plutôt que l'inverse[10]. D'ailleurs, étant donné le manque de souvenirs évoqué par Perec, les conventions génériques du récit d'enfance se trouvent d'emblée bouleversées : les fragments de vécu repêchés de l'oubli tendent en effet à prendre eux aussi une dimension fictive ou fantasmée. De fait, si certains événements évoqués n'ont laissé aucune trace mémorielle, d'autres ont été transformés, dénaturés ou épuisés par un excès de mémoire ou par le travail d'écriture. Un processus de médiation est notamment entamé à partir de documents, photos et témoignages liés aux parents et à l'enfance, sources souvent partielles ou contradictoires, et, comme ailleurs dans l'œuvre de Perec, à travers d'autres éléments de « relais »[11] tels que les dictionnaires, la littérature, le dessin et le cinéma. La multiplication de références littéraires dans la dernière partie du livre renforce encore la dimension imaginaire donnée au vécu : si certaines d'entre elles ont trait à des modèles de l'écriture autobiographique, tels que Leiris (*Wse*, 193)[12], d'autres rapprochent le récit d'enfance à son tour du roman d'aventures, en instaurant des parallèles entre le vécu de Perec et celui de ses héros d'enfance : de même que le petit Parisien ou encore le chien de cirque de ses lectures (*Wse*, 191-192), l'enfant aurait ainsi – à l'instar aussi du jeune Gaspard Winckler – effectué son propre tour du monde, ou du moins de la France. Finalement, le récit d'enfance et la fiction à propos

---

8 Comme l'a montré Susan Suleiman, le connecteur « ou » peut en l'occurrence indiquer une équivalence aussi bien qu'une différence entre les deux récits (Suleiman, *op. cit.*, p. 187).

9 Bernard Magné, « Les sutures dans *W ou le souvenir d'enfance* », *Textuel*, n° 21 (1988), pp. 39-55.

10 Sydney Lévy, « Emergence in Georges Perec », *Yale French Studies*, n° 105 (2004 ; « Pereckonings: Reading Georges Perec »), p. 50.

11 Georges Perec, « Le travail de la mémoire » [1979], Georges Perec, *Entretiens et conférences, volume II : 1979-1981*, éd. critique établie par Dominique Bertelli et Mireille Ribière, Nantes, Joseph K., 2003, p. 49.

12 Anne Roche présente *W ou le souvenir d'enfance*, Paris, Gallimard, 1997, pp. 61-62.

de W se rapprochent aussi du fait qu'ils offrent chacun un récit d'initiation, un parallèle qui s'observe notamment dans les derniers chapitres : le récit fictionnel y passe d'une évocation « neutre » de l'île de W à la découverte de la dure réalité à travers les yeux d'un enfant novice faisant son entrée dans la société olympique[13] tandis que dans la partie autobiographique ce moment coïncide avec le retour de Perec enfant à Paris, après la Libération, qui pour lui constitue le point de départ de sa chronologie personnelle et de ses premières découvertes littéraires. Par ailleurs, l'initiation à W est accompagnée par des « novices un peu plus anciens » (*Wse*, 188), qui rappellent notamment les anciens détenus évoqués dans les témoignages des camps ; du côté de Perec, un guide analogue se trouve dans la figure de son cousin Henri, « le modèle, le détenteur du savoir, le dispensateur de certitude » (*Wse*, 196), qui lui offre son introduction en littérature et l'initie aussi à la bataille navale mouvante. Cette double entrée dans l'univers littéraire et l'univers de la violence dessinent en quelque sorte les deux destins potentiels ou parallèles – la double « V » ou vie – qui se sont offerts à Perec, ou qu'il conçoit comme tels rétrospectivement. C'est ce que suggère aussi le témoignage de Jean Duvignaud, avec qui Perec fonda la revue *Cause commune*, lequel évoque la peur récurrente chez les survivants qu'un autre soit peut-être mort à leur place :

> [...] ce fantasme qu'il me confie un soir : sauvé de la déportation qui emmènera sa mère à Auschwitz, emmené dans les Alpes avec d'autres bambins, n'a-t-il pas été choisi à la place d'un autre, un autre qui aurait été massacré ; ne s'est-on pas trompé d'enfant[14] ?

Ayant échappé à la violence, Perec s'est construit un monde par la voie littéraire, et esquisse dans le récit, comme le montre Régine Robin, sa propre vocation d'écrivain[15]. À Perec couché dans son lit sur le ventre pour lire s'oppose alors l'image des détenus aplatis dans la boue, se relevant et se recouchant en guise de « sport ». En dépit de cet abri littéraire, la dure réalité des choses finit par rattraper l'enfant lors de sa visite à l'exposition sur les camps, tout comme c'est le cas pour le visiteur de W qui découvre les vestiges enfouis, et pour le lecteur arrivé aux derniers chapitres où se démasque la société des athlètes.

---

13 Dayan Rosenman, *op. cit.*, p. 187.
14 Jean Duvignaud, *Perec ou la cicatrice*, Arles, Actes Sud, 1993, p. 55. Ceci rappelle aussi, dans le poème « Gaspard Hauser chante » de Verlaine, le vers « La mort n'a pas voulu de moi » (Paul Verlaine, *Sagesse : Liturgies intimes*, Paris, Colin, 1958 (1880), pp. 92-93). Nous élaborerons ce lien intertextuel ci-dessous.
15 Robin, *op. cit.*, p. 193.

2 Doubles et faussaires

Ayant indiqué de prime abord qu'il n'a « pas de souvenirs d'enfance », Perec résume les informations sur ses origines en peu de mots : « Jusqu'à ma douzième année à peu près, mon histoire tient en quelques lignes : j'ai perdu mon père à quatre ans, ma mère à six ; j'ai passé la guerre dans diverses pensions de Villard-de-Lans. En 1945, la sœur de mon père et son mari m'adoptèrent » (*Wse*, 13). Ce résumé crée un point de suture immédiat avec les chapitres fictionnels, où le vécu du narrateur, un déserteur vivant sous la fausse identité de Gaspard Winckler, est également évoqué « le plus brièvement possible » : après la mort de son père, le pauvre héritage du personnage « tint en quelques effets » et il fut adopté par ses voisins (*Wse*, 11)[16]. Un rapport de double au moins partiel s'instaure ainsi entre les deux narrateurs, amplifié par l'existence d'un deuxième Gaspard Winckler, homonyme du narrateur[17]. Or, face à ces dédoublements, toute idée d'identité se fait nécessairement suspecte. D'ailleurs, non seulement le narrateur adulte des chapitres fictifs usurpe-t-il une identité mais, en outre, le personnage du jeune Winckler en cache un autre, puisque l'on sait qu'il s'inspire de la figure de Kaspar ou Gaspard Hauser, célèbre « orphelin » du dix-neuvième siècle, lui aussi soupçonné d'être un imposteur[18] : ayant apparemment grandi en isolation, Hauser refusa toute nourriture sauf du pain et de l'eau et ne sut dire qu'une seule phrase, indiquant qu'il souhaitait devenir chevalier comme son père ; ses origines ne purent jamais être établies mais le garçon se présenta par la suite comme la victime de plusieurs incidents de véracité douteuse[19]. Comme Hauser, le jeune Gaspard Winckler est muet, refuse toute nourriture et souffre d'un traumatisme inconnu dont on ne parvient pas à déceler les causes. Or, Perec se rajoute à cette lignée : il est de ceux qui n'ont pas voulu répondre sur leur passé, s'obstinant à rester muet au sujet d'une expérience qui ne semble pas lui appartenir. À l'instar de Hauser, il a pris le parti de ne réciter qu'une seule phrase en riposte à toute question : « je n'ai pas de souvenirs d'enfance ». Il ne fallait pas l'interroger à ce propos puisque

---

16 Pour une analyse de ce point de suture, voir aussi Bernard Magné, *op. cit.*, pp. 49-52.

17 Personnage récurrent chez Perec, Gaspard Winckler est, comme le suggère Claude Burgelin, toujours en rapport au faux chez Perec (Claude Burgelin, *Georges Perec*, Paris, Seuil, 1988, p. 151).

18 Comme le signale David Bellos dans sa biographie de l'auteur, Perec mentionne le poème « Gaspard Hauser chante » de Verlaine dans une lettre à un ami, demandant des informations supplémentaires sur le cas (David Bellos, *Georges Perec: A Life in Words*, Londres, Harvill, 1993, pp. 196-197).

19 Voir les informations fournies par Bellos (*id.*) et aussi Michael Newton, « Kaspar Hauser », *The Encyclopedia of unsolved crimes*, New York, Infobase publishing, 2009, pp. 157-160.

« l'Histoire avec sa grande Hache » avait déjà fourni la réponse : « la guerre, les camps » (*Wse*, 13). En refusant toute explication, il suit également l'exemple de Bartleby de Melville, invoqué comme « ombre tutélaire » (*Wse*, 11) dans le récit fictif, qui répète toujours la même « préférence négative »[20] (*I would prefer not to*) face aux demandes de son patron. Par contre, chez Perec, la phrase d'ouverture du récit autobiographique se trouve reprise deux paragraphes plus loin sous une forme citationnelle, entre guillemets, de sorte à la mettre à distance :

« Je n'ai pas de souvenirs d'enfance » : je posais cette affirmation avec assurance, avec presque une sorte de défi. (*Wse*, 13)

Si Perec n'adhère désormais plus à cette approche et se décide à surmonter son mutisme, c'est parce que le silence lui paraît désormais faussement innocent, une façon d'esquiver le passé et de se « protéger » de son histoire à lui, telle qu'il l'a vécue (*Wse*, 13). Il s'engage donc à affronter cette dernière, suivant en cela l'exemple du narrateur adulte Gaspard Winckler qui se résout – lui aussi après un long silence – à parler de son voyage à W. Perec n'en est pas moins conscient que le passé restera hors d'atteinte. D'ailleurs, ainsi que chez Hauser, il s'avère que certains accidents décrits au cours des chapitres sont arrivés à d'autres que lui-même, forçant Perec à admettre, encore à l'instar de Winckler, qu'il n'était sans doute pas la « victime héroïque » mais plutôt « un simple témoin » de l'événement (*Wse*, 109). Ici encore, il apparaît comme un faussaire potentiel, en l'occurrence désireux, d'après ce qu'il suggère, de substituer des douleurs « nommables » à l'innommable (*Wse*, 110).

Comme le montrent ces éléments d'analyse, chez Perec et ses doubles, le caractère absent ou fantasmé du passé et des origines est largement lié à leur statut partagé d'orphelin, ou de semi-orphelin. Dans le cas de Gaspard Hauser, dont les parents sont inconnus, l'on observe une aspiration apparente à se modeler sur le père absent, dit « chevalier », tout comme l'image du père en soldat constitue une source de fantasme pour Perec ; cependant, face aux morts glorieuses imaginées par l'enfant, il s'avère que la réalité était « idiote et lente » (*Wse*, 44), une désillusion préfigurée déjà dans la désertion militaire de l'adulte Winckler. De son côté, on l'a dit, ce dernier fut adopté suite au décès de son père, tandis que dans le cas du jeune Gaspard Winckler, c'est la mère qui meurt pendant un voyage entrepris dans l'espoir que son fils puisse surmonter son mystérieux traumatisme et enfin retrouver la parole ; contrairement au cas de Perec, on recouvre en l'occurrence le corps de la mère mais l'enfant a disparu sans trace dans les environs de W. Sur l'île, d'ailleurs, la structure familiale

---

20   van Montfrans, *op. cit.*, p. 56.

fait également défaut : les enfants y sont séparés de leurs mères et grandissent dans des structures collectives rappelant les pensions où Perec trouva refuge pendant la guerre. Comme l'ont noté plusieurs critiques, la chaîne des doubles orphelins s'étend aussi à la figure de Hamlet, évoquée notamment par un renvoi au « royaume de Danemark » crayonné sur une photo du père (*Wse*, 41) : cet intertexte met en vedette la thématique du manque de souvenir[21], reliée aussi à l'isotopie de la « hache » qui, chez Shakespeare, est censée tomber là où est la faute ou le crime[22] – ici encore, l'oubli et le silence du « je », et le caractère supposément innocent de ceux-ci, se trouvent donc remis en cause[23], renforçant les soupçons à l'égard du personnage.

3 Le divin enfant

En se décrivant aussi comme le « fils de personne » et « l'inengendré » (*Wse*, 21), Perec introduit en outre « l'unique-engendré » Jésus-Christ comme un « double » ou pôle de référence. Ainsi, dans le premier souvenir qu'il évoque, il se revoit à l'âge de trois ans au centre du cercle familial, la lettre qu'il vient de tracer suscitant l'admiration générale, même si l'identification du signe en question finit par partir en plusieurs sens. Perec termine ce passage fondateur en notant que la scène lui évoque un tableau tel que « Jésus en face des docteurs » (*Wse*, 23). Dans l'appareil de notes, Georges Perec corrige ensuite ce souvenir ou « pseudo-souvenir » en disant que plutôt qu'à « Jésus face aux docteurs », il faudrait sans doute penser à un tableau évoquant la « Présentation au Temple » (*Wse*, 24). Ce double renvoi ouvre plusieurs pistes d'interprétation peu étudiées que nous analyserons ici pour informer la suite de l'analyse.

---

21 Joanna Spiro, « The Testimony of Fantasy in Georges Perec's *W ou le souvenir d'enfance* », *The Yale Journal of Criticism*, 14:1 (2001), p. 121, p. 149. De façon similaire, Manet van Montfrans associe la référence à une quête du père (van Montfrans, *op. cit.*, p. 171).

22 Roche, *op. cit.*, pp. 87-88. Voir également Bernard Magné, « Coup d(e) H », *Études romanes*, n° 46 (2000), p. 78.

23 Patrizia Molteni offre une analyse des renvois à Hamlet dans *La Vie mode d'emploi* et *Le Condottiere* de Perec ; pour *W ou le souvenir d'enfance*, elle cite un lien intertextuel possible, à savoir Jean Paris, *Hamlet ou les personnages du fils* (Paris, Seuil, 1953) : celui-ci situe le texte de Shakespeare dans son contexte historico-social en Angleterre où les personnages sont soit obligés de rester à l'écart de la société, soit de se rendre complices de ses lois criminelles ; c'est ainsi que s'expliquerait le renvoi dans *W ou le souvenir d'enfance* au fait qu'il y a « quelque chose de pourri » au Danemark (Patrizia Molteni, « Faussaire et réaliste : le premier Gaspard de Georges Perec », *Cahiers Georges Perec*, n° 6 (1996), pp. 70-71).

Par la référence au premier tableau, l'enfant précoce se trouve comparé à Jésus qui explique les Écritures au temple à l'âge de douze ans. Ce récit évoque un parallèle important avec celui du jeune Gaspard et celui de Perec même, car à la suite de l'épisode en question, Jésus reste au temple tandis que ses parents repartent sans lui en le croyant dans la caravane du retour ; ne le trouvant pas, ils reviennent sur leurs pas et, le découvrant le lendemain, lui demandent pourquoi il leur a fait une telle chose. La question de culpabilité soulevée dans ce passage est notamment celle de savoir qui a abandonné qui. De même, dans le cas du jeune Winckler, disparu en mer, il n'est pas clair s'il s'est enfui ou s'il a été laissé en arrière par sa mère, ni, d'ailleurs, si cela aurait une importance :

> – *Ils ont fait demi-tour pour partir à sa recherche, cela peut vouloir dire que l'enfant s'était enfui* [...] *mais cela peut vouloir dire aussi qu'ils l'avaient abandonné et qu'ensuite ils s'en étaient repentis.*
> – *Est-ce que cela change quelque chose ?*
> – *Je ne sais pas.* (Wse, 82-83)

Par rapport à Perec, la question de l'abandon se pose aussi dans les deux sens : l'enfant pourrait être rancunier d'avoir été délaissé par ses parents[24], tout comme il les a peut-être abandonnés à son tour, y compris par son silence, lequel ne serait donc effectivement pas « innocent »[25]. La culpabilité potentielle transparaît aussi dans le cas de Winkler adulte, recherché spécifiquement comme déserteur et soupçonné à son tour d'un manque de mémoire[26], comme le suggère une question posée par Otto Apfelstahl : « vous êtes-vous déjà demandé ce qu'il était advenu de l'individu qui vous a donné votre nom ? » (Wse, 23). À vrai dire, tandis que Winckler a reçu l'identité d'un enfant, il croyait porter le nom de personne, s'affirmant donc à son tour comme inengendré ; la question d'Apfelstahl rebondit alors sur Perec, qui ne s'est peut-être pas non plus suffisamment demandé ce qu'il était advenu de celui qui lui a donné son nom, en l'occurrence son père (Wse, 31). Dès lors, comme le suggère Anne Roche, le

---

24   Roche, *op. cit.*, p. 87 ; Andy Leak, « W/ dans un réseau de lignes entrecroisées : souvenir, souvenir-écran et construction dans *W ou le souvenir d'enfance* », Mireille Ribière (éd.), *Parcours Perec*, Lyon, Presses universitaires de Lyon, 1990, p. 82.
25   Pour Joanna Spiro, la reprise critique de la phrase « je n'ai pas de souvenirs d'enfance » signifie dès lors que le manque de souvenirs ne dispense pas l'auteur de parler de ces événements, car le silence engendrerait une culpabilité *sui generis*, notamment à l'égard des parents (Spiro, *op. cit.*, p. 117). Nous développerons une autre piste interprétative ci-dessous. Sur la culpabilité potentielle de l'enfant, voir également Bellos, *Georges Perec: A Life in Words, op. cit.*, pp. 545-555.
26   *Id.* ; Roche, *op. cit.*, p. 206.

livre entier constitue au fond une réponse à la question d'Apfelstahl[27]. Or, si l'écriture permettra de dépasser le mutisme, elle ne permet pas pour autant de pallier le manque de mémoire ou d'annuler la culpabilité, puisque la désertion mutuelle a produit une séparation au fond irrémédiable : « je ne retrouverai jamais, dans mon ressassement même, que l'ultime reflet d'une parole absente à l'écriture, le scandale de leur silence et de mon silence » (*Wse*, 59).

Le deuxième tableau, mentionné en note, une « Présentation au Temple », renvoie au moment dans l'Évangile où on annonce le destin de Jésus et de Marie : il est dit de l'enfant qu'il amènera la gloire d'Israël et provoquera des chutes et des relèvements, tandis que sa mère aura le cœur transpercé. Ici encore, des liens se tissent avec d'autres parties du récit : ainsi, comme nous le verrons encore plus loin, chez Perec la notion de « gloire » se trouve associée aussi bien à la religion qu'aux sports ; par ailleurs, Perec enfant est accusé d'avoir provoqué la chute d'une fille dans les escaliers au pensionnat – incident dont il dénie d'ailleurs la responsabilité – tandis que les athlètes à W provoquent délibérément la chute de leurs adversaires ; le motif du corps transpercé revient lui aussi à plusieurs reprises au cours du récit, y compris en référence à la mère de Perec. Le sort prédit à Marie rappelle également celui de la mère du jeune Winckler, qui meurt les reins brisés, lacérant la porte de la cabine de ses ongles – une scène qui préfigure en même temps la mort de la mère de Perec, étant donné que l'enfant voit des traces d'ongles en photo à l'exposition sur les camps (*Wse*, 213).

La comparaison à Jésus introduit ainsi la question du destin au sein des deux récits. Pour les athlètes de W, celle-ci constitue une obsession, mettant en évidence leur aspiration désespérée à améliorer leur sort individuel, une ambition constamment contrariée par le caractère imprévisible et punitif des règles. Étant donné le contexte de part en part oppressif et arbitraire, la question du destin s'y réduit en effet à une affaire de hasard. Le « souci » ironique de « donner à chacun sa chance » (*Wse*, 156) fait alors directement écho au « *Jedem das seine* » de l'univers des camps nazis[28], une subversion perverse de la notion de chance qui ne fait qu'aveugler les athlètes :

---

27   *Id.*
28   Rappelons ici les analyses critiques du slogan et de ses équivalents dans l'œuvre de Semprun (voir chapitre 5). Par ailleurs, dans son analyse de l'œuvre d'Antelme, Perec indique déjà que la « chance » n'explique rien (Georges Perec, « Robert Antelme ou la vérité de la littérature » [1963], Robert Antelme. *Textes inédits sur « L'Espèce humaine ». Essais et témoignages*, Paris, Gallimard, 1996, p. 183), indiquant donc que l'interprétation de la réalité se situe nécessairement ailleurs. Pour une analyse de ce « mythe de la chance » dans les camps, voir Régine Waintrater, *Sortir du génocide. Témoignage et survivance*, Paris, Éditions Payot et Rivages, 2011 (2003), pp. 129-133.

> Il y a deux mondes, celui des Maîtres et celui des esclaves. Les Maîtres sont inaccessibles et les esclaves s'entre-déchirent. Mais même cela, l'Athlète W ne le sait pas. Il préfère croire à son Etoile. Il attend que la chance lui sourie. Un jour, les Dieux seront avec lui, il sortira le bon numéro, il sera celui que le hasard élira pour amener jusqu'au brûloir central la Flamme olympique, ce qui, lui donnant le grade de Photophore officiel, le dispensera à jamais de toute corvée, lui assurera, en principe, une protection permanente. Et il semble bien que toute son énergie soit consacrée à cette seule attente, à ce seul espoir d'un miracle misérable qui lui permettra d'échapper aux coups, au fouet, à l'humiliation, à la peur. L'un des traits ultimes de la société W est que l'on y interroge sans cesse le destin : avec de la mie de pain longtemps pétrie, les Sportifs se fabriquent des osselets, des petits dés. (*Wse*, 216)

Les personnages se trouvent donc pris entre l'espoir immuable d'un miracle individuel et l'inévitable échec de cette aspiration. Quelle que soit alors l'incrédulité du novice devant la réalité qu'il découvre à son arrivée, le narrateur conclut qu'il est inutile de se leurrer :

> [...] comment expliquer que c'est cela la vie, la vie réelle, que c'est cela qu'il y aura tous les jours, que c'est cela qui existe et rien d'autre, qu'il est inutile de croire que quelque chose d'autre existe, de faire semblant de croire à autre chose [...] Il n'y a même pas à espérer que le temps arrangera cela. Il y a cela, il y a ce qu'il a vu, et parfois ce sera moins terrible que ce qu'il a vu, et parfois ce sera beaucoup plus terrible que ce qu'il a vu. Mais où qu'il tourne les yeux, c'est cela qu'il verra et rien d'autre et c'est cela seul qui sera vrai. (*Wse*, 189)

En écho aux vains espoirs des athlètes, le chapitre autobiographique qui précède fait d'ailleurs mention du « jeu d'*échecs* » (*Wse*, 213 ; nous soulignons) qu'aurait vu Perec à l'exposition sur les camps, fabriqué également à partir de « boulettes de pain », comme les dés des athlètes. Cette association vient contredire l'idée selon laquelle le concept de « chance » pourrait encore avoir une signification réelle dans un système oppressif tel que W, tout comme il était dépourvu de sens dans le cas de la mère de Perec, qui croyait pourtant elle aussi en « son Étoile ». À l'instar des athlètes couronnés, la mère s'imaginait « protégée » par un « titre », en l'occurrence celui de « veuve de guerre » :

> Il existait effectivement un certain nombre de décrets français censés protéger certaines catégories de personnes : veuves de guerre, vieillards,

etc. J'ai eu beaucoup de mal à comprendre comment ma mère et tant d'autres avec elle ont pu un seul instant y croire. (*Wse*, 57)

La sécurité à laquelle se fient les athlètes comme la mère est en somme incarnée par la « Loi », mais cette dernière s'avère être une menace autant qu'une protection[29]. De fait, le caractère ambigu de la Loi se trouve déjà inscrit dans la scène du premier souvenir de Perec que nous venons d'évoquer. En effet, comme le note Anny Dayan Rosenman, les deux références religieuses citées par Perec peuvent aussi se lire, du point de vue de la tradition juive, comme une entrée dans la communauté, par une introduction auprès de « ceux qu'on appelle traditionnellement les docteurs de la loi »[30]. Cette pratique reflète en principe une « culture » et une « harmonie »[31] et le sentiment décrit dans ce passage-ci est d'ailleurs entièrement positif, puisque « l'encerclement » familial produit selon le narrateur un effet de « protection » et non de « menace » (*Wse*, 22), tout comme le « nouveau-né » Jésus est « entouré de vieillards bienveillants » dans le tableau imaginé (*Wse*, 24). Cependant, face aux effets dévastateurs de la loi décrits dans *W ou le souvenir d'enfance*, la mention même d'une « menace » possible instaure une isotopie dichotomique qui s'avèrera décisive dans la suite du récit, comme dans la société W.

Or, même si le narrateur adopte un regard critique sur les espoirs qu'arborent les athlètes et sa mère, la tension entre destin individuel, espoir et hasard n'en est pas moins une constante, y compris dans son propre cas. C'est ce que montre par exemple le développement à propos de sa cicatrice sur la lèvre, un « signe distinctif » qui l'a amené à engager un acteur à la cicatrice quasi-identique pour l'un de ses films : « c'était un simple hasard, mais il fut, pour moi, secrètement déterminant » (*Wse*, 143). De façon plus large, tout dans le texte est amené à faire signe, comme dans la scène fondatrice où l'enfant trace une lettre, qui pourrait annoncer un destin exceptionnel et notamment une vocation d'écrivain, mais dont les significations se brouillent aussitôt : au final, la lettre esquissée n'est pas identifiable ou ouvre plusieurs options interprétatives et, en outre, les commentaires de Perec associent le souvenir à différents tableaux possibles. Cette ambiguïté fondamentale se reflète aussi

---

29   Les absurdités insolentes ou encore la mauvaise foi de la bureaucratie française sont aussi mises en vedette par rapport au certificat de décès de sa mère, qui contient une fausse date et un faux lieu, et s'accompagne d'une confirmation selon laquelle elle aurait eu « droit à la mention 'Mort pour la France' » si elle avait eu la nationalité du pays (*Wse*, 57-58 ; cf. van Montfrans, *op. cit.*, p. 164).

30   Anny Dayan Rosenman, « Écriture et Shoah – raconter cette histoire-là, déchiffrer la lettre », *Études romanes*, n° 46, 2000, p. 179.

31   *Id.*

dans la « lettre » écrite par Otto Apfelstahl – lui aussi « docteur » – où le blason se dédouble en plusieurs images qui éludent une interprétation univoque. En effet, différentes interprétations se présentent « sans que l'on puisse jamais s'arrêter sur un choix satisfaisant » (*Wse*, 15). Les signes sont donc à la fois surdéterminés et arbitraires, de telle sorte que l'on ne sait ce qu'ils annoncent, si tant est qu'ils présagent quelque chose. Par ailleurs, la notion de « chance » offre un autre point de suture avec l'histoire de Winckler, puisque ce dernier, en acceptant de partir en quête de l'enfant perdu, se pose la question de savoir si sa démarche à lui pourrait être plus fructueuse que celle des équipes de recherche qui l'ont précédé :

> – [...] *Vous étiez beaucoup plus facile à retrouver que l'autre. Il n'y a que vingt-cinq consulats helvétiques dans toute l'Allemagne ...*
> – *Et plus de mille îlots dans la Terre de Feu*, ajoutai-je comme pour moi-même.
> – *Plus de mille, oui. La plupart sont inaccessibles, inhabités, inhabitables. Et les garde-côtes argentins et chiliens ont inlassablement fouillé les autres. Je me tus. Un bref instant, j'eus envie de demander à Otto Apfelstahl s'il croyait que j'aurais plus de chance que les garde-côtes. Mais c'était une question à laquelle, désormais, je pouvais seul répondre ...* (*Wse*, 83)

Winckler tentera donc sa chance, apparemment en vain : l'ellipse qui suit directement cet échange, indiquée par les points de suspension, marque en effet non seulement la disparition définitive de la mère de Perec du récit, mais aussi celle du garçon. Si l'adulte Winckler est incapable de tracer l'enfant du même nom, cela suggère du même coup que Perec ne peut véritablement renouer avec l'enfant qu'il était[32] : comme indiqué, il n'y aura pas de « temps perdu » à retrouver[33], ni de « Toison d'or » (*Wse*, 21) à ramener. L'« échec » de cette quête des origines est d'ailleurs déjà annoncé dans le voyage entrepris par le jeune Gaspard Winckler, où tout espoir d'une guérison ou d'un déclic – espoir ici encore tenace au point d'être illogique et accroché à des signes quelconques – s'avère futile et infondé :

> Il ne semble pas, contrairement à l'espoir de Caecilia, que le voyage ait amélioré l'état de Gaspard [...] il se dégage, au fil des mois, une impression poignante : ce voyage conçu avant tout comme une cure perd peu

---

32   Claire de Ribaupierre, *Le Roman généalogique. Claude Simon et Georges Perec*, Bruxelles, Éditions La Part de l'œil, 2002, p. 27.
33   Burgelin, *op. cit.*, p. 145.

à peu sa raison d'être ; il apparaît de plus en plus nettement qu'il a été inutile de l'entreprendre, mais il n'y a non plus aucune raison de l'interrompre ; le bateau erre, poussé par les vents, d'une côte à l'autre, d'un port à l'autre, s'arrête un mois ici, trois mois là, cherchant de plus en plus vainement l'espace, la crique, l'horizon, la plage, la jetée où le miracle pourrait se produire ; et le plus étrange est encore que plus le voyage se poursuit et plus chacun semble persuadé qu'un tel endroit existe, qu'il y a quelque part sur la mer une île, un atoll, un roc, un cap, où soudain tout pourra arriver, où tout se déchirera, tout s'éclairera, qu'il suffira d'une aurore un peu particulière, ou d'un coucher de soleil, ou de n'importe quel événement sublime ou dérisoire, un passage d'oiseaux, un troupeau de baleines, la pluie, le calme plat, la torpeur d'une journée torride. Et chacun se raccroche à cette illusion, jusqu'au jour où, au large de la Terre de Feu, pris dans une de ces soudaines tornades qui sont là-bas presque quotidiennes, le bateau sombre. (*Wse*, 38-39)

Au-delà de l'évocation de cette tension entre destin et hasard, Perec imagine son propre parcours par rapport au destin du Christ en s'appuyant en particulier sur l'isotopie de la naissance. Dans la description de son premier souvenir, Perec indique de fait que la famille est réunie autour de l'enfant qui vient de naître, en contradiction ouverte avec son assertion qu'il avait trois ans au moment de la scène (*Wse*, 22) – et avec l'acte d'écriture attribué à l'enfant – mais en parallèle avec le Jésus « nouveau-né » qui est présenté au temple (*Wse*, 24)[34]. Plus tard dans le récit, il évoque son souvenir de la chanson « il est né le divin enfant », notant cependant qu'il ne se souvient que du début de celle-ci et a oublié la suite : le texte omis, « chantons tous son avènement », est alors un renvoi *ex negativo* à la mère – laquelle se trouve associée à l'isotopie du « chant » à travers son presque-homonyme, la mère de Gaspard Winckler, une cantatrice « mondialement connue » (*Wse*, 36) – et donc à l'absence de celle qui n'est précisément plus là pour accueillir l'enfant. La juxtaposition de sa propre naissance avec celle du divin enfant apparaît en outre dans l'un des avant-textes de W, connu sous le titre « Je suis né », où l'auteur note :

> Je suis né le 7 mars 1936. [...] C'est un beau début, qui appelle des précisions, beaucoup de précisions, toute une histoire.

---

34   Claire de Ribaupierre explique en effet ce rapprochement comme la quête d'un signe d'élection (Ribaupierre, *op. cit.*, p. 328).

Je suis né le 25 décembre 0000. Mon père était, dit-on, ouvrier charpentier. Peu de temps après ma naissance, les gentils ne le furent pas et l'on dut se réfugier en Egypte. C'est ainsi que j'appris que j'étais juif et c'est dans ces conditions dramatiques qu'il faut voir l'origine de ma ferme décision de ne pas le rester. Vous connaissez la suite ...[35]

Or, dans *W ou le souvenir d'enfance*, l'identification au divin enfant fait ressortir quelques divergences dystopiques. D'abord, la naissance de Perec n'y est pas l'équivalent d'une « année zéro » comme dans la citation ci-dessus, puisque le « point de départ de [s]a chronologie » ne se situe qu'après la guerre (*Wse*, 181). Ensuite, Perec affirme avoir longtemps « confondu » sa date de naissance réelle avec celle de l'invasion de Hitler en Pologne[36]. Ce rapprochement s'avère inexact : si la narration suggère ici encore que la différence de version ne change pas grand-chose – « Je me trompais, de date ou de pays, mais au fond ça n'avait pas une grande importance. Hitler était déjà au pouvoir et les camps fonctionnaient très bien » (*Wse*, 31) – l'amalgame des dates suggère tout de même une représentation de soi comme source potentielle du mal[37]. Perec fonctionnerait alors à nouveau comme un imposteur, en l'occurrence parce qu'il est venu au monde non pour effacer le péché originel ou établir le royaume de Dieu, mais pour déclencher l'avènement du Troisième *Reich*[38]. Alors que l'enfant a été « sauvé » lui-même, et a été baptisé chrétien à cet effet[39], il arrive donc non en sauveur mais comme cause éventuelle de la perte. Cela implique une inversion de rôles potentielle entre victimes et bourreaux ou complices[40], soulevant encore, comme dans le cas de la désertion et du silence, la question de la culpabilité, même si celle-ci reste au final accessoire, notamment dans la mesure où elle ne change rien aux faits[41] : « Ce qui était sûr, c'est qu'avait déjà

---

35   Georges Perec, « Je suis né » [1970], Georges Perec, *Je suis né*, Paris, Seuil, 1990, p. 10. Cet avant-texte du « carnet » noir est également reproduit dans Georges Perec, « Le Petit Carnet Noir » [1970], *Textuel*, n° 21 (1988 ; *Cahiers Georges Perec n° 2, W ou le souvenir d'enfance : une fiction*), p. 161.
36   Voir également l'avant-texte « Je suis né », *op. cit.*, pp. 12-13.
37   Ali Magoudi, *La Lettre fantôme*, Paris, Éditions de Minuit, 1996, p. 66 ; cf. aussi Élizabeth Molkou, Régine Robin, « De l'arbre à l'herbier. L'histoire pulvérisée », *Études romanes*, n° 46 (2000), p. 93 ; Ribaupierre, *op. cit.*, p. 254.
38   Voir aussi Magoudi, *op. cit.*, p. 67.
39   Cf. *ibid.*, p. 68.
40   Cf. *ibid.*, p. 66 ; Ribaupierre, *op. cit.*, p. 252.
41   On peut aussi rapporter cette idée à la « décision » présumée du Christ de ne pas rester Juif, telle qu'elle est mentionnée dans « Je suis né » ; si dans le cas de Perec, baptisé pendant la guerre, comme dans celui du Christ, cette décision ne tenait pas à lui à l'origine,

commencé une histoire qui pour moi et tous les miens, allait bientôt devenir vitale, c'est-à-dire, le plus souvent, mortelle » (*Wse*, 32).

Le réseau tissé autour des rapports à « l'unique-engendré » en particulier, et aux doubles en général, véhicule enfin la question de l'unicité. Fils unique ou du moins « premier enfant » – ayant eu une petite sœur dont il ne se souvient pas, décédée peu de temps après la naissance d'une malformation à l'estomac[42] – Perec note pour sa part qu'il reçut un unique prénom (*Wse*, 31) et porte un nom de famille unique (*Wse*, 54). On peut aussi noter qu'il lui arrivait d'être le « seul enfant » au collège, notamment pendant une « nuit de Noël » (*Wse*, 161), et que l'un de ses désirs aurait été d'être « l'unique enfant de chœur » (*Wse*, 127), le mot chœur rappelant à nouveau l'isotopie musicale liée à la mère. L'attention soutenue à la question d'unicité souligne en somme la rupture de l'attachement unique entre mère et enfant. Lors de son baptême Perec reçoit d'ailleurs une image en relief de « la Vierge à l'Enfant » (*Wse*, 126), qui signale par contraste l'absence de sa mère à lui. Celle-ci ayant disparu, il ne lui reste que des tantes, tantôt l'une, tantôt l'autre, des êtres remplaçables et non uniques. Les gestes que celles-ci effectuent à la place de la mère, leurs affections qui n'arrivent qu'à amadouer les « douleurs nommables » (*Wse*, 110) et leurs cadeaux qui vont en général à l'encontre des désirs de l'enfant ne viennent ainsi qu'accentuer un manque fondamental. D'ailleurs, sa tante et sa grand-mère parlent de lui comme « l'enfant » : le recours à l'article défini semble d'une part le constituer en référent absolu mais risque d'autre part de le dépersonnaliser, ce qui rappelle au demeurant les descriptions qu'il fait lui-même de sa famille à partir des photos qui lui restent : « le père a l'attitude du père » (*Wse*, 42) ou encore, comme en écho à l'image de la Vierge, « La mère et l'enfant » (*Wse*, 69). Or, si Perec refuse en général de s'étendre sur les résonances psychanalytiques de son expérience, la faillite de l'unicité se résume cependant à une « vérité élémentaire » dont il n'a pas « fini de suivre les méandres » : « désormais il ne viendra à toi que des étrangères, tu les chercheras et tu les repousseras sans cesse ; elles ne t'appartiendront pas, tu ne leur appartiendras pas, car tu ne sauras que les tenir à part ... » (*Wse*, 137-138)[43]. En revanche, un tel état de

---

on pourrait, par le renvoi ironique à une « ferme décision » (Perec, « Je suis né », *op. cit.*, p. 10), s'interroger sur la façon dont l'auteur se positionne par rapport à cette perte d'identité ; cependant, ici encore il est à supposer que la question de responsabilité est accessoire au vu d'un résultat de toute manière inaltérable.

42 Comme le note Manet van Montfrans, la mort de la petite sœur trouve un écho dans la mise à mort des enfants à W, qui est également reliée à l'eugénisme nazi (van Montfrans, *op. cit.*, p. 237).

43 Dans la société W, ce manque d'unicité dans le rapport aux femmes trouve une contrepartie brutale dans la scène du viol collectif des femmes, où le narrateur indique qu'il

rupture est aussi, du moins indirectement, lié à la vocation d'écrivain : en effet, effectuant précisément un détour par la psychanalyse, Joanna Spiro interprète le processus de deuil comme une ouverture possible sur l'ordre symbolique du langage, « l'acceptation » d'un mécanisme de substitution étant, de manière plus générale, le « prix de la survie »[44]. Pour sa part, Perec confirme en effet cette transition vers l'ordre du langage, qui l'éloigne encore de ses parents : « l'écriture est le souvenir de leur mort et l'affirmation de ma vie » (*Wse*, 59). De fait, c'est l'auteur qui sort du mutisme, alors que le « chant » de la mère reste éteint : la présence de sa voix à lui vient donc mettre en évidence le silence et l'absence d'une autre. Parmi les différentes explications de la dédicace « pour E »[45], on peut dans ce contexte notamment retenir l'homophone « pour eux » – une interprétation corroborée par le renvoi à la confusion entre minuscules et majuscules dans l'écriture présumée de sa mère (*Wse*, 74) et, comme le note Helga Rabenstein, par l'alignement dans le texte entre Perec et Peurec (*Wse*, 52)[46]. Le « E » se résume alors à un « e muet »[47] et, s'inscrivant dans l'une des isotopies principales du texte, confirme que même en nommant ses parents, Perec ne peut résoudre « le scandale de leur silence » (*Wse*, 59).

4   La guerre, les camps

Si du côté du récit fictionnel, l'adulte Gaspard Winckler dépasse son propre mutisme à propos de l'histoire de W, c'est parce qu'il est, à son dire, le seul dépositaire d'un monde disparu. Comme il est lui aussi le témoin et non le héros de son histoire, il se propose en l'occurrence d'adopter la perspective objective de l'ethnologue, affichant donc un regard neutre qui rationalise et naturalise la description. La révélation du caractère oppressif de la société décrite se trouve ainsi différée, de sorte que le lecteur n'est pas d'emblée en mesure de

---

serait « utopique » d'en convoiter une en particulier (*Wse*, 177). La description ne dévoile d'ailleurs que graduellement l'horreur de l'événement, et n'est pas sans rappeler un commentaire de Perec à propos du témoignage *Un camp très ordinaire* de Micheline Maurel où il évoque l'impression de cette dernière selon laquelle la question du viol était « la seule question qui intéressait vraiment les gens, la seule qui rentrait dans l'idée qu'ils se faisaient de la terreur » (Perec, « Robert Antelme ou la vérité de la littérature », *op. cit.*, p. 175).

44   Spiro, *op. cit.*, p. 123.
45   Voir entre autres Roche, *op. cit.*, 113 ; Suleiman, *op. cit.*, p. 186.
46   Helga Rabenstein, « *Composition – décomposition : le double mouvement de W ou le souvenir d'enfance* », Peter Kuon (éd.), *Oulipo-poétiques*, Tübingen, Narr, 1999, p. 38.
47   *Id.*

saisir l'horreur de l'univers évoqué[48]. Comme l'indique déjà la quatrième de couverture, la narration finit cependant par prendre « quelque chose [...] de suspect », notamment au fur et à mesure qu'émergent les différentes facettes et mécanismes de la société W, tels son organisation hiérarchique, les rapports de pouvoir, le système des noms, les récompenses et punitions, le caractère arbitraire et imprévisible des Lois et ainsi de suite. Or, comme indiqué plus haut, la réinvention et l'écriture de cet univers ont permis à Perec d'effectuer un retour sur « une histoire de son enfance » ; la rédaction du livre lui sert à « mettre un terme » à ce processus :

> [...] j'entreprends de mettre un terme – je veux tout autant dire par là « tracer des limites » que « donner un nom » – à ce lent déchiffrement. W ne ressemble pas plus à mon fantasme olympique que ce fantasme olympique ne ressemblait à mon enfance. Mais dans le réseau qu'ils tissent comme dans la lecture que j'en fais, je sais que se trouve inscrit et décrit le chemin que j'ai parcouru, le cheminement de mon histoire et l'histoire de mon cheminement. (*Wse*, 14)

L'écriture du double récit se présente ici comme un travail de « tissage », rappelant aussi les napperons fabriqués par Perec enfant[49]. Or, à l'instar de Winckler, Perec qualifie ce qu'il écrit dans la narration autobiographique de « blanc » et de « neutre » (*Wse*, 59). Ainsi que l'indique la citation ci-dessus, il s'agit cependant chez lui aussi d'une pseudo-neutralité, nourrie notamment par un effort de « lecture » et de « déchiffrement ». Cette approche s'inspire en particulier de l'œuvre de Robert Antelme, à qui Perec avait d'ailleurs eu l'intention de dédier le feuilleton sur W[50] : de fait, le processus de « déchiffrement » qu'il propose, constitue un rappel direct de sa description de *L'Espèce humaine*, où il décèle effectivement un travail de conscience apte à imposer une « grille interprétative » permettant une compréhension réelle des choses. Fidèle au titre « Robert Antelme ou la vérité de la littérature »[51], Perec dérive donc de cette lecture quelques principes clés de sa propre écriture littéraire, qui vont plus loin que ceux habituellement distingués en rapport avec la représentation des camps.

Le texte sur *L'Espèce humaine*, évoqué déjà dans le chapitre sur Antelme, date de 1963 et s'insère dans une série d'articles dans lesquels Perec s'applique

---

48   Burgelin, *op. cit.*, p. 38, p. 160.
49   Rabenstein, *op. cit.*, p. 35 ; Ribaupierre, *op. cit.*, p. 334.
50   Cf. Lejeune, *op. cit.*, p. 115 ; Martin Crowley, *Robert Antelme. Humanity, Community, Testimony*, Oxford, Legenda, 2003, p. 63.
51   Perec, « Robert Antelme ou la vérité de la littérature », *op. cit.*, pp. 173-190.

à la défense d'une littérature réaliste, en s'opposant à d'autres paradigmes littéraires en vigueur, à savoir les écritures de l'indicible et le Nouveau Roman, avec leur refus d'aborder le réel. À l'encontre de ceux-ci, l'auteur soutient l'idée selon laquelle il est possible de comprendre le réel, à condition notamment de replacer celui-ci dans un « processus historique »[52], plus particulièrement la lutte des classes. Une telle compréhension étant la seule voie vers une situation de maîtrise, la littérature a, selon Perec, comme mission de mettre en ordre les choses et de dévoiler certaines cohérences : en passant du particulier au général ou à l'exemplaire, comme le fait Antelme, elle permet de réaliser une « prise de conscience » – dans le cadre de cette approche, il est dès lors noté que la conscience prévaut sur la mémoire[53]. Certes, les partis pris réalistes du jeune Perec évolueront quelque peu dans ses textes théoriques ultérieurs, où il accorde une place centrale aux notions d'écriture et de langage, privilégiant les techniques de citation et de distanciation, et l'ambiguïté interprétative qui en résulte[54]. Ce travail sur le langage ne mène cependant pas à une mise entre parenthèses du réel mais plutôt à une interrogation de celui-ci[55], car l'engagement littéraire se maintient dans une conception de l'écriture comme « forme sociale de contestation »[56]. Ainsi, Antelme reste l'une des références clés de l'œuvre, y compris mais non seulement dans le cas de *W ou le souvenir d'enfance*[57], tandis que Perec évolue aussi vers une littérature à contrainte formelle en joignant l'Oulipo[58]. Nous examinerons ici la grille interprétative qu'adopte Perec dans le texte, de même que ses techniques représentationnelles, inspirées également de *L'Espèce humaine*. Nous verrons ensuite comment l'influence d'Antelme se note dans une approche marxiste du réel : Perec examine en effet à son tour les rapports entre l'univers concentrationnaire et le monde ordinaire, gouverné par les mêmes principes d'oppression. Dans son

---

52   Georges Perec, « Le Nouveau Roman et le refus du réel » [1962], Georges Perec, *L.G. : une aventure des années 60*, Paris, Seuil, 1990, p. 45. Perec avait initié, avec quelques amis, un projet de revue intitulée « La Ligne Générale » ; la revue ne vit jamais le jour mais certains des articles, dont celui sur *L'Espèce humaine*, furent publiés dans la revue *Partisans* (Claude Burgelin, « Préface », Perec, *L.G. : une aventure des années 60*, Paris, *op. cit.*, pp. 7-8).

53   Roger Kléman, Georges Perec, Henri Peretz (L.G.), « La perpétuelle reconquête » [1960], Perec, *L.G. : une aventure des années 60*, *op. cit.*, p. 145.

54   Georges Perec, « Pouvoirs et limites du romancier contemporain » [1967], Ribière (éd.), *Parcours Perec, op. cit.*, pp. 33-34.

55   En ce sens, Perec indique que le rôle de l'écrivain est celui de poser des questions plutôt que d'apporter des réponses (cf. Gabriel Simony, « Entretien avec Georges Perec », *Jungle sur les pas fauves de vivre*, n° 6 (1983), p. 85).

56   Perec, « Pouvoirs et limites du romancier contemporain », *op. cit.*, p. 39.

57   Par rapport à l'influence d'Antelme sur son premier roman *Les Choses*, voir *ibid.*, pp. 35-36.

58   Voir entre autres van Montfrans, *op. cit.*, p. 70.

œuvre, nous aurons cependant l'occasion d'observer un point de vue plus ambigu sur le rôle des victimes, qui le rapproche davantage de Kertész.

La première grille interprétative à l'œuvre chez Perec, notamment pour sa description de W, est bien entendu le prisme du sport, qui lui permet effectivement de saisir les « lignes de force » de l'univers décrit et les principes destructeurs dans la vie des athlètes[59]. Par ailleurs, comme chez Antelme, ces lignes de force sortent de manière graduelle puisque Perec évite de présenter W « en bloc » ou comme « une évidence », exposant les différentes composantes de l'oppression en prenant exemple sur *L'Espèce humaine* :

> L'univers concentrationnaire est distancié. Robert Antelme se refuse à traiter son expérience comme un tout, donné une fois pour toutes, allant de soi, éloquent, à lui seul. Il la brise, il l'interroge. [...] entre son expérience et nous, il interpose toute la grille d'une découverte, d'une mémoire, d'une conscience allant jusqu'au bout.
>
> Ce qui est implicite dans les autres récits concentrationnaires, c'est *l'évidence* du camp, de l'horreur, l'évidence d'un monde total, refermé sur lui-même, et que l'on restitue en bloc[60].

De fait, si Antelme aspire à dépasser l'inimaginable et le recours à des qualifications génériques comme la notion d'« *effroyable* » chez les soldats libérateurs, Perec cherche à son tour à démasquer ce que « trop longtemps » il a « nommé l'irrévocable » (*Wse*, 22) et vise à surmonter lui aussi les réponses toutes faites comme « la guerre, les camps ». Il précise notamment que « trop souvent » la disparition de ses parents lui était apparue comme une « évidence », c'est-à-dire comme un événement qui était rentré dans « l'ordre des choses » (*Wse*, 45). Dans la mesure où c'est la neutralité du discours sur W qui pose problème, le livre suggère d'ailleurs, dans une autre référence indirecte à Antelme[61], que le « scandale » réside ici aussi dans le silence ou l'indifférence. En écho à ce qu'il dit dans son article sur *L'Espèce humaine*, Perec répète en

---

59   Dayan Rosenman, « *W ou le souvenir d'enfance* de Georges Perec, une métaphore concentrationnaire et une étrange fable glacée », *op. cit.*, pp. 182-183. Perec explique le choix de cette grille interprétative à travers la rafle du Vél' d'Hiv et les Jeux de Munich, affirmant : « Cette relation est très forte ! Le fait que les stades soient utilisés comme lieu d'emprisonnement, d'interrogatoires, est un fait qui date de la guerre, ce n'est pas un fantasme » (Georges Perec « En dialogue avec l'époque » [1979], Perec, *Entretiens et conférences, volume II : 1979-1981, op. cit.*, p. 61).

60   Perec, « Robert Antelme ou la vérité de la littérature », *op. cit.*, p. 178 ; Perec souligne.

61   Sur la récurrence de la notion de « scandale » dans *L'Espèce humaine*, voir le chapitre 2 sur Robert Antelme.

outre dans *W ou le souvenir d'enfance* que « l'indicible n'est pas tapi dans l'écriture, il est ce qui l'a bien avant déclenché » (*Wse*, 59).

Le rôle tutélaire joué par Antelme comme par Rousset dans la représentation de l'univers concentrationnaire – les échos à *L'Espèce humaine* se faisant d'ailleurs de plus en plus « citationnels » dans les dernières pages du récit – n'a pas manqué d'interpeller certains critiques, en particulier à la lumière de l'évolution de la mémoire de la Shoah à partir des années 60 et 70. De fait, alors que le récit d'enfance explore les origines de l'auteur, plusieurs études ont souligné la négligence relative, ou apparente, de la dimension spécifiquement juive de la persécution nazie dans *W ou le souvenir d'enfance*[62]. Ainsi, David Bellos suggère qu'en 1975, des références autres que le témoignage d'Antelme étaient disponibles[63]. Se référant à *L'Arbre*, projet inabouti de l'auteur, Régine Robin soupçonne une incapacité chez Perec à aborder certains thèmes : « [...] la confrontation brutale avec la guerre, avec les camps, dont il aurait fallu parler autrement qu'à partir de la lecture de R. Anthelme » [sic][64]. Suivant le vocabulaire de l'auteur même, plusieurs analyses ont par ailleurs conclu à l'usage d'une stratégie de « l'oblique » chez Perec à l'égard de sa judéité et de la mémoire[65], dans *W ou le souvenir d'enfance* ainsi que dans d'autres textes. Claude Burgelin fait en outre état d'une certaine évolution chronologique, les discussions sur l'identité juive devenant plus explicites notamment lors du projet de Perec sur Ellis Island[66], où une mémoire fictionnelle ou parallèle[67] sert à nouveau de « relais ». De son côté, Anne Roche indique que la difficulté consiste à voir que, si la judéité et l'Holocauste ont eu un impact fondamental sur la vie de Perec, il tente néanmoins « de trouver des réponses ailleurs »[68]. Sa vision du monde ayant gardé une inspiration marxiste bien

---

[62] Stella Béhar analyse ainsi le caractère implicite de la dimension juive dans *W ou le souvenir d'enfance* (Stella Béhar, *Georges Perec : écrire pour ne pas dire*, New York, Peter Lang, 1995, pp. 137-138) ; Cf. Bénabou, *op. cit.*, p. 18.

[63] Bellos, *Georges Perec: A Life in Words, op. cit.*, pp. 278-279.

[64] *Ibid.*, p. 198.

[65] Cf. Lejeune, *op. cit.*, p. 12 ; Bellos, *op. cit.*, p. 279 ; Dan Stone, « Perec's Antelme », *French Cultural Studies*, n° x (1999), pp. 169-172 ; Robin, *op. cit.*, p. 186.

[66] Burgelin, *Georges Perec, op. cit.*, pp. 225-227 ; Roche, *op. cit.*, p. 143. Sur l'évolution progressive, voir Georges Perec, « Entretien Perec/Jean-Marie le Sidaner » [1979], Perec, *Entretiens et conférences, volume II : 1979-1981, op. cit.*, p. 99.

[67] Perec, « Le travail de la mémoire », *op. cit.*, pp. 49-50.

[68] Roche, *op. cit.*, p. 143. Perec avance par exemple en 1965 qu'il se positionne comme intellectuel de gauche à l'égard de questions telles que l'antisémitisme, plutôt que de se sentir directement impliqué (Georges Perec, « Perec et le mythe du bonheur immédiat » [1965], Georges Perec, *Entretiens et conférences, volume I : 1965-1978*, éd. critique établie par Dominique Bertelli et Mireille Ribière, Nantes, Joseph K., 2003, p. 54).

au-delà de sa période *L. G.*[69], les camps restent à ses yeux étroitement associés au capitalisme[70]. Cette perspective plus large fait que Perec ne se concentre pas sur une question d'« unicité » historique, mais que la situation décrite peut trouver des parallèles dans le monde « normal » ou des « doubles » totalitaires, tel le régime de Pinochet mentionné en fin de volume[71].

La perspective marxiste jette une lumière supplémentaire sur la grille d'interprétation sportive, dont les implications dépassent en effet la représentation de l'univers de W. De fait, pour Perec, le phénomène sportif est doté d'une ambiguïté plus générale et même constitutive[72], notamment parce que celui-ci s'avère souvent être un instrument d'agressivité et d'exploitation plutôt qu'un bénéfice corporel[73] et parce qu'il tend à dériver du plaisir vers la compétition[74]. Utilisant cette métaphore comme « un instrument d'analyse sociale »[75] Perec s'applique donc à montrer, par le biais des points de suture, à quel point des dynamiques semblables sont à l'œuvre dans le monde normal : reliant ainsi le particulier au général, il fait ressortir la cohérence et la systématicité de certaines conditions. Comme chez Antelme, les mises en parallèle suggèrent en somme que les camps exacerbent certaines caractéristiques du monde normal, par exemple l'inégalité sociale ou l'esprit de compétition destructrice. La narration de W offre donc une illustration exemplaire de l'inhumanité potentielle des sociétés[76]. De telle manière, le système des récompenses et des injustices en vigueur à W (*Wse*, 147) trouve des échos dans l'expérience scolaire de Perec : rappelons, à titre d'exemple, que l'enfant ayant collecté des points pour obtenir une médaille, celle-ci lui est aussitôt arrachée[77]. Ces mises en parallèle au niveau institutionnel ne sont ici pas sans rappeler l'œuvre de Kertész et son extrapolation de l'expérience des camps, malgré les divergences de cadres et

---

69   Roche, *op. cit.*, p. 150.
70   *Id.*
71   Claude Burgelin, « *W ou le souvenir d'enfance* de Georges Perec », *Les Temps Modernes*, n° 351 (1975), pp. 568-571 ; Roche, *op. cit.*, p. 190.
72   Hans Hartje, « W et l'histoire d'une enfance en France », *Études romanes*, n° 46 (2000), p. 64.
73   Perec souligne avoir toujours été frappé par le côté « ultra-organisé », « ultra-agressif » et « ultra-oppressant » du système sportif (Georges Perec, « Conversation avec Eugen Hemlé » [1975], Perec, *op. cit.*, pp. 193-194).
74   Georges Perec, « La vie : règle du jeu » [1978], Perec, *Entretiens et conférences, volume II : 1979-1981, op. cit.*, p. 269.
75   Burgelin, *Georges Perec, op. cit.*, p. 154.
76   Roche, *op. cit.*, p. 145.
77   Perec associe ce souvenir à l'acte d'épingler une étoile, confirmant ainsi le mécanisme d'inversion dans le récit. Pour sa part, Anne Roche signale un lien intertextuel avec l'ablation chez Leiris (*ibid.*, p. 62, p. 95).

de perspectives politiques. Au demeurant, comme chez Kertész, à W, les principes d'inégalité et de violence ne sont pas uniquement imposés d'en haut, car les athlètes s'en font les premiers complices, de par leurs espoirs, aspirations et rivalités individuels : en « s'entredéchirant », les athlètes se trompent en quelque sorte d'ennemi et font donc perdurer le système. Ce comportement résulte d'une ignorance et d'une incompréhension profondes d'une vérité sociale que Perec cherche, à l'instar d'Antelme, à révéler afin de pouvoir en combattre les principes sous-jacents. De fait, contrairement à ce qu'ils croient, ce n'est pas en ayant « de la chance » que les athlètes ou les autres citoyens opprimés pourront s'en sortir : comme dans *L'Espèce humaine*, la chance « n'explique rien », et pour Perec un véritable triomphe n'est possible que lorsqu'on se rend maître de la situation[78]. Par ailleurs, tout comme les espérances naïves dans la protection de la Loi ou dans le destin individuel, l'aspiration à la gloire est également une constante en dehors de l'univers W, illustrée notamment à partir de l'intérêt de Perec enfant pour les morts glorieuses, les généraux, les évêques et les sportifs. Le récit met ici en vedette les hiérarchies qui structurent le monde normal à travers ses différents contextes institutionnalisés, comme l'armée, la religion ou même les arts, où se présente le cas de Caecilia Winckler, une cantatrice « mondialement connue »[79]. Au niveau religieux, le destin de Jésus tel que nous l'avons évoqué plus haut était aussi associé à la notion de « gloire » et Perec se souvient du début d'une prière qui l'y relie à son tour : « je suis chrétien, voilà ma gloire, mon espérance et mon soutien » (*Wse*, 128) ; d'ailleurs, s'il ne peut aspirer à être l'unique enfant de chœur sans avoir fait sa confirmation, il est tout de même nommé chef de dortoir pour cause de zèle religieux[80]. En outre, Perec s'occupe avec son cousin Henri à répertorier les noms des généraux sur une carte : on retrouve dès lors dans le monde normal une vénération des noms et des célébrités, en guise de parallèle à la hiérarchie des noms à W où on a voulu immortaliser les premiers grands athlètes en transmettant leurs noms de gagnant en gagnant. Ces noms-titres se dotent d'ailleurs de l'article défini, à l'instar des noms des cantatrices illustres, et se transforment au final en une qualification générique et arbitraire, qui contribue ainsi à anonymiser les athlètes[81] et à les déposséder d'un destin individuel. Les sobriquets pour les athlètes sans nom perdent aussi leur

---

78   Perec, « Robert Antelme ou la vérité de la littérature », *op. cit.*, p. 183.
79   Dans un autre contexte, Régine Robin signale qu'au niveau des fantasmes généalogiques, l'accent est mis également sur les personnages célèbres de la famille (Robin, *op. cit.*, p. 211).
80   Ce rôle le rend d'ailleurs potentiellement « complice » de certaines structures hiérarchiques et/ou oppressives, puisque dans les avant-textes du livre, Gaspard Winckler enfant était devenu chef de l'île de W (Ribaupierre, *op. cit.*, p. 252).
81   Burgelin, *op. cit.*, p. 157.

ancrage réel en devenant héréditaires, de sorte qu'ils « sont à peine plus humains que les matricules officiels » (*Wse*, 131) : comme les détenus concentrationnaires, les athlètes se confondent dès lors dans un destin anonyme, « l'Enfer des innommables » (*Wse*, 159). Un parallèle s'établit ainsi encore avec les instituts du monde normal, en particulier les écoles visitées par Perec, où l'anonymat est rendu par le recours au pronom impersonnel « on »[82], proche de celui d'Antelme. L'échec de la majorité des athlètes à W souligne effectivement qu'autant qu'une chance de gloire, le sport est une « école de modestie » (*Wse*, 159). De même, Perec note qu'il a fini par oublier les noms de la plupart des généraux, et il confond aussi les noms d'autres personnages « historiques » : « Un autre de mes souvenirs concerne François Billoux, qui fut aussi pour moi une sorte d'idole, surtout à partir du moment où je parvins à ne plus le confondre avec François Billon » (*Wse*, 202).

Perec montre en outre que la gloire recherchée est supposée se traduire par des privilèges et des possessions, chez les athlètes, mais aussi dans le monde normal où une idéologie de réussite sociale et économique est pareillement à l'œuvre, par exemple dans sa famille adoptive. Dans les deux univers, d'ailleurs, le succès des uns se double par un état de privation chez les autres – Perec rapporte ainsi être privé de goûter, à l'instar des athlètes privés de repas du soir –, une situation dont on n'est jamais à l'abri, de sorte qu'on vit toujours dans un climat de menace. Cet état de fait est généralisé : tout comme Antelme, on l'a vu, Perec souligne en ce sens qu'il est inutile de se leurrer en croyant à une réalité autre que celle qu'on a sous les yeux, à moins d'en attaquer les bases sociales. Ceci dit, pour en revenir au cas « particulier » de Perec, il est utile de noter aussi que l'état de manque peut à nouveau s'attribuer à son statut d'orphelin, qui comprend par définition une privation. Comme Gaspard Winckler qui refuse la nourriture ou les jouets fastueux qui lui sont offerts, Perec rejette de fait certains cadeaux comme insatisfaisants, telles les chemises dont le « principal défaut » est « de ne pas avoir été offertes par la mère »[83]. Ceci nous ramène encore au défaut d'unicité, dans ses rapports aux femmes comme aux « choses ». L'intérêt pour les objets, de même que leur insuffisance, souligne ainsi non seulement un impératif social mais aussi un désir inassouvi, rapprochant, comme chez Antelme, besoin et désir. Pour Perec, son propre système de « valeurs » économiques est dès lors organisé autour de ce qui est absent ou non disponible, tels que les oranges, « ce fruit magique dont nous n'avions qu'une connaissance livresque » (*Wse*, 162), les cadres comme celui où figure la photo de son père (*Wse* 42, 50), ou certains livres qu'il ne possède pas et qui lui font « l'effet d'être des raretés bibliographiques, des livres sans prix » et qu'il est alors surpris de trouver à bas prix ou en livre de poche (*Wse*, 194).

---

82   *Ibid.*, p. 161.
83   Roche, *op. cit.*, p. 99.

5 De W à X

En plus d'être un processus de « contestation sociale », le processus de déchiffrement chez Perec constitue aussi un travail de « mise en ordre » de la vie (*Wse*, 106). Le sol de l'enfance, qui ne lui appartient plus ou dont il est désormais détaché, constitue un « point de départ » malgré tout, c'est-à-dire un lieu d'ancrage à partir duquel « les axes de [s]a vie pourront trouver leur sens » (*Wse*, 21), notamment à travers « l'encrage » de l'écriture. Nous suivrons les différents axes proposés, pour examiner encore les significations qui s'en dégagent, d'un point de vue particulier et/ou exemplaire. De toute évidence, comme le montrent la structure du livre ainsi que d'autres chiasmes tel que « le cheminement de mon histoire, l'histoire de mon cheminement »[84], ce processus de mise en ordre est étroitement associé à la lettre X. L'on sait aussi que cette lettre prend une place centrale dans l'un des souvenirs de Perec, où celui-ci explique, en évoquant une croix de Saint-André, que « X » est « ce substantif unique dans la langue à n'avoir qu'une lettre unique, unique aussi en ceci qu'il est le seul à avoir la forme de ce qu'il désigne » (*Wse*, 105). La lettre rejoint ainsi le réseau tissé autour des questions du nom, de la prédestination et de l'unicité dans l'œuvre : « Mot parfait, où signifiant, signifié et référent entretiennent un rapport non pas arbitraire mais nécessaire »[85].

Cette situation idéale où les mots et les choses se confondent[86] se dérobe cependant tout aussi vite puisque Perec enchaîne sa description de l'unicité du signe avec un aperçu des multiples significations et transformations possibles de la lettre X. Il explique d'abord que le X est le signe de ce qui est « rayé nul » (*Wse*, 105), c'est-à-dire absent – ici la Croix de Saint-André rappelle notamment l'absence du père homonyme[87]. Or, la lettre est précisément aussi l'opposé de l'unique ou de l'absence, en tant que signe de multiplication, d'abord, mais aussi de par sa forme symétrique, qui se prête à des effets de dédoublement et de miroir. La lettre X permet ainsi des transformations géométriques fantasmatiques (*Wse*, 106), comme le dédoublement en deux V (évoquant aussi la lettre

---

84 Stone, *op. cit.*, pp. 161-172.
85 Bruno Lecat, « Pacheco/Perec. A/M/W/ : l'idéogramme et la lettre dans deux récits de Pacheco et Perec », *Revue de littérature comparée*, n° 323 (2007), p. 295.
86 van Montfrans, *op. cit.*, p. 193.
87 Manet van Montfrans avance que les cadres de référence chrétiens, comme celui des martyrs et saints catholiques dont les parents portent les noms, revêtent une importance souvent négligée dans l'œuvre – au profit des dimensions juives de l'écriture – et montreraient, à ses yeux, notamment l'impact du baptême sur Perec (*ibid.*, p. 248). L'importance du cadre religieux s'illustre encore plus nettement à partir de la figure du Christ ; d'après notre lecture, cependant, les références religieuses chrétiennes servent avant tout comme une référence littéraire « reçue », apte à ouvrir des réseaux de significations, sans fonctionner pour autant sur un mode identificatoire.

W en tant que « double V »[88]), la rotation en croix gammée ou étoile de David et ainsi de suite. À travers la tension entre l'unique, le double et le multiple, ce qui est stable redevient donc instable et peut aussi s'inverser en son contraire. À l'instar du blason du docteur Apfelstahl, les « signes » se dérobent donc à une interprétation fiable. Ce mécanisme se reflète aussi dans la confusion de Perec entre gauche et droite et entre d'autres oppositions dichotomiques (*Wse*, 183), où les pôles sont consubstantiels au point d'être interchangeables.

Parmi les couples dichotomiques mentionnés par Perec figure aussi celui du paradigme et syntagme (*Wse*, 183). Dans la mesure où ce dernier s'associe au concept d'« axes » – les lettres X et Y nommant l'axe syntagmatique et l'axe paradigmatique respectivement – il rappelle le processus de « mise en ordre » central au livre, en l'ancrant notamment dans deux principes d'organisation, à savoir la séquence et la substitution. Dans son opposition à toute prétention d'unicité, le principe de substitution, d'abord, nous ramène à la question du double, de même que, on l'a vu, au multiple, comme dans le cas de la mère remplacée par des « étrangères » ou des objets insatisfaisants. Dans la même lignée, Perec affirme : « Les choses et les lieux n'avaient pas de nom ou en avaient plusieurs ». (*Wse*, 94). Par ailleurs, le principe de substitution est aussi lié à l'interchangeabilité et l'inversion des rôles ou de leur interprétation. Ceci s'applique d'abord, on l'a vu, aux rapports entre enfants et parents : ainsi, c'est le père de Perec qui donne son nom à l'enfant, mais l'enfant Winckler qui donne son nom à l'adulte, et cet acte de « nommer », c'est-à-dire de mettre un terme, fait de Perec un « géniteur » : il peut être la source du mal, mais aussi, en tant qu'écrivain, engendrer de nouvelles filiations, familiales et/ou littéraires[89]. C'est ainsi qu'il fait « grâce » (*Wse*, 46) à sa mère de mauvais traitements en imaginant son enfance à elle. Dans la mesure où l'inversion des rôles se rapporte aussi aux questions de désertion, d'oubli ou de silence, elle implique par extension une interchangeabilité potentielle des victimes et des coupables, et même des sauveurs. Celle-ci s'applique non seulement à Perec mais aussi aux habitants de W, dont on ignore s'ils descendent d'une race ou classe supérieure, ou si ce sont à l'origine des criminels condamnés. D'ailleurs ces catégories sont souvent arbitraires, et une affaire de perception sociale ou religieuse ; par contre, c'est notamment l'ignorance qui tend à rendre les

---

88 D'ailleurs, par la suite Perec affirme que c'est la lettre W qui se prête aux transformations citées ici, notamment la « décomposition » en étoile juive ou swastika, (Georges Perec, « À propos de la description » [1981], Perec, *Entretiens et conférences, volume II : 1979-1981, op. cit.*, p. 243).

89 Cf. Robin, *op. cit.*, pp. 194-195.

victimes complices de leur oppression et qui les empêche de trouver une sortie collective, plutôt qu'individuelle, de ce système.

Sur l'axe syntagmatique, ensuite, les bribes de souvenirs sont rassemblées selon un principe séquentiel à la fois temporel et spatial mais dans les deux cas, la tentative de mettre en ordre les « fils brisés » de l'existence s'avère difficile et souvent arbitraire. Les multiples lieux de séjour pendant la guerre, d'abord, sont présentés comme confus et eux aussi interchangeables. La seule constante est que ces endroits étaient « loin » : « On était là. Ça se passait dans un lieu qui était loin, mais personne n'aurait très exactement pu dire loin d'où c'était, peut-être simplement loin de Villard-de-Lans » (*Wse*, 94). L'isolement spatial va de pair avec un sens d'enfermement, puisque Perec précise à propos du collège de Turenne, que « celui qui avait passé le seuil ne le repassait plus » (*Wse*, 125). Or, cloîtré dans des pensions et des collèges, l'enfant ignore pratiquement tout du monde extérieur, « à part qu'il y a la guerre » (*Wse*, 118). Cette expérience est semblable à celle des enfants à W, lesquels n'ont qu'une perception très vague et largement erronée de la réalité qui les attend. De son côté, Perec rentre pour finir à Paris, arrivant à la gare de Lyon où il a vu sa mère pour la dernière fois. Le récit suggère qu'il a du mal à « mettre un terme » sur ce « seul lieu de mémoire »[90] : « Ma tante Esther et mon oncle David nous attendaient sur le quai. En sortant de la gare, j'ai demandé comment s'appelait ce monument ; on m'a répondu que ce n'était pas un monument, mais seulement la gare de Lyon » (*Wse*, 212). L'exposition sur les camps de concentration permet enfin de nommer l'expérience[91], mais de manière générale l'ancrage reste difficile puisqu'en allant chercher du pain, l'enfant se perd et met longtemps à retrouver la maison.

La chronologie est elle aussi absente ou incohérente puisque les souvenirs « déliés » de la période de guerre montrent encore une « absence de repères », proche de ce dont témoigne Antelme :

> Ce qui caractérise cette époque c'est avant tout son absence de repères : les souvenirs sont des morceaux de vie arrachés au vide. […] Nulle chronologie sinon celle que j'ai, au fil du temps, arbitrairement reconstituée : du temps passait. […] Il n'y avait ni commencement ni fin. Il n'y avait plus de passé, et pendant très longtemps il n'y eut pas non plus d'avenir ; simplement ça durait. […] Tout ce que l'on sait, c'est que ça a duré très longtemps, et puis un jour ça s'est arrêté. (*Wse*, 94-95)

---

90 Roche, *op. cit.*, p. 86.
91 *Ibid.*, p. 63.

Chez Antelme, on le sait, c'est notamment le poids du temps qui fait l'horreur de l'expérience[92], un point sur lequel Perec insiste à deux reprises dans son analyse de *L'Espèce humaine* :

> Nous croyons connaître ce qui est terrible. C'est un événement « terrible », une histoire « terrible ». Il y a un début, un point culminant, une fin. Mais nous ne comprenons rien. Nous ne comprenons pas l'éternité de la faim. [...] Nous ne connaissons pas les camps[93].

> Il n'y a pas dans *L'espèce humaine* une seule « vision d'épouvante ». Mais il y a un temps qui se traîne, une chronologie hésitante, un présent qui s'entête, des heures qui n'en finissent jamais, des moments de vide et d'inconscience, des jours sans date, de brefs instants de « destinée individuelle », des heures d'abandon [...][94].

Dans *W ou le souvenir d'enfance* aussi, l'horreur est dans la durée. Les indications temporelles restent vagues et les « longtemps » et les « plus tard » s'enchaînent. Comme dans le cas du cadre spatial, ce caractère flou n'est pas seulement une question de failles de mémoire mais montre notamment que l'enfant reste exclu et inconscient des événements historiques. En effet, non seulement il y a une absence de chronologie mais des événements décisifs comme l'Exode ou la Libération n'ont laissé aucune empreinte dans la mémoire de l'enfant, et la même chose vaut pour la séparation de la mère, qui, pour l'enfant ne devient « tragique » que de façon rétrospective[95]. Or, comme le note Perec dans « Approches de quoi ? », en 1973, c'est-à-dire l'année avant d'entamer la rédaction finale du livre, le vrai « scandale » est généralement ailleurs que dans l'événement et se joue au niveau de l'(infra-)ordinaire :

> Ce qui nous parle, me semble-t-il c'est toujours l'événement, l'insolite, l'extra-ordinaire [...] il faut qu'il y ait derrière l'événement un scandale, une fissure, un danger, comme si la vie ne devait se révéler qu'à travers le spectaculaire, comme si le parlant, le significatif était toujours anormal : cataclysmes naturels ou bouleversements historiques, conflits sociaux, scandales politiques ...

---

92   Nous sommes ici dans une conception de la durée plutôt que de la linéarité comme chez Kertész (voir chapitre 6).
93   Perec, « Robert Antelme ou la vérité de la littérature », *op. cit.*, pp. 176-177.
94   *Ibid.*, p. 179.
95   Lejeune, *op. cit.*, p. 83.

> Dans notre précipitation à mesurer l'historique, le significatif, le révélateur, ne laissons pas de côté l'essentiel : le véritablement intolérable, le vraiment inadmissible : le scandale, ce n'est pas le grisou, c'est le travail dans les mines. Les « malaises sociaux » ne sont pas « préoccupants » en période de grève, ils sont intolérables vingt-quatre heures sur vingt-quatre, trois cent soixante-cinq jours par an.
> Les raz-de-marée, les éruptions volcaniques, les tours qui s'écroulent, les incendies de forêts, les tunnels qui s'effondrent [...]. Horrible ! Terrible ! Monstrueux ! Scandaleux ! Mais où est le scandale ? Le vrai scandale ? [...] Les journaux parlent de tout, sauf du journalier[96].

De même que chez Antelme, ou encore Kertész, pour Perec il s'agit de refuser ce qui est « spectaculaire » ou « terrible » et de mesurer le scandale dans sa réalité quotidienne. Ainsi, le drame de l'absence maternelle se joue moins dans le moment « unique » de la séparation (même rétrospectivement), que dans son impact sur le long terme et dans les détails de la vie quotidienne, objectifs et affectifs. Le scandale réside dans le « silence » interminable et les tentatives de substitution invariablement manquées. Ici encore, l'écriture n'offre aucun remède puisqu'encore plus qu'à W, on ne peut pas faire en sorte qu'il y ait une réalité différente :

> [...] Je sais que ce que je dis est blanc, est neutre, est signe une fois pour toutes d'un anéantissement une fois pour toutes.
> C'est cela que je dis, c'est cela que j'écris et c'est cela seulement qui se trouve dans les mots que je trace [...]. (*Wse*, 59)

En outre, chez Perec aussi bien que chez Antelme, il n'y a « ni commencement ni fin ». Dans *L'Espèce humaine*, le début proprement dit de l'expérience est de fait absent du récit car la narration commence au moment de la déportation de Buchenwald à Gandersheim ; cette stratégie permet à l'auteur d'éviter une « découverte soudaine et illimitée de la souffrance et de la terreur », laquelle ne pourrait, d'après Perec, évoquer que la pitié du lecteur[97]. Or, si la réalité émerge aussi de manière graduelle chez Perec, il semble en outre que l'axe chronologique ait été amputé par la hache de l'histoire : de fait, le personnage se trouve généralement pris par des mouvements historiques qui le dépassent et dont les fondements se situent hors de sa portée. Ainsi, on l'a dit, au moment de sa naissance en 1936, son histoire « avait déjà commencé » puisque Hitler était installé au pouvoir et les camps « fonctionnaient très

---

96 Georges Perec, « Approches de quoi ? » [1973], *L'infra-ordinaire*, Paris, Seuil, 1989, pp. 9-10.
97 Perec, « Robert Antelme ou la vérité de la littérature », *op. cit.*, p. 178.

bien » (*Wse*, 31). Le caractère « mortel » de l'histoire qui suit fait en outre que Perec en sait très peu sur ses origines, étant donné que même les tantes n'ont que des souvenirs limités du passé. Rappelons par ailleurs que Perec dit avoir oublié la suite, pourtant significative, de certaines chansons et prières, comme « il est né le divin enfant » ou « je suis chrétien » (*Wse*, 128) et qu'il a émargé ses photos et n'a pu finir de tracer un commentaire à l'arrière de l'une d'entre elles (*Wse*, 41). On sait aussi qu'il situe son année zéro après la guerre, disant ignorer ce qui l'a précédée. Le début et la fin de l'histoire font également défaut dans ses lectures d'enfance, où il manque en général le premier tome et parfois aussi la suite des épisodes qu'il lit[98] de sorte que l'enfant ne connaît « ni les premières ni les dernières aventures » de ses héros, comme c'est d'ailleurs aussi le cas pour l'histoire de ses parents[99]. De même que pour Gaspard Winckler, Gaspard Hauser, Bartleby ou encore la société à W, les origines ne peuvent être éclaircies et la fin est inconnue et enfouie à jamais. Par ailleurs, le départ de la course à W ne constitue pas nécessairement son début véritable, puisque certaines compétitions se jouent presque entièrement à l'avance, des semaines au préalable, dans les coulisses, avec une violence illimitée (*Wse*, 176, 178-179). Étant donné que les fondements de l'histoire personnelle et collective échappent donc de façon systématique à la vue, les questions de responsabilité et de culpabilité sont d'autant plus indécises, voire trompeuses pour le spectateur ou « témoin ». C'est le cas à W, mais c'est ce qu'illustre aussi un souvenir de la lecture de *Michaël chien de cirque*, où Perec décrit un numéro qui consiste à faire semblant d'écarteler un athlète par quatre chevaux (*Wse*, 192) – ce qui est présenté par Perec comme une simple mise en scène puisque des câbles en forme de « X » se cachent sous les vêtements de l'acteur (dans le texte d'origine, il s'agit d'une femme, qui dissimule des crochets sous ses vêtements[100]). L'acteur, ou plutôt l'actrice, au lieu de sourire, doit faire semblant de fournir des efforts surhumains et douloureux, afin de tromper le public. La scène est donc faussée par un personnage qui s'approprie, à l'instar de Perec et de Hauser,

---

[98]   Pour Anny Dayan Rosenman cette incomplétude renvoie à son manque d'origines, lié à l'absence du père (Anny Dayan Rosenman, « Georges Perec. Sauver le père », Jacques André, Catherine Chabert (éds.), *L'Oubli du père*, Paris, PUF, 2004, p. 159) ; Burgelin note que les livres sont détachés d'un ensemble (Burgelin, *op. cit.*, p. 167), ce qui rappellerait aussi le sort de Perec. Perec confirme son souvenir dans un questionnaire pour la revue *Elle* en 1979 (Georges Perec, « Vous aimez lire ? La réponse de Georges Perec » [1979], Perec, *Entretiens et conférences, volume I : 1965-1978, op. cit.*, p. 23).

[99]   Ribaupierre, *op. cit.*, pp. 311-312.

[100]   Jack London, *Michael brother of Jerry*, Londres, Mills & Boon, 1917, pp. 209-213.

des souffrances qui ne sont pas les siennes[101], tout en restant lui-même une victime prise au jeu.

6   La malignité de l'homme

Comme le montre cette analyse, le processus de mise en ordre du vécu dans l'œuvre se trouve entravé à plusieurs niveaux. L'encrage n'offre en effet pas un ancrage « unique », mais plutôt une quête de signes, qui chiffre[102] autant qu'elle ne déchiffre le réel. Face à un « désastre qu'il n'a pas vécu lui-même »[103], Perec reconnaît notamment le double risque du silence et du faussaire, tous deux potentiellement scandaleux. Se chargeant néanmoins de « mettre un terme » à son histoire, l'auteur multiplie les hypothèses pour explorer les méandres indéterminables du réel, en s'appuyant sur un double récit et sur différents éléments de relais, y compris un réseau intertextuel littéraire et religieux. Comme l'indique la structure en X du livre, l'enfance offre ainsi réellement un « point de départ », de sorte que les « points de suspension » en son centre se présentent comme les points de fixation[104] à partir desquels l'œuvre peut se construire. De ce fait, il a été suggéré que l'écriture offre une nouvelle « protection » à l'auteur, illustrée dans le texte par les isotopies du bandage ou du parachute[105] et par l'idée d'une « parenté retrouvée » au sein de la littérature[106].

---

101   Joanna Spiro rapproche d'ailleurs cette mise en scène de l'épisode où Perec « joue » la scène du fils sur la tombe de son père (Spiro, *op. cit.*, p. 121).
102   Cf. Magné, *Georges Perec, op. cit.*
103   van Montfrans, *op. cit.*, p. 58.
104   Burgelin, *op. cit.*, p. 169. Voir aussi la quatrième de couverture : « dans cette rupture, cette cassure qui suspend le récit autour d'on ne sait quelle attente, se trouve le lieu initial d'où est sorti ce livre, ces *points de suspension* auxquels se sont accrochés les fils rompus de l'enfance et la trame de l'écriture » (Perec souligne).
105   Voir Suleiman, *op. cit.*, pp. 193-194 et Daphné Schnitzer, « A Drop in Numbers: Deciphering Georges Perec's Postanalytic Narratives », *Yale French Studies*, n° 105 (2004 ; « Pereckonings: Reading Georges Perec »), p. 113.
106   L'auteur affirme notamment qu'il continue à relire ses livres préférés pour le simple plaisir de vérifier que tous les éléments y sont encore « à leur place », offrant une certitude rassurante. Cependant, Perec ne nomme guère certains auteurs de ses lectures d'enfance, comme si les œuvres, dont il mélange d'ailleurs aussi les titres, sont à leurs tours anonymes. Par ailleurs, il y cherche vainement certaines images familières associées à ses lectures d'enfance, comme si même là, les choses ne sont pas entièrement ou toujours à leur place ou leur mémoire lui fait défaut. Ici encore, seuls quelques noms subsistent alors, à savoir la liste de ses auteurs désormais préférés, comme Flaubert, Verne, Roussel, Kafka, Leiris et Queneau (*Wse*, 193). De ce fait, la « parenté retrouvée » se présente potentiellement comme un substitut imparfait et partiel, quoiqu'abondant. Cela dit, la littérature constitue à son tour un nouveau « point de départ » pour l'auteur, notamment

Cela étant, Régine Robin fait même état d'une tentative d'« hypermaîtrise » par la langue et l'écriture chez Perec[107], laquelle se défait cependant de l'intérieur par les mécanismes de dédoublement et d'inversion, que nous avons analysés sous différents angles. En effet, en reliant fantasme et analyse du réel, Perec œuvre non seulement à rendre les choses signifiantes mais aussi à déceler leurs complexités et contradictions, de sorte qu'il plane toujours une ambiguïté sur les pistes aménagées au lecteur[108].

De même, sur le plan collectif, si l'ambition littéraire dérivée de *L'Espèce humaine* était celle d'une « maîtrise » de la réalité, notamment dans le contexte de la lutte des classes[109], le travail de contestation sociale qu'entreprend Perec à travers l'écriture relève en même temps la duplicité et la réversibilité fondamentale des phénomènes humains au sein de la société actuelle, et en particulier « cette malignité qui fait que l'homme a transformé en supplice ce qui devrait être une source de bonheur »[110], dans le contexte du sport comme ailleurs. Perec n'accepte pas pour autant de se qualifier de pessimiste, avançant qu'une société future meilleure lui semble possible[111] tout en décelant la « logique »[112] de notre état actuel et à propos duquel il préconise davantage de clairvoyance et de lucidité[113]. La maîtrise qu'il faut, c'est dès lors celle de nos rêves et désirs – dont le mirage d'une destinée individuelle et glorieuse – face aux tensions qui risquent de nous amener à de nouvelles formes d'esclavage[114]. Cette prise de conscience est aussi celle du lecteur, que l'auteur entraîne avec lui dans son labyrinthe « intranquille » en le chargeant de son malaise et de son inquiétude[115].

---

dans la mesure où l'art citationnel ouvre de nouvelles voies à partir de ce qui était un aboutissement chez les « prédécesseurs », en ce sens qu'on peut réinventer leurs œuvres (cf. Georges Perec, « Le bonheur est un processus … on ne peut s'arrêter d'être heureux » [1965], Perec, *Entretiens et conférences, volume I : 1965-1978, op. cit.*, p. 49). Par un nouveau renversement de rôles, la parenté littéraire permet donc de nouvelles filiations (Robin, *op. cit.*, p. 238), créant un espace de jeu infini.

107   *Ibid.*, p. 255.
108   Perec, « Pouvoirs et limites du romancier contemporain », *op. cit.*, p. 34.
109   Il indique à l'époque de la parution de *W ou le souvenir d'enfance* que la représentation marxiste de la lutte des classes est erronée sur plusieurs points : « L'ennui, c'est que la lutte des classes et la révolution n'est pas un processus qui se fait une fois et puis qui s'arrête. Et ce que Marx ne prévoyait pas, c'est qu'il allait y avoir ce développement de la technocratie et de la bureaucratie, qui allait reconstituer une classe sociale (Perec, « Conversation avec Eugen Hemlé », *op. cit.*, p. 198).
110   Gabriel Simony, « Entretien avec Georges Perec », *op. cit.*, p. 86.
111   Georges Perec, « Georges Perec : J'utilise mon malaise pour inquiéter mes lecteurs » [1969], Perec, *Entretiens et conférences, volume I : 1965-1978, op. cit.*, p. 109.
112   Perec, « Le bonheur est un processus … on ne peut s'arrêter d'être heureux », *op. cit.*, p. 47.
113   Perec, « Georges Perec : J'utilise mon malaise pour inquiéter mes lecteurs », *op. cit.*, p. 110.
114   Perec, « Le bonheur est un processus … on ne peut s'arrêter d'être heureux », *op. cit.*, p. 47.
115   Perec, « Georges Perec : J'utilise mon malaise pour inquiéter mes lecteurs », *op. cit.*, p. 107.

CHAPITRE 8

Raymond Federman : surfictions de l'Impardonnable Énormité

Raymond Federman est un auteur juif décédé en octobre 2009, dont la famille fut déportée pendant la rafle du Vél' d'Hiv en juillet 1942. Lui-même échappa à cette rafle grâce au fait que sa mère le cacha, au dernier moment, dans un petit débarras. Cette expérience fut à la base d'une de ses œuvres les plus connues, *La Voix dans le débarras / The Voice in the Closet*. Federman travailla ensuite dans une ferme jusqu'à la fin de la guerre. Après la Libération, il émigra aux États-Unis où il occupa divers petits emplois et fit quelques années de service militaire avant d'entamer des études littéraires. Auteur d'une thèse de doctorat sur l'œuvre de Samuel Beckett, il finit par mener une double carrière universitaire et littéraire[1]. Au début, il écrivit principalement en anglais, se traduisant occasionnellement en français, pour développer vers la fin de sa vie une pratique d'autotraduction plus régulière du français vers l'anglais. Les deux langues se côtoient aussi à l'intérieur des textes, dans une écriture bilingue. L'œuvre comprend en outre des écrits théoriques, où l'auteur développe certains concepts clés liés à ses écrits et à la littérature contemporaine, dont des notions telles que surfiction et critifiction, sur lesquelles nous reviendrons dans ce chapitre.

En raison du caractère postmoderne de son écriture, l'œuvre de Federman a notamment été reçue dans le contexte de la littérature expérimentale des années 70 aux États-Unis, avant de trouver une réception critique plus large dans son pays d'adoption[2]. En France, où l'auteur ne fut introduit qu'à partir des années 90, il jouit d'une « faible reconnaissance institutionnelle »[3] et les études sur la littérature de la Shoah ne portent qu'une attention limitée à son œuvre. Federman échappe en effet aux codes et aux configurations majeures du champ et se distingue comme « fantasque » et « underground »[4]. Afin de

---

1 Voir entre autres Brian D. Crawford, « Raymond Federman: Polylogues of exile », *Critique*, n° 683 (2004), pp. 321-323.
2 Jeffrey R. Di Leo, « The fiction of Raymond Federman », Jeffrey R. Di Leo (éd.), *Federman's Fictions: Innovation, Theory, Holocaust*, Albany, State University of New York Press, 2011, pp. 1-2.
3 Frank Wagner, « Raymond Federman le « surfictionnel » (L'exemple de *Chut*) », *Vox Poetica*, 2009, http://www.vox-poetica.org/t/articles/wagner2009b.html.
4 Philippe Mesnard, *Témoignage en résistance*, Paris, Stock, 2007, p. 353.

mieux appréhender cette écriture qui défie intentionnellement les attentes du lecteur, nous considérerons d'abord les prémisses théoriques de l'œuvre. Ensuite, nous nous focaliserons sur *La Fourrure de ma tante Rachel*, autotraduit comme *Aunt Rachel's Fur*, pour voir comment ces principes d'écriture se rapportent au projet littéraire de l'auteur et à son approche de « l'Impardonnable Énormité » que constitue la Shoah[5]. Au lieu d'adopter une approche monolingue, nous opterons pour une lecture croisée entre la version française et la version anglaise du texte afin de développer une compréhension approfondie des enjeux et défis posés par l'œuvre. Pour l'auteur, en effet, l'autotraduction constitue une extension de l'œuvre originale, de telle sorte qu'il définit la seconde version comme « transacted » plutôt que « traduite » :

> The original creative act, as we all know, always proceeds in the DARK – in the dark, in ignorance, and in error. Though the act of translating (and especially self-translating) is also a creative act, nevertheless it is performed in the LIGHT (in the light of the original text), it is performed in KNOWLEDGE (in the knowledge of the existing text), and therefore it is performed without error, at least at the start. As such the act of self-translation enlightens the original, but it also reassures, reasserts the knowledge already present in the original text. Sometimes it also corrects the initial errors of that text. As a result, the self-translation is no longer an approximation of the original, nor a duplication, nor a substitute, but truly a continuation of the work – of the working of the text[6].

Prises ensemble, les deux versions du roman nous permettront de voir comment éthique et esthétique se conjuguent dans l'écriture de Federman, en se situant entre critique et jeu. L'auteur propose ainsi une prise de conscience à la fois culturelle, littéraire et mémorielle.

---

[5] Raymond Federman, *La Fourrure de ma tante Rachel. Roman improvisé en triste fourire*, Paris, Leo Scheer, 2000 (1997) ; Raymond Federman, *Aunt Rachel's Fur. A novel improvised in sad laughter*, Trad. [*transacted*] P. Privat-Standley en collaboration avec l'auteur, Normal (IL) – Tallahassee, Fiction Collective Two, 2001. Les deux versions du texte seront désignées respectivement comme FTR et ARF. Pour une description de la collaboration avec Patricia Privat-Standley pour cette autotraduction, voir Alyson Waters, Raymond Federman, « Interview with Raymond Federman. Pour commencer parlons d'autre chose », *Sites*, 5:2 (2001), p. 248.

[6] Raymond Federman, *Critifiction. Postmodern Essays*, Albany, State University of New York Press, 1993, p. 81.

1 Règles du jeu

Dans un premier temps, nous observerons les prémisses théoriques de l'œuvre : nous verrons que Federman refuse toute référentialité en optant pour un discours non-linéaire, métaréflexif et surfictionnel, qui ignore ou transforme délibérément la réalité factuelle. En remettant ainsi en question les principes de la représentation littéraire, l'auteur vise notamment à susciter une réflexion critique sur le poids idéologique du langage et les dangers du discours.

Les premières œuvres de Federman, publiées dans les années 70[7] se singularisent par une expérimentation formelle poussée, où l'auteur déconstruit la linéarité du récit au moyen de recherches typographiques et visuelles. Par la suite, son écriture développe une dimension plus narrative, tout en poursuivant le principe de non-linéarité, qui se manifeste notamment au travers d'une multiplication de digressions et de « postponements »[8]. Par le biais de telles stratégies, Federman cherche à rompre l'illusion référentielle au sein du texte et à établir une césure radicale entre langage et réel. Dans une même perspective, ses œuvres manifestent une forte dimension métaréflexive et incorporent, de manière systématique, leur propre critique. À ses dires, l'auteur souhaite en effet développer une « critifiction »[9], qui affiche pleinement son programme et ses règles de jeu (*FTR*, 190). À ce dessein, *La Fourrure de ma tante Rachel* est écrit comme une interaction orale avec un interlocuteur (imaginaire), où le narrateur ne cesse de faire des commentaires sur le développement du récit, souvent improvisé ou imprévisible. De fait, une autre notion clé que Federman propose pour décrire son travail est celle de « surfiction » : calquée sur le concept de surréalisme, celle-ci exprime l'idée selon laquelle toute fiction littéraire s'ajoute par-dessus les « fictions » ou histoires déjà existantes de nos expériences[10]. Ce concept souligne donc à son tour le caractère fondamentalement fictif de l'œuvre, voire de toute représentation. Or, étant donné le caractère de part en part construit de sa démarche, l'auteur indique explicitement qu'il ne se sent pas tenu par les faits ou son vécu : « One's autobiography,

---

[7] Susan Rubin Suleiman, « When Postmodern Play Meets Survivor Testimony: Federman and Holocaust Literature », Di Leo (éd.), *op. cit.*, p. 197.

[8] Raymond Federman, *To whom it may concern*, Boulder – Normal (IL) – Brooklyn, Fiction Collective Two, 1990, p. 155.

[9] Federman, *Critifiction*, *op. cit.*, pp. 17-34.

[10] Doris L. Eden, « Surfiction: Plunging into the Surface », *Boundary* 2, 5:1 (1976), p. 153 ; Federman dans Zoltán Abádi-Nagy, « An Interview with Raymond Federman », *Modern Fiction Studies*, 34:2 (1988), p. 158.

after all, is something you make up afterwards, just a bunch of bullshitting »[11]. Comme la surfiction assume donc pleinement sa distance par rapport au réel, il serait difficile d'assimiler le manque de linéarité chez Federman à une représentation « mimétique » du traumatisme de la Shoah[12]. Le texte se veut au contraire une entité radicalement autonome, à l'écart du réel. D'ailleurs, le processus autotraductif continue à enchérir sur cette dimension surfictionnelle, dans la mesure où l'auteur y continue à transformer ses récits, y compris sur le plan factuel. Ainsi, dans le cas du roman que nous considérerons ici, Federman avance dans la version française que sa tante Rachel s'échappe de l'orphelinat en 1920, à l'âge de 14 ans, tandis que dans la version anglaise, la date mentionnée est 1919, Rachel étant alors âgée de 13 ans. Ce jeu oblique entre texte-source et texte-cible, dont il existe plusieurs exemples, permet à l'auteur d'établir une relation de complicité avec le lecteur qui lirait les deux versions du roman, écoutant ainsi tout le dialogue de l'écrivain bilingue avec lui-même, plutôt que la moitié[13]. Dans chaque version, quelques commentaires métatextuels avertissent par contre tout lecteur du manque d'exactitude mémorielle et aussi du caractère peu important des ancrages temporels (*FTR*, 137-138 ; *ARF*, 145-146). Le narrateur estime effectivement que le désir de chronologie de la part de son interlocuteur – et, par extension, celui du lecteur – est foncièrement futile et désuet :

> Ah, ça t'embête que je fasse de telles erreurs, tu dis que ces déplacements temporels qui tiennent pas debout vont gâcher mon histoire, mais c'est pas le respect du temps, andouille, qui fait la beauté des histoires, c'est le ton, le rythme, et puis tu nous emmerdes avec tes questions de temps [...] (*FTR*, 54)

> Oh, excuse me, it bugs you that I make such mistakes, you're saying that these temporal displacements don't stand up and that eventually it's going to mess up the whole story; you're such an old-fashioned listener, don't you know that the beauty of the story has nothing to do with the question of time, with the order in which you tell things, not at all, it's all

---

11   Federman, cité dans Larry McCaffery, Thomas Hartl, Douglas Rice, *Federman, A to X-X-X-X – A Recyclopedic narrative*, San Diego, San Diego State University Press, 1998, p. 57. Pour une analyse des rapports entre fiction et autobiographie chez Federman, voir Sarah Kippur, *The Translingual Self: Life-Writing across Languages in the Works of Héctor Biancotti, Jorge Semprún and Raymond Federman*, Thèse de doctorat, Harvard University, 2009.

12   Sur les ruptures syntaxiques comme « écriture du trauma » dans la littérature de la Shoah, voir Mesnard, *op. cit.*, pp. 353-355.

13   Federman, *Critifiction*, *op. cit.*, p. 81.

> about rhythm, tone, it's all about the way you tell the story, it's the telling that counts, not what you tell, anyway you're getting on my nerves with your obsession of time, fuck time ... (ARF, 55-56)

Ces différentes stratégies soulignent en somme que ce ne sont pas les événements ou l'histoire qui comptent, mais l'acte de narration et la forme narrative[14], le dire plutôt que le dit. Cela explique en outre le recours de l'auteur à une narration de type virtuel, qui évoque des scénarios purement hypothétiques, voire contradictoires. Dans *La Fourrure de ma tante Rachel*, Federman offre ainsi plusieurs fins possibles à l'histoire :

> Mais éventuellement elle mourra, comme tout le monde, comme le reste de mes oncles et tantes, et sais-tu ce qu'elle fera, je veux dire à qui elle laissera sa fortune ... (FTR, 270)

> One day she will die, like everyone else, and so will the rest of my aunts and uncles, and do you know what she'll do, I'm speculating here, but knowing her as I knew her, I wouldn't be surprised if she did just that, I mean to whom she'll leave her fortune ... (ARF, 264)

En effet, l'auteur pousse ses digressions à tel point qu'il ne raconte jamais l'histoire de la tante Rachel qu'il a tant fait miroiter à son interlocuteur. Il joue ainsi de l'anticipation du lecteur, systématiquement déçue. Dans le paratexte de la version anglaise d'*Aunt Rachel's Fur*, il annonce d'ailleurs, avec un clin d'œil à Stendhal, qu'il écrit pour la postérité mais que celle-ci ferait mieux de ne pas attendre son roman : « drôlement feintée/la postérité/qui attendait mon roman ». La version anglaise de l'avertissement bilingue traduit : posterity/you've been had/if you waited for my novel ». L'absence d'histoire déjoue donc les attentes linéaires et factuelles du lecteur, mais elle pointe aussi, à un niveau plus fondamental, vers le vide laissé par l'Impardonnable Énormité (FTR, 271) de la Shoah, et notamment l'effacement des quatre membres de la famille Federman, rayés de l'histoire, et que l'auteur représente dès lors comme X-X-X-X, un symbole rappelant aussi l'œuvre de Perec[15]. Alors que Federman ne cesse de combler les trous de leur absence par un discours des plus abondants, celui-ci finit en d'autres mots par s'annuler lui-même[16], attirant l'attention du

---

14 *Ibid.*, pp. 85-104.
15 Cf. Danielle Reif, *Die Ästhetik der Leerstelle. Raymond Federmans Roman « La Fourrure de ma tante Rachel »*, Würzburg, Königshausen & Neumann, 2005, p. 136.
16 Federman, *op. cit.*, p. 10.

lecteur à la fois sur la nature purement discursive du texte et sur ce qui en fait défaut[17].

Or, la dissociation entre existence et écriture cadre en définitive dans une critique générale du discours, qui provient de la réalisation, à l'époque post-Shoah, du poids idéologique du langage et de son rapport potentiellement dangereux au réel[18]. Une telle critique, généralement associée à la fin des grands récits, prend différentes formes dans l'œuvre de Federman, où elle se dirige à la fois contre les discours dits « officiels » et le discours ou le langage « populaire ». D'une part, l'auteur se distancie de certains discours convenus qui, en proposant une représentation politiquement ou moralement correcte, faussent la réalité[19]. Pour illustrer ce point, il analyse notamment le désenchantement progressif du peuple américain à l'égard du discours politique et médiatique :

> [...] the official message and image of the 1950s and early 1960s seemed good, honest, truthful, and though when necessary. Thus when Kennedy smiled that meant that he was happy and America was happy. When he spoke in a grave tone of voice and announced that the country could be destroyed in an atomic blast coming from Cuba, the entire nation changed mood. There existed then an element of mutual trust between the official discourse and the subject [...]. This is why the assassination of John F. Kennedy (public and televised) had such a traumatic impact on American consciousness.
>
> Suddenly things were not as good as they appeared. Suddenly the American people were doubting the very reality of the events they were witnessing, especially on television. It took certain blunders of the Johnson administration, and subsequently the manipulations and lies of the Nixon administration, and of course the Vietnam War, and the Watergate debacle to awaken America from its mass media state of illusion and optimism. Suddenly there was a general distrust of the official discourse whether spoken, written, or televised. For indeed, if the content of history can be manipulated by the mass media, if television and newspapers can falsify or justify historical facts, then the unequivocal relation between the real and the imaginary disappears. The clear line

---

17 *Ibid.*, p. 86.
18 Sur la critique du discours, voir également Fransiska Louwagie, « Raymond Federman : l'autotraduction comme projet esthétique et critique », Christian Lagarde, Helena Tanquiero (éds.), *L'autotraduction aux frontières de la langue et de la culture*, Limoges, Éditions Lambert Lucas, 2013, pp. 123-131, où l'analyse se concentre sur la pratique autotraductive de l'auteur.
19 Federman, *op. cit.*, pp. 25-30.

that separates fact from fiction is blurred. Consequently, historical events must be doubted, reviewed, reexamined [...][20].

Outre ses critiques des discours dominants, l'auteur s'en prend, d'autre part, à la portée idéologique et fallacieuse de la langue populaire. S'il opte dans ses textes pour un registre informel, en français comme en anglais, c'est donc afin d'étendre son regard questionneur à la langue orale, dont il souligne en particulier le côté violent et discriminatoire[21]. À titre d'exemple, l'auteur introduit, dans la traduction anglaise d'*Aunt Rachel's Fur*, une longue liste d'injures racistes utilisées aux États-Unis, apte à montrer le côté illusoire du « melting pot » américain : en réalité, ce dernier serait plutôt un « stewing pot » où les plus faibles se font dévorer (ARF, 23-24). Dans ce passage, Federman fait d'une pierre deux coups, puisqu'il révèle, d'un côté, le caractère trompeur et mensonger des représentations officielles et collectives du modèle américain, et, de l'autre, il dénonce la violence symbolique du langage commun. À ses yeux, la tâche primaire de l'écrivain contemporain consiste en effet à écouter le « langage de la tribu », de manière à permettre une prise de conscience critique à son égard :

> The role of fiction today, its most important function, is to question not only itself, its own medium, its own possibilities (however irritating such self-reflexiveness may be), but to question especially its own language, and therefore, by extension, question the language of the tribe.
> Beckett may never have said it explicitly, but his work does suggest that one can always blame political, social, economic, even cultural evils for the injustices and immoralities of our time. However, when looking more closely, one realizes that these injustices and immoralities do not reside only in the gestures and actions of racism, anti-Semitism, chauvinism, nationalism, and so forth, but that they reside above all in the language of racism, anti-Semitism, chauvinism, nationalism and all the other isms[22].

Comme le montre cette citation, la dimension raciste de la langue est directement mise en rapport avec les catastrophes historiques du vingtième siècle et, en particulier, avec le génocide nazi. Dans un texte qui s'interroge, en écho

---

20   *Ibid.*, pp. 24-25.
21   Eva Karpinski, « The Immigrant as Writer: Cultural Resistance and Conformity in Josef Skvorecky's *The Engineer of Human Souls* and Raymond Federman's *Take It or Leave It* », *Journal of Canadian Studies/Revue d'Etudes Canadiennes*, 28:3 (1993), pp. 92-104.
22   Raymond Federman, « Company. The voice of language », Henry Sussman, Christopher Devenney (éds.), *Engagement and Indifference, Beckett and the political*, New York, Suny, 2001, p. 16.

à Jean Améry, sur « la nécessité et l'impossibilité d'être un écrivain juif », Federman reprend d'ailleurs l'énoncé suivant de Claude Lanzmann, selon lequel la Shoah a été la conséquence inévitable d'une construction discursive historique :

> The Holocaust was not an aberration of
> history, it was the ultimate and inevitable
> consequence – the final solution, in other
> words – of a long historical
> discourse.
>
> CLAUDE LANZMANN[23]

La démarche critique de Federman se traduit, au niveau de sa propre écriture, par une volonté de déconstruire et de reconstruire la « langue de l'autre », en la transformant[24]. Considérant, à l'instar de Beckett, que le langage constitue à la fois un moyen et un obstacle[25], l'auteur cherche dès lors à simultanément démanteler et innover les formes d'expression traditionnelles. La première stratégie qu'il développe à ce dessein se situe au niveau de la désintégration de la syntaxe, particulièrement visible dans les expériences formelles menées au début de sa carrière, mais aussi dans le style parlé de ses œuvres ultérieures. Federman a du reste précisé que le recours à l'anglais comme première langue littéraire a facilité ce processus de libération syntaxique : le passage par l'anglais, qu'il considère comme une langue souple et moins stricte, lui aurait permis de s'attaquer dans un deuxième temps aux règles plus rigoureuses du français[26]. Une autre stratégie visant à désarticuler et à transformer les moyens d'expression consiste, on l'a dit, à déjouer et à « corrompre » la langue par l'intégration d'éléments hétérolingues[27]. Même avant d'être transposés dans une deuxième langue, ses textes sont donc déjà fondamentalement hybrides et plurilingues. L'auteur privilégie en l'occurrence les jeux de mots basés sur les interférences linguistiques entre l'anglais et le français, ce qui lui permet encore d'établir un rapport de complicité avec le lecteur bilingue :

---

23   Cité dans Raymond Federman, « The Necessity and Impossibility of Being a Jewish Writer », 2004, http://www.federman.com/rfsrcr5.htm.

24   Jan Baetens, « Raymond Federman et la visualité d'un livre parlé : *Take It Or Leave It* », *Rivista di letteratura moderna e comparata*, 54:2 (2001), p. 229. Sur la langue de l'autre, voir Jacques Derrida, *Le Monolinguisme de l'autre*, Paris, Galilée, 1996.

25   Federman, *Critifiction*, op. cit., p. 89.

26   *Ibid.*, pp. 82-83 ; McCaffery, Hartl, Rice, op. cit., p. 394.

27   Federman, op. cit., p. 83. Le terme d'hétérolinguisme est emprunté à Rainier Grutman (*Des langues qui résonnent. L'hétérolinguisme au XIXe siècle québécois*, Montréal, Fides, 1997).

> [...] et y a les athlètes multimillionnaires qui se vantent de baiser deux ou trois femmes par jour tous les jours avant d'aller faire joujou dans les matchs de basketball, de football, de baseball, ah parle-moi de baseball, dis plutôt baiseballe ... (FTR, 23)
>
> [...] and let's not forget the multi-multi-millionaire athletes who brag of fucking four or five women a day, every day before going to play their games of football, basketball, baseball, yeah, talk to me about baseball, one should rather say **baiseballe** ... (ARF, 25 ; Federman souligne)[28]

Comme le montre cet exemple, la portée contestataire de l'écriture se lie chez Federman à une approche fondamentalement humoristique. Le texte se transforme ainsi en un espace de jeu, qualifié de « laughterature »[29], où l'humour sert une mission critique mais se transforme aussi en stratégie de survie face à la « nature tragique de l'existence »[30]. En définitive, d'après Menacher Feuer, cette approche permet à Federman de se reconstruire dans le texte, non en tant que victime, mais en tant qu'individu :

> Federman's novels show how humor can address not only the Holocaust, and the worst moments of modern history, but also life after the Holocaust. Hence, the question, found throughout his novels, as to how Raymond Federman, the person and the character in several of Federman's novels, can live after the Holocaust and the worst horrors of the modern era. [...] His humor challenges the claim these events have on his life by rendering all of them ambiguous. By doing this, his novels do not delegitimate these events; rather, they create a space for Raymond Federman, an individual, rather than Raymond Federman, a victim of the injustices and accidents of history and circumstance[31].

De même que chez d'autres écrivains d'après la Shoah, la reconstruction identitaire au sein de la littérature se situe donc dans un registre ludique plutôt que réaliste. Comme nous le verrons dans l'analyse du roman, l'auteur produit en effet une série d'alter ego, qui lui servent à imaginer plusieurs scénarios de vie. Si ses textes se rapprochent de l'« autofiction » (FTR, 35 ; ARF, 35), c'est donc

---

28   Notons l'augmentation et l'effet d'exagération dans la version anglaise.
29   Pour une description du concept, voir entre autres McCaffery, Hartl, Rice, *op. cit.*, p. 172 ; Menachem Feuer, « Federman's Laughterature », Di Leo (éd.), *op. cit.*, pp. 280-287.
30   Federman, cité *ibid.*, p. 280.
31   *Ibid.*, p. 279. Comme l'indique aussi Philippe Mesnard, Federman se tient donc aux marges du « pâtir » (Mesnard, *op. cit.*, p. 361).

encore sur le mode de la surfiction, où différentes versions identitaires s'accumulent, pour mieux s'annuler.

Une dernière règle d'écriture associée à la pratique surfictionnelle et critifictionnelle de l'auteur que nous venons d'évoquer, est le recours au « playgiarism » ou « plajeu »[32]. Outre la langue de l'autre, l'auteur s'approprie en l'occurrence des discours littéraires existants, à nouveau dans un double but critique et ludique. Federman renie ainsi l'originalité de son œuvre, en phase avec le postmodernisme et avec sa propre méthode surfictionnelle. « Affichant » encore son programme de manière autocritique, il fait dès lors sienne la devise selon laquelle « minor writers borrow, great writers steal » (*ARF*, 191). Dans une mise en abyme de sa logique d'emprunt et en brouillant ici encore les faits et les pistes, il attribue d'ailleurs cette citation à Lautréamont, l'un des premiers à définir une « poétique du plagiat », plutôt qu'à T.S. Eliot, auteur qui fit face à des allégations de plagiat pour son poème « The Waste Land »[33] :

> [...] la règle de mon jeu c'est le plagiat flagrant, ou plutôt le plajeu en pleine vue, dans tout ce que je dis il a des choses empruntées, et même peut-être plus de choses volées qu'empruntées, car comme a dit Lautréamont une fois, et ça m'étonnerait pas si lui-même il a piqué ça à quelqu'un d'autre, le plagiat n'est pas seulement admissible dans la création littéraire il est recommandé, et c'est Lautréamont aussi qui a dit, les petits écrivains empruntent, les grands volent [...] (*FTR*, 190)

De manière plus générale, l'intertextualité joue d'ailleurs, comme chez Perec, un rôle clé dans l'œuvre, et engage le lecteur dans un processus interactif ou *interplay*[34]. La pratique citationnelle permet en outre à Federman de théoriser son propre discours, à la manière d'une critifiction. L'auteur cite en effet bon nombre de modèles littéraires, comme Beckett, Diderot, Zola ou Céline, auteurs qui travaillent également la langue et le discours[35], tandis qu'il identifie aussi des repoussoirs dans la littérature traditionnelle ou réaliste, qui lui servent à expliquer ses propres positions esthétiques et, comme nous le verrons dans la section suivante, à mieux contrer celles du lecteur.

---

32 Raymond Federman, « Plajeu », *Electronic Poetry Centre*, s.d., http://writing.upenn.edu/epc/authors/federman/shoes/plajeu.html.
33 Cf. T.S. Eliot, *The Annotated Waste Land with Eliot's Contemporary Prose*, Éd. Lawrence Rainey, Yale, Yale University Press, 2005, p. 38.
34 Federman dans Abádi-Nagy, *op. cit.*, p. 169.
35 Sur les influences littéraires dans l'œuvre, voir Larry McCaffery, Raymond Federman, « An Interview with Raymond Federman », *Contemporary Literature*, 24:3 (1983), pp. 302-304.

2 Un traître à la cause

Dans ce qui suit, nous analyserons de plus près les principes d'écriture federmaniens dans son roman *La Fourrure de ma tante Rachel/Aunt Rachel's Fur*. Après une présentation du roman, nous examinerons les difficultés de réception qui entourent l'œuvre et qui amènent l'auteur à une critique du milieu littéraire français et de ses valeurs.

Dans *La Fourrure de ma tante Rachel*, le narrateur raconte, dans un style oral et à un interlocuteur non identifié, quelques éléments de sa « vie » aux États-Unis et de son séjour actuel en France, lors duquel il rencontre ses oncles et tantes, à qui il reproche leur abandon de ses parents au moment de la guerre. Il élabore aussi de manière explicite sur sa vie amoureuse et sexuelle, qu'il semble cependant inventer au fur et à mesure. Au fil du récit, il cite enfin plusieurs de ses œuvres littéraires, dont les titres coïncident avec les publications de Federman. L'interlocuteur, apparemment de culture française, n'a pas de voix directe dans le texte mais apparaît de manière dialogique dans le discours du narrateur. À la fin du livre, il s'avère que son nom est Féderman, tout comme l'un des amis américains du narrateur, qui s'appelle Federman (sans accent). Comme on l'a dit, le roman se peuple ainsi d'alter ego, car d'autres « amis » ou personnages, dont les noms sont autant de jeux de mots, se rajoutent au fil du texte pour souligner une identité narrative plurielle. « Namredef », par exemple, se lit comme le nom de l'auteur à l'envers ; « moinous » renvoie au principe même du dédoublement identitaire et finalement Federman joue aussi sur les notions de « plume » et d'« homme » de son propre nom de famille pour souligner l'ancrage littéraire et fictif de ses alter ego :

> Namredef, ah je t'ai pas dit, c'est le nom du mec romancier qui s'enferme dans la chambre dans le bouquin que je suis en train d'écrire, c'est le nouillard … (*FTR*, 34)

> He meant my name … yes Namredef, that's my name, Rémond Namredef … Oh, I'm sorry, I should have introduced myself […] (*ARF*, 63)

> Who is Moinous, my best friend, didn't I tell you, my buddy, Moinous, Me Us, I call him, we are so close the two of us, interchangeable (*ARF*, 66)

> Ah, mon ami Jean-Louis Laplume vous a dit que j'étais écrivain, écrivain américain. (*FTR*, 82)

> In the last few years my friend, whose name, by the way, is Ramon Hombre de la Pluma, he comes from Spanish Sephardic origin […] (*ARF*, 198)

La traduction anglaise du roman intègre en outre une épigraphe attribuée à Moinous : « What's the point of writing/your life if you can't/improve it a bit ? ». Cette invocation de Moinous au sein du paratexte du livre montre une confusion intentionnelle entre l'univers textuel et l'univers extratextuel, par laquelle se confirme le statut « surfictionnel » de la littérature, qui ne fait que rajouter une fiction à d'autres fictions déjà existantes. L'on retrouve d'ailleurs cet amalgame entre réel et fiction, et entre texte et paratexte, dans les indexes inclus en fin de volume, où « Federman » est, dans la version anglaise, inclus dans la liste de personnages fictifs, avec la précision « friend of storyteller in America » (ARF, 270).

Au-delà de certains éléments de sa vie personnelle et sexuelle, le narrateur évoque aussi son projet de roman et ses rencontres avec des éditeurs français. Dans un des chapitres clés du roman, il assiste en effet à un diner littéraire, chez l'écrivain Laplume, suite à quoi il est invité à soumettre son manuscrit aux éditions de l'Amour fou. À la fin du livre, il a rendez-vous avec l'éditeur à ce sujet. Cette dernière scène offre à Federman l'occasion d'exposer son projet d'écriture et de réagir contre les attentes traditionnelles de l'éditeur et, partant, du lecteur. De fait, l'éditeur aime bien le sujet du jeune homme survivant émigré en Amérique mais reproche au texte « la manière » dont l'histoire est racontée, en particulier sa dimension autoréflexive. Bref, le texte ne vaut pas un bon *Bildungsroman*. Cette critique suscite une réaction violente de la part du narrateur, puisque l'attente définie est aux antipodes de son projet littéraire. Comme on l'a indiqué, la focalisation de l'œuvre est effectivement sur le dire plutôt que sur le dit ; pour renforcer ce point, le narrateur cite la réponse de Beckett en réponse à la thèse de doctorat de son « ami » : « I thank you, Sir, for having payed attention to the shape of my sentences rather than their meaning » (FTR, 97). Le *Bildungsroman* sert dans ce contexte de repoussoir à plusieurs titres. D'abord, le genre est la forme linéaire par excellence, créant une illusion référentielle. Ensuite, le développement du protagoniste dans le *Bildungsroman* mène en général à une intégration finale dans la société ; dans le cas de Federman, par contre, comme nous le verrons encore plus loin, le narrateur reste en marge du système social, en France comme aux États-Unis, afin de pouvoir *critiquer*, d'une position paratopique, ces contextes respectifs et les discours qui leur sont propres[36].

---

36   Comme nous l'avons indiqué (cf. chapitre 1), la notion de « paratopie » telle que la définit Dominique Maingueneau signifie que l'auteur « nourrit son œuvre du caractère radicalement problématique de sa propre appartenance au champ littéraire et à la société » (Dominique Maingueneau, *Le Contexte de l'œuvre littéraire. Énonciation, écrivain, société*, Paris, Dunod, 1993, p. 27). Il s'agit donc du double mouvement de la prise en compte et de l'exploitation narrative d'une place qui n'en est pas une.

Dans la confrontation avec l'éditeur, le narrateur clarifie donc à nouveau son programme d'écriture et ses règles de jeu, dénonçant la stupidité de son interlocuteur, appelé Gaston, mais aussi, gas**con** (*FTR*, 255) ou, pareillement, GasCON dans la version anglaise (*ARF*, 247). Cet employé aux éditions de l'Amour fou fait ainsi office de double à Gaston Gallimard, une référence confirmée par la reprise de son nom et de celui des éditions Gallimard dans l'index en fin de volume. La scène se présente ainsi comme un règlement de compte fictif, ou encore comme une surfiction basée sur des histoires racontées ailleurs. De fait, Federman relate un rejet similaire de son premier texte par un éditeur américain, dans un entretien avec Larry McCaffery en 1983 :

> Dear Mr. Federman, it said in the second paragraph, if you were to write for us the story of the young French Jew who comes to America and tell just this story and not deal with – he didn't say the "junk", but he used a word like "trivia", the stuff about toilet paper, cigarettes, chewing gum, the writer in the room, the hesitations, the self-reflective stuff – we would seriously consider giving you a contract and an advance to do that book[37].

Dans un bref texte intitulé « Traître à la cause », Federman renvoie aussi au rejet de son œuvre de la part d'un éditeur français « important », en l'occurrence non spécifié. La raison du refus tient ici à la perception de « trahison » culturelle liée à son passage à l'anglais :

> Mon premier roman, *Double or Nothing*, écrit en anglais, était tombé par hasard entre les mains d'un des grands éditeurs de la France, qui refusa de publier une traduction de ce livre parce qu'il trouvait qu'un français [sic] qui écrit dans une autre langue est un *traître à la cause*. C'est ce que sa lettre de refus disait à l'auteur, en ajoutant que, je cite, *ça coûte cher de faire traduire des livres*. Il est vrai que ce grand éditeur était avant tout un marchand de livres. Il aurait tout aussi bien pu être un marchand de chaussures qui penserait sans doute qu'un français qui achète des chaussures italiennes est un traître à la cause des chaussures.
>
> Je ne sais pas quelle cause, moi, j'avais trahie. La cause du patrimoine de la France ? La cause de la culture française ? La cause de l'histoire de la France ? Ou simplement la cause de la langue française.
>
> Oui c'était certainement ça. Ma langue française était devenue étrangère. Elle était devenue une langue étrangère. Et en France les étrangers

---

37   McCaffery, Federman, *op. cit.*, p. 297.

ne sont pas toujours bien vus et bienvenus. C'est connu. Je sais. Mon père était un étranger qui parlait sept langues. Même le français. C'est pour ça que moi aussi je parle le français. C'était un don de la France. Et maintenant je veux rendre à la France ce que la France m'a donné. Ma langue française. Celle que j'ai emmenée avec moi en Amérique et qui là-bas s'est transformée en mes livres. Je lègue donc à la France, comme a fait François Villon, tous mes livres. Je les donne gratuitement. Tout ce que je demande à la France, c'est de mettre un jour une petite plaque quelque part qui dira :

Ici a résidé Federman. Un traître à la cause[38].

« Gratuites », les autotraductions viennent non seulement contrer la logique à la fois financière et chauvine de l'éditeur, mais le retour à la langue française se comprend aussi comme un legs ironique et critique à la Villon, qui dénonçait dans son *Testament* la société qui l'avait rejeté. Au-delà des éditeurs, ce don critique s'adresse aussi au lecteur, dont les attentes et préférences littéraires risquent de se rapprocher de celles de l'éditeur ou de l'interlocuteur mis en scène dans le roman. Comme ce dernier, le lecteur se met effectivement en attente de la « suite » de la « belle histoire » sur la tante Rachel, et n'apprécie donc pas nécessairement « le dire » du texte. Or, il convient de noter que ces attentes lectoriales sont activement cultivées et relancées par le narrateur, qui fait semblant de se soumettre aux requêtes de son interlocuteur – « oh tu veux que je continue l'histoire de ma tante Rachel » (*FTR*, 155) – dans le simple but de mieux « trahir » celles-ci par la suite. L'interaction avec le lecteur se définit donc selon un double processus de complicité et de frustration, mariant encore jeu et critique.

3   Une double critique culturelle

Dans la mesure où Federman a développé une pratique d'écriture bilingue et autotraductive, il se situe en définitive par rapport à deux tribus, de sorte que se pose aussi la question du rapport de sa critique langagière et culturelle au double contexte français et américain. Or, on l'a dit, le narrateur se place à chaque fois dans la position d'immigrant, d'étranger venu (ou revenu) d'ailleurs, créant une scénographie paratopique qui lui permet de critiquer les

---

38   Raymond Federman, « Le traître à la cause », 2004, http://www.sitaudis.fr/Excitations/le-traitre-a-la-cause.php ; Federman souligne.

sociétés respectives[39]. En France, il se présente comme un indésirable, aux États-Unis, comme un exploité social qui n'a guère les moyens de subsister. Dans ce qui suit, nous regarderons comment Federman compare les problèmes et discours sociaux dans ces deux pays et comment il s'en prend en même temps au monde culturel et littéraire, dont il dénonce l'hypocrisie élitiste, à mille lieues de la réalité sociale. Pour la France, la critique de l'hypocrisie se prolonge ensuite au niveau de la mémoire et des discours officiels tandis que, du côté américain, l'auteur s'en prend entre autres à la médiocrité culturelle et à différentes distorsions représentationnelles de la réalité sociale.

D'abord, si le narrateur se situe lui-même en marge de la société américaine – au début de roman il vient de se faire évincer de son appartement aux États-Unis – l'on sait que cette position démunie ne correspond en réalité qu'à une phase temporaire de la vie de l'auteur. Or, le narrateur raconte à son interlocuteur français comment l'un de ses « amis » est devenu professeur d'université aux États-Unis, en dépit de ses débuts difficiles. D'après le narrateur, une telle mobilité sociale serait impensable en France, où les hiérarchies sont réputées rigides et immuables. Cette 'spécificité française' est illustrée tout particulièrement dans le chapitre où le narrateur assiste à un dîner littéraire chez Jean Laplume, où il confronte plusieurs types de langage et de discours sociaux.

De fait, comme le chapitre sur le diner littéraire rapporte une rencontre formelle, il est rédigé en un français parlé mais soigné, qui contraste avec le registre des autres chapitres. Face à la directrice des éditions de l'Amour fou, le narrateur évoque d'ailleurs « la belle langue de Shakespeare » (FTR, 81) qu'il a appris à parler aux États-Unis, faisant ainsi allusion dès le début de la conversation à l'opposition entre la langue « fictive » utilisée dans le domaine littéraire et la réalité linguistique du pays, telle qu'illustrée dans le reste du texte, entre autres dans la liste d'injures mentionnée plus haut. De même, ayant décrit longuement les arrangements sanitaires très rudimentaires de son enfance dans d'autres chapitres, le narrateur s'interdit ici de toucher à un tel sujet : « tout à l'heure quand j'ai dû aller au ... Oh je m'excuse, il ne faut pas parler de cela à table » (FTR, 91). Le narrateur donne aussi un compte rendu fort positif de sa vie aux États-Unis et de son appartement spacieux à New York, description qui contraste à nouveau avec les informations fournies ailleurs. Inversement, le

---

39   Cf. Louwagie, *op. cit.*, p. 127. Sur sa position d'immigrant américain au sein de l'œuvre, voir Karpinski, *op. cit.*, et Mark Sachner, « How to Tell the Teller from the Told? Fragment 2 of an Interview with Raymond Federman », *Cream City Review*, n° 5 (1979), p. 84. Sur le rapport de Federman à la France, voir Christian Moraru, « Cosmobabble or, Federman's return », Di Leo (éd.), *op. cit.*, p. 247.

narrateur abonde ici en compliments sur la nourriture, qu'il démentira face à son interlocuteur dans le chapitre suivant : « on top of that, the food was awful, that Madame Laplume she sure can't cook for shit » (ARF, 127). L'hypocrisie des interactions sociales formelles est donc mise en vedette par le décalage entre ce chapitre et la déconstruction de telles conventions à travers le roman.

Au cours du diner, le narrateur décrit en outre la rencontre qu'il a faite avec un chauffeur de taxi qui aurait été l'un de ses amis d'enfance. Dès que celui-ci se rend compte qu'il a affaire à un écrivain, il passe du « tu » au « vous » et hésite à « quand même » inviter le narrateur chez lui. Cette scène permet d'évoquer les distinctions sociales au sein de la société française, qui diffèrent du contexte américain, où l'opposition entre « tu » et « vous » n'existe pas[40]. En critiquant le langage du chauffeur de taxi, le narrateur crée une opposition avec le langage purifié du monde culturel, en jouant encore le jeu de l'hypocrisie :

> Je m'excuse encore une fois, madame, d'employer un tel langage, mais c'est vraiment ainsi que parlait ce garçon. Même si cela est vrai que nous étions à l'école ensemble dans ma jeunesse, vous comprenez que ce n'est pas le genre de personne que je fréquente aujourd'hui. (FTR, 103)

De même, dans la version anglaise, l'ironie est soulignée par le fait que le mot « école » est traduit par l'expression « grammar school », qui met encore en vedette la hiérarchie sociale et l'(in)exactitude de la langue utilisée par le chauffeur de taxi et le narrateur[41] :

> I apologize again for using such language, but that's exactly how that taxi driver spoke. I assure you that even if we were effectively in the same class in grammar school, this is not the kind of person I associate with nowadays. (ARF, 113)

Étant donne le contraste avec les autres chapitres, le monde littéraire et, par extension, la littérature même sont ainsi décrits comme artificiels et faux. D'après Federman, l'hypocrisie en question s'étend d'ailleurs à plusieurs aspects de la représentation, y compris celle de la sexualité, puisque cette dernière est largement épurée dans le langage littéraire, comme l'illustrent entre autres les noms des maisons d'édition cités dans le roman. Ainsi, l'appellation

---

[40] Sur la traduction de cette scène en anglais, voir Federman dans Waters, Federman, op. cit., p. 245.
[41] Le terme contient d'ailleurs aussi une référence à la question des classes sociales, comme il évoque la hiérarchie sélective de certains systèmes scolaires.

« éditions de l'Amour fou » évoque une version fortement sublimée de l'attraction sexuelle ; au cours du diner, le narrateur ne cesse en outre de complimenter l'éditrice au sujet de sa beauté, selon les règles de la littérature courtoise. Le vocabulaire et le registre diffèrent ici encore des autres chapitres, où la tonalité est plus explicitement sexuelle, voire délibérément vulgaire. Ce contraste est souligné aussi par le jeu de mot subversif sur un autre nom d'éditeur, le cherche-midi :

> Ouais c'est comme ça qu'ils se parlent ces gens-là, c'est du cher monsieur ici et de la chère madame là-bas et du cherche-midi ici et du cherche-mon-cul là-bas […]. (*FTR*, 111)

Dans l'édition américaine, ce jeu de mot est remplacé par une référence plus générique à l'hypocrisie du monde littéraire :

> That's the way those assholes talk, it's always Cher Monsieur here and Chère Madame there, and lick-my-boots here and kiss-my-ass there […] (*ARF*, 121)

Le langage populaire offre donc une voie par excellence pour contrer l'hypocrisie officielle. Les éléments hétérolingues participent du même mouvement subversif car les jeux de mots fabriqués par l'auteur ont souvent trait au registre sexuel, comme le montre l'exemple du néologisme « baiseballe » cité plus haut. Ceci vaut aussi pour les références scatologiques, chères à Federman, par exemple dans le jeu de mot suivant sur le nom du maréchal Pétain, qui joue de nouveau sur la compréhension complice du lecteur bilingue, notamment dans la version anglaise :

> Et s'ils venaient en chercher de la bouffe les Chleuhs pour gagner la guerre, ils se gênaient pas, mais toujours accompagnés de la Milice à Pétain, c'était la pourrie de Milice au Maréchal Pète-Un qui récoltait la briffe pour les Allemands tandis qu'eux les Doryphores ils attendaient dans les camions en fumant des cigarettes en se marrant comme des enfoirés … (*FTR*, 164)

> […] and man did the Krauts help themselves, they came with trucks to take the food away, les sales Boches, les Doryphores, as we called them, they weren't shy, but they always came accompanied by Pétain's Militia, yes it was Maréchal Fart-one's henchmen who collected the grub for the Germans, while the Mütter-Fuckers waited in their trucks smoking

cigarettes, singing their Nazi songs, and laughing their heads off [...] (*ARF*, 168-169)

En incorporant des allusions ou descriptions sexuelles dans son œuvre, peu habituelles dans une certaine littérature édulcorée, Federman se moque enfin de son lecteur, et notamment de la fausse pudeur de celui-ci. Ici encore, il suscite certaines attentes pour mieux les détourner. De même que l'interlocuteur fictif, le lecteur est alors confronté à sa propre hypocrisie :

> Quoi, tu dis me voilà reparti dans une histoire de cul, mais bien sûr, tout dans la vie se rapporte au cul ...
> Bon, mais si tu veux pas entendre ce qui s'est passé avec la fermière, eh bien je laisse tomber ...
> Ah si, tu veux quand même que j'en parle un peu, tu me fais marrer tu sais, d'un côté tu prétends être bégueule, tu fais des chichis quand je parle de cul, et de l'autre côté tu jouis de m'entendre raconter mes petites cochonneries, bon d'accord, la fermière, mais rapidement ... (*FTR*, 160)

Au-delà du monde littéraire et culturel, la critique à l'encontre de l'hypocrisie française se rapporte aussi aux questions de mémoire et aux discours officiels politiques. Le narrateur fictif en veut à sa famille et aux Français de minimiser leur rôle pendant la guerre et d'exagérer leur propre souffrance. Pour lui comme pour d'autres auteurs que nous avons étudiés, les notions de liberté, égalité et fraternité ne constituent au fond qu'un leurre discursif (*TFR*, 268 ; *ARF*, 262) et à la fin du livre, le personnage se montre impatient de retourner aux États-Unis et de rejeter ce pays des droits de l'homme qui l'a tant dénigré.

Si les défauts principaux attribués à la France sont son hypocrisie et son sentiment de supériorité, du côté américain Federman souligne tout particulièrement les inégalités et préjugés qui règnent dans ce pays, de même que sa médiocrité culturelle et ses représentations faussées. De fait, si les États-Unis sont cités en exemple comme un pays où l'ascension sociale est possible, le narrateur déconstruit aussi le concept d'*American dream*, qui a été avant tout une *American delusion* (*FTR*, 16 ; *ARF*, 16). Comme dans le cas du melting pot, Federman souligne donc l'incompatibilité entre réalité et discours, en attirant l'attention sur l'exploitation sociale en Amérique. D'où le jeu de mot « amer eldorado » qui sert de titre à l'un de ses livres, résumant la déception de celui qui croyait accéder à la terre promise. Les États-Unis sont en somme surtout « the land of misrepresentation » (*FTR*, 19 ; *ARF*, 20).

À ce sujet, Federman se lance également dans un dialogue avec Baudrillard : selon ce dernier, Disneyland donne la fausse impression que seul le parc d'attraction est un monde fictif alors que cette condition est généralisée. Baudrillard définit ainsi sa théorie du simulacre et de la perte du référent, qui n'est pas sans ressemblance avec l'approche surfictionnelle de Federman, et le mélange que celui-ci opère entre texte et hors-texte ; cependant, l'auteur s'oppose à l'idée selon laquelle les États-Unis en tant que tels se résumeraient, comme l'avance Baudrillard, à un parc Disney pour adultes enfantins (*FTR*, 25 ; *ARF*, 16, 22)[42]. Federman perçoit cette proposition théorique comme une forme d'arrogance typiquement française qui consiste à expliquer les États-Unis aux Américains, sans connaître, encore une fois, la réalité parfois très dure du pays. Federman renvoie donc de manière ironique aux États-Unis comme ayant été inventés par Walt Disney (*ARF*, 26), sinon par Baudrillard (*FTR*, 25) et pousse encore plus loin en avançant que l'Amérique n'existe pas réellement (*ARF*, 129). Si de telles exagérations ne sont pas sans rappeler les prises de position à la Ronald Sukenick ou Hayden White, Federman n'en reconnaît pas moins qu'il existe bel et bien une réalité au-delà de ses pratiques surfictionnelles : son projet littéraire consiste précisément à remettre en question cette réalité, et ce qui importe est donc encore « l'interaction » (*interplay*) avec le monde[43].

4 Ni misère, ni merveille

En plus de revendiquer une double identité française et américaine, Federman se désigne aussi comme « youpin », pour souligner encore sa paratopie et son exclusion. Au début du récit, il décrit ainsi son nez comme un monument pour ceux qui se sont fait rayer de l'histoire[44]. Ce rapport au passé occupe, on l'a dit, une place centrale dans l'œuvre, dans son effacement même. Pour Federman, les jeux langagiers au sein de l'écriture dévoilent en effet la fondamentale inadéquation du langage face au réel, en général, mais aussi, en particulier, face à l'expérience de la Shoah et les absences créées par cet événement[45]. Si l'auteur privilégie le « dire » plutôt que le « dit », cela ne signifie donc pas que le lecteur est censé s'arrêter à la « manière » du texte, sans pousser jusqu'au sujet traité, ou « subject matter »[46]. L'auteur cherche, à son propre dire, à saisir le non-sens,

---

42 Cf. Jean Baudrillard, *Simulacres et simulation*, Paris, Galilée, 1981, pp. 24-27.
43 Abádi-Nagy, *op. cit.*, p. 159, p. 170.
44 Sur son nez, voir également Raymond Federman, *Mon corps en neuf parties*, Paris, Al Dante/Léo Scheer, 2004. Notons aussi qu'en début du roman, le narrateur note son aversion pour les monuments et leur focalisation sur les morts : « [...] not me, I hate monuments, they depress me, and here in La Belle France all their monuments, all their statues smell of the dead, how morbid ... » (*ARF*, 15).
45 Federman, « The Necessity and Impossibility of Being a Jewish Writer », *op. cit.*
46 Abádi-Nagy, *op. cit.*, p. 163.

l'irrationalité et l'horreur des choses – en gardant, malgré l'état déplorable de celle-ci, un sens d'espoir pour l'humanité[47]. Pour conclure, nous examinerons donc aussi la façon dont l'auteur théorise son rapport à la représentation et à la mémoire de la Shoah, et l'impact pour le lecteur.

Le narrateur termine ironiquement son récit en remarquant que selon son ami Federman, survivre est une joie qui ne devrait jamais rendre triste. Et le narrateur de remarquer qu'il n'est pas d'accord sur ce point, et que le rôle du survivant devrait être de rendre une certaine dignité après l'humiliation que fut l'Impardonnable Énormité[48]. Ici, le narrateur fait encore allusion aux attentes de la part du lecteur, notamment à l'égard de la représentation de la Shoah, en signalant à nouveau le caractère peu conventionnel de son propre roman. De fait, si Federman rompt avec les attentes et les codes de la littérature de la Shoah, c'est en se donnant le double mot d'ordre d'éviter à la fois une narration larmoyante et une édulcoration nostalgique de son passé familial. La représentation de la mère et du père dans le roman nous permettra d'illustrer ce point.

Du côté de la mère, le narrateur renvoie notamment à l'enfance de celle-ci dans un orphelinat parisien. Tout en donnant un peu dans le genre larmoyant pour évoquer cette situation malheureuse, le narrateur s'interdit cependant de continuer sur cette voie, argumentant dans la version anglaise que *Les Misérables* de Hugo a déjà été écrit. Il annonce dès lors qu'il va plutôt se centrer sur l'histoire formidable de sa tante Rachel – dont il digresse bien entendu (ARF, 143). En parlant de son père, le narrateur opte en revanche pour l'évocation d'un souvenir plus mélancolique, mettant en scène un moment intime où son père écoute la chanson « Ramona ». Le moment baigne dans une atmosphère affective, augmentée par l'affinité entre le titre de la chanson et le prénom « Raymond ». Étant donné les jeux d'alter ego dans le roman, ce lien identitaire confère un caractère fantasmatique à la scène et jette un doute sur sa base « réelle » ; la chanson elle-même, dont le texte n'est pas cité, confirme d'ailleurs indirectement le contraste entre imagination et faits, puisque le refrain débute par « Ramona j'ai fait un rêve merveilleux » tandis que les paroles de la fin sont « tout autre a été/la réalité »[49]. En plus de la référence à la chanson, Federman renforce le contexte affectueux de la narration en intégrant un poème dédié à son père. Dans la version française, le texte en question est en fait une pièce plagiée, en traduction française, du poème « Our Father »

---

47 *Ibid.*, pp. 166-167.
48 Le sous-titre évoque cette tension en annonçant un « roman improvisé en triste fourrire ».
49 Fred Gouin, *Ramona*, 1927, https://francechansons.net/fred_gouin-ramona/.

d'Irving Feldman[50]. Ce dernier n'est pas cité comme auteur et le passage au français n'est pas sans obscurcir la source pour le lecteur, mais Federman allude au fait qu'il s'agit d'un cas d'« emprunt » pour combler les trous de sa propre mémoire (*FTR*, 71). Dans la version anglaise du roman, l'auteur évite de revenir à l'original de Feldman et substitue le texte par un poème différent, où il interroge le rapport à son père en des termes un peu différents, ancrés dans des comparaisons relativement conventionnelles :

> *[...] I am a writer, but I cannot say: my father*
> *was a writer, nor his father before him,*
> *nor his father before that. I have no antecedent.*
>
> *My father, and his father before him, and his father*
> *before that were neither of the earth, nor of the stone,*
> *nor of the water. The world was indifferent to them.*
>
> *I write, perhaps, so that one day my children can say:*
> *my father was a writer, the first in our family.*
> *We are now of the word. We are inscribed in the world.*
>
> *I feel I could write on the earth, on the stone.*
> *It seems to me that I could even write on water.*
> *I write to establish an antecedent for my children.*
>
> *Five thousand years without writing in my family,*
> *what can I do against this force which presses*
> *me on? Say that I write to fill this void?*
>
> *Say, I suppose, that of my father I cannot say anything*
> *except what I have invented to fill the immense gap*
> *of his absence, and of his erasure from history.*
>
> *No, I am wrong, you see, because I can say:*
> *my father was a wanderer,*
> *he came from nowhere and went nowhere.*
> *He came without earth, stone, water, and he went*
> *wordless.* (*ARF*, 76-77)

---

50   « Our father » [1986], cf. Irving Feldman, *Collected Poems 1954-2004*, New York, Schocken, 2004, p. 249.

Or, le terme de "wanderer" dans la dernière strophe produit un écho avec celui de « flâneur », également rajouté dans la version anglaise du texte : dans un bref autoportrait, le narrateur y indique qu'il est « un flâneur de la littérature, a pedestrian of fiction » (ARF, 36), alors que l'original français s'en tenait à « je suis un piéton de la littérature » (FTR, 36). Le retentissement entre *flâneur* et *wanderer* suggère alors un lien de filiation direct, ou encore un « antécédent » paternel malgré tout. Et le narrateur d'imaginer dans la scène de la chanson comment son père instille en lui sa vocation, d'un geste tendre. Arrivé à ce point, il s'interrompt net : « Well, I doubt I'll ever finish this, it's too sentimental, it'll remain among my abandoned works » (ARF, 77).

En abandonnant à la fois l'histoire de sa mère et celle de son père, avec leur double approche sentimentale, le narrateur prend aussi le contre-pied de certains discours mémoriels et des attentes lectoriales à ce sujet, et refuse encore une posture victimaire, rappelant la joie de la survie :

> Mais n'allez pas imaginer que je passe ma vie dans le désespoir. Loin de là. Nul mieux que moi ne sait jouer les funambules entre un état de désespoir dépassé et l'amour fou de la vie. Et justement ce que j'écris se situe entre ce désespoir et cette rage de vivre. (FTR, 87)[51]

Si l'auteur s'engage sur la voie du « pathos », ce n'est donc que pour s'en dégager aussitôt et se lancer dans une nouvelle digression, en déjouant, comme Perec, les pièges de l'écriture et de la mémoire. La représentation fictive du père et de la mère dans cette littérature *d'après* ne font par conséquent que confirmer leur effacement de l'histoire : comme dans le cas de la tante Rachel, la narration reste effectivement inachevée. Le recours au plagiat et au modèle des *Misérables* rappelle en outre l'absence de mémoire, et son statut surfictionnel. Ici encore, la curiosité et les attentes référentielles du lecteur sont stimulées et frustrées, de manière à rendre visible l'absence créée par la Shoah et l'impossibilité de percer le voile de la fiction en général et celui de l'Impardonnable Énormité en particulier. Face au double mot d'ordre de ne tomber ni dans l'affliction ni dans la mélancolie, le lecteur est en définitive amené à interroger ses propres normes et conceptions littéraires et, en l'occurrence, mémorielles. Il lui reste l'issue de s'aventurer sur le terrain du jeu, où l'invitation est gratuite, mais vient au prix de ses points d'appui habituels.

---

51   Cette citation jette une autre lumière sur le nom donné à la maison d'édition de l'Amour fou.

CHAPITRE 9

Henri Raczymow : par-delà les murailles

Henri Raczymow est né en 1948 dans une famille d'origine juive-polonaise. Son père, né à Paris en 1925, avait été engagé dans la FTP-MOI, tandis que sa mère, née elle aussi à Paris, en 1928, passa la guerre dans un village des Charentes[1]. Son oncle maternel, Heinz ou Henri, périt à Majdanek tandis que sa grand-mère paternelle disparut pendant la rafle du Vél' d'Hiv. L'enfance de Raczymow se déroula à Belleville, où il fut d'abord pris en charge par ses grands-parents. Il eut un frère, Alain ou Ilan, décédé en 1997. L'auteur a fait des études de littérature moderne à la Sorbonne et est le père d'une fille avec Annette Wieviorka. Son œuvre littéraire se centre dans une large mesure sur l'expérience de la Shoah, et comprend aussi des essais, qui développent des perspectives supplémentaires sur la littérature en général et sur la position mémorielle de la génération d'après en particulier.

Nous analyserons d'abord un ensemble de trois textes parus entre 1979 et 1985[2], basés sur le rapport fantasmatique à un passé largement inconnaissable. Contrairement à Perec et à Federman, Raczymow intègre dans ces textes un cadre interprétatif psychanalytique, en imaginant les rapports intergénérationnels sous un angle œdipien combinant désir et interdit. À partir de deux œuvres plus récentes, à savoir *Quartier libre* et *Dix jours « polonais »*, parues respectivement en 1995 et 2007, nous examinerons ensuite le recours de l'auteur à une écriture plus autobiographique, où la narration romanesque cède la place au récit, en l'occurrence le récit d'enfance et le récit de voyage[3]. En s'appropriant ces deux formes essentielles de la littérature d'après[4], Raczymow approfondit aussi de nouvelles perspectives sur son rapport à l'écriture, centrées sur les liens entre exclusion, irréel et mémoire.

---

1 Henri Raczymow, *Heinz. Récit*, Paris, Gallimard, 2011. Sur ce récit, voir Annelies Schulte Nordholt, « *Heinz* d'Henri Raczymow. Une écriture du silence », *Monografías de Çédille*, n° 5 (2015), pp. 215-231.
2 Cette partie de l'analyse est reprise de Fransiska Louwagie, « Œdipe à Jéricho. L'œuvre testimoniale d'Henri Raczymow », *Neophilologus*, 92:2 (2008), pp. 217-234.
3 L'analyse de *Dix jours « polonais »* se base sur Fransiska Louwagie, « Lieux de non retour », Jacques Walter, Béatrice Fleury (éds.), *Qualifier des lieux de détention et de massacre (2)*, Nancy, Presses universitaires de Nancy, 2009, pp. 299-311. Notons que Raczymow a également publié des romans plus récents, notamment *Un garçon flou*, dont le protagoniste est appelé Richard Federman (Henri Raczymow, *Un garçon flou*, Paris, Gallimard, 2014).
4 Voir chapitre 1.

1 Un passé imaginé

Dans *Contes d'exil et d'oubli*, *Rivières d'exil* et *Un cri sans voix*[5], Raczymow met en scène un personnage-narrateur appelé Mat(t)hieu, qui appartient à la deuxième génération de survivants et s'avère sous plusieurs aspects proche de l'auteur[6]. Dans les différents textes, le personnage-narrateur met en scène les récits des survivants de sa famille. Un double niveau temporel s'instaure donc, opposant le présent du narrateur au passé de la « première génération ». Le rapport de ces deux plans constituera le point de départ de l'analyse, et nous aborderons ensuite les intertextes religieux et psychanalytiques de l'œuvre.

1.1 *Contes d'exil et d'oubli*

Dans *Contes d'exil et d'oubli*, le temps de la narration est juxtaposé à celui de la Pologne d'avant-guerre, décrit sous forme de « contes ». Le volume débute par un court récit, intitulé « Le saute-mouton », suivi de « Quatre chansons », qui présentent chacun une anecdote de la vie polonaise. Le narrateur juif-français intervient çà et là pour avouer à la fois son ignorance du pays de ses aïeuls et son désir de le connaître. Il signale aussi que sa quête du passé est jugée inutile par les témoins directs. Dans « Préhistoire », le dernier et principal chapitre, qui est subdivisé en quatre séquences, Matthieu interroge son grand-père Simon – ou Szlama – sur ses souvenirs de Pologne. Le récit de leur conversation est fréquemment relayé par la réactualisation imaginaire des scènes narrées, ce qui entraîne un changement de focalisation : l'on passe de Matthieu à Schlomo Grünenflamm, le grand-père de Simon. Sur sa terrasse en Pologne, ce Juif « à la barbe prophétique » rêvasse ou narre des contes aux petits-enfants qui s'agrippent à ses genoux (*CEO*, 70). Il s'ensuit un parallèle entre les deux grands-pères conteurs et leurs petits-enfants à l'écoute. Ensuite, l'unité des

---

[5] Les éditions utilisées et leurs sigles sont Henri Raczymow, *Contes d'exil et d'oubli*, Paris, Gallimard, 1979 (*CEO*) ; Henri Raczymow, *Rivières d'exil*, Paris, Gallimard, 1981 (*RE*) ; Henri Raczymow, *Un cri sans voix*, Paris, Gallimard, 1985 (*CSV*).

[6] Dans *Contes d'exil et d'oubli*, le narrateur s'appelle Matthieu Schriftlich ; dans *Rivières d'exil*, Mathieu Szpiro ; dans *Un cri sans voix*, Mathieu Litvak. Le choix de « Schriftlich » implique la revendication d'une identité scripturale, comme celui de « Federman » dans *Un garçon flou*. « Szpiro » est le nom d'un cousin éloigné de Raczymow, qui lui ressemblerait physiquement (Henri Raczymow, *Reliques*, Paris, Gallimard, 2004, p. 48). Litvak, finalement, signifie « lithuanien ». Dans un de ses articles, Raczymow établit une opposition entre le yiddish « litvak » et celui, polonais, de ses parents et grands-parents. Celle-ci revêt aussi la signification d'une distinction entre le yiddish écrit et littéraire, d'une part, et le yiddish parlé et populaire ou primitif, de l'autre (Henri Raczymow, « Retrouver la langue perdue ? Les mots de ma tribu », *Plurielles*, n° 7 (1998-1999), http://www.ajhl.org/plurielles/PL7.PDF). Par le choix de ce nom, Raczymow se range du côté de la littérature plutôt que du côté du vécu.

deux plans temporels est également accrue moyennant le transfert de noms d'une époque à l'autre – le prénom Schlomo/Szlama/Simon en aval, le nom de famille du narrateur « Schriftlich », en amont (CEO, 58) – et la répétition des mêmes actes – tels que passer la main devant les yeux ou laisser tomber un livre des mains – par les deux grands-pères et par Matthieu. De fait, ce dernier a atteint l'âge adulte, contrairement aux petits-enfants de Schlomo et, en tant que narrateur, il intègre à son tour la place de conteur.

Si Matthieu construit des analogies entre la « préhistoire » et sa propre histoire, d'autres éléments du texte témoignent d'une césure radicale entre le monde d'avant la Shoah et celui d'après. Ainsi, la « préhistoire » polonaise est associée au jaillissement d'une source d'eau, ainsi qu'à la musique, comme l'illustre le chapitre « Quatre chansons ». Or, à l'époque nazie, les violons se taisent et le bruit de la source est étouffé par celui des trains de la déportation (CEO, 89). D'ailleurs, au sein de la narration, les petits airs polonais (CEO, 61) se trouvent déjà teintés, de manière rétrospective ou prémonitoire, par le génocide imminent. De fait, l'antisémitisme des Polonais est mentionné à plusieurs reprises, il y a un renvoi explicite au « lieu qui s'appelait un jour Oswiecim » (CEO, 95) et Schlomo « à la barbe prophétique » voit dans ses rêves comment la communauté juive est engloutie dans le lac voisin, parce que l'eau ne s'ouvre plus devant elle comme au temps de la poursuite par Pharaon (CEO, 105). De son côté, Matthieu anticipe également sur le sort des petits-enfants de Schlomo. Son affirmation selon laquelle ceux-ci n'arriveront peut-être pas « aux genoux » de leur grand-père rappelle leur habitude de s'y agripper pour écouter un conte, mais fait également allusion à leur mort précoce :

> Dans la mémoire ténébreuse de Matthieu Schriftlich, ces deux jeunes filles n'en finissent pas d'avancer vers Kaloush, vers Schlomo Grünenflamm peut-être, dans le dessein de prendre conseil ou d'écouter des histoires du temps jadis, ou d'apprendre une nouvelle chanson (« Belz, mon petit village », par exemple), ou d'imaginer l'avenir. Matl et Myriam sont-elles arrivées jusqu'aux genoux de Schlomo Grünenflamm, ou s'est-il produit un grand malheur dans l'intervalle ? Qui peut le dire ? Personne. Mais Matthieu a une tendance inexplicable à imaginer le pire. (CEO, 53)

Le genre du conte subit à son tour l'impact des événements à venir, car la certitude d'une fin heureuse est annulée :

> Alors viennent les enfants, et Schlomo à la barbe prophétique les assemble autour de lui et entreprend aujourd'hui de leur raconter l'histoire du bouc « qui s'est fait connaître » [...]. Et alors ? demandèrent à la fin les

enfants. Alors ? Alors rien, dit Rabbi Schlomo Grünenflamm, tout s'est bien terminé.

Or tout ça, justement, s'est fort mal terminé, car Schlomo ignorait le fin mot de l'histoire. Et ses petits-enfants, quelques années plus tard, l'apprirent hélas à leurs dépens. (CEO, 51)[7]

L'ambition de Matthieu consiste à ressusciter les « violons » du passé, afin de « recouvrir » le bruit du train (CEO, 96)[8]. Ce projet se heurte cependant aux souvenirs incertains des survivants – qu'illustrent les hésitations et les contradictions dans les récits du grand-père[9] – et à l'impossibilité de récupérer la mémoire des morts. En somme, les lieux dont il est question semblent avoir été effacés des atlas et des cartes, appartenant désormais à l'imaginaire[10] : les cimetières juifs ont été détruits, le lac de Kamenetz a disparu et la source qui en renouvelait l'eau est tarie. Or, comme le suggère la quatrième de couverture, la mémoire subit le même sort en s'évaporant à son tour. En revanche, Matthieu se propose de constituer lui-même des chaînes d'anneaux ou des rubans à partir des noms des morts (CEO, 71, 83, 59). A priori, le personnage estime pouvoir se servir de ces noms à sa guise, sans avoir des comptes à rendre sur ce qu'il invente. Ressentant cependant un écart entre la réalité et ses mots, il réalise, dans un vocabulaire proche de celui observé chez Perec, que les chaînes construites à partir des noms des disparus, ne font que « baliser [...] son propre cheminement dans la nuit polonaise » (CEO, 104)[11]. Sans garantie d'authenticité, il imagine importuner les morts avec ses fictions et, dans une

---

7   Une reprise presque littérale de cette citation se trouve CEO, 123.
8   Simon, de son côté, préférerait apparemment animer l'avenir plutôt que de raviver le passé : « Mais ma mémoire est lasse. L'avenir ne chante-t-il pas encore, Matthieu ? » (CEO, 99).
9   Annelies Schulte Nordholt, « Henri Raczymow romancier : judéité et modernité », Sjef Houppermans, Christine Bosman Delzons, Danièle de Ruyter-Tognoti (éds.), *Territoires et terres d'histoires. Perspectives, horizons, jardins secrets de la littérature française d'aujourd'hui*, Amsterdam, Rodopi, 2005, p. 330. Le problème de l'oubli est d'ailleurs redoublé par l'effacement des souvenirs ayant trait au Paris d'après-guerre.
10 Cf. CEO, 53, 60, 69, 86, 111-112. Birgit Schlachter a signalé que les endroits mentionnés dans *Contes d'exil et d'oubli* se trouvent à plusieurs centaines de kilomètres l'un de l'autre. Elle en déduit que Raczymow n'entend pas porter témoignage d'un « shtetl » spécifique, mais de l'ensemble de la civilisation juive dans l'Europe de l'Est (Birgit Schlachter, *Schreibweisen der Abwesenheit, Jüdisch-französische Literatur nach der Shoah*, Köln, Böhlau Verlag, 2006, p. 298).
11 La même idée est exprimée CEO, 54.

conversation imaginaire, sa grand-mère Matl Oksenberg, à qui il s'intéresse tout particulièrement[12], exige qu'il cesse de la persécuter avec sa mémoire inventée :

> Qu'ai-je à faire dans cette rumeur, cette confusion qui sont tiennes et tiennes seul [...] Cesse, dit Matl, de me poursuivre, de me tirer, de t'agripper à mes genoux. [...] Laisse-moi, supplie Matl Oksenberg, laisse-moi à l'écart de tes noms amnésiques, exsangues, par lesquels tu crois rester en vie, résister à la mort. Ne t'agrippe plus à mes genoux. (CEO, 103-107)

Les requêtes de Matl mettent fin à l'illusion des analogies soigneusement construites entre les petits-enfants de Pologne et celui de France : elles retranchent Matthieu de cette vieille Pologne, où les enfants s'agrippaient librement aux genoux de leurs aïeuls. Comme l'indique le titre du recueil, Matthieu rédige donc ses « contes » fantasmatiques à la fois sous le signe de « l'oubli » et de « l'exil ».

1.2 *Rivières d'exil*

Dans *Rivières d'exil*, nous retrouvons Mathieu et son grand-père. En tant que narrateur adulte, Mathieu ne fait son apparition que dans l'introduction et dans la partie conclusive du texte, que nous désignerons, pour des raisons de commodité, comme le « prologue » et l'« épilogue ». Le narrateur adulte exprime notamment son intention de reconstituer son enfance à Paris et les histoires juives et polonaises racontées par son grand-père Simon. Le corps du texte consiste en une alternance systématique entre les récits du grand-père et les séquences situées à Belleville pendant les années 50. Dans le dernier cas, c'est Mathieu enfant qui figure comme focalisateur, hormis dans quelques « lapsus » destinés à rappeler la présence cachée du narrateur adulte.

Ici encore, le grand-père représente la tradition orale des conteurs juifs[13]. En l'occurrence, ses récits portent moins sur la Pologne que sur l'histoire des tribus d'Israël. Les dix tribus sont supposées retourner en terre promise le moment venu, pour accueillir le Messie et mettre fin à l'attente du peuple juif. Elles sont cependant difficiles à localiser, car les chroniques divergent quant à leur sort. Une partie des exilés aurait traversé la Sabattyon, rivière « légendaire » (*RE*, 72) mentionnée dans l'épigraphe du texte. Les personnages ignorent cependant

---

12   Mathieu représente tant son grand-père que sa grand-mère comme étant des petits-enfants de Schlomo. Dans *Avant le déluge. Belleville années 1950*, Raczymow explique que les deux étaient des cousins germains et avaient donc des grands-parents en commun (Henri Raczymow, *Avant le déluge. Belleville années 1950*, Paris, Phileas Fogg, 2005, p. 27).

13   Schlachter, *op. cit.*, p. 296.

l'emplacement exact de ce cours d'eau et l'assimilent par conséquent à différents fleuves. Selon Simon, les exilés se trouvent en fait « inévitablement » près d'une rivière (*RE*, 89) : en Pologne, c'était la Vistule. Le rapprochement du passé mythique avec l'histoire récente est renforcé par le fait que, dans la Belleville des années 50, Mathieu habite un quartier où les rues portent des noms de rivière. Le titre du livre est donc signe d'une unité entre le passé légendaire des Juifs, leur « préhistoire » en Pologne et l'après-Auschwitz. Cependant, comme dans les *Contes*, la Shoah présente aussi une rupture opposant le présent au passé. De fait, si une grande partie des Juifs vit en exil – depuis Abraham, ils sont « immigrés de père en fils » (*RE*, 83), au lieu d'être, comme les « autres », d'« authentiques fils de Clovis de père en fils » (*RE*, 68) ou « filles de Jeanne d'Arc de mère en fille » (*RE*, 70) – les « racines » des rescapés du génocide sont doublement coupées, car « l'Histoire » a rayé leur généalogie des archives. Le « récit » personnel de Mathieu ne peut donc se conter selon la vieille tradition : « Khazar, fils de Togarma, fils de Japhet, fils de Noé » (*RE*, 89). L'effacement de la culture juive conduit d'ailleurs à l'exil du judaïsme même pour les générations qui suivent la Shoah : celles-ci sont bannies du yiddish de leurs ancêtres, devenu comme une « musique ancienne, préhistorique, et recouverte depuis par d'autres voix » (*RE*, 143), ainsi que des coutumes religieuses, comme l'illustre bien l'ignorance de Mathieu à ce sujet (*RE*, 120).

D'autres relations de divergence et de continuité s'instaurent entre les chroniques juives et la Belleville d'après-guerre, ou encore, entre les histoires de Simon et le vécu de Mathieu. Pour commencer, elles ont trait à l'attitude vis-à-vis des espoirs messianiques. Dans les récits du grand-père, les Juifs tentent de calculer la venue du Messie et posent régulièrement leur espoir en un faux messie suite à des interprétations erronées. Dans Belleville, l'attente de temps meilleurs se poursuit, ainsi que les discussions sur le chemin qui conduirait vers ceux-ci. Il s'agit d'un parallèle plutôt carnavalesque, instaurent le marxisme comme nouvelle religion, qui n'apporte pas plus de pain que l'autre :

> [le père de Mathieu] donne des exemples de Lénine, tel jour de tel mois de telle année : il a dit pati, il a fait pata. *Et ce fut évidemment prophétique* ! Il a eu raison, Lénine, sur toute la ligne ! L'Histoire l'a bien prouvé, qu'il eut raison de dire pati, de faire pata. (*RE*, 38 ; nous soulignons)

> [...] ce qui l'intéresse, [le père de Mathieu], à cette époque, ce en quoi il a placé et sa vie et son espoir, c'est *l'avènement* imminent de la Princesse Révolution. Et cette *attente* nourrit mal son homme, comme on sait. [...] C'est bien joli *d'attendre le Messie*, mais il serait sans doute plus sage de

prendre une boutique et *d'attendre les clients*. L'un n'empêche pas l'autre, que je sache ! Et peut-être qu'un jour, qui sait, c'est le *prophète Elie* qui nous viendra ! *En attendant*, cela nous permettrait peut-être de manger, de nous habiller, d'avoir une maison à la campagne, de partir en vacances, comme font tous les autres ! (*RE*, 97 ; nous soulignons)

D'un niveau temporel à l'autre se pose donc aussi la question de l'assimilation et, partant, celles du reniement de l'identité juive et de l'antisémitisme, toujours présent. En même temps, les deux plans temporels suggèrent des analogies entre les Juifs et les autres peuples. Ainsi, les récits sur Belleville montrent les préjugés des Juifs mêmes envers « l'autre », notamment dans l'attitude du père de Mathieu envers les Algériens (*RE*, 82). De son côté, Simon voit également des similitudes entre le sort des dix Tribus et celui des peuples environnants (*RE*, 59-68). Tout en interrogeant la nécessité spécifique d'une présence juive dans le monde, le texte de Raczymow met dès lors en rapport l'exil juif avec d'autres expériences plus ou moins analogues. Cette proximité est soulignée par le biais d'une isotopie commune, à savoir celle des déchets. En effet, le grand-père de Mathieu est chiffonnier et fait parfois le tour des poubelles avec son petit-fils – « shmattès » en yiddish signifie d'ailleurs tant « chiffon » ou « étoffe » que « déchet »[14]. Or, Mathieu rattache le concept de « déchet » à ceux d'« exil » et de « rivière » :

> [...] Mathieu combat la mélancolie attachée à la rue des Couronnes en explorant, le long des caniveaux, la *rivière* d'objets précieux ou archéologiques, vis, écrous, épingles, pièces de monnaie périmées avec un trou au centre, métaux industriels à l'usage inconnu, incertain, qui gisent en son *lit*. Arrivé à la maison, il extirpe de sur une étagère des doublevécés une petite valiské de carton rouge sur laquelle il a écrit son nom et où il entasse ces déchets inutiles mais chargés de voyages, d'errances, d'*exils*, de rejets, de fuites, de transits. (*RE*, 94-95 ; nous soulignons)

Inversement, il établit un rapport entre l'exil juif et l'état de déchet :

> Certains étaient sûrs, se fondant sur la simple foi de ces racontars, que les Dix Tribus n'étaient pas perdues comme on le pensait, comme on l'avait toujours soutenu pour la plus grande misère d'Israël en exil, pour faire toujours accroire qu'Israël était un *peuple déchu*, condamné à l'errance et l'exil perpétuels, captif des autres peuples qui l'expulsaient

---

14   Raczymow, *Reliques*, *op. cit.*, p. 131.

quand bon leur semblait, quand ils n'avaient plus besoin de lui ; qui le *jetaient à la poubelle* comme un os quand ils en avaient bien sucé toute la moelle [...]. (*RE*, 111 ; nous soulignons)

Dans son article « Mémoire, oubli, littérature », Raczymow établit d'autres parallèles entre les « montagnes » du Canada d'Auschwitz, les montagnes de cadavres de Bergen-Belsen, les montagnes de fripes dans l'atelier de textile de son grand-père et la « montagne » de livres d'occasion au square Georges Brassens à Paris : il s'agit à chaque fois de déchets, de *shmattès*, à sauver de l'oubli[15]. La volonté de « collectionner » ou de sauver la trace des déchets anime en effet son projet littéraire : « Et je me suis dit : "C'est donc pour ça que j'écris !" »[16].

De même que dans *Contes d'exil et d'oubli*, le narrateur adulte affirme cependant que son témoignage relève de la « fabulation » plutôt que de la « mémoire ». Cela est notamment dû à l'absence d'archives, mais également à l'œuvre inévitable de l'oubli. De fait, les histoires mythiques contiennent de nombreuses confusions et contradictions, et les récits concernant la Pologne se limitent à la reprise de certains éléments déjà cités dans *Contes d'exil et d'oubli*, ce qui souligne bien la pauvreté de la mémoire[17]. En outre, le narrateur adulte affirme dans le « prologue » avoir « tout oublié » des récits de son grand-père (*RE*, 9). La dévalorisation des récits et de leur fiabilité transparaît dans la désignation « histoires de grand-mères » (*RE*, 100) – utilisée dans son double sens – et dans l'idée de se laisser « bercer » (*RE*, 83) ou « mener en bateau » par l'histoire (*RE*, 112). Dans le dernier paragraphe du texte, le narrateur adulte reconnaît cependant qu'il n'y a pas d'autre issue que de jouer « au bateau » dans l'édredon, de raconter des histoires, ou de se taire (*RE*, 143).

1.3   *Un cri sans voix*

Un cri sans voix se compose de deux parties principales, précédées et suivies d'un bref paratexte fictif, que nous désignerons à nouveau comme « prologue »

---

15 Fransiska Louwagie, « "Métastases" d'Auschwitz. Modalités et limites d'une tradition testimoniale », Annelies Schulte Nordholt (éd.), *Écrire la mémoire de la Shoah : la génération d'après*, Amsterdam – New York, Rodopi, 2008, p. 178.

16 Henri Raczymow, « Mémoire, oubli, littérature : l'effacement et sa représentation », Charlotte Wardi, Pérel Wilgowicz (éds.), *Vivre et écrire la mémoire de la Shoah. Littérature et psychanalyse*, Paris, Alliance israélite universelle, 2002, pp. 60-61. Dans *Reliques*, Raczymow compare encore les déportés à des « déchets » ou « shmattès » (Raczymow, *Reliques, op. cit.*, p. 37).

17 Raczymow signale d'ailleurs cette limitation dans *Le plus tard possible* : « Il me racontait toujours les mêmes » (Henri Raczymow, *Le plus tard possible*, Paris, Stock, 2003, p. 191).

et « épilogue »[18]. Mathieu, le narrateur, explique dans le prologue que la guerre du Liban de 1982 – durant laquelle l'État israélien a été accusé de nazisme et Beyrouth-Ouest comparée au ghetto de Varsovie – a déclenché chez lui un intérêt renouvelé pour sa sœur Esther. Cette dernière, obsédée par le génocide juif, s'était suicidée au moyen de gaz sept ans auparavant. La première partie d'*Un cri sans voix* consiste en un journal fictif attribué à cette sœur et situé dans le ghetto de Varsovie. La deuxième partie comprend trois chapitres. Le premier rassemble les souvenirs de Mathieu sur la vie « réelle » de sa sœur, née en France en 1943, ainsi que quelques commentaires sur les événements de 1982 et des réflexions sur l'acte d'écriture. Le tout est présenté en des paragraphes isolés pourvus d'un titre. La distance narrative varie entre celle du prologue et la focalisation de Mathieu à différents moments de sa vie. Les chapitres suivants sont basés sur des témoignages de la première génération et portent principalement sur les événements en France et en Pologne pendant la Seconde Guerre mondiale. La technique narrative va du résumé de l'histoire à la citation des témoins interviewés – avec indication des silences enregistrés – en passant par le discours indirect libre. Mathieu, l'interviewer, est représenté à la troisième ou à la première personne. Comme dans *Contes d'exil et d'oubli*, il y a certains glissements temporels entre les conversations des témoins avec Mathieu et celles qu'ils ont menées dans le passé. La dernière interview, celle de Simon, l'ex-mari d'Esther, a plus directement trait à la sœur de Mathieu. Dans l'épilogue, finalement, le narrateur prend ses distances vis-à-vis d'Esther et se tourne vers son avenir.

Chacune des deux parties principales semble représenter un plan temporel différent, en l'occurrence l'époque du ghetto et l'après-guerre de la deuxième génération. La césure entre les deux volets du texte, qui rappelle *W ou le souvenir d'enfance* de Perec, équivaut à une rupture dans le contrat de lecture, et plus précisément à une séparation entre « le roman » et « la réalité » (CSV, 170-171), reliés cependant par de nombreux points de suture. En effet, la partie sur le ghetto constitue, malgré sa forme de journal intime, une fiction dont la rédaction est attribuée à Mathieu. Le texte suggère notamment que certains éléments testimoniaux de la deuxième partie ont été transposés au niveau fictif dans la première. De plus, dans le journal du ghetto, les alternances entre les pronoms « je » et « elle » signalent clairement la résiliation du pacte autobiographique[19]. La deuxième partie du texte est présentée comme

---

18   Comme le fait également Annelies Schulte Nordholt (Annelies Schulte Nordholt, « Re-enacting the Warsaw Ghetto. Henri Raczymow: *Writing the Book of Esther* », *Journal of Modern Jewish Studies*, 3:2 (2004), p. 189).

19   Voir également Schulte Nordholt, « Henri Raczymow romancier : judéité et modernité », *op. cit.*, pp. 336-337. L'alternance des pronoms personnels souligne qu'Esther est le

la version réelle des faits, comme le prouve le remerciement des témoins premiers dans une petite postface. En revanche, deux des personnages principaux du texte de Mathieu – Esther et Simon – sont présentés comme des êtres de part en part romanesques. Simon, le mari dont Esther divorce peu avant sa mort – tant selon la première partie que selon la deuxième – intervient comme « témoin » dans le texte « réel », mais ne figure pas dans les remerciements. Contrairement aux autres témoins interviewés, il n'est donc pas authentifié par le hors-texte. Ensuite, Mathieu laisse sous-entendre – en dépit des « souvenirs » qu'il énumère au sujet d'Esther – qu'il n'a jamais eu de sœur : la fille serait plutôt la personnification d'une fraction de lui-même, soit un autre « versant » du protagoniste masculin. Leur identité partielle est mise en vedette par le fait qu'« Esther » présente à son tour des points communs avec le « personnage » autobiographique d'Henri Raczymow tel qu'il apparaît dans d'autres textes[20].

La césure entre les deux parties et leurs protagonistes respectifs s'estompe davantage si l'on considère les rapports établis avec le passé. « Esther » est intriguée par les contemporains du génocide juif, victimes et combattants. Née en 1943, elle s'estime fortement impliquée dans leur histoire et comme appartenant à une autre génération que son « frère » cadet né « après », en 1948. Ce sentiment est renforcé par le fait qu'elle porte le nom d'une tante morte dans les camps. C'est pourquoi « Mathieu » la transfère au ghetto dans la première partie de son roman. Cependant, après cette phase d'identification avec la première génération – dont Esther constitue un cas limite ou « liminal » – « Mathieu » semble prendre ses distances par rapport à sa « sœur »[21] et à la « maladie » du passé. Cela ne l'empêche pas, en revanche, de continuer à percevoir des constellations « nazies » dans sa vie personnelle. Au sein de la deuxième partie du texte, il compare par exemple sa supérieure hiérarchique à une Kapo (CSV, 117) et mentionne l'amour de son directeur pour Wagner et pour un berger allemand, appelé Bari (CSV, 139). Or, dans la première partie du livre, il était déjà question d'un « Bari », le chien du commandant en chef de Treblinka, Kurt Franz (CSV, 101)[22]. La deuxième partie du livre réélabore donc quelques

---

focalisateur mais non le narrateur (Annelies Schulte Nordholt, « Ni victime, ni témoin. Henri Raczymow et la difficulté d'écrire la Shoah », *Les Lettres romanes*, 56:1-2 (2002), p. 134).

20 Notamment un grand intérêt pour les chiens pendant l'enfance, le passage par le divorce et par la cure psychanalytique (cf. Raczymow, *Le plus tard possible, op. cit.*, pp. 190-191).

21 Schulte Nordholt, « Henri Raczymow romancier : judéité et modernité », *op. cit.*, p. 338.

22 Le chien de Kurt Franz s'appelait en réalité « Barry ». Dans le texte de Raczymow, ce nom est modifié en « Bari », par analogie avec l'orthographe dans *Bari chien-loup*, une histoire pour enfants écrite par James-Oliver Curwood (James-Oliver Curwood, *Bari chien-loup* [1917], Trad. L. Bocquet, Paris, Hachette, 1938). Dans *Un cri sans voix*, l'obsession d'Esther pour les chiens est rattachée à la lecture de ce livre (CSV, 140). Comme nous l'avons

fantasmes de la première partie, illustrant certains traits d'« Esther » dans la vie de « Mathieu » – de sorte que la « sœur » se dévoile vraiment comme une partie de lui-même, par-delà la pseudo-distinction générationnelle. Un autre exemple des rapports obsessifs de « Mathieu » avec le passé se trouve dans l'« interview » qu'il obtient de Simon, l'ex-mari d'« Esther ». Dans cette conversation, Simon exclut d'abord tout lien entre le suicide d'Esther et Auschwitz. Il nuance cependant ce propos au cours de l'interview, pour affirmer finalement que les problèmes d'Esther étaient bel et bien liés au génocide : en tant que remplaçante d'une morte, sa femme croyait ne pas avoir droit à la vie. La fluctuation interprétative chez Simon est induite par les questions insistantes de Mathieu, illustrant la tendance de ce dernier à tout mesurer à l'aune du passé :

> Et Auschwitz ? Non, Auschwitz, rien du tout, aucun rapport. Pourquoi ? (CSV, 202)

> Auschwitz ? Non, je ne vois pas ... C'est vrai que le roman qu'elle voulait écrire, ça tournait autour de ça, la déportation. Je crois bien qu'elle n'en a pas écrit une seule ligne. (CSV, 204)[23]

Pour finir, les deux volets du texte manifestent une analogie importante en ce qu'ils intègrent chacun la discussion concernant le comportement des Juifs face au génocide. D'après ce qu'affirme Mathieu dans la seconde partie, la question principale qui se pose par rapport à la Shoah, est celle de la passivité des victimes, voire de leur coopération au projet d'extermination[24]. À ce propos,

---

mentionné en note ci-dessus, Raczymow revient dans *Le plus tard possible* sur la fascination qu'il nourrissait lui-même envers les chiens pendant son enfance.

23   Ajoutons que la dénégation d'un rapport entre les problèmes d'Esther et Auschwitz est surprenante dans la mesure où tous les éléments que Simon évoque à propos de son ex-femme – en tout cas ceux « retenus » par le narrateur – ont effectivement trait au passé concentrationnaire. Face à ces contradictions, le poids d'« Auschwitz » devient particulièrement ambivalent et le lecteur ne peut trancher si Mathieu enchérit sur celui-ci ou non. Les échanges verbaux entre Mathieu et Simon entraînent d'ailleurs encore d'autres hésitations, ayant trait notamment à l'existence du livre d'Esther et aux sentiments de culpabilité de Simon.

24   L'intérêt pour cette question tient à l'influence de *Treblinka* de Jean-François Steiner (Jean-François Steiner, *Treblinka. La révolte d'un camp d'extermination*, Paris, Fayard, 1966), comme l'ont montré les réponses d'Henri Raczymow à un questionnaire établi par Mounira Chatti (Mounira Chatti, *L'Écriture de la déportation et de la Shoah ou la double impossibilité : entre le silence et le dire*, Thèse de doctorat, Université de Provence Aix-Marseille 1, 1995, p. 293, p. 344, p. 393). Ces préoccupations résonnent aussi avec celles d'André Schwarz-Bart dans *Le Dernier des Justes*, une autre lecture formative de Raczymow (cf. *infra*). Les années 60 portèrent une grande attention à cette question

Simon cite, toujours pendant l'interview menée par Mathieu, les propos d'un rabbin, selon lesquels le véritable Juif n'émet qu'un cri « muet », « un cri sans voix » (csv, 157). La question de la passivité, de la résistance ou de la collaboration est aussi largement développée dans le journal fictif sur le ghetto de Varsovie, endroit emblématique de l'insurrection juive. Différentes façons de résister sont envisagées par les personnages du ghetto : maintenir les activités culturelles ou s'engager dans la lutte armée, chercher ou refuser les compromis avec l'oppresseur. Même le fait de parler yiddish ou polonais est ici une question de rébellion ou de collaboration (csv, 44). En revanche, d'après Esther, les différentes formes de coopération mènent les Juifs à servir de « manche » au « fer » qui les détruit (csv, 99).

Dans la deuxième partie du livre, le débat reste, malgré la distance temporelle, difficile à trancher. À la question de savoir si les Juifs ont obéi aux nazis ou plutôt au rabbi du « cri sans voix », Mathieu répond : « je ne conclus rien […]. C'est de la littérature » (csv, 157). La même discussion intervient cependant dans le présent du récit : accepter, en tant que Juif, la comparaison de l'État d'Israël aux SS, est-ce être le manche du fer à la destruction de son peuple ? Ou un tel jugement radical émanerait-il encore de la susceptibilité (démesurée) du personnage pour tout ce qui concerne le passé ? En ce sens, le projet d'écriture d'*Un cri sans voix* est double : d'une part, interroger la situation des victimes et des survivants ; d'autre part, réexaminer le poids du passé aujourd'hui.

2   Les murs de Jéricho

2.1   *Contes d'exil et d'oubli* et *Rivières d'exil*

Dans *Contes d'exil et d'oubli*, la principale référence biblique est celle de la prise de Jéricho par Josué. Dans l'imaginaire de Mathieu, la figure de sa grand-mère Matl est profondément liée à cette histoire. Plutôt qu'une ville ennemie, Jéricho figure alors la forteresse des Juifs « préhistoriques » que Mathieu tente de conquérir. Simon n'est pas très encourageant sur ce projet, car, tout en divaguant au sujet de la circoncision opérée par Josué, il affirme que la Pologne lui semble plus lointaine que la prise de Jéricho. Nous citons le passage *in extenso*, parce qu'il prendra son importance par la suite :

> [Matthieu Schriftlich] tourne autour du corps inventé de Matl Oksenberg comme autour de Jéricho. Pourquoi est-ce cette image qui lui vient,

---

de la passivité ou de la complicité des victimes (cf. Alan Rosen, *Sounds of Defiance: The Holocaust, Multilingualism and the Problem of English*, Lincoln – Londres, University of Nebraska Press, 2005, p. 10).

inexpliquablement [sic] ? Mais le sieur Gorbatchev [Simon] semble comprendre. Que comprend-il ? Que peut-il bien comprendre ? Je n'ai jamais saisi, murmure-t-il soudain après un silence, pourquoi nos ancêtres eurent-ils à se circoncire avant de s'emparer de Jéricho.

– Parce que, comme vous pouvez le lire en Josué, 5, Israël avait marché quarante ans dans le désert après la sortie d'Égypte, et les nouveaux enfants n'avaient pas été circoncis durant tout ce temps. Or ils étaient sur le point d'entrer en Canaan.

– Oui, mais ne voyez-vous pas, Matthieu, un rapport, un Rappoport[25], bredouille-t-il, entre la circoncision et la prise de Jéricho ? N'avez-vous jamais été effrayé par l'écroulement des murailles, le septième jour ? N'était-ce pas comme un prépuce qui tombe ?

– Vous divaguez, sieur Gorbatchev, nous en étions à Matl Oksenberg, mon aïeule.

– Ah oui… Le lac de Kamenetz où vous voulez me river. Que c'est loin tout ça… Et comme la Prise de Jéricho me semble proche dans le temps à côté de nos histoires fantaisistes d'une Pologne non moins mythique. Et dire que l'opération se pratiquait avec des couteaux de pierre !

– Vous êtes un enfant, Gorbatch.

– C'est vrai. Je ne me suis jamais réveillé de ma circoncision. (CEO, 98-99)

Dans *Rivières d'exil*, ensuite, les histoires sur les dix Tribus et l'attente du Messie laissent une large place aux prophéties et aux chroniques juives. Ces récits appartiennent à première vue à la tradition orale, mais cela n'empêche que Simon, en tant que narrateur délégué, cite plusieurs chroniqueurs. Or, puisque Mathieu adulte a « oublié » les histoires de son grand-père, des chroniqueurs comme Flavius Josephus, Benjamin de Tudela et Disraeli sont sans doute les origines directes de la narration. Cela dit, la narration prend certaines libertés vis-à-vis des chroniques[26], présentant par exemple la prophétie d'Ézéchiel – en l'occurrence attribuée à Daniel – au sujet des « peuples de Gog et Magog »[27] par le biais d'une légende sur le prétendu mur construit par Alexandre le

---

25 Ce nom de famille est présent entre autres dans *Contes d'exil et d'oubli*.
26 Ainsi, Raczymow mélange librement deux légendes sur David Alroy (*RE*, 132-139), à savoir la version de Benjamin de Tudèle (Benjamin de Tudèle, *Voyages de Rabbi Benjamin, fils de Jona de Tudèle, en Europe, en Asie et en Afrique, depuis l'Espagne jusqu'à la Chine*. Trad. J.-Ph. Baratier, Amsterdam, aux dépens de la Compagnie, 1734, https://gallica.bnf.fr/ark:/12148/bpt6k104380z/f5.image) et celle de Benjamin Disraeli (Benjamin Disraeli, *Alroy* (éd. 1871), Éd. Sheila A. Spector, *Romantic Circles*, 2005, http://www.rc.umd.edu/editions/alroy). Raczymow remplace aussi le nom d'Ézéchiel par celui de Daniel (*RE*, 125) ou utilise celui de Gabriel là où Disraeli parle de Michael (*RE*, 135).
27 Cette prophétie d'Ézéchiel prédit une lutte avec les « peuples de Gog et Magog », qui précédera le retour des Tribus d'Israël dans leur pays (*Ez*, 38-39). Au cours du temps, cette prophétie a souvent été appliquée à des situations historiques et à des ennemis concrets,

Grand (*RE*, 41)[28]. En outre, les Juifs sont souvent induits en erreur quant à l'explication à donner aux événements historiques et sont en désaccord sur l'interprétation de certaines prophéties ou sur l'attitude à adopter devant un Messie ou Antéchrist présumé : face à la possibilité d'action, il y a le danger de « précéder » les temps inutilement.

2.2　*Un cri sans voix*

Un cri sans voix réunit les thématiques des deux livres précédents – à savoir le problème de l'accès à la « forteresse » de la mémoire et la question de l'intervention juive dans l'histoire – pour les inscrire à son tour dans un cadre intertextuel religieux. La première thématique est de nouveau abordée par l'histoire de la prise de Jéricho ; la seconde – qui rappelle la question, déjà soulevée dans *Un cri sans voix*, de la responsabilité des victimes – est associée à la prophétie d'Ézéchiel et au *Livre d'Esther*. La référence au *Livre d'Esther* apparaît plus exactement dans la première partie du livre, le journal d'« Esther », où l'importance du lien intertextuel est d'emblée soulignée par le choix du prénom. L'histoire de Jéricho, ensuite, constitue un point de référence tant pour Esther que pour Mathieu, et s'imbrique chez la première avec la prophétie d'Ézéchiel au sujet du Gog du pays de Magog.

Le *Livre d'Esther* est nommé d'après l'épouse du roi perse Assuérus, laquelle a préservé son peuple d'un projet d'extermination concocté par le ministre Aman. L'exigence d'Aman que les Juifs se prosternent devant lui avait, selon Raczymow, provoqué « un tragique dilemme » (*CSV*, 91) : soit obéir à l'ordre et être « châtiés » par Dieu, soit désobéir et risquer l'anéantissement du peuple juif. Suite à l'intervention d'Esther auprès du roi, la menace est écartée et l'épisode se termine même par une victoire : « les Juifs dominèrent sur leurs ennemis » (Est 9, 1)[29]. Dans *Un cri sans voix*, Hitler tient le rôle d'Aman mais l'issue de l'histoire est différente. Cela peut tenir ou bien à l'inaptitude des Juifs à retourner la situation comme l'a fait la reine Esther, ou bien au fait que Hitler se distingue tout de même d'Aman et ne laisse aucune échappatoire à ceux-ci (*CSV*, 91). Les Juifs ne peuvent alors que « spéculer » sur l'éventuelle défaite militaire des nazis et tenter d'en calculer la date, comme ils essaient de prévoir la venue du Messie. Ainsi, la question de l'(in)action juive est, comme dans *Rivières d'exil*, mise en rapport avec la tradition des prophéties (*CSV*, 40-44, 68).

---

　　　　au sein de différentes cultures et religions (Nicholas M. Railton, « Gog and Magog. The History of a Symbol », *Evangelical Quarterly*, 75:1 (2003), pp. 23-43).

28　　Cf. Andrew Runny Anderson, *Alexander's Gate, Gog and Magog, and the Inclosed Nations*, Cambridge (MA), The Mediaeval Academy of America, 1932, pp. 18-23, pp. 71-83.

29　　La fête de « Pourim », qui commémore cette victoire, est mentionnée également dans le journal d'Esther (*CSV*, 50).

La ville de Jéricho, ensuite, sert, dans la première partie du livre, de point de comparaison avec le ghetto. Esther se demande notamment qui fera sept fois le tour du mur pour libérer les Juifs : les Anglais, les Russes ou l'Ange de la Mort, c'est-à-dire Hitler (CSV, 51) ? Au-delà de ce premier parallèle, la comparaison entre Jéricho et le ghetto est poursuivie par l'intermédiaire d'un poème de Victor Hugo. Hugo a utilisé l'histoire de la prise de Jéricho dans son recueil *Les Châtiments*, où il prédit la défaite de Napoléon III. Dans sa version des faits, le rôle des « shofars » ou trompettes de Josué est assuré par la poésie, qui, grâce à sa force mobilisatrice, amènera le peuple à briser les murs de l'empire[30]. Le poème de Hugo constitue l'origine de deux pistes de réflexion dans le journal d'Esther. La première concerne la question de savoir qui répercutera les cris des Juifs et interroge, dans le sillage de Hugo, la responsabilité et le pouvoir d'intervention de la littérature. Cependant, Esther se dit moins « optimiste » que Hugo sur ce point (CSV, 61). D'autre part, le poème nous ramène indirectement à la problématique de l'(in)action juive, suite à un rapprochement entre les figures de Napoléon I et de Napoléon III. Le journal d'Esther instaure notamment une isotopie allant, d'une part, de Napoléon III à la « boue » – Victor Hugo prédit dans ses poèmes la défaite du dictateur dans la boue – et, d'autre part, de la « boue » à Napoléon I, ce dernier ayant affirmé, lors de sa campagne en Pologne, que la boue était le « cinquième élément » créé par Dieu[31]. Esther semble assimiler les deux Napoléon en associant l'assertion de Napoléon I sur la boue avec l'histoire de Jéricho, liée à la chute de Napoléon III :

> Napoléon l'a bien dit : la boue, il n'y a que ça. La Pologne, c'est la boue. La boue, c'est la Pologne. Gauche, droite, debout, tomber. À la septième fois, les murailles tombèrent. (CSV, 100-101)

Or, c'est par le biais de Napoléon I que la « narratrice » renoue avec la question du comportement des Juifs. Esther note en effet que ce personnage historique avait été identifié comme le « Gog du pays de Magog » et comme « l'Ange de la Mort » par certains penseurs juifs contemporains de son règne. *Un cri sans voix*

---

30 Myriam Roman, « Rupture et continuité : 1848 dans l'œuvre de Victor Hugo », *Groupe Hugo*, 1999, http://groupugo.div.jussieu.fr/Groupugo/99-03-13roman.htm. Le poème en question est « Sonnez, sonnez toujours, clairons de la pensée ». La conquête de Jéricho est aussi à l'origine de la composition des *Châtiments* en sept parties. La ville est également mentionnée dans le recueil *Les Contemplations* (Victor Hugo, *Œuvres poétiques*, t. 2, *Les Châtiments, Les Contemplations*, Paris, Gallimard, 1967).

31 Cf. Richard Essberger, « Military Surprise and the Environment », *GeoJournal*, 37:2 (1995), pp. 215-224.

rappelle qu'un désaccord avait surgi entre les Juifs quant à l'attitude à adopter vis-à-vis de Napoléon : fallait-il le soutenir, afin de précipiter la fin des temps et la « délivrance », ou au contraire lui prédire sa défaite – comme celle d'Aman avait été annoncée – et le combattre en se joignant au tsar russe ? La réalité apparaît trop équivoque pour trancher le problème, car comment savoir si on fait face à un feu libérateur ou simplement destructeur ? Dans le journal d'Esther Litvak, Napoléon est comparé au nouvel « Ange de la Mort », Adolf Hitler[32]. Les discussions au sujet de l'attitude à adopter vis-à-vis de ce dernier Gog y vont encore de pair avec des spéculations sur la défaite – la Berezina – de Hitler, même si le sort des Juifs semble inéluctable et indépendant de l'issue de la guerre (CSV, 68-71, 91). La position de la narratrice fictive vis-à-vis des spéculations reste double. Certes, elle cite une prophétie d'Isaïe dans son journal qui peut porter à croire qu'elle identifie l'époque hitlérienne aux douleurs de l'enfantement du Messie. De fait, la prophétie qu'elle reprend a, dans son contexte original, trait à la catastrophe qui précédera la venue du Messie à la fin des temps : « À peine un dixième y survivra, qui, à son tour, sera dévasté » (CSV, 84). Esther omet cependant la fin de la citation – « Mais, comme le térébinthe et le chêne conservent leur tronc quand ils sont abattus, une sainte postérité renaîtra de ce peuple » (Is 6,13)[33] – de manière à enlever précisément l'espoir d'une fin heureuse. Le dénouement du journal fictif d'Esther fournit d'ailleurs la réponse aux spéculations. Le Messie-Antéchrist s'avère être du côté de Hitler et sonne le shofar encore plus fort que Josué. Et les murailles du ghetto de tomber, comme l'ont fait celles de Jéricho face à l'ennemi – et les Juifs de tomber dans le camp de Treblinka (CSV, 101).

Dans la deuxième partie d'*Un cri sans voix*, la ville de Jéricho apparaît une première fois dans les souvenirs de Mathieu par l'entremise du poème de Victor Hugo. Mathieu se rappelle que sa « sœur » était enthousiasmée par ce poème et qu'elle lui en avait livré toute une interprétation, dont il n'avait cependant rien compris. L'unique résultat de l'instruction d'Esther est l'importance que prend pour Mathieu le chiffre « sept ». Celui-ci acquiert le poids d'un « symbole » – un symbole « vide », puisque sa signification reste obscure pour le personnage. Mathieu va néanmoins jusqu'à porter un intérêt « obsessif » à ce chiffre dans la vie quotidienne (CSV, 123-125), suggérant une dimension symbolique à éclairer puisque, comme le suggère Simon (CSV, 62), une obsession en

---

[32] Les personnages envisagent d'ailleurs aussi la comparaison entre Hitler et Pharaon, mais cette dernière est vite réfutée (CSV, 29).

[33] La traduction que nous citons est celle de la Bible Segond 1910, où la première partie du vers, reprise par Esther, est traduite comme suit : « Et s'il y reste encore un dixième des habitants, Ils seront à leur tour anéantis ».

cache toujours une autre. La ville de Jéricho a une deuxième mention dans la partie « véridique » du livre, quand Mathieu reprend l'idée déjà exprimée dans *Contes d'exil et d'oubli*, selon laquelle il tourne en rond autour de la mémoire de la première génération. Il semble que l'accès à cette « Jéricho » mémorielle ne lui soit pas permis, du fait qu'il est né après la guerre :

> Un mystère sans énigme, comme, pour Mathieu, le chiffre 7. Un symbole vide. Une obsession. Ou une énigme autour de laquelle il était libre de tourner, et sept fois s'il voulait, mais dont les murailles resteraient intactes. D'où venait pourtant son sentiment de honte ? Qu'y avait-il là d'intangible et de honteux ? D'où, cet interdit ? Que Mathieu ne soit pas né alors que *ça* se déroulait ? Il n'y avait même pas échappé. La chance n'entrait en rien là-dedans : il n'était pas né ! Voilà la tare, et le silence obligé. (*CSV*, 133 ; Raczymow souligne)

« Jéricho » est-elle donc définitivement hors d'atteinte ? Peut-être pas, puisque le « prologue » d'*Un cri sans voix* nous apprend que l'écriture de ce roman a été entreprise « sept ans » après la mort d'Esther. Cela suggère que le livre incarne le moment où les « murs » de la mémoire finissent par céder à l'assaut incessant du personnage-narrateur, et par extension, de l'auteur. En effet, *Un cri sans voix* est le livre où Raczymow prétend rompre le tabou de l'écriture sur la Shoah et aborde ouvertement certains événements de l'époque, au lieu de se limiter à des allusions, comme dans *Contes d'exil et d'oubli* ou dans *Rivières d'exil*. En s'imaginant le ghetto de Varsovie, il s'y introduit d'ailleurs à titre de maçon, travaillant à la destruction et la reconstruction des murs[34]. La quatrième de couverture le stipule clairement : « Mathieu Litvak [...] sera délivré de ce poids insoulevable du non-dit [...] dépassant le simple *cri sans voix* [...] »[35]. À l'instar d'Antelme et de Perec, il s'agit alors de surmonter le mutisme et les catégories abstraites pour affronter le passé[36]. Cela dit, les murs de la mémoire ne s'effondrent pas sur le coup, comme l'illustrent les scrupules de Mathieu sur son projet d'écriture. Son insuccès est en outre préfiguré par celui d'Esther : lorsque, après « sept ans » d'enseignement, sa sœur bénéficie d'une mise en disponibilité, son projet d'écrire un livre se solde par un échec. D'après Simon,

---

34 Sur ce point, voir Rebekah Vince, « Out of Sight but Not Out of Mind: Absence as Presence in French Postmemory Narrative », *Journal of History and Culture*, n° 5 (2015), p. 54.

35 Nous soulignons. Voir également Schulte Nordholt, « Henri Raczymow romancier : judéité et modernité », *op. cit.*, pp. 333-334.

36 Cf. Annelies Schulte Nordholt, *Perec, Modiano, Raczymow. La Génération d'après et la mémoire de la Shoah*, Amsterdam – New York, Rodopi, 2008, p. 193, pour la comparaison entre Perec et Raczymow.

elle ne maîtrise pas son sujet, pour être née trop tard (csv, 204). Mathieu, de son côté, pense qu'Esther lui aurait interdit d'écrire et d'« usurper » ainsi le statut de témoin (cvs, 128-129). Tout en abordant le passé, le roman fait donc preuve d'une surconscience mémorielle où les tabous ne sont jamais levés.

En conclusion, les références religieuses servent de point de comparaison et de repère pour mesurer et interroger l'attitude adoptée devant la Shoah, mettant en vedette les « tragiques dilemmes » auxquels les personnages font face. Cela est vrai pour la première génération, mais aussi pour la deuxième, placée devant le choix entre « l'emmurement » psychologique d'Esther (csv, 131), « l'encerclement » patient de Jéricho, ou l'occupation potentiellement usurpatrice de celle-ci. Pour les deux générations, cependant, les références à la tradition s'avèrent insuffisantes pour permettre de trancher ou de déjouer les dilemmes. D'une part, Mathieu précise que, depuis le génocide, la mort « banale » ou « ordinaire-ordinaire » (csv, 113), ainsi que le temps, l'espace et la logique « ordinaires » (csv, 150-155) ont cessé d'exister pour les Juifs, y compris pour ceux de la génération d'après. D'autre part, le texte suggère que le décalage entre l'interprétation des écritures et celle de la réalité serait de tous les temps : l'on accorde depuis toujours aux premières le statut de modèle ou de prophétie, alors que « c'est de la littérature » (csv, 157).

3   Œdipe nécrophore

La dimension psychanalytique est le plus manifestement présente dans *Un cri sans voix*, où elle affleure dans la parole de quelques personnages « intellectuels », en particulier dans celle de Simon. De plus, au sein de la deuxième partie, il est question de la cure qu'« Esther » aurait suivie chez une psychanalyste, Lydia Polack. Dans *Contes d'exil et d'oubli* et *Rivières d'exil*, le narrateur délégué qu'est le grand-père et le focalisateur-enfant sont moins enclins à ce type de réflexion mais la présence – parfois oblitérée – de Mathieu-narrateur adulte le ramène en oblique.

Le point de départ de notre analyse sera le journal fictif d'Esther, où l'on retrouve les rêves et les obsessions de celle-ci, ensuite interprétés par Simon. D'après ce dernier, la fascination d'Esther pour le poème de Victor Hugo en cache une autre, d'ordre sexuel (csv, 62). Par la suite, il identifie dans les rêves de sa femme la frustration de ne pas être un homme (csv, 80), ainsi que le désir de ne pas vieillir et de ne pas se séparer de son père (csv, 86). L'envie du pénis chez Esther et son désir du père suggèrent l'existence d'un complexe d'Électre mal résolu. Précisons que le désir du « père » fait place, chez Esther, à celui de l'homme dominant ou du « maître » en général, alors qu'elle découvre en son père biologique un homme faible et « féminisé » (csv, 32). Le complexe d'Électre permet ainsi de renouer une nouvelle fois avec la thématique centrale de la conduite des Juifs, par l'introduction d'une opposition entre deux types d'hommes, adoptant respectivement une attitude combative et virile ou une attitude passive et réconciliatrice vis-à-vis des nazis. Cette opposition entre actif et passif, qui rappelle, pour la première génération, l'œuvre d'André Schwarz-Bart[37], reviendra sous d'autres formes dans les œuvres plus récentes de Raczymow, que nous analyserons plus loin, notamment pour qualifier aussi la position de la deuxième génération. De fait, le complexe d'Électre sert également à désigner, par analogie, le complexe d'Œdipe du personnage-narrateur masculin, corroborant ainsi la proximité identitaire avec Esther. Ce complexe d'Œdipe n'est pas directement élaboré dans *Un cri sans voix*[38] mais constitue néanmoins une constante dans l'œuvre, comme le montrent différents textes et assertions de l'auteur. Un passage révélateur à ce propos figure par exemple dans *Le plus tard possible* :

> Je l'avais déjà entendu dire, que l'ancienne névrose, la freudienne, la bonne vieille œdipienne névrose des familles n'avait plus guère cours. Je dis au Dr S. que j'étais, moi, de l'ancienne école[39].

Raczymow termine d'ailleurs son article « Mémoire, oubli, littérature » par la phrase suivante :

> Il paraît qu'il faut accepter cette loi inexorable [qu'une naissance effacerait et compenserait une mort], qui relève plutôt de la biologie et de la préservation de l'espèce, de même qu'il faut accepter la différence des sexes ou de se séparer de sa mère[40].

---

37   Voir également *supra*.
38   De fait, le protagoniste masculin ne montre pas d'intérêt spécifique pour la psychanalyse. Néanmoins, il lui arrive de se comparer au père de Freud, lorsqu'il se promène dans la rue avec la casquette d'Esther. Il se demande alors si quelqu'un balancerait son couvre-chef par terre pour l'obliger ensuite à le ramasser, comme il était survenu un jour au père de Freud, Juif également. Or, personne ne semble prêter attention à Mathieu. Cette mention de Freud, toute brève qu'elle soit, nous renvoie implicitement à la problématique de l'(in)action juive, puisque, dans *La Science des rêves*, Freud raconte sa déception sur le manque de riposte de la part de son père à cette offense et impute à ce sentiment la présence fréquente de la figure vengeresse de Hannibal dans ses propres rêves (Sigmund Freud, *La Science des rêves* [1900], Trad. I. Meyerson, Paris, PUF, 1950, pp. 149-150).
39   Raczymow, *Le plus tard possible, op. cit.*, p. 127.
40   Raczymow, « Mémoire, oubli, littérature : l'effacement et sa représentation », *op. cit.*, pp. 66-67.

En tant que mot de la fin, l'expression du désir de la mère acquiert un certain poids. Le trauma œdipien est ici relié au principe selon lequel les vivants viennent occuper la place des morts, une association qui revient aussi dans le cas de Mathieu[41]. Or, dans *Rivières d'exil*, il devient clair que « Matthieu » a vécu chez ses grands-parents jusqu'à la naissance de son petit frère et que ceux-ci le traitaient comme leur fils. Et le narrateur d'ajouter : « En quelque sorte, il l'était » (*RE*, 142) car Matthieu remplace, aux yeux de ses grands-parents, leur fils Henri, disparu dans les camps. C'est une façon de souligner le lien identitaire entre le personnage-narrateur et l'auteur, car Henri Raczymow porte précisément le prénom de cet oncle mort à Auschwitz ou à Majdanek et a vécu avec ses grands-parents à Belleville. À l'instar d'Esther, Raczymow et son alter ego Mathieu se substituent donc à un disparu. Pour Raczymow/Mathieu, cette fonction s'exerce notamment auprès des grands-parents. Le complexe d'Œdipe est donc à son tour transféré vers ceux-ci[42]. En effet, dans *Contes d'exil et d'oubli*, nous avons pu constater l'obsession de Mathieu pour sa grand-mère Matl Oksenberg. D'autres textes de Raczymow confirment que l'amour que l'auteur porte à sa grand-mère prévaut sur l'affection pour sa mère[43]. Deux désirs différents sont ainsi amenés à fusionner : le désir de s'identifier aux morts qu'on est censé remplacer et le désir œdipien qui a trait lui aussi à la première génération[44]. Le complexe d'Œdipe de Mathieu s'associe dès lors à sa quête

---

41   À ce sujet, voir également Schulte Nordholt, « Henri Raczymow romancier : judéité et modernité », *op. cit.*, p. 347 ; Schlachter, *op. cit.*, p. 294 ; Mounira Chatti, « Le palimpseste ou une poétique de l'absence-présence », Annette Wieviorka, Claude Mouchard (éds.), *La Shoah. Témoignages, savoirs, œuvres*, Paris, Presses universitaires de Vincennes, 1999, p. 302 ; Louwagie, *op. cit.*, pp. 172-185).

42   Annelies Schulte Nordholt signale cette « complication » dans son analyse sur *Le plus tard possible* (Schulte Nordholt, *op. cit.*, p. 347). Alors qu'elle en analyse les séquelles pour la relation de Raczymow avec sa mère, nous nous concentrerons sur la relation avec la grand-mère et, par extension, avec la « première génération », rattachant ainsi la problématique psychanalytique à celle du témoignage.

43   Raczymow revient sur son amour exceptionnel pour sa grand-mère dans plusieurs textes, entre autres dans *Avant le déluge. Belleville années 1950* : « [...] il y avait rien d'intéressant, sauf que j'allais voir mémère, c'était ça qui était intéressant, attends qu'est-ce que tu me fais dire, intéressant, bien plus qu'intéressant, vital, voilà, car je l'aimais, mémère, je l'aimais comme une mère, plus qu'une mère, plus que ma mère peut-être » (Raczymow, *Avant le déluge. Belleville années 1950, op. cit.*, p. 38). Dans son interprétation, c'est sa mère qui l'a enlevé de l'amour de sa grand-mère, en remplissant le rôle du Père et de la Loi (Raczymow, *Le plus tard possible, op. cit.*, p. 149).

44   Si Matl Oksenberg, la grand-mère maternelle de Raczymow, appartient à la première génération, elle n'a pourtant pas connu la déportation. Dans *Contes d'exil et d'oubli*, le narrateur prétend cependant qu'elle serait morte sans sépulture, suggérant ainsi sa mort dans les camps. Cette fiction repose probablement sur une identification de la grand-mère maternelle avec la grand-mère paternelle, qui a été déportée. Mounira Chatti a signalé que le

de mémoire, c'est-à-dire à sa tentative de « conquérir » la forteresse du passé. Toutefois, on l'a vu, dans *Contes d'exil et d'oubli*, la fascination de Mathieu pour la « ville de Jéricho » conduit à une réflexion sur la circoncision de la part du grand-père. Comme la circoncision est liée à la menace de castration, caractéristique du stade d'Œdipe[45], l'interdit symbolique du corps de la grand-mère prononcé par le grand-père, s'applique du même coup à la forteresse de la mémoire. Cette association entre l'inaccessibilité de Jéricho, l'interdit sexuel et l'interdit de la mémoire est d'ailleurs explicitée dans *Un cri sans voix*. Le passage en question a été cité plus haut, mais nous reprenons l'extrait ici en l'élargissant quelque peu, afin d'inclure les renvois à Sodome et à Eurydice[46]. Ceux-ci soulignent précisément le tabou qui pèse sur l'amour de Mathieu et sur ses tentatives de se rapprocher de sa grand-mère morte :

> Se mettre dans la peau des morts ? [...] Rattraper le train en allé, le train raté qui les avait envoyés là-bas, à *Pitchipoï* ? C'était impossible. À ce train, il fallait tourner le dos. Quitter la gare. Ne pas s'attarder, ne pas se retourner. Ne pas se retourner sur Sodome-Auschwitz ou sur Eurydice, comme Orphée. Et pourtant, ce mystère. Un mystère sans énigme, comme, pour Mathieu, le chiffre 7. Un symbole vide. Une obsession. Ou une énigme autour de laquelle il était libre de tourner, et sept fois s'il voulait, mais dont les murailles resteraient intactes. D'où venait pourtant son sentiment de honte ? Qu'y avait-il là d'intangible et de honteux ? D'où, cet *interdit* ? Que Mathieu ne soit pas né alors que *ça* se déroulait ? Il n'y avait même pas échappé. La chance n'entrait en rien là-dedans : il n'était pas né ! Voilà la tare, et le silence obligé. (CSV, 133 ; nous soulignons « interdit »)

Le parallèle entre l'acte de « remplacer » les morts et le complexe d'Œdipe tient au fait que, dans les deux cas, il s'agit d'occuper ou « d'usurper » la « place » d'un autre. Au sein du complexe d'Œdipe, cette usurpation est liée au parricide, c'est-à-dire au meurtre, d'où le sentiment de culpabilité du fils. Dans le contexte

---

second prénom de Raczymow, René, correspond à celui de cette grand-mère qu'il n'a pas connue, Rywka (Chatti, *L'Écriture de la déportation et de la Shoah ou la double impossibilité*, op. cit., p. 281).

45 Sigmund Freud, *Totem et tabou. Interprétation par la psychanalyse de la vie sociale des peuples primitifs* [1912], Trad. S. Jankélévitch, Paris, Payot, 1970, p. 175 n. 1. Il est question de la peur de castration dans un des rêves narrés dans *Le plus tard possible* : « J'allais faire un tour, je revenais, la voiture avait disparu. Castration, castration, vous dis-je » (Raczymow, *Le plus tard possible*, op. cit., p. 156).

46 Notons aussi le renvoi à *Pitchipoï*, faisant écho à l'œuvre de Schwarz-Bart, qui fut l'une des lectures formatrices de Raczymow (Henri Raczymow, [Enquête sur la littérature mémorielle contemporaine], *Mémoires en jeu*, n° 3 (2017), p. 81).

du génocide, l'idée du meurtre est également présente, puisque les survivants craignent en général d'être vivants suite au sacrifice d'un autre (CSV, 143)[47]. C'est le « tragique dilemme » du remplaçant appartenant à la deuxième génération : d'une part, on lui a octroyé la place d'un mort, d'autre part, sa culpabilité lui apprend, comme aux fils parricides de la horde primitive décrite par Freud dans *Totem et tabou*, que cette place est proscrite, au lieu d'être disponible[48]. Cependant, alors que les fils de la horde élaborent en réaction un nouveau *modus vivendi*[49], Esther Litvak conclut « que la vie lui [est] interdite » (CSV, 211). Mathieu se pose des questions analogues concernant la « place » béante de sa sœur : « La place d'un mort est-elle vacante, et tout un chacun peut-il venir l'occuper ? Ou bien, au contraire, n'y doit-on pas toucher, comme Charles et Fanny ont eu la décence élémentaire de laisser intacte la chambre d'Esther ? » (CSV, 116-117). La question revient plus loin dans des termes presque identiques, associée à l'image du nécrophore :

> Il lui vient parfois la pensée qu'Esther n'est que le fruit de son imagination. Qu'elle n'a jamais existé qu'en lui-même. Comme une partie de lui. Une partie morte. Une zone vide. Ainsi, en écrivant, piétinant le cadavre de sa sœur, ne fait-il que déambuler sur cette scène vacante. Ce serait là, pense-t-il, la seule figure dicible et avouable à défaut de quoi il serait cannibale. Voici : Mathieu imaginerait que quelque chose en lui qu'il nomme Esther est mort. Ce désir trouble, en lui, de donner la mort à cette chose se confondrait avec le désir même qu'il a d'écrire à partir de cette mort, sur cette mort, couché sur elle, faisant de cette pourriture sa nourriture ; double, contradictoire et pourtant identique désir de vie et de mort, à l'instar de l'insecte nécrophore qui ne pond ses œufs que sur le cadavre d'un autre animal duquel ses larves, plus tard, feront leurs délices. D'une certaine façon, les mots de Mathieu dansent sur le ventre putride de sa sœur, sur ses seins et son cou et ses cuisses. C'est certain, il écrit à sa place. (CSV, 145)

Il convient d'interroger cette image du nécrophore. D'abord, nous constatons qu'elle est associée au cannibalisme. Or, dans la horde primitive décrite par Freud dans *Totem et tabou*, c'est grâce à l'acte cannibale suivant le meurtre originel, que les fils intériorisent l'autorité du père[50]. Il s'agit donc d'un acte

---

47   Ce dernier point est analysé dans Schlachter, *op. cit.*, p. 294.
48   Daniel Puskas, « Inter-dico. Meurtre du père, incorporation identificatoire et symbolisation de la loi », *Religiologiques*, n° 12 (1995), http://www.religiologiques.uqam.ca/n012/inter.pdf.
49   *Id.*
50   *Id.*

d'appropriation, qui risque d'enfreindre un nouvel interdit dans le cas de la Shoah. Que peut alors signifier cette métaphore, sur le plan de l'écriture et d'un point de vue identitaire ?

Comme le montre l'interview de l'oncle de Mathieu, revenu d'Auschwitz, du point de vue de l'écriture, d'abord, plusieurs cas de figure se présentent pour ce rapport à la première génération. Après l'enregistrement, en effet, Mathieu se déclare fier de ne pas avoir « exploité » son témoin « jusqu'à la moelle » en posant des questions indiscrètes au lieu de simplement écouter. Il réfute l'attitude de ceux qui « veulent voir », intégrant ainsi « la place » du SS (CSV, 186). Il s'irrite aussi contre sa tante qui tend à parler « à la place » de son mari, alors qu'elle a passé toute la guerre en France (CSV, 177). Par le biais de Simon, le roman critique par ailleurs le projet d'un film « excitant » sur les camps (CSV, 198-199). L'usurpation est donc une possibilité, sans être automatique.

Ensuite, appliqué à la question identitaire, le fait de « pondre des œufs » sur un cadavre équivaudrait à construire sa propre vie – et celle de ses enfants – sur la mort. Or, si Mathieu se laisse, à l'instar d'Esther, tenter par cette option, il la réfute néanmoins dans l'épilogue. En fait, au cours de la deuxième partie, Mathieu s'est avoué perturbé par une éventuelle promotion professionnelle. Cette dernière entre en conflit avec un impératif intérieur, en vertu duquel il doit « tenir sa place » pour expier un crime (CSV, 134). Dans l'épilogue, Mathieu décide finalement d'assumer sa nouvelle position. En même temps, il exprime le désir de faire un enfant avec sa femme. Du coup, il revendique aussi sa propre « place » en tant que « père » – au lieu de continuer à se définir par rapport à son complexe d'Œdipe – et opte pour une fécondation dans un corps vivant, contrairement au nécrophore. Choisissant la vie, contrairement à Kertész, il conclut que la « filiation » entre sa « sœur » morte et son enfant ne passera pas par le cadavre de la première, mais uniquement par la littérature.

Une dernière réflexion s'impose au sujet de l'image du nécrophore. Dans le passage cité ci-dessus, Mathieu passe sous silence une activité importante de cet insecte, rappelée, toutefois, par le nom même de « nécrophore », qui signifie « porte-morts ». Comme le signale également la description du *Petit Robert* que la deuxième partie porte en épigraphe, l'insecte « enfouit », c'est-à-dire enterre les cadavres. De même, Mathieu déclare dans l'épilogue que son livre a pour objectif « d'enterrer » sa sœur, de sorte que celle-ci soit, si pas « expulsée », du moins « localisée », c'est-à-dire contrôlable. Un tel acte n'est pas « criminel », car le passé a besoin d'être enterré, sans quoi, comme le signale Simon, il « nous bouff[e] » (CSV, 205). Plutôt que de se nourrir des cadavres, ce serait alors au survivant lui-même d'être consommé. En l'enterrant, la mort redevient « ordinaire » et le passé se fait moins hégémonique. La quatrième de couverture suggère d'ailleurs que le suicide d'Esther serait dû à une raison « banale ». Cette idée, on l'a vu, est partagée par Simon, et Mathieu suit finalement un raisonnement analogue dans l'épilogue, lorsqu'il décide de dire à son futur enfant que sa sœur est morte dans un accident de voiture : « C'est la vie. Il y a de la mort, aussi, dans la vie. Cela en fait partie » (CSV, 214).

Sur le plan plus général des événements historiques, la nécessité d'inhumer le passé se fait également sentir. En effet, le recours des journalistes à des comparaisons inadéquates entre l'État d'Israël et les SS, ou entre Beyrouth-Ouest et le ghetto, montrent que l'époque nazie n'est pas encore enterrée (CSV, 127). Du coup, son « fantôme » resurgit partout et les événements les plus divers sont rattachés à la « logique inouïe » du nazisme – y compris, dans le texte de Mathieu, la mort d'Esther. Le lecteur se voit alors placé devant la question déjà signalée plus haut : les parallèles entre le passé et le présent sont-ils à prendre au sérieux ou seraient-ce au contraire des exagérations hyperboliques, destinées à provoquer une réflexion sur la prolifération de la « Shoah » dans la société ? Par exemple, si celui qui compare l'armée d'Israël aux SS commet une erreur – admise par la suite – celui qui accuse le premier de « [servir] de manche au fer de la hache », exagère-t-il à son tour (CSV, 111) ? Et est-il excessif ou non de la part de Mathieu de reprendre cette même comparaison avec un SS au sujet du survivant qui « veut voir » la souffrance des victimes ? Ou, comme le fait Simon, de juxtaposer le commandement de la Torah « Tu choisiras la vie » au dicton allemand « La mort de l'un, c'est le pain de l'autre. *Der einer Tod ist der anderen Brot* » (CSV, 211-212) ? Et Mathieu surenchérit-il lorsqu'il réplique par la question de savoir si Simon est devenu nazi[51] ? Et que dire de ceux qui comparent Auschwitz à Dieu ? Mathieu répète : « Je ne conclus rien [...] C'est de la littérature » (CSV, 166). Dans un questionnaire au sujet d'*Un cri sans voix*, Raczymow tranche davantage : « Je n'aime pas les discours métaphysiques sur la Shoah. Chez certains, la Shoah est un autre nom de Dieu. Ils ne croient plus en Dieu – la Shoah leur en tient lieu [...] »[52]. En fin de compte, le passé a besoin d'être enterré pour que ni la place de la victime, ni celle du bourreau ou « SS » ne soient exposées à l'usurpation : « il faut un jour tourner la page » (CSV, 213). Cette attitude laisse une plus grande liberté pour façonner l'avenir, mais aussi, d'après ce que Raczymow détaille dans *Reliques*, comme en réponse aux hésitations de « Mathieu », pour dessiner le passé :

> Lorsqu'on s'est dépris de son passé (qu'il s'est dépris de nous), ce qui est d'ailleurs un signe de bonne santé, signe que nous nous donnons

---

51 Signalons qu'Annelies Schulte Nordholt a appliqué l'expression « *Der einer Tod is der anderen Brot* » à l'acte d'écriture du « nécrophore » (Schulte Nordholt, « Ni victime, ni témoin. Henri Raczymow et la difficulté d'écrire la Shoah », *op. cit.*, p. 141).

52 Chatti, *op. cit.*, p. 392.

tout simplement à nous-même l'autorisation de vivre, il est devant nous comme le mort [moulin] de Sartre, ouvert à notre liberté, à notre tyrannie[53].

4 Le Petit Poucet

Dans les textes que nous venons d'analyser, Raczymow développe une approche fantasmatique pour rôder autour de sa généalogie perdue, faisant face à ce qu'il appelle la « mémoire trouée », selon une expression devenue consacrée, quoiqu'au dire de l'auteur, approximative[54]. Ces œuvres s'appuient sur une série d'intertextes servant de point de comparaison et de cadre pour sonder les rapports possibles à l'événement sans que l'écriture ne puisse pour autant faire tomber les murs de Jéricho ou annuler l'exil, puisque la réalité de la Pologne et de la Shoah demeure hors de portée. C'est ainsi que Mathieu termine les *Contes d'exil et d'oubli*, par une question : « Mais comment était-ce ? » (CEO, 123). L'appel aux souvenirs de ses aïeuls et aux témoignages premiers ne fournit que les pièces incertaines d'un puzzle incomplet et vraisemblablement incorrect. Comme dans le cas de Perec et, dans un certain sens, Federman, tout ce qu'on peut faire, « c'est de la littérature », c'est-à-dire créer ses propres chaînes pour se connecter au passé et, enfin, à l'avenir. Nous prolongerons cette question du rôle de l'écriture à partir de deux autres œuvres, *Quartier libre* et *Dix jours « polonais »*, pour voir comment l'auteur passe du conte et du roman à une écriture à la première personne, en travaillant d'une part, le récit d'enfance, et de l'autre, le récit de voyage, deux formes récurrentes dans l'œuvre littéraire de la génération d'après[55].

4.1 *Quartier libre*

Quartier libre, publié dans la collection « Haute Enfance » de Gallimard, est un texte différent des précédents dans la mesure où il évoque, de manière autobiographique, l'enfance de l'auteur, dont le récit est juxtaposé à une narration au présent. Comme dans *Avant le déluge. Belleville années 1950*, publié dix ans plus tard, le narrateur s'attache à répertorier les traces de son propre passé disparu, et aussi, en écho au titre, celles de son quartier d'enfance, à l'instar de Perec. Malgré le fait qu'il ne s'agit plus de sa « préhistoire », l'auteur reste attentif aux

---

53   Raczymow, *Reliques, op. cit.*, p. 13.
54   Raczymow, [Enquête sur la littérature mémorielle contemporaine], *op. cit.*, pp. 80-81.
55   Nous nous référerons à Henri Raczymow, *Quartier libre*, Paris, Gallimard, 1995 comme *QL* et à Henri Raczymow, *Dix jours « polonais »*, Paris, Gallimard, 2007 comme *DJP*.

hiatus et aux contradictions intrinsèques aux souvenirs. Pour les écrivains de la deuxième génération, on le sait, le récit d'enfance constitue en outre l'occasion d'explorer les racines familiales, ou le manque de racines, et d'interroger leur propre « place » ou identité par rapport à la première génération[56]. Dans *Quartier libre*, ce dialogue entre passé et présent se traduit par une double structure, où les chapitres alternent entre le récit d'enfance proprement dit, couvrant le vécu du narrateur entre trois et quinze ans, et les conversations téléphoniques du narrateur adulte avec ses parents. De même que dans *W ou le souvenir d'enfance* de Perec, différentes isotopies ou « points de suture » se trament à travers cette double série de chapitres, confrontant la naïveté et l'incompréhension de l'enfant aux points de vue et aux réalités du narrateur adulte.

À travers les souvenirs d'enfance et les conversations téléphoniques, le narrateur offre un portrait de ses parents, Étienne et Anna[57]. Héros de la Résistance et ancien communiste, le père continue à mener une vie active au sein de l'Amicale dont il fait partie, où l'histoire ne cesse de rebondir. La mère, dont expérience de la guerre est surtout marquée par la déportation de son frère, mène une vie en retrait et ne participe guère à ces agitations : « Pour tout dire, elle n'a jamais trop compris le rapport entre la résistance de mon père et de ses copains, ce dont ils se montrent si fiers, sans doute à juste titre, et ce qui s'est vraiment passé pour eux, pour eux tous, pendant la guerre (*QL*, 13). Comme le père, elle vit ses propres drames, mais dans la sphère privée ou même imaginaire, s'identifiant aux amours et aux aventures des « héroïnes » américaines télévisées (*QL*, 33). Le narrateur « enregistre » les deux types de drames, tout en mettant en vedette leur côté romancé. Évoquant un souvenir d'enfance où il rattrape le bus, en courant avec son père, véritable héros, il remarque ironiquement que l'héroïsme du père dans la Résistance se limitait peut-être à ça : « Comme il a couru, mon père. Il a surtout couru, on dirait » (*QL*, 91).

L'auteur-narrateur revient aussi sur son propre héritage en tant qu'enfant juif, pris entre plusieurs identités. D'abord, le poids de l'histoire familiale se traduit par des cauchemars à propos de chiens mais aussi sur le Petit Poucet (*QL*, 40), puisque l'enfant a été « victime » d'un abandon de la part de ses parents à ses grands-parents (*QL*, 21-22). Ensuite, l'enfant se trouve différent des autres, du fait qu'à la place du visage il a un « pounem » (*QL*, 79-80) – dont par moments il aimerait bien se défaire – en plus d'un nom de famille bizarre, instable et potentiellement faux, auquel il tient malgré tout (*QL*, 27). En outre, dans sa famille, il n'y a pas de « divin enfant » (*QL*, 68), à moins que ce ne soit son petit frère, qui n'a pas été abandonné (*QL*, 40). Par ailleurs, à défaut d'aide

---

56 Cf. chapitre 1.
57 Voir également Henri Raczymow, *Te parler encore*, Paris, Seuil, 2008.

parentale pour les devoirs de français, s'impose le recours, fréquent, au dictionnaire (*QL*, 117). Au travers des souvenirs apparaît ainsi l'écart, ou du moins le rapport ambigu, entre les membres de la famille Raczymow et la société française ou les « *Franeks* » (*QL*, 23). Le narrateur affirme que les siens sont « fraîchement français » mais « français quand même » (*QL*, 120), même si, pendant tout un temps, l'affiliation privilégiée est celle à la Russie et au « grand Staline » (*QL*, 44), comme nous l'avons vu aussi dans *Rivières d'exil*. Il s'ensuit que l'aspect identitaire juif reste pauvre, sans être absent. Le yiddish du père est approximatif, les fêtes ne sont pas observées et la famille ignore son appartenance au « peuple du Livre » : lorsque le grand-père chiffonnier offre un livre de seconde main à son petit-fils, le volume est découpé et part pour un « aller simple » à la poubelle (*QL*, 45). Par ailleurs, les signifiants juifs dans le texte se limitent à certains mots en yiddish – toujours les mêmes – et à quelques plats de cuisine. Sur le plan identitaire, l'enfant se trouve donc démuni et confronté à de multiples exclusions et à des inclusions partielles et imparfaites. Les souvenirs d'enfance prennent fin avec le départ de la famille de Belleville, qui sépare définitivement le personnage de son enfance. Le jeune protagoniste aspire à ce moment à une nouvelle identité, qui relèverait de son propre choix, à savoir celle d'écrivain, par imitation de Sartre. Plutôt qu'un Juif inauthentique[58], il serait alors un écrivain engagé, dont la parole est action[59], ambition évoquée avec ironie par le narrateur adulte :

> « My name is Jean-Paul Sartre ». J'aime bien me dire ça en anglais. Je suis profondément heureux. J'ai écrit quelque chose d'immense, quelque chose qui est « au-dessus de l'existence » comme dirait Jean-Paul Sartre, c'est-à-dire comme je dirais. [...] Je suis un dieu, un dieu mais familier, bon camarade, quotidien, débonnaire, souriant, assuré de sa divinité, n'ayant pas ou plus à prouver quoi que ce soit. [...] Ils savent bien, les autres, pardi, que « my name is Jean-Paul Sartre ». Cette gloire, si jeune, à peine quinze ans. Je peux mourir tranquille. (*QL*, 141-142)

En réponse à ce récit d'enfance, les conversations téléphoniques du narrateur adulte avec ses parents établissent plusieurs points de suture, tout en opérant certains déplacements. Dans la vie quotidienne, il est désormais question des fêtes juives (*QL*, 125, 135) et donc d'une spécificité culturelle, vraisemblablement renforcée depuis la chute du communisme. Le narrateur évoque par ailleurs son nouveau livre, dont le projet reste incertain, alors que sa mère lui

---

58   Cf. Jean-Paul Sartre, *Réflexions sur la question juive*, Paris, Paul Morihien, 1946.
59   Cf. Jean-Paul Sartre, *Qu'est-ce que la littérature ?*, Paris, Gallimard, 1948.

propose plutôt d'écrire un roman et se montre prête à faire des propositions d'intrigue. L'irrésolution du narrateur au sujet de son travail se reflète de manière plus générale dans une attitude foncièrement passive, qui contraste avec celle de son père, toujours impliqué dans l'Amicale et, partant, dans les remous de l'histoire. C'est en effet le narrateur qui, contrairement au père (*QL*, 48), ressent le besoin de faire une sieste (*QL*, 48, 57) et qui n'a rien « de neuf » à rapporter, « que du vieux » (*QL*, 51). Cette inversion générationnelle suggère que la génération d'après ne joue pas nécessairement un rôle, si ce n'est celui de retracer le chemin en arrière, en Petit Poucet. La question « quoi de neuf », posée par son père (*QL*, 51), rappelle d'ailleurs *Quoi de neuf sur la guerre ?* de Robert Bober[60], où cette interrogation est suivie d'une réponse bien connue : « En principe rien, puisqu'elle est finie ». Raczymow fait écho à cette citation : « Quartier libre, la guerre est finie » (*QL*, 57). Le titre du livre pose donc ironiquement la question de l'activité et de la passivité des générations, rappelant certaines interrogations développées dans *Un cri sans voix* par rapport à la première génération, et allouant définitivement une place *autre* à la génération d'après. Le questionnement sur le rôle et la responsabilité de chaque génération rappelle d'ailleurs sous certains égards l'œuvre de Perec. Or, sur le plan littéraire, il semble désormais qu'en tant qu'auteur de la deuxième génération, Raczymow prend une part essentiellement contemplative à l'histoire et que ses mots ne sont guère des pistolets, comme l'aurait voulu le jeune admirateur de Sartre dans la première série des chapitres. En effet, comme il l'expliquera encore dans *Le plus tard possible*, le monde n'a plus besoin d'écrivains comme Sartre, et l'aspiration à la gloire n'est plus d'actualité. L'auteur, du coup, ne peut plus être comblé par l'écriture, et la bonne vieille névrose œdipienne n'est donc pas près de passer[61]. À la fin du livre, le projet sartrien est dès lors opposé à une autre conception de la littérature, moins active, et qui représente l'approche de l'écrivain adulte. S'inscrivant désormais dans le peuple du Livre, le narrateur se réfère ici au modèle de l'Ecclésiaste :

> Il connaît L'Ecclésiaste, Étienne ? Non, c'est qui ? Un livre. Qui raconte quoi ? Qui raconte qu'on ne se souvient plus des hommes d'autrefois, parce que les hommes d'autrefois ne laissent aucune trace dans la mémoire de ceux qui les suivent. Et j'y crois, moi, à ça ? J'y crois un peu. Comment ça, un peu ? Un peu oui, ou un peu non ? Plutôt un peu oui. Et c'est pour ça un peu oui que je fais des livres ? Oui, pour ça un peu oui. (*QL*, 137)

---

60   Robert Bober, *Quoi de neuf sur la guerre ?*, Paris, P.O.L., 1993.
61   Raczymow, *Le plus tard possible, op. cit.*, p. 127.

Raczymow cherche donc à écrire les noms, comme celui de son oncle, Heinz Davidowicz, pour préserver la « maigre histoire » de quelqu'un qui n'est pas mort en héros, mais simplement mort (*QL*, 12-13), tout comme il cherche à garder les traces de l'Amicale de son père, dont la page finale est sur le point d'être tournée, et celles d'une enfance et d'un passé à lui, également perdus à jamais. Le parti-pris de l'écriture est donc, on l'a dit, de collectionner les déchets et de préserver la mémoire, dans sa qualité trouée, plutôt que de romancer le passé ou d'agir sur le présent.

4.2 *Dix jours « polonais »*

Si *Contes d'exil et d'oubli* met en scène un rapport entièrement imaginaire à la Pologne, dans *Dix jours « polonais »*, publié en 2007, Raczymow relate une nouvelle aventure du Petit Poucet, à savoir son retour sur les traces de ses aïeux. Alors qu'un tel voyage constitue un *topos* dans la littérature d'après la Shoah, il ne s'agit pas pour l'auteur d'une « quête archéologique »[62], mais plutôt d'une occasion pour vérifier la réalité de sa Pologne imaginaire et pour interroger ses propres rapports au pays. Or, ces derniers sont d'emblée considérés comme ambigus, voire illusoires :

> Je n'ai de polonais que mon nom, qui est une imposture. Au départ un nom juif (yiddish) qui fut ensuite mystérieusement polonisé, je ne sais quand, ni par qui, ni pourquoi. Mais nul doute, il sonne polonais aux oreilles et aux yeux d'un Polonais. Quand j'étais enfant, à l'énoncé de mon nom, et qu'on me demandait si c'était russe, je disais Non : polonais. Je savais bien pourtant que nous n'étions pas polonais, même si, comme je le savais tout aussi bien, nous venions de « Pologne ». (*DJP*, 11)

Par ailleurs, malgré sa présence physique sur les lieux, le contact « réel » reste problématique, notamment parce qu'il existe plusieurs « Pologne », qui sont pour la plupart inaccessibles au protagoniste, d'où le recours aux guillemets dans le titre du livre pour signaler la non-coïncidence entre le mot et la chose. De fait, la « Pologne » de ses grands-parents n'existe plus et la « Pologne » actuelle n'est pas celle que le narrateur cherche :

> Fouler la terre polonaise me ferait renouer avec le temps d'avant mon temps, mon temps préhistorique, ma géologie intime, mon archéologie honteuse, de vieilles couches sédimentaires. […] Mais cela même, je le crains, était une illusion. Car il y a « Pologne » et « Pologne ». […]

---

62 Raczymow, [Enquête sur la littérature mémorielle contemporaine], *op. cit.*, p. 80.

S'agirait-il d'un « retour au pays » ? Non, c'était autre chose. Quelque chose qui n'avait pas de nom. Car on ne saurait, au bout de quatre-vingt-dix ans, « retourner » en Pologne. Puisqu'on va visiter une « Pologne » qui n'existait pas avant. Et qu'on espère retrouver une « Pologne » qui est aujourd'hui proprement « nulle part ». Et pourtant, je fais le pari que cette coïncidence existe. Les guillemets, en tout cas, s'imposaient : un avion me poserait sur la terre de « Pologne ». (*DJP*, 16-17)

L'incapacité du protagoniste à rejoindre la « réalité » polonaise de la génération d'avant est à nouveau figurée par le biais du fantasme œdipien, le « retour » étant décrit comme une quête infructueuse de la mère. Le personnage constate dès lors que son voyage à l'envers lui permet uniquement de « vérifier que [s]a mère est morte » (*DJP*, 66), mais non de « traverser le miroir » (*DJP*, 87) : comme chez Semprun, l'unité avec la mère, emblématique de la période précédant le stade du miroir, ne peut être ressuscitée. Ce rapport frustré à la mère rapproche d'ailleurs Henri Raczymow de Gustave Flaubert, tel que ce dernier est décrit par Jean-Paul Sartre dans *L'Idiot de la famille*, l'un des intertextes de *Dix jours « polonais »*[63]. D'après Sartre, la personnalité de Flaubert s'est développée sous le sceau de l'irréalité. De fait, en tant que second fils, Flaubert ne suscite pendant son enfance ni l'intérêt de son père, ni celui de sa mère : les places « mandatées » du fils aîné et de fille chérie sont occupées par son frère et par sa petite sœur. Dépourvu d'une place à lui, Gustave Flaubert se trouve en une situation de manque et d'extériorité, qui se traduit, au niveau de sa personnalité, en une attitude passive, notamment au niveau sexuel : au dire de Sartre, Flaubert souhaite en effet être l'objet plutôt que le sujet du désir sexuel. Or, en devenant auteur, Flaubert a transformé son extériorité et sa déréalité en ressource productive : à travers l'écriture, il instaure une réalité qui lui est propre. En parallèle, il démasque la réalité des autres comme un monde

---

63 Jean-Paul Sartre, *L'Idiot de la famille*, t. 1-3, Paris, Gallimard, 1971-1972. À l'instar de Sartre, Raczymow analyse la tendance des « grands écrivains » à « déréaliser » la vie, en mentionnant notamment les exemples de Proust et de Flaubert (*DJP*, 70). L'on retrouve aussi l'interrogation « Suis-je un surhomme ? » (*DJP*, 37), qui rappelle certaines réflexions sartriennes à propos de Flaubert (Sartre, *op. cit.*, t. 1, pp. 916-917) – de même qu'évidemment l'acception nazie du concept d'*Übermensch*. D'ailleurs, Raczymow consacre quelques pages de *La Mort du grand écrivain* à *L'Idiot de la famille* (Henri Raczymow, *La Mort du grand écrivain*, Paris, Stock, 1994, pp. 54-59). Pour une analyse de *L'Idiot de la famille*, voir entre autres Julie Anselmini, Julie Aucagne (éds.), *« L'idiot de la famille » de Jean-Paul Sartre, Recherches et travaux*, n° 71 (2007), https://journals.openedition.org/recherchestravaux/66.html ; Koenraad Geldof, « De perverse schoonheid van het niets : Sartre leest Flaubert (*L'Idiot de la famille*, 1971-1972) », *Spiegel der Letteren*, 48:3 (2006), pp. 331-368).

d'apparences et d'ir-réalité[64]. Avec quelques modifications, nous retrouvons ces caractéristiques chez le protagoniste d'Henri Raczymow. Celui-ci se sent également coupé de sa « mère » et de la réalité polonaise et a du mal à trouver une place individuelle au sein de la famille, où il remplace un mort et où la place du « divin enfant » semble réservée à son frère. Le texte suggère que, comme chez Gustave Flaubert, cette situation a un impact majeur sur la vie adulte du protagoniste. Au niveau sexuel, l'obsession œdipienne de la mère se prolonge notamment par une attitude passive à l'égard des femmes :

> […] se laisser aimer, doucement, simplement aimer. J'ai longtemps cru m'en tirer à ce bon compte. Mais ça ne marche pas, en tout cas pas longtemps. L'autre se lasse, que voulez-vous. Car il a aussi besoin d'amour, l'autre, qu'on se figure, il a besoin tout comme soi d'en recevoir. Alors, on me l'a dit, et je veux bien le croire : en matière d'amour, j'en serais resté à un stade préhistorique. (*DJP*, 55)

> Et voilà pourquoi, me dit-elle, tu as toujours eu besoin d'une mère, d'une femme qui fût ta mère. Parce que tu n'es pas attentif à la vie. Parce que tu n'es pas présent, tu n'es pas là. […] Tu es resté un gros bébé qui attend le sein qu'on lui donnera, et tu es devenu maintenant un vieux bébé. (*DJP*, 79)

Comme le Flaubert de Sartre, Raczymow assume sa déréalité et s'appuie sur l'écriture comme stratégie de compensation. Il cherche donc à son tour à transformer sa faiblesse en une force productive en ayant recours à l'imaginaire littéraire. En l'occurrence, ne pouvant atteindre le « vrai » lieu, Henri Raczymow conclut en effet que la seule vérité sera celle du livre tiré de sa visite en Pologne. L'accès au passé des lieux est en effet impossible et Raczymow applique dès lors le célèbre « Tu n'as rien vu à Hiroshima » à son propre voyage, afin de mettre en vedette les limites du regard contemporain :

> Cet appareil photo, là, sur la table de ma chambre, quelle bêtise. *Tu n'as rien vu à Varsovie.* J'avais pourtant des yeux pour voir, malgré mes lunettes brisées. (*DJP*, 36)

> Je fais ce voyage pour explorer quelque chose, mais je ne sais quoi, justement, qui présida à ma naissance, et même à ma conception. Quelques vieilles dames se promènent, en habits très démodés, indatables. Où

---

[64] Cf. *ibid.*, pp. 346-352.

étaient-elles pendant la guerre ? De quoi ont-elles été témoins ? *Tu n'as rien vu à Hiroshima* ... (*DJP*, 84-85)

Comme le regard ne peut percer l'invisible, *Hiroshima mon amour* et, dans son sillage, *Dix jours « polonais »*, examinent les rapports entre le passé et le présent par le biais d'une histoire d'amour construite à la lumière du passé et qui illumine celui-ci à son tour. Le film met en scène la rencontre à Hiroshima entre une actrice/visiteuse française et un homme japonais. Cette liaison, située en 1957, se situe sur fond d'une relation amoureuse antérieure, que la Française a entretenue avec un soldat allemand pendant la Seconde Guerre mondiale. Elle raconte ses expériences passées à son nouvel amant, soulevant ainsi des interrogations sur le rapport entre récit et mémoire. Le récit permet-il, peut-être mieux que le regard, de raviver le passé ? Rien n'est moins sûr : non seulement il est difficile de garder intact le souvenir du passé, mais l'acte de narration même, qui implique un partage, semble évincer la singularité des événements, engendrant donc l'oubli au sein même de la mémoire et de la transmission. À la fin du film, la question des rapports entre le passé et le présent se pose au niveau de l'identité des personnages, lorsque les deux s'attribuent les noms des lieux de leur passé respectif : Hiroshima pour lui, Nevers-en-France pour elle[65]. Chez Henri Raczymow, la bien-aimée est également désignée par une appellation de lieu, puisqu'elle porte le prénom « Pauline », un homonyme de « Po-lin », c'est-à-dire la Pologne. Or, le voyage du protagoniste coïncide avec la phase finale de sa relation avec Pauline : comme ceux avec la Pologne, leurs rapports se placent dès lors sous le signe de l'absence et du vide[66]. Il s'ensuit que les deux expériences se réactivent, instaurant une chaîne de deuil, à laquelle se rattache aussi cet autre état de manque qu'est le complexe d'Œdipe :

> Je voulais faire coïncider Pauline et Po-lin. L'opération a réussi, en un sens. Deux absences qui s'épousent. Pauline et Po-lin. J'ai deux amours impossibles dont il reste des photos. Pauline est partie et la « Pologne » n'existe pas. Et comme un deuil ravive en nous un deuil antérieur, qui lui était à notre insu une manière de matrice, un chagrin d'amour en réveille

---

[65] *Hiroshima mon amour* d'Alain Resnais et Marguerite Duras, sorti en 1959, constitue un intertexte récurrent pour la deuxième génération. Sur sa présence chez Régine Robin, voir également Louwagie, « Lieux de non retour », *op. cit.*

[66] De même qu'il existe plusieurs « Pologne », il existe aussi plusieurs « Pauline » : « Pauline ne m'a pas répondu. Mais quelle Pauline ? Celle du début, celle dont le sourire irradiait ? Ou celle de la fin, qui ne souriait plus ? Celle du début n'existait plus. Et celle de la fin n'avait justement aucune raison de me répondre » (*DJP*, 61).

un autre, mal cicatrisé, ou pas du tout. Jusqu'où remontait ma chaîne ? (*DJP*, 62)

Étant donné cette réaction en chaîne, les personnages ne parviennent plus à distinguer la singularité « réelle » des différentes expériences. Effectivement, comme les survivants de la deuxième génération, qui ont hérité du nom d'un disparu, Pauline et les protagonistes de *Hiroshima mon amour* se voient affublés d'un nom qui les empêche d'avoir une place propre. La perte de singularité se répercute aussi sur le passé, car le transfert du nom ne constitue pas seulement un rappel, mais aussi une forme de « remplacement » et, partant, d'oubli. Ainsi que dans *Hiroshima mon amour*, le risque est donc que le récit finisse par normaliser et effacer le passé, l'acte mémoriel supplantant le vécu proprement dit. C'est ce que Raczymow indique aussi dans ses analyses de l'œuvre de Proust : si ce dernier ne souffre pas d'une mémoire trouée et imagine retrouver le temps perdu, il n'en reste pas moins, selon Raczymow, que le lecteur actuel tend à ignorer les personnes réelles dont les personnages s'inspirent. En ce sens, la littérature est susceptible d'évincer ou de « remplacer » le réel plutôt que de commémorer ou de sauvegarder celui-ci[67]. En somme, la littérature s'inscrit à son tour dans la problématique générale du « remplacement » du réel : dans la mesure où elle (re)produit une mémoire, elle fait écran au passé qu'elle tente de recouvrer.

La question des relations entre oubli et mémoire se pose également sur le plan des lieux car Raczymow examine aussi le maintien et l'effacement des traces du passé dans la Pologne « d'après », notamment à Varsovie et à Cracovie. À certains endroits, les anciens noms de rue ont cédé la « place » à d'autres, tandis qu'ailleurs, les noms restent alors que rien ne subsiste de la réalité d'autrefois. Dans les deux cas, l'auteur ressent une imposture et il signale à plusieurs reprises que les liens entre les lieux et leurs noms respectifs s'avèrent des plus ténus :

> [...] ce n'était [sic] plus aujourd'hui les mêmes rues ni les mêmes maisons. On avait donné les mêmes noms à d'autres. C'était comme dans les familles. Tel hérite le nom d'un disparu. Et croit, et s'entête à croire que c'est le sien propre. Personne, en général, ne le contredit, comme, assure-t-on, on ne contredit pas les fous. (*DJP*, 20)

---

[67] Voir notamment Raczymow, « Mémoire, oubli, littérature : l'effacement et sa représentation », *op. cit.* ; Henri Raczymow, *Le Cygne de Proust*, Paris, Gallimard, 1989 ; Annelies Schulte Nordholt, « Henri Raczymow entre Proust et Flaubert », *Neophilologus*, n° 86 (2002), pp. 363-385.

> Et puis une histoire juive bien connue que rapporte Freud, qui se passe dans un train. Un juif à l'autre : Pourquoi me dis-tu que tu vas à Cracovie pour que je croie que tu vas à Lemberg alors que tu vas à Cracovie ?
>
> Je me demande où je vais, moi, et à qui je mens. Mais je vais bien à Cracovie. Mon billet l'indique. Ce n'est pas loin d'Auschwitz. C'est comme, à Varsovie, l'ul. Stawki et l'Umschlagplatz. L'un est l'euphémisme de l'autre. C'est utile, les euphémismes, quand certains mots vous restent dans la gorge, qu'ils vous étranglent. L'autre jour, le chauffeur de taxi de Varsovie aurait pu me dire la même chose : Pourquoi me dites-vous que vous allez ulica Stawki pour que je croie que vous allez à l'Umschlagplatz alors que vous allez vraiment ul. Stawki ?
>
> À qui je mens ? (*DJP*, 57)

Dans la dernière citation, le décalage entre le nom et la réalité s'appréhende sous un double angle. D'abord, « Ulica Stawki » se présente comme un euphémisme, en ce sens que le nom ne renvoie pas à la réalité historique de l'endroit. En même temps, puisqu'il ne reste pas de traces visuelles rappelant l'Umschlagplatz, le personnage a vraiment l'impression de s'être rendu à l'Ulica Stawki. D'où sa question finale : À qui je mens ? – au chauffeur de taxi, en utilisant un euphémisme, ou à lui-même, en se donnant l'illusion qu'il pourrait voir quoi que ce soit à l'Umschlagplatz ? La réalité d'avant est introuvable et Jéricho en est d'autant plus imprenable. Raczymow dénonce d'ailleurs avec force la récupération de noms juifs à des fins commerciales dans certaines parties de Cracovie, où une surcharge de signes est censée faire croire à la présence « réelle » de traces juives, recréées artificiellement :

> À l'entrée de ce restaurant Alef, dont dépend la terrasse où je suis, il y a bien une *mezuza*. C'est la première et la seule que je vois. Un signe juif, indubitablement. Quelque linguiste ou sémiologue a-t-il jamais réfléchi à ce statut très particulier du signe qui n'a pour fonction que de faire signe ? Mais bien sûr ! N'est-ce pas ce qu'ils appellent la fonction phatique : une communication qui ne « communique » pas un message, mais en somme se communique elle-même, comme Âllo ? La *mezuza* à l'entrée du café Alef – comme son nom même, d'ailleurs, Alef – sonne creux, et déborde en même temps du trop plein d'un adipeux message : un Allô ? saturé d'ethnicité : Âllo/Hello/Shalom ! passant juif, il y a du Juif ici, cette maison est la tienne. Écœurante saturation, qui me fait penser à ces somptueux gâteaux chinois pour anniversaires ou mariages, mais trop crémeux et cheap, qui en mettent plein la vue et devant lesquels on a toute raison d'hésiter. (*DJP*, 83 ; Raczymow souligne)

L'auteur teste donc non seulement son propre imaginaire de l'endroit mais aussi celui des autres : la volonté de démasquer les impostures et les non-coïncidences offre ici une autre similitude avec l'analyse sur Flaubert évoquée plus haut. Le but final est, d'une part, de respecter la singularité des morts et des lieux, et, d'autre part, de réduire l'anonymat à travers l'inscription des noms des personnes et ceux des lieux[68]. Les deux objectifs sont difficiles à réconcilier, puisque, comme chez Proust, les actes mémoriels risquent de « remplacer » le réel à leur tour, et donc de renforcer la chaîne de substitutions inexactes où les singularités se perdent, de même que chez Perec. Dans une certaine mesure, Raczymow s'inscrit dès lors en faux contre son propre projet, soulignant encore et toujours le caractère imaginaire de son entreprise.

Enfin, la mission éthique de sauver le nom des morts continue aussi à se heurter à un autre obstacle potentiel en littérature, à savoir la volonté narcissique de l'auteur d'éterniser son propre nom[69]. Or, face à un passé dont on est exilé, la revendication d'une telle « place » d'écrivain semble rester délicate, sinon taboue. Pour gérer ce risque, déjà évoqué précédemment par l'image du nécrophore, Raczymow s'inscrit, dans *Quartier libre*, dans le sillage de l'Ecclésiaste, plutôt que dans celui de Sartre, tandis que dans *Dix jours « polonais »*, il s'associe à l'attitude passive et névrosée d'un Flaubert afin de réconcilier son propre sentiment d'irréalité avec une créativité artistique[70]. Œdipe ici ne cherche plus à être « comblé » ou à participer activement à la vie, mais occupe une place en retrait qui lui est propre et d'où il peut observer et, le cas échéant, démasquer le réel. Comme Kertész, l'auteur passe dès lors immédiatement de la position de dépendance, que Raczymow associait à un refus de vieillir dans *Un cri sans voix*, à la position d'observateur et de vieillard, en sautant la phase de l'engagement actif, ainsi qu'il l'explique dans *Quartier libre* à partir de l'opposition avec Sartre et dans *Dix jours « polonais »* en référence à Flaubert. Les intertextes, renvoyant ici à des écrivains majeurs de la littérature française, servent dès lors moins à créer des liens fantasmatiques au passé, mais plutôt à interroger les questions de mémoire et d'écriture, en toute conscience de leurs limites et de leur manque d'authenticité. Si le grand écrivain est mort[71], reste le Petit Poucet, qui sème ou collectionne ses cailloux, sources créatrices et « points de départ » malgré tout.

---

68 Selon Raczymow, ce processus de désanonymisation est plus proche de l'œuvre de Modiano que de celle de Perec (Raczymow, [Enquête sur la littérature mémorielle contemporaine], *op. cit.*, p. 81). Cf. Patrick Modiano, *Dora Bruder*, Paris, Gallimard, 1997.
69 Raczymow, « Mémoire, oubli, littérature », *op. cit.*, pp. 50-51 et p. 55.
70 Les écrits ultérieurs, dont le roman *Un garçon flou*, se placent d'ailleurs également sous le signe de Flaubert (Raczymow, *Un garçon flou, op. cit.*).
71 Cf. Raczymow, *La Mort du grand écrivain, op. cit.*

CHAPITRE 10

L'écriture « extime » de Gérard Wajcman

Gérard Wajcman est né en 1949, de parents juifs-polonais arrivés en France dans les années 30. À la fois psychanalyste et écrivain, il a publié dans plusieurs domaines. L'œuvre qui sera au centre de notre analyse est un texte littéraire intitulé *L'Interdit. Roman*[1]. Dans ce livre, les quatre cinquièmes des pages ne contiennent qu'un titre courant et des notes infrapaginales. Seules les pages en conclusion du volume sont entièrement remplies d'un texte continu, qui fait d'ailleurs figure de note finale explicative, voire de « post-scriptum »[2]. En 2004, l'auteur consacre lui-même un bref article à ce texte au sein d'un numéro thématique de *La Licorne* portant sur la question de la note[3]. Ses autres publications incluent entre autres *L'Objet du siècle*[4], un ouvrage de critique d'art qui, comme l'indique son titre, cherche à identifier l'objet central du vingtième siècle, notamment à partir des événements et des pratiques artistiques qui ont marqué ce dernier. Or, pour l'auteur, l'objet en question est « l'absence » et il se fond plus précisément avec l'entreprise d'oubli absolu que constitue la Shoah. Wajcman ajoute que l'objet-manque ou objet-absence est annoncé et montré dans l'art contemporain, en particulier à travers les œuvres de Kasimir Malevitch, de Marcel Duchamp, de Jochen Gerz et de Claude Lanzmann.

L'analyse qui suit montrera comment la perception de l'art et de la représentation de la Shoah par le biais du concept d'absence se rapporte aussi à *L'Interdit*. Notre lecture du texte se référera également à *Arrivée, Départ*, autre texte romanesque[5], ainsi qu'à *Fenêtre. Chroniques du regard et de l'intime*[6], un livre où l'auteur effectue une analyse en deux mouvements de la notion de

---

[1] Gérard Wajcman, *L'Interdit. Roman*, Paris, Éd. Denoël, 1986. Le texte sera désigné par le sigle *I*. Une version antérieure de ce chapitre est parue dans Fransiska Louwagie, « L'écriture 'extime' de Gérard Wajcman : blancs, notes et intertextes dans *L'interdit* », *Études françaises*, 45:2 (2009), pp. 131-150.

[2] Bernhard Metz, « Noten, Anmerkungen, Kommentare : der (Fuß-)Notenroman als literarische Gattung – Rekapitulation der 9. Sitzung vom 16. Dezember (Wajcman) », *Seminar für AVL – FU Berlin*, 2004-2005, http://www.complit.fu-berlin.de/archiv/kvv/lv-wise2004-2005/16442/rekapi9.pdf.

[3] Gérard Wajcman, « *L'Interdit* », *La Licorne*, n° 67 (2004 ; n° thématique : « L'Espace de la note »), pp. 177-180.

[4] Gérard Wajcman, *L'Objet du siècle*, Lagrasse, Verdier, 1998.

[5] Gérard Wajcman, *Arrivée, Départ. Roman*, Caen, Nous, 2002.

[6] Gérard Wajcman, *Fenêtre. Chroniques du regard et de l'intime*, [Lagrasse – Paris], Éd. Verdier, 2004.

subjectivité. Il y part plus exactement de la conception de la subjectivité à l'époque de la Renaissance – conception dont il situe l'origine dans les théories picturales de Leon Battista Alberti[7] – pour esquisser ensuite les changements que Sigmund Freud et Jacques Lacan ont apportés à celle-ci. *Fenêtre* combine en d'autres mots l'histoire de l'art avec une interrogation psychanalytique. Quelques éléments-clés de cette mise en relation figuraient déjà dans l'article « L'art, la psychanalyse, le siècle », paru en 2000 dans un recueil collectif consacré à Jacques Lacan[8]. Ce dernier texte opère en plus le lien avec les autres objets de discours de Wajcman, à savoir la Shoah et l'art de l'absence. Les réflexions sur la Shoah, l'art et le sujet psychanalytique traversent ainsi l'œuvre de l'auteur et nous examinerons, à travers une lecture intertextuelle, comment elles entrent en résonance avec *L'Interdit*.

1 *L'Interdit*

1.1 *Réception et question générique*

L'Interdit est un roman composé presque exclusivement de notes infrapaginales car, d'après la quatrième de couverture, le texte même est perdu, effacé ou absent. Les notes évoquent un personnage qui éprouve des problèmes de plus en plus graves à s'exprimer en français. Devenu aphasique, il s'interroge dans la dernière « note » – la seule à ne pas être numérotée et à se développer en un texte suivi, passant du bas de la page à son centre – sur l'origine de ses difficultés langagières, pour les attribuer finalement au fait que ses parents l'ont, dès son enfance, exclu du yiddish. En raison de cette mise en forme expérimentale, le texte de Wajcman fait un peu figure à part dans l'écriture de la deuxième génération. Sur la quatrième de couverture et dans l'article de 2004, Wajcman reconnaît d'ailleurs qu'on pourrait être tenté de définir le « genre » de son texte sur base de critères formels et donc d'inclure *L'Interdit* dans la catégorie hypothétique du « roman par notes »[9]. Il réfute cependant cette option, expliquant, dans le même article, que *L'Interdit* est un « hapax », dont la forme n'est pas définie à partir d'éventuelles ressemblances avec d'autres textes, mais par son « contenu » même. L'auteur détaille notamment que les notes relèvent

---

7 Wajcman renvoie notamment au traité *De Pictura* (1435) de ce peintre italien de la Renaissance.
8 Gérard Wajcman, « L'art, la psychanalyse, le siècle », Jacques Aubert, François Cheng, Jean-Claude Milner, Gérard Wajcman, François Regnault, *Lacan, l'écrit, l'image*, Paris, Flammarion, 2000, pp. 27-53.
9 Wajcman, « *L'Interdit* », *op. cit.*, p. 177.

de plusieurs « genres », allant de la « note savante » au « fragment secret », en passant par la « note d'éditeur ».

La mise en garde de Wajcman contre une approche purement formelle de son œuvre ne fut observée que partiellement. Dans son compte rendu de 1987, Jean-Paul Corsetti insiste sur la primauté de la langue sur le réel dans le texte et catalogue ce dernier comme « moderne »[10]. Gérard Genette, ensuite, expédie *L'Interdit* comme une expérience formelle apparemment inévitable mais sans grand intérêt : « Quant au roman de Gérard Wajcman, *L'Interdit* (1986), il ne comporte qu'un appareil de notes à un texte absent : cela devait arriver un jour »[11]. Jean-Pierre Goldenstein, au contraire, repousse cette interprétation, jugée partielle, pour insister sur l'urgence de l'écriture chez Wajcman[12]. Birgit Schlachter, enfin, insère le roman dans une analyse sur l'identité des écrivains de la deuxième génération[13]. Notre analyse combinera une analyse formelle avec un examen de la signification de l'œuvre, en prêtant attention notamment aux stratégies de lecture sollicitées : le « blanc » du texte suscite en effet une quête lectoriale, d'autant plus que la quatrième de couverture invite le lecteur à s'interroger sur « ce qu'était – ou ce qu'aurait pu être – ce texte ».

Dans la mesure où l'œuvre est définie comme un « hapax », dont le texte se situe à la limite du paratexte[14], son appartenance générique et le pacte de lecture proposé au lecteur sont a priori difficiles à définir, même si le sous-titre « roman » fournit une indication générique précise, répétée également sur la quatrième de couverture. En revanche, cette dernière stipule également, de façon plus générale : « Il y eut ici un récit ». Les notes, pour leur part, mettent en scène une situation « générique » et diégétique hétéroclite, comme l'a indiqué Wajcman. Différents énonciateurs y alternent, allant du narrateur hétérodiégétique à « l'éditeur »[15], d'une part, et au narrateur homodiégétique, de l'autre. Ce dernier est notamment présent dans la note finale explicative,

---

10   Jean-Paul Corsetti, « Gérard Wajcman, *L'Interdit* (Denoël) », *Europe : revue littéraire mensuelle*, n° 696 (1987), pp. 217-218.

11   Gérard Genette, *Seuils*, Paris, Seuil, 1987, p. 295 ; cité dans Jean-Pierre Goldenstein, « Le Horlangue. Notes sur l'amour de l'alangue », *Cahiers de psychologie de l'art et de la culture*, n° 16 (1990), p. 102.

12   *Id.*

13   Birgit Schlachter, *Schreibweisen der Abwesenheit, Jüdisch-französische Literatur nach der Shoah*, Köln, Böhlau, 2006, pp. 248-280.

14   Genette, *op. cit.*, pp. 314-315 ; Antoine Compagnon, *La Seconde Main, ou le travail de la citation*, Paris, Seuil, 1979, p. 328.

15   Wajcman, on l'a vu, utilise lui-même l'expression « note d'éditeur ». Nous désignons par le terme d'éditeur une instance narrative distincte du narrateur et responsable de certains métacommentaires ou compléments d'information.

dont la perspective personnelle enclenche, rétrospectivement, une remise en question du contrat romanesque. Birgit Schlachter, qui a mis en évidence le fait que l'un des personnages mentionnés dans *L'Interdit* figure aussi dans la dédicace d'*Arrivée, Départ*[16], opte dès lors pour l'étiquette d'« autofiction »[17]. Si le terme paraît un peu fort en l'absence de texte, il est vrai que l'ancrage existentiel amène le lecteur à scruter le contrat du texte et, le cas échéant, à chercher la présence cachée de l'auteur derrière le personnage : la quatrième de couverture encourage d'ailleurs une focalisation sur le protagoniste, tandis que la note 16 décrit, à titre hypothétique, la façon dont le lecteur « complète » le « portrait » de celui-ci (*I*, 34). L'instance fictive de l'« éditeur », ensuite, que nous avons également rencontrée chez Piotr Rawicz, offre une dimension narrative supplémentaire, formulant des « métacommentaires » analytiques[18].

Comme les pages restent blanches, le sujet de la Shoah brille littéralement par son absence. Dans la mesure où cette emphase sur l'absence apparaît par la suite dans les œuvres non-romanesques de l'auteur, il semble que l'auteur continue à « annoter », ou du moins clarifier, le rapport du roman à la Shoah de manière rétrospective, en fournissant certaines instructions de lecture. Les informations supplémentaires contribuent alors moins à pallier l'absence du texte romanesque primaire, qu'à « cadrer » le blanc. En effet, comme le roman met précisément en vedette les pertes factuelles irrémédiables[19], le lecteur se trouve face à des « trous » d'information qu'il ne peut remplir que de manière fort partielle ou hypothétique.

1.2 *Notes sur fond blanc : vers une lecture linéaire et circulaire*

La première étape de notre lecture consistera à définir le rapport que les notes entretiennent avec le texte absent, ainsi que leurs relations internes. Nous poursuivrons ensuite la lecture en deux étapes, centrées respectivement sur les notes autographes – attribuées au « je », au narrateur ou à l'éditeur – et sur les citations allographes, de type littéraire ou autre. Finalement, nous nous pencherons sur les « annotations » auctoriales ultérieures ou extérieures au texte.

---

16 Schlachter, *op. cit.*, p. 256.
17 *Ibid.*, p. 255.
18 La relation entre le narrateur et l'éditeur ne sera jamais désambiguïsée entièrement : par le renvoi à Juan de la Cuesta, l'éditeur du *Don Quichotte* de Cervantes, les notes de *L'Interdit* jouent sur la dissociation identitaire des deux instances (cf. Metz, *op. cit.*). Le recours aux métacommentaires se retrouve aussi chez Perec et Federman.
19 *Ibid.*

Du fait que les notes se situent entre le hors-texte et le texte, elles posent la question de l'ouverture et de la fermeture textuelles[20]. D'un point de vue formel ou esthétique, d'abord, les notes remplissent habituellement une fonction subordonnée, qui consiste à alléger le texte[21]. Cette hiérarchie s'avère cependant fragile[22] car les notes sont également susceptibles d'interrompre la linéarité du texte[23] et d'entraver son autonomie[24]. Dans *L'Interdit*, elles vont jusqu'à mettre en question l'homogénéité du texte (absent). Premièrement, une partie des notes reproduit des commentaires et des corrections apportés dans le manuscrit par l'auteur d'origine : comme dans une édition savante, l'appareil des notes montre ainsi le processus de rédaction et de correction au niveau du texte même. Qui plus est, les remaniements ont créé des incohérences au sein du « texte », d'après ce que signalent les notes de « l'éditeur ». Rappelant quelque peu certains chapitres annotés de Perec, les différentes instances narratives contredisent d'ailleurs les interprétations les unes des autres, que celles-ci soient « fournies » dans le texte (absent) ou en note. Lors de l'apparition du narrateur homodiégétique à la fin du texte, celui-ci ajoute en plus un deuxième niveau de notes pour commenter les interprétations données en bas de page par le narrateur. Ensuite, sur le plan sémantique, les notes génèrent soit une prolifération – plus ou moins contrôlée – de significations, en ouvrant l'œuvre sur « la bibliothèque »[25], soit délimitent la portée du texte, en affirmant au contraire le « contrôle de l'écriture »[26] par l'écrivain. Ici encore, les notes se prêtent donc à des interprétations contradictoires que nous pourrons approfondir au cours de l'analyse. Enfin, du point de vue pragmatique, il convient de noter, comme l'a signalé Genette, que le pacte romanesque intègre les notes dans la fiction et donc « indirectement » au texte[27]. Appliqué à *L'Interdit*, cela signifie notamment que les notes éditoriales font partie intégrante du « roman », à l'opposé de ce qui se passe dans des éditions de type critique.

Une tension supplémentaire à prendre en compte concerne les relations entre les notes, qui se définissent en termes soit de « cloisonnement », soit

---

20   Vincent Colonna, « Fausses notes », *Cahiers Georges Perec*, n° 1 (1985), p. 97.
21   Compagnon, *op. cit.*, p. 339.
22   Jan Baetens, « La question des notes : l'exemple de Jean Ricardou », *Rivista di letteratura moderna e comparata*, XL:4 (1987), p. 358.
23   Julie Lefebvre, « "Note" et "note" : proposition de déchiffrage linguistique », *La Licorne*, n° 67 (2004 ; n° thématique : « L'Espace de la note »), p. 39.
24   Colonna, *op. cit.*, p. 97.
25   Jacques Dürrenmatt, Andréas Pfersmann, « Avant-propos », *La Licorne*, n° 67 (2004 ; n° thématique : « L'Espace de la note »), p. 4.
26   Compagnon, *op. cit.*, p. 341.
27   Genette, *op. cit.*, p. 314.

de « concaténation ». La « non-linéarité » du premier pôle est le cas de figure standard, mais la présence de certaines correspondances isotopiques peut mener à un « devenir texte » des notes, et dans des cas plus rares, à une véritable linéarité[28]. Chez Wajcman, le lecteur est particulièrement incité à repérer des concaténations, étant donné l'absence du texte. Cet effet est renforcé de plusieurs façons, notamment à travers les récurrences isotopiques, les cas de linéarité « locale » entre deux ou trois notes et les sollicitations du lecteur comme coauteur. En outre, l'action rétrospective de la note finale incite à effectuer une relecture circulaire, c'est-à-dire à poursuivre la quête de signification[29]. Le texte explicatif final confirme d'autant plus le « devenir texte » des notes qu'il passe lui-même de la zone infrapaginale à l'espace de la page. Dans ce qui suit, nous examinerons en détail les perspectives linéaires et circulaires engendrées au niveau des notes « autographes » et « allographes », en vue d'étudier la construction identitaire et le rapport à cet objet absent que constitue la Shoah.

1.3 *Infans*

Étant donné l'absence du texte, les commentaires en note paraissent souvent assez énigmatiques. En plus de cela, ils thématisent eux-mêmes l'existence de points obscurs dans la vie du personnage – qui ne recevront une explication que dans la note finale – de même que les incohérences et les incompréhensibilités dans la trame narrative, dues aux processus de réécriture et de correction[30]. Néanmoins, comme l'indique la quatrième de couverture, les notes permettent de déceler, en fin d'analyse, les grands traits de la trajectoire que parcourt le protagoniste[31] :

> Peu à peu se reconstituera la figure du personnage principal de ce roman [...] un homme qui, privé de mémoire, et après en être resté littéralement *interdit*, longtemps sans voix, lutte contre l'oubli. Ce n'est que grâce à la redécouverte du yiddish, la langue de ses pères, qu'il pourra reconquérir sa parole et, par là même, avec tout l'espace de la page, sa propre identité. (*1* ; Wajcman souligne)

---

28 Baetens, *op. cit.*, pp. 361-362. Voir également Shari Benstock, « At the Margin of Discourse: Footnotes in the Fictional Text », *PMLA*, 98:2 (1983), p. 214.

29 Comme le stipule Jan Baetens, l'incitation à la relecture nécessite d'une part un « trou » ou un « manque » dans le texte, et d'autre part un processus d'apprentissage au niveau du lecteur (Jan Baetens, « Qu'est-ce qu'un texte "circulaire" ? », *Poétique*, n° 94 (1993), p. 223).

30 Voir aussi Metz, *op. cit.*

31 Cf. Goldenstein, *op. cit.*, p. 97.

Au tout début du volume, le personnage vit une relation apparemment très étroite avec une femme. Les notes suggèrent cependant que sa présence constante et vraisemblablement transparente auprès d'elle sert à mieux éviter certaines questions (*I*, 18). Le personnage ne révèle pas le contenu de ces questions mais indique ne pas pouvoir y répondre (*I*, 14). Sa relation amoureuse connaît une fin brusque et non préméditée lorsque le personnage entend ses amis parler d'un départ : croyant qu'il s'agit de lui, il leur annonce sa décision de tout quitter. Si lui-même croit se conformer ainsi à la parole des autres, les amis présents ont du mal à interpréter son comportement. Ils émettent plusieurs hypothèses et jugements, continuant ainsi, au sens du personnage, à façonner son histoire. Cependant, le protagoniste ne se reconnaît pas dans leur vision des faits, bien qu'il n'ait pas de version alternative à proposer : il s'avoue incapable d'un véritable acte motivé et se compare à une surface plane, où seuls les récits qu'y projettent les autres créent un semblant de profondeur et d'ombre. L'unique élément de réponse qu'il soulève est le dégoût physique que son partenaire lui inspirait et la peur de s'avouer qu'il réprimait, dans ses rapports avec elle, ses véritables désirs.

Après un passage à Paris, le protagoniste se met en route pour l'Italie. Du fait qu'il voyage sans carte, son parcours se déroule en boucles plutôt que de manière purement linéaire. Il visite surtout les endroits dont le nom lui évoque quelque chose mais ses attentes ne sont pas toujours satisfaites : ainsi, les tableaux en trompe-l'œil qu'il cherche, s'avèrent introuvables et potentiellement inexistants. Le voyage aboutit à Venise : les notes stipulent que cette ville s'est construite d'après les images que les artistes lui ont données et, étant connue à travers ces mêmes œuvres, elle est familière au personnage. De plus, les notes affirment que la ville extérieure n'est que le reflet d'une Venise intérieure rêvée et désirée par tous. Du coup, la volonté observée chez certains de sauver cette ville de la menace imminente d'une inondation serait au fond une tentative collective de préserver ce « rêve » et de s'en rendre maîtres. Si Venise s'avère ainsi être une somme d'images et de fantasmes, la ville instruit, en retour, ses visiteurs sur leurs propres désirs et les amène à contempler leur passé. Le protagoniste, pour sa part, y renoue avec son ancien désir d'être écrivain. Il éprouve aussi une émotion forte à contempler un Juif priant dans une synagogue. Or, à la suite de cette rencontre, il témoigne d'une soudaine impossibilité physique de parler. Son aphasie est présentée comme une chute hors de la langue, d'autant plus que le personnage connaît également des problèmes grandissants à comprendre le français oral : il n'entend plus les mots derrière les voix. Sa capacité à écrire et à lire le français demeure cependant intacte. Dès lors, il se décide à rédiger sa propre histoire, afin de retracer toutes les occurrences de son rapport problématique à la langue (orale) et de dénicher ainsi la cause fondamentale de ses nouveaux « troubles » (*I*, 246), autrement importants.

La dernière partie du texte, qui commence sous forme de note mais se poursuit sur tout l'espace de la page, explique que la chute du personnage hors de la langue tient au fait qu'il est juif. Une caractéristique des Juifs serait précisément l'usage temporaire des langues. En plus de cela, le rapport du protagoniste à la langue a été entravé par ses parents : ceux-ci s'entretenaient devant lui en yiddish, la langue des disparus, lorsqu'ils voulaient l'empêcher de comprendre la conversation. Cet « interdit » de la langue, destiné à préserver l'enfant de la mort, a au contraire planté le silence et la mort en son sein. Le protagoniste se rend désormais compte que le yiddish est la seule langue qui parle de lui. Il choisit donc d'assumer son identité juive, cependant moins en guise d'appartenance à une communauté réelle qu'en tant que prise en « charge » de la mémoire des disparus. Il décide, en d'autres mots, de ne plus faire obstacle au « silence » et de s'engager dans un rapport de ressemblance avec les morts, les absents. Cela lui permet d'acquérir enfin une place dans le passé.

En somme, *L'Interdit* offre l'histoire d'un double voyage physique et psychologique. Le premier implique que le personnage « s'absente » à défaut d'avouer son absence intérieure, tandis que le deuxième ramène le protagoniste à son enfance et révèle ses désirs opprimés. L'explication finale – issue d'une autoanalyse rétrospective – consiste alors en une prise de conscience susceptible d'éclairer certains « signes » déjà présents « avant » – d'où précisément l'invitation à une relecture circulaire. Le résumé nous montre en effet que les concepts de langue, de parole et de discours sont problématisés dès le début du récit. Ainsi, le personnage se sent déterminé par les discours que les autres tiennent à son sujet et conforme sa propre parole à cette image extérieure. De façon plus générale, la langue française lui sert d'« écran » ou de « voile » pour se protéger d'un manque d'identité et pour empêcher les autres d'apercevoir celui-ci. Cependant, ce mauvais usage de la langue mène finalement à une exclusion de la parole. Le personnage se trouve obligé d'abandonner l'abri « vital » de la langue française[32] et de faire face à son identité juive, marquée par le silence et l'absence. Ce renouement implique le passage d'une disparition inauthentique dans l'illusion de la langue française à une disparition authentique dans la mort. Ou encore : d'une langue qui parle des autres à un silence qui parle de lui, d'une histoire tramée « à sa place » à une « place » à lui, située dans le passé. *L'Interdit* comprend en somme la chronique d'une rupture

---

[32] L'écran langagier se trouve au même plan que l'air respiré : « [...] ce sont les mots eux-mêmes qui se refusent, s'éloignent, qui m'oublient. Comme si je n'étais que le souvenir des mots qui me traversent. Je me suis senti face à une fenêtre ouverte, sans rien derrière. Pas dans une attente mystique à la Hopper : l'attente d'un événement immédiat, vital, d'un soupçon d'air » (*I*, 110).

annoncée, qui, malgré le gain identitaire qu'elle implique – comme l'illustre le retour du « je » et l'abandon des notes de bas de page – est loin d'être salutaire.

Le retour au passé s'illustre aussi à d'autres niveaux : les notes suggèrent en effet que Venise annule le cours du temps. Étant elle-même à l'image des désirs humains, la ville révèle à ses visiteurs leurs rêves oubliés et les amène à se pencher sur leur passé. D'ailleurs, en tant que ville historique pourvue de monuments de différentes époques, elle permet au sujet de rassembler plusieurs siècles en un seul regard et donc de transcender le temps. De cette atemporalité, il n'y a qu'un petit pas vers la contemporanéité du passé. Du coup, si Venise était la première ville à instaurer un « ghetto » juif – auquel l'une des notes de bas de page et la note finale font renvoi – elle demeure un endroit propice à l'interrogation de l'identité juive. Dans la note finale, le « Ghetto » apparaît comme une partie intégrante du présent du narrateur : « Il est certain que pas mal de choses ces derniers temps me ramènent aux Juifs, ce qui s'est passé dans le Ghetto par exemple n'est sûrement pas sans rapport avec ma mutité » (*I*, 255). Dans la mesure où Venise incite le personnage à renouer avec son passé, elle lui permet donc également de donner une place au passé dans le présent. Le personnage met cependant en garde contre une conception englobante de la ville et du temps. Il souligne que « Venise » ne constitue pas un « tout » mais au contraire un espace « traversé » de l'intérieur : la ville est la somme des points de vue successifs réunis par un sujet. En cela, elle ressemble à un livre, qui se parcourt aussi ligne par ligne (*I*, 101), ou à la mémoire véritable, qui consiste, comme le projet de Serge Klarsfeld, en un alignement des noms des victimes juives, aussi minutieux que l'action d'extermination nazie (*I*, 225). La mémoire s'avère donc soumise à une double contrainte, à savoir celle de « maintenir » présent le passé[33], sans soumettre celui-ci à une approche totalisatrice.

Les mises en scène complexes de « l'évolution » du personnage et du temps s'expliquent en somme à partir de différentes quêtes de « lieu ». Le protagoniste cherche en effet une place pour lui-même à l'intérieur de la mémoire juive, une place pour la mémoire juive dans le présent, ainsi qu'une place pour chaque victime, notamment dans l'espace blanc de la page : « fond blanc de la page que chaque nom qui s'inscrit montre en silence » (*I*, 225). La quatrième de couverture confirme ce projet d'écriture : « Ce livre est un événement ; car, à travers sa composition insolite, il met pour la première fois en forme quelque chose qui n'a jamais eu *lieu* »[34]. Pour Wajcman la Shoah constitue une

---

33   Voir également Annette Wieviorka, *Déportation et génocide. Entre la mémoire et l'oubli*, Paris, Plon, 1992, p. 163.
34   L'auteur souligne.

entreprise d'oubli absolu, engendrant une absence, un manque ; la tâche de l'art consiste dès lors à créer un « lieu » pour exposer ce « rien », qui risquerait sinon de rester invisible. Wajcman s'inscrit ici encore dans le sillage de Claude Lanzmann, qui parle des « non-lieux de la mémoire », face auxquels il faut « s'halluciner » pour abolir la distance avec le passé et revivre l'histoire au présent[35].

1.4   « *Qui parle ?* »

En tournant maintenant l'attention aux notes allographes, nous explorerons notamment leurs nombreuses références intertextuelles. Cette question a généralement été dénigrée par la critique, comme l'illustre la remarque suivante de Bernhard Metz : « kein französicher Erinnerungstext ohne Proustremineszenz [*sic*], et voilà : ein Proust-Motto läutet den Texte ein, und später kommen Marcel und die mémoire noch einmal auf »[36]. Les références sont-elles alors une convention, un *topos* qui ne nécessite pas d'interprétation ? Nous montrerons au contraire qu'elles instaurent de nouvelles concaténations significatives, de manière à engendrer une « quête » supplémentaire de la part du lecteur.

Or, cette quête n'est pas aisée puisque les références intertextuelles dans *L'Interdit* sont très incomplètes et sources de confusion. Si certaines notes contiennent un nom de personnage ou un titre – parfois sans précisions complémentaires[37] – d'autres offrent des citations allographes sans aucun renvoi bibliographique. Ainsi, les notes comprennent des extraits de l'œuvre de Proust autres que ceux cités ci-dessus par Bernhard Metz, mais dont l'origine n'est pas identifiée dans *L'Interdit*. Il s'ensuit une confusion entre les commentaires recopiés du manuscrit original par « l'éditeur » et les citations

---

35   Claude Lanzmann, « Les non-lieux de la mémoire » [1986], Claude Lanzmann, Bernard Cuau, Michel Deguy (éds.), *Au sujet de Shoah*, Paris, Belin, 1990, p. 290. Lanzmann s'appuie ici sur la dimension spéculative de l'imaginaire telle que définie par son maître de pensée Jean-Paul Sartre : contrairement à l'imagination névrosée que celui-ci reproche à Flaubert, il s'agit de pousser son imagination jusqu'à la néantisation du monde (cf. Jean-Paul Sartre, *L'Imaginaire : Psychologie phénoménologique de l'imagination*, Paris, Gallimard, 1940).

36   « Pas de texte mémoriel français sans réminiscences proustiennes, et voilà : une citation de Proust ouvre le texte, et par la suite Marcel et la mémoire font aussi leur apparition » (Metz, *op. cit.* ; notre traduction). Le personnage de *La Recherche* invoqué par *L'Interdit* n'est d'ailleurs pas Marcel mais M. de Charlus (*I*, 200).

37   C'est par exemple le cas d'un renvoi au personnage de « Valdemar » (*I*, 51), issu de la nouvelle *La Vérité sur le cas de M. Valdemar* d'Edgar Allan Poe (Metz, *op. cit.*). Ce personnage, consentant à participer à une expérience de mesmérisme au moment de son décès, finit par communiquer sa propre mort aux vivants. À cause de sa propre absence intérieure, le personnage de *L'Interdit* se sent contraint de faire le même « aveu ».

allographes non référencées[38]. Qui plus est, nous verrons que les citations ne sont pas toujours reprises fidèlement mais, au contraire, tronquées ou modifiées. L'usage des guillemets est dès lors peu fiable et pose le lecteur devant la question de savoir « Qui parle ? » (*I*, 76)[39]. Finalement, certaines notes sont elliptiques au point de devenir énigmatiques : dans la note 55, l'éditeur signale par exemple qu'il faut se rapporter à l'ouvrage mentionné pour comprendre de quoi le narrateur parle (*I*, 78). Ce genre de remarque incite le lecteur à « se documenter sur la documentation »[40]. D'ailleurs, « l'éditeur » s'est déjà chargé de compléter certaines citations ou références manquantes, ce qui pousse encore le lecteur à en faire de même. Cela dit, dans la mesure où « l'éditeur » omet à son tour des informations bibliographiques[41], le lecteur est finalement engagé à contrôler toutes les instances narratives, auxquelles il ne peut se fier.

Au sein de cette quête, se pose aussi la question de savoir quel est le rôle des notes « allographes » par rapport au reste du « texte », l'hypothèse étant que les citations font, pour le personnage-narrateur, figure de « regards étrangers » révélateurs de soi. Le lecteur est alors invité à intégrer ces perspectives dans l'analyse qu'il mène au sujet du protagoniste, comme le confirme d'ailleurs la note suivante :

> (105) *Copié en marge* : « En réalité, chaque lecteur est, quand il lit, le propre lecteur de soi-même. L'ouvrage de l'écrivain n'est qu'une espèce d'instrument optique qu'il offre au lecteur afin de lui permettre de discerner ce que, sans ce livre, il n'eût peut-être pas vu en soi-même. La reconnaissance en soi-même, par le lecteur, de ce que dit le livre, est la preuve de la vérité de celui-ci, et *vice versa*, au moins dans une certaine mesure, la différence entre les deux textes pouvant être souvent imputée non à l'auteur mais au lecteur. » (*I*, 124 ; Wajcman souligne)[42]

La citation, non identifiée, est tirée de la fin de *La Recherche*. Elle présente la lecture comme un moyen de connaissance de soi, une affirmation qui peut s'appliquer non seulement au lecteur de *L'Interdit* mais aussi au personnage-narrateur du roman, dans la mesure où ce dernier est lecteur

---

38   Un exemple d'une telle confusion se trouve dans Metz, *op. cit*. La note 24 juxtapose les notes autographes de *L'Interdit* avec une citation de Proust.
39   Cette question se trouve dans *L'Interdit* – sans les guillemets – et figure aussi dans *Rigoletto*, opéra de Giuseppe Verdi auquel renvoie la note 63 (*I*, 86), où les *quiproquo* abondent.
40   Benstock, *op. cit.*, p. 212 ; notre traduction.
41   Metz, *op. cit.*
42   Marcel Proust, *Le Temps retrouvé* [1927], Marcel Proust, *À la recherche du temps perdu*, t. 4, Bibliothèque de la Pléiade, Paris, Gallimard, 1989, pp. 489-490.

des œuvres citées en note. Cela implique que les renvois intertextuels dans *L'Interdit* contribuent à révéler la « vérité » du personnage. De plus, étant donné que le personnage admet recopier des passages lors de ses lectures pour mieux « incorporer » les œuvres (*I*, 138-139), les « regards étrangers » finissent par définir sa subjectivité.

Les renvois bibliographiques dans *L'Interdit* concernent des ouvrages théoriques de l'art (italien), des passages de divers auteurs touchant à des isotopies importantes du texte – la question juive, les problèmes langagiers ou certains motifs récurrents, tels que le regard –, ainsi que des œuvres littéraires. Les références semblent généralement anticiper le post-scriptum, c'est-à-dire orienter l'attention du lecteur vers le dénouement de « l'histoire » – lors de la première lecture ou de la relecture – mais sont parfois trop brèves pour générer de véritables compléments d'analyse. Cela dit, une référence à première vue locale peut être l'indice de liens plus systématiques et significatifs avec l'œuvre de l'auteur cité. Ainsi, l'une des notes établit, presque en passant, un parallèle entre les désirs refoulés du protagoniste de *L'Interdit* et ceux de Marcel dans *La Recherche* – en appliquant aux deux cas le terme de « procrastination », attribué au personnage proustien qu'est M. de Charlus (*I*, 200)[43]. Cette mise en rapport est susceptible d'augmenter l'attention du lecteur pour d'autres interactions, parfois non explicitées, avec l'écriture de Proust. Des renvois intertextuels à première vue énigmatiques, voire arbitraires, qui pourraient faire croire à une dissémination de sens, servent donc un but ultérieur : nous verrons notamment que leur caractère délibérément allusif constitue un « écran » trompeur. Notre analyse portera en particulier sur quatre écrivains cités de manière répétés, à savoir Marcel Proust, James Joyce, Dante Alighieri et Gustave Flaubert. Outre les renvois à Proust déjà mentionnés, Wajcman intègre certaines références à *La Recherche* qui ont trait au rapport complexe entre le souvenir et l'oubli. La première citation est mise en épigraphe de *L'Interdit* :

> Alors du noir orage qu'il nous semble avoir traversé (mais nous ne disons même pas nous), nous sortons gisants, sans pensées, un « nous » qui serait sans contenu. Quel coup de marteau l'être ou la chose qui est là a-t-elle reçu pour tout ignorer ?
>
> MARCEL PROUST, *Sodome et Gomorrhe*

---

43   Ce passage de *L'Interdit* a trait aux anciens désirs avec lesquels le personnage renoue à Venise. Il s'agit en premier lieu du désir d'écrire, mais le passage nous rappelle aussi les désirs réprimés auxquels le personnage faisait allusion au début du livre, en décrivant les rapports sexuels avec sa compagne.

Extrait de son contexte d'origine, ce passage sur le « noir orage » paraît assez énigmatique et dépourvu d'un rapport direct à la Shoah et aux problèmes de mémoire liés à celle-ci. Or, dans *La Recherche*, cette citation cadre dans une description de différentes façons de se réveiller. Proust y analyse notamment le balancement entre oubli et mémoire qui accompagne la sortie du sommeil, engendrant une expérience de dépersonnalisation :

> Alors de ces sommeils profonds on s'éveille dans une aurore, ne sachant qui on est, n'étant personne, neuf, prêt à tout, le cerveau se trouvant vidé de ce passé qui était la vie jusque-là. Et peut-être est-ce plus beau encore quand l'atterrissage du réveil se fait brutalement et que nos pensées du sommeil, dérobées par une chape d'oubli, n'ont pas le temps de revenir progressivement avant que le sommeil ne cesse. Alors du noir orage qu'il nous semble avoir traversé (mais nous ne disons même pas nous) nous sortons gisants, sans pensées, un « nous » qui serait sans contenu. Quel coup de marteau l'être ou la chose qui est là a-t-elle reçu pour tout ignorer, stupéfaite jusqu'au moment où la mémoire accourue lui rend la conscience ou la personnalité[44] ?

Le texte de Proust nous apprend également que Wajcman a tronqué la dernière phrase de la citation. Le passage par l'œuvre originale semble donc s'imposer pour une bonne compréhension des liens intertextuels avec *L'Interdit*, puisque ce roman traite précisément, à l'instar de la phrase retranchée, d'une récupération de la mémoire et d'une prise de conscience identitaire. Proust exprime en outre l'expérience de « n'être personne », relevée aussi au sein de *L'Interdit*. Les informations apportées par *La Recherche* suggèrent enfin que la découverte de la mémoire et de l'identité juives est vécue ou ressentie comme un processus de réveil. Ce moment « *rend* la conscience ou la personnalité »[45] du protagoniste, signifiant que celui-ci sort d'une phase d'illusions, pour renouer avec ses « désirs » véritables. Le réveil est donc assimilé à la révélation d'une vérité : l'expression « ouvrir les yeux », très fréquente dans les notes, prend de ce fait un double sens. Le concept de réveil explique en plus la présence d'autres isotopies dans les notes, comme l'opposition entre ténèbres et lumières et le motif corrélé de la fenêtre. Autour de ce dernier se développe d'ailleurs un deuxième réseau sémantique, basé sur la dichotomie entre « intérieur » et « extérieur »,

---

44 Marcel Proust, *Sodome et Gomorrhe II* [1922], Marcel Proust, *À la recherche du temps perdu*, t. 3, Bibliothèque de la Pléiade, Paris, Gallimard, 1988, p. 371.
45 Nous soulignons.

à laquelle s'attachent des concepts comme air, bruit, regard et écran. Nous reviendrons plus loin sur ces constellations sémantiques.

Les autres renvois à l'articulation entre mémoire et oubli chez Proust concernent plus exactement l'objet et/ou la personne désirés mais absents. Ainsi, la note 180 signale que, dans le manuscrit – manquant – de *L'Interdit*, le mot « fugitive » avait été barré et remplacé par « disparue ». Or, ce changement rappelle l'abandon du titre *La fugitive* pour celui d'*Albertine disparue* dans *La Recherche*. Comme l'a montré Guillaume Perrier, le terme de « disparition » comprend chez Proust, outre l'idée du départ, celle de la mort et même celle de l'oubli de la bien-aimée[46]. Le terme rend donc bien l'absence de la première génération de victimes juives, ainsi que le refoulement initial de leur souvenir par le protagoniste. Wajcman a d'ailleurs souligné l'importance du terme « disparition » dans son article de 2004, en établissant, de manière rétroactive, un lien entre son propre texte et *La Disparition* de Georges Perec. Dans ce texte, il rattache *L'Interdit* à un problème d'« irreprésentable », sur lequel nous reviendrons plus loin :

> Relisant il y a quelques années *L'Interdit*, m'est soudain apparu que bien plus qu'à tous ces écrivains, surtout du XIXe siècle, dont je m'étais entouré pour écrire les notes, bien plus qu'aux critiques et à la littérature savante qui avaient nourri mon amour profond des notes, c'est d'abord à Georges Perec que ce livre devait. À l'auteur de *La Disparition* qui me semble aujourd'hui encore non pas ce qu'il faudrait qualifier de plus grand roman jamais écrit sur la Shoah, mais ce point le plus extrême, le plus vif, le plus vrai que la littérature pouvait atteindre pour transmettre quelque chose de cette impensable et irreprésentable disparition. [...] Ce e disparu du roman de Perec était au fond la même chose que ce blanc du roman absent que j'avais creusé dans les pages de *L'Interdit*. Non, ce n'était pas la même chose, c'était la chose même. La Disparition[47].

Enfin, la note 87 contient également un renvoi non référencé à Proust :

> (87) « Elle fait partie de l'abîme inaccessible qui donne le vertige des baisers sans espoirs » ; c'est de cette phrase qu'il s'agit, qu'il cite donc en substance mais non à la lettre. (*I*, 109)

---

46   Guillaume Perrier, « L'image de la disparition », *Fabula*, Actes du colloque « À la recherche d'*Albertine disparue* », 2007, http://www.fabula.org/colloques/document480.php.
47   Wajcman, « *L'Interdit* », *op. cit.*, p. 180.

Si la présence du terme « baisers » pousse le lecteur à identifier le pronom personnel « elle » à une femme, le contexte original de la citation nous apprend que ce pronom se rapporte au concept de « voix ». Le recours à l'intertexte semble donc de nouveau indispensable à une bonne compréhension de la note. De fait, il s'avère que la réflexion de Proust sur la voix s'intègre une fois de plus dans une analyse du souvenir et de l'oubli :

> [...] se rappeler un être c'est en réalité l'oublier. [...] Et alors de nouveau la fois suivante, ce qu'il y a de volontaire dans les yeux perçants, dans le nez pointu, dans les lèvres serrées, viendra corriger l'écart entre notre désir et l'objet auquel il a cru correspondre. Bien entendu, cette fidélité aux impressions premières, et purement physiques, retrouvées à chaque fois auprès de mes amies, ne concernait pas que les traits de leur visage puisqu'on a vu que j'étais aussi sensible à leur voix, plus troublante peut-être (car elle n'offre pas seulement les mêmes surfaces singulières et sensuelles que lui, elle fait partie de l'abîme inaccessible qui donne le vertige des baisers sans espoir), leur voix pareille au son unique d'un petit instrument, où chacune se mettait tout entière et qui n'était qu'à elle[48].

Dans *L'Interdit*, la référence à ce paragraphe cadre avec l'importance qu'accorde le narrateur-protagoniste à l'écoute et au souvenir de la voix (maternelle). Au sein de la note finale, l'intérêt pour ces questions est relié aux problèmes de compréhension de l'enfant et du protagoniste aphasique : ces derniers n'arrivent pas à saisir les mots derrière les voix qu'ils entendent, étant donné qu'ils sont exclus du yiddish et, plus tard, du français. D'ailleurs, nous voyons que la note de Wajcman retient en particulier les propos de Proust au sujet de « l'inaccessibilité » de la voix. Notons aussi que l'association proustienne entre le concept de « voix » et celui de « désir » souligne, quant à *L'Interdit*, l'attachement profond de l'enfant à sa mère. Ensuite, l'opposition établie par *La Recherche* entre la surface du visage et l'abîme de la voix contribue à thématiser, de manière indirecte, la dichotomie entre intériorité et extériorité.

Au-delà de ces références, un autre parallèle intertextuel entre *L'Interdit* et *La Recherche* s'établit sur base de leur structure circulaire commune, puisque chacune des œuvres met en scène sa propre genèse[49]. Ce principe s'applique aussi à l'une des autres références intertextuelles, à savoir *Finnegans Wake* de James Joyce, dont l'« ouverture abrupte » est « susceptible de se lire comme

---

48   Marcel Proust, *À l'ombre des jeunes filles en fleur II* [1918], Marcel Proust, *À la recherche du temps perdu*, t. 2, Bibliothèque de la Pléiade, Paris, Gallimard, 1988, pp. 270-271.
49   Pour Proust, voir entre autres Baetens, *op. cit.*, p. 215.

le prolongement de la clôture suspendue »[50]. *Finnegans Wake* est présenté comme une « lecture d'enfance » du protagoniste et la citation, reprise tout à la fin du texte, a été recopiée en alternance avec la transcription « d'une conversation ou d'une leçon en yiddish » :

> (152) libres. Euraivoile, qu'ils disent, ton nom ne me dût rien ! Mais je les haihaime c'est là tout ce que je haime. Saoule en moi seule. Malgré toutes leurs fautes.
> – ... tu dis
> – ikh vejs nit genug
> – non non pas celle-là ici oui
> Je trépasse. Ô fin amère ! Je m'esquive-
> rai avant
> – zej lejen a bukh
> – tu vois c'est la même faute
> – ah oui zej lejenen a bukh
> rai avant qu'ils soient levés. Ils ne verront jamais. Ni ne sauront. Ni ne me regretteront. Et c'est vieux et vieux c'est (*I*, 171)

Un rapport de familiarité se crée entre les deux discours entrelacés que sont l'extrait de *Finnegans Wake* et la transcription du yiddish, d'autant plus que l'un et l'autre renvoient à une « faute », motif sur lequel nous reviendrons plus loin. Si l'on part de l'idée que la partie essentielle de la citation est de nouveau tronquée et qu'un retour au contexte d'origine s'impose, nous voyons que l'extrait de Joyce cadre avec une injonction au souvenir – exprimée par le terme « mememoremoi »[51], qui contient d'ailleurs le vocable « mort »[52] – et offre ainsi un nouveau lien significatif avec la conversation en yiddish, langue du passé.

Chacun des discours attire aussi l'attention sur le niveau « signifiant » ou matériel de la langue : Joyce, pour sa part, crée une écriture qui joue sans cesse sur la morphologie des mots[53] et le narrateur ou éditeur de *L'Interdit* explicite pour sa part : « La transcription phonétique du yiddish a été laissée telle qu'il l'a écrite » (*I*, 171). Cette mise en vedette de la matérialité de la langue va de pair avec la primauté de la voix sur les mots et enchaîne indirectement

---

50   *Ibid.*, p. 216.
51   James Joyce, *Finnegans Wake* (1939), Trad. A. du Bouchet, Paris, Gallimard, 1962, p. 54.
52   Petr Skrabanek, « Night Joyce of a Thousand Tiers », *Hypermedia Joyce Studies*, 4:1 (2003), http://hjs.ff.cuni.cz/archives/v3/skrabanek2.html.
53   Willy Erzgräber, *James Joyce, Oral and Written Discourse as Mirrored in Experimental Narrative Art* [1998], Trad. A. Cole, Frankfurt Am Main, Peter Lang, 2002, p. 340.

avec le caractère problématique de la communication. Il semble en effet que *Finnegans Wake* et la conversation en yiddish illustrent tous les deux le problème de la langue « voilée » : « Language itself is at the forefront in the Wake, where it seems to serve as a barrier, a linguistic veil, separating reader from meaning »[54]. Or, en ce qui concerne *L'Interdit*, l'on sait que le « voile » langagier ne se dresse pas seulement face au lecteur mais aussi face au personnage même. Dans ce dernier cas, il dépasse d'ailleurs les situations de non-compréhension, car le français fonctionne déjà comme un « écran » avant la phase d'aphasie. Le rôle du « voile » change en somme avec le temps et selon la langue. De fait, au cours de l'enfance, l'usage du yiddish signifie une exclusion voulue protectrice. La langue française, ensuite, constitue un écran trompeur mais tout aussi protecteur et vital, destiné cette fois-ci non à créer mais à cacher une exclusion effective. Les deux cloisons sont donc solidaires l'une de l'autre plutôt qu'opposées. Du coup, le rejet hors de la langue française annule la séparation d'avec l'identité juive, de sorte que le protagoniste est obligé d'intégrer le silence de la mort. Son retour au passé est donc aussi un retour à l'état d'« *infans* », situé en-deçà du langage : en évoquant en même temps l'attachement à la mère, l'auteur s'appuie, comme d'autres écrivains que nous avons analysés, sur un schéma œdipien pour penser son rapport à la génération précédente, marqué à la fois par un désir et un interdit.

La deuxième œuvre de Joyce référencée dans *L'Interdit* est *Giacomo Joyce*. Dans ce texte, qui consiste en cinquante paragraphes isolés séparés par des blancs importants, le narrateur joycien parle d'une jeune élève italienne qu'il cherche à séduire – le prénom repris dans le titre suggère d'ailleurs un lien avec l'histoire de Giacomo Girolemo Casanova. *L'Interdit* reprend l'un des paragraphes, en une version abrégée, que « l'éditeur » du texte complète, en explicitant ainsi la pratique citationnelle du texte :

---

54   Benstock, *op. cit.*, p. 211. D'autres mises en rapport potentielles entre *L'Interdit* et *Finnegans Wake*, que nous n'approfondirons pas ici, incluent par exemple le renversement de la hiérarchie entre notes et texte (cf. Jen Shelton, « Issy's Footnote: Disruptive Narrative and the Discursive Structure of Incest in *Finnegans Wake* », *ELH*, 66:1 (1999), pp. 203-221), l'articulation entre rêve et réveil (voir entre autres Erzgräber, *op. cit.*, p. 338), la structure fragmentaire du texte et le (re)maniement de citations allographes (*ibid.*, p. 339). Selon les critiques de *Finnegans Wake*, la double mise en scène d'une langue voilée et d'un processus de réveil modèle aussi l'acte de lecture du texte joycien : le lecteur est conçu comme une instance « éveillée » et activement en quête de signification – à cet égard, le premier titre donné par Joyce à son œuvre, *Work in Progress*, était aussi une invitation au lecteur (Franz Kaltenbeck, « Ce que Joyce était pour Lacan », *Le Psychanalyste mutant*, 2002, https://www.acheronta.org/acheronta15/joycelacan.htm).

(95) *Mes mots dans un marais* – Phrase tronquée, empruntée au *Giacomo Joyce* de J. Joyce : « Mes mots dans son esprit : froides pierres polies qui s'enfoncent dans un marais » [...]. (*I*, 114)

Dans le passage cité, le narrateur de Joyce observe comment ses propres mots sont intériorisés par la jeune fille qu'il tente d'attirer[55]. Insatisfait, il lui reproche, dans la deuxième partie de la phrase, son indifférence[56]. La citation s'inscrit dans plusieurs isotopies récurrentes dans *L'Interdit* : la communication difficile, l'effet – ici manqué – du discours sur autrui, la dichotomie intérieur/extérieur et le mouvement entre ces deux pôles. Ces éléments reviennent d'ailleurs dans *A Portrait of the Artist as a Young Man*, où l'on trouve une version transformée – pratique courante chez Joyce – du même extrait[57] :

> – A flaming bloody sugar, that's what he is!
> It was his [Cranly's] epitaph for all dead friendships and Stephen wondered whether it would ever be spoken in the same tone over his memory. The heavy lumpish phrase sank slowly out of hearing like a stone through a quagmire. Stephen saw it sink as he had seen many another, feeling its heaviness depress his heart[58].

Dans cette deuxième occurrence, le processus d'intériorisation occupe à nouveau le premier plan, puisque le narrateur décrit comment les mots prononcés par Cranly tombent « hors » de la portée de la voix ou de l'oreille, pour peser sur le cœur de Stephen. Ici, l'indifférence semble se situer du côté du locuteur plutôt que de celui de l'interlocuteur[59]. Dans *Giacomo Joyce*, l'expression se rapporte à des paroles de désir, dans *A Portrait of the Artist as a Young Man*, elle a trait à une épitaphe, soit à un discours mémoriel. Le dernier passage n'appartient que très obliquement à l'horizon intertextuel de *L'Interdit* mais souligne les difficultés de communication mises en relief par la citation de *Giacomo Joyce*, ainsi que la relation oppositionnelle entre extériorité et intériorité.

---

55   Dans la version anglaise, le possessif de « her mind » permet en effet de faire cette identification féminine (James Joyce, *Giacomo Joyce*, Londres, Faber and Faber, 1968).
56   Michel Delville « "At the center, what?" *Giacomo Joyce*, Roland Barthes, and the Novelistic Fragment », *James Joyce Quarterly*, 36:4 (1999), p. 771.
57   Florence L. Walzl, « *Giacomo Joyce* by James Joyce », *The Modern Language Journal*, 53:1 (1969), pp. 18-20.
58   James Joyce, *A Portrait of the Artist as a Young Man*, New York, The Viking Press, 1965 (1916), p. 195.
59   Florence L. Walz parle de « his unperceptive friends » (Walzl, *op. cit.*, p. 19).

Un troisième point de référence intertextuel récurrent est *La Divine Comédie* de Dante. Le premier renvoi à ce texte contient deux brèves citations : « *lasciate ogni speranza* », un extrait des inscriptions que le personnage de Dante lit sur la porte de l'Enfer, et « Leur sens m'est dur », phrase par laquelle le même personnage réagit aux inscriptions en question. Si *L'Enfer* de Dante est un *topos* de la littérature concentrationnaire, Wajcman adopte les formules en relation avec sa situation personnelle. Il localise sa propre entrée en « enfer » lors du passage de l'espace d'illusion vers l'espace de vérité sans « espoir ». Les citations de Dante soulignent donc que la prise de conscience du personnage est un processus partiellement négatif. Ensuite, comme dans le cas de Proust, cette référence à *La Divine Comédie* cible l'attention du lecteur sur les autres renvois à l'œuvre de Dante et sur les éventuelles « concaténations » significatives que ceux-ci instaurent.

L'Interdit évoque en particulier le personnage de Béatrice, la muse de Dante. « L'éditeur » du roman suggère l'existence d'un lien entre Béatrice et la petite fille en rouge dont le narrateur parle régulièrement. De fait, d'après ce que confirme *La Vie nouvelle*, Béatrice portait, lors de sa première rencontre avec Dante, à l'âge de neuf ans, une robe rouge[60]. Béatrice et la petite fille entretiennent donc en principe un rapport d'identité, à ceci près que, du moins à première vue, les deux sont séparées par la mort. En tant qu'âme du paradis, Béatrice représente la « lumière », ce que « l'éditeur » explicite moyennant un renvoi à l'étude d'Étienne Gilson sur les rapports entre ombre et lumière dans *La Divine Comédie* (I, 116)[61]. Du coup, Béatrice se trouve incluse dans le réseau sémantique du réveil, de la fenêtre et de l'écran. La correspondance avec le concept d'écran s'illustre aussi par le fait que la petite fille en rouge est associée au double mouvement du « montrer » et du « voiler » (I, 86). Cette dernière mise en rapport est probablement une référence au *Chant XXXI* du « Purgatoire », où Béatrice enlève son voile, sous lequel le narrateur devinait déjà sa grâce, pour montrer sa seconde beauté[62]. Le voile en question pourrait d'ailleurs être celui dont elle est recouverte dans *La Vie nouvelle*, après sa mort[63]. Le fait que le narrateur attribue le « geste qui voile et qui montre » en premier lieu à la petite fille, semble marquer sa volonté d'annuler ou de transcender les distances entre la phase de l'enfance et celle de la mort, et rappelle

---

60   Dante Alighieri, *La Vie nouvelle* [1292-1293], Trad. A. Pézard, Alighieri, *Œuvres complètes*, *op. cit.*, p. 6, p. 77.
61   Étienne Gilson, *Dante et Béatrice, Études dantesques*, Paris, J. Vrin, 1974, p. 60.
62   Dante Alighieri, *La Divine Comédie* [1321], Trad. A. Pézard, Alighieri, *Œuvres complètes*, *op. cit.*, pp. 1338-1345.
63   Dante, *La Vie nouvelle, op. cit.*, p. 47.

les fusions temporelles qui dénotent aussi l'existence du protagoniste. Ensuite, le renvoi oblique au *Chant XXXI* acquiert une deuxième signification dans *L'Interdit*, du fait que ce chant contient la confession de Dante sur ses infidélités amoureuses depuis la mort de Béatrice. Cette démarche confessionnelle rappelle la présence dans *L'Interdit* du réseau sémantique de la « faute », que nous avons mentionné plus haut. Par analogie avec les reproches faits à Dante par Béatrice, ce réseau, auquel s'associent entre autres les termes d'« aveu » et de « châtiment », évoquerait l'infidélité initiale du protagoniste de *L'Interdit* vis-à-vis de la mémoire juive. De ce point de vue, le roman de Wajcman se place, comme *La Divine Comédie*, dans une perspective de réconciliation ou d'expiation. En dernière analyse, le voyage accompli par Dante pour retrouver la jeune femme « disparue » se trouve alors doublé par le voyage du narrateur de *L'Interdit* et par la volonté de ce dernier de « rejoindre » les morts et de renouer avec ses désirs authentiques – supprimés dans les rapports avec sa maîtresse. Dans le meilleur des cas, le passage du personnage en enfer est alors une étape transitoire, comme celui de Dante. Cela explique la reprise en note de la devise de Juan de la Cuesta : « Après les ténèbres, j'attends la lumière » (*I*, 70). D'après *L'Interdit*, cette devise serait inscrite autour d'une grue, alors que le logo comporte en réalité un faucon capuchonné. La référence à la grue signale plutôt la longue attente du personnage.

Les dernières notes intertextuelles que nous analyserons, contiennent des extraits non référencés et remaniés de la correspondance de Flaubert. Nous juxtaposons ci-dessous les citations telles qu'elles figurent dans *L'Interdit* avec les passages et le contexte d'origine :

> (48) « J'étais affairé et bien plus ahuri, car j'avais de prodigieuses lectures à subir avant la fin du mois, époque où je voulais être rentré à Paris pour me remettre au travail. » (*I*, 72)

> Je n'ai jamais été aussi affairé et ahuri, car j'ai de prodigieuses lectures à subir avant la fin de mai, époque où je veux être rentré à Croisset et me remettre à écrire *Bouvard et Pécuchet*.
> FLAUBERT, Lettre à Mme Roger de Genettes, Paris, lundi matin, 2 avril 1877[64]

> (125) Dans une lettre : « AC le 22 août : Aujourd'hui je me suis promené dans le jardin par un temps splendide et triste et j'ai lu trois livres qui, par chance, me sont tombés sous la main dans la bibliothèque car je commence mes grandes lectures pour mon projet. » (*I*, 142)

---

64   Gustave Flaubert, *Correspondance 1871-1877*, Paris, Club de l'Honnête Homme, 1975, p. 551.

> Aujourd'hui, je me suis promené dans le jardin, par un temps splendide et triste, et j'ai lu de la philosophie médicale, car je commence mes grandes lectures pour *Bouvard et Pécuchet*. Je t'avouerai que le plan, que j'ai relu hier soir après mon dîner, m'a semblé *superbe*, mais c'est une entreprise écrasante et *épouvantable*.
>
> Flaubert, Lettre à sa nièce Caroline, [Croisset], jeudi soir, 6h et demie, [22 août 1872][65]

(127) Peut-être un brouillon de la lettre précédente mais ce fragment est seul sur la page : « l'idée que vous me répondrez "dans les quarante-huit heures" m'excite à vous écrire bien que je n'aie rien du tout à vous conter. Mais je m'ennuie de vous et je voudrais vous voir. Voilà [...] » (I, 144)

> Puisque le pacte est offert, je le conclus, et l'idée que vous me répondrez « dans les quarante-huit heures » m'excite à vous écrire, bien que je n'aie rien du tout à vous conter, absolument rien. Mais il m'ennuie de vous et je voudrais vous voir. Voilà pourquoi « je mets la main à la plume ».
>
> Mon abominable bouquin avance. Je suis maintenant dans la politique (théorique) et dans le socialisme. Après quoi mes bonshommes essaieront de l'amour ! Bref, dans un an je ne serai pas loin de la fin et il me faudra encore six mois pour le second volume, celui des notes. L'œuvre peut paraître dans deux ans. Je voudrais être au mois de mai pour vous lire les chapitres III à VII.
>
> Flaubert, Lettre à Mme Roger des Genettes, [Croisset], mercredi [16 octobre 1878][66]

En retraçant les passages cités dans la correspondance de Flaubert, il devient clair que ceux-ci sont tous tirés de lettres ayant trait à l'écriture de *Bouvard et Pécuchet*. Wajcman a donc privilégié un intertexte où les deux protagonistes sont des copistes professionnels. La pratique citationnelle très importante dans *L'Interdit* a en effet partie liée avec cette activité, que certaines notes thématisent d'ailleurs explicitement[67]. Afin d'approfondir le rapport intertextuel en question, nous aurons recours aux lectures de *Bouvard et Pécuchet* effectuées par Jean-Paul Sartre et Roland Barthes. Celles-ci semblent un bon point

---

65   *Ibid.*, p. 151 ; Flaubert souligne.
66   *Ibid.*, p. 94.
67   C'était déjà le cas pour la citation de *Finnegans Wake*. Dans la note 121, le narrateur affirme, comme on l'a également signalé plus haut, que l'acte de copier est une étape indispensable dans l'appropriation « corporelle » d'un texte (I, 138-139) ; la note suivante établit un lien avec la « pensée kabbalistique d'un corps dont la chair même serait faite de lettres » (I, 140).

de départ pour l'analyse notamment parce qu'elles privilégient toutes les deux la question de la langue et du discours chez Flaubert, primordiale également chez Wajcman. Signalons néanmoins que les analyses de Sartre et de Barthes diffèrent quant à leur appréciation de *Bouvard et Pécuchet* : Sartre déprécie le texte de Flaubert, tandis que Barthes le hausse au rang de modèle[68].

Dans *L'Idiot de la famille*, Sartre s'en prend au « volume de notes » par lequel Flaubert souhaitait terminer son livre, à savoir le « Dictionnaire des idées reçues ». Le point de départ de l'analyse sartrienne est la crainte de Flaubert que la « bêtise bourgeoise » fasse intrusion dans son propre esprit et dans son langage. D'après Sartre, cette obsession empêche Flaubert de croire à la parole, y compris à la sienne propre : « On est parlé ». Or, au sein de son écriture, Flaubert tente, toujours d'après Sartre, d'écarter les intrusions de la parole conventionnelle en prenant des « précautions oratoires », qui lui permettent d'attribuer la « bêtise » à autrui : « comme dirait … ». De même, le projet de rédiger un « Dictionnaire des idées reçues » constitue pour Sartre une tentative de combattre la bêtise en passant précisément par la réalisation de cette dernière. Qui plus est, même si Flaubert témoigne, dans les citations ci-dessus, de son aversion vis-à-vis de *Bouvard et Pécuchet*, Sartre le suspecte d'éprouver une jouissance indirecte à rédiger le « Dictionnaire », et de se « pénétrer » des idées reçues en les écrivant[69].

Barthes, pour sa part, propose les copistes professionnels que sont Bouvard et Pécuchet comme modèles du « scripteur moderne, ayant enterré l'Auteur »[70]. Cette analyse cadre dans sa vision du texte comme un tissu de voix anonymes[71]. Tout comme celle de Sartre, on l'a dit, sa lecture insiste donc sur la « sociabilité »[72] du langage et du texte[73]. Si *L'Interdit* ne contient pas de

---

68 Voir entre autres Louis Fournier, « Trois lectures de *Bouvard et Pécuchet* : Maupassant, Thibaudet, Sabatier », *French Studies*, XLIX:1 (1995), p. 29.

69 Jean-Paul Sartre, « La "bêtise" de Gustave », Jean-Paul Sartre, *L'Idiot de la famille, Gustave Flaubert de 1821 à 1857*, t 1, *op. cit.*, pp. 612-648. Selon Koenraad Geldof, le « Dictionnaire », et l'œuvre de Flaubert en général, constituent plutôt une forme de « réalisme paradoxal » en ce sens que les descriptions minutieuses conduisent au constat que rien ne sous-tend la doxa bourgeoise (Koenraad Geldof, « De perverse schoonheid van het niets. Sartre leest Flaubert (*L'Idiot de la famille*, 1971-1972) », *Spiegel der Letteren*, 48:3 (2006), pp. 352-353).

70 Roland Barthes, « La Mort de l'auteur » [1968], Roland Barthes, *Le Bruissement de la langue*, Paris, Seuil, 1984, pp. 64-65.

71 Roland Barthes, « Théorie du texte » [1973], François Nourissier (éd.), *Dictionnaire des genres et notions littéraires*, Paris, Albin Michel, 1997, p. 817.

72 *Id.*

73 Roland Barthes affirme, au cours d'un entretien avec Jean-Jacques Brochier, certaines différences entre la lecture de Jean-Paul Sartre et la sienne propre (Roland Barthes, Jean-Jacques Brochier, « La crise de la vérité » [1976], Roland Barthes, *Le Grain de la voix. Entretiens 1962-1980*, Paris, Seuil, 1981, p. 235) mais Françoise Gaillard a montré que l'idée selon laquelle « on est parlé » chez Sartre est proche de l'effacement des guillemets chez

renvoi à Barthes ou à Sartre[74], sa référence à *Bouvard et Pécuchet* suggère une préoccupation avec cette même problématique. D'abord, nous savons que le personnage de Wajcman exprime un sentiment de méfiance vis-à-vis de la langue et se débat avec l'emprise exercée sur sa vie par la parole et le discours des autres. Ensuite, au niveau de l'écriture, le jeu de brouillage à propos des guillemets et des citations remet à son tour en question les frontières de la parole. D'une part, il fait présumer que, dans *L'Interdit*, les intrusions allographes dans la parole du narrateur sont assumées davantage que chez Flaubert. En même temps, Wajcman s'éloigne de Barthes du fait que, malgré l'anonymat de certaines citations, la pratique intertextuelle de *L'Interdit* ne s'inscrit pas dans la pratique « inconsciente » ou « automatique » définie par le théoricien. Nos analyses permettent en effet de constater le caractère intentionnel de la sélection citationnelle et des coupures effectuées dans le roman. Reste cependant la question de savoir quel est l'effet de cette « sociabilité » pour l'identité du « je » et pour les rapports d'intériorité ou d'extériorité que ce dernier entretient avec « l'autre ».

2   L'absence et l'extime

Nous avons déjà indiqué que le processus de relecture de *L'Interdit* dépasse le niveau des notes : il se poursuit sur la quatrième de couverture, dans le bref article consacré au roman et dans les œuvres ultérieures de Wajcman. Ces dernières ne renvoient jamais explicitement au roman, mais elles établissent tout de même des liens intertextuels avec celui-ci. Premièrement, l'on a vu que l'un des « personnages » figurant dans la note finale de *L'Interdit* (I, 262) est authentifié par le hors-texte d'*Arrivée, Départ*. Les analyses de *L'Objet du siècle*, ensuite, sont reliées à *L'Interdit* au sein de l'article de 2004 : « [Dans *L'Interdit*, il] s'agissait en vérité de répondre à cette question : qu'est-ce que la littérature a le pouvoir de transmettre de l'événement central du XXe siècle, de ce que

---

Barthes. Les deux auteurs s'opposent aux « précautions » de Flaubert et partent du principe qu'il n'y a pas de « dehors » à la bêtise (Françoise Gaillard, « Qui a peur de la bêtise ? », Suivi de « Discussion », Antoine Compagnon (éd.), *Prétexte. Roland Barthes. Colloque de Cérisy*, Paris, Union Générale d'Éditions, 1978, pp. 283-284). Pour les développements faits sur ce point par Roland Barthes, voir le compte rendu des discussions du colloque (*ibid.*, p. 292).

74   Les œuvres de Barthes sont cependant connues de Wajcman, vu qu'il les cite à d'autres occasions (cf. Gérard Wajcman, « Voix-le face à la chute des sons nus », *Argo*, n° 30 (1979), pp. 5-28), tandis que le lien avec Sartre passe notamment par Claude Lanzmann.

j'ai appelé depuis *l'objet du siècle*, de l'absence qui en fut le cœur [...] ? »[75]. En dernier lieu, *Fenêtre* rappelle par son titre une isotopie importante de *L'Interdit* et porte en épigraphe une citation de Franz Kafka, qui se retrouve transformée dans la première note de *L'Interdit* (I, 12). Nous allons voir dans quelle mesure ces « appels » intertextuels donnent lieu à un « engagement » plus général de ces trois livres avec *L'Interdit*.

L'Objet du siècle, rappelons-le, identifie le « manque » – et notamment celui causé par la Shoah – comme l'« objet » par excellence de l'art contemporain. En d'autres mots, l'art du vingtième siècle « fait voir » une absence, qui risquerait sinon de rester invisible. L'art crée donc un regard et constitue de ce fait un « événement ». Si Wajcman formule ces idées notamment à partir de *Shoah* de Claude Lanzmann, nous avons signalé plus haut que la quatrième de couverture de *L'Interdit* stipulait déjà : « Ce livre est un événement ; car, à travers sa composition insolite, il met pour la première fois en forme quelque chose qui n'a jamais eu *lieu* ». D'après Wajcman, *L'Interdit* et les œuvres décrites dans *L'Objet du siècle* relèvent donc d'une inspiration artistique commune. Si Malevitch et Duchamp créent des supports qui n'exposent « rien », pour mieux étaler « l'absence », *L'Interdit* opère selon le même principe : « [...] ce avec quoi il est fait, ce ne sont pas tant les notes qu'un vide central, un manque, une absence, un trou dont les notes étaient le bord ou le support »[76]. Dans les dernières pages de *L'Objet du siècle*, Wajcman signale, en note, que ses idées sur « l'objet du siècle » ont été formées à partir de l'œuvre de Lacan, et plus précisément sur base de « l'objet moderne » que ce dernier a défini, à savoir *l'objet* (a) ou *petit a* :

> J'y vois pour ma part l'invention qu'il fallait, pour la psychanalyse dans ce siècle, l'objet un peu plus que freudien, proprement bouleversant qui rendrait raison du bouleversement de ce siècle comme de chaque sujet. L'objet événement dans le siècle, et ce qui fait l'événement intime du sujet[77].

Fenêtre. Chroniques du regard et de l'intime expose davantage le rôle de *l'objet* (a) lacanien dans la constitution du sujet, notamment au sein d'une historiographie du dernier concept, laquelle débute, on l'a dit, avec le renouveau pictural d'Alberti. Selon Wajcman, le tableau tel qu'il est défini par Alberti fonctionne comme une fenêtre, parce qu'il crée un « ex qua », c'est-à-dire un

---

75 Wajcman, « *L'Interdit* », *op. cit.*, p. 179 ; nous soulignons.
76 Wajcman, *L'Objet du siècle*, *op. cit.*, p. 179.
77 *Ibid.*, p. 238.

extérieur[78]. La fenêtre et le tableau ont donc ceci en commun qu'ils divisent le monde en un dedans et un dehors tout en reliant les deux : cette double opération de séparation et de mise en relation est complétée par l'acte du regard, qui remplit un rôle d'intermédiaire comparable à celui du langage[79]. Wajcman situe ici la « naissance du monde comme représentation ». D'après lui, cette naissance « met la vieille mimesis cul par-dessus tête »[80] parce qu'elle signifie que le monde se met à ressembler aux images – ce qui nous rappelle le cas de Venise dans *L'Interdit*[81].

Comme le tableau-fenêtre instaure non seulement un dehors mais aussi un dedans, Wajcman pose que la Renaissance a également inventé « l'intime », d'où la présence du dernier terme dans le sous-titre. La création de l'intime est notamment illustrée à partir d'un exemple architectural italien, à savoir la « fenêtre » du duc de Montefeltro, qui a la particularité d'être à la fois feinte et réelle, et s'oriente dès lors aussi bien vers l'intérieur que vers l'extérieur. Cette fenêtre crée, selon Wajcman, l'impression d'une double maîtrise, à savoir celle d'être maître chez soi, de son espace intime, tout en maintenant un regard au-dehors. Or, *Fenêtre* ne se limite pas à une description de la naissance de l'intime et de la « maîtrise », mais esquisse aussi l'évolution de ces concepts sous le régime psychanalytique[82]. D'après Wajcman, Lacan a apporté une blessure au concept de subjectivité issu de la Renaissance, en révélant que le concept d'intimité est une illusion. En d'autres mots, le sujet qui regarde le monde à partir de son chez soi, n'est pas en état de « maîtrise ». Wajcman explique notamment que le sujet lacanien est, contrairement à ce qu'il croit, asservi par l'objet regardé qui provoque son désir : du coup, « voir est une façon de ne pas voir qu'il est regardé, d'élider qu'il est d'abord regardé »[83]. Wajcman ajoute que, pour Lacan, le regard ne passe pas vraiment du sujet à l'objet, parce que « rien ne regarde le spectateur, sinon lui-même, son propre regard au champ de l'Autre. [...] Son propre regard ex qua, mis au-dehors »[84]. C'est ici que l'auteur en revient à *l'objet petit a*, qui désigne précisément l'objet extérieur ou « séparé » en tant que désir intérieur ou « objet le plus intime » du sujet. Ce concept

---

78   Wajcman, *Fenêtre. Chroniques du regard et de l'intime, op. cit.*, p. 84, p. 91.
79   *Ibid.*, p. 20.
80   *Ibid.*, p. 262.
81   C'est ce que Wajcman qualifie de « principe dandy » de la nature (*ibid.*, p. 237). La note 118 de *L'Interdit* s'attarde d'ailleurs sur le dandysme du personnage, tout en jugeant que le terme n'est peut-être pas entièrement approprié : étant donné que le personnage manifeste une certaine « indifférence à la vie mondaine », son habillement soigné peut aussi tenir de « l'anticipation » du rite mortuaire (*I*, 134-135).
82   Nous limiterons la discussion des concepts psychanalytiques à l'usage qu'en fait Wajcman.
83   Wajcman, *Fenêtre, op. cit.*, p. 362.
84   *Ibid.*, pp. 434-435.

est associé à une « géographie bizarre » appelée l'« extime », « où c'est l'extérieur qui est le plus intérieur »[85]. Il s'ensuit que « nous n'avons pas d'autre intériorité que le monde »[86]. Seulement, le sujet ne se rend pas compte de son désir « extime », qui est inconscient. La cure psychanalytique consiste alors à « aller se voir du lieu de l'Autre »[87] pour illuminer le « a » refoulé[88]. Wajcman souligne en outre que la solution « éthique » que Lacan propose, est celle de « choisir » l'illusion : l'apparente « maîtrise » d'une certaine intimité est la condition nécessaire du sujet, la seule option vivable[89].

Les concepts de *l'objet (a)* et de l'extime jettent une lumière supplémentaire sur l'imaginaire et les isotopies de *L'Interdit*. La constellation de l'extime y est soulignée par la réversibilité de certaines dichotomies topologiques – notamment celles de l'étranger et du familier, de l'intérieur et de l'extérieur, de la distance et de la proximité, du voiler et du montrer – et de motifs ayant trait à la médiation entre les pôles de l'extime : la langue, le souffle, la voix, le regard, la fenêtre et l'écran. Elle confirme que le jeu sur les dimensions intérieures et extérieures de l'identité s'intègre dans la lutte du protagoniste pour la maîtrise (illusoire) de sa subjectivité. Initialement, on le sait, le personnage a recours à des regards étrangers inauthentiques et à l'« écran » de la langue française, afin de donner, en guise de trompe-l'œil, une impression de présence et de contrôle et d'empêcher la mise à nu de ses véritables désirs. Il finit cependant par identifier son « a » « extime » au moyen d'une autoanalyse, où l'analyste est partiellement extériorisé, occupant donc une position « extime » par excellence[90]. L'identification de ses désirs intimes mène le protagoniste à la reconnexion avec l'identité juive de son enfance et avec la mémoire des disparus. Il retrouve notamment la langue et le silence yiddish : contrairement au français, ceux-ci parlent véritablement de lui. *L'objet petit a* et l'extime renouent ainsi avec cette autre idée fondamentale de Lacan, selon laquelle « le discours opère sur le sujet ». Or, le psychanalyste insiste aussi sur la singularité avec laquelle chaque sujet intériorise les différents discours, entre autres en fonction des

---

85   *Ibid.*, p. 467.
86   *Ibid.*, p. 469.
87   *Ibid.*, p. 467.
88   Mark Bracher, « On the Psychological and Social Functions of Language: Lacan's Theory of the Four Discourses », Mark Bracher, Marshall W. Alcorn Jr., Ronald J. Corthell, Françoise Massardier-Kenney (éds), *Lacanian Theory of Discourse. Subject, Structure, and Society*, New York – Londres, New York University Press, 1994, p. 124.
89   Wajcman, *op. cit.*, p. 435.
90   Cf. Jacques-Alain Miller, « Extimité », Bracher, Alcorn Jr., Corthell, Massardier-Kenney (éds.), *op. cit.*, p. 77.

traumas personnels[91], ce qui pourrait expliquer l'écart entre l'influence de la langue française et celle du yiddish. Le lien entre sujet et discours, de même que la « résistance »[92] du premier pôle au deuxième, ne sont d'ailleurs pas sans rappeler le cas de Flaubert. Cependant, le français et le yiddish entretiennent ou développent à leur tour une relation extime. De fait, on a vu que l'écran langagier du français est complémentaire de l'exclusion du yiddish. Ensuite, l'exil du français et la réduction de la parole à des « voix » sont également modelés sur l'expérience du yiddish. Wajcman affirme d'ailleurs, dans son article de 2004, le « devenir yiddish » du français dans le roman, la deuxième langue étant à son tour sujette à « disparition »[93].

3   L'irreprésentable

La sociabilité de la langue et le brouillage des discours engendrent une identité profondément paratopique. L'expérience romanesque consiste alors à abandonner l'illusion de maîtrise et d'intimité pour, dans un premier temps, avouer sa propre absence. Cependant, le rapport à l'extime permet d'une certaine façon de renouer avec l'identité juive, désormais reconnue. De fait, si la géographie extime s'applique à la subjectivité en général, Wajcman l'associe en particulier à la condition des Juifs : au dire du narrateur homodiégétique, la judéité consiste en un sentiment d'étrangeté partagé, et dès lors paradoxalement « familier »[94]. Jacques-Alain Miller a d'ailleurs confirmé que le personnage juif reproduit par excellence la géographie de l'extime.

En l'occurrence, la constellation extime conduit à une intériorisation de la Shoah, le personnage se trouvant affecté par la mémoire de la première génération. Une telle fluctuation mémorielle est mentionnée allusivement dans *L'Interdit* et défendue plus explicitement dans *Arrivée, Départ*, rappelant aussi la confusion et l'appropriation mémorielles chez Perec, quoique ce dernier insiste davantage sur le caractère faussé et la transformation des souvenirs :

---

91   Alcorn confronte le concept lacanien du sujet à celui des poststructuralistes, pour affirmer que ces derniers considèrent le sujet comme un « texte » constitué de discours extérieurs, contrairement à Lacan, qui insiste sur la « résistance » du sujet (Marshall W. Alcorn Jr., « The Subject of Discourse: Reading Lacan through (and beyond) Poststructuralist Contexts », Bracher, Alcorn Jr., Corthell, Massardier-Kenney (éds.), *op. cit.*, p. 29).
92   *Id.*
93   Wajcman, « *L'Interdit* », *op. cit.*, p. 179.
94   Miller, *op. cit.*, p. 77. Le statut intrinsèquement étranger du Juif est aussi souligné chez Kertész (cf. chapitre 6).

(50) Il reproduit ici, en s'attribuant le rôle de témoin direct, le récit qu'on lui fit de cet incident. Et lorsque, plus tard, alors qu'il le racontait une nouvelle fois, on lui fit remarquer qu'il n'était pas présent ce jour-là, il fut si interloqué qu'il interrompit là son récit. Il avait pourtant un sentiment si fort de la scène, un souvenir si précis des lieux, des paroles, même des gestes qu'il ne parvenait pas à croire qu'on lui avait simplement rapporté la chose. D'ailleurs il ne se trompait sur aucun détail ; seulement, il avait comme « emprunté » cette mémoire. Il en fut honteux et furieux, blessé qu'on le reprenne ainsi en public, et très confus – moins parce qu'on l'accusait en somme de mensonge que parce qu'il entrevoyait la raison de son erreur. (*I*, 74)

Je connais cette histoire ; je la connais. […] Elle est comme une image familière. *Intime*. C'est curieux. Si *intime* que je vois exactement cette image. […] Une image à moi. Un souvenir que j'aurais. Qui m'appartient. Une sorte de confusion de mémoire. Peut-être. Ça existe des phénomène [*sic*] de ce genre. Une confusion des mémoires. […] Porosité des mémoires. Migration des souvenirs. On croit que ce sont les siens. On pense avoir gardé un souvenir dans un coin de sa tête depuis toujours. Et puis on hésite. On se demande si ce n'est pas un récit qu'on vous a fait. Et puis après ? C'est de la mémoire tout de même cette confusion des mémoires. Non ? Et c'est quoi sa mémoire propre ? *Les souvenirs sont toujours un peu hors de soi. Dans des mots qui ne sont pas à soi*[95].

Le protagoniste explique d'ailleurs dans la note finale que la volonté de ses parents de le préserver de la mort a, dès l'enfance, planté cette mort en lui – ou en tout cas, pourrait-on dire, le désir d'appartenir à la communauté des disparus. Autrement dit, face à la réversibilité des pôles extimes, l'exclusion suscite l'intimité. En dépit de la conscience très nette que l'identité acquise passera toujours par une voie « extérieure », la séparation entre les pôles acquiert ainsi un certain superflu, ce que montre en particulier la mise en page de *L'Interdit* : la proximité entre blancs et notes y est – rétroactivement – mise en vedette par le fait que la note finale rejoint l'espace de la page.

La proximité intime avec la Shoah signale en d'autres mots une détermination profonde du « je » : comme dans le cas des intertextes littéraires, la parole de l'autre vient s'insinuer jusque dans l'intimité. Ce lien intrinsèque à l'événement ne permet pas pour autant de représenter celui-ci selon des modalités « historisantes », une telle approche restant, pour Wajcman, incompatible

---

[95] Wajcman, *Arrivée, Départ. Roman*, op. cit., p. 329 ; nous soulignons.

avec la Shoah. À ses yeux, elle crée soit une distance entre le présent et le passé et, partant, une position extérieure trop facile, soit elle encourage une identification gratuite avec les victimes, et donc un faux sens de familiarité ; dans les deux cas, elle engendre une illusion de maîtrise, source d'oubli[96]. Comme on l'a vu plus haut, pour Wajcman la Shoah relève donc de l'irreprésentable, d'où un « interdit » de la représentation qui fut au centre d'un désaccord bien connu avec Georges Didi-Huberman[97]. Le début de celui-ci remonte à 2001 et concerne l'analyse de quatre photos prises par les membres du Sonderkommando à proximité des chambres à gaz. Les photos en question avaient, à l'occasion de l'exposition *Mémoire des camps*, fait l'objet d'une analyse par Didi-Huberman[98]. Réagissant dans un article paru aux *Temps Modernes*, la revue menée par Claude Lanzmann jusqu'à sa mort, Wajcman avance que Didi-Huberman donne la fausse impression que les quatre photos prises à Auschwitz permettent d'« imaginer » la Shoah[99]. Lui-même stipule au contraire que les images « apprivoisent » la réalité : elles instaurent une distance, « dissimulent » et mènent à l'oubli[100], notamment en créant l'illusion que le passé peut être appréhendé de l'extérieur – comme dans le cas de Venise, une telle approche n'est, à ses yeux, point possible. Face à ce qu'il estime être une « identification forcément leurrante » avec les Juifs victimes, Wajcman affirme : « nous ne sommes pas eux ». Il ajoute : « Imaginer l'Autre, c'est le nier comme Autre »[101]. Or, Auschwitz, c'est « l'Autre absolu »[102]. La Shoah demeure donc irreprésentable[103] et ne peut être évoquée que sous forme de hantise. Wajcman cite *Shoah* de Lanzmann comme seule forme de représentation légitime : ce film recourt, d'après lui, à des images qui s'avèrent être le « contraire » d'une image, en renvoyant à ce qui est « au-delà »[104]. En se référant à Wittgenstein, Wajcman désigne la Shoah comme objet-absence et précise que l'on peut « montrer » l'absence mais non la représenter. L'art est

---

96   Wajcman, « L'art, la psychanalyse, le siècle », *op. cit.*, p. 49.

97   Voir, entre autres, Fransiska Louwagie, « The Ethical Stance of Testimony: Memory Politics and Representational Choices », *Interdisciplinary Literary Studies*, 12:1 (2010), pp. 1-17.

98   Georges Didi-Huberman, « Images malgré tout », Clément Chéroux (éd.), *Mémoire des camps : photographies des camps de concentration et d'extermination (1939-1999)*, Paris, Éd. Marval, 2001, pp. 219-241.

99   Gérard Wajcman, « De la croyance photographique », *Les Temps modernes*, n° 613 (2001), pp. 47-83 ; Elisabeth Pagnoux, « Reporter photographe à Auschwitz », *Les Temps modernes*, n° 613 (2001), pp. 84-108.

100   Wajcman, « L'art, la psychanalyse, le siècle », *op. cit.*, p. 49.

101   Wajcman, « De la croyance photographique », *op. cit.*, pp. 70-71.

102   *Ibid.*, p. 73.

103   *Ibid.*, p. 49, pp. 68-69.

104   *Ibid.*, p. 77.

alors « ce lieu où l'irreprésentable viendrait se montrer »[105]. Sous cet aspect, l'art contemporain diffère d'ailleurs des tableaux d'Alberti. Ces derniers constituent certes à leur tour un « événement » et un moyen de connaissance, du fait qu'ils ouvrent le regard, mais ils donnent sur « l'histoire », alors que l'art du vingtième siècle expose « l'absence » de celle-ci.

Selon la réponse de Didi-Huberman, dans sa monographie *Images malgré tout*[106], l'argumentation de Wajcman repose sur l'accumulation de différents types d'absolutisation : l'approche en question considère la Shoah comme un objet absolu et attribue aussi à l'image photographique l'ambition de créer un regard absolu et une connaissance tout aussi absolue. En raison de cette présumée volonté affirmative, les « images » sont perçues comme un danger, auquel Wajcman oppose une solution « négative » : « n'imaginer rien »[107]. Comme nous l'avons expliqué[108], Didi-Huberman rejette une telle logique du « tout ou rien »[109]. Il estime en effet que son propre usage des photos échappe à la « totalisation »[110] et affirme que, face à une expérience inimaginable, les images et l'imagination s'inscrivent dans une « approche » « interminable » – plutôt que dans une appropriation – de l'objet[111]. Il plaide dès lors pour un usage démultiplié et dialectique du témoignage et de l'image[112], par opposition à la « négativité non dialectisable » de Wajcman[113]. Concrètement parlant, l'approche dialectique fait appel à une esthétique de « montage », qui permet de juxtaposer des éléments sans les « assimiler »[114]. En d'autres mots, le type de juxtaposition préconisé par Didi-Huberman crée un effet de choc mais ne produit pas de synthèse[115].

Comme indiqué dans d'autres chapitres, ces différentes approches visent, de manières foncièrement divergentes, à penser une absence de maîtrise ou de dépassement dialectique, tout en gardant la Shoah « présente ». Chez

---

105   *Ibid.*, p. 48. La même idée est exprimée dans *L'Objet du siècle* : « Ce qu'on ne peut voir, l'art seul peut le montrer » (Wajcman, *L'Objet du siècle, op. cit.*, p. 244). Rappelons que Wajcman a souligné à plusieurs reprises qu'il s'oppose uniquement aux « images » (historisantes) et non à la représentation en tant que telle (cf. Wajcman, « L'art, la psychanalyse, le siècle », *op. cit.*, pp. 49-50). Voir également chapitre 1.
106   Georges Didi-Huberman, *Images malgré tout*, Paris, Minuit, 2003.
107   *Ibid.*, p. 83.
108   Voir chapitre 1.
109   Didi-Huberman, *op. cit.*, p. 82.
110   *Ibid.*, p. 99.
111   *Ibid.*, pp. 109-113.
112   *Ibid.*, pp. 133-139.
113   *Ibid.*, p. 96.
114   *Ibid.*, p. 190.
115   *Ibid.*, p. 173.

Didi-Huberman, la vision du spectateur est supposément partielle, tandis que chez Wajcman, le lecteur est censé « ouvrir » le regard sur ce qui reste « inter-dit ». L'auteur propose de remédier ainsi à une infidélité mémorielle, en prenant conscience de son intimité extime, et en acceptant finalement d'être parlé. Les voix et les bribes tronquées qui l'entourent ne mènent alors pas à une représentation de l'événement, mais soulignent plutôt la présence de celui-ci, en même temps que son absence, toujours centrale. Si Wajcman rejette donc toute approche historisante, à l'instar de Kertész, pour lui, la confrontation au passé se fait uniquement sur le mode de la hantise. Une telle théorie de l'irreprésentable diffère sous plusieurs aspects d'autres prises de conscience littéraires que nous avons évoquées pour la génération d'après. Certes, dans ce corpus, la notion d'absence est au centre même de l'écriture, mais, chez les autres écrivains, elle tend à être pensée avant tout comme une césure irrémédiable, ainsi que l'indique Perec. Dans un esprit de fidélité à cette absence, l'écriture n'induit alors ni une prise de Jéricho, ni une extériorité « facile » à l'événement. La démarche adoptée est plutôt celle d'un encerclement permanent des bribes du passé et du vide, qui engendre, comme on l'a vu, une surconscience critique des pièges de l'écriture et de la mémoire, et de leur manque d'authenticité. Ainsi que l'ont montré Perec, Federman et Raczymow, elle offre en même temps un « point de départ », permettant aux auteurs de trouver leur propre voix – cette dimension, absente du paradigme de l'extime chez Wajcman, sera aussi au centre de l'œuvre de Michel Kichka, dans le chapitre qui suit.

CHAPITRE 11

Michel Kichka : *Deuxième génération*

Né à Liège, en Belgique, en 1954, Michel Kichka est le fils d'Henri Kichka, survivant de plusieurs camps de concentration, dont Blechhammer-Auschwitz, Gross-Rosen et Buchenwald. La famille Kichka comptait quatre enfants, mais le fils cadet Charly s'est suicidé en 1988, tandis que la fille ainée Khana, émigrée en Israël, est décédée des suites d'un cancer en 2006. Comme d'autres survivants, le père Kichka a commencé à porter témoignage de son expérience après avoir pris sa retraite. Il a témoigné pour la Fondation Spielberg (1998), à la radio et la télévision, ainsi que, de manière « infatigable », dans des écoles et lors de voyages organisés à Auschwitz et ailleurs. Il est également l'auteur d'un témoignage intitulé *Une adolescence perdue dans la nuit des camps*, rédigé à l'incitation de sa fille cadette Irène et publié, en 2005, avec une préface de Serge Klarsfeld et une introduction d'André Flahaut, ministre de la Défense en Belgique au moment de la publication[1]. Henri Kichka est décédé en avril 2020.

À l'instar de Khana, Michel Kichka a fait sa vie en Israël, où il est aujourd'hui un dessinateur connu, illustrateur de livres d'enfant et caricaturiste politique. Depuis 1982, il enseigne à l'Académie des Beaux-Arts Belzalel à Jérusalem. En 2012, il a produit une première bande dessinée, intitulée *Deuxième génération. Ce que je n'ai pas dit à mon père*[2]. Cette bande dessinée, réalisée en noir et blanc, se présente comme une œuvre autobiographique et, plus généralement, comme une interrogation de l'identité des survivants de la deuxième génération. L'œuvre fut traduite en plusieurs langues et fait en outre l'objet d'un projet de dessin animé. Fin 2018 sortit une deuxième bande dessinée de la main de Kichka, *Falafel sauce piquante*, où l'auteur évoque sa propre relation avec Israël[3]. En nous penchant sur *Deuxième génération*, nous examinerons d'abord les antécédents littéraires de l'œuvre, en particulier *Maus* d'Art Spiegelman[4]. Ensuite, nous observerons la représentation de la famille dans la bande dessinée, avec une attention particulière pour le relationnel entre père et fils.

---

[1] Henri Kichka, *Une adolescence perdue dans la nuit des camps*, préface de S. Klarsfeld, Bruxelles, L. Pire, 2005, p. 10 ; cf. Roland Baumann, « Mensch 2008 : Le devoir de mémoire d'Henri Kichka », 2009, http://www.cclj.be/article/3/357.

[2] Sur ses premiers essais en bande dessinée, voir Michel Kichka, Conférence « Spirou, Pilote et Mad : trois mondes, trois cultures, trois influences », Symposium international « Tradition and Innovation in Franco-Belgian bande dessinée » (University of Leicester, 13 mars 2020), 2020, https://www.youtube.com/watch?v=gqYMmUT8gbc.

[3] Michel Kichka, *Falafel sauce piquante*, Paris, Dargaud, 2018.

[4] Art Spiegelman, *Maus, A Survivor's Tale. My Father Bleeds History*, New York, Pantheon, 1986.

Nous verrons ainsi comment Michel Kichka œuvre, face à un père présenté à la fois comme sacré et consacré, à trouver une place, et une voix, pour cette « deuxième génération » dont il fait partie[5].

1 Le rôle catalyseur de *Maus*

À première vue, plusieurs éléments placent *Deuxième génération* sous le signe de *Maus* d'Art Spiegelman[6]. Dans les deux cas, nous avons affaire à un récit sous forme de bande dessinée, produit par un fils de survivant, où l'interrogation critique du rapport au père est au cœur de l'œuvre. Cependant, la bande dessinée de Spiegelman est largement centrée sur l'histoire du père, qu'elle cherche à reconstruire et à interroger, tandis que Kichka part de son propre vécu en tant qu'enfant de la deuxième génération pour se questionner d'abord sur le silence de son père concernant l'expérience des camps, et ensuite sur la transformation de celui-ci en témoin public, voire en témoin « professionnel ». Comme celui de Spiegelman, son travail s'inspire de photos et d'archives[7], mais contient aussi plusieurs références intertextuelles.

Dans les entretiens et conférences à propos de sa bande dessinée, Michel Kichka souligne de façon explicite le rôle catalyseur de *Maus* pour son œuvre. Comme l'indique l'auteur, c'est en lisant l'œuvre de Spiegelman, peu de temps après sa sortie en anglais, qu'il a voulu, lui aussi, mettre en livre l'histoire de sa famille, sous une forme dessinée. Kichka raconte aussi comment il acheta l'exemplaire d'exposition du premier tome de *Maus*, aperçu dans la vitrine d'un magasin, s'assit sur un banc et lut l'œuvre d'un trait, en deux heures[8]. Saisi d'avoir trouvé pour la première fois une histoire sur cette période racontée

---

5 Une version antérieure et plus courte de ce chapitre parut dans le cadre du projet CARTEST de l'Université de Metz (Fransiska Louwagie, « Après *Maus* : Témoignage et bande dessinée dans l'œuvre de Michel Kichka », Jacques Walter, Béatrice Fleury (éds.), *Carrières de témoins de conflits contemporains (3) Les témoins réflexifs, les témoins pollinisateurs*, Nancy, Presses universitaires de Nancy, 2015, pp. 107-119).

6 Voir aussi Azaf Gamzou, « Third-Generation Graphic Syndrome: New Directions in Comics and Holocaust Memory in the Age after Testimony », *The Journal of Holocaust Research*, 33:3 (2019), pp. 228-232.

7 Sur l'usage dans le dessin de photos et d'images bien connues de la Shoah, voir Jessica Lang, *Textual Silence. Unreadability and the Holocaust*, New Brunswick – New Jersey – Londres, Rutgers University Press, 2017, pp. 71-74.

8 Michel Kichka, Séminaire « Violence, mémoire et transmission à travers la bande dessinée », 2013, https://www.youtube.com/watch?v=2m5KsaxyG8s ; Michel Kichka, « Things I Never Told My Father », *The 9th International Conference on Holocaust Education* (Through Our Own Lens: Reflecting on the Holocaust from Generation to Generation, Yad Vashem, 7-10 juillet 2014), 2014, https://www.youtube.com/watch?v=gtwz-rJ7gG4.

par un enfant de la deuxième génération sous forme de bande dessinée, il y reconnut « toute l'histoire du relationnel très compliqué entre père et fils »[9] et, s'identifiant à celle-ci malgré les différences, réalisa qu'il avait lui aussi une histoire à raconter. La création de cette œuvre ne fut entamée que 27 ans plus tard car, comme l'indique aujourd'hui Kichka, « il était loin d'être prêt », mais « c'est rentré là et c'est plus jamais sorti »[10]. *Maus* constitua donc un véritable catalyseur et « point de départ », ouvrant la voie à la parole pour la deuxième génération, et instaurant la bande dessinée comme forme autobiographique et mémorielle. *Deuxième génération* contient d'ailleurs plusieurs renvois intertextuels à *Maus*, rendant hommage à cette œuvre fondatrice. Son importance est tout d'abord soulignée par le fait que le narrateur-protagoniste de Kichka fait cadeau d'un exemplaire de cette bande dessinée à son père : « [...] Je désirais qu'il le lise, lui qui aimait tant le dessin, pour qu'il réalise qu'on n'était pas la seule famille marquée par ce passé, et que la parole était une excellente thérapie. *Maus* avait été pour moi un choc et le point de départ d'une envie de raconter ma propre histoire en BD » (*DG*, 81). Or, le père ne se montre guère enthousiaste sur l'œuvre de Spiegelman : gêné par la métaphore des souris, il abandonne la lecture au bout de quelques pages.

Dans une autre vignette renvoyant à Spiegelman, l'on voit le protagoniste à sa table de travail, après le suicide de son petit frère Charly : « je retrouve ma table à dessin, ma planche de salut. Mais les crayons et les pinceaux refusent de glisser sur le papier. Mes 'petits Mickeys' ne sourient plus comme avant [...] » (*DG*, 60). Face au vide profond laissé par la mort de Charly, la routine et la légèreté des *comics* semblent hors d'atteinte. Or, accroché au mur derrière le dessinateur, l'on aperçoit un poster représentant la couverture de *Maus* : cette image en arrière-fond, que l'on retrouve aussi chez Spiegelman[11], contraste ici avec les « Mickeys » habituels du narrateur, symbolisant à la fois l'écart entre deux types de dessin et la possibilité d'affronter son histoire personnelle à travers la bande dessinée.

Au-delà de *Maus*, un autre antécédent référencé dans l'œuvre est *La Bête est morte* de Calvo, une bande dessinée animalière sur la guerre, dont le projet est proche de celui de Spiegelman sous certains aspects, entre autres par ses liens avec le dessin style Disney – la référence à *La Bête est morte* est effectivement présente dans *Metamaus*[12], ouvrage dans lequel Spiegelman revient sur la création de son œuvre, affirmant entre autres qu'il avait déjà entamé

---

9   Kichka, Séminaire « Violence, mémoire et transmission à travers la bande dessinée », *op. cit.*
10 *Id.*
11 Voir Art Spiegelman, *Self Portrait with Maus Mask*, 1989.
12 Art Spiegelman, *Metamaus: A Look into a Modern Classic*, New York, Pantheon, 2011 ; Calvo, *La Bête est morte*, Paris, Éditions GP, 1944.

ILLUSTRATION 1   *DG*, 60
KICHKA © DARGAUD, 2020

son travail avant de connaître la bande dessinée de Calvo. De son côté, Kichka explique dans une intervention tenue à Yad Vashem en juillet 2014, que le livre de Calvo fit partie de la bibliothèque de son père, ce qui lui permit de voir la persécution des Juifs en images[13].

Nous verrons que Kichka introduit également d'autres types de références intertextuelles dans son œuvre, dont notamment des allusions à la bande dessinée franco-belge de son enfance, avec des héros comme Tintin et Gaston Lagaffe. Kichka a d'ailleurs recours au style rond et souriant de la bande dessinée humoristique, qu'il combine avec des techniques empruntées au domaine de la caricature, par exemple l'usage d'images synthétiques et d'étiquettes identificatoires. Ce recours à l'humour malgré la gravité du sujet fut l'un des défis principaux de l'œuvre.

2   Silences et souffrances d'une famille exemplaire

Comme l'a indiqué Kichka, la base sur laquelle il s'est identifié à Spiegelman, inclut non seulement l'usage d'un médium commun, mais aussi le rapport au père, complexe et difficile dans les deux cas. C'est une problématique que l'auteur aborde à partir d'une question centrale pour la deuxième génération, celle du « non-dit », qui a d'ailleurs donné son titre à la première partie de la bande dessinée. Dans son œuvre et dans les entretiens donnés après la sortie de la bande dessinée, Kichka explique qu'au cours de son enfance et de son

---

13   Kichka, « Things I Never Told My Father », *op. cit.*

adolescence, son père ne parlait jamais de la déportation. La référence aux « camps » comme justification par défaut pour le comportement de celui-ci restait dès lors générique et ne faisait rien pour éclairer le garçon[14] : « Mais c'est quoi, *les camps*? » (*DG*, 6). À défaut de transmission familiale, ce signifiant présenté comme une « évidence »[15] – et qui n'est pas sans rappeler le mantra de Perec sur « la guerre, les camps » – ne pouvait que déguiser et maintenir l'ignorance. C'est en ce sens que Kichka affirme que « l'histoire de [s]on père n'a pas fait partie de [s]a formation d'homme » ou encore, plus généralement, que « dans [s]a vie adulte, la Shoah était très présente, enfant, elle n'existait pas »[16]. Étant donné ce non-dit, tout ce que l'enfant ou l'adolescent sait ou apprend à propos de la Shoah lui vient non de son père mais d'autres sources, tels les livres qu'il feuillette en cachette, à la fois désireux et anxieux d'y retrouver son père (*DG*, 6-7). D'ailleurs, le protagoniste en sait très peu sur sa propre famille et l'histoire de celle-ci. Comme son père, il n'était pas conscient que d'autres membres de leur famille avaient survécu à la Shoah. L'une des parties du livre porte dès lors le titre « seul au monde » : Kichka y représente son père sur une planète déserte, entouré de cheminées (*DG*, 70) et dans un autre dessin, lié au premier par un effet de tressage iconique, fait écho au *Petit Prince* en formulant une requête naïve contre la solitude : « dessine-moi une famille » (*DG*, 73). Son ignorance générale se confirme aussi par le fait qu'il avait supposé que son père n'avait pas pu faire sa bar mitzva à cause du nazisme, alors que la raison réelle était liée au fait que son grand-père était socialiste. Étant lui-même passé par un mouvement de jeunesse socialiste, l'auteur se dit déconcerté d'avoir ignoré ces antécédents familiaux : « Mais pourquoi tu ne me l'as jamais dit, papa ? » ; « Tu ne me l'as jamais demandé ! » (*DG*, 40).

« Floues » et sans « cadre »[17], les expériences du père constituent tout de même un point de référence omniprésent pour les enfants et les souffrances »[18] des camps surdéterminent tous les rapports familiaux. De fait, le père avait expliqué d'emblée à sa future épouse qu'il souhaitait avoir quatre enfants pour remplacer les quatre membres de sa famille disparus pendant la Shoah, et

---

14 Gamzou, *op. cit.*, p. 229 ; cf. Cynthia Laborde, « Re/trouver sa place dans l'H/histoire : perspectives postmémorielles dans *Deuxième génération : Ce que je n'ai pas dit à mon père* de Michel Kichka », *French Forum*, 44:1 (2019), p. 127.

15 Sur cette notion, voir notamment le chapitre 7, sur Perec et son analyse de l'œuvre d'Antelme.

16 Kichka, Séminaire « Violence, mémoire et transmission à travers la bande dessinée », *op. cit.*

17 *Id.*

18 Voir notamment H. Kichka, *op. cit.*, p. 178, p. 199, p. 200, p. 219.

ILLUSTRATION 2 *DG*, 73
KICHKA © DARGAUD, 2020

pour signer ainsi sa « revanche » sur Hitler (*DG*, 26)[19]. Par ailleurs, son passé douloureux éclipse l'histoire de sa femme et domine le développement personnel des enfants. De fait, la mère, réfugiée en Suisse pendant la guerre, se trouve représentée sur un fond de montagnes et d'une barre de chocolat Toblerone, avec comme seul commentaire : « Je n'ai pas souffert autant que papa » (*DG*, 28)[20]. Pour les enfants, l'histoire du père constitue une ombre devant

---

19 Voir les passages suivants dans le témoignage du père : « j'étais obnubilé par une seule idée : me marier et fonder un foyer. Remplacer la famille qu'on avait exterminée. Maintenir vivant le nom de mon père » (*ibid.*, p. 202) ; « j'ai juré que le jour où je rencontrerais l'élue de mon cœur, ce serait pour le mariage. La condition exigée sera qu'elle me promette de me donner quatre enfants en compensation de la perte de ma mère, mon père et mes deux sœurs » (*ibid.*, p. 214) ; « Ma signature sur cette belle page blanche du registre de l'état-civil signifiait non seulement l'aube d'une nouvelle vie, mais également la récompense tant espérée, après tant d'années de souffrances » (*ibid.*, p. 219) ; « Ma nombreuse et merveilleuse descendance représente pour moi la plus belle des revanches. Un magistral pied de nez aux nazis ! » (*ibid.*, p. 223).

20 Michel Kichka indique dans un entretien que sa mère étant décédée en 2001, il n'a pas voulu développer son dialogue avec elle dans le livre ou se servir de ce dernier afin de régler certains comptes (dans Anna Stocker, « "Ich wollte meine Generation zu Wort

laquelle ils s'écrasent : « La règle à la maison était la suivante : papa avait toujours raison et, s'il avait tort ou si l'on n'était pas d'accord, on le gardait pour soi » (*DG*, 30). Face au non-dit paternel se crée donc un deuxième non-dit, souligné dans le sous-titre du volume : « Ce que je n'ai pas dit à mon père ». Le manque de communication au sein de la famille est rendu visible dans les dessins : des personnages qui se tournent le dos ou qui participent au dialogue en se trouvant hors-cadre, entièrement ou partiellement, avec des conversations qui tournent court. Dans ses interventions publiques, Michel Kichka explique que les enfants évitaient de parler de choses intimes ou pénibles en famille, afin de ne pas contrarier leur père. Leurs crises d'adolescence se passèrent à la dérobée. D'après l'auteur, les enfants avaient en somme deux visages, celui qu'ils montraient en dehors du cercle familial, où ils pouvaient être eux-mêmes, et celui qu'ils affichaient à la maison, et qui était « lisse, parfait et juste »[21]. Le père se projette en particulier dans son fils aîné Michel[22], qui a hérité de ses talents et constitue « [s]a revanche sur Hitler » (*DG*, 18). Juxtaposant une vignette où son père, enfant, est proclamé premier de classe (avec Tintin en arrière-fond) avec une vignette où il est félicité par son propre professeur (avec Gaston Lagaffe à l'arrière-plan) à propos d'un calcul parfaitement simple, le narrateur apporte comme commentaire : « avais-je le choix ? » (*DG*, 17).

À la maison les enfants se présentent en somme, pour reprendre le titre de la deuxième partie de l'œuvre, en « famille exemplaire ». L'album contient d'ailleurs des portraits redessinés de cette grande famille « idéale » (*DG*, 30) que le père a voulu reconstruire. Ces images – qui font écho aux « tableaux de famille » reproduits dans le témoignage écrit d'Henri Kichka[23] – montrent des enfants arborant invariablement un sourire. Or, les bulles de pensée ajoutées aux vignettes viennent perturber cette impression d'harmonie familiale,

---

kommen lassen". Ein Gespräch mit Michel Kichka », Trad. A. Stocker, s.d., https://www.yadvashem.org/de/education/educational-materials/interviews/kichka.html.

21 Kichka, Séminaire « Violence, mémoire et transmission à travers la bande dessinée », *op. cit.*

22 Xavier Nataf, Michel Kichka, « *Deuxième génération : ce que je n'ai pas dit à mon père* de Michel Kichka », *Akadem*, 2012, http://www.akadem.org/magazine/2012-2013/deuxieme-generation-ce-que-je-n-ai-pas-dit-a-mon-pere-de-michel-kichka-29-06-2012-45717_4367.php ; Kichka, « Things I Never Told My Father », *op. cit.*

23 H. Kichka, *op. cit.*, pp. 215-221. Les photos reproduites dans *Une adolescence perdue dans la nuit des camps* sont datées « Knokke, août 1960 » et « Seraing, 1964 » (*ibid.*, pp. 216-217) et les images redessinées dans *Deuxième génération* « Knokke, 1962 » et « Spa, 1963 » (*DG*, 29). Les photos de la nouvelle famille sont offertes en miroir de l'unique photo préservée de la famille Kichka exterminée, reproduite en couverture d'*Une adolescence perdue dans la nuit des camps*, ainsi que redessinée au centre de la première planche de *Deuxième génération* (*DG*, 5).

ILLUSTRATION 3   *DG*, 17
KICHKA © DARGAUD, 2020

intégrant des questions, des aveux d'incompréhension et des signes de rébellion : « va falloir sourire encore longtemps ? » (*DG*, 27), « vivement le pensionnat ! » (*DG*, 27), « quelle drôle de langue » (*DG*, 29), « ça m'énerve quand ils se parlent en yiddish ! » (*DG*, 29), « à 20 ans, je partirai vivre au kibboutz ! » (*DG*, 30).

3   Un témoin monumental

Face au non-dit et au silence « mutuel » se produit sur le tard la libération par la parole et par le témoignage. Pour le père, celle-ci se présente au moment de sa retraite et suite au choc que fut le suicide de son fils cadet Charly. Sa retraite, d'abord, lui permet de renouer avec quelques vieilles passions, à savoir le dessin et la peinture. Abandonnant sans aucun regret ses activités de « travaux forcés » dans une boutique de vêtements pour femmes à Seraing, où on l'abordait d'ailleurs comme « Monsieur Lucia », d'après le nom de son épouse et du magasin, Henri Kichka acquiert grâce au dessin « la reconnaissance qui lui avait toujours manqué » (*DG*, 23), une reconnaissance individuelle qui ne fera que s'amplifier par son travail de témoin[24].

Ensuite, d'après *Deuxième génération*, c'est la mort de Charly qui marque pour le père le véritable renouement avec ses expériences dans les camps et le déclenchement de sa prise de parole en tant que témoin. Cette transition est rendue visible dans la bande dessinée par une transformation graphique : au moment où le père se met à évoquer pour la première fois son passé, lors d'une séance de deuil, il est tout à coup représenté en tenue rayée, initialement à table et ensuite à côté de la tombe, où il semble s'enfoncer dans son témoignage. C'est ainsi, avec sa casquette et sa veste de déporté, que le père continue d'ailleurs à apparaître dans de nombreuses vignettes et qu'il a poursuivi, dans la réalité, sa mission de « témoin ». Témoin consacré, il devient un héros décoré, ou encore un « monument », comme le dit son fils. Les médailles dont il se couvre ont cependant un « revers » car, comme le montre la bande dessinée, suite à sa prise de parole testimoniale, Henri Kichka ne parle plus que de son expérience : « il parleparleparle » (*DG*, 54). Dans *Deuxième génération*, l'omniprésence de cette parole testimoniale est montrée de plusieurs façons. D'abord, le discours du père au moment du deuil est représenté par un extrait de son témoignage écrit : si cette stratégie permet une reprise fidèle du discours du témoin, elle constitue aussi une anticipation sur la réalité ultérieure de ce témoignage car, d'un point de vue graphique, l'extrait est reproduit en caractères imprimés très serrés, suggérant une certaine densité de parole, mais aussi l'impossibilité, sur le moment même et par la suite, d'interrompre ce flux discursif. Avec la reprise d'un discours imprimé « figé », la bande dessinée signale aussi un effet de répétition et de standardisation[25] au sein du discours. Le témoignage finit ainsi par devenir inéluctable et en vient littéralement à occuper toute la place. Dans l'une des vignettes, le protagoniste constate d'ailleurs que tous les livres sur la Shoah ont disparu de la bibliothèque de son père

---

24   Ainsi que l'explique sa fille Irène, « C'est lorsqu'il a pris sa retraite et est venu habiter à Bruxelles qu'il a commencé à témoigner » (citée dans Baumann, *op. cit.*).

25   Lors de ses témoignages oraux, Henri Kichka avait effectivement tendance à renvoyer à son livre et à s'appuyer sur ce qu'il avait écrit pour répondre aux questions du public, préférant aussi s'écarter le moins possible du récit de son expérience. Je remercie la Fondation Auschwitz Bruxelles de m'avoir invitée à accompagner l'un de leurs voyages à Auschwitz en 2013.

pour être remplacés par des copies de son témoignage, ainsi que par des cartons avec des extraits de journaux, des lettres d'élèves et des photos de voyages scolaires à Auschwitz. Cette monopolisation de la parole finit aussi par effacer ou supplanter les récits d'autres témoins de la Shoah. Non seulement le père renonce à la lecture de *Maus* au bout de quelques pages, rendant la bande dessinée à son fils pour s'intéresser plutôt à sa tasse de café[26], mais il ne se montre pas plus impressionné par le témoignage de Primo Levi : le chimiste a « souffert » moins que lui (*DG*, 81).

Le narrateur adulte se trouve dès lors face à un père-témoin célèbre, qui continue à évaluer les différents aspects de la vie par rapport aux souffrances qu'il a endurées, avec une certaine soif de « compensation »[27], et qui accepte encore moins d'être contrarié ou contredit du fait de sa consécration personnelle. Si son fils, dans un rare moment de franchise, lui reproche d'être râleur, le père, vexé, réplique : « Il n'y a que toi qui me trouves râleur. Dans mes classeurs, j'ai des milliers de lettres de gens qui me trouvent extraordinaire ! » (*DG*, 76). Cette figure souvent difficile rappelle de près le personnage du père dans *Maus*, même si Michel Kichka tient de son côté à souligner également certains liens de proximité et points de rencontre avec son père, comme leur sens d'humour, très présent dans les deux témoignages, et leur talent commun pour le dessin. Cependant, la différence majeure avec Spiegelman est que, dans ce cas-ci, nous avons affaire à un père qui est déjà témoin, le fils n'étant dès lors pas amené à témoigner pour lui ou avec lui. Chez Kichka, le père est un témoin rodé, capable d'anticiper les réactions de son audience (comme les pleurs des écoliers) et conscient de l'effet de certaines poses, comme celle en tenue rayée sous le signe « Arbeit macht frei » à Auschwitz[28]. *Deuxième génération* ne se focalise dès lors pas sur la trajectoire du père, déjà connue, mais permet au fils d'interroger son propre vécu, de manière à gagner sa propre voix au chapitre.

4 Autobiographie d'une génération

Comme l'indique déjà son sous-titre « Ce que je n'ai pas dit à mon père », la bande dessinée constitue une nouvelle libération de la parole, en l'occurrence pour le fils. Cette nouvelle parole s'articule à un double niveau, dont le premier

---

26 Cf. Lang, *op. cit.*, p. 77.
27 H. Kichka, *op. cit.*, p. 214, p. 219.
28 De par cette routinisation, le père se rapproche du témoignage « verrouillé » tel que décrit par Régine Waintrater (Régine Waintrater, *Sortir du génocide. Témoignage et survivance*, Paris, Éditions Payot et Rivages, 2011 (2003), p. 135).

ILLUSTRATION 4   *DG*, couverture
KICHKA © DARGAUD, 2020

est autobiographique. De fait, la bande dessinée se focalise sur différents épisodes de la vie du fils : son adolescence en Belgique d'abord, son travail et sa vie de famille en Israël ensuite, avec le suicide de Charly comme passage central[29]. D'une part, le récit évoque certaines scènes fondatrices, comme celle où le père dessine une caricature de nazi, préfigurant ainsi la vocation du fils. D'autre part, le recours au récit d'enfance permet aussi d'interroger les racines identitaires du protagoniste : par quoi sa judéité a-t-elle été marquée ? Et qu'est-ce qui constitue sa Belgitude[30] ? Si cette dernière, comme le dit l'auteur, ne remonte pas très loin du point de vue de sa généalogie[31], « l'héritage » de la bande dessinée franco-belge n'en constitue pas moins un point de référence important, pour le père comme pour le fils, depuis leurs lectures de jeunesse[32]. D'ailleurs, sur la quatrième de couverture, le père est dessiné d'après une photo de quand il était jeune, avec l'étoile jaune et tenant pour l'occasion *L'Étoile mystérieuse* d'Hergé sous le bras, bande dessinée publiée sous l'Occupation.

---

29   Kichka, Séminaire « Violence, mémoire et transmission à travers la bande dessinée », *op. cit.*
30   *Id.*
31   *Id.*
32   Sur ses influences en bande dessinée, voir Kichka, Conférence « Spirou, Pilote et Mad : trois mondes, trois cultures, trois influences », *op. cit.*

L'image répond à celle de Michel Kichka sur la première de couverture, avec son carton de dessinateur, instaurant un nouveau parallélisme visuel entre père et fils. La bande dessinée franco-belge sous-tend donc l'imaginaire de l'auteur et par les références à cette tradition, ainsi qu'au rôle catalyseur de *Maus* et à la scène fondatrice avec le père, le récit d'enfance se transforme, comme chez Perec, en récit de vocation[33].

En revenant sur le passé, le récit autobiographique permet en outre, tel que l'annonce le sous-titre, d'exprimer certaines choses que le fils n'avait jamais pu dire à son père, comme les sentiments de rébellion ou les « souffrances » des enfants. Le narrateur-protagoniste raconte aussi comment il a reçu une lettre de son frère Charly expliquant le geste de son suicide, laquelle contenait des reproches directs à l'égard de ses parents, une information que Kichka avait gardée pour lui jusque-là[34] ; cependant, comme l'affirme l'auteur, il lui semblait devoir être honnête avec le lecteur s'il voulait faire son autobiographie[35]. Il dévoile aussi qu'il avait eu peur que son père se suicide à son tour après la mort de Charly, et qu'il était parti consulter un psychanalyste à Paris à ce sujet pendant la semaine du deuil. Il montre enfin ses frustrations longtemps dissimulées à l'égard de son père-témoin, concernant, d'une part, la façon dont ce dernier a monopolisé l'attention lors du deuil pour son fils, et d'autre part, la transformation radicale de « Monsieur Lucia » (*DG*, 23) en « Monsieur Shoah »[36]. Auschwitz est alors mis en scène comme le nouveau fonds de commerce du père : dans l'image ci-dessous, le nom du camp et le numéro de matricule du père constituent les enseignes du magasin tandis que le père lui-même s'accroche, comme Harold Lloyd dans *Monte là-dessus !* (*Safety Last*), aux aiguilles d'une montre qui indique « 1942 », suspendu de toutes ses forces pour arrêter le temps.

Malgré l'affection qu'il lui porte, Kichka explique qu'il a eu du mal à accepter cette métamorphose de son père, que l'on voit doté de tous les attributs du métier (médailles, drapeau, agenda rempli …) ; il aurait voulu recevoir l'histoire de son père en tant que fils plutôt que comme membre de son « lectorat » et il n'était pas prêt à traiter le père qu'il avait connu et aimé en « victime » de l'histoire comme un « héros ». D'après l'auteur, il a cependant fini par se réconcilier

---

33 Voir aussi Laborde, *op. cit.*, p. 128.
34 Kichka, Séminaire « Violence, mémoire et transmission à travers la bande dessinée », *op. cit.* ; Kichka, « Things I Never Told My Father », *op. cit.*
35 Kichka, Séminaire « Violence, mémoire et transmission à travers la bande dessinée », *op. cit.*
36 Kichka dans Nicolas Zomersztajn, « Michel Kichka : Deuxième génération » [Propos recueillis par Nicolas Zomersztajn], 22.02.2013, http://www.cclj.be/article/3/4124.

ILLUSTRATION 5   *DG*, 82
KICHKA © DARGAUD, 2020

avec cet état des choses et par considérer la « reconstruction » du père en tant que témoin comme ce qui pouvait arriver de mieux à celui-ci[37].

Comme annoncé dans le titre principal, *Deuxième génération* vise, en second lieu, à dépasser le cadre autobiographique en adoptant une perspective plus générique ou générationnelle. L'auteur se propose en effet d'interroger, à partir de sa famille « exemplaire », dans l'autre sens de l'expression, la particularité de la deuxième génération des survivants. En cela, son approche diffère quelque peu de celle d'Art Spiegelman, qui, pour sa part, se montre réticent à l'idée de se présenter comme « porte-parole » de la génération d'après ; si l'auteur américain reconnaît les points communs au sein de l'expérience de la deuxième génération et se dit satisfait du fait que sa bande dessinée ait pu être utile à certains dans cette optique, il affirme en même temps qu'il n'est pas intéressé par l'estompement d'unicité qu'implique, d'après lui, la recherche de similitude[38]. De son côté, Kichka explique que l'appartenance à la deuxième

---

37   Kichka, « Things I Never Told My Father », *op. cit.* ; Nataf, Kichka, *op. cit.*
38   Spiegelman dans Joseph Witek (éd.), *Art Spiegelman: Conversations*, Jackson, University Press of Mississippi, 2007, p. 157.

génération est une expérience qu'il partage avec de nombreux Israéliens, comme il le montre à travers certaines vignettes de la bande dessinée (*DG*, 84). D'après lui, le concept de « Dor Sheni » (deuxième génération), en Israël, constitue une référence comprise de tous, mais sans que l'on sache exactement la définir, une question qu'il cherche à approfondir à travers la bande dessinée[39]. Il indique en outre que sa bande dessinée s'appuie en partie sur un travail de d'analyse qu'il a fait en commun avec sa sœur aînée au cours de la maladie de celle-ci. En raison de la différence d'âge, quatre ans et demi, ils avaient parfois des perceptions ou des interprétations divergentes par rapport à leur vécu. Or, la bande dessinée exprime, d'après Kichka, la version sur laquelle ils ont pu se mettre d'accord[40]. En plus de cela, la bande dessinée vise, comme l'indique l'auteur, à redonner à Charly sa « place » au sein de la famille[41].

Entre la parution de *Maus* et la publication de *Deuxième génération*, plus de 25 ans se sont écoulés. Si l'idée de faire une bande dessinée sur son expérience est née tout de suite après la lecture du premier tome de *Maus*, le projet fut reporté de nombreuses fois, pour des raisons pratiques aussi bien que des appréhensions personnelles et professionnelles. Sur le plan individuel et familial, les craintes de l'auteur étaient notamment liées au risque de blesser son père. Le projet représentait aussi un défi professionnel dans la mesure où il impliquait de passer des « Mickeys » habituels à un autre genre de dessin. Connu en Israël et ailleurs en tant que caricaturiste, l'auteur devait se construire autrement, se dévoiler[42], passer du comique au sérieux, en équilibrant le registre. Lorsque l'auteur se lance finalement dans ce projet, c'est, comme il le montre dans l'épilogue de la bande dessinée, par un saut en chute libre, hurlant, la tête la première (*DG*, 102). Or, ce projet créateur, qu'il aborde à l'aveugle, s'avère être un acte libérateur : sur la dernière vignette du livre, l'on voit le narrateur-protagoniste planer au-dessus d'un dessin – reprise de la page 45 – portant comme enseigne « Arbeit macht frei », en pyjama, atterrissant comme dans un rêve, avec un sourire épanoui (*DG*, 104).

---

39   Kichka, Séminaire « Violence, mémoire et transmission à travers la bande dessinée », *op. cit.* ; Kichka, « Things I Never Told My Father », *op. cit.*
40   Kichka, Séminaire « Violence, mémoire et transmission à travers la bande dessinée », *op. cit.*
41   Ruth Schneider, « Interview with Michel Kichka », 2015, http://www.exberliner.com/features/people/after-the-silence/.
42   Kichka, *op. cit.*

MICHEL KICHKA : DEUXIÈME GÉNÉRATION

ILLUSTRATION 6   *DG*, 104
KICHKA © DARGAUD, 2020

5 Le dialogue des zèbres

Le non-dit initial finit en somme par faire place à une double parole : celle du père en tant que témoin de la Shoah, et celle du fils, exprimant par la bande dessinée son propre vécu et celui de la deuxième génération. Il est intéressant de noter que dans les deux cas, la libération passe par une parole « publique » plutôt que par un dialogue direct. Le récit du père dévoile ce qu'il n'a pas raconté à ses enfants, le fils exprime certaines choses qu'il n'a pas dites à son père. La transition entre cette parole publique et la sphère privée reste complexe.

Pour Michel Kichka, ce fut une déception que son père publie son témoignage sous forme de livre plutôt que de s'ouvrir à lui en tant que fils[43]. Comme il le montre dans la bande dessinée, le père souhaite désormais que son fils l'accompagne à l'un des voyages organisés à Auschwitz, pour recevoir son témoignage. Cette requête, présentée comme incessante dans la bande dessinée, constitue l'unique « cadeau » auquel aspire le père, lequel a par ailleurs l'habitude de rendre à ses enfants tous les autres cadeaux qui lui sont offerts, que ce soit *Maus* ou un appareil de fax. Or, le narrateur-protagoniste résiste à la requête du père : il ne souhaite pas participer à un voyage scolaire ou collectif, estimant qu'en tant que fils, il a droit à une visite « VIP » : « une visite, juste lui et moi sans photos, sans discours, sans dédicaces. Est-ce trop demander ? » (*DG*, 87). Il rajoute : « J'ai lu son livre deux fois. J'aimerais tellement qu'il me raconte ce qu'il n'a pas pu écrire » (*DG*, 88). Face au flux testimonial, le fils est dès lors resté en quête d'une parole personnalisée, sortant du discours monumental et ses non-dits. Or, dans certaines de ses interventions, Michel Kichka indique que son père n'était pas capable de lui donner ce qu'il demandait : le père avait besoin de son public, son témoignage étant devenu un discours « formaté »[44], qui avait remplacé sa mémoire proprement dite[45]. Après avoir terminé son œuvre, le fils consent cependant à accompagner son père, en avril 2015, notant par la suite le protocole bien huilé de ce témoignage public :

> It took us almost three years to find a date that matched, but this April I found a good opportunity to do it at last. And it was OK. I could see how it fulfils his mission – he speaks well, people are listening to him.

---

43 Kichka, « Things I Never Told My Father », *op. cit.*
44 Yannick Vely, Michel Kichka, « Les peines de cœur de la "Deuxième génération" », 21.02.2012, https://www.parismatch.com/Culture/Livres/Les-peines-de-coeur-de-la-Deuxieme-generation-Michel-Kichka-159411.
45 Kichka, *op. cit.*

Our guide was a fluent French speaker, and she'd met my father 10 times before, so she knew exactly when to give him the microphone, when to give him the chance to say what he had to say, it was a good harmony, well organised. I'm pleased that I've done it[46].

Du côté de la bande dessinée, la question du destinataire et du dialogue qui en résulte est également complexe. L'auteur publie sa bande dessinée en français, la langue de son enfance, mais aussi celle de la bande dessinée franco-belge, voulant positionner son travail au centre de ce marché littéraire[47]. Même s'il situe son expérience par rapport à celle de la deuxième génération en Israël et traduit par la suite la bande dessinée en hébreu, Kichka s'adresse donc d'emblée à un lectorat qu'il souhaite large. Or, dans la mesure où il souhaite être « honnête » avec son lecteur et inclut certaines informations dont son père n'était pas préalablement au courant[48], le fils affiche ici encore son vrai visage au monde plutôt que dans le cercle familial. Sachant cependant que son père serait aussi l'un des lecteurs de l'œuvre, son « premier lecteur » même[49], il écrit et ré-écrit certaines pages, affirmant au sujet d'Henri Kichka : « il allait lire pour la première fois ce que j'avais vraiment ressenti »[50]. Appréhensif de blesser son père – une peur qui semble se situer dans le prolongement de l'attitude de déférence qui a marqué leur rapport depuis son enfance – l'auteur se montre également désireux d'entamer une conversation avec celui-ci, indiquant qu'il était lui-même arrivé à une phase d'acceptation[51]. C'est d'ailleurs pour lancer le dialogue avec son père qu'il a souhaité publier la bande dessinée du vivant de celui-ci. Or, dans ses interventions, Kichka raconte la vexation initiale du père, puis la fierté de celui-ci face au succès de l'œuvre, et il affirme que leur rapport s'est amélioré après la publication et qu'ils se parlaient davantage[52] – même si ce n'était pas tout à fait l'échange auquel il aspirait. Comme l'œuvre de Spiegelman, donc, la bande dessinée gravite autour des (im)possibilités de dialogue avec la première génération, quoiqu'avec une fin plus optimiste et chaleureuse qui se centre notamment sur « l'humour de la Shoah » partagé entre père et fils.

---

46   Kichka in Schneider, *op. cit.*
47   Kichka, *op. cit.*
48   Kichka, Séminaire « Violence, mémoire et transmission à travers la bande dessinée », *op. cit.*
49   Kichka, « Things I Never Told My Father », *op. cit.*
50   Nataf, Kichka, *op. cit.*
51   Kichka, *op. cit.*
52   Nataf, Kichka, *op. cit.* ; Kichka, *op. cit.*

ILLUSTRATION 7   *DG*, 83
KICHKA © DARGAUD, 2020

La volonté d'échange, et de réconciliation, est aussi symbolisée par les dessins de zèbres dans la bande dessinée. D'abord, l'on voit le protagoniste en train de dessiner un zèbre à sa table de travail (*DG*, 83). Plus tard, dans l'épilogue, où l'auteur fait le bilan de son projet, on aperçoit accroché au mur derrière le protagoniste un dessin représentant deux zèbres, tournés l'un vers l'autre, avec des bulles dont le texte est illisible (*DG*, 102). Ce dessin constitue un renvoi à l'engagement de Michel Kichka au sein de mouvements comme « SOS Racisme » et « Dessins pour la Paix », dans le cadre duquel il a créé l'un de ses dessins les plus connus, intitulé « Les Zèbres ». Celui-ci représente deux zèbres s'abreuvant à une rivière, dont le premier, au regard abattu, dit « Moi mon papa est noir et ma maman blanche ». Le deuxième zèbre lui répond d'un air tout aussi attristé : « Moi c'est l'inverse ! »[53]. Par le succès de ce dessin, qui souligne l'absurdité de certaines distinctions et discriminations face à la similarité des deux animaux, le zèbre est, comme l'indique Kichka, devenu son « label » ou sa « signature »[54]. La présence des zèbres dans *Deuxième génération* fait donc référence au travail que Kichka a réalisé au cours de la période décrite dans la bande dessinée. En même temps, elle fonctionne comme un clin d'œil à la tenue rayée du père-déporté et du père-témoin tel qu'il est représenté dans la bande dessinée (*DG*, 83) et, indirectement, aux métaphores animalières dans

---

53   Michel Kichka, « Les Zèbres », *Cartooning for Peace*, 19.07.2008, https://www.journalisme.com/archives/le-media-du-jour/le-dessin/cartooning-for-peace/.

54   Cité dans Kathie Kriegel, « Kichka sur le divan de sa BD », *The Jerusalem Post*, 11.05.2013. http://www.jpost.com/Edition-fran%C3%A7aise/Art-Et-Culture/Kichka-sur-le-divan-de-sa-BD-330674.

Maus. L'affiche représentant les deux zèbres en dialogue, avec un texte indéchiffrable, vient ainsi à symboliser aussi le processus d'échange que l'auteur se propose d'entreprendre à travers la bande dessinée, cherchant les points de rapprochement intergénérationnels par-delà les divergences.

En abordant ainsi les problèmes de transmission et de (manque de) dialogue, l'œuvre illustre à sa façon les difficultés de la deuxième génération, et notamment la quête du narrateur à comprendre l'expérience de son père sans avoir accès à une parole privée, c'est-à-dire en s'éduquant à partir des archives et images de la mémoire collective. En prenant appui, on l'a dit, sur le style synthétique du dessin de presse humoristique, les vignettes de Kichka jouent dès lors avec les icônes et symboles historiques et culturels de la Shoah, signes d'une mémoire surcodée dans laquelle le père s'est englouti, avec ses attributs à la fois évocateurs et conventionnels. L'œuvre porte dès lors aussi à interroger la nature de la parole testimoniale contemporaine, et le dialogue que celle-ci établit avec le public[55], et dont la bande dessinée participe désormais à son tour. L'une des questions qui se pose dans ce contexte est celle de savoir dans quelle mesure l'œuvre de Michel Kichka est désormais reçue ou interprétée comme une « prolongation » de la mission testimoniale de son père, c'est-à-dire comme preuve, quelque peu paradoxale, d'une transmission « accomplie » et perpétuée[56]. À la fois critique et pleine d'empathie, la parole du fils pourrait, dans le domaine public, à nouveau être subjuguée à celle du père, notamment dans une perspective éducative. C'est ce que pourrait éventuellement suggérer un premier projet de film inspiré de la bande dessinée, destiné aux enfants, intitulé initialement « Second generation. My revenge on Hitler » : le sous-titre et la bande-annonce de ce projet de film portaient à croire que celui-ci s'inscrirait davantage dans la perspective du survivant que dans celle du fils, confirmant la parole inéluctable du premier, et passant de la libération personnelle au relais testimonial pour le second. Le titre de travail plus récent du film, « Les secrets de mon père », ramène au contraire l'attention vers la problématique du non-dit[57]. En tant que projet largement indépendant, le film soulève donc la question de la réception publique, et éducative, de l'œuvre. La dynamique de réconciliation et de rapprochement entre père et fils se situe

---

55 Cf. chapitre 1.
56 Michel Kichka, « Commémoration à Bologne », 2017, https://fr.kichka.com/2017/02/05/commemoration-a-bologne/.
57 Le film est prévu comme un dessin animé librement adapté du livre, en couleur. En cours de production par Véra Belmont et les studios "Je suis bien content" de Paris, sa sortie est annoncée pour 2021 (correspondance avec l'auteur, décembre 2019).

ainsi dans un équilibre délicat mais, en l'occurrence, bienveillant, avec la libération personnelle de ce dernier :

> When I got back [from Auschwitz], some of my friends in Israel told me, "Okay, now you've closed the circle. This meeting in Auschwitz must have been the highest emotional moment." I said no, the highest emotional moment was writing the book. This was just to please him, to give him the feeling that I was there with him[58].

Plus que Spiegelman, Kichka tient en somme à faire témoignage d'amour, en dépassant la révolte personnelle, ce qui lui permet de raviver le sourire des Mickeys et confirme, dans la lignée de ce que faisait déjà la bande dessinée, la volonté d'un *happy end* pour son père comme pour lui-même.

---

58   Kichka in Schneider, *op. cit.*

PARTIE 3

Conclusion

∴

CHAPITRE 12

Écrire après l'apocalypse

L'analyse des œuvres-témoignages et de la littérature d'après montre à quel point chaque auteur aborde à sa façon les interrogations soulevées par la coupure d'Auschwitz, en imaginant l'événement selon différents cadres interprétatifs et formes d'écriture. Les auteurs passent souvent du particulier au général en prenant appui sur leur propre expérience comme « point de départ » pour penser l'apocalypse et ses suites. Les lectures se sont attachées à rendre compte de la spécificité éthique et esthétique des œuvres, mais permettent en même temps de saisir certaines perspectives transversales sur les approches de l'événement et de sa place dans la culture et la littérature. En guise de conclusion, nous reviendrons d'abord sur la prise de conscience critique que développent la littérature de témoignage et celle d'après. À partir de là, nous aborderons les conceptions de la condition humaine, en général, et le « destin » des survivants et des écrivains venus après, en particulier. Nous analyserons ensuite les défis mémoriels relevés au sein des textes, y compris dans le contexte actuel. Enfin, nous reviendrons sur les approches de la langue et de l'écriture, pour examiner leurs modalités et la conscience littéraire qui s'est formée après Auschwitz.

1 Sur les traces de l'apocalypse

Les témoins et les écrivains de la génération d'après théorisent leur rapport à l'événement en imaginant et en réfléchissant le scandale de la coupure et de la disparition. S'efforçant à penser à la fois l'apocalypse et son *après*, les auteurs oscillent entre une dystopie irrémédiable et la quête d'une catharsis utopique, ancrée dans une prise de conscience (auto)critique. Auschwitz est alors non seulement un moment de rupture mais aussi, dans l'autre sens du terme d'apocalypse, une « révélation », que les auteurs interprètent de différentes manières. D'après Rawicz, d'abord, le nouvel ordre du monde créé par Auschwitz n'est que vide et Néant, et peut au mieux se déguiser en caricature de la communauté perdue ou en un tiers espace nostalgique ; Schwarz-Bart espère au contraire un *modus vivendi* qui s'inspire malgré tout de la lumière du passé. Devant un avenir fondamentalement compromis, d'autres témoins envisagent un changement de paradigme collectif, comme Antelme et Semprun, ou individuel, comme Kertész, afin de sortir de la répétition des mêmes schémas totalitaires et destructeurs : Antelme œuvre notamment à une prise de conscience critique du scandale du monde, alors que Semprun plaide en faveur de nouvelles « valeurs », comme la fraternité, pour échapper à la dialectique de l'oppression paternaliste ; chez Kertész, la prise de conscience porte avant tout sur les pièges internes et externes de la vie sociale et empêche dès lors la quête d'un nouveau consensus. À partir de la césure dans leur vie personnelle, la génération liminale cherche à son tour à penser les tensions entre rupture et continuité. Perec et Federman rendent notamment compte des principes sous-jacents au désastre, d'un point de vue d'inspiration marxiste, chez l'un, et postmoderne, chez l'autre : définissant tous deux le rôle de l'écrivain en termes de contestation et de questionnement, ils œuvrent ainsi à aiguiser la conscience du lecteur. Chez ces deux auteurs comme chez les écrivains venus après, se développe aussi une conscience des défis et pièges mémoriels, sur lesquels nous reviendrons ci-dessous.

En fonction de leurs interprétations respectives de l'événement, les œuvres-témoignages s'engagent également dans une réflexion sur le devenir de l'homme et de la communauté humaine après Auschwitz. L'espèce humaine reste un « locus de valeur » notamment chez Antelme et Schwarz-Bart, qui revendiquent une identité ontologique partagée, en opposition à l'idéologie nazie, et en se distanciant respectivement d'une religion jugée oppressive et d'un Dieu indifférent. En dépit de la présence présumée d'une racine humaine profonde, les perspectives communautaires restent fondamentalement précaires chez l'un et l'autre auteur : Antelme s'attache aux amorces d'une réconciliation possible pour penser l'unité de l'espèce, sans renier la fracture vécue ; de son côté, Schwarz-Bart reconnaît une combinaison d'horreur et de merveille dans l'homme, de telle sorte que la culpabilité d'Auschwitz n'appartient soit à personne, soit à tous. La seule réponse consolatrice vient de l'amour, censé reconstruire une chaîne par-delà le temps. Pour Rawicz, ensuite, la nouvelle condition ontologique de l'homme est celle d'une « fraternité » des abîmes, au contraire de l'idéal de fraternité prôné par Semprun. De fait, même si ce dernier s'écarte graduellement de sa bonne conscience initiale et de l'innocence de sa mémoire marxiste, sa conscience critique de la condition humaine après Auschwitz reste sujette à discussion, dans la mesure où Kertész en particulier lui reproche d'ignorer l'impact intérieur de l'expérience. De même que Rawicz, Kertész examine à sa façon la révélation de la condition humaine contemporaine, en l'occurrence celle de l'homme fonctionnel. Dénonçant comme Semprun la figure du Père totalitaire et oppressif, il considère en outre le paradigme du fratricide et la culpabilité du fils, rapprochant victimes et bourreaux, à l'instar de Rawicz. Or, face à un monde dépourvu de valeurs fortes, ce dernier considère la nostalgie du passé comme la seule option vivable ou authentique, tandis que l'unique « destin » qu'entrevoit Kertész consiste à s'isoler du bourbier de l'existence sociale et fonctionnelle ; d'ailleurs, Kertész ne conçoit pas son identité juive en fonction du rapport à une communauté, comme Schwarz-Bart et Rawicz, mais en sa qualité d'exclu. Cependant, cette dernière n'est pas forcément garantie et sa quête d'authenticité et de catharsis individuelles s'assimile dès lors à un travail de Sisyphe, toujours à reprendre, jusqu'à l'épuisement des forces. De cet échec, notamment face à une renommée littéraire grandissante, l'auteur se tient à nouveau co-responsable. Les différents écrivains-témoins relèvent d'ailleurs la difficulté de rester fidèle aux victimes, comme l'expriment de différentes manières Antelme, Schwarz-Bart, Rawicz et Semprun, ou à une vérité fondamentale, voire radicale, de l'événement, qui risque de trancher avec les idées reçues ou les normes mémorielles en vigueur.

Les écrivains venus après se confrontent également à la question du destin humain après Auschwitz et à celle de leur place dans l'histoire. Interrogeant la responsabilité et l'ambiguïté éthiques de la première génération, Perec et Raczymow explorent entre autres la question de la culpabilité passive des victimes, tandis que Federman rattache la solution finale à un long processus de complicité idéologique. Perec pose en outre la question de sa responsabilité individuelle, en se référant à la figure du faussaire, par le biais de Kaspar Hauser. Enfant-survivant, l'auteur se trouve de fait dans une proximité ambivalente à un mouvement historique déjà entamé sans lui. En revanche, les écrivains de la génération suivante se situent dans un rapport d'exclusion et pensent leur propre relation à l'événement en termes d'extime, comme Wajcman, ou du double désir et interdit œdipiens, dans le cas de Raczymow. Assumant pleinement son identité en marge du réel, ce dernier évolue vers une écriture des noms et des traces en passant, à l'instar de Kertész, directement de l'état d'enfant dépendant à celui de vieillard, à la différence d'une volonté de maîtrise plus active du réel chez Perec, quelques décennies plus tôt. Situé au cœur de la culture mémorielle, Michel Kichka, pour sa part, revendique la parole afin de (r)établir un dialogue intergénérationnel, par-delà le discours public du père. La prise de parole tient dès lors à plusieurs motivations chez les écrivains venus après : la contestation sociale, le dépassement du non-dit et du silence coupable, une quête d'identité individuelle, ou encore certains penchants narcissiques littéraires, contrebalancés de plusieurs manières. Les différentes positions pointent en somme vers un double écueil : celui de rester silencieux devant l'événement, et celui d'en parler. Le risque d'appropriation donne lieu à une surconscience postmémorielle, exprimée à travers une écriture littéraire qui théorise d'entrée de jeu sa position paratopique, voire intègre sa propre critique, dans un esprit de fidélité à la mémoire trouée[1]. L'authenticité paradoxale de la littérature d'après dépend donc de la prise en compte de son inauthenticité inhérente.

2 Défis mémoriels

La monumentalisation de la mémoire pose ensuite ses propres défis et instaure un nouveau rapport critique à la réception culturelle de l'expérience. Comme l'exprime Kertész, face à la récupération sociale, le témoignage risque de perdre sa radicalité et, par conséquent, son authenticité. D'autres écrits tardifs développent à leur tour une conscience aiguë des déformations entraînées par l'attention mémorielle : tant Raczymow que Schwarz-Bart expriment notamment un sentiment de malaise devant les effets secondaires du tourisme de masse sur les lieux de mémoire, qui passe à côté du réel. Dans son œuvre posthume, Schwarz-Bart dénonce l'indifférence des visiteurs tandis que Raczymow démasque la fixation sur les lieux en relevant, comme Régine Robin, l'impossibilité de « voir ». Plutôt que d'ouvrir sur une autre dimension temporelle et une forme de hantise comme chez Wajcman, les lieux ne font à ses yeux que confirmer l'écart et la non-coïncidence. Devant l'emphase sur les lieux de mémoire, Kertész souligne en outre que le scandale d'Auschwitz dépasse un cadre strictement spatiotemporel et prend une signification apocalyptique plus large, dans un monde centré sur le meurtre. Pour Kichka, ensuite, le rapport au lieu est ironique et accessoire dans la mesure où le passage obligé à Auschwitz et la parole formatée du père font obstacle au privilège d'un échange « VIP »[2]. En ce sens, les voies consacrées de la mémoire empêchent un échange « authentique » pour les témoins comme pour les témoignaires. La « saturation » de la mémoire[3] et les instrumentalisations en fonction de valeurs traditionnelles[4] entravent en effet un engagement réel avec l'étrangéisation de l'expérience et son impact sur l'humanité.

La réception de la parole testimoniale reste du même coup précaire : une tension fondamentale continue à se présenter entre l'appel forcément ouvert du témoignage et sa demande de fidélité radicale, qui risque, en tout cas sous certaines formes, de l'écarter d'une réception de masse. D'où la méfiance à l'égard

---

[1] Annelies Schulte Nordholt, « *Heinz* d'Henri Raczymow. Une écriture du silence », *Monografías de Çédille*, n° 5 (2015), p. 230 ; cf. chapitre 1.
[2] Michel Kichka, *Deuxième génération. Ce que je n'ai pas dit à mon père*, Paris, Dargaud, 2012, p. 87.
[3] Voir le chapitre 9 sur Raczymow, et Régine Robin, *La Mémoire saturée*, Paris, Stock, 2003.
[4] Cf. chapitre 1.

de la culture populaire, accompagnée d'un retour aux œuvres-témoignages[5]. En se confrontant à l'impact interne et culturel d'Auschwitz, la parole testimoniale ne cesse au fond de mettre à l'épreuve les capacités cognitives et les cadres interprétatifs et linguistiques du lecteur, en postulant une prise de conscience et, partant, une exigence infinie à penser et à agir face à la banalité et au scandale du mal. Le travail de mémoire oscille en somme entre uniformisation et utopie[6] ; en lançant leur bouteille à la mer, les témoins font preuve de leur espérance *malgré tout* en une terre réceptive[7], quitte parfois à se projeter dans l'avenir. De fait, si l'audience n'est pas acquise, la seule option est de rester fidèle au poste, dans l'espoir d'un récepteur hypothétique : « some good people/even if they were few, twenty, ten/or not born, as yet »[8].

Sans espérer une relève du témoignage, une telle projection dans l'avenir vise à partager et à semer des traces d'intranquillité. Comme le montrent les analyses, ces traces sont susceptibles de traverser aussi la littérature *d'après* Auschwitz, où les rapports au passé et au présent se placent sous le signe du questionnement. Une telle dimension critique n'est toutefois pas garantie et risque d'être « diffuse » dans une partie des œuvres[9]. Le problème de la composition sur une décomposition, évoqué dans *Le Sang du ciel*, n'est donc ni résolu, ni clôturé une fois pour toutes : les lettres sont piétinées, chez Rawicz, ou s'envolent, chez Schwarz-Bart, sans que leur nouvelle constellation ne soit connue, y compris en littérature. Les compositions futures peuvent tenir de l'échec et de la caricature, ou poursuivre la quête d'une authenticité utopique, piégée à jamais, mais potentiellement consciente de l'être.

3   Au bout de l'écriture

En vue de ces défis, la volonté de fidélité radicale implique une exigence de « justesse esthétique », de la part des témoins comme des écrivains d'après. Cette quête d'une forme d'expression authentique *malgré tout*, ou du moins consciente de sa propre inauthenticité, inclut d'abord une mise à l'épreuve du

---

5   Cf. chapitre 1.
6   Cf. aussi Catherine Coquio, *Le Mal de vérité ou l'utopie de la mémoire*, Paris, Armand Colin, 2015.
7   Voir chapitre 1.
8   C'est la position qu'exprime Czeslaw Milosz, par rapport au contexte communiste polonais, dans son poème « My Faithful Mother Tongue », dans Czeslaw Milosz, *Selected poems 1931-2004*, Trad. C. Milosz, R. Hass *et al.*, New York, Harper Collins, 2006, pp. 90-91. Nous citons en anglais l'autotraduction de l'auteur en collaboration avec R. Hass.
9   Sur ce risque, voir chapitre 1.

langage et des valeurs que celui-ci véhicule. En partant de cette critique de la langue, nous reviendrons ensuite sur les rapports du témoignage et de l'écriture postmémorielle à la littérature, qui constitue à son tour un « système de valeurs » remis en cause, mais aussi un réseau d'intertextes dense et riche, à travers lequel se tissent les pistes interprétatives et identitaires.

L'on sait que la réalité « autre » et la coupure radicale d'Auschwitz ont à la fois invalidé les concepts langagiers habituels et exposé les dangers du langage et du discours[10]. La langue ne va dès lors plus de soi mais devient un enjeu même de l'écriture, ainsi que le montrent entre autres les non-coïncidences du dire au sein des textes. D'une part, les auteurs mettent en vedette la faillite de certaines notions, réduites à des « étiquettes » dépourvues de signification réelle, tel que l'avance Piotr Rawicz. De l'autre, ils dénoncent le caractère trompeur du langage et sa charge idéologique. C'est ainsi qu'Antelme contraste plusieurs visions du monde en fonction des vocables utilisés, que Semprun, Perec et Federman déconstruisent une série de slogans ou principes politiques et philosophiques, et que ce dernier dénonce aussi l'axiologie des mots de la tribu. Les écrivains de la génération d'après soulignent en outre le caractère irréel du langage, qui ne permet point de retrouver le temps, ni les lieux ou les êtres d'avant. Le langage s'avère donc être un leurre, auquel il faut parfois adhérer bon gré mal gré, comme l'avance Schwarz-Bart, pour son propre bien ou celui du lecteur, ou qu'il importe au contraire de démasquer, comme le proposent entre autres Antelme et Raczymow. Les témoins et écrivains d'après développent en somme une surconscience linguistique, affrontant la langue comme un *obstacle*[11], tout en transformant celle-ci en *moyen*, c'est-à-dire en un point de départ pour imaginer un nouveau rapport au réel. C'est en effet par le biais de la langue et de la littérature que les écrivains cherchent à dépasser le mutisme, « le cri sans voix », les catégories de l'effroyable et du terrible, et « l'évidence » de certaines explications comme « la guerre, les camps ».

L'insuffisance et la méfiance du langage et du discours contraignent de fait les écrivains à trouver une forme adéquate pour penser l'événement et pour déchiffrer sa signification. En vue d'une nouvelle authenticité éthique, Kertész développe pour sa part une écriture atonale, visant à signaler l'absence de valeurs et de consensus après Auschwitz, tandis que Federman opte pour une surfiction apte à déconstruire toute aspiration référentielle. Ces deux auteurs s'opposent le plus explicitement à la littérature dite traditionnelle, *d'avant* Auschwitz, dont ils dénoncent respectivement les valeurs humanistes désuètes et la prétention réaliste, jugée dangereuse. De leur côté, Schwarz-Bart

---

10   Cf. chapitre 1.
11   Voir le chapitre 8 sur Federman.

et Kertész renoncent au modèle du héros spectaculaire ou exceptionnel, qui trahirait une tradition séculaire, pour l'un, et le manque de destin indiviudel, selon l'autre. Antelme souligne à son tour l'écart entre le vécu des héros littéraires habituels et celui des déportés : son approche de l'écriture dans *L'Espèce humaine* est ensuite élevée au rang de modèle littéraire par Perec, comme un moyen de décrypter et, partant, de combattre le réel. Rawicz s'attache également au langage littéraire comme le seul moyen de rendre compte du réel, et d'autres auteurs y cherchent un antidote contre une approche historisante du passé. Plusieurs soupçons se portent cependant sur la fonctionnarisation potentielle de l'écriture littéraire testimoniale : d'après Rawicz, le côté procédural de l'art va à l'encontre de son authenticité, que l'auteur cherche entre autres à retenir au moyen de petits poèmes d'inspiration surréaliste. Même Kertész constate en définitive que le style ne garantit pas de manière durable l'authenticité et finit par faire l'homme : l'écriture devient ainsi un leurre potentiel travestissant son moi intime. Le piège de l'écriture comme écran est aussi soulevé par la génération d'après : pour Perec il s'agit d'un rempart trompeur et futile contre l'absence et le silence ; Raczymow craint surtout d'évincer les êtres réels par son discours. Comme Federman, ces auteurs pointent dès lors sans cesse vers le statut purement discursif de leurs œuvres et incorporent une critique de l'écriture à même le texte. Ils manifestent une (sur)conscience des limites de leur propre parole, accentuées par l'insuffisance de leur « sources », qui s'avèrent souvent lacunaires, entre autres chez Perec et Raczymow, voire, comme le montre Kichka, figées.

Comme on l'a dit, le rejet de certaines traditions et modèles n'empêche pas que les auteurs établissent également des liens de parenté avec certains corpus ou auteurs. Outre des repoussoirs, ils identifient des modèles ou affinités, comme l'écriture surréaliste pour Rawicz mais aussi différentes écritures de l'étrangéisation et de l'intranquille, dont certains auteurs exilés ou « apocalyptiques » chez Kertész, l'œuvre de Beckett pour Federman et celle de Flaubert pour l'écriture de l'irréel chez Raczymow. Ces références servent à penser une désappartenance ou exclusion, et aident à voir et à penser le destin humain, comme l'exprime Kertész.

Les références littéraires et d'autres intertextes d'ordre philosophique, religieux ou politique offrent par ailleurs des formes génériques et outils heuristiques essentiels à l'acte de penser et de déchiffrer « Auschwitz ». Une partie des intertextes sont présents en tant que palimpsestes, par exemple chez Semprun, avec ses réécritures d'*Une journée d'Ivan Denissovitch* et des *Mystères de Paris*, et chez Schwarz-Bart, avec le cas de *Candide*. Les modèles narratifs servent ici à la fois de référence et de repoussoir pour mieux saisir l'expérience : c'est ainsi que Schwarz-Bart produit un « conte » qui se veut une consolation aux douleurs du peuple juif, mais aussi, par analogie avec Voltaire, un discours critique. Les intertextes permettent donc de mettre à l'épreuve les valeurs et vérités traditionnelles et, de manière plus générale, de médier ou de théoriser le rapport à l'expérience. Dans une telle perspective, soit les intertextes sont constitutifs de l'interprétation du témoin, comme dans le cas du *Timée* chez Rawicz, soit ils portent au contraire à réexaminer la validité et la faillite (partielles) de certaines visions du monde religieuses, philosophiques ou politiques. En ce sens, on l'a vu, les maîtres de pensée font parfois office de pères à tuer.

Le recours aux intertextes permet aussi de penser le rapport difficile au réel et à la mémoire, en particulier pour les générations d'après. Chez Perec, par exemple, le début et la fin des intertextes et citations sont absents, symbolisant l'accès barré aux origines et à la mort, ainsi que sa position peu unique dans une histoire déjà en cours. Chez Wajcman, les citations sont également tronquées, mais l'intention et l'effet diffèrent : en l'occurrence c'est toujours le thème essentiel qui reste caché au lecteur, faisant de « l'interdit » l'élément central, par un effet d'inversion extime. Partant de l'idée selon laquelle « on est parlé », Wajcman sonde ainsi l'impact interne de l'événement, par une poétique du plagiat. Chez Federman, les intertextes sont également soumis à une poétique du « plajeu », qui permet au discours d'annuler son rapport au réel, en restant dans le simulacre, mais expose aussi la langue de l'autre comme un voile à déchirer. Dans l'œuvre de Raczymow, ensuite, les intertextes offrent un outil heuristique pour explorer son rapport au passé et à la première génération. Comme Kertész avec la référence au Vilain Petit Canard, l'auteur pense son propre « destin » au travers de contes littéraires, et notamment la figure du Petit Poucet. D'autres références littéraires, tel que Proust, contribuent à thématiser la surconscience postmémorielle, entre jeu et scrupule. Ainsi qu'on vient de le rappeler, Raczymow prend en outre appui sur la figure de Flaubert pour se placer sous le sceau de l'irréalité, démasquant à son tour le réel des autres et soulignant encore et toujours qu'il ne fait que de la littérature : le rapport d'observateur passif à l'égard de la première génération se transforme ainsi en source créatrice, sans lever certains tabous. Enfin, Kichka se sert des intertextes disponibles pour pallier le non-dit, par un travail d'enquête, et pour mettre en contexte la parole de son père mais aussi sa propre pratique d'artiste, en référence à *Maus* et à la bande dessinée franco-belge. Comme chez Perec et Raczymow, le récit d'enfance se transforme alors aussi en récit de vocation.

Les intertextes et l'écriture participent alors du même coup à une quête et un jeu identitaires de la part des auteurs et servent donc aussi de « point de départ » à leur pratique d'écriture. Pour penser leur propre position vis-à-vis de l'événement et/ou de l'écriture, les auteurs se réfèrent, on l'a dit, à une série de figures littéraires et culturelles, allant de Candide (invoqué à la fois chez Schwarz-Bart et Kertész) à Kaspar Hauser, et de Sisyphe au Petit Poucet. En tant que survivant ou écrivain de la génération suivante, certains ont aussi recours à des isotopies psychanalytiques et sexuelles pour se situer par rapport aux disparus et à l'expérience de la génération précédente. L'un des cadres de pensée est alors celui du complexe d'Œdipe : dans la mesure où le génocide pose en effet un problème de filiation[12], abordé au travers de genres narratifs comme le récit d'enfance ou l'autofiction, l'isotopie œdipienne reflète pour la génération d'après le désir et le tabou de l'expérience, en particulier chez Raczymow et Wajcman. Des isotopies sexuelles se trouvent cependant aussi chez certains écrivains de la première génération[13] dans une tentative d'exprimer ou de dépasser un état de séparation : Rawicz se sert du motif de la queue pour thématiser son besoin de fusion ; chez Semprun, l'imaginaire œdipien et les intertextes sexuels sont dans un premier temps rapportés à la mort et à l'absence de la mère, pour incorporer ensuite les jeunes filles en fleur dans une dialectique intergénérationnelle. De son côté, Perec signale les résonances œdipiennes de son expérience, qui le condamnent comme d'autres à une étrangéité irrémédiable, mais l'auteur décide, à l'instar de Federman, de ne pas faire œuvre de psychologie[14]. Federman développe des alter ego surfictionnels, tandis que Perec reconstruit sa propre expérience à partir de doubles littéraires et de jeux de miroirs. Comme d'autres auteurs, dont Semprun, ils prennent donc refuge dans l'écriture, mais sur le mode du subterfuge, puisque les images spéculaires qu'ils construisent ne cessent de se soustraire. S'engendre ainsi une multiplication identitaire à l'infini, qui vient encore souligner le manque d'ancrage et d'unicité. Tout comme le cadre de référence œdipien, les stratégies de dédoublement littéraire amènent donc à penser une situation de décentrement, en particulier pour la génération d'après. À l'instar de Perec, Raczymow

---

12   Régine Waintrater, *Sortir du génocide. Témoignage et survivance*, Paris, Éditions Payot et Rivages, 2011 (2003), p. 19 ; cf. chapitre 1.
13   Voir l'avis de Primo Levi sur la question (Anthony Rudolf, « Porter le fardeau de l'Histoire et de la souffrance », Trad. A. Dayan Rosenman, Anny Dayan Rosenman, Fransiska Louwagie (éds.), *Un ciel de sang et de cendres. Piotr Rawicz et la solitude du témoin*, Paris, Klimé, 2013, p. 212), et ceux formulés dans son sillage par certains critiques (cf. chapitre 1) Sur Rawicz, voir notamment Frédérik Detue, « 'Fiction *vs* témoignage' ? », *Acta fabula*, 14:5 (2013), http://www.fabula.org/revue/document7984.php ; sur Semprun, voir François Rastier, « 'L'odeur de la chair brûlée'. Témoignage et mentir-vrai », *Europe*, n° 1041-1042 (2016), pp. 115-135.
14   Georges Perec, *W ou le souvenir d'enfance*, Paris, Denoël, 1975, p. 59 (cf. Philippe Lejeune, *La Mémoire et l'oblique. Georges Perec autobiographe*. Paris, P.O.L., 1991, p. 68) ; Zoltán Abádi-Nagy, « An Interview with Raymond Federman », *Modern Fiction Studies*, 34:2 (1988), p. 162.

constate effectivement qu'il n'est pas le « divin enfant », mais plutôt le substitut ou le remplacement de son oncle disparu. À partir d'une situation semblable, et face à la contrainte de réaliser le rêve ou le projet d'un autre, Kichka cherche finalement à se réapproprier son destin, ou du moins sa voix au chapitre, avec lucidité mais aussi empathie.

Pour des raisons liées à l'expérience même, pour les témoins, ou à son absence, pour la génération d'après, l'écriture n'ouvre en somme pas sur la réalité en tant que telle, mais contribue plutôt à qualifier celle-ci et à déchiffrer ses significations ou son impact, selon le point de vue des auteurs respectifs et leurs outils langagiers et littéraires. L'analyse des œuvres montre un parti pris souvent radical à l'égard du réel et de l'écriture : pierre d'achoppement indépassable, Auschwitz s'érige en point d'ancrage, de suspens et de départ. En offrant une grille d'analyse et une prise de conscience de la perte et du scandale vécus, la parole testimoniale pose dès lors un défi au lecteur, que la bouteille interceptée risque d'entraîner loin de toute terre. *Mutatis mutandis*, la génération d'après revient à cette charge. En l'occurrence, l'écriture constitue à la fois un jeu de traces et un jeu de pistes aménagées à l'intention du lecteur, qui s'emploie à relier les points de suture sur son parcours, mais se trouve à son tour pris au piège d'un jeu de miroirs. Sans l'espoir d'atteindre Canaan, pour le lecteur c'est donc aussi la quête même qui compte, et notamment celle d'une conscience qui évite, à son tour, l'évidence des réponses toutes faites.

Bibliographie

1   Œuvres

Antelme, Robert, *L'Espèce humaine*, Paris, Gallimard, 1993 (1947).
Beckett, Samuel, *Disjecta: Miscellaneous Writings and a Dramatic Fragment*, New York, Grove, 1984.
Benigni, Roberto, *La vita è bella*, 1997.
Bialot, Joseph, *C'est en hiver que les jours rallongent. Récit*, Paris, Seuil, 2002.
Bober, Robert, *Quoi de neuf sur la guerre ?*, Paris, P.O.L., 1993.
Calvo, *La Bête est morte*, Paris, Éditions GP, 1944.
Camus, Albert, *Le mythe de Sisyphe. Essai sur l'absurde*, Paris, Gallimard, 1942.
Curwood, James-Oliver, *Bari chien-loup* [1917], Trad. L. Bocquet, Paris, Hachette, 1938.
Dante Alighieri, *La Vie nouvelle* [1292-1293], Trad. A. Pézard, Dante Alighieri, *Œuvres complètes*, Bibliothèque de la Pléiade, Paris, Gallimard, 1965, pp. 3-83.
Dante Alighieri, *La Divine Comédie* [1321], Trad. A. Pézard, Dante Alighieri, *Œuvres complètes*, Bibliothèque de la Pléiade, Paris, Gallimard, 1965, pp. 879-1675.
Duras, Marguerite, *La Douleur*, Paris, P.O.L., 1985.
Eliot, T.S., *The Annotated Waste Land with Eliot's Contemporary Prose*, Éd. Lawrence Rainey, Yale, Yale University Press, 2005.
Federman, Raymond, *To whom it may concern*, Boulder – Normal (IL) – Brooklyn, Fiction Collective Two, 1990.
Federman, Raymond, *La Fourrure de ma tante Rachel. Roman improvisé en triste fourire*, Paris, Leo Scheer, 2000 (1997).
Federman, Raymond, *Aunt Rachel's Fur. A novel improvised in sad laughter*, Trad. [transacted] P. Privat-Standley en collaboration avec l'auteur, Normal (IL) – Tallahassee, Fiction Collective Two, 2001.
Federman, Raymond, *Mon corps en neuf parties*, Paris, Al Dante/Léo Scheer, 2004.
Feldman, Irving, *Collected Poems 1954-2004*, New York, Schocken, 2004.
Flaubert, Gustave, *Correspondance 1871-1877*, Paris, Club de l'Honnête Homme, 1975.
Giraudoux, Jean, *Suzanne et le Pacifique*, Paris, Éditions Émile-Paul, 1925.
Giraudoux, Jean, *Intermezzo*, Neuchatel/Paris, Ides et Calendes, 1945 (1933).
Giraudoux, Jean, *Ondine*, Paris, Grasset, 1939.
Hugo, Victor, *Œuvres poétiques*, t. 2, *Les Châtiments, Les Contemplations*, Paris, Gallimard, 1967.
Joyce, James, *A Portrait of the Artist as a Young Man*, New York, The Viking Press, 1965 (1916).
Joyce, James, *Finnegans Wake* [1939], Trad. A. du Bouchet, Paris, Gallimard, 1962.
Joyce, James, *Giacomo Joyce*, Londres, Faber and Faber, 1968.

Kafka, Franz, « La sentence » [1912], *La Métamorphose, la sentence, le soutier et autres récits*, Trad. C. Billmann et J. Cellard, Arles, Actes Sud, 1997, pp. 47-65.

Kafka, Franz, *Lettre au père* [1919], Trad. M. Robert, Paris, Gallimard, 2017.

Kafka, Franz, *Le Procès* [1925], Trad. G.-A. Goldsmith, Paris, Presses Pocket, 2018.

Kästner, Erich, *Sonderbares vom Kurfürstendamm. Berliner Beobachtungen*, Éd. Sylvia List, Zürich, Atrium, 2015.

Kertész, Imre, *Être sans destin* [1975], Trad. N. et Ch. Zaremba, Arles, Actes Sud, 1998.

Kertész, Imre, « Erdenbürger und Pilger » [1976], *Opfer und Henker*, Trad. I. Rakusa, A. Relle et K. Schwamm, Berlin, Transit Verlag, 2007, pp. 9-21.

Kertész, Imre, *Le Refus* [1988], Trad. N. Zaremba-Huzsvai en collaborration avec Ch. Zaremba, Arles, Actes Sud, 2001.

Kertész, Imre, *Kaddish pour l'enfant qui ne naîtra pas* [1990], Trad. N. Zaremba-Huzsvai et Ch. Zaremba, Arles, Actes Sud, 1995.

Kertész, Imre, *Le Drapeau anglais* [1991], suivi de *Le Chercheur de traces* [1998] et de *Procès-Verbal* [1991], Trad. N. Zaremba-Huzsvai et Ch. Zaremba, Arles, Actes Sud, 2005.

Kertész, Imre, *Journal de Galère* [1992], Trad. N. Zaremba-Huzsvai et Ch. Zaremba, Arles, Actes Sud, 2010.

Kertész, Imre, *Un autre. Chronique d'une métamorphose* [1997], Trad. N. et Ch. Zaremba, Arles, Actes Sud, 1999.

Kertész, Imre, *Liquidation* [2003], Trad. N. Zaremba-Huzsvai et Ch. Zaremba, Arles, Actes Sud, 2004.

Kertész, Imre, *Dossier K.* [2006], Trad. N. Zaremba-Huzsvai et Ch. Zaremba, Arles, Actes Sud, 2008.

Kertész, Imre, *Sauvegarde, Journal 2001-2003* [2011], Trad. N. Zaremba-Huzsvai et Ch. Zaremba, Arles, Actes Sud, 2012.

Kertész, Imre, *L'Ultime Auberge* [2014], Trad. N. Zaremba-Huzsvai et Ch. Zaremba, Arles, Actes Sud, 2015.

Kertész, Imre, *Der Betrachter. Aufzeichnungen 1991-2001* [2016], Trad. H. Flemming et L. Kornitzer,. Reinbek bei Hamburg, Rowolt Taschenbuch Verlag, 2016.

Kichka, Henri, *Une adolescence perdue dans la nuit des camps*, préface de S. Klarsfeld, Bruxelles, L. Pire, 2005.

Kichka, Michel, « Les Zèbres », *Cartooning for Peace*, 19.07.2008, https://www.journal-isme.com/archives/le-media-du-jour/le-dessin/cartooning-for-peace/.

Kichka, Michel, *Deuxième génération. Ce que je n'ai pas dit à mon père*, Paris, Dargaud, 2012.

Kichka, Michel, *Falafel sauce piquante*, Paris, Dargaud, 2018.

Klüger, Ruth, *weiter leben. Eine Jugend*, Göttingen, Wallstein, 1992.

Klüger, Ruth, *Still Alive: A Holocaust Childhood Remembered* [1992], New York, The Feminist Press, 2001.

BIBLIOGRAPHIE 347

Klüger, Ruth, *Landscapes of Memory* [1992], Londres, Bloomsbury Publishing, 2003.

Kosinski, Jerzy, *L'Oiseau bariolé* [1965], Trad. M. Pons, Paris, Flammarion, 1966.

Lanzmann, Claude, *Shoah*, 1985.

Levi, Primo, *Se questo è un uomo*, Turin, Einaudi, 1947.

Levi, Primo, *Si c'est un homme* [1947], Trad. M. Schruoffeneger, Paris, Julliard, 1987.

Levi, Primo, *Les Naufragés et les rescapés. Quarante ans après Auschwitz* [1986], Trad. A. Maugé, Paris, Gallimard, 2000 (1989).

London, Jack, *Michael brother of Jerry*, Londres, Mills & Boon, 1917.

Milosz, Czeslaw, *Selected poems 1931-2004*, Trad. C. Milosz, R. Hass *et al.*, New York, Harper Collins, 2006.

Modiano, Patrick, *Dora Bruder*, Paris, Gallimard, 1997.

Perec, Georges, « Je suis né » [1970], Georges Perec, *Je suis né*, Paris, Seuil, 1990, pp. 9-14.

Perec, Georges, « Approches de quoi ? » [1973], *L'infra-ordinaire*, Paris, Seuil, 1989, pp. 9-13.

Perec, Georges, *W ou le souvenir d'enfance*, Paris, Denoël, 1975.

Platon, *Timée*, Trad. A. Rivaud, Platon, *Œuvres complètes*, t. x, Paris, Les Belles Lettres, 1925, pp. 125-228.

Proust, Marcel, *À l'ombre des jeunes filles en fleur I* [1918], Marcel Proust, *À la recherche du temps perdu*, t. 1, Bibliothèque de la Pléiade, Paris, Gallimard, 1987, pp. 421-630.

Proust, Marcel, *À l'ombre des jeunes filles en fleur II* [1918], Marcel Proust, *À la recherche du temps perdu*, t. 2, Bibliothèque de la Pléiade, Paris, Gallimard, 1987, pp. 1-306.

Proust, Marcel, *Sodome et Gomorrhe II* [1922], Marcel Proust, *À la recherche du temps perdu*, t. 3, Bibliothèque de la Pléiade, Paris, Gallimard, 1988, pp. 34-515.

Proust, Marcel, *Le Temps retrouvé* [1927], Marcel Proust, *À la recherche du temps perdu*, t. 4, Bibliothèque de la Pléiade, Paris, Gallimard, 1989, pp. 273-625.

Raczymow, Henri, *Contes d'exil et d'oubli*, Paris, Gallimard, 1979.

Raczymow, Henri, *Rivières d'exil*, Paris, Gallimard, 1981.

Raczymow, Henri, *Un cri sans voix*, Paris, Gallimard, 1985.

Raczymow, Henri, *Le Cygne de Proust*, Paris, Gallimard, 1989.

Raczymow, Henri, *Quartier libre*, Paris, Gallimard, 1995.

Raczymow, Henri, *Le plus tard possible*, Paris, Stock, 2003.

Raczymow, Henri, *Reliques*, Paris, Gallimard, 2004.

Raczymow, Henri, *Avant le déluge. Belleville années 1950*, Paris, Phileas Fogg, 2005.

Raczymow, Henri, *Dix jours « polonais »*, Paris, Gallimard, 2007.

Raczymow, Henri, *Te parler encore*, Paris, Seuil, 2008.

Raczymow, Henri, *Heinz. Récit*, Paris, Gallimard, 2011.

Raczymow, Henri, *Un garçon flou*, Paris, Gallimard, 2014.

Rawicz, Piotr, *Le Sang du ciel*, Paris, Gallimard, 1961.

Rawicz, Piotr, « La corne entamée », *Preuves*, n° 138 (1962), pp. 40-55.

Rawicz, Piotr, *Bloc-notes d'un contre-révolutionnaire ou la Gueule de bois*, Paris, Gallimard, 1969.

Rawicz, Piotr, « Salt and Pepper », *European Judaism*, n° 23 (1978), pp. 16-18.

Rawicz, Piotr, *Blood from the Sky* [1961], Trad. A. Rudolf, Londres, Elliott & Thompson Limited, 2004.

Rawicz, Piotr, « Fragments du journal inédit de Piotr Rawicz », Anny Dayan Rosenman, Fransiska Louwagie (éds.), *Un ciel de sang et de cendres. Piotr Rawicz et la solitude du témoin*, Paris, Kimé, 2013, pp. 438-453.

Resnais, Alain, Duras, Marguerite, *Hiroshima mon amour*, 1959.

Robin, Régine, *L'Immense Fatigue des pierres : biofictions*, Montréal, XYZ Éd., 1999.

Rousset, David, *L'Univers concentrationnaire*, Paris, Hachette, 1998 (1946).

Schwarz-Bart, André, *Le Dernier des Justes*, Paris, Seuil, 1959.

Schwarz-Bart, André, *L'Étoile du matin*, Paris, Seuil, 2009.

Schwarz-Bart, André, Schwarz-Bart, Simone, *La Mulâtresse Solitude*, Paris, Seuil, 1967.

Semprun, Jorge, *Le Grand Voyage*, Paris, Gallimard, 2001 (1963).

Semprun, Jorge, *Quel beau dimanche*, Paris, Grasset, 2002 (1980).

Semprun, Jorge, *L'Algarabie*, Paris, Gallimard, 1996 (1981).

Semprun, Jorge, *L'Écriture ou la vie*, Paris, Gallimard, 2004 (1994).

Semprun, Jorge, *Adieu, vive clarté …*, Paris, Gallimard, 2000 (1998).

Soljenitsyne, Alexandre, *Une journée d'Ivan Denissovitch* [1962], Trad. L. et A. Robel et M. Decaillot, Paris, Julliard, 1963.

Spiegelman, Art, *Maus, A Survivor's Tale. My Father Bleeds History*, New York, Pantheon, 1986.

Spiegelman, Art, *Self Portrait with Maus Mask*, 1989.

Spiegelman, Art, *Metamaus: A Look into a Modern Classic*, New York, Pantheon, 2011.

Spielberg, Steven, *Schindler's List*, 1993.

Steiner, Jean-François, *Treblinka. La Révolte d'un camp d'extermination*, Paris, Fayard, 1966.

Sue, Eugène, *Les Mystères de Paris*, t. 1-4, Paris, Éd. Hallier, 1977-1981 (1842-1843).

Verlaine, Paul, *Sagesse : Liturgies intimes*, Paris, Colin, 1958 (1880).

Voltaire, *Candide*, Paris, Bordas, 2016.

Wajcman, Gérard, *L'interdit. Roman*, Paris, Éd. Denoël, 1986.

Wajcman, Gérard, *Arrivée, Départ. Roman*, Caen, Nous, 2002.

Wiesel, Elie, *Un di velt hot geshvign*, Buenos Aires, Unión Central Israelita Polaca, 1956.

Wiesel, Elie, *La Nuit*, Paris, Minuit, 1958.

Wiesel, Elie, *Tous les fleuves vont à la mer. Mémoires*, Paris, Seuil, 1994.

Wilkomirski, Benjamin, *Fragments. Une enfance 1939-1948* [1995], Trad. L. Marcou, Paris, Calmann-Lévy, 1997.

2 Entretiens d'auteur et interventions critiques

Abádi-Nagy, Zoltán, « An Interview with Raymond Federman », *Modern Fiction Studies*, 34:2 (1988), pp. 157-170.

Antelme, Robert, « Avant-propos », Robert Antelme, *L'Espèce humaine*, Paris, Gallimard, 1993 (1947), pp. 9-11.

Antelme, Robert, « Vengeance » [1945], Robert Antelme, *Textes inédits sur L'espèce humaine. Essais et témoignages*, Paris, Gallimard, 1996, pp. 17-24.

Antelme, Robert, « On m'a volé mon pain » [1947], Robert Antelme, *Textes inédits sur L'espèce humaine. Essais et témoignages*, Paris, Gallimard, 1996, pp. 58-66.

Antelme, Robert, « Pauvre – prolétaire – déporté » [1948], Robert Antelme, *Textes inédits sur L'espèce humaine. Essais et témoignages*, Paris, Gallimard, 1996, pp. 25-32.

Antelme, Robert, « Témoignage du camp et poésie » [1948], Robert Antelme, *Textes inédits sur L'espèce humaine. Essais et témoignages*, Paris, Gallimard, 1996, pp. 44-48.

Antelme, Robert, « Les principes à l'épreuve » [1958], Robert Antelme, *Textes inédits sur L'espèce humaine. Essais et témoignages*, Paris, Gallimard, 1996, pp. 33-38.

Antelme, Robert, « Sur *L'écriture du désastre* de Maurice Blanchot » [1981], Robert Antelme, *Textes inédits sur L'espèce humaine. Essais et témoignages*, Paris, Gallimard, 1996, pp. 67-68.

Appelfeld, Aharon, « Die Erzählung von Kain und Abel », *Sinn und Form*, 55:2 (2003), pp. 201-211.

Bourdier, René, « André Schwarz Bart 7 ans après "Le Dernier des Justes" », *Les Lettres françaises*, n° 1069 (1967), p. 1, pp. 8-9.

Busnel, François, « Imre Kertész : 'On ne survit jamais aux camps ... ils sont là pour toujours' » [Interview], *L'Express*, 01.04.2005, https://www.lexpress.fr/culture/livre/entretien-avec-imre-kertesz_809986.html.

Cayrol, Jean, « D'un romanesque concentrationnaire », *Esprit*, n° 159 (1949), pp. 340-357.

Cayrol, Jean, « Témoignage et littérature », *Esprit*, n° 201 (1953), pp. 575-577.

Celan, Paul, « Allocution prononcée lors de la réception du prix de littérature de la Ville libre hanséatique de Brême », Paul Celan, *Le Méridien & autres proses*, Trad. J. Launay, Paris, Seuil, 2002, pp. 55-58.

Delbo, Charlotte, « 'Je me sers de la littérature comme une arme'. Entretien avec Charlotte Delbo (Propos recueillis par François Bott) » [1975], David Caron, Sharon Marquart (éds.), *Les Revenantes. Charlotte Delbo. La voix d'une communauté à jamais déportée*, Toulouse, Presses universitaires du Mirail, 2011, pp. 25-27.

Delbo, Charlotte, Chapsal, Madeleine, « Rien que des femmes » [Entretien, 1966], David Caron, Sharon Marquart (éds.), *Les Revenantes. Charlotte Delbo. La voix d'une communauté à jamais déportée*, Toulouse, Presses universitaires du Mirail, 2011, pp. 19-23.

Dethoor, Nicole, « Entretien avec Piotr Rawicz sous "*Le sang du ciel*" », *Combat*, 05.10.1961.

Federman, Raymond, « Plajeu », *Electronic Poetry Centre*, s.d., http://writing.upenn.edu/epc/authors/federman/shoes/plajeu.html.

Federman, Raymond, *Critifiction. Postmodern Essays*, Albany, State University of New York Press, 1993.

Federman, Raymond, « Company. The voice of language », Henry Sussman, Christopher Devenney (éds.), *Engagement and Indifference, Beckett and the political*, New York, Suny, 2001, pp. 11-18.

Federman, Raymond, « The Necessity and Impossibility of Being a Jewish Writer », 2004, http://www.federman.com/rfsrcr5.htm.

Federman, Raymond, « Le traître à la cause », 2004, http://www.sitaudis.fr/Excitations/le-traitre-a-la-cause.php.

Garcia, Céline, « Grand Entretien avec Imre Kertész, Prix Nobel de littérature hongrois, dans le cadre du festival 'Paris en toutes lettres' », *L'opinion internationale*, 04.05.2011, https://www.opinion-internationale.com/2011/05/08/grand-entretien-avec-irme-kertesz-prix-nobel-de-litterature-hongrois-dans-le-cadre-du-festival-%C2%AB-paris-en-toutes-lettres-%C2%BB_1146.html.

Kertész, Imre, « La pérennité des camps » [1990], Imre Kertész, *L'Holocauste comme culture. Discours et Essais*, Trad. N. Zaremba-Huzsvai et Ch. Zaremba, Arles, Actes Sud, 2009, pp. 41-52.

Kertész, Imre, « Ombre profonde » [1991], Imre Kertész, *L'Holocauste comme culture. Discours et Essais*, Trad. N. Zaremba-Huzsvai et Ch. Zaremba, Arles, Actes Sud, 2009, pp. 53-61.

Kertész, Imre, « L'Holocauste comme culture » [1992], Imre Kertész, *L'Holocauste comme culture. Discours et Essais*. Trad. N. Zaremba-Huzsvai et Ch. Zaremba, Arles, Actes Sud, 2009, pp. 79-92.

Kertész, Imre, « Ce malheureux XXe siècle » [1995], Imre Kertész, *L'Holocauste comme culture, Discours et Essais*. Trad. N. Zaremba-Huzsvai et Ch. Zaremba, Arles, Actes Sud, 2009, pp. 113-136.

Kertész, Imre, « 'Ich will meine Leser verletzen' » [Entretien avec Volker Hage et Martin Doerry], *Der Spiegel*, n° 18 (1996), pp. 225-229.

Kertész, Imre, « À qui appartient Auschwitz ? » [1998], Imre Kertész, *L'Holocauste comme culture. Discours et Essais*, Trad. N. Zaremba-Huzsvai et Ch. Zaremba, Arles, Actes Sud, 2009, pp. 151-159.

Kertész, Imre, « La langue exilée » [2000], Imre Kertész, *L'Holocauste comme culture. Discours et Essais*, Trad. N. Zaremba-Huzsvai et Ch. Zaremba, Arles, Actes Sud, 2009, pp. 211-227.

Kertész, Imre, « Eurêka » [2002], Imre Kertész, *L'Holocauste comme culture. Discours et Essais*, Trad. N. Zaremba-Huzsvai et Ch. Zaremba, Arles, Actes Sud, 2009, pp. 253-265.

Kertész, Imre, « Quel juif suis-je ? » [2006], Propos recueillis par Catherine David, *Le Nouvel Observateur*, 04.04.2016, https://bibliobs.nouvelobs.com/documents/20160404.OBS7766/quel-juif-suis-je-par-imre-kertesz.html.

Kertész, Imre, « Il doit y avoir de l'Éros, il doit y avoir de l'humour dans l'art » [Entretien avec Clara Royer, 2013], *Lignes*, n° 53 (2017), pp. 23-34.

Kertész, Imre, Devarrieux, Claire, « Si c'est un enfant ... Auschwitz irrationnel ? » [Interview], *Libération*, 15.01.1998, https://next.liberation.fr/livres/1998/01/15/si-c-est-un-enfant-auschwitz-irrationnel_225042.

Kertész, Imre, Radai, Eszter, « The Freedom of Bedlam » [Interview], Trad. R. Safrany, *signandsight*, 22.08.2006, http://www.signandsight.com/features/908.html.

Kichka, Michel, Séminaire « Violence, mémoire et transmission à travers la bande dessinée », 2013, https://www.youtube.com/watch?v=2m5KsaxyG8s.

Kichka, Michel, « Things I Never Told My Father », *The 9th International Conference on Holocaust Education* (Through Our Own Lens: Reflecting on the Holocaust from Generation to Generation, Yad Vashem, 7-10 juillet 2014) , 2014, https://www.youtube.com/watch?v=gtwz-rJ7gG4.

Kichka, Michel, « Commémoration à Bologne », 2017, https://fr.kichka.com/2017/02/05/commemoration-a-bologne/.

Kichka, Michel, Conférence « Spirou, Pilote et Mad : trois mondes, trois cultures, trois influences », Symposium international « Tradition and Innovation in Franco-Belgian bande dessinée » (University of Leicester, 13 mars 2020), 2020, https://www.youtube.com/watch?v=gqYMmUT8gbc.

Kléman, Roger, Perec, Georges, Peretz, Henri (L.G.), « La perpétuelle reconquête » [1962], Georges Perec, *L.G. : une aventure des années 60*, Paris, Seuil, 1990, pp. 141-164.

Langfus, Anna, « Vous m'avez beaucoup fatigué » [1962], Anny Dayan Rosenman, Fransiska Louwagie (éds.), *Un ciel de sang et de cendres. Piotr Rawicz et la solitude du témoin*, Paris, Kimé, 2013, pp. 91-95.

McCaffery, Larry, Federman, Raymond, « An Interview with Raymond Federman », *Contemporary Literature*, 24:3 (1983), pp. 285-306.

Nataf, Xavier, Kichka, Michel, « *Deuxième génération : ce que je n'ai pas dit à mon père* de Michel Kichka », *Akadem*, 2012, http://www.akadem.org/magazine/2012-2013/deuxieme-generation-ce-que-je-n-ai-pas-dit-a-mon-pere-de-michel-kichka-29-06-2012-45717_4367.php.

Perec, Georges, « Le Nouveau Roman et le refus du réel » [1962], Georges Perec, *L.G. : une aventure des années 60*, Paris, Seuil, 1990, pp. 25-45.

Perec, Georges, « Robert Antelme ou la vérité de la littérature » [1963], Robert Antelme, *Textes inédits sur* L'espèce humaine. *Essais et témoignages*, Paris, Gallimard, 1996, pp. 173-190.

Perec, Georges, « Le bonheur est un processus ... on ne peut s'arrêter d'être heureux » [1965], Georges Perec, *Entretiens et conférences, volume I : 1965-1978*, éd. critique établie par Dominique Bertelli et Mireille Ribière, Nantes, Joseph K., 2003, pp. 45-51.

Perec, Georges, « Perec et le mythe du bonheur immédiat » [1965], Georges Perec, *Entretiens et conférences, volume I : 1965-1978*, éd. critique établie par Dominique Bertelli et Mireille Ribière, Nantes, Joseph K., 2003, pp. 52-57.

Perec, Georges, « Pouvoirs et limites du romancier contemporain » [1967], Mireille Ribière (éd.), *Parcours Perec*, Lyon, Presses universitaires de Lyon, 1990, pp. 31-40.

Perec, Georges, « Georges Perec : J'utilise mon malaise pour inquiéter mes lecteurs » [1969], Georges Perec, *Entretiens et conférences, volume I : 1965-1978*, éd. critique établie par Dominique Bertelli et Mireille Ribière, Nantes, Joseph K., 2003, pp. 106-111.

Perec, Georges, « Conversation avec Eugen Hemlé » [1975], Georges Perec, *Entretiens et conférences, volume I : 1965-1978*, éd. critique établie par Dominique Bertelli et Mireille Ribière, Nantes, Joseph K., 2003, pp. 193-199.

Perec, Georges, « La vie : règle du jeu » [1978], Georges Perec, *Entretiens et conférences, volume II : 1979-1981*, éd. critique établie par Dominique Bertelli et Mireille Ribière, Nantes, Joseph K., 2003, pp. 267-275.

Perec, Georges, « Vous aimez lire ? La réponse de Georges Perec » [1979], Georges Perec, *Entretiens et conférences, volume I : 1965-1978*, éd. critique établie par Dominique Bertelli et Mireille Ribière, Nantes, Joseph K., 2003, pp. 23-25.

Perec, Georges, « Le travail de la mémoire » [1979], Georges Perec, *Entretiens et conférences, volume II : 1979-1981*, éd. critique établie par Dominique Bertelli et Mireille Ribière, Nantes, Joseph K., 2003, pp. 47-54.

Perec, Georges, « En dialogue avec l'époque » [1979], Georges Perec, *Entretiens et conférences, volume II : 1979-1981*, éd. critique établie par Dominique Bertelli et Mireille Ribière, Nantes, Joseph K., 2003, pp. 55-68.

Perec, Georges, « Entretien Perec/Jean-Marie le Sidaner » [1979], Georges Perec, *Entretiens et conférences, volume II : 1979-1981*, éd. critique établie par Dominique Bertelli et Mireille Ribière, Nantes, Joseph K., 2003, pp. 90-102.

Perec, Georges, « À propos de la description » [1981], Georges Perec, *Entretiens et conférences, volume II : 1979-1981*, éd. critique établie par Dominique Bertelli et Mireille Ribière, Nantes, Joseph K., 2003, pp. 227-243.

Perec, Georges, « Le Petit Carnet Noir », *Textuel*, n° 21 (1988 ; *Cahiers Georges Perec n° 2, W ou le souvenir d'enfance : une fiction*), pp. 159-169.

Raczymow, Henri, « La mémoire trouée », *Pardès*, n° 3 (1986), pp. 177-182.

Raczymow, Henri, *La Mort du grand écrivain*, Paris, Stock, 1994.

Raczymow, Henri, « Retrouver la langue perdue ? Les mots de ma tribu », *Plurielles*, n° 7 (1998-1999), http://www.ajhl.org/plurielles/PL7.PDF.

BIBLIOGRAPHIE 353

Raczymow, Henri, « Mémoire, oubli, littérature : l'effacement et sa représentation », Charlotte Wardi, Pérel Wilgowicz (éds.), *Vivre et écrire la mémoire de la Shoah. Littérature et psychanalyse*, Paris, Alliance israélite universelle, 2002, pp. 45-67.

Raczymow, Henri, [Enquête sur la littérature mémorielle contemporaine], *Mémoires en jeu*, n° 3 (2017), pp. 80-81.

Radisch, Iris, « 'Ich war ein Holocaust-Clown' – Gespräch mit dem ungarischen Literaturnobelpreisträger Imre Kertész », *Die Zeit*, 12.09.2013, http://www.zeit.de/2013/38/imre-kertesz-bilanz.

Rawicz, Piotr, « Préface », Danilo Kiš, *Sablier*, Paris, Gallimard, 1982, pp. i-xiii.

Rawicz, Piotr, « Témoignage sur le camp de Leitmeritz » [1945], Trad. E. Veaux et A. Zuk, Anny Dayan Rosenman, Fransiska Louwagie (éds.), *Un ciel de sang et de cendres. Piotr Rawicz et la solitude du témoin*, Paris, Kimé, 2013, pp. 401-404.

Rawicz, Piotr, « Avertissement pour moi-même » [21 août 1961], Anny Dayan Rosenman, Fransiska Louwagie (éds.), *Un ciel de sang et de cendres. Piotr Rawicz et la solitude du témoin*, Paris, Kimé, 2013, pp. 430-437.

Rawicz, Piotr, « Correspondance avec Kurt et Helen Wolff » [1962-1963], Anny Dayan Rosenman, Fransiska Louwagie (éds.), *Un ciel de sang et de cendres. Piotr Rawicz et la solitude du témoin*, Paris, Kimé, 2013, pp. 421-425.

Robin, Régine, *Le Deuil de l'origine. Une langue en trop, la langue en moins*, Saint-Denis, Presses universitaires de Vincennes, 1993.

Robin, Régine, *La Mémoire saturée*, Paris, Stock, 2003.

Sachner, Mark, « How to Tell the Teller from the Told? Fragment 2 of an Interview with Raymond Federman », *Cream City Review*, n° 5 (1979), pp. 76-88.

Sartre, Jean-Paul, *L'Imaginaire : Psychologie phénoménologique de l'imagination*, Paris, Gallimard, 1940.

Sartre, Jean-Paul, *Réflexions sur la question juive*, Paris, Paul Morihien, 1946.

Sartre, Jean-Paul, *Qu'est-ce que la littérature ?*, Paris, Gallimard, 1948.

Sartre, Jean-Paul, « La "bêtise" de Gustave », Jean-Paul Sartre, *L'Idiot de la famille, Gustave Flaubert de 1821 à 1857*, t. 1, Paris, Gallimard, 1971, pp. 612-648.

Sartre, Jean-Paul, *L'Idiot de la famille*, t. 1-3, Paris, Gallimard, 1971-1972.

Schaub, Coralie, « Imre Kertész : 'Semprun était une sorte de héros officiel' » [Interview] », *Libération*, 09.06.2011, https://next.liberation.fr/livres/2011/06/09/imre-kertesz-semprun-etait-une-sorte-de-heros-officiel_741495.

Schaub, Coralie, Chloe, « 'La littérature, c'est d'abord le courage'. Entretien avec Imre Kertész », *revue21*, 2011, http://www.revue21.fr/zoom_sur/entretien-avec-imre-kertesz-la-litterature-cest-dabord-le-courage/.

Schneider, Ruth, « Interview with Michel Kichka », 2015, http://www.exberliner.com/features/people/after-the-silence/.

Schwarz-Bart, André, « Le cas Schwarz-Bart : Entretien », *L'Express*, n° 437, 23.10.1959, pp. 29-32.

Schwarz-Bart, André, « André Schwarz-Bart s'explique sur huit ans de silence. Pourquoi j'ai écrit *La Mulâtresse Solitude* », *Le Figaro littéraire*, n° 1084, 27.01.1967, p. 1, pp. 8-9.

Schwarz-Bart, Simone, « Avant-propos », Simone et André Schwarz-Bart, *L'Ancêtre en solitude*, Paris, Seuil, 2015, pp. 11-17.

Simony, Gabriel, « Entretien avec Georges Perec », *jungle sur les pas fauves de vivre*, n° 6 (1983), pp. 75-89.

Stocker, Anna, "Ich wollte meine Generation zu Wort kommen lassen". Ein Gespräch mit Michel Kichka », Trad. A. Stocker, s.d., https://www.yadvashem.org/de/education/educational-materials/interviews/kichka.html.

Vely, Yannick, Kichka Michel, « Les peines de cœur de la "Deuxième génération" », 21.02.2012, https://www.parismatch.com/Culture/Livres/Les-peines-de-coeur-de-la-Deuxieme-generation-Michel-Kichka-159411.

Wajcman, Gérard, *L'Objet du siècle*, Lagrasse, Éd. Verdier, 1998.

Wajcman, Gérard, « L'art, la psychanalyse, le siècle », Jacques Aubert, François Cheng, Jean-Claude Milner, Gérard Wajcman, François Regnault, *Lacan, l'écrit, l'image*, Paris, Flammarion, 2000, pp. 27-53.

Wajcman, Gérard, « De la croyance photographique », *Les Temps modernes*, n° 613 (2001), pp. 47-83.

Wajcman, Gérard, *Fenêtre. Chroniques du regard et de l'intime*, [Lagrasse – Paris], Éd. Verdier, 2004.

Wajcman, Gérard, « L'Interdit », *La Licorne*, n° 67 (2004 ; n° thématique : « L'Espace de la note »), pp. 177-180.

Wajeman, Gérard, « Voix-le face à la chute des sons nus », *Argo*, n° 30 (1979), pp. 5-28.

Wajeman, Gérard, *Le Maître et l'Hystérique*, Paris, Navarin – Seuil, 1982.

Waters, Alyson, Federman, Raymond, « Interview with Raymond Federman. Pour commencer parlons d'autre chose », *Sites*, 5:2 (2001), pp. 242-248.

Wiesel, Elie, « Preface to the New Translation », Elie Wiesel, *Night* [1958], Trad. M. Wiesel, New York, Hill and Wang, 2006, pp. vii-xv.

Witek, Joseph (éd.), *Art Spiegelman: Conversations*, Jackson, University Press of Mississippi, 2007.

Zomersztajn, Nicolas, « Michel Kichka : Deuxième génération » [Propos recueillis par Nicolas Zomersztajn], 22.02.2013, http://www.cclj.be/article/3/4124.

3 Études

« Autour de Robert Antelme », Robert Antelme, *Textes inédits sur* L'espèce humaine. *Essais et témoignages*, Paris, Gallimard, 1996, pp. 252-272.

Académie suédoise, « Imre Kertész », *NobelPrize.org*, 2002, https://www.nobelprize.org/prizes/literature/2002/8079-imre-kertesz-2002/.

BIBLIOGRAPHIE

Adams, Jenni, « The Light of Dead Stars: Magic Realist Time in André Schwarz-Bart's *The Last of the Just* », *Magic Realism in Holocaust Literature: Troping the Traumatic Real*, Basingstoke – New York, Palgrave, 2011, pp. 112-143.

Alcorn Jr., Marshall W., « The Subject of Discourse: Reading Lacan through (and beyond) Poststructuralist Contexts », Mark Bracher, Marshall W. Alcorn Jr., Ronald J. Corthell, Françoise Massardier-Kenney (éds), *Lacanian Theory of Discourse. Subject, Structure, and Society*, New York – Londres, New York University Press, 1994, pp. 19-45.

Amossy, Ruth, « Du témoignage au récit symbolique. Le récit de guerre et son dispositif énonciatif », Catherine Milkovitch-Rioux (éd.), *Écrire la guerre*, Clermont-Ferrand, Presses universitaires Blaise Pascal, 2000, pp. 87-101.

Amossy, Ruth, « *L'espèce humaine* de Robert Antelme ou les modalités argumentatives du discours testimonial », *Semen*, n° 17 (2004), pp. 131-148.

Amsallem, Daniela, « Primo Levi et la France », Philippe Mesnard, Yannis Thanassekos (éds.), *Primo Levi à l'œuvre. La réception de l'œuvre de Primo Levi dans le monde*, Paris, Kimé, 2008, pp. 213-253.

Anderson, Andrew Runny, *Alexander's Gate, Gog and Magog, and the Inclosed Nations*, Cambridge (MA), The Mediaeval Academy of America, 1932.

Anselmini, Julie, Aucagne, Julie (éds.), *« L'idiot de la famille » de Jean-Paul Sartre, Recherches et travaux*, n° 71 (2007), https://journals.openedition.org/recherches-travaux/66.html.

Assman, Aleida, « History, Memory, and the Genre of Testimony », *Poetics Today*, 27:2 (2006), pp. 261-273.

Atack, Margaret, *Literature and the French Resistance: Cultural Politics and Narrative Forms, 1940-1950*, Manchester, Manchester University Press, 1989.

Atack, Margaret, « Review: *Robert Antelme: Humanity, Community, Testimony* », *French Studies*, 58:4 (2004), p. 574.

Auffret, Delphine, *Elie Wiesel. Un témoin face à l'écriture*, Paris, Le Bord de L'eau, 2009.

Authier-Revuz, Jacqueline, *Ces mots qui ne vont pas de soi : boucles réflexives et non-coïncidences du dire*, 2 t., Paris, Larousse, 1995.

Azouvi, François, *Le Mythe du grand silence. Auschwitz, les Français, la mémoire*, Paris, Fayard, 2012.

Baetens, Jan, « La question des notes : l'exemple de Jean Ricardou », *Rivista di letterature moderne e comparate*, XL:4 (1987), pp. 357-367.

Baetens, Jan, « Qu'est-ce qu'un texte "circulaire" ? », *Poétique*, n° 94 (1993), pp. 215-228.

Baetens, Jan, « Raymond Federman et la visualité d'un livre parlé : *Take It Or Leave It* », *Rivista di letterature moderne e comparate*, 54:2 (2001), pp. 211-230.

Baird, Jay W., « Goebbels, Horst Wessel, and the Myth of Resurrection and Return », *Journal of Contemporary History*, 17:4 (1982), pp. 633-650.

Baird, Jay W., « From Berlin to Neubabelsberg: Nazi Film Propaganda and Hitler Youth Quex », *Journal of Contemporary History*, 18:3 (1983), pp. 485-515.

Bancaud, Florence, « De l'éducation corruptrice ou : Les années de déformation du jeune Kafka », *Germanica*, n° 30 (2002), http://journals.openedition.org/germanica/2152.

Bancaud, Florence, « Le verdict ne vient pas d'un coup, l'enquête se transforme petit à petit en verdict : Franz Kafka et Imre Kertész », Philippe Zard (éd.), *Sillage de Kafka*, Paris, Éditions Le Manuscrit, 2007, pp. 301-329.

Baroni, Raphaël, Macé, Marielle (éds.), *Le Savoir des genres*, Rennes, Presses universitaires de Rennes, 2007.

Barthes, Roland, *Mythologies*, Paris, Seuil, 1957.

Barthes, Roland, « La Mort de l'auteur » [1968], Roland Barthes, *Le Bruissement de la langue*, Paris, Seuil, 1984, pp. 61-67.

Barthes, Roland, *Le Plaisir du texte*, Paris, Seuil, 1973.

Barthes, Roland, « Théorie du texte » [1973], François Nourissier (éd.), *Dictionnaire des genres et notions littéraires*, Paris, Albin Michel, 1997, pp. 811-822.

Barthes, Roland, Brochier, Jean-Jacques, « La crise de la vérité », [1976], Roland Barthes, *Le Grain de la voix. Entretiens 1962-1980*, Paris, Seuil, 1981, pp. 233-237.

Baudrillard, Jean, *Simulacres et simulation*, Paris, Galilée, 1981.

Baumann, Roland, « Mensch 2008 : Le devoir de mémoire d'Henri Kichka », 2009, http://www.cclj.be/article/3/357.

Béhar, Stella, *Georges Perec : écrire pour ne pas dire*, New York, Peter Lang, 1995.

Bellos, David, *Georges Perec: A Life in Words*, Londres, Harvill, 1993.

Bellos, David, « Les 'erreurs historiques' dans *W ou le souvenir d'enfance* à la lumière du manuscrit de Stockholm », *Études romanes*, n° 46 (2000), pp. 21-46.

Bénabou, Marcel, « Perec et la judéité », *Cahiers Georges Perec*, n°1 (1985), pp. 15-30.

Benestroff, Corinne, *Jorge Semprun. Entre résistance et résilience*, Paris, CNRS Éditions, 2017.

Benstock, Shari, « At the Margin of Discourse: Footnotes in the Fictional Text », *PMLA*, 98:2 (1983), pp. 204-225.

Berger, James, *After the End. Representations of Post-Apocalypse*, Minneapolis – Londres, University of Minnesota Press, 1999.

Bettelheim, Bruno, *La Psychanalyse des contes de fées*, Trad. Th. Carlier, Paris, Robert Laffont, 1976.

Betts, C.J., « On the Beginning and Ending of *Candide* », *Modern Language Review*, 80:2 (1985), pp. 283-292.

Bikard, Arnaud, « CR de *Le disciple et le faussaire : Imitation et subversion romanesques de la mémoire juive* », *Mémoires en jeu*, n° 4 (2017), pp. 142-143, https://www.memoires-en-jeu.com/compte_rendu/le-disciple-et-le-faussaire-imitation-et-subversion-romanesques-de-la-memoire-juive/.

Bikalo, Stéphane, « Langage et identité. Les non-coïncidences du dire dans la littérature du XXe siècle. Les cas de Robert Antelme et de Claude Simon », *La Licorne*, n° 51 (1999), pp. 131-151.

Birdsall, Carolyn, *Nazi Soundscapes: Sound, Technology and Urban Space in Germany, 1933-1945*, Amsterdam, Amsterdam University Press, 2012.

Blanchot, Maurice, « L'espèce humaine » [1962], Robert Antelme, *Textes inédits sur L'espèce humaine. Essais et témoignages*, Paris, Gallimard, 1996, pp. 77-87.

Blanchot, Maurice, « L'indestructible », *La Nouvelle Revue française*, n° 112 (1962), pp. 671-680.

Bologne, Jean Claude, *L'Histoire du scandale*, Paris, Albin Michel, 2018.

Bornand, Marie, *Témoignage et fiction : les récits de rescapés dans la littérature de langue française (1945-2000)*, Genève, Droz, 2004.

Bottiglia, William F., « Candide's Garden », *PMLA*, 66:5 (1951), pp. 718-733.

Bouchereau, Philippe, *La Grande Coupure. Essai de philosophie testimoniale*, Paris, Garnier, 2017.

Bourin, André, « Toute vie est une agonie » [1962], Anny Dayan Rosenman, Fransiska Louwagie (éds.), *Un ciel de sang et de cendres. Piotr Rawicz et la solitude du témoin*, Paris, Kimé, 2013, pp. 88-90.

Bracher, Mark, « On the Psychological and Social Functions of Language: Lacan's Theory of the Four Discourses », Mark Bracher, Marshall W. Alcorn Jr., Ronald J. Corthell, Françoise Massardier-Kenney (éds.) *Lacanian Theory of Discourse. Subject, Structure, and Society*, New York – Londres, New York University Press, 1994, pp. 107-128.

Bragança, Manuel, « Vichy, un passé qui ne passe pas ? », *French Cultural Studies*, 25:3/4 (2014), pp. 309-319.

Bragança, Manuel, Louwagie, Fransiska, « Introduction: Ego-histories, France and the Second World War », Manuel Bragança, Fransiska Louwagie (éds.), *Ego-histories of France and the Second World War: Writing Vichy*, Londres, Palgrave Macmilan, 2018, pp. 3-17.

Bragança, Manuel, Louwagie, Fransiska, « Conclusion: cross-perspectives on ego-history », Manuel Bragança, Fransiska Louwagie (éds.), *Ego-histories of France and the Second World War: Writing Vichy*, Londres, Palgrave Macmilan, 2018, pp. 299-315.

Brodwin, Stanley, « History and Martyrological Tragedy: The Jewish Experience in Sholem Asch and André Schwarz-Bart », *Twentieth Century Literature*, 40:1 (1994), pp. 72-91.

Brodzki, Bella, « The Textualization of Memory in André Schwarz-Bart's *La mulâtresse Solitude* », *Can These Bones Live? Translation, Survival and Cultural Memory*, Stanford, Stanford University Press, 2007, pp. 95-110.

Bundu Malela, Buata, « Le pastiche comme jeu littéraire en contrepoint. L'exemple d'André Schwarz-Bart et de Yambo Ouologuem », *Romanica Silesiana*, n° 4 (2009), pp. 149-164.

Burgelin, Claude, « *W ou le souvenir d'enfance* de Georges Perec », *Les Temps Modernes*, n° 351 (1975), pp. 568-571.

Burgelin, Claude, *Georges Perec*, Paris, Seuil, 1988.

Burgelin, Claude, « Préface », Georges Perec, *L.G. : une aventure des années 60*, Paris, Seuil, 1990, pp. 7-23.

Campos, Lucie, *Fictions de l'après : Coetzee, Kertész, Sebald. Temps et contretemps de la conscience historique*, Paris, Garnier, 2012.

Carasso, Françoise, « Primo Levi, le malentendu » [1999], Sophie Ernst (éd.), *Quand les mémoires déstabilisent l'école. Mémoire de la Shoah et enseignement*, Lyon, INRP, 2008, pp. 193-203.

Caruth, Cathy, « Introduction », *American Imago*, 48:4 (1991), pp. 417-424.

Cesarani, David, Sundquist, Eric J. (éds.), *After the Holocaust: Challenging the Myth of Silence*, Londres, Routledge, 2012.

Chalier, Catherine, *Traité des larmes. Fragilité de Dieu, fragilité de l'âme*, Paris, Albin Michel, 2008 (2003).

Chaouat, Bruno, « 'La mort ne recèle pas tant de mystère'. Robert Antelme's Defaced Humanism », *L'Esprit créateur*, 40:1 (2000), pp. 88-99.

Chaouat, Bruno, « Ce que chier veut dire (Les ultima excreta de Robert Antelme) », *Revue des Sciences Humaines*, n° 261 (2001), pp. 147-162.

Chatti, Mounira, *L'Écriture de la déportation et de la Shoah ou la double impossibilité : entre le silence et le dire*, Thèse de doctorat, Université de Provence Aix-Marseille 1, 1995.

Chatti, Mounira, « Le palimpseste ou une poétique de l'absence-présence », Annette Wieviorka, Claude Mouchard (éds.), *La Shoah. Témoignages, savoirs, œuvres*, Paris, Presses universitaires de Vincennes, 1999, pp. 297-312.

Chevalier, Anne, « La vogue du récit d'enfance dans la seconde moitié du XXe siècle », Anne Chevalier, Carole Dornier (éds.), *Le Récit d'enfance et ses modèles*, Caen, Presses universitaires de Caen, 2003, pp. 193-199.

Cheyette, Bryan, « Appropriating Primo Levi », Robert Gordon (éd.), *The Cambridge Companion to Primo Levi*, Cambridge, Cambridge University Press, 2007, pp. 67-86.

Colonna, Vincent, « Fausses notes », *Cahiers Georges Perec*, n° 1 (1985), pp. 96-109.

Compagnon, Antoine, *La Seconde Main, ou le travail de la citation*, Paris, Seuil, 1979.

Conan, Éric, Rousso, Henry, *Vichy. Un passé qui ne passe pas*, Paris, Gallimard, 1996 (1994).

Coquio, Catherine, « "L'intimité du camp". Littérature, politique et astrologie », *Lignes*, 13:2 (2000 ; numéro thématique : « David Rousset »), pp. 47-70.

Coquio, Catherine, « 'Naturellement'. Déportation et acceptation », revue *L'Animal*, 2006, http://aircrigeweb.free.fr/ressources/shoah/Shoah_Coquio_Kertesz.html.

Coquio, Catherine, « 'Envoyer les fantômes au musée ?' Critique du 'kitsch concentrationnaire' par deux rescapés : Ruth Klüger, Imre Kertész », *Gradhiva*, n° 5 (2007), https://journals.openedition.org/gradhiva/735.

Coquio, Catherine, « Imre Kertész : le 'roman d'apprentissage' d'un 'sans-destin' », Philippe Chardin (éd.), *Roman de formation, roman d'éducation dans la littérature française et dans les littératures étrangères*, Paris, Kimé, 2007, pp. 235-248.

Coquio, Catherine, « *Apocalypsis cum figuris*. Messianisme et témoignage du camp », Vincent Ferré, Daniel Mortier (éds.), *Littérature, histoire et politique au XXᵉ siècle*, Paris, Éditions Le Manuscrit, 2010, pp. 191-207.

Coquio, Catherine, *La Littérature en suspens. Écritures de la Shoah : le témoignage et les œuvres*, Paris, L'Arachnéen, 2015.

Coquio, Catherine, *Le Mal de vérité ou l'utopie de la mémoire*, Paris, Armand Colin, 2015.

Coquio, Catherine, « Préface », Philippe Bouchereau, *La Grande Coupure. Essai de philosophie testimoniale*, Paris, Garnier, 2017, pp. 13-28.

Cornu, Auguste, *Karl Marx und Friedrich Engels. Leben und Werk*, t. 2, *1844-1845*, Berlin, Aubau-Verlag, 1962.

Corsetti, Jean-Paul, « Gérard Wajcman, *l'Interdit* (Denoël) », *Europe : revue littéraire mensuelle*, n° 696 (1987), pp. 217-218.

Cortanze, Gérard de, *Jorge Semprun. L'Écriture de la vie*, Paris, Gallimard, 2004.

Crawford, Brian D., « Raymond Federman: Polylogues of exile », *Critique*, n° 683 (2004), pp. 321-326.

Crowley, Martin, « 'Il n'y a qu'une espèce humaine': between Duras and Antelme », Andrew Leak, George Paizis (éds.), *The Holocaust and the Text. Speaking the Unspeakable*, Londres, Macmillan, 2000, pp. 174-192.

Crowley, Martin, *Robert Antelme. Humanity, Community, Testimony*, Oxford, Legenda, 2003.

Crowley, Martin, *Robert Antelme, L'humanité irréductible*, Paris, Léo Scheer, 2004.

Crowley, Martin, « *Frightful, yes frightful!* », *French Studies*, LIX:1 (2005), pp. 17-24.

Curtis, Jerry L., « Candide et le principe d'action : développement d'un méliorisme chez Voltaire », *Romanische Forschungen*, 86:1-2 (1974), pp. 57-71.

Dambre, Marc, « Currents and Counter-Currents », Manuel Bragança, Fransiska Louwagie (éds.), *Ego-histories of France and the Second World War: Writing Vichy*, Londres, Palgrave Macmillan, 2018, pp. 25-44.

Davies, Peter, *Witness Between Languages. The Translation of Holocaust Testimonies in Context*, Rochester – New York, Camden House, 2018.

Davis, Colin, « Understanding the Concentration Camps: Elie Wiesel's *La Nuit* and Jorge Semprun's *Quel beau dimanche !* », *Australian Journal of French Studies*, n° 28 (1991), pp. 291-303.

Davis, Colin, « Duras, Antelme and the ethics of writing », *Comparative Literature Studies*, 34:2 (1997), pp. 170-183.

Davis, Colin, « Antelme, Renoir, Levinas and the shock of the Other », *French Cultural Studies*, 14:1 (2003), pp. 41-51.

Davison, Neil R., « Inside the Shoah. Narrative, Documentation and Schwarz-Bart's *The Last of the Just* », *Clio*, 24:3 (1995), pp. 291-322.

Dayan Rosenman, Anny, « Piotr Rawicz, la douleur d'écrire », *Les Temps Modernes*, n° 581 (1995), pp. 145-165.

Dayan Rosenman, Anny, « *W ou le souvenir d'enfance* de Georges Perec, une métaphore concentrationnaire et une étrange fable glacée », *Les Lettres Romanes*, n° hors-série (1995 ; « La Littérature des camps, la quête d'une parole juste entre silence et bavardage »), pp. 181-191.

Dayan Rosenman, Anny, « Écriture et Shoah – raconter cette histoire-là, déchiffrer la lettre », *Études romanes*, n° 46 (2000), pp. 169-182.

Dayan Rosenman, Anny, « Georges Perec. Sauver le père », Jacques André, Catherine Chabert (éds.), *L'Oubli du père*, Paris, PUF, 2004, pp. 147-172.

Dayan Rosenman, Anny, *Les Alphabets de la Shoah. Survivre, témoigner, écrire*, Paris, CNRS Éditions, 2007.

Dayan Rosenman, Anny, « Piotr Rawicz : témoigner dans la blessure du texte », Anny Dayan Rosenman, Fransiska Louwagie (éds.), *Un ciel de sang et de cendres. Piotr Rawicz et la solitude du témoin*, Paris, Kimé, 2013, pp. 180-201.

Dayan Rosenman, Anny, « Redécouvrir Piotr Rawicz », *Mémoires vives, L'Émission de la Fondation pour la mémoire de la Shoah*, 26.05.2013, https://memoiresvives.net/2013/05/26/redecouvrir-piotr-rawicz/.

Dayan Rosenman, Anny, Louwagie, Fransiska, « Préface », Anny Dayan Rosenman, Fransiska Louwagie (éds.), *Un ciel de sang et de cendres. Piotr Rawicz et la solitude du témoin*, Paris, Kimé, 2013, pp. 9-15.

Delville, Michel, « "At the center, what?" *Giacomo Joyce*, Roland Barthes, and the Novelistic Fragment », *James Joyce Quarterly*, 36:4 (1999), pp. 765-780.

Derrida, Jacques, « La loi du genre », Jacques Derrida, *Parages*, Paris, Galilée, 1986, pp. 249-287.

Derrida, Jacques, *Khôra* [1987], Paris, Galilée, 1993.

Derrida, Jacques, *Le Monolinguisme de l'autre*, Paris, Galilée, 1996.

Detue, Frédérik, « 'Fiction *vs* témoignage' ? », *Acta fabula*, 14:5 (2013), http://www.fabula.org/revue/document7984.php.

Detue, Frédérik, « Aucun de nous n'en réchappera : du témoignage à la fiction apocalyptique », Catherine Coquio, Jean-Paul Engélibert, Raphaëlle Guidée (éds.), *L'Apocalypse : une imagination politique (XIXe-XXIe siècles)*, Rennes, Presses universitaires de Rennes, 2018, pp. 145-160.

Di Leo, Jeffrey R., « The fiction of Raymond Federman », Jeffrey R. Di Leo (éd.), *Federman's Fictions: Innovation, Theory, Holocaust*, Albany, State University of New York Press, 2011, pp. 1-26.

Didi-Huberman, Georges, « Images malgré tout », Clément Chéroux (éd.), *Mémoire des camps : photographies des camps de concentration et d'extermination (1939-1999)*, Paris, Éd. Marval, 2001, pp. 219-241.

Didi-Huberman, Georges, *Images malgré tout*, Paris, Minuit, 2003.
Dintzer, Lucien, *L'œuvre littéraire de Léon Blum ou Blum inconnu*, Lyon, Éd. de l'Avenir Socialiste, 1937.
Dion, Robert, Fortier, Frances, Haghebaert, Élisabeth, « Introduction, la dynamique des genres », Robert Dion, Frances Fortier, Élisabeth Haghebaert (éds.), *Enjeux des genres dans les écritures contemporaines*, Québec, Éd. Nota Bene, 2001, pp. 5-25.
Disraeli, Benjamin, *Alroy* (éd. 1871), Éd. Sheila A. Spector, *Romantic Circles*, 2005, http://www.rc.umd.edu/editions/alroy.
Dobbels, Daniel, Grimbert, Claude-Nicolas, « Autour d'un effort de mémoire de Dionys Mascolo », *Lignes*, n° 2 (1988), pp. 109-110.
Doubrovsky, Serge, « Autobiographie/vérité/psychanalyse », *L'Esprit créateur*, 20:3 (1980), pp. 87-97.
Douzou, Laurent, « Resisting Fragments », Manuel Bragança, Fransiska Louwagie (éds.), *Ego-histories of France and the Second World War: Writing Vichy*, Londres, Palgrave Macmillan, 2018, pp. 45-64.
Drouve, Andreas, *Erich Kästner, Moralist mit doppeltem Boden*, Marburg, Tectum Verlag, 1999 (1993).
Dulong, Renaud, *Le Témoin oculaire. Les Conditions sociales de l'attestation personnelle*, Paris, Éditions de l'École des hautes études en sciences sociales, 1998.
Dulong, Renaud, « L'émergence du témoignage historique lors de la Première Guerre Mondiale », François-Charles Gaudard, Modesta Suárez (éds.), *Formes discursives du témoignage*, Toulouse, Éditions universitaires du Sud, 2004, pp. 11-20.
Duprey, Élie, « Légitimité et absurdité dans l'œuvre d'André Schwarz-Bart », *Les Temps Modernes*, n° 668 (2012), pp. 202-207.
Dürrenmatt, Jacques, Pfersmann, Andréas, « Avant-propos », *La Licorne*, n° 67 (2004 ; n° thématique : « L'Espace de la note »), pp. 3-4.
Duvignaud, Jean, *Perec ou la cicatrice*, Arles, Actes Sud, 1993.
Eaglestone, Robert, « "Not Read and Consumed in the Same Way as Other Books": The Experience of Reading Holocaust Testimony », *Critical Quarterly*, 45:3 (2003), pp. 32-41.
Eaglestone, Robert, *The Holocaust and the Postmodern*, Oxford, Oxford University Press, 2004.
Eaglestone, Robert, « The Aporia of Imre Kertész », Louise O. Vasvári, Steven Tötösy de Zepetnek (éds.), *Imre Kertész and Holocaust Literature*, West Lafayette, Purdue University Press, 2005, pp. 38-50.
Eaglestone, Robert, « 'Working through' and 'awkward poetics' in Second Generation Poetry: Lily Brett, Anne Michaels, Raymond Federman », *Critical Survey*, 20:2 (2008), pp. 18-30.
Eaglestone, Robert, *The Broken Voice. Reading Post-Holocaust Literature*, Oxford, Oxford University Press, 2017.

Eden, Doris L., « Surfiction: Plunging into the Surface », *Boundary 2*, 5:1 (1976), pp. 153-165.

Engélibert, Jean-Paul, Guidée, Raphaëlle, « Avant-propos : l'apocalypse et après », Catherine Coquio, Jean-Paul Engélibert, Raphaëlle Guidée (éds.), *L'Apocalypse : une imagination politique (XIXe-XXIe siècles)*, Rennes, Presses universitaires de Rennes, 2018, pp. 7-15.

Ernst, Sophie (éd.), *Quand les mémoires déstabilisent l'école. Mémoire de la Shoah et enseignement*, Lyon, INRP, 2008.

Erzgräber, Willy, *James Joyce, Oral and Written Discourse as Mirrored in Experimental Narrative Art* [1998], Trad. A. Cole, Frankfurt Am Main, Peter Lang, 2002.

Essberger, Richard, « Military Surprise and the Environment », *GeoJournal*, 37:2 (1995), pp. 215-224.

Ezrahi, Sidra DeKoven, *By Words Alone: The Holocaust in Literature*, Chicago, University of Chicago Press, 1980.

Felman, Shoshana, Laub, Dori, *Testimony. Crises of Witnessing in Literature, Psychoanalysis and History*, New York – Londres, Routledge, 1992.

Feuer, Menachem, « Federman's Laughterature », Jeffrey R. Di Leo (éd.), *Federman's Fictions: Innovation, Theory, Holocaust*, Albany, State University of New York Press, 2011, pp. 277-287.

Flanzbaum, Hilene, « 'But wasn't it terrific?' A defence of Liking *Life is Beautiful* », *The Yale Journal of Criticism*, 14:1 (2001), pp. 273-286.

Fleury, Béatrice, Walter, Jacques, « Carrière testimoniale : un opérateur de la dynamique mémorielle et communicationnelle », *ESSACHESS, Journal for Communication Studies*, 5:2 (2012), pp. 153-163.

Fontaine, Thomas, « Qu'est-ce qu'un déporté ? Les figures mémorielles des déportés de France », Jacqueline Sainclivier, Jean-Marie Guillon, Pierre Laborie (éds.), *Images des comportements sous l'Occupation. Mémoires, transmission, idées reçues*, Rennes, Presses universitaires de Rennes, 2016, pp. 79-89.

Fournier, Louis, « Trois lectures de *Bouvard et Pécuchet* : Maupassant, Thibaudet, Sabatier », *French Studies*, XLIX:1 (1995), pp. 29-48.

Franklin, Ruth, « The Antiwitness Piotr Rawicz », *A Thousand Darknesses. Lies and Truth in Holocaust Fiction*, New York, Oxford University Press, 2010, pp. 89-102.

Frelick, Nancy M., « Hydre-miroir : *Les Romanesques* d'Alain Robbe-Grillet et le pacte fantasmatique », *The French Review*, 70:1 (1996), pp. 44-55.

Freud, Sigmund, *La Science des rêves* [1900], Trad. I. Meyerson, Paris, PUF, 1950.

Freud, Sigmund, *Totem et tabou. Interprétation par la psychanalyse de la vie sociale des peuples primitifs* [1912], Trad. S. Jankélévitch, Paris, Payot, 1970.

Friedemann, Joë, « *Le Dernier des Justes* d'André Schwarz-Bart : de l'humour au ricanement des abîmes », *Les Lettres romanes*, XLII:1-2 (1988), pp. 97-112.

Gaillard, Françoise, « Qui a peur de la bêtise ? », Suivi de « Discussion », Antoine Compagnon (éd.), *Prétexte. Roland Barthes. Colloque de Cérisy*, Paris, Union Générale d'Éditions, 1978, pp. 273-297.

Gamzou, Azaf, « Third-Generation Graphic Syndrome: New Directions in Comics and Holocaust Memory in the Age after Testimony », *The Journal of Holocaust Research*, 33:3 (2019), pp. 224-237.

Gätjens, Sigrid, *Die Umdeutung biblischer und antiker Stoffe im dramatischen Werk von André Gide, Studien zu Saül und Bethsabé, Perséphone und Œdipe*, Hamburg, Romanisches Seminar der Universität, 1993.

Gauvin, Lise, *Langagement. L'Écrivain et la langue au Québec*, Montréal, Boréal, 2000.

Gauvin, Lise, « La notion de surconscience linguistique et ses prolongements », Lieven D'hulst, Jean-Marc Moura (éds.), *Les Études littéraires francophones. État des lieux*, Lille, Éditions du conseil scientifique de l'Université Lille-III, 2003, pp. 99-112.

Gauvin, Lise, « La littérature québécoise – Une littérature de l'intranquillité », *Le Devoir*, 2006, https://www.ledevoir.com/non-classe/107558/la-litterature-quebecoise-une-litterature-de-l-intranquillite.

Geldof, Koenraad, « De perverse schoonheid van het niets. Sartre leest Flaubert (*L'Idiot de la famille*, 1971-1972) », *Spiegel der Letteren*, 48:3 (2006), pp. 331-368.

Genette, Gérard, *Seuils*, Paris, Seuil, 1987.

Gilson, Étienne, *Dante et Béatrice, Études dantesques*, Paris, J. Vrin, 1974.

Goldenstein, Jean-Pierre, « Le Horlangue. Notes sur l'amour de l'alangue », *Cahiers de psychologie de l'art et de la culture*, n° 16 (1990), pp. 97-103.

Goldschläger, Alain, « La littérature de témoignage de la Shoah : dire l'indicible – lire l'incompréhensible », *Texte : revue de critique et de théorie littéraire*, n° 19-20 (1996), pp. 259-278.

Grutman, Rainier, *Des langues qui résonnent. L'hétérolinguisme au XIXe siècle québécois*, Montréal, Fides, 1997.

Gyssels, Kathleen, « *Le Dernier des Justes* – a Jewish child's apprenticeship of the 'impossibility of being a Jew' », *European Judaism*, 42:1 (2009), pp. 90-106.

Gyssels, Kathleen, « A Shoah Classic Resurfacing: The Strange Destiny of *The Last of the Just* (André Schwarz-Bart) in the African Diaspora », *Prooftexts*, n° 31 (2011), pp. 229–262.

Gyssels, Kathleen, « André Schwarz-Bart à Auschwitz et Jérusalem », *Image & Narrative*, 14:2 (2013), pp. 16-28.

Gyssels, Kathleen, « 'Les Gary de Goyave' : Co-écritures et inédits schwarz-bartiens », *Continents Manuscrits*, n° 7 (2016), http://journals.openedition.org/coma/714.

Gyssels, Kathleen, « Rethinking the Margins with Andre Schwarz-Bart: From *The Last of the Just* and *A Woman Named Solitude* to the Posthumous Narratives », *European Judaism*, 50:2 (2017), pp. 103-128.

Gyssels, Kathleen, « Schwarz-Bart, André, Schwarz-Bart, Simone (2017), *Adieu Bogota*. Paris, Éditions du Seuil, 265 pp. Suite – et fin ? – du cycle antillais schwarz-bartien », *Il Tolomeo*, n° 19 (2017), pp. 327-337.

Gyssels, Kathleen, « From Shtetl to Settler Colony and Back: André Schwarz-Bart's *The Morning Star* », Sarah Phillips Casteel, Heidi Kaufman (éds.), *Caribbean Jewish Crossings: Literary History and Creative Practice*, Charlottesville, University of Virginia Press, 2019, pp. 198-219.

Hartje, Hans, « W et l'histoire d'une enfance en France », *Études romanes*, n° 46 (2000), pp. 53-66.

Hartman, Geoffrey, *The Longest Shadow. In the Aftermath of the Holocaust*, Bloomington – Indianapolis, Indiana University Press, 1996.

Heinich, Nathalie, *Sortir des camps, sortir du silence. De l'indicible à l'imprescriptible*, Bruxelles, Les Impressions nouvelles, 2011.

Hirsch, Marianne, « Past Lives Postmemories in Exile », *Poetics Today*, 17:4 (1996), pp. 659-686.

Hirsch, Marianne, « Surviving Images: Holocaust Photographs and the Work of Postmemory », *The Yale Journal of Criticism*, 14:1 (2001), pp. 5-37.

Hirsch, Marianne, « Postmémoire », Trad. Ph. Mesnard, *Témoigner, entre histoire et mémoire*, n° 118 (2014), pp. 205-206.

Hughes, Judith M., *Witnessing the Holocaust. Six Literary Testimonies*, Londres, Bloomsbury Academic, 2018.

Hulme, Harriet, *Ethics and Aesthetics of Translation. Exploring the Works of Atxaga, Kundera and Semprún*, Londres, UCL Press, 2018.

Ibsch, Elrud, *Overleven in verhalen: van ooggetuigen naar 'jonge wilden'*, Antwerpen – Apeldoorn, Garant, 2013.

Jaron, Steven, « At the Edge of Humanity: The Dismissal of Historical Truth in Piotr Rawicz's Novel *Le Sang du ciel* », Elrud Ibsch *et al.* (éds.), *The Conscience of Humankind. Literature and Traumatic Experiences*, Amsterdam – Atlanta, Rodopi, 2000, pp. 37-46.

Jaron, Steven, « Autobiography and the Holocaust: An Examination of the Liminal Generation in France », *French Studies*, LVI:2 (2002), pp. 207-219.

Jaron, Steven, « Distances traversées », Charlotte Wardi, Pérel Wilgowicz (éds.), *Vivre et écrire la mémoire de la Shoah. Littérature et psychanalyse*, Paris, Alliance israélite universelle, 2002, pp. 181-196.

Jeannelle, Jean-Louis, « Pour une histoire du genre testimonial », *Littérature*, n° 135 (2004), pp. 87-117.

Juhász, Tamás, « Murderous parents, trustful children: the parental trap in Imre Kertész's *Fatelessness* and Martin Amis's *Time's Arrow* », *Comparative Literature Studies*, 46:4 (2009), pp. 645-666.

Jurgenson, Luba, Prstojevic, Alexandre (éds.), *Des témoins aux héritiers. Une histoire de l'écriture de la Shoah*, Paris, Éditions PETRA, 2012.

Kalisky, Aurélia, « Refus de témoigner, ou chronique d'une métamorphose : du témoin à l'écrivain (Imre Kertész, Ruth Klüger) », Catherine Coquio (éd.), *L'Histoire trouée : négation et témoignage*, Nantes, Éditions L'Atalante, 2004, pp. 419-448.

Kalisky, Aurélia, « D'une catastrophe épistémologique ou la catastrophe génocidaire comme négation de la mémoire », Thomas Klinkert, Günter Oesterle (éds.), *Katastrophe und Gedächtnis*, Berlin, De Gruyter, 2013, pp. 18-74.

Kaltenbeck, Franz, « Ce que Joyce était pour Lacan », *Le Psychanalyste mutant*, 2002, https://www.acheronta.org/acheronta15/joycelacan.htm.

Karpinski, Eva, « The Immigrant as Writer: Cultural Resistance and Conformity in Josef Skvorecky's *The Engineer of Human Souls* and Raymond Federman's *Take It or Leave It* », *Journal of Canadian Studies/Revue d'Etudes Canadiennes*, 28:3 (1993), pp. 92-104.

Kauffmann, Judith, « *Le sang du ciel* de Piotr Rawicz ou la littérature comme "composition sur une décomposition" », Catherine Coquio (éd.), *Penser les camps, parler des génocides*, Paris, Albin Michel, 1999, pp. 407-418.

Kauffmann, Stanley, « Season in Hell », *New York Review of Books*, 20.02.1964, pp. 5-6.

Kaufmann, Francine, *Pour relire « Le Dernier des Justes »*, Paris, Méridiens – Klincksieck, 1986.

Kaufmann, Francine, « Les enjeux de la polémique autour du premier best-seller français de la littérature de la Shoah », *Revue d'histoire de la* Shoah, n° 176 (2002), pp. 68-99.

Kaufmann, Francine, « L'œuvre juive et l'œuvre noire d'André Schwarz-Bart », *Pardès*, n° 44 (2008), pp. 135-148.

Kaufmann, Francine, « Le dernier roman d'André Schwarz-Bart : Cinquante ans après « Le dernier des Justes », une « Étoile du matin » en forme de Kaddish », *L'Arche*, n° 618 (2009), pp. 70-76.

Kaufmann, Francine, « Les Sagas identitaires d'André Schwarz-Bart : Faire aimer l'étranger pour la dignité de sa différence », *Nouvelles Études Francophones*, 26:1 (2011), pp. 16-33.

Kaufmann, Francine, « André Schwarz-Bart ». Jean Leselbaum, Antoine Spire (éds.), *Dictionnaire du judaïsme français depuis 1944*, Paris, Armand Colin/Le Bord de L'eau, 2013, pp. 805-808.

Kippur, Sarah, *The Translingual Self: Life-Writing across Languages in the Works of Héctor Biancotti, Jorge Semprún and Raymond Federman*, Thèse de doctorat, Harvard University, 2009.

Klein, Judith, « Erfahrung der Vernichtungslager und Literatur. Robert Antelmes 'L'espèce humaine' », *Romanistische Zeitschrift für Literaturgeschichte*, 14:1-2 (1990), pp. 166-177.

Klein, Judith, *Literatur und Genozid. Darstellungen der nationalsozialistischen Massenvernichtung in der französischen Literatur*, Wien, Böhlau Verlag, 1992.

Kliger, Gili, « The infinite task: being-in-common in Robert Antelme's *L'Espèce humaine* », *Forum for Modern Language Studies*, 51:1 (2015), pp. 27-39.

Kofman, Sarah, *Paroles suffoquées*, Paris, Galilée, 1987.

Kofman, Sarah, « Les mains d'Antelme. Post-scriptum à *Paroles suffoquées* », Robert Antelme, *Textes inédits sur* L'espèce humaine. *Essais et témoignages*, Paris, Gallimard, 1996, pp. 147-151.

Kriegel, Kathie, « Kichka sur le divan de sa BD », *The Jerusalem Post*, 11.05.2013. http://www.jpost.com/Edition-fran%C3%A7aise/Art-Et-Culture/Kichka-sur-le-divan-de-sa-BD-330674.

Kuhn Kennedy, Fleur, « D'un Je à l'autre, les langages d'André Schwarz-Bart », *Plurielles*, n° 18 (2013), pp. 31-42.

Kuhn Kennedy, Fleur, *Le disciple et le faussaire : Imitation et subversion romanesques de la mémoire juive*, Paris, Garnier, 2016.

Laborde, Cynthia, « Re/trouver sa place dans l'H/histoire : perspectives postmémorielles dans *Deuxième génération : Ce que je n'ai pas dit à mon père* de Michel Kichka », *French Forum*, 44:1 (2019), pp. 119-131.

Lacoste, Charlotte, « L'invention d'un genre littéraire : *Témoins* de Jean Norton Cru », *Texto ! Textes et cultures*, 2007, http://www.revue-texto.net/index.php?id=635.

Lacoste, Charlotte, *Séductions du bourreau*, Paris, Presses universitaires de France, 2010.

Lamontagne, Marie-Andrée, « Lise Gauvin : lettres des autres, lettres de soi » [Entretien], *Lettres québécoises*, n° 153 (2014), pp. 7-10.

Lang, Jessica, *Textual Silence. Unreadability and the Holocaust*, New Brunswick – New Jersey – Londres, Rutgers University Press, 2017.

Lang, Johannes, « Against obedience: Hannah Arendt's overlooked challenge to social-psychological explanations of mass atrocity », *Theory & Psychology*, 24:5 (2014), pp. 649–667.

Langer, Lawrence L., *The Holocaust and the Literary Imagination*, New Haven, Yale University, 1975.

Lanzmann, Claude, « Les non-lieux de la mémoire » [1986], Claude Lanzmann, Bernard Cuau, Michel Deguy (éds.), *Au sujet de Shoah*, Paris, Belin, 1990, pp. 280-292.

Leak, Andy, « W/ dans un réseau de lignes entrecroisées : souvenir, souvenir-écran et construction dans *W ou le souvenir d'enfance* », Mireille Ribière (éd.), *Parcours Perec*, Lyon, Presses universitaires de Lyon, 1990, pp. 75-90.

Lecat, Bruno, « Pacheco/Perec. A/M/W/ : l'idéogramme et la lettre dans deux récits de Pacheco et Perec », *Revue de littérature comparée*, n° 323 (2007), pp. 291-301.

Leclair, Bertrand, « On peut donc chuter dans le ciel ? », Bertrand Leclair, *Dans les rouleaux du temps. Ce que nous fait la littérature*, Paris, Flammarion, 2011.

Lefebvre, Julie, « 'Note' et 'note' : proposition de déchiffrage linguistique », *La Licorne*, n° 67 (2004 ; n° thématique : « L'Espace de la note »), pp. 27-50.

Lehrman, Cuno, « Trois prix Goncourt : Romain Gary, Roger Ikor, André Schwarz-Bart », Joseph Frank, David Baumgardt (éds.), *Horizons of a philosopher. Essays in honor of David Baumgardt*, Leiden, Brill, 1963, pp. 220-232.

Lejeune, Philippe, *Le Pacte autobiographique*, Paris, Seuil, 1996 (1975).

Lejeune, Philippe, *La Mémoire et l'oblique. Georges Perec autobiographe*. Paris, P.O.L., 1991.

Leuzinger, Miriam, *Jorge Semprun: memoria cultural y escritura: vida virtual y texto vital*, Madrid, Verbum, 2016.

Lévy, Sydney, « Emergence in Georges Perec », *Yale French Studies*, n° 105 (2004 ; « Pereckonings: Reading Georges Perec »), pp. 36-55.

Louwagie, Fransiska, « 'Une poche interne plus grande que le tout' : pour une approche générique du témoignage des camps », *Questions de communication*, n° 4 (2003), pp. 365-379.

Louwagie, Fransiska, « CR de Marie Bornand. *Témoignage et fiction : les récits de rescapés dans la littérature de langue française (1945-2000)* », *L'Esprit créateur*, 45:3 (2005), pp. 113-114.

Louwagie, Fransiska, « Die Suche nach Einheit in Zeugnissen der Shoah : Elie Wiesels *La Nuit* (1958) und André Schwarz-Barts *Le Dernier des Justes* (1959) », Peter Kuon, Monika Neuhofer, Silke Segler-Messner (éds.), *Vom Zeugnis zur Fiktion. Repräsentation von Lagerwirklichkeit und Shoah in der französischen Literatur nach 1945*, Bern, Peter Lang, 2006, pp. 261-273.

Louwagie, Fransiska, « Comment dire l'expérience des camps : fonctions transmissives et réparatrices du récit testimonial », *Études littéraires*, 38:1 (2006), pp. 57-68.

Louwagie, Fransiska, « La force du plus faible : l'ethos testimonial dans *Le sang du ciel* de Piotr Rawicz », *Les Lettres romanes*, 60:3-4 (2006), pp. 297-310.

Louwagie, Fransiska, « Le témoignage des camps et sa médiation préfacielle », *Questions de communication*, n° 10 (2006), pp. 349-367.

Louwagie, Fransiska, « Between the General and the Particular. Reminiscences of Plato's *Timaeus* in Piotr Rawicz's *Le Sang du ciel* », *Romance Quarterly*, 54:4 (2007), pp. 326-339.

Louwagie, Fransiska, *Le témoignage francophone sur les camps de concentration nazis (1945-2004) : une étude générique et discursive*, Thèse de doctorat, Université catholique de Leuven, 2007.

Louwagie, Fransiska, « L'imaginaire de Jorge Semprun : Narcisse entre miroir et fleur », *Orbis Litterarum*, 63:2 (2008), pp. 152-171.

Louwagie, Fransiska, « 'Métastases' d'Auschwitz. Modalités et limites d'une tradition testimoniale », Annelies Schulte Nordholt (éd.), *Écrire la mémoire de la Shoah : la génération d'après*, Amsterdam – New York, Rodopi, 2008, pp. 172-185.

Louwagie, Fransiska, « Œdipe à Jéricho. L'œuvre testimoniale d'Henri Raczymow », *Neophilologus*, 92:2 (2008), pp. 217-234.

Louwagie, Fransiska, « L'écriture 'extime' de Gérard Wajcman : blancs, notes et intertextes dans *L'interdit* », *Études françaises*, 45:2 (2009), pp. 131-150.

Louwagie, Fransiska, « Lieux de non retour », Jacques Walter, Béatrice Fleury (éds.), *Qualifier des lieux de détention et de massacre* (2), Nancy, Presses universitaires de Nancy, 2009, pp. 299-311.

Louwagie, Fransiska, « Régine Robin en 'L'écriture flâneuse' : identiteit en taal tussen modernisme en postmodernisme », Jan Baetens, Sjef Houppermans, Arthur Langeveld, Peter Liebregts (éds.), *De erfenis van het modernisme. Modernisme(n) in de Europese letterkunde – Deel 4*, Amsterdam, Rozenberg, 2010, pp. 165-183.

Louwagie, Fransiska, « The Ethical Stance of Testimony: Memory Politics and Representational Choices », *Interdisciplinary Literary Studies*, 12:1 (2010), pp. 1-17.

Louwagie, Fransiska, Vermeulen, Pieter, « L'Holocauste et l'imagination comparative : Entretien avec Michael Rothberg », *Témoigner. Entre histoire et mémoire*, n° 106 (2010), pp. 151-167.

Louwagie, Fransiska, « Imaginaire de l'espace, espace imaginaire », Jacques Walter, Béatrice Fleury (éds.), *Qualifier, disqualifier et requalifier des lieux de détention, de concentration et d'extermination (4). Dispositifs de médiation mémorielle*, Nancy, Presses universitaires de Nancy, 2011, pp. 319-334.

Louwagie, Fransiska, « Le témoignage face à l'histoire littéraire : Transformations esthétiques et critiques », Luba Jurgenson, Alexandre Prstojevic (éds.), *Des témoins aux héritiers. Une histoire de l'écriture de la Shoah*, Paris, Éditions PETRA, 2012, pp. 241-259.

Louwagie, Fransiska, « Raymond Federman : l'autotraduction comme projet esthétique et critique », Christian Lagarde, Helena Tanquiero (éds.), *L'autotraduction aux frontières de la langue et de la culture*, Limoges, Éditions Lambert Lucas, 2013, pp. 123-131.

Louwagie, Fransiska, « Un roman au creux de l'expérience : *Le Sang du ciel* ou l'art d'un échec annoncé », Anny Dayan Rosenman, Fransiska Louwagie (éds.), *Un ciel de sang et de cendres. Piotr Rawicz et la solitude du témoin*, Paris, Kimé, 2013, pp. 159-179.

Louwagie, Fransiska, « Piotr Rawicz, un témoin venu de l'Est », Jacques Walter, Béatrice Fleury (éds.), *Carrières testimoniales* (2), Nancy, Presses universitaires de Nancy, 2014, pp. 357-373.

Louwagie, Fransiska, « Après *Maus* : Témoignage et bande dessinée dans l'œuvre de Michel Kichka », Jacques Walter, Béatrice Fleury (éds.), *Carrières de témoins de conflits contemporains (3) Les témoins réflexifs, les témoins pollinisateurs*, Nancy, Presses universitaires de Nancy, 2015, pp. 107-119.

Louwagie, Fransiska, « 'Et puis tu nous entraînes plus loin'. Le témoignage des camps vu à travers le regard des préfaciers », Michael Rinn (éd.), *Témoignages sous influence. La vérité du sensible*, Québec, Presses de l'Université Laval, 2015, pp. 83-102.

Louwagie, Fransiska, « Littérature de témoignage : œuvres et réception critique », Silke Segler-Meßner, Isabella Von Treskow (éds.), *Traumatisme et mémoire culturelle. France et mondes francophones*, Berlin, De Gruyter, 2020, à paraître.

Lyotard, Jean-François, *L'Inhumain. Causeries sur le temps*, Paris, Galilée, 1988.

Lyotard, Jean-François, *Heidegger et « les juifs »*, Paris, Galilée, 1988.

Lyotard, Jean-François, *Leçons sur l'analytique du sublime*, Paris, Galilée, 1991.

Magné, Bernard, « Les sutures dans *W ou le souvenir d'enfance* », *Textuel*, n° 21 (1988 ; *Cahiers Geroges Perec n° 2, W ou le souvenir d'enfance : une fiction*), pp. 39-55.

Magné, Bernard, *Georges Perec*, Paris, Nathan, 1999.

Magné, Bernard, « Coup d(e) H », *Études romanes*, n° 46 (2000), pp. 77-86.

Magoudi, Ali, *La Lettre fantôme*, Paris, Éditions de Minuit, 1996.

Maingueneau, Dominique, *Le Contexte de l'œuvre littéraire. Énonciation, écrivain, société*, Paris, Dunod, 1993.

Maingueneau, Dominique, *Le Discours littéraire. Paratopie et scène d'énonciation*, Paris, Armand Colin, 2004.

Maingueneau, Dominique, *Contre Saint Proust ou la fin de la Littérature*, Paris, Belin, 2006.

Maingueneau, Dominique, *Trouver sa place dans le champ littéraire. Paratopie et création*, Louvain-la-Neuve, Academia-L'Harmattan, 2016.

Malgouzou, Yannick, « Comment s'approprier l'indicible concentrationnaire ? Maurice Blanchot et Georges Perec face à *L'Espèce humaine* de Robert Antelme », *Interférences littéraires*, n° 4 (2010), pp. 47-60.

Malgouzou, Yannick, *Les Camps nazis : réflexions sur la réception littéraire française*, Paris, Garnier, 2012.

Marienstras, Richard, « Sur "Le Dernier des Justes" d'André Schwarz-Bart », Richard Marienstras, *Être un peuple en diaspora*, Paris, F. Maspero, 1975, pp. 131-143.

Marienstras, Richard, *Être un peuple en diaspora*, Paris, Les Prairies ordinaires, 2014.

Marshman, Sophia, « From the Margins to the Mainstream? Representations of the Holocaust in Popular Culture », *eSharp*, 6:2 (2005), https://www.gla.ac.uk/media/media_41177_en.pdf.

Marx, Karl, *Œuvres philosophiques*, t. 3, *La Sainte Famille, ou Critique de la critique critique (contre Bruno Bauer et consorts), Suite et fin* [avec Friedrich Engels], Paris, Costes, 1947 (1845).

Mascolo, Dionys, *Autour d'un effort de mémoire. Sur une lettre de Robert Antelme*, Paris, Éditions Maurice Nadeau, 1987.

Mascolo, Dionys, Blanchot, Maurice, « Correspondence D. Mascolo – M. Blanchot », *Lignes*, n° 33 (1998), pp. 207-221.

McCaffery, Larry, Hartl, Thomas, Rice, Douglas, *Federman, A to X-X-X-X – A Recyclopedic narrative*, San Diego, San Diego State University Press, 1998.

Mehlman, Jeffrey, « French Literature and the Holocaust », Alan Rosen (éd.), *Literature of the Holocaust*, Cambridge, Cambridge University Press, 2013, pp. 174-190.

Mesher, David, « André Schwarz-Bart », S. Lilian Kremer (éd.), *Holocaust Literature: An Encyclopedia of Writers and Their Work*, t. 2, New York, Routledge, 2003, pp. 1122-1126.

Mesnard, Philippe, *Témoignage en résistance*, Paris, Stock, 2007.

Mesnard, Philippe, « Des fleurs pour le dire », Anny Dayan Rosenman, Fransiska Louwagie (éds.), *Un ciel de sang et de cendres. Piotr Rawicz et la solitude du témoin*, Paris, Kimé, 2013, pp. 263-285.

Mesnard, Philippe, « Entre témoignage et mémoire, quelle place pour Primo Levi ? », *Témoigner. Entre histoire et mémoire*, n° 119 (2014), pp. 77-90.

Mesnard, Philippe, « Un passage sur lequel on revient ». *Lignes*, n° 53 (2017), pp. 131-141.

Mesnard, Philippe, Rastier, François, « Sur la poéticité du témoignage et les techniques de la littérature de l'extermination. Deux dialogues entre Philippe Mesnard et François Rastier », *Texto ! Textes et cultures*, 2007, http://www.revue-texto.net/Dialogues/FR_Mesnard.pdf.

Métayer, Guillaume, « Style, mémoire, destin : Kertész et Nietzche », *Lignes*, n° 53 (2017), pp. 157-168.

Metz, Bernhard, « Noten, Anmerkungen, Kommentare : der (Fuß-)Notenroman als literarische Gattung – Rekapitulation der 9. Sitzung vom 16. Dezember (Wajcman) », *Seminar für AVL – FU Berlin*, 2004-2005, http://www.complit.fu-berlin.de/archiv/kvv/lv-wise2004-2005/16442/rekapi9.pdf.

Miller, Dana, *The Third Kind in Plato's* Timaeus, Göttingen, Vandenhoeck & Ruprecht, 2003.

Miller, Jacques-Alain, « Extimité », Mark Bracher, Marshall W. Alcorn Jr., Ronald J. Corthell, Françoise Massardier-Kenney (éds.), *Lacanian Theory of Discourse. Subject, Structure, and Society*, New York – Londres, New York University Press, 1994, pp. 74-87.

Mintz, Alan, « Two Models in the Study of Holocaust Representation », *Popular Culture and the Shaping of Holocaust Memory in America*, Seattle – Londres, University of Washington Press, 2001, pp. 36-84.

Molkou, Élizabeth, Robin, Régine, « De l'arbre à l'herbier. L'histoire pulvérisée », *Études romanes*, n° 46 (2000), pp. 87-104.

Molnár, Sára, « Imre Kertész's Aesthetics of the Holocaust », Louise O. Vasvári, Steven Tötösy de Zepetnek (éds.), *Imre Kertész and Holocaust Literature*, West Lafayette, Purdue University Press, 2005, pp. 162-170.

Molnár, Sára, « La découverte existentielle de soi », Trad. C. Royer, *Lignes*, n° 53 (2017), pp. 87-97.

Molteni, Patrizia, « Faussaire et réaliste : le premier Gaspard de Georges Perec », *Cahiers Georges Perec*, n° 6 (1996), pp. 56-79.

Moraru, Christian, « Cosmobabble or, Federman's return », Jeffrey R. Di Leo (éd.), *Federman's Fictions: Innovation, Theory, Holocaust*, Albany, State University of New York Press, 2011, pp. 241-255.

Morin, Edgar, [« Hommage à Robert Antelme » 1990], Robert Antelme, *Textes inédits sur L'espèce humaine. Essais et témoignages*, Paris, Gallimard, 1996, pp. 297-300.

Morin, Edgar, « La Commune étudiante » [*Le Monde*, 17-21 mai 1968], Edgar Morin, Claude Lefort, Cornelius Castoriadis (éds.), *Mai 68 : La brèche*, suivi de *Vingt ans après*, Bruxelles, Éd. Complexe, 1988, pp. 9-33.

Mouchard, Claude, *Qui si je criais ? Œuvres-témoignages dans les tourmentes du XXᵉ siècle*, Paris, Éd. Laurence Teper, 2007.

Moyn, Samuel, *A Holocaust Controversy: The Treblinka Affair in Postwar France*, Lebanon (NH), UPNE, 2005.

Napoli, Gabrielle, *Écritures de la responsabilité, Histoire et écrivains en fiction : Kertész et Tabucchi*, Garnier, Paris, 2013.

Neuhofer, Monika, *Écrire un seul livre, sans cesse renouvelé. Jorge Sempruns literarische Auseinandersetzung mit Buchenwald*, Frankfurt am Main, Klostermann Verlag, 2006.

Newton, Michael, « Kaspar Hauser », *The Encyclopedia of unsolved crimes*, New York, Infobase publishing, 2009, pp. 157-160.

Nichanian, Marc, « The Death of the Witness, or The Persistence of the Differend », Claudio Fogu, Wulf Kansteiner, Todd Pressner (éds.), *Probing the Ethics of Holocaust Culture. The Roots of Militarism, 1866-1945*, Cambridge (MA), Harvard University Press, 2016, pp. 141-166.

Nicoladzé, Françoise, *Relire Jorge Semprun sur le sentier Giraudoux pour rencontrer Judith. Essai*, Paris, L'Harmattan, 2014.

Nolden, Thomas, *In Lieu of Memory: Contemporary Jewish Writing in France*, Syracuse (NY), Syracuse University Press, 2006.

Nord, Philip, « Un judaïsme christianisé ? La religion dans *La Nuit* d'Elie Wiesel et *Le Dernier des Justes* d'André Schwarz-Bart », Trad. S. Perego, *Archives juives*, n° 51 (2018), pp. 99-117.

Nordmann, Sophie, « Le peuple juif dans l'histoire ? H. Cohen et F. Rosenzweig », *Pardès*, n° 45 (2009), pp. 235-247.

Norton Cru, Jean, *Du témoignage*, Paris, Gallimard, 1930.

Ohlsson, Anders, « Challenging the 'Holocaust-Reflex': Imre Kertesz's *Fatelessness: A Novel* », Michael Schoenhals, Karin Sarsenov (éds.), *Imagining Mass Dictatorships. The Individual and the Masses in Literature and Cinema*, Londres, Palgrave Macmilan, 2013, pp. 52-72.

Pagden, Anthony, *European Encounters with the New World. From Renaissance to Romanticism*, New Haven – Londres, Yale University Press, 1993.

Pagnoux, Elisabeth, « Reporter photographe à Auschwitz », *Les Temps modernes*, n° 613 (2001), pp. 84-108.

Parent, Anne Martine, « Transmettre malgré tout. Ratages et faillites de la transmission chez Charlotte Delbo », *Protée*, 37:2 (2009), pp. 67-77.

Paris, Jean, *Hamlet ou les personnages du fils*, Paris, Seuil, 1953.

Peguy, Marie, « The Dichotomy of Perspectives in the Work of Imre Kertész and Jorge Semprún », Louise O. Vasvári, Steven Tötösy de Zepetnek (éds.), *Imre Kertész and Holocaust Literature*, West Lafayette, Purdue University Press, 2005, pp. 171-181.

Pellerin, Mickaël, « Écrire et philosopher après Auschwitz : Blanchot lecteur de Antelme », 2014, http://www.academia.edu/6332846/Ecrire_et_philosopher_après_Auschwitz_Blanchot_lecteur_de_Antelme.

Perrier, Guillaume, « L'image de la disparition », *Fabula*, Actes du colloque « À la recherche d'*Albertine disparue* », 2007, http://www.fabula.org/colloques/document480.php.

Peschanski, Denis, « On Chance and Necessity », Manuel Bragança, Fransiska Louwagie (éds.), *Ego-histories of France and the Second World War: Writing Vichy*, Londres, Palgrave Macmillan, 2018, pp. 67-88.

Pollak, Michael, « Témoignages et mémoires », *Bulletin trimestriel de la Fondation Auschwitz*, n° 15 (1987), pp. 11-24.

Pollak, Michael, Heinich, Nathalie, « Le témoignage », *Actes de la recherche en sciences sociales*, n° 62-63 (1986), pp. 3-29.

Potel, Jean-Yves, « Imre Kertész et le 'socialisme réel' », *Lignes*, n° 53 (2017), pp. 75-85.

Puskas, Daniel, « Inter-dico. Meurtre du père, incorporation identificatoire et symbolisation de la loi », *Religiologiques*, n° 12 (1995), http://www.religiologiques.uqam.ca/no12/inter.pdf.

Rabenstein, Helga, « Composition – décomposition : le double mouvement de *W ou le souvenir d'enfance* », Peter Kuon (éd.), *Oulipo-poétiques*, Tübingen, Narr, 1999, pp. 31-40.

Railton, Nicholas M., « Gog and Magog. The History of a Symbol », *Evangelical Quarterly*, 75:1 (2003), pp. 23-43.

Rancière, Jacques, « Témoignage et écriture », Antoine Compagnon, *Séminaire 2009 : Témoigner* (Littérature française moderne et contemporaine : Histoire, critique, théorie, Collège de France), 2009, https://www.college-de-france.fr/site/antoine-compagnon/seminar-2009-03-10-17h30.htm.

Rasson, Luc, « De la critique littéraire considérée comme un exercice de mépris », *Acta fabula*, 14:5 (2013), http://www.fabula.org/revue/document6275.php.

Rastier, François, « Témoignages inadmissibles », *Littérature*, n° 159 (2013), pp. 108-129.

Rastier, François, « 'L'odeur de la chair brûlée'. Témoignage et mentir-vrai », *Europe*, n° 1041-1042 (2016), pp. 115-135.

BIBLIOGRAPHIE

Raynal, Eva, « Un regard clinique sur la production de Jorge Semprún », *Acta Fabula*, 19:2 (2018), http://www.fabula.org/acta/document10747.php.

Reif, Danielle, *Die Ästhetik der Leerstelle. Raymond Federmans Roman « La Fourrure de ma tante Rachel »*, Würzburg, Königshausen & Neumann, 2005.

Ribaupierre, Claire de, *Le Roman généalogique. Claude Simon et Georges Perec*, Bruxelles, Éditions La Part de l'œil, 2002.

Rigney, Ann, « Scales of Postmemory. Six of Six Million », *Probing the Ethics of Holocaust Culture*, Claudio Fogu, Wulf Kansteiner, Todd Pressner (éds.), *Probing the Ethics of Holocaust Culture. The Roots of Militarism, 1866-1945*, Cambridge (MA), Harvard University Press, 2016, pp. 113-128.

Risari, Guia, « *Bloc-notes d'un contre-révolutionnaire* : un reportage poétique », Anny Dayan Rosenman, Fransiska Louwagie (éds.), *Un ciel de sang et de cendres. Piotr Rawicz et la solitude du témoin*, Paris, Kimé, 2013, pp. 153-156.

Robbe-Grillet, Alain, « Du Nouveau Roman à la Nouvelle Autobiographie », Éric Le Calvez, Marie-Claude Canova-Green (éds.), *Texte(s) et Intertexte(s)*, Amsterdam – Atlanta, Rodopi, 1997, pp. 263-273.

Roche, Anne présente *W ou le souvenir d'enfance*, Paris, Gallimard, 1997.

Rodiek, Christophe, « Raumdarstellung in neueren uchronischen Roman », Roger Bauer, Douwe Fokema (éds.), *Actes du 12ᵉ Congrès de l'Association internationale de littérature comparée, Espace et frontières*, t. 2, *Espace et frontières dans la littérature*, München, Iudicium-Verlag, 1990, pp. 491-496.

Roman, Myriam, « Rupture et continuité : 1848 dans l'œuvre de Victor Hugo », *Groupe Hugo*, 1999, http://groupugo.div.jussieu.fr/Groupugo/99-03-13roman.htm.

Rosen, Alan, *Sounds of Defiance: The Holocaust, Multilingualism and the Problem of English*, Lincoln – Londres, University of Nebraska Press, 2005.

Rosenfeld, Alvin H., *A Double Dying. Reflections on Holocaust Literature*, Bloomington – Londres, Indiana University Press, 1980.

Rothberg, Michael, « Anachronistic Aesthetics: Andre Schwarz-Bart and Caryl Phillips on the Ruins of Memory », *Multidirectional Memory: Remembering the Holocaust in the Age of Decolonisation*, Stanford (CA), Stanford University Press, 2009, pp. 135-174.

Rothberg, Michael, *Multidirectional Memory: Remembering the Holocaust in the Age of Decolonisation*, Stanford (CA), Stanford University Press, 2009.

Rothberg, Michael, Druker, Jonathan, « A Secular Alternative: Primo Levi's Place in American Holocaust Discourse », *Shofar: An Interdisciplinary Journal of Jewish Studies*, 28:1 (2009), pp. 104-126.

Rousseau, Frédéric, *Le Procès des témoins de la Grande Guerre. L'Affaire Norton Cru*, Paris, Seuil, 2003.

Rousso, Henry, *Le Syndrome de Vichy de 1944 à nos jours*, Paris, Seuil, 1990.

Rousso, Henry, *La Dernière Catastrophe. L'Histoire, le présent, le contemporain*, Paris, Gallimard, 2012.

Rousso, Henry, « From a Foreign Country », Manuel Bragança, Fransiska Louwagie (éds.), *Ego-histories of France and the Second World War: Writing Vichy*, Londres, Palgrave Macmillan, 2018, pp. 89-103.

Roy, J.-H., « 'L'espèce humaine', par Robert Antelme », *Les Temps Modernes*, n° 42 (1949), pp. 754-756.

Royer, Clara, *Imre Kertész : « L'histoire de mes morts ». Essai biographique*, Arles, Actes Sud, 2018.

Rudolf, Anthony, *Engraved in Flesh. Piotr Rawicz and his novel* Blood from the Sky, Londres, Menard Press, 1996.

Rudolf, Anthony, « Porter le fardeau de l'Histoire et de la souffrance », Trad. A. Dayan Rosenman, Anny Dayan Rosenman, Fransiska Louwagie (éds.), *Un ciel de sang et de cendres. Piotr Rawicz et la solitude du témoin*, Paris, Kimé, 2013, pp. 202-213.

Sadkowski, Piotr, « Une mystérieuse matière hétérolinguistique. La réception du *Sang du ciel* en Pologne », Anny Dayan Rosenman, Fransiska Louwagie (éds.), *Un ciel de sang et de cendres. Piotr Rawicz et la solitude du témoin*, Paris, Kimé, 2013, pp. 97-109.

Schaeffer, Jean-Marie, *Pourquoi la fiction ?*, Paris, Seuil, 1999.

Scharfman, Ronnie, « Exiled from the Shoah, André and Simone Schwarz-Bart's *Un plat de porc aux bananes vertes* », Lawrence D. Kritzman (éd.), *Auschwitz and after: Race, culture and 'the Jewish question' in France*, New York – Londres, Routledge, 1995, pp. 250-263.

Scharfman, Ronnie, « Reciprocal Hauntings: Imagining Slavery and the Shoah in Carly Philips and André and Simone Schwarz-Bart », *Yale French Studies*, n° 118-119 (2010), pp. 91-110.

Scheel, Charles, « Réalisme magique et réalisme merveilleux dans l'œuvre d'André et de Simone Schwarz-Bart », *Présence francophone*, n° 79 (2012), pp. 67-84.

Schlachter, Birgit, *Schreibweisen der Abwesenheit, Jüdisch-französische Literatur nach der Shoah*, Köln, Böhlau Verlag, 2006.

Schnitzer, Daphné, « A Drop in Numbers: Deciphering Georges Perec's Postanalytic Narratives », *Yale French Studies*, n° 105 (2004 ; « Pereckonings: Reading Georges Perec »), pp. 110-126.

Scholem, Gershom, « The Tradition of the Thirty-Six Hidden Just Men », *The Messianic Idea in Judaism and Other Essays on Jewish Spirituality*, New York, Schocken Books, 1971, pp. 251-256.

Schulte Nordholt, Annelies, « Henri Raczymow entre Proust et Flaubert », *Neophilologus*, n° 86 (2002), pp. 363-385.

Schulte Nordholt, Annelies, « Ni victime, ni témoin. Henri Raczymow et la difficulté d'écrire la Shoah », *Les Lettres romanes*, 56:1-2 (2002), pp. 127-142.

BIBLIOGRAPHIE 375

Schulte Nordholt, Annelies, « Re-enacting the Warsaw Ghetto. Henri Raczymow: Writing the Book of Esther », *Journal of Modern Jewish Studies*, 3:2 (2004), pp. 183-194.

Schulte Nordholt, Annelies, « Henri Raczymow romancier : judéité et modernité », Sjef Houppermans, Christine Bosman Delzons, Danièle de Ruyter-Tognoti (éds.), *Territoires et terres d'histoires. Perspectives, horizons, jardins secrets de la littérature française d'aujourd'hui*, Amsterdam, Rodopi, 2005, pp. 325-349.

Schulte Nordholt, Annelies, *Perec, Modiano, Raczymow. La Génération d'après et la mémoire de la Shoah*, Amsterdam – New York, Rodopi, 2008.

Schulte Nordholt, Annelies, « *Heinz* d'Henri Raczymow. Une écriture du silence », *Monografías de Çédille*, n° 5 (2015), pp. 215-231.

Schwerin, Christoph Graf von, « Piotr Rawicz » [1997], Trad. J.-Ch. Szurek, É. Veaux et F. Louwagie, Anny Dayan Rosenman, Fransiska Louwagie (éds.), *Un ciel de sang et de cendres. Piotr Rawicz et la solitude du témoin*, Paris, Kimé, 2013, pp. 31-38.

Seidman, Naomi, « Elie Wiesel and the Scandal of Jewish Rage », *Jewish Social Studies*, 3:1 (1996), pp. 1-19.

Shelton, Jen, « Issy's Footnote: Disruptive Narrative and the Discursive Structure of Incest in *Finnegans Wake* », *ELH*, 66:1 (1999), pp. 203-221.

Sicher, Efraim, « The Burden of Memory. The Writing of the Post-Holocaust Generation », Efraim Sicher (éd.), *Breaking Crystal. Writing and Memory after Auschwitz*, Urbana – Chicago, University of Illinois Press, 1998, pp. 19-88.

Silverman, Max, *Palimpsestic Memory: The Holocaust and Colonialism in French and Francophone Fiction and Film*, New York – Oxford, Berghahn, 2013.

Skrabanek, Petr, « Night Joyce of a Thousand Tiers », *Hypermedia Joyce Studies*, 4:1 (2003), http://hjs.ff.cuni.cz/archives/v3/skrabanek2.html.

Solotaroff, Theodore, *The Red Hot Vacuum and Other Pieces on the Writing of the Sixties*, Boston, Nonpareil, 1970.

Spargo, R. Clifton, « Introduction: On the cultural continuities of literary representation », R. Clifton Spargo, Robert M. Ehrenreich (éds.), *After Representation? The Holocaust, Literature, and Culture*, Washington, Library of Congress/USHMM, 2009, pp. 1-22.

Sperber, Dan, Wilson, Deirdre, « Irony and the Use-Mention Distinction » (1981), Steven Davis (éd.), *Pragmatics: A Reader*, Oxford, Oxford University Press, 1991, pp. 550-563.

Spiro, Joanna, « The Testimony of Fantasy in Georges Perec's *W ou le souvenir d'enfance* », *The Yale Journal of Criticism*, 14:1 (2001), pp. 115-154.

Stevens, Christa, « Le scandale de Piotr Rawicz. 'Le sang du ciel', la Kabbale et l'écriture sacrilège », *Image and Narrative*, 14:2 (2013), http://www.imageandnarrative.be/index.php/imagenarrative/article/view/309/257.

Stone, Dan, « Perec's Antelme », *French Cultural Studies*, n° 10 (1999), pp. 161-172.

Stonebridge, Lindsey, « *The Last of the Just*: an untimely novel for our times », *European Judaism*, 47:1 (2014), pp. 26-40.

Suleiman, Susan Rubin, « La structure d'apprentissage. Bildungsroman et roman à thèse », *Poétique*, n° 37 (1979), pp. 24-42.

Suleiman, Susan Rubin, *Crises of Memory and the Second World War*, Cambridge (MA) – Londres, Harvard University Press, 2006.

Suleiman, Susan Rubin, « When Postmodern Play Meets Survivor Testimony: Federman and Holocaust Literature », Jeffrey R. Di Leo (éd.), *Federman's Fictions: Innovation, Theory, Holocaust*, Albany, State University of New York Press, 2011, pp. 215-227.

Suleiman, Susan Rubin, « Nation, langue, identité : Kertész et la Hongrie », *Lignes*, n° 53 (2017), pp. 53-64.

Surya, Michel, « Une absence d'issue », Robert Antelme, *Textes inédits sur* L'espèce humaine. *Essais et témoignages*, Paris, Gallimard, 1996, pp. 114-119.

Szeliga, « Eugen Sue, Die Geheimnisse von Paris », *Allgemeine Literatur-Zeitung*, n° 7 (1844), pp. 8-78.

Szilágyi-Gál, Mihály, « Arendt and Kertész on the Banality of Evil », Louise O. Vasvári, Steven Tötösy De Zepetnek (éds.), *Comparative Central European Holocaust Studies*, West Lafayette, Purdue University Press, 2009, pp. 133-144.

Szwarc, Sandrine, *Les Intellectuels juifs de 1945 à nos jours*, Lormont, Éd. Le Bord de l'eau, 2013.

Tari, Ephraim, « À propos du *Dernier des Justes* », *Esprit*, nouvelle série n° 281 (1960), pp. 331-336.

Tarica, Estelle, « Jewish Mysticism and the Ethics of Decolonization in André Schwarz-Bart », *Yale French Studies*, n° 118-119 (2010), pp. 75-90.

Tudèle, Benjamin de, *Voyages de Rabbi Benjamin, fils de Jona de Tudèle, en Europe, en Asie et en Afrique, depuis l'Espagne jusqu'à la Chine*. Trad. J.-Ph. Baratier, Amsterdam, aux dépens de la Compagnie, 1734, https://gallica.bnf.fr/ark:/12148/bpt6k104380z.image.

Tynan, Avril, *Spectres of Patriarchy: Reading Absence in Jorge Semprun*, Thèse de doctorat, Royal Holloway, University of Londres, 2016, https://pure.royalholloway.ac.uk/portal/files/26889860/Spectres_of_Patriarchy_Final_Pure.pdf.

van Alphen, Ernst, « Second-Generation Testimony, Transmission of Trauma, and Postmemory », *Poetics Today*, 27:2 (2006 ; n° thématique : Geoffrey Hartman (éd.), « The Humanities of Testimony »), pp. 473-488.

van Montfrans, Manet, *Georges Perec. La Contrainte du réel*, Amsterdam, Rodopi, 1999.

Vernant, Jean-Pierre, *Mythe et société en Grèce ancienne*, Paris, Maspero, 1974.

Viart, Dominique, « Mémoire et enquête : la Seconde Guerre mondiale », Dominique Viart, Bruno Vercier, *La Littérature française au présent. Héritage, modernité, mutations*, Paris, Bordas, 2005, pp. 142-166.

Viart, Dominique, « Le scrupule du roman », *Vacarme*, n° 54 (2011), pp. 26-28.

Viart, Dominique, « Le scrupule esthétique : que devient la réflexivité dans les fictions contemporaines ? », *Studi Francesi*, n° 177 (2015), pp. 489-499.

Viart, Dominique, « La gamme de mémoires » [Entretien], *Mémoires en jeu*, n° 3, (2017), pp. 101-105.

Viart, Dominique, « Les Littératures du terrain », *Revue critique de fixxion française contemporaine*, n° 18 (2019), http://www.revue-critique-de-fixxion-francaise-contemporaine.org/rcffc/article/view/fx18.20/1338.

Vice, Sue, « Fascination et malaise. La réception du *Sang du ciel* au Royaume-Uni et aux États-Unis », Trad. F. Louwagie, Anny Dayan Rosenman, Fransiska Louwagie (éds.), *Un ciel de sang et de cendres. Piotr Rawicz et la solitude du témoin*, Paris, Kimé, 2013, pp. 111-128.

Vince, Rebekah, « Out of Sight but Not Out of Mind: Absence as Presence in French Postmemory Narrative », *Journal of History and Culture*, n° 5 (2015), pp. 41-64.

Wagner, Frank, « Raymond Federman le « surfictionnel » (L'exemple de *Chut*) », *Vox Poetica*, 2009, http://www.vox-poetica.org/t/articles/wagner2009b.html.

Waintrater, Régine, « Le pacte testimonial », *L'Arche*, n° 480 (1998), pp. 77-79.

Waintrater, Régine, *Sortir du génocide. Témoignage et survivance*, Paris, Éditions Payot et Rivages, 2011 (2003).

Walzl, Florence L., « *Giacomo Joyce* by James Joyce », *The Modern Language Journal*, 53:1 (1969), pp. 18-20.

Wieviorka, Annette, *Déportation et génocide. Entre la mémoire et l'oubli*, Paris, Plon, 1992.

Wieviorka, Annette, « 1992. Réflexions sur une commémoration », *Annales. Économies, Sociétés, Civilisations*, 48:3 (1993), pp. 703-714.

Wieviorka, Annette, *L'Ère du témoin*, Paris, Plon, 1998.

Wilson, Robert McL., *The Gnostic Problem. A Study of the Relations between Hellenistic Judaism and the Gnostic Heresy*, Londres, A.R. Mowbray & Co. Limited, 1958.

Young, James E., *Writing and Rewriting the Holocaust: Narrative and the Consequences of Interpretation*, Bloomington, Indiana University Press, 1988.

Zard, Philippe, « Le rire théologique de Franz Kafka », *Études françaises*, 47:2 (2011), pp. 83-99.

Zolkos, Magdalena, « Apocalyptic Writing, Trauma and Community in Imre Kertész's *Fateless* », *Angelaki: Journal of Theoretical Humanities*, 15:3 (2010), pp. 87-98.

Index

Abádi-Nagy, Zoltán   227, 234, 243, 343
Adams, Jenni   86
Adorno, Theodor W.   11, 24, 25, 42, 183
Alberti, Leon Battista   283, 305, 311
Alcorn Jr., Marshall W.   308
Alighieri – voir Dante (Alighieri)
Améry, Jean   46, 113, 179, 232
Amossy, Ruth   13-14, 18, 53-54, 56
Amsallem, Daniela   8, 24
Anders, Günther   181
Andersen, Hans Christian   187
Anderson, Andrew Runny   260
Anselmini, Julie   276
Antelme, Robert   6-7, 10, 13-15, 17-18, 20-21, 25-26, 33-34, 37, 45-46, 51-77, 110, 129, 163-165, 180, 193, 202, 210-216, 219-220, 263, 317, 335-337, 340-341
Appelfeld, Aharon   78, 176
Arendt, Hannah   167
Assman, Aleida   8
Atack, Margaret   69
Aucagne, Julie   276
Auffret, Delphine   11, 84
Authier-Revuz, Jacqueline   56
Azouvi, François   7

Baetens, Jan   232, 286-287, 296
Baird, Jay W.   99
Bancaud, Florence   165, 174, 178
Baroni, Raphaël   30
Barthes, Roland   156, 189, 302-304
Baudrillard, Jean   242-243
Baumann, Roland   313, 321
Beckett, Samuel   112, 180, 183-184, 225, 231-232, 234, 236, 341
Béhar, Stella   213
Bellos, David   194, 198, 201, 213
Bénabou, Marcel   193, 213
Benestroff, Corinne   136, 139
Benigni, Roberto   11, 182
Benstock, Shari   287, 292, 298
Berger, James   181
Bettelheim, Bruno   187
Betts, C.J.   93
Bialot, Joseph   14

Bikard, Arnaud   79
Bikialo, Stéphane   56
Birdsall, Carolyn   98
Blanchard, Pierre   83
Blanchot, Maurice   51, 70-73, 75
   blanchotien   7, 37, 70, 72-73, 76
Blum, Léon   144-147
Bober, Robert   274
Bologne, Jean Claude   174
Bornand, Marie   36
Borowski, Tadeusz   46, 93
Borwicz, Michel   81
Bottiglia, William F.   89
Bouchereau, Philippe   1-2, 12-15, 17, 20, 26-27, 31-32, 34-35, 38, 43, 70, 96, 183
Bourdier, René   80, 102-103
Bourin, André   130
Bracher, Mark   307
Bragança, Manuel   7, 33
Brochier, Jean-Jacques   303
Brodwin, Stanley   92, 96
Brodzki, Bella   80, 102
Buber, Martin   190
Bundu Malela, Buata   85
Burgelin, Claude   198, 205, 210-211, 213-215, 222-223
Busnel, François   167, 182

Calvo   315-316
Campos, Lucie   174
Camus, Albert   92, 164, 175, 183
Carasso, Françoise   24
Caruth, Cathy   9
Cayrol, Jean   6, 10-11, 34, 51
Celan, Paul   10-11, 20, 183
Céline, Louis-Ferdinand   234
Césaire, Aimé   79
Cesarani, David   7
Chalamov, Varlam   147
Chalier, Catherine   93-94, 96, 103
Chaouat, Bruno   55, 71
Chapsal, Madeleine   25
Chatti, Mounira   257, 266-267, 270
Chevalier, Anne   41
Cheyette, Bryan   10, 24

INDEX

Colonna, Vincent   286
Compagnon, Antoine   284, 286
Conan, Éric   37
Coquio, Catherine   1, 3-12, 14, 16-17, 23-25, 27-29, 31-32, 36-37, 40-41, 51, 164, 167, 170, 180-181, 184, 188, 339
Cornu, Auguste   154
Corot, Camille   171
Corsetti, Jean-Paul   284
Cortanze, Gérard de   137
Crawford, Brian D.   225
Crowley, Martin   51-53, 61, 66-67, 69-70, 73-74, 76, 210
Curtis, Jerry L.   89
Curwood, James-Oliver   256

Dambre, Marc   37
Dante (Alighieri)   293, 300-301
Davies, Peter   29
Davis, Colin   51-52, 72, 138
Davison, Neil R.   87
Dayan Rosenman, Anny   9, 11, 13, 25, 70, 111, 113, 115, 124, 136-137, 195, 197, 204, 212, 222
de Gaulle, Charles   140
Delbo, Charlotte   6, 7, 21, 25, 46, 48
Delville, Michel   299
Derrida, Jacques   30, 118-119, 124, 232
Dethoor, Nicole   129
Detue, Frédérik   28, 181, 343
Devarrieux, Claire   164
Di Leo, Jeffrey R.   225
Diderot, Denis   234
Didi-Huberman, Georges   24, 26, 310-312
Dintzer, Lucien   144
Dion, Robert   30
Disney, Walt   243
Disraeli, Benjamin   259
Dobbels, Daniel   63
Doubrovsky, Serge   139
Douzou, Laurent   33, 37
Drouve, Andreas   99
Druker, Jonathan   10
Duchamp, Marcel   282, 305
Dulong, Renaud   13, 15-16
Duprey, Élie   79, 95, 106
Duras, Marguerite   8, 51, 278

Dürer, Albrecht   181, 183
Dürrenmatt, Jacques   286
Duvignaud, Jean   197

Eaglestone, Robert   26, 29-31, 39, 161, 173, 176
Eckermann, Johann Peter   144
Eden, Doris L.   227
Eichmann, Adolf   7, 85
Eliot, T.S.   234
Engélibert, Jean-Paul   181
Engels, Friedrich   141, 154, 157-158
Ernst, Sophie   8
Erzgräber, Willy   297-298
Essberger, Richard   261
Ezrahi, Sidra DeKoven   96, 101

Federman, Raymond   21, 39, 41, 43-44, 46, 48, 225-247, 271, 285, 312, 336-337, 340-343
Feldman, Irving   245
Felman, Shoshana   9, 24
Feuer, Menachem   233
Flanzbaum, Hilene   32
Flaubert, Gustave   223, 276-277, 281, 291, 293, 301-304, 308, 341-342
Fleury, Béatrice   9
Fontaine, Thomas   6, 63
Fortier, Frances   30
Fournier, Louis   303
Frank, Anne   10
Franklin, Ruth   113
Frelick, Nancy M.   156
Freud, Sigmund   177, 265, 267-268, 283
Friedemann, Joë   87, 89

Gaillard, Françoise   303-304
Gallimard, Gaston   237
Gamzou, Azaf   314, 317
Garcia, Céline   167
Gätjens, Sigrid   150
Gauvin, Lise   43-44
Geldof, Koenraad   276, 303
Genette, Gérard   284, 286
Gerz, Jochen   282
Gide, André   150
   gidien   150
Gilson, Étienne   300

Giraudoux, Jean   142-144, 148-149, 151, 153, 155
　giralducien   143-144, 151
Goethe, Johann Wolfgang von   144-146, 183
　goethéen   145
Goldenstein, Jean-Pierre   284, 287
Goldschläger, Alain   15
Grimbert, Claude-Nicolas   63
Grutman, Rainier   232
Guidée, Raphaëlle   181
Gyssels, Kathleen   79, 95, 102, 108

Haghebaert, Élisabeth   30
Hartje, Hans   214
Hartl, Thomas   228, 232-233
Hartman, Geoffrey   35
Hauser, Gaspard   197-199, 222, 337, 343
Hauser, Kaspar – voir Hauser, Gaspard
Hegel, Georg Wilhelm Friedrich   144, 147, 158
　hégélien   142, 154, 157
Heinich, Nathalie   6-7, 15-16
Hergé   323
Hirsch, Marianne   35, 39
Hitler, Adolf   207, 221, 260-262, 318-319
　hitlérien   262
Honel, Maurice   73
Hughes, Judith M.   19
Hugo, Victor   244, 261-262, 264
Hulme, Harriet   158

Ibsch, Elrud   11
Isaac, Jules   81

Jaron, Steven   38, 45
Jeannelle, Jean-Louis   18
Joyce, James   112, 293, 296-299
　joycien   298
Juhász, Tamás   176
Jurgenson, Luba   40

Kafka, Franz   108, 165, 174-175, 177-178, 183, 223, 305
Kalisky, Aurélia   5, 20, 188
Kaltenbeck, Franz   298
Kant, Emmanuel   189
Karpinski, Eva   231, 239
Kästner, Erich   98-99

Kauffmann, Judith   1, 134
Kauffmann, Stanley   112
Kaufmann, Francine   78-89, 92, 95-97, 101-102, 105, 107
Kertész, Imre   8, 10-11, 14-18, 20-23, 25, 27, 29, 33, 43-46, 84, 136-137, 160-190, 212, 214-215, 220-221, 269, 281, 308, 312, 335-338, 340-343
Kichka, Henri   313, 317, 319, 321-322
Kichka, Michel   13, 22, 39-40, 43, 46-48, 177, 312-332, 337-338, 341-342, 344
Kippur, Sarah   228
Kiš, Danilo   35
Klein, Judith   52, 78, 100
Kléman, Roger   211
Kliger, Gili   74
Klüger, Ruth   8, 188
Koch, Ilse   166-167, 171
Kofman, Sarah   7, 51, 62, 73, 75
Kosinski, Jerzy   112
Kriegel, Kathie   330
Kuhn Kennedy, Fleur   81-82, 85, 88, 96, 100

Laborde, Cynthia   317, 324
Lacan, Jacques   283, 305-308
　lacanien   47, 305-306, 308
Lacoste, Charlotte   14, 28
Lamontagne, Marie-Andrée   43
Lang, Jessica   26, 42, 314, 322
Lang, Johannes   167
Langer, Lawrence L.   19, 87, 92, 95-96
Langfus, Anna   7, 10-11, 111, 115, 127
Lanzmann, Claude   7, 24, 44, 232, 282, 291, 304-305, 310
Laub, Dori   9, 24
Lautréamont, Comte de   234
Leak, Andy   201
Lecat, Bruno   217
Leclair, Bertrand   17
Lefebvre, Julie   286
Lehrman, Cuno   83-84
Leiris, Michel   196, 214, 223
Lejeune, Philippe   12, 16-17, 139, 194, 210, 213, 220, 343
Leuzinger, Miriam   140
Levi, Primo   7-8, 10-11, 13, 19-20, 23-25, 28-29, 33, 46, 84, 113, 138, 153, 160, 174, 182, 322, 343

INDEX

Lévy, Sydney   196
Littell, Jonathan   14
London, Jack   222
Lyotard, Jean-François   24-25

Macé, Marielle   30
Magné, Bernard   194, 196, 198, 200, 223
Magoudi, Ali   207
Maingueneau, Dominique   27, 33-34, 236
Malevitch, Kasimir   282, 305
Malgouzou, Yannick   51, 73, 75-76, 78, 82
Malraux, André   160
Mann, Thomas   164, 183
Marienstras, Richard   82, 84-85, 97, 101
Marshman, Sophia   32
Marx, Karl   147, 154, 158, 224
    marxisme   148, 157, 252
    marxiste   18, 65, 72-73, 158, 211, 213-214, 224, 336
Mascolo, Dionys   62-63, 67-69, 75
Maurel, Micheline   209
McCaffery, Larry   228, 232-234, 237
Mehlman, Jeffrey   9, 78
Mesher, David   85, 88
Mesnard, Philippe   6, 9, 17, 23, 26-27, 30, 41, 114, 166, 189, 193, 225, 228, 233
Métayer, Guillaume   188
Metz, Bernhard   282, 285, 287, 291-292
Miller, Dana   118, 122
Miller, Jacques-Alain   307-308
Milosz, Czeslaw   176, 183-185, 339
Mintz, Alan   19
Mitterrand, François   51
Modiano, Patrick   7, 281
Molkou, Elizabeth   207
Molnár, Sára   161, 166, 174, 177
Molteni, Patrizia   200
Moraru, Christian   239
Morin, Edgar   76, 140
Mouchard, Claude   1, 9, 48, 51, 54, 75-76
Moyn, Samuel   63

Napoli, Gabrielle   26
Nataf, Xavier   319, 325, 329
Neuhofer, Monika   135-136, 138, 142, 146
Newton, Michael   198
Nichanian, Marc   13
Nicoladzé, Françoise   137, 140, 144, 148

Nietzche, Friedrich   189
Nolden, Thomas   40
Nord, Philip   78, 81, 97
Nordmann, Sophie   86
Norton Cru, Jean   28

Ohlsson, Anders   161

Pagden, Anthony   13
Pagnoux, Elisabeth   310
Parent, Anne Martine   21
Paris, Jean   200
Peguy, Marie   167
Pejoska, Frosa   31, 43
Pellerin, Mickaël   72-73
Perec, Georges   12, 15, 17, 23, 39-44, 46, 51-54, 76-77, 163, 165, 193-224, 229, 234, 246-247, 250, 255, 263, 271-272, 274, 281, 285-286, 295, 308, 312, 317, 324, 336-337, 340-343
    perecquien   2, 46, 95
Peretz, Henri   211
Perrier, Guillaume   295
Peschanski, Denis   6, 16
Pessoa, Fernando   43
Pfersmann, Andréas   286
Platon   112, 115, 118-119, 122, 124, 127, 131-132, 146-147
    platonicien   122, 127, 145, 147
Poe, Edgar Allan   291
Poliakov, Léon   81
Pollak, Michael   5, 15-16
Popper, Karl   147
Potel, Jean-Yves   111, 180
Proust, Marcel   143, 183, 276, 279, 281, 291-296, 300, 342
    proustien   291, 293, 296
Prstojevic, Alexandre   40
Puskas, Daniel   268

Queneau, Raymond   223

Rabenstein, Helga   209-210
Raczymow, Henri   35, 40-44, 46-48, 247-281, 312, 337-338, 340-343
Radai, Eszter   172, 186
Radisch, Iris   137, 169, 189
Railton, Nicholas M.   260

Rancière, Jacques   16
Rasson, Luc   29, 32, 36, 37
Rastier, François   14, 17, 26, 28-30, 36, 136, 160, 343
Rawicz, Piotr   1, 7, 10-11, 14, 17, 20, 25, 28-29, 34-35, 45, 47, 93, 111-134, 184, 285, 335-337, 339-343
Raynal, Eva   19, 136
Reif, Danielle   229
Resnais, Alain   278
Ribaupierre, Claire de   205-207, 210, 215, 222
Rice, Douglas   228, 232-233
Rigney, Ann   35
Risari, Guia   112
Robbe-Grillet, Alain   158
Robin, Régine   41, 48, 194, 197, 207, 213, 215, 218, 224, 278, 338
Roche, Anne   196, 200-201, 209, 213-214, 216, 219
Rodiek, Christophe   140, 141
Roman, Myriam   261
Rosen, Alan   257
Rosenfeld, Alvin H.   78, 92-93
Roskies, David G.   19
Rothberg, Michael   9, 10, 35, 80, 85, 96, 101
Rousseau, Frédéric   28
Roussel, Raymond   223
Rousset, David   6, 10-11, 46, 63, 195, 213
Rousso, Henry   5, 7, 12, 17, 26, 32-34, 37
Roy, Claude   55
Roy, J.-H.   59-60
Royer, Clara   161, 166-167, 176, 179, 181, 184-185, 188, 190
Rudolf, Anthony   11, 111, 113, 343

Sachner, Mark   239
Sadkowski, Piotr   112
Sartre, Jean-Paul   273-274, 276-277, 281, 291, 302-304
    sartrien   184, 274, 276, 303
Schaeffer, Jean-Marie   44
Scharfman, Ronnie   80, 108
Schaub, Coralie   137, 166, 173-174, 182
Scheel, Charles   105
Schlachter, Birgit   41, 250-251, 266, 268, 284-285
Schneider, Ruth   326, 329, 332
Schnitzer, Daphné   223

Scholem, Gershom   83
Schulte Nordholt, Annelies   41, 247, 250, 254-256, 263, 266, 270, 279, 338
Schwarz-Bart, André   7, 9, 20, 29, 39, 45, 47, 78-110, 112, 115, 129, 134, 160, 257, 265, 267, 335-341, 343
Schwarz-Bart, Simone   78-79, 102-104, 110
Schwerin, Christoph Graf von   112
Seidman, Naomi   18
Semprun, Jorge   7-8, 10, 18-20, 25, 28-29, 34, 45, 47, 112, 135-160, 166-167, 171, 174, 177, 182, 202, 276, 335-337, 340-341, 343
    semprunien   28, 136-138, 140, 143, 145, 166
Shakespeare, William   200, 239
Shelton, Jen   298
Sicher, Efraim   40
Silverman, Max   9
Simony, Gabriel   211, 224
Skrabanek, Petr   297
Soljenitsyne, Alexandre   135, 137, 142, 146
Solotaroff, Theodore   127
Spargo, R. Clifton   42
Sperber, Dan   57
Spiegelman, Art   39, 47, 313-316, 322, 325, 329, 332
Spielberg, Steven   11, 182, 313
Spiro, Joanna   200-201, 209, 223
Staline, Joseph   273
    stalinien   158
Steiner, Jean-François   63, 257
Stendhal   229
Stevens, Christa   118-119
Stocker, Anna   318
Stone, Dan   76, 213, 217
Stonebridge, Lindsey   80, 84-85, 102
Sue, Eugène   149, 153-155, 157-158
Sukenick, Ronald   243
Suleiman, Susan Rubin   38-39, 89, 172, 193, 196, 209, 223, 227
Sundquist, Eric J.   7
Surya, Michel   75
Szeliga   154, 157
Szép, Ernő   164, 170
Szilágyi-Gál, Mihály   167
Szwarc, Sandrine   112

Tari, Ephraim   78, 80, 101, 106
Tarica, Estelle   80, 93-94, 96

INDEX

Tudèle, Benjamin de   259
Tynan, Avril   154

van Alphen, Ernst   36
van Montfrans, Manet   193-195, 199-200, 204, 208, 211, 217, 223
Vely, Yannick   328
Verdi, Giuseppe   292
Verlaine, Paul   197-198
Vermeulen, Pieter   35
Vernant, Jean-Pierre   151
Verne, Jules   223
Viart, Dominique   37, 41-43
Vice, Sue   112-114
Villon, François   238
Vince, Rebekah   263
Voltaire   88-89, 92-93, 100, 342
   voltairien   86, 90

Wagner, Frank   225
Wagner, Richard   256
Waintrater, Régine   6-7, 12, 15-16, 19, 21-22, 30, 33, 41, 75, 202, 322, 343
Wajcman, Gérard   24, 26, 40, 43-44, 46, 47, 183, 282-312, 337-338, 342-343

Wajeman, Gérard – voir Wajcman, Gérard
Wajsbrot, Céline   48
Walter, Jacques   9
Walzl, Florence L.   299
Waters, Alyson   226, 240
Wessel, Horst   98-99
White, Hayden   243
Wiesel, Elie   7-11, 18, 21, 24-25, 34, 39, 46, 78, 84, 101
Wieviorka, Annette   7-8, 22, 247, 290
Wilkomirski, Binjamin   36
Wilson, Deirdre   57
Wilson, Robert McL   118-119
Witek, Joseph   325
Wittgenstein, Ludwig   310
Wolff, Helen   114
Wolff, Kurt   114

Young, James E.   15, 17

Zard, Philippe   108
Zychlinski, Frans Zychlin von – voir Szeliga
Zola, Émile   234
Zolkos, Magdalena   181
Zomersztajn, Nicolas   324

Printed in the United States
By Bookmasters